U1000134

泰州文獻

第四輯

書斷

周易口義

洪範口義

北轅録

清波雜志　清波別志

鳳凰出版社

ISBN 978-7-5506-2282-1

9 787550 622821 >

圖書在版編目（ＣＩＰ）數據

書斷、周易口義、清波雜志清波別志等 / （唐）張懷瓘等撰. -- 南京 : 鳳凰出版社, 2015.10
（泰州文獻）
ISBN 978-7-5506-2282-1

Ⅰ. ①書… Ⅱ. ①張… Ⅲ. ①古籍一彙編一泰州市 Ⅳ. ①Z422

中國版本圖書館CIP數據核字(2015)第252910號

責任編輯　王愛榮
裝幀設計　姜　嵩
出版發行　鳳凰出版傳媒股份有限公司
　　　　　鳳凰出版社(原江蘇古籍出版社)
　　　　　發行部電話025－83223462
出版社地址　南京市中央路165號　郵編:210009
出版社網址　http://www.fhcbs.com
印　　刷　揚州文津閣古籍印務有限公司
　　　　　揚州市開發區鴻揚路22-2號(6幢)　郵編:225009
開　　本　889毫米×1194毫米　1/16
印　　張　40.5
版　　次　2015年10月第1版　2015年10月第1次印刷
標準書號　ISBN 978-7-5506-2282-1
定　　價　580.00圓
(本書凡印裝錯誤可向承印廠調換,電話:0514－87969255)

《泰州文獻》工作委員會

主　任

藍紹敏　陸志鵬

常務副主任

盧佩民

副主任

戴勝利　王學鋒　張培成　佘江涛

委　員（按姓氏筆畫为序）

丁少華　方標軍　成愛君　季春芳　周興安

查學斌　姜小青　奚愛國　陳士宏　黄林華

曹茂良　曹學賦　許大才　張國祥　萬永良

程榮穩　鄒祥龍　費振鐘　劉　玲　劉仁前

劉宏鳴　潘時常　薛金林　顧維中

《泰州文獻》編纂委員會

主　編

盧佩民

副主編

黃林華　姜小青

執行主編

成愛君　費振鐘

編　委（按姓氏筆畫为序）

王　飛　王　劍　王正奎　卞惠興　朱長順　全　勤

李文華　李明官　吴　迪　吴小晴　吴雙林　汪　政

沈　俊　林世田　莫其康　倪培翔　徐一清　徐同華

高　峰　陳　立　黄　靖　曹學林　常　康　張　定

張永龍　劉仁前　劉春龍　潘浩泉　薛　飛　謝冬榮

竇立成　顧寄南

《泰州文獻》學術指導委員會

（按姓氏筆畫为序）

江慶柏　金良年　茅家琦　華學誠　徐　雁　畢飛宇

程章燦　楊九俊　魯國堯　劉玉才　顧　農

總序

泰州古稱海陵，漢初（公元前一一七年）置縣，晉末（公元四一一年）設郡，南唐（公元九三七年）建州，始稱泰州。

泰州濱江近海，物阜民豐。漢唐以來，糧鹽並舉，商貿繁榮，爲溝通南北的重要港口城市。泰州素爲文教昌明之邦。唐初立州學，北宋建貢院，明清開學政試院，產出大批科舉優秀人才。泰州自古人文薈萃。走進泰州的，從范仲淹、富弼、陸佃，到孔尚任、吴讓之、蔣春霖，都留下深遠影響。走出泰州的，從張懷瓘、胡瑗、施耐庵、王艮，到李清、吴嘉紀、柳敬亭、黄龍士、李鱓、鄭燮、劉熙載、李詳、梅蘭芳、高二適，都在各自領域爲中國文化作出巨大貢獻。

泰州遺存的文獻也很豐富。僅據《江蘇藝文志》所載，便有二千七百餘種，涵蓋經、史、子、集的方方面面。其中，尤以明清時期爲夥，占到百分之九十九以上。這當中不排除由於種種原因，致使元以前的一些著述湮没無聞，但明清兩代，確是泰州文化的繁盛期。在這些文獻中，如《書斷》（張懷瓘）、《水滸傳》（施耐庵）、《王心齋先生遺集》（王艮）、《宗子相集》（宗臣）、《陋軒詩集》（吴嘉紀）、《板橋全集》（鄭燮）、《藝概》（劉熙載）、《李審言文集》（李詳）、《黄龍士先生棋譜》等，在中國文化史上都有重要地位和深遠影響。

與此同時，對鄉邦文獻進行整理的也代不乏人。自宋至清，周氏（周麟之等）、宫氏（宫偉鏐等）、陳氏（陳應芳等）、徐氏（徐鳴柯等）等都曾致力其事，爲泰州留下了許多寶貴的文化財富。清嘉道間，鄉人夏荃編輯《海陵文徵》二十卷、附録十二卷，《海陵詩徵》十卷。民國初年，曾任江蘇省省長的鄉人韓國鈞歷經十餘年編成《海陵叢刻》計二十三種六十六册。

二〇一一年九月召開的中共泰州市第四次代表大會，提出了建設文化名城的任務。爲此，中共泰州市委、泰州市人民政府決定編纂《泰州文獻》。這是泰州有史以來對本土文獻最大規模的整理和彙編。它對於保存、利用、研究和開發泰州的歷史文化，尋繹泰州獨特的地方文化價值，爲泰州文化建設提供歷史人文資源，意義重大。

爲了保證編纂工作的順利進行，市委、市政府專門成立了工作委員會、編纂委員會和學術指導委員會。工作委員會由市委、市政府領導和相關部門負責同志組成，負責對編纂工作的領導和協調。編纂委員會由相關專家、學者組成，具體負責《泰州文獻》的編纂出版工作。學術指導委員會由江慶柏、魯國堯、程章燦、茅家琦、華學誠、徐雁、金良年等國内知名文史專家組成，負責對編纂工作的指導和把關。

編纂工作按如下幾個步驟進行：（一）進行文獻調查，建立文獻檔案；（二）精選有代表性、有學術價值的作品影印出版，選目由編纂委員會和學術指導委員會共同審議確定；（三）編輯出版《泰州文獻總目》。

《泰州文獻》分爲四輯：

第一輯『官修舊志』，收録泰州地區現存所有官修地方志。

第二輯『地方史料文獻』，收録泰州地區歷代重要的筆記和史料。按内容又可分爲史地類：收録有關泰州歷史地理方面的著作，包括小志、專志、雜志等；政情類：收録有關泰州政治、經濟等方面的著作；文教類：收録有關文化、教育、圖書館等方面的著作。

第三輯『家族文獻』，收録泰州地區重要的家譜、家傳、家集與名人年譜。按内容又可分爲家乘傳記類：擇要收録泰州家族譜牒中的譜序、家規、家訓、箴言、族約、族記、祠田記、塋田記、雜記、著述等資料；家族總集類：以家族姓氏筆畫爲序。

第四輯『泰州文存』，收録泰州地區作者的詩文著作及其他代表性著作。按内容又可分爲學術論著類：收録泰州作者的經史雜著；文集類：收録泰州作者的詩文集；地方總集類：收録泰州作者的詩文合集。

考慮到《水滸傳》、《封神演義》（《辭海》云『一説陸西星作』）、《檮杌閑評》（學界多謂李清所作）等小説流傳甚廣，版本豐富，故不再收録。其他如堪輿、術數類著作，泰州人撰泰州地區以外的地方志、地理志類著作，一般性的彙編、摘鈔類著作，亦不予收録。

《泰州文獻》原則上收録現轄區内的作家作品。但從尊重歷史出發，泰州學派創派人物、明代思想家、哲學家王艮，平民詩人吴嘉紀等人，歷史上均屬於泰州地區，對泰州地區具有深遠的文化影響，他們的作品亦予收録。

前人給我們留下了豐厚的文化遺産，我們既要加以珍視和傳承，更要在前人的基礎上，創造出無愧於今天這個偉大時代的新篇章。這是我們更重要的使命，讓我們爲之努力。

《泰州文獻》編纂委員會

二〇一三年十月十八日

凡例

一、《泰州文獻》（以下簡稱《文獻》）分爲《官修舊志》、《地方史料文獻》、《家族文獻》和《泰州文存》四輯。

二、《文獻》收録範圍原則上爲現行政轄區内作者的著述和與泰州有關的重要著述，但考慮到歷史上曾屬於泰州地區的人物，如泰州學派的代表人物王艮、平民詩人吴嘉紀等對泰州文化深具影響，對他們的作品亦予收録。

三、所收著作成書年代限於一九四九年以前。

四、《文獻》所收著作，以學術價值、使用價值較高爲原則，適當兼顧版本價值。

五、《文獻》以影印方式出版。如有蠹損、殘缺、漫漶不清處，原則上以相同版本予以補配，以保證完整、清晰。

六、《文獻》對所收每種著作均撰寫提要，置於該著作前面，以方便讀者瞭解作者生平、主要内容、學術價值等。

七、《文獻》除保留所收著作原有頁碼外，均新編頁碼，每册頁碼自爲起訖。

八、《文獻》最後一册編有書名索引和作者索引，以方便讀者使用。

第四輯總目録

第一册（總第二十四册）

第二册（總第二十五册）

第三册（總第二十六册）

第八册（總第三十一册）

第九册（總第三十二册）

第十册（總第三十三册）

第十三册（總第三十六册）

第十四册（總第三十七册）

第十五册（總第三十八册）

第二十五册（總第四十八册）

第二十六册（總第四十九册）

第二十七册（總第五十册）

第三十一册（總第五十四册）

第三十二册（總第五十五册）

第三十九册（總第六十二册）

第四十册（總第六十三册）

第四十六册（總第六十九册）

第四十七册（總第七十册）

目録

書斷

（唐）張懷瓘 撰

《書斷》三卷，唐張懷瓘撰，據《文淵閣四庫全書》本影印。

張懷瓘，海陵（今江蘇泰州）人。書法家、書論家。開元、唐肅宗乾元年間在世。歷鄂州司馬、昇州司馬、右率府兵曹參軍、翰林供奉。其書迹無傳，但其書論著作多有流傳，主要有《書斷》《書估》《議書》《論用筆十法》等，影響深遠。

《書斷》三卷，自唐玄宗開元十二年（七二四）草創，成於開元十五年。前有自序，後有《評》。卷上爲書體論，列古文、大篆、籀文、小篆、八分、隸書、章草、行書、飛白、草書十體，分述源流，各爲一贊，末有《總論》。中卷、下卷爲書學品評，分神、妙、能三品，每品各以體分。凡神品二十五人，除各體重復，得十二人。妙品九十八人，除各體重復，得三十九人。能品一百七人，除各體重復，得三十五人。似承魏晋品評之風。前列姓名，後爲小傳，傳中附録三十八人，紀述頗詳，評論亦允，張彦遠《法書要録》全載其文，蓋當代以爲精鑒。張氏認爲書法源於卦象，尤以儒家思想爲其論説根底，謂「其觸類生變，萬物爲象，庶乎《周易》之體也；其一字褒貶，微言規勸，竊乎《春秋》之義也；其不虚美，不隱惡，近乎馬遷之書也」（《書斷·評》）。其論書，以風神骨氣爲審美標準。叙述書法功用之時，則在論説書法社會功用之餘，强調「可樂」「情」，揭示書法藝術功用之所在，爲當時所鮮見，亦爲後世書論法式。其以帝王法書爲上，固其時代所限，未可深咎。

（劉　超）

欽定四庫全書

子部

書斷卷上至下

詳校官監察御史臣邱庭漋
編修臣裴謙覆勘

總校官知縣臣繆琪
校對官中書臣秦瀛
謄録監生臣孫震

欽定四庫全書　子部八

書斷　藝術類一 書畫之屬

提要

臣等謹案書斷三卷唐張懷瓘撰是書唐書藝文志著録稱懷瓘於開元中為翰林供奉竇蒙述書賦注則云懷瓘海寧人鄂州司馬與志不同然述書賦張懷瓌條下又注云懷瓌懷瓘弟盛王府司馬兄弟並翰林待詔則與志相合蓋嘗為鄂州司馬終於翰林供奉二書各舉其一官爾所録皆古今書體及能書人名上卷列古文大篆籀文小篆八分隸書章草行書飛白草書十體各述其源流繫之以贊末為總論一篇中卷下卷分神妙能三品每品各以體分凡神品二十五人除各體重複得十二人妙品九十八人除各體重複得三十九人能品一百七人除

各體重複得三十五人前列姓名後為小傳傳中附錄又三十八人其紀述頗詳評論亦允張彥遠法書要錄全載其文蓋當代以為精鑒矣乾隆四十六年四月恭校上

總纂官臣紀昀臣陸錫熊臣孫士毅

總校官臣陸費墀

欽定四庫全書

書斷卷上

唐 張懷瓘 撰

昔庖犧氏畫卦以立象軒轅氏造字以設教至於堯舜之世則煥乎有文章其後盛於商周備夫秦漢固夫所由遠矣文章之為用必假乎書書之為徵期合乎道故能發揮文者莫近乎書若乃思賢哲于千載覽陳迹于縑簡謀猷在覿作事粲然言察深衷使百

代無隱斯可尚也及夫身處一方含情萬里標拔志氣黼藻精靈披封覩迹欣如會面又可樂也爾其初之徵也蓋因象以曈曨眇不知其變化範圍無體應會無方考冲漠以立形齊萬殊而一貫合冥契吸至精資運動於風神頤浩然於潤色爾其終之彰也流芳液於筆端忽飛騰而光赫或體殊而勢接若雙樹之交葉或區分而氣運似兩井之通泉麻蔭相扶津澤潛應離而不絕曳獨繭之絲卓爾孤標竦危峰之

石龍騰鳳翥若飛若驚電烻熚爗離披爛熳翕如雲布曳若星流朱焰綠烟若合乍散飄風驟雨雷怒霆激呼吁可駭也信足以張皇當世軌範後人矣至若磔髦竦骨裨短截長有似夫忠臣抗直補過匡主之節也矩折規轉却密就踈有似夫孝子承順慎終思遠之心也耀質含章或柔或剛有似夫哲人行藏知進知退之行也固其發迹多端觸變成態或分鋒各讓或合勢交侵亦猶五常之與五行雖相尅而相生

亦相反而相成豈物類之能象賢實則微妙而難名詩云鼓鍾欽欽鼓瑟鼓琴笙磬同音是之謂也使夫觀者玩迹探情循由察變運思無已不知其然瓌寶盈矚坐啟東山之府明珠曜掌頓傾南海之資雖彼迹已緘而遺情未盡心存目想欲罷不能非夫妙之至者何以及此且其學者察彼規模采其玄妙技由心付暗以目成或筆下始思困於鈍滯或不思而製敗於脫略心不能授之於手手不能受之於心雖自

已而可求終杳茫而無獲又可怪矣及夫意與靈通筆與冥運神將化合變出無方雖龍伯挈鼇之勇不能量其力雄圖應籙之帝不能抑其高幽思入于毫間逸氣彌於宇內鬼出神入追虛捕微則非言象筌蹄所能存亡也夫幼童而守一藝白首而後能言固不可恃才曜識以為率爾可知也且知之不易得之有難千有餘年數人而已昔之評者或以今不逮古質於醜研推察疵瑕妄增羽翼自我相物求諸合已

悉為鑒不圓通也亦由蒼黃者唱首冥昧者唱聲風議混然罕詳孰是又兼論文字始祖各執異端臆說蜂飛竟無稽古蓋眩如也懷瓘質蔽愚蒙識非通敏承先人之遺訓或紀錄萬一輒欲芟夷浮議揚榷古今拔狐疑之根解紛拏之結考窮乖謬敢無隱於昔賢探索幽微庶不欺於玄匠爰自黃帝史籀蒼頡迄於皇朝黃門侍郎盧藏用凡三千二百餘年書有十體源流學有三品優劣今敘其源流之異著十贊一

論較其優劣之差為神妙能三品人為一傳亦有隨事附者通為一評究其臧否分成上中下三卷名曰書斷其目録如此庶儒流君子知小學之務焉

古文

案古文者黄帝史蒼頡所造也頡首四目通於神明仰觀奎星圓曲之勢俯察龜文鳥跡之象博采衆美合而為字是曰古文孝經援神契云奎主文章蒼頡倣象是也夫文字者揔而為言包意以名事也分而為義則文

者祖父字者子孫得之自然備其文理象形之屬則謂之文因而滋蔓母子相生形聲會意之屬則謂之字字者言孳乳浸多也題之竹帛謂之書書者如也舒也著也記也著明萬事記往知來名言諸無宰制羣有何幽不貫何往不經實可謂事簡而應博豈人力哉易曰上古結繩以治後世聖人易之以書契夫至德之道化其性於未然之前結繩之教懲其罪於已然之後故大道衰而有書利害萌而有契契為信不足書為言立徵書

契者決斷萬事也凡文書相約束皆曰契契亦誓也諸侯約信曰誓故春秋傳曰王叔氏不能舉其契是知契者書其信誓之言而盟之濫觴君臣之大約也亦謂刻木剖而分之君執其左臣執其右即昔之銅竹虎使令之銅魚並契之遺象也皇甫謐曰黄帝史蒼頡造文字記言行策藏之名曰書契故知黄帝導其源堯舜揚其波是有虞夏商周之書神化典謨垂範萬世及周公相成王申明禮樂以加朝祭服色尊卑之節又造爾雅宣尼

卜商增益潤色釋言暢物略盡訓詁及秦用小篆焚燒先典古文絶矣漢文帝時秦博士伏勝獻古文尚書時又有魏文侯樂人竇公年二百八十歲獻古文樂書一篇以今文考之乃周官之大司樂章也及武帝時魯恭王壞孔子宅壁内石函中得孝經尚書等經宣帝時河内女子壞老子屋得古文二篇晋咸寧五年汲郡人不準盜發魏安釐王冢得册書千餘萬言或寫春秋經傳易經論語夏書周書瑣語大歷梁丘藏穆天子傳及魏

史至安釐王二千年其書隨世變易已成數體其周書論楚事者最妙於是古文備矣甄酆刪定舊文制為六書一曰古文即此也以壁中書為正周幽王時又有省古文者今汲冢書中多有是也滕公冢内得石銘人無識者惟叔孫通云此古文科斗書也科斗者即上古之別名也衛恒古文贊云黄帝之史沮誦蒼頡眺彼鳥跡始作書契紀綱萬事垂法立制觀其措筆綴墨用心精專中正循檢矩折規旋其曲如弓其直如絃矯然特出若龍騰於川淼爾下隤若雨墜於天信黄唐之遺迹為六藝之範先篆籀蓋其子孫隸草乃其曾玄蒼頡即古文之祖也

贊曰

邈邈蒼公軒轅之始創製文字代彼繩理絜若星辰鬱為綱紀千齡萬類如掌斯視生人盛德莫斯之美神章靈篇自茲而起

大篆

案大篆者周宣王太史史籀所作也或云柱下史始變古文或同或異謂之為篆篆者傳也傳其物理施之無窮甄酆定六書三曰篆書八體書法一曰大篆又漢書藝文志云史籀十五篇並此也以史官製之用以教授謂之史書凡九千字秦趙高善篆教始皇少子胡亥書又漢文帝王遵嚴延年並工史書是也秦焚書惟易與史篇得全呂氏春秋云蒼頡造大篆非也若蒼頡造大篆則置古文何地所謂籀篆蓋其子孫是也蔡邕篆勢云體有六篆巧妙入神或象龜文或比龍鱗紆體放尾長翅短身延頸負翼狀似凌雲史籀即大篆之祖也

贊曰

古文玄胥太史神書千類萬象或龍或魚何詞不錄何物不儲繹思通理從心所如如彼江海大波洪濤如彼音樂干戚羽旄

籀文

案籀文者周太史史籀之所作也與古文大篆小異後人以名稱書謂之籀文七略曰史籀者周時史官教學童書也與孔氏壁中古文異體甄酆定六書二曰奇字是也其跡有石鼓文存焉蓋諷宣王畋獵之所作今在陳

倉李斯小篆兼釆其意史籀即籀文之祖也

贊曰

體象卓然殊今異古落落珠玉飄飄纓組蒼頡之嗣小篆之祖以名稱書遺跡石鼓

小篆

案小篆者秦始皇丞相李斯所作也增損大篆異同籀文謂之小篆亦曰秦篆始皇二十年始并六國斯時為廷尉乃奏罷不合秦文者於是天下行之畫如鐵石字

若飛動作楷隸之祖為不易之法其銘題鍾鼎及作符印至今用焉則離之六二黃離元吉得中道也斯雖草創遂造其極矣蔡邕小篆贊云龜文鍼列櫛比龍鱗隤若黍稷之垂穎蘊若蟲蛇之棼縕若絕若連似水露緣垂下端遠而望之象鴻鵠羣遊絡繹遷延研桑不能數其詰曲離婁不能覩其隙間般垂揖讓而辭巧籀誦拱手而韜翰摛華艶於紈素為六藝之範先也李斯即小篆之祖也

贊曰

李君創法神慮精微鐵為肢體虯作驂騑江海淼漫山嶽巍巍長風萬里鸞鳳于飛

八分

案八分者秦羽人上谷王次仲所作也王愔云次仲始以古書方廣少波勢建初中以隸草作楷法字方八分言有模楷又蕭子良云靈帝時王次仲飾隸為八分二家俱言後漢而兩帝不同且靈帝之前工八分者非一而云方廣殊非隸書既言古書豈得稱隸若驗方廣則篆籀有之變古為方不知其謂也案序仙記云王次仲上谷人少有異志少年入學屢有靈奇年未弱冠變蒼

頡書為今隸書始皇時官務煩多得次仲文簡略赴急疾之用甚喜遣使召之三徵不至始皇大怒制檻車送之於道化為大鳥出在檻外翻然長引至於西山落二翮於山上今為大翮小翮山山上立祠為旱祈焉又魏土地記云沮陽縣城東北六十里有大翮小翮山又楊固北都賦云王次仲匿術於秦皇落雙翮而冲天案數家之言明次仲是秦人既變蒼頡書即非效程邈隸也案蔡邕勸學篇上谷王次仲初變古形是也始皇之

世出其數書小篆古形猶存其半八分已減小篆之半隸又減八分之半然可云子似父不可云父似子故知隸不能生八分矣本謂之楷書楷者法也式也模也孔子曰今世行之後世以為楷式或云後漢亦有王次仲為上谷太守非上谷人又楷隸初制大範幾同故後人惑之學者務之蓋其歲深漸若八字分散又名之為八分時人用寫篇章或寫法令亦謂之章程書故梁鵠云鍾繇善章程書是也夫人才智有所偏工取其長而捨

其短諺曰韓詩鄭易挂着壁且二王八分即挂壁之類唯蔡伯喈乃造其極焉王次仲即八分之祖也

贊曰

仙客遺範靈姿秀出奮研揚波金相玉質龍騰虎踞弓勢非一文戰橫戈兮氣雄逸楷之為妙兮備華實

隸書

案隸書者秦下邽人程邈所造也邈字元岑始為衙縣獄吏得罪始皇幽繫雲陽獄中覃思十年益大小篆方圓而為隸書三千字奏之始皇善之用惟御史以奏事繁多篆字難成乃用隸字以為隸人佐書故名隸書蔡邕聖皇篇云程邈刪古立隸文甄酆六書云四曰佐書是也秦造隸書以赴急速為官司刑獄用之餘尚用小篆焉漢亦因循至和帝時賈魴撰滂喜篇以蒼頡為上篇訓纂為中篇滂喜為下篇所謂三蒼也皆用隸字寫之隸法由茲而廣酈道元水經注曰臨淄人發古冢得銅棺前板外隱起為字言齊太公六世孫胡公之棺也惟

三字是古餘同今隸書證知隸字出古非始於秦時若爾則隸法當先於大篆矣案胡公者齊哀公之弟靖胡公也五世六公計一百餘年當周穆王時也又二百餘歲至宣王之朝大篆出矣又五百餘載至始皇之世小篆出焉不應隸書而效小篆然程邈所造書籍共傳酈道元之說未可憑也案八分則小篆之捷隸亦八分之捷漢陳遵字孟公京兆杜陵人哀帝之世為河南太守善隸書與人尺牘主皆藏之以為榮此其創開隸書之

善也爾後鍾元常王逸少各造其極焉蔡邕隸書勢曰鳥跡之變乃惟佐隸蝌彼繁文崇絃簡易脩短相副異體同勢煥若星陳鬱若雲布纖波濃點錯落其間若鍾簴設張庭燎飛煙似崇臺重宇層雲冠山遠而望之若飛龍在天近而察之心亂目眩成公綏隸勢曰蟲篆既繁草藁近偽適之中庸莫尚於隸程邈即隸書之祖也

贊曰

隸合文質程君是先乃備風雅如聆管絃長毫秋勁素體霜妍摧鋒劒折落點星懸乍發紅熖旋凝紫煙金芝瓊草萬世方傳

章草

案章草者漢黄門令史游所作也衛恒李誕並云漢初而有草法不知其誰蕭子良云章草者漢齊相杜操始變藁法非也王愔云漢元帝時史游作急就章解散隸體麄書之漢俗簡墮漸以行之是也此乃存字之梗槩損隸之規矩縱任奔逸赴俗急就因草創之義謂之草書惟君長告令臣下則可後漢北海敬王劉穆善草書光武器之明帝為太子尤見親幸甚愛其法及穆臨病明帝令為草書尺牘十餘首此其創開草書之善也至建初中杜度善草見稱於章帝上貴其迹詔使草書上事魏文帝亦令劉廣通草書上事蓋因章奏後世謂之章草惟張伯英造其極焉韋誕云杜氏傑有骨力而字畫微瘦惟劉氏之法書體甚濃結字工巧時有不及張芝喜而學焉轉精其巧可謂草聖超前絕後獨步無雙崔瑗草書勢云書契之興始自頡皇寫彼鳥跡以定文章章草之法蓋又簡略應時諭指周旋卒迫兼功并用愛日省力絕險之變豈必古式觀其法象俯仰有義方不中矩圓不副規抑左揚右望之若崎嶇企鳥峙志意飛移狡獸暴駭將奔未馳狀似連珠絕而不離畜怒怫鬱放逸生奇騰蛇赴穴頭沒尾垂機要微妙臨時從宜

懷瓘案章草之書字字區别張芝變為今草如其流速拔茅其茹上下牽連或借上字之下而為下字之上奇形離合數意兼包若懸猿飲澗之象鉤鎖連環之狀神化莫若變態不窮呼史游草為章因張伯英草而謂也亦猶篆周宣王時作及有秦篆分别而有大小之名魏晉之時名流君子一槩呼為草惟知音者乃能辨焉章草即隸書之捷草亦章草之捷也案杜度在史游後一

百餘年即解散隸體明是史游創焉史游即章草之祖也

贊曰

史游製草始務急就婉若迴鸞攫如舞袖遲迴縑簡勢欲飛透敷華垂實尺牘尤奇并功惜日學者為宜

行書

案行書者後漢穎川劉德昇所作也即正書之小偽務從簡易相間流行故謂之行書王愔云晉世以來工書

者多以行書著名昔鍾元常善行押書是也爾後王羲之獻之並造其極焉獻之常白父云古之章草未能宏逸頓異真體合窮偽略之理極草縱之致不若稾行之間於往法固殊也大人宜改體觀其騰煙煬火則迴祿喪精覆海傾河則玄冥失馭天假其晛非學之功若逸氣縱橫則羲謝於獻若簪裾禮樂則獻不繼羲雖諸家之法悉殊而子敬最為遒拔夫古今人民狀貌各異此皆自然妙有萬物莫比惟書之不同可庶幾也故得之者先禀於天然次資於功用而善學者乃學之於造化異類而求之固不取乎似本而各挺之自然王珉行書狀云邈乎嵩岱之峻極爛若列宿之麗天偉字挺特奇書秀出揚波騁藝餘好宏逸虎踞鳳跱龍伸蠖屈資胡氏之壯傑兼鍾公之精密總二妙之所長盡要妙乎文質詳覽字體究尋筆跡粲乎偉乎如圭如璧宛若盤螭之仰勢翼若翔鸞之舒翮或乃放乎飛筆雨下風馳綺靡婉娩縱橫流離劉德昇即行書之祖也

贊曰

非草非真發揮柔翰星劍光芒雲虹照爛鸞鶴婵娟風行雨散劉子濫觴鍾胡彌漫

飛白

案飛白者後漢左中郎將蔡邕所作也王隱王愔並云飛白變楷製也本是宮殿題署勢既徑丈字宜輕微不滿名為飛白王僧虔云飛白八分之輕者雖有此說不言起由按漢靈帝熹平年詔蔡邕作聖皇篇篇成詣鴻都門上時方脩飾鴻都門伯喈待詔門下見役人以堊帚成字心有悅焉歸而為飛白之書漢末魏初並以題署宮闕其體有二創法於八分窮微於小篆自非蔡公

說妙豈能詣此可謂勝寄冥通縹眇神仙之事也張芝草書得易簡流速之間蔡邕飛白得華豔飄蕩之極字之逸越不復過此二途通後羲之獻之並造其極其為狀也輪囷蕭索則虞頌以嘉氣非雲離會飄流則曹風以麻衣似雪盡能窮其神妙也衛恒祖述飛白而造散隸之書開張隸體微露其白拘束於飛白蕭洒於隸書處其季孟之間也劉彥祖飛白贊云蒼頡觀鳥悟迹興文名繁類殊有革有因世絕常妙索草鍾真爰有飛白貌豔藝珍若乃軟析毫芒纖微和惠索泐水鮮蘭墨電裂直準箭飛風擬蠖勢梁武

帝謂蕭子雲言頃見王獻之書白而不飛卿書飛而不白可斟酌為之令得其衷子雲乃以篆文為之雅合帝意既括鍰而羽則遠而益深雖創法於八分實窮微於小篆其後歐陽詢得之蔡伯喈即飛白之祖也

贊曰

妙哉飛白祖自八分有美君子潤色斯文絲縈箭激電繞雪雰淺如流霧濃若屯雲舉衆仙之奕奕舞羣鶴之紛紛誰其覃思於戲蔡君

草書

案草書者後漢徵士張伯英之所造也梁武帝草書狀曰蔡邕云昔秦之時諸侯爭長簡檄相傳望烽走馹以篆隸之難不能救速遂作赴急之書蓋今草書是也余疑不然創制之始其閑者鮮且此書之約略既是蒼黄之世何粗魯而能識之又云杜氏之變隸亦由程氏之改篆其先出自杜氏以張為祖以衛為父索為伯叔二王為兄弟薄為庶息羊為僕隸者懷瓘以為諸侯爭長

之日則小篆及楷隸未生何但於草蔡公不宜至此誠恐後誣案杜度漢章帝時人元帝朝史游已作草又評羊薄等末曰知書也歐陽詢與楊駙馬書章草千文批後云張芝草聖皇象八絕並是章草西晉悉然迨乎東晉王逸少與從弟洽變章草為今草韻媚宛轉大行於世章草幾將絕矣懷瓘案右軍之前能今草者不可勝數諸君之說一何孟浪欲杜衆口亦猶蹶履滅跡扣鐘銷音也又王愔云藁書者若草非草草行之際者非也

槀槀亦草也因草呼槀正如真正書寫而又塗改亦謂之草槀豈必草行之際謂之草者蓋取諸渾沌天造草昧之意也文而為槀法此也故孔子曰裨諶草創之是也楚懷王使屈原造憲令草槀未成上官氏見欲奪之又董仲舒欲言災異草槀未上主父偃竊而奏之並是也如淳曰所作起草為槀姚察曰草猶麤也麤書為本曰槀蓋草書之文粗出於此草書之先因於起草自杜度妙於章草崔瑗崔實父子繼能羅暉趙

襲亦法此藝襲與張芝相善芝自云上比崔杜不足下方羅趙有餘然伯英學崔杜之法溫故知新因而變之以成今草轉精其妙字之體勢一筆而成偶有不連而血脉不斷及其連者氣候通而隔行唯王子敬明其深指故行首之字往往繼前行之末世稱一筆書者起自張伯英即此也實亦約文該思應指宣言列缺施鞭飛廉縱轡也伯英雖始草創遂造其極索靖草書狀云聖王御世隨時之宜蒼頡既工書契是為損之草隸以崇簡易草書之狀也宛若銀鉤飄若驚鸞舒翼未發若舉復安於是多才之英篤藝之彥役心精微耽思文憲守道兼權觸類生變離析八體靡形不判騁辭放手雨行冰散高音翰厲溢越流漫著絕藝於紈素垂百代之殊觀張伯英即草書之祖也

贊曰

草法簡略省繁録徵譯言宣事如矢應機霆不暇發電不及飛徵士已沒道愈光輝明神在享其靈有歆斯藝漫流終古無絕

論曰

夫卦象所以陰隲其理文字所以宣載其能卦則渾天

地之窈冥秘鬼神之變化文能以發揮其道幽贊其功是知卦象者文字之祖萬物之根衆學分鑣馳騖不息或安其所習毁所不見終以自蔽也固須原心反本無漫學焉今欲稽其濫觴不可遵諸子之非弃聖人之是先賢說文字所起與八卦同作又云八卦非伏羲自重夫易者太古之書夫子之文章可得而聞也彌綸乎天地錯綜乎四時究極人神盛德大業也子曰學以聚之問以辨之蓋欲討論根源悉其枝派自仲尼沒而微言

絕諸儒之說是或不經左丘明恥之愧無獨斷之明以釋天下之惑孔安國云宓羲造書契代結繩非也厥初生人君道尚矣應而不求為而不恃執大象也迨乎伏羲氏作始定人道辨乎臣子伏而化之結繩而治故孔子曰三皇伯世叶神無文洛乙紀命韻字胥合又班固云庖犧繼天而王為百王先並是也易曰庖羲氏之王天下也作結繩而為網罟以畋以漁蓋取諸離離者麗也日月麗乎天百穀草木麗乎土重明以麗乎正乃化

成天下離也者明也萬物皆相見南方之卦也聖人南面而聽天下向明而理蓋取諸此也庖犧神農氏沒軒轅氏作始造圖書禮樂度數甲子律歷自開闢之事皆先聖傳流於口黃帝已後紀録言之無幾故春秋國語唯發明五帝太史公叙黃帝顓頊以下事孔子撰書始自堯舜尚年月闕然詩人所述起乎虞氏其可知也巢燧之時淳一無教故言上古昔者俱是伏羲神農之時言後世聖人者即黃帝堯舜之際易曰上古結繩以理

後世聖人易之以書契此猶太陽一照衆星沒矣史記及漢書皆云文王重八卦為六十四卦又帝王世紀及孫盛等以為神農夏禹重之並非也夫八卦雖理象已備尚隱神功引而伸之始通變吉亾成其妙用觸類而長天下之能事畢矣故易曰聖人立象以盡意設卦以盡情八卦成列象在其中矣因而重之爻在其中矣剛柔相推變在其中矣伏羲自重之驗也又曰昔者聖人之作易也觀變於陰陽而立卦發揮於剛柔而生爻是

以立天之道曰陰與陽立地之道曰柔與剛立人之道曰仁與義兼三才而兩之故易六畫而成卦六位而成章又伏羲自重之驗也若以後世聖人易之以書契謂伏羲即昔者聖人之作易也謂誰矣則知伏羲自重八卦不造書契煥乎可明不至疑惑也又曰河出圖洛出書聖人則之孔安國云河圖八卦是洛之九疇馬融王肅姚信等竝云得河圖而作易禮含文嘉曰伏羲則龜書乃作八卦並乘流而逝不討其源滋誤後生深可歎

息去聖久矣百家衆言自古非一正史之書不經宣尼筆削則未可全是况儒者臆説耶夫悠悠萬載是非手起一犬吠形百犬吠聲一人措虚百人傳實按龍圖出河龜書出洛令或云法龍圖而作卦或云則龜書而畫之假欲尊之何者為是案左傳庖羲氏有龍瑞以龍紀官非得八卦八卦若先列於河圖又文王等重之則伏羲何功於易也又夫子不言因圖而畫卦自黄帝堯舜及周公攝政時皆得圖書河以通乾出天苞雒以流坤

吐地符是知有聖人膺運則河雒出圖書何必八卦九疇九疇者天始錫禹而黄帝已獲洛書易曰蓍龜神物聖人則之然伏羲豈則蓍龜而作易言聖人者通謂後世易經三古不獨指伏羲也夫蓍龜者或悔吝有憂虞之象或得失有吉凶之徵或否泰有陰陽之辭或剛柔有變通之理若河圖洛書者或天地彛倫之法或帝王興亡之數或山川品物之制或治化合神之符故聖人則之而已孔子曰河不出圖洛不出書吾已矣夫是也

故知文字之作確乎權輿十體相沿毋明創革萬事皆始自微漸至于昭著春秋則寒暑之濫觴文畫則文字之兆朕其十體内或先有萌芽今取其昭彰者為始祖夫道之將興自然玄應前聖後聖合矩同規雖千萬年至理斯會天或垂範或授聖哲必然而出不在考其甲之與乙耶案道家相傳則有天皇地皇人皇之書各數百言其文猶在像如符印而不傳其音指審爾則八卦未為雲孫矣况古文乎且四裔異音各貌會於文字其

指不殊禽獸之情悉應若是觀其趣向不遠於人其有知方求辨音節非智能所及復何所學哉則知凡庶之流有如草木鳥獸之類或藴文章又霹靂之下乃時有字或錫貺之瑞往往銘題以古書考之皆可識也夫豈學之於人乎又詳釋典或沙劫已前或他方怪俗云為事況與即意無殊是知天之妙道施於萬類一也但所感有淺深耳豈必在乎羲軒周孔將釋老之教乎況論篆籀將草隸之後先乎縷而分之則如彼總而言之其

若此也

書斷卷上

欽定四庫全書

書斷卷中

唐　張懷瓘　撰

我唐四聖高祖神堯皇帝太宗文武聖皇帝高宗天皇太聖皇帝鴻猷大業列乎冊書多才能事俯同人境翰墨之妙資以神功開草隷之規模變張王之今古盡善盡美無得而稱今天子神武聰明制同造化筆精墨妙思極天人或頌德銘勛函耀金石或恩崇惠縟載錫侯

王赫奕光華懸諸日月然猶進而不已惟奥惟玄非區區小臣所敢揚述

神品二十五人

大篆一　史籀　籀文一　史籀

小篆一　李斯　八分一　蔡邕

隷書三　鍾繇　王羲之　王獻之

行書四　王羲之　鍾繇　王獻之　張芝

章草書八　張芝　杜度　崔瑗　索靖

衛瓘　王羲之　王獻之　皇象
飛白三　蔡邕　王羲之　王獻之
草書三　張芝　王羲之　王獻之

妙品九十八人

古文四　杜林　衛宏　邯鄲淳　衛恒
大篆四　李斯　趙高　蔡邕　邯鄲淳
小篆五　曹喜　蔡邕　邯鄲淳　崔瑗
衛瓘

八分九　張昶　皇象　邯鄲淳　韋誕
鍾繇　師宜官　梁鵠　索靖
王羲之
隸書二十五　張芝　鍾會　蔡邕
邯鄲淳　衛瓘　韋誕　荀輿
謝安　羊欣　王洽　王珉
薄紹之　蕭子雲　宋文帝　衛夫人
胡昭　曹喜　謝靈運　王僧虔

孔琳之　陸柬之　褚遂良　虞世南
釋智永　歐陽詢
行書十六　劉德昇　衛瓘　王珉　謝安
王僧虔　胡昭　鍾會　孔琳之
虞世南　阮研　王洽　羊欣
薄紹之　歐陽詢　陸柬之　褚遂良
章草八　張昶　鍾會　韋誕　衛恒
郗愔　張華　魏武帝　釋智永

飛白五　蕭子雲　張弘　韋誕　歐陽詢
王廙
草書二十二　索靖　衛瓘　嵇康
張昶　鍾繇　羊欣　薄紹之
鍾會　衛恒　荀輿　桓玄
謝安　孔琳之　王珉　王洽
謝靈運　張融　阮研　王僧虔
歐陽詢　虞世南　釋智永

能品一百七人
古文四　張敞　衛覬　衛瓘　韋昶
大篆五　胡昭　嚴延年　韋昶　班固
歐陽詢
小篆十二　衛覬　班固　皇象　張弘
許慎　韋誕　傅玄　蕭子雲
劉紹　張弘　范曄　歐陽詢
八分三　毛弘　左伯　王獻之

隸書二十三　衛恒　張昶　王廙
庾翼　郗愔　王濛　衛覬
張彭祖　阮研　陶弘景　王脩
王褒　王恬　李式　傅玄
楊肇　王承烈　庾肩吾　薛稷
孫過庭　高正臣　釋智果　盧藏用
行書十八　宋文帝　司馬攸　釋智永　蕭子雲
蕭思話　齊高帝　陶弘景　漢王元昌

王導　王承烈　孫過庭　高正臣
裴行儉　王智敬　王脩　盧藏用
薛稷　釋智果
章草十五　羅暉　趙襲　徐幹　庾翼
張超　王濛　衛覬　崔寔
蕭子雲　杜預　陸東之　歐陽詢
王承烈　王智敬　裴行儉
飛白一　劉紹

草書二十五　王導　何曾　楊肇
郗愔　庾翼　司馬攸　李式
宋文帝　蕭子雲　陸東之　宋令文
齊高帝　謝朓　庾肩吾　蕭思話
范曄　孫過庭　梁武帝　王智敬
裴行儉　釋智果　盧藏用　高正臣
王廙　王愔
右包羅古今不越三品工拙倫次迨至數百且妙之企

神非徒步驟能之仰妙又甚規隨每一書之中優劣為次一品之內復有兼弁至如神品則李斯杜度崔瑗皇象衛瓘索靖各惟得其一史籀蔡邕鍾繇得其二張芝得其三逸少子敬並各得其五考多之類少妙之況神入上下差降昭然可悉也他皆倣此後所傳則當品之内時代次之或有紀名而不評迹者蓋古有其傳今絕其書粗為斟酌列於品第但備其本傳無別商椎然十書之外乃有龜蛇麟虎雲龍蟲鳥之書既非世要悉所

不取也

神品

周史籀宣王時為史官善書師模蒼頡古文夫蒼頡者獨蘊聖心啟冥演幽稽諸天意功侔造化德被生靈可與三光齊懸四序終始何敢抑居品列始籀以為聖跡湮滅失其真本今所傳者纔髣髴而已故損益而廣之或同或異謂之為篆亦曰史書加之銛利鉤殺自然機發信為篆文之權輿非至精孰能與於此窮物合數變類相名因而以化成天下也故其稱謂無方亦難得而備舉今妙跡雖絕于世考其遺法肅若神明故可特居神品又作籀文其狀邪正體則石鼓文存焉乃開闔古文暢其戚銳但折直勁迅有如鏤鐵而端姿旁逸又婉潤焉若取於詩人則雅頌之作也亦所謂楷隸曾高字書淵藪使倣小學者漁獵其中籀大篆籀文入神

秦李斯楚上蔡人少從孫卿學帝王術西入秦位至丞相胡亥立趙高譖之要斬夷三族斯妙大篆始省改之

以為小篆著蒼頡七篇雖帝王質文世有損益終以文代質漸就澆漓則三皇結繩五帝畫象三王肉刑斯可況也古文可為上古大篆為中古小篆為下古三古為實草隸為華妙極於華者羲獻精窮於實者籀斯始皇以和氏之璧琢而為璽令斯書其文今泰山嶧山秦望等碑並其遺迹亦謂傳國之偉寶百代之法式斯小篆入神大篆入妙也

後漢杜度字伯度京兆杜陵人御史大夫延年曾孫章

帝時為齊相善章草雖史游始草書傳不紀其能又絕
其迹創其神妙其唯杜公韋誕云杜氏傑有骨力而字
畫微瘦崔氏法之書體甚濃結字工巧時有不及張芝
喜而學焉轉精其巧可謂草聖超前絕後獨步無雙張
芝自謂上比崔杜不足下方羅趙有餘誠是尊師之辭
亦其心肺間語伯英損益伯度章草亦猶逸少增減元
常真書雖潤色精於斷割意則美矣至若高深之意質
素之風俱不及其師也然各為古今之獨步蕭子良云

本名操為魏武帝諱改為度非也蔡邕勸學篇云齊
相杜度美守名篇漢中郎不應預為武帝諱也
崔瑗字子玉安平人曾祖蒙父駰子玉官至濟北相文
章蓋世善章草師於杜度點畫之間莫不調暢伯英祖
述之其骨力精熟過之也索靖乃越制特立風神凜然
其雄勇過之也以此有謝於張索一本云始於杜度媚趣過之點畫精微神變無礙利金百鍊美玉天姿可謂冰寒於水也袁昂云如危峰阻日孤松一枝
王隱謂之草賢晉平苻堅得摹子玉書王子敬云張伯英極
似之其遺跡絕少又妙小篆今有張平子碑以順帝漢
安二年卒年六十六子玉章草入神小篆入妙
張芝字伯英燉煌人父煥為太常徙居弘農華陰伯英
名臣之子幼而高操勤學好古經明行脩朝廷以有道
徵不就故時稱張有道實避世潔白之士也好書凡家
之衣帛皆書而後練尤善章草書出諸杜度崔瑗云龍
驤豹變青出於藍又創為今草天縱尤異率意超曠無
惜是非若清潤長源流而無限縈迴崖谷任於造化至

於蛟龍駭獸奔騰拏攫之勢心手隨變窈冥而不知其
所如是謂達節也已精熟神妙冠絕古今則百世不易
之法式不可以智識不可以勤求若達士遊乎沉默之
鄉鸞鳳翔乎大荒之野韋仲將謂之草聖豈徒言哉遺
迹絕少故褚遂良云鍾繇張芝之迹不盈片素韋誕云
崔氏之肉張氏之骨其章草金人銘可謂精熟至極其
草書急就章字皆一筆而成合於自然可謂變化至極
羊欣云張芝皇象鍾繇索靖時並號書聖然張勁骨豐

肌德冠諸賢之首斯為當矣其行書則二王之亞也又善隸書以獻帝初平中卒伯英章草草行入神隸書入妙

蔡邕字伯喈陳留圉人父稜徐州刺史有清行謚貞定伯喈官至左中郎將封高陽侯儀容奇偉篤孝博學能畫善音律明天文數術災變辛見問無不對工書絕世尤得八分之精微體法百變窮靈盡妙獨步今古又創造飛白妙有絕倫動合神功真異能之士也董卓用天

下名士而邕一日七遷光照榮顯顧寵彰著王允誅卓收伯喈付廷尉以獻帝初平三年死於獄中年六十一搢紳諸儒莫不流涕伯喈八分飛白入神大篆小篆隸書入妙女琰甚賢明亦工書

魏鍾繇字元常頴川長社人祖皓至德高世父迪黨錮不仕元常才思通敏舉孝廉尚書郎累遷尚書僕射東武亭侯魏國建遷相國明帝即位遷太傅繇善書師曹喜蔡邕劉德昇真書絕世剛柔備馬點畫之間多有異趣可謂幽深無際古雅有餘秦漢以來一人而已雖古之善政遺愛結于人心未足多也尚德哉若人其行書則羲之獻之之亞草書則衛索之下八分則有魏受禪碑稱能為最太和四年薨八十矣元常隸入神八分入妙

吳皇象字休明廣陵江都人也官至侍中工章草師於杜度先是有張子並於時有陳良輔並稱能書然陳恨瘦張恨峻休明斟酌其間甚得其妙與嚴武等稱八絕

世謂沉着痛快抱朴云書聖者皇象懷瓘以為右軍隸書以一形而衆相萬字皆別休明章草雖相衆而形一萬字皆同各造其極則實而不朴文而不華其寫春秋最為絕妙八分雄才逸力乃相亞於蔡邕而妖冶不逮通議傷於多肉矣休明章草入神八分入妙小篆入能

晉衛瓘字伯玉河東安邑人父顗魏侍郎瓘弱冠仕魏為尚書郎入晉為尚書令善諸書引索靖為尚書郎號一臺二妙時議放手流便過索而法則不如之嘗云我

得伯英之筋恒得其骨靖得其肉伯玉採張芝法取父
書參之遂至神妙天姿特秀若鴻鴈奮六翮飄飄乎清
風之上率情運用不以為難後為侍中司空楚王瑋矯
詔害之元康元年卒年七十二章草入神小篆隸行草入
妙

索靖字幼安燉煌龍勒人張伯英之彌甥父湛北地太
守幼安善章草書出於韋誕峻險過之有若山形中裂
水勢懸流雪嶺孤松氷河危石其堅勁則古今不逮或
云楷法則過於衛瓘然窮兵極勢揚威耀武觀其雄勇

欲陵於張何但於衛王隱云靖草書絕世學者如雲是
知趣者皆然勸不用賞時人云精熟至極索不及張妙
有餘姿張不及索蕭子良云其形甚異又善八分章鍾
之亞毋丘興碑是其遺迹也大安二年卒年六十贈太
常章草入神草入妙

王羲之字逸少瑯琊臨沂人祖正尚書郎父曠淮南太
守逸少骨鯁高爽不顧常流與王氷王沉為王氏三少
起家秘書郎累遷右軍將軍會稽內史初度浙江便有
終焉之志昇平五年卒年五十九贈金紫光祿大夫加
常侍尤善書草隸八分飛白章行備精諸體自成一家
法千變萬化得之神功自非造化發靈豈能登峰造極
然剖析張公之草而濃纖折衷乃愧其精熟損益鍾君
之隸雖運用增華而古雅不逮至研精體勢則無所不
工亦猶鐘鼓云乎雅頌得所觀夫開襟應務若養由之
術百發百中飛名蓋世獨映將來其後風靡雲從世所
不易可謂冥通合聖者也隸行草書章草飛白俱入神

八分入妙妻郗氏甚工書有七子獻之最知名玄之凝
之徽之操之並工草隸凝之妻謝道韞有才華亦善書
甚為舅所重

獻之字子敬逸少第七子累遷中書令卒初娶郗曇女
離婚後尚新安愍公主無子唯一女後立為安僖皇后
后亦善書以后父追贈侍中特進光祿大夫太宰尤善
草隸幼學于父次習于張後改變制度別創其法率爾

私心冥合天矩觀其逸志莫之與京至於行草興合如孤峰四絕迥出天外其峭峻不可量也爾其雄武神縱靈姿秀出臧武仲之智卞莊子之勇或大鵬摶風長鯨噴浪懸崖墜石驚電遺光察其所由則意逸乎筆未見其止蓋欲奪龍蛇之飛動掩鍾張之神氣惜其陽秋尚富縱逸不羈天骨未全有時而瑣人有求書罕能得者雖權貴所逼了不介懷偶其興會則觸遇造筆皆發於衷不從於外亦由或默或語即銅鞮伯華之行也初謝

安請為長史太康中新起太極殿安欲使子敬題榜以為萬世寶而斅言之乃說韋仲將題凌雲臺事子敬知其指乃正色曰仲將魏之大臣寧有此事使其若此知魏德之不長安遂不之逼子敬五六歲時學書右軍潛於後掣其筆不脫乃歎曰此兒當有大名遂書樂毅論與之學竟能極肖真書可謂窮微入聖筋骨緊密不減於父如大則尤直而少態豈可同年唯行草之間逸氣過也及論諸體多劣于右軍總而言之季孟差耳子敬隸行草章草飛白五體俱入神八分入能或謂小王為小令非也子敬為中書令太康十一年卒於官年四十三族弟珉代居之至十三年而卒年三十八時謂子敬為大令珉為小令

妙品

秦胡毋敬本櫟陽獄吏為太史令博識古今文字亦與程邈李斯省改大篆著博學篇七章卑思舊章博采衆訓時趙高為中車府令善史書教始皇太子胡亥書及

獄律法令亥私幸之作爰歷篇六章漢興揔合為蒼頡篇

後漢杜林字北山扶風茂陵人涼州刺史鄴之子位至司空九工古文過於鄴也故世言小學由杜公嘗於西河得漆書古文尚書一卷寶玩不已每困厄自以為不能濟於時世嘗抱經嘆曰古文之學將絕於此初衛宏方造林未見則黯然而服及會面林以漆書示宏曰常以此道將絕何意東海衛君復能傳之是道不墜於地

矣子曰德不孤必有鄰豈虛也哉光武建平中辛靈帝
時劉陶刪定古文今文尚書號中文尚書以北山本爲
正陶亦工古文是謂就有道而正焉

衛宏字次仲東海人官至給事中脩古學善屬文作尚
書訓指師於杜林後之學者古文皆祖杜林衛宏也同
乎東方之美者有醫無閭山珣玗琪焉

曹喜字仲則扶風平陵人明帝建初中爲秘書郎篆隸
之工收名天下蔡邕云扶風曹喜建初稱善衛恒喜

善篆小異於李斯邯鄲淳師焉畧究其妙韋誕師淳而
不及也善懸針垂露之法後世行之仲則小篆隸書入
妙雖賀彥先沉潛乃青雲之士也

劉德昇字君嗣潁川人桓靈之時以造行書擅名雖以
草創亦豈研美風流婉約獨步當時胡昭鍾繇並師其
法世謂鍾繇行押書是也而胡書體肥鍾書體瘦亦各
有君嗣之美

師宜官南陽人靈帝好書徵天下工書於鴻都門至數
百人八分稱宜官爲最大則一字徑丈小乃方寸千言
甚矜其能性嗜酒或時空至酒家書其壁以售之觀者
雲集酤酒多售則鏟去之後爲袁術將今鉅鹿耿球碑
術所立是宜官書也

梁鵠字孟皇安定烏氏人少好書受法於師宜官以善
八分知名舉孝廉爲郎靈帝重之亦在鴻都門下遷幽
州刺史魏武甚愛其書常懸帳中又以釘壁以爲勝宜
官也時邯鄲淳亦得次仲法淳宜爲小字鵠宜爲大字

不如鵠之用筆盡勢也

張昶字文舒伯英季弟爲黃門侍郎尤善章草家風不
墜奕葉清華書類伯英時人謂之亞聖至如筋骨天姿
實所未逮若華實兼美可以繼之衛恒云姜孟穎梁孔
達田彥和及韋仲將之徒皆張之弟子各有名於世並
不及文舒又工極八分況之蔡公長幼差耳華岳廟前
一碑建安十年刊也祠堂碑昶造並書後鍾繇鎮關中
題此碑後云漢故給事黃門侍郎華陰張府君諱昶字

文舒造此文人題碑頭云時司隸校尉侍中東武亭侯
潁川鍾繇字元常書人善隸以建安十一年卒文舒章
草入妙隸入能
魏武帝姓曹氏諱操字孟德沛國譙人尤工章草雄逸
絕倫年六十六薨張華云漢安平崔瑗子實弘農張芝
弟昶並善書而魏武亞焉子植字子建亦工書
邯鄲淳字子淑潁川人志行清潔才學通敏初為臨淄
王傅累遷給事中書則八體悉工師於曹喜尤精古文

大篆八分隸書自杜林衛宏以來古文泯絕由淳復著
衛恒云魏初傳古文者出於邯鄲淳蔡邕采斯喜之法
為古今雜形然精密閑理不如淳也梁鵠云淳得次仲
法韋誕師淳而不及也袁昂云應規入矩方圓乃成張
華云邯鄲淳善隸書子淑古文小篆八分隸書並入妙
胡昭字孔明潁川人少而博學不慕榮利有夷皓之節
甚能隸書真行入妙衛恒云昭與鍾繇並師於劉德昇
俱善草行而胡肥鍾瘦書牘之迹也動見模楷羊欣云

胡昭得其骨索靖得其肉韋誕得其筋張華云胡昭善
隸書茂先與荀勗共整理記籍立書博士置弟子教習
以鍾胡為法嘉平二年公車徵會卒年八十九孔明隸
行入妙大篆入能
韋誕字仲將京兆人太僕端之子官至侍中服膺於張
芝兼邯鄲淳之法諸書並善尤精題署明帝時凌雲臺
初成令誕題榜高下異好宜就加點正因致危懼頭鬢
皆白既以下戒子孫無為大字楷法袁昂云仲將書如

龍拏虎踞劒拔弩張張華云京兆韋誕子熊潁川鍾繇子
會並善隸書初青龍中洛陽許鄴三都宮觀始成詔令
仲將大為題署以為永制給御筆墨皆不任用因曰蔡
邕自矜能書兼斯喜之法非流紈體素不妄下筆夫工
欲善其事必先利其器若用張芝筆左伯紙及臣墨兼
此三具又得臣手然後可以兼徑丈之勢方寸千言然
真迹之妙亞乎索靖也嘉平五年卒年七十五八分隸章
草飛白入妙小篆入能兄康字元將亦工書子熊字少

季亦善書時人云名父之子不有二事世所美焉
嵇康字叔夜譙國銍人官至中散大夫奇才不羣身長七尺八寸而土木形骸不自藻飾未嘗見其疾聲朱顏人以為龍章鳳姿天質自然恬静寡欲學不師受博覽該通以為君子無私心不惜乎是非而行不違乎道叔夜善書妙於草製觀其體勢得之自然意不在乎筆墨若高逸之士雖在布衣有傲然之色故知臨不測之水使人神清登萬仞之巖自然意遠鍾會譖康就刑年四

十四太學生三千人請為師不許
鍾會字士季元常少子官至司徒咸熈元年衛瓘誅之年四十書有父風稍備筋骨美兼行草尤工隸書遂逸致飄然有淩雲之志亦所謂劍則干將莫耶焉會嘗詐為荀勖書就勖母鍾夫人取寶劍會兄弟以千萬造宅未移居勖乃潛畫元常形像會兄弟入見便大感慟勖畫亦會之類也會隸行草章草入妙
吳處士張弘字敬禮吳郡人篤學不仕恒着烏巾時號張烏巾并善篆隸其飛白妙絶當時飄若雲遊激如驚電飛仙舞鶴之態有類焉自作飛白序勢備說其美也歐陽詢曰飛白張烏巾冠世其後逸少子敬亦稱妙絶敬禮飛白入妙小篆入能
晉張華字茂先范陽人父平後漢漁陽太守茂先官至司空壯武公博涉羣書盈萬餘卷高才達識天文數術無所不精善章草書體勢尤古度德比義嵇叔夜之倫也
衛恒字巨山瓘之仲子官至黄門侍郎瓘嘗云我得伯

英之筋恒得其骨巨山善古文得汲冢古文論楚事者最妙恒嘗玩之作四體書勢并造散隸書元康中楚王瑋害之年四十古文章草書入妙隸入能弟宣善篆及草名亞父兄宣弟庭亦工書子仲寶叔寶俱有書名四世家風不墜也
衛夫人名鑠字茂猗廷尉展之女弟恒之從女汝陰太守李矩之妻也隸書尤善規矩鍾公云碎玉壺之冰爛瑶臺之月婉然芳樹穆若清風右軍少常師之永和五

年辛年七十八子克為中書郎亦工書先有扶風馬夫人大司農皇甫規之妻也有才學工隸書夫人寡董卓聘以為妻夫人不屈卓殺之

王廙字世將瑯琊臨沂人祖覽父正尚書郎導從父之弟也官至平南將軍荆州刺史侍中逸少之叔父工於草隸飛白祖述張衛遺法自過江東右軍之前世將書與荀勗畫為明帝師其飛白志氣極古垂雕鶉之翅羽類旌旗之卷舒時人云王廙飛白右軍之亞永昌元年卒

年四十七世將飛白入妙隸入能

郗愔字方回高平金鄉人父鑒太尉草書卓絕古而且勁方回官至司空善衆書雖齊名庾翼不可同年其法遵於衛氏尤長於章草纖能得中意態無窮筋骨亦勝王僧虔云郗愔章草亞於右軍太元六年卒年七十二方回章草入妙草隸入能妻傅氏善書子超字景興小字嘉賓亦善書

王洽字敬和導第四子理識明敏拜駙馬都尉累遷中書令書兼諸法於草尤工落簡揮毫有郢匠乘風之勢雖卓然孤秀未至運用無方而右軍云弟書遂不減吾飾之過也昇平三年卒年四十四敬和隸行草入妙妻荀氏亦善書

謝安字安石陳郡陽夏人十八徵著作郎辭疾寓居會稽與王逸少許詢桑門支遁等遊處十年累遷尚書僕射太元十年卒贈太傅謚文靖公年六十六人皆比之王導謂文雅過之學草正於右軍右軍云卿是解書者

然知解書者尤難安石尤善行書亦猶衛洗馬風流名士海內所瞻王僧虔云謝安得入能書品錄也安石隸行草入妙兄尚字仁祖弟萬字萬石並工書

王珉字季琰洽之少子官至中書令工隸及行草金劒霜斷崎嶔歷落時謂小王之亞也自導至珉三世善書時人方之杜衛二氏嘗書四疋素自朝操筆至暮便竟首尾如一又無誤字子敬戲云弟書如騎騾駸駸欲度驊騮前斯可謂弓善矢良兵利馬疾突圍破的難與爭

鋒隸行入妙妻汪氏善書兄珣亦善書

桓玄者温之子為義興太守篡晋伏誅嘗慕小王善於草法譬之於馬則肉翅已就蘭筋初生畜怒而馳日可千里洸洸赳赳實亦武哉非王之武臣即世之刺客列缺吐火共工觸山尤剛健倜儻夫水火之性各有所長火能外光不能内照水能内照不能外光若包五行之性則可謂通矣嘗與顧愷之論書至夜不倦愷之字長康善書小名虎頭時人號為三絕癡書畫也虔遠案長康三絕者才絕畫絕癡絕書非癡數也

宋文帝姓劉諱義隆彭城人武帝第三子善隸書次及行草規模大令自謂不減於師雖庶幾德音引領長望尚遠遠矣然才位發揮亦可謂倬彼雲漢為章于天時論以為天然勝羊欣工夫恨少是亦天然可尚道心唯微探索幽遠若泠泠水行有岩石間真聲帝隸書入妙行草入能

羊欣字敬元泰山南城人官至中散大夫義興太守師資大令時亦衆矣非無雲塵之遠若親承妙旨入於室者唯獨此公亦猶顏回與夫子有步驟之近撫若嚴霜之林婉似流風之雪驚禽走獸絡繹飛馳亦可謂王之藎臣朝之元老沈約云敬元尤善於隸書子敬之後可以獨步時人云買王得羊不失所望今大令書中風神怯者往往是羊也元嘉十九年卒年七十三敬元隸行草入妙時有丘道護親師於子敬殊劣於羊欣謝綜亦善書不重敬元亦憚之云力少媚好又有義興康昕與南州惠式道人俱學二王轉以己書貨之世人或謬寶

此迹亦或謂為羊歐陽通云式道人右軍之甥與王無別

薄紹之字敬叔丹陽人官至給事中善書憲章小王風格秀異若干將出匣光芒射人魏武臨戎縱橫制敵其行草倜儻時越羊欣若用力取之則真正懸隔敬叔隸行草入妙

謝靈運會稽人祖玄父煥靈運官至秘書監侍中康樂侯模憲小王真草俱美石蘊千年之色松低百尺之柯雖不逮師歙風吐雲簸蕩川岳其亦庶幾虞和云靈運

子敬之甥故能書特多王法王僧虔云子敬上表多在中書雜事中靈運竊寫易其真本相與不疑元嘉初帝就索始進親聞文皇說此元嘉十年年四十九以罪棄廣州市隸草入妙

孔琳之字彥琳會稽山陰人父歘彥琳官至祠部尚書善草行師於小王稍露筋骨飛流懸勢則呂梁之水焉時稱曰羊真孔草又以縱快比於桓玄王僧虔云孔琳之放縱快利筆迹流便二王已後略無其比但工夫少

太自任故當劣於羊欣斯言僉矣景平元年卒年五十五行草入妙妻謝氏亦善書

齊王僧虔瑯琊臨沂人曾祖洽父曇首官至司空善書宋文帝見其書素扇嘆曰非唯迹逾子敬方當器雅過之後孝武欲擅書名僧虔不敢顯跡大明之世常用拙筆書以此見容虞龢云僧虔尋得書術雖不及古不減郗家所制然述小王尤尚古宜有豐厚淳朴稍乏妍華若溪澗含冰岡巒被雪雖甚清肅而寡於風味子曰質勝文則野是之謂乎永明三年卒僧虔隸行入妙草入能（一本云隸行草入妙）子慈亦善隸書謝超宗嘗問慈曰卿書何當及尊公慈曰我之不得仰及猶雞之不及鳳時人以為名答

張融字思光吳郡人祖禕父暢思光官至司徒左長史博涉經史早標孝行書兼諸體於草尤工而時有稽古之風寬博有餘嚴峻不足可謂有文德而無武功然齊梁之際殆無以過或有鑑不至深見其有古風多誤賓

之以為張伯英書也而榻本大行於世

梁蕭子雲字景喬晉陵人父嶷景喬官至侍中少善草行小篆諸體兼備而剏造小篆飛白意趣飄然點畫之際若有騫舉妍妙至極難與比肩但少乏古風抑居妙品故歐陽詢云張烏巾冠世其後逸少子敬又稱絕妙爾飛而不白蕭子雲輕濃得中蟬翼掩素遊霧崩雲可得而語其真草少師子敬晚學元常及其暮年筋骨亦備名蓋當世舉朝效之其肥鈍無力者悉非也今之謬

賞十室九焉梁武帝推與二王並迹則若兆雞仰於鸞鳳子貢賢於仲尼雖絶唱於彼朝未曰陽春白雪以太清三年卒景喬隸書飛白入妙小篆行草章草入能子將字世達亦善書位至太子舍人先景喬卒

阮研字文幾陳留人官至交州刺史善書其行草出於大王甚精熟若飛泉交注奔競不息時稱蕭陶等各得右軍一體而此公筋力最優比之於勇則被堅執鋭所向無前喻之於談則緩頰朶頤離堅合異有李信王離

之攻伐無子貢魯連之變通其隸則習於鍾公風神稍怯庾肩吾云阮居今觀古窺衆妙之門雖師王祖鍾終成別搆一法矣然遲速之對可方於陸柬之則意此公性急而猶枚皋文章敏疾長卿製作淹遲各一時之妙也行草入妙隸書入能

陳永興寺僧智永會稽人師遠祖逸少歷記專精攝齊升堂真草唯命夷途良轡大海安波微尚有道之風半得右軍之肉無能諧體於草最優氣調下於歐虞精熟過於羊薄智永章草草書入妙隸入能兄智楷亦工草

丁覘亦善隸書時人云丁真楷草

皇朝歐陽詢長沙汨羅人官至銀青光祿大夫率更令八體盡能筆力勁險篆體尤精高麗愛其書遣使請焉神堯嘆曰不意詢之書名遠播夷狄彼觀其迹固謂其形魁梧耶飛白冠絶峻於古人有龍蛇戰鬬之象雲霧輕濃之勢風旋電激掀舉若神真行之書雖於大令亦別成一體森森焉若武庫矛戟風神嚴於智永潤色寡

於虞世南其草書迭蕩流通視之二王可為動色然驚奇跳駿不避危險傷於清雅之致自羊薄以後略無勍敵唯永公將以訓兵精練議欲旗鼓相當歐以猛鋭長驅永乃閉壁固守以貞觀十五年卒年八十五飛白隸行草入妙大小篆章草入能子通亦善書瘦怯於父薛純陁亦效詢草傷於肥純乃通之亞也

虞世南字伯施會稽餘姚人祖儉梁始興王諮議父荔陳太子中庶子世南受業於吳郡顧野王門下讀書十

年國朝拜銀青光禄大夫祕書監永興公太宗詔曰世南一人有出世之才遂兼五絶一曰忠讜二曰友悌三曰博文四曰詞藻五曰書翰有一於此足為名臣而世南兼之其書得大令之宏規含五方之正色姿榮秀出智勇在焉秀嶺危峯處處間起行草之際尤所偏工及其暮齒加以遒逸臭味羊薄不亦宜乎是則東南之美會稽之竹箭也貞觀十二年卒年八十一伯施隸行書入妙然歐之與虞可謂智均力敵亦猶韓盧之追東郭㕙

也論其衆體則虞所不逮歐若猛將深入時或不利虞若行人妙選罕有失辭虞則内含剛柔歐則外露筋骨君子藏器以虞為優族子纂書有叔父體則而風骨不繼楊師道上官儀劉伯莊並立師法虞公過於纂矣張志遜又纂之亞也

褚遂良河南陽翟人父亮銀青光禄大夫太常卿遂良官至尚書左僕射河南公博學通識有王佐才忠讜之臣也善書少則服膺虞監長則祖述右軍真書甚得其媚趣在瑶臺青鏁窅映春林美人嬋娟不任羅綺增華綽約歐虞謝之其行草之間即居二公之後顯慶四年卒年六十四遂良隸行入妙亦嘗師授史陵然史有古直傷於疎瘦也

陸東之吴郡人官至朝散大夫太子司議郎虞世南之甥少學舅氏臨寫所合亦猶張翼換羲之表奏蔡邕為平子後身而晚習二王尤尚其古中年之迹猶有怯懦總章已後乃備筋骨殊矜質朴恥夫綺靡故欲暴露疵

同乎馬不齊髦人不櫛沐雖為時所鄙回也不愚拙於自媒有若道人君子尤善運筆或至興會則窮理極趣矣調雖古澁亦猶文王嗜菖蒲葅孔子蹙頞而嘗之三年乃得其味一覽未窮沉研始精然工於效倣劣於獨斷以此為少也隸行入妙章草書入能一本云隸行草章草並入能

書斷卷中

欽定四庫全書

書斷卷下

唐 張懷瓘 撰

能品

漢張敞字子高河東平陽人官至京兆尹善古文傳之子吉吉傳其出杜鄴鄴傳其子林吉子竦字伯松博學文雅過於子高三王以來古文之學蓋絕于高精勤而習之其後杜林衛宏為之嗣子高好古博雅有緝熙之美

焉

嚴延年字次卿東海人河南太守雅工史書規模趙高時稱其妙後以罪弃市

後漢班固字孟堅扶風安陵人官至中郎將工篆李斯曹喜之法悉能究之昔李斯作蒼頡篇趙高作爰歷篇故胡毋敬作博學篇漢興閭里書私合之總謂蒼頡篇斷六十字為一章凡五十五章至平帝元始中徵天下通小學者以百數各令記字於未央庭中揚雄取其有用者作訓纂篇二十四章以纂續蒼頡也孟堅乃復續十三章和帝永初中賈魴又撰異字取固所續章而廣之為三十四章用訓纂之末字以為篇目故曰滂喜篇言滂沱大盛凡百二十三章文字備矣明帝使孟堅成父彪所述漢書永平初受詔至章帝建初二十五年而成以竇憲賓客繫於洛陽獄卒六十三大小篆入能

徐幹字伯張扶風平陵人官至班超軍司馬善章草書班固與超書稱之曰得伯張書藁勢殊工知識讀之莫

不嘆息實亦藝由已立名自人成後有蘇班亦平陵人也五歲能書甚為張伯英所稱嘆

許慎字叔重汝南召陵人官至太尉南閣祭酒少好古學書正文字尤善小篆師模李斯甚得其妙作說文解字十四篇萬五百餘字疾篤令子沖詣闕上之安帝末年卒

晉呂忱字伯雍博識文字撰字林五篇萬二千八百餘字字林則說文之流小篆之工亦叔重之亞也

張超字子並河間鄚人官至別部司馬工章草擅名一時字勢甚峻亦猶楚共王用刑失節不合其宜吳人以皇象方之五原范曄云超草書妙絕

崔湜字子真瑗之子也博學有俊才為五原太守章草雅有父風良冶良弓斯焉不墜張茂先甚稱之

羅暉字叔景京兆杜陵人官至羽林監桓帝永壽年卒善草著聞三輔張伯英自謂方之有餘與太僕朱賜書云上比崔杜不足下方羅趙有餘朱賜亦杜陵人時稱

工書也

趙襲字元嗣京兆長安人為燉煌太守與羅暉並以能草見重關西而矜巧自與衆頗惑之與張芝素相親善靈帝時卒燉煌有張越仕至梁州刺史亦善草書

左伯字子邑東萊人特工八分名與毛弘等列小異於邯鄲淳亦擅名漢末尤甚能作紙漢興用紙代簡至和帝時蔡倫工為之而子邑尤得其妙故蕭子良荅王僧虔書云蔡邕之紙妍妙輝光仲將之墨一點如漆伯英之筆窮神盡思妙物遠矣邈不可追然子邑之八分亦猶斥山之文皮即東北之美者也

張紘字子綱廣陵人善小篆官至侍御史年六十一卒孔融與子綱書曰前勞筆迹乃多為篆舉篇見字欣然獨笑如復覩其人融之此言不易而得紘之小篆時頗有聲

毛弘字大雅河南武陽人服膺梁鵠研精八分亦成一家法獻帝時為郎中教於秘書建安末卒

魏衛覬字伯儒河南安邑人官至侍中尤工古文篆隸草體傷瘦筆迹精絕魏初傳曰古文者篆出於邯鄲淳伯儒嘗寫淳古文尚書還以示淳淳不能別年六十二卒伯儒古文小篆隸書章草並入能子孫皆妙於書

晉何曾字穎考陳郡陽夏人官至太保咸寧四年卒年八十餘工於藁草時人珍之也（一本云穎考善草書甚有古質少於風味孔子曰質勝文則野是之謂乎）

傅玄字休奕北地泥陽人祖燮漢漢陽太守父幹魏扶

風太守休奕少孤貧博學善屬文解鍾律性剛直不容人之短舉秀才為御史中丞司隸校尉善於篆隸見重時人云得鍾胡之法休奕小篆隸書入能時王允之善草隸官至衛將軍又張嘉善隸書羊欣云嘉師於鍾氏勝王義之在臨川也嘉字子勝官至光祿大夫時又有皇甫定年七歲善史書從兄謐深奇之

劉名字彥祖彭城人官至御史中丞遷侍中善小篆工飛白雖不及張毛亦一時之秀作飛白勢永和八年卒

小篆飛白入能柳詳亦善飛白彥祖之亞也

楊肇字秀初榮陽宛陵人官至折衝將軍荊州刺史工於草隸咸寧元年卒潘岳誄云草隸兼善尺牘必珍翰動若飛紙落如雲亦猶甘茂不能自通借餘光於蘇代安仁之誄抑其然乎秀初隸草入能

杜預字元凱京兆杜陵人度即六世祖祖畿魏僕射父恕幽州刺史並善行草預博學官至鎮南將軍當陽侯父祖三世善草書時人以衛瓘方之稱杜預三世馬

齊獻王攸字大猷河南人武帝母弟善尺牘尤能行草書蘭芳玉潔奇而且古才望出武帝之右帝用荀勖言出都督青州上道憤怒嘔血咸寧四年卒年三十六行草入能

李式字景則江夏鍾武人官至侍中衛夫人之猶子也甚推其叔母善書右軍云李式平南之流亦可比庾翼咸熙三年卒年五十四隸草入能許靜民善題宮觀額得方直之體其草稍乏筋骨亦景則之亞也

王導字茂弘瑯琊臨沂人祖覽父載導行草兼妙然跡柯迥擢寡葉危陰雖賢有餘而才不足元明二帝並工書皆推難於茂弘王愔云王導行草見貴當世咸寧五年卒年六十四行草入能有六子恬洽書皆知名矣

張彭祖吳郡人官至龍驤將軍善隸書右軍每見其緘牘輒存而玩之夬齊雖賢若仲尼不言未能高舉亦猶彭祖附青雲之士不泯於茲

韋弘字叔思位至原州刺史弟季字成為平西將軍善

隸書

王濛字仲祖太原晉陽人官至長山令女為皇后贈光祿大夫晉陽侯善隸書法於鍾氏狀貌似而筋骨不備永和三年卒年三十九隸章草入能衛臻陶侃亞也

王恬字敬預導之子官至後將軍會稽內史工於草隸當世難與為比永和五年卒年三十六張翼善隸書尤長於臨倣率性而運復非工劣於敬預也時戴安道隱居不仕總角時以雞子汁溲白玉屑作鄭玄碑文自書刻之文既奇隸書亦妙絕又有康昕亦善隸書王子敬常題方山庭

殿數行昕密改之子敬後過不疑又為謝居士題畫以示子敬子敬歎能為以西河絕矣昕字君明外國人官至臨沂令

庾翼字稚恭潁川鄢陵人明穆皇后弟安西將軍荊州刺史善草隸書名亞右軍兄亮字元規亦有書名嘗就右軍求書逸少荅云稚恭在彼豈復假此嘗復以章草荅亮亮示翼翼乃大服因與王書云吾昔有伯英章草十紙因喪亂遺失嘗謂人曰妙迹永絕今見足下荅家兄書煥若神明頓還舊觀永和九年卒年四十一

王脩字敬仁濛之子也著作郎善隸求右軍書乃寫東方朔畫贊與之昇平元年卒年二十四始王導愛好鍾氏書喪亂狼狽猶衣帶中盛尚書宣示帖過江後與右軍乞敬仁敬仁亡其母見此書平生所好遂以入棺殷仲堪亦敬仁之亞也

韋昶字文休誕兄涼州刺史康之玄孫官至潁州刺史散騎常侍善古書大篆見王右軍父子書云二王未足知書也又妙作筆子敬得其筆稱為絕世

宋蕭思話蘭陵人父源思話官至征西將軍左僕射工書學於羊欣得其體法行草連罔盡望勢不斷絕雖無奇峰壁力之秀亦可謂有功矣王僧虔云蕭令法羊欣風流媚態殆欲不減筆力恨弱袁昂云羊真孔草蕭行范篆各一時之妙也然上方琳之不足下方范曄有餘諭之於玄蓋緇緅間耳孝建元年卒年五十時有丘道護善隸書便書素時司馬珣之為吳興羊欣弟倫為臨安令欣吳興看弟珣之乃以道護素書洛神賦示欣

欣嗟咨其工以為勝己道護烏程人也官至相國主簿時有張昶亦善草書官至征北將軍也

范曄字蔚宗順陽人也父泰曄官至太子詹事工於草隸小篆尤精師範羊欣不能儁拔永嘉二十年伏誅諸葛長民亦善行草論者以為曄之流也長民官至前將軍義熙八年伏誅時人有張休善隸書初羊欣愛子敬正隸法其崇仰以右軍之體微古不復見貴休始改之世乃大行休字弘明官至豫章太守

齊高帝姓蕭氏諱道成字紹伯蘭陵人善草書篤好不已祖述子敬稍乏風骨嘗與王僧虔賭書畢曰誰為第一對曰臣書臣中第一陛下書帝中第一帝笑曰卿可謂善自謀矣然太祖與簡穆賭書亦猶雞之搏狸稍不自知量力也年五十六太子熙亦善書倫字世調多才藝善隸書始變古法甚有娟好過諸昆弟倫子確字仲正才兼文武甚工草隸為侯景所殺（太子熙後當有誤）

謝朓字玄暉陳留人官至吏部郎中風華黼藻當時獨步草書甚有聲草殊流美薄暮川上餘霞照人春晚林中飛花滿目詩有美一人清揚婉兮邂逅相遇適我願兮是之謂矣顏延之亦善草書乃其亞也

梁武帝姓蕭氏諱衍字叔達蘭陵中都里人丹陽尹順之之子好草書狀貌亦古乏於筋骨既無奇姿異態有減於齊高矣年八十六崩子綱綸繹並有書名

庾肩吾字叔慎新野人官至度支尚書才華既秀草隸兼善累紀專精偏探名法可謂贍聞之士也變態殊妍多慙質素雖有奇尚手不稱情乏於筋力文勝質則史

是之謂乎嘗作書品亦有佳致天寶元年卒肩吾隸草入能子信亦工草書時有殷鈞范懷約顏協等並善隸書有名於世

陶弘景字通明秣陵人隱居丹陽茅山善書師祖鍾王采其氣骨然時稱與蕭子雲阮研等各得右軍一體其真書勁利歐虞往往不如隸行入能

周王褒字子深瑯琊臨沂人曾祖儉齊侍中太尉祖騫

梁侍中父規並有重名子深官至司空工草隸師蕭子雲而名亞子雲躡而蹤之相去何遠雖風神不峻亦士君子之流也

隋永興寺僧智果會稽人也煬帝甚喜之工書銘石甚為瘦健嘗謂永師云和尚得右軍肉智果得右軍骨夫筋骨藏於膚内山水不厭高深而此公稍乏清幽傷於淺露若吳人之戰輕進易退勇而非猛虛張誇耀毋乃小人儒乎果隸行草入能時有僧述僧特與果並師智

永述困於肥鈍特傷於瘦怯

皇朝漢王元昌神堯之子也尤善行書金玉其姿挺生天骨𥜥懐宣暢灑落可觀藝業未精過於奔放若呂布之飛將或輕於去就也諸王仲季並有能名韓王曹王即其亞也曹則妙於飛白韓則工於草行魏王魯王即韓王之倫也

高正臣廣平人官至衛尉少卿習右軍之法脂肉頗多骨氣微少脩容整服上有風流可謂堂堂乎張也玄宗甚愛其書懷瓘先君與高有舊朝士就高乞書憑先君書之高曾與人書十五紙先君戲換五紙以示高不辯客曰有人換公書高笑曰必張公也終不能辯宋令文曰力則張勝態則高強有人求高書一屏障曰正臣故人在申州書與僕類可往求之先君乃與書之自任潤州湖州筋骨漸備比見蓄者多謂為褚後任申邵等州體法又變幾合於古矣陸柬之為高書告身高常嫌不將入帙後為鼠所傷持示先君曰此鼠甚解正臣意

耳風調不合一至於此正臣隸行草入能

裴行儉河東人官至兵部尚書工草書行及章草並入能有若縉紳之士其貌偉然華衮金章從容省闥

王知敬洛陽人官至太子家令工草及行尤善章草入能膚骨兼有戈戟足以自衛毛翮足以飛翻若翼大略宏圖摩霄殄寇則未奇也房僕射玄齡與此公同品房行草亦風流秀穎可與亞能又殷侍御仲容善篆隸題署尤精亦王之雁行也

宋令文河南陝人官至左衛中郎將奇姿偉麗身有三絶曰書畫力尤工於書備無諸體偏意在草甚欲究能翰簡翩翩甚得書之媚趣若與高卿比權量力則騶忌之類徐公也

王紹宗字承烈江都人父脩禮越王友道雲孫也承烈官至秘書少監清鑒遠識才高書古祖述子敬欽羨東之其中年小真書體象尤異沈邃堅密雖華不逮陸而古乃齊之其行草及章草次於真晚節之草則攻乎異端

度越絶墨薰猶同器王石無儔苦以敗為瑕筆乖其指嘗與人云鄙夫書翰無功者特由微水墨之積習常清心率意虛神靜思以取之每與吳中陸大夫論及此道明朝必不覺已進陸於後密訪知之嗟賞不少將余比虞君以虞亦不臨寫故也但心準目想而已聞虞眠布被中恒手畫肚與余正同也阮交州斷割不足陸大夫無箴有餘此公尤甚於陸也又曾謂所親曰自恨不能專有功褚雖以過陸猶未及承烈隸行章草入能兄嗣宗亦善書況之二陸則少監可比德於平原矣

孫虔禮字過庭陳留人官至率府録事參軍博雅有文章草書憲章二王工於用筆儁拔剛斷尚異好奇然所謂少功用有天才真行之書亞於草矣嘗作運筆論亦得書之指趣也與王秘監相善王則過於遲緩此公傷於急速使二子寬猛相濟是為合矣雖管夷吾失於奢晏平仲失於儉終為賢大夫也過庭隸行草入能

薛稷河東人官至太子少保書學褚公尤尚綺麗媚好

膚肉得師之半可謂河南公之高弟甚為時所珍尚雖似范雎之口才終畏何曾之面質如聽言信行亦可使為行人觀行察言或見非於宰我以罪伏誅稷隸行入能真草書亦其亞也

盧藏用字子潛京兆長安人官至黃門侍郎書則幼尚孫草晚師逸少雖闕於工稍閑體範八分之製頗傷踈野若況之前列則有奔馳之勞如傳之後昆亦有規矩之法子潛隸行草入能自陳遵劉穆之起濫觴於前曹

喜杜度激洪波於後羣能間出角立挺拔或祕象天府或藏器竹帛雖經千載歷久彌珍並可耀乎祖先榮及昆裔使夫學者發色開華靈心警悟可謂琴瑟在耳貝錦成章或得之於齊或失之於楚足為龜鏡自可章弦此皆天下之聞人入於品列其有不遭明主以展其材不遇知音以揚其業蓋不知矣亦猶道雖貴必得時而後動有勢而後行況瑣瑣之勢哉

評曰

蓋一味之嗜五味不同殊音之發契物斯失方類相襲且或如彼況書之臧否情之愛惡無偏乎若毫釐較量誰驗準的推其大率可以言詮觀昔賢之評書或有不當王僧虔云亡從祖中書令筆力過子敬者君子周而不比乃有黨乎梁武帝云鍾繇書法十有二意世之書者多師二王元常逸迹曾不睥睨競巧趣精細殆同機神逸少至於學鍾勢巧及其獨運意疎字緩譬猶楚音夏習不能無子敬之不逮真亦劣章草然觀其行草之會則神勇蓋世況之於父猶擬抗行比之鍾張雖勍敵仍有擒孟之勢夫天下之能事悉難就也假如效蕭子雲書雖則童孺但至效數日見者無不云學蕭書欲窺鍾公其墻數仞罕得其門者小王則若驚風拔樹大力移山其欲效之立見疆外可知而不可得也然小王嘗與謝安書意必珍錄乃題後答之亦以為恨或云安問子敬君書何如家君答云固當不同安云外論殊不爾又云人那得知此乃短謝公也羊欣云張字形不及右

自然不如小王虞龢云古質而今妍數之常愛妍而薄質人之情鍾張方之二王可謂古矣豈得無妍質之殊父子之間又為古今子敬窮其妍妙固其宜也並以小王居勝達人通論不其然乎羊欣云右軍古今莫二虞龢云獻之始學父書正體乃不相似至於筆絕章草殊相擬類筆跡流澤婉轉妍媚乃欲過之王僧虔云獻之骨勢不及父媚越過之蕭子良云崔張以來歸美於逸少僕不見前古人之迹計亦無過之孫過庭云元常專

工於隸書伯英猶精於草體彼之二美而羲獻兼之並有得也夫椎輪為大輅之始以椎輪之朴不如大輅之華蓋以拙勝工豈以文勝質若謂文勝質諸子不逮周孔復何疑哉或以法可傳則輪扁不能授之於子是知一致而百慮異軌而同奔鍾張雖草創稱能二王乃差池稱妙若以居先則勝鍾張亦有所師固不可文質先後而求之蓋一以貫之求其合天下之達道也雖則齊聖躋深妙各有最若真書古雅道合神明則元常第一

若真行妍美粉黛無施則逸少第一若章草古逸極致高深則伯度第一若章則勁骨天縱草則變化無方則伯英第一其間備精諸體唯獨右軍次至大令然子敬可謂武盡美矣未盡善也逸少可謂韶盡美矣又盡善也然此五賢各能盡心而際於聖或有侮毀亦猶日月之蝕無損於明白雲在天瞻望悠邈固同為終古獨絕百世之楷模高步於人倫之表棲遲於墨妙之門不可以規矩其形律呂其度鵬摶龍躍絕迹霄漢所謂得玄

珠於赤水矣其或繼書者雖百世可知然史籀李斯即字書眾業之祖其所製作並神妙至極蓋無等異八分書則伯喈制勝出世獨立誰敢比肩至如崔及小張章衛皇索等雖則同品不居其最並不備再較量然各峻彼雲峰增其海派使後世瞻仰而露潤焉趙壹有貶草之論仍笑重張芝書為秘寶者嗟夫道不同不相為謀夫藝之在己如木之加實草之增葉繪以眾色為章食以五味而美亦猶八卦成列八音克諧聾瞽之人不

知其謂若知而故爾想識不該通審其不知則聾瞽者耳庾尚書以臧否相推而列九品升阮研與衛瓘索靖韋誕皇象鍾會同居第三等此若棠杜之樹植橘柚之林又抑薄紹之與齊高帝等三十人同為第七等亦猶屈塩梅之量處掾屬之伍李夫人以程邈居第一品且書傳所載程邈為隸法其於工拙蔑爾無聞遺迹又無何以知其品第又云梁氏石書雅敬於韋蔡以梁比蔡豈不懸絕又張昶伯英之弟妙於草隸八分混凡之書

故謂之亞聖衛恒無精體勢時人云得伯英之骨並居第四仍與漢王同流又黜桓玄謝安蕭子雲釋智永陸柬之等與王知敬同居第五第若此數子豈與埒能嗜好不同又加之以言況可盡之於剛柔消息貴乎適宜形象無常不可典要固難平也蕭子雲言欲作二王論草隸法言不盡意遂不能成又云頃得書意轉深點畫之間所言不得盡其妙者事事皆然誠哉是言也藝成而下德成而上然書之為用施於竹帛千載不朽亦

猶愈沒沒而無聞哉萬事無情勝寄在我苟視迹而合趣或循幹而得人雖身沈而名飛冀托之以神契每見片善何慶如之懷瓘恨不果遊目天府備覩名蹟徒勤勞乎其所未聞祈求乎其所未見今録所聞見粗如前列學慙於博識不逮能繕奇纘異多所未盡且如抱絕俗之才孤秀之質不容於世或復何恨故孔子曰博學深謀而不遇者衆矣何獨丘哉然識貴行藏行忌明潔至人晦迹其可盡知開元甲子歲廣陵臥疾始焉草創其觸類生變萬物為象庶乎周易之體也其一字褒貶微言勸戒竊乎春秋之意也其不虛美不隱惡近乎馬遷之書也冀其衆美以成一家之言雖知不知為上然獨善之與兼濟取捨其為孰多童蒙有求思盈半矣且二王既沒書或在茲語曰能言之者未必能行能行之者未必能言何必備能而後為評歲洎丁卯薦筆削焉

繫論　　　　趙　撰字克勛

昔犧后作易周公制禮孔父修雅豈徒異之而已將實

大造化之根出君臣之義考風俗之正耳若三聖不作則後王何述故天地非伏皇不昭長幼非周公不序雅頌又非孔子不列矣是三聖者所謂能弘其道而由之也茲又論夫文字發軔戔翰殊出本于其初以迄今代三千餘載眇然難知而書斷之為義也開我后之所好述古能以方之不謂其智乎較前人之九工陳清頌以別之不謂其白乎體物備象有大易之制紀時録號同春秋之典自古文逮草迹列十書而詳其祖首神品至

能筆出三等而備厥人所謂執簡之太素含毫之萬象申之宇宙能事斯畢矣若是夫古或作之有不能評之評之有不能文之今斯書也統三美而絕舉成一家以孤振雖非孔父所刊猶是丘明同事偉哉獨哉君哉臣哉前載所不述非夫人之能誰究哉

欽定四庫全書

書斷 卷下

書斷卷下

周易口義

（宋）胡瑗 撰

《周易口義》十卷《繫辭》二卷末一卷，宋胡瑗撰，倪天隱述，據《文淵閣四庫全書》本影印。

胡瑗（九九三—一〇五九），字翼之，世稱安定先生，泰州如皋（今江蘇泰州）人。北宋學者、教育家。先後主持蘇州、湖州州學，創蘇湖教法。皇祐四年（一〇五二）任職於太學，嘉祐四年（一〇五九）以太常博士致仕，卒於杭州。今存主要著作有《周易口義》《尚書口義》《皇祐新樂圖記》等。

《周易口義》十卷、《繫辭》二卷、末一卷，計十三卷，卷首有其弟子倪天隱《周易口義發題》一篇。吴氏於皇祐至嘉祐中入職太學講經，倪天隱取其説《易》部分，纂述本書，因此得名。是書列有《周易》原文，次列《正義》之説，并有義理發揮以詮大義。其文以儒家思想爲根底，非同象數派易學，無涉佛道思想，「以義理爲宗」（《發題》），以「變易」思想爲核心，以陰陽二氣之説解釋《周易》原理，着重解説卦爻辭文義，以卦爻辭所包含之思想指點修身治國之法，爲儒家義理派易學名著。吴氏説《易》，上承王弼、孔穎達之説，而又有所變正。是書重實證，用「以人事言之」等語敍説，或以歷史人物事迹、律曆理論加以論證，深究人文，避免空發玄談，持之有故、言之有理。又或多新見，如釋「潛龍勿用」爲「勿用潛隱爲德」。而其解經多從政治倫理、君道臣道生發議論，則具有鮮明時代特色。其説上承王、孔，下啓二程、朱熹。程頤曾謂：「讀《易》當先觀王弼、胡瑗、王安石三家。」（《與謝湜書》）其説對當時乃至後世《易》學風氣産生影響深遠，由此可見一斑。

（劉　超）

欽定四庫全書

經部

周易口義卷一

詳校官尚書臣德保

通政使司副使臣莫瞻菉覆勘

總校官原任中允臣王燕緒

校對官中書臣王家賓

謄録監生臣朱學濂

欽定四庫全書　經部一

周易口義　易類

提要

臣等謹案周易口義十二卷宋倪天隱述其師胡瑗之説也瑗字翼之泰州如臯人用范仲淹薦由布衣拜校書郎歴太學博士致仕歸事迹具宋史本傳天隱始末未詳葉祖洽作陳襄行狀稱襄有二妹一適進士倪天隱殆即其人董斧嚴陵集載其桐廬縣令題名碑記一篇意其嘗官睦州也其説易以義理為宗邵伯温聞見前録記程子與謝湜書言讀易當先觀王弼胡瑗王安石三家三原劉紹攽周易詳説曰朱子謂程子之學源於周子然考之易傳無一語及太極於觀卦彖辭云予聞之胡翼之先生居上為天下之表儀於大畜上九云予聞之胡先生曰天之衢亨

誤加何字於其九三云安定胡公移其文曰壯于頄有凶獨行遇雨若濡有慍君子夬夬无咎於漸上九云安定胡公以陸為逵考伊川年譜稱皇祐中游太學海陵胡翼之先生方主教導得先生所試大驚即延見處以學職意其時必從而受業焉世知其從事濂溪不知其講易多本於翼之也其說為前人所未及今核以程傳良然朱子語類亦稱胡安定易分曉正當則是書在宋時固以義理說

易之宗也宋志載瑗易解十卷周易口義十卷朱彝尊經義考引李振裕之說云瑗講授之餘欲著述而未逮其門人倪天隱述之以非其師手著故名曰口義後世或稱口義或稱易解實無二書其說雖古無明文今考晁公武讀書志亦云胡安定易傳蓋門人倪天隱所纂非其自著故序首稱先生曰其說與口義合而列於易傳條下亦不另出口義一條然則易解口義確為一書宋志誤分為二明矣乾隆四十三年三月恭校上

總纂官臣紀昀臣陸錫熊臣孫士毅

總校官臣陸費墀

周易口義發題

先生曰夫易者伏羲文王周公孔子所以垂萬世之大法三才變易之書也自伏羲仰觀天文俯察地理始畫八卦故爻有九六以畫陰陽之數位有三畫以畫三才之道寫天地雷風水火山澤之象以盡天下之用明健順動入止說陷明之體以盡天下之理然而伏羲之時世質民淳巧偽未興詐端未作故雖三畫亦可以盡吉凶之變自神農至堯舜莫不取法八卦之象以為大治

之本歴夏汔商以及桀紂之世民欲叢生姦偽萬狀禮廢樂缺天下紛然故三爻不能盡萬物之消長究人心之情偽文王有大聖之才罹於憂患覩紂之世小人在位詐偽日熾思周身之防達憂患之情通天人之淵藴明人事之始終遂重卦為六十四重爻為三百八十四又於逐卦之下為之彖辭故天地通變之道萬物情偽之理一備於此然謂之易者按乾鑿度云易一名而含三義簡易也不易也變易也故穎達作疏洎崔覲劉正簡皆取其說然謂不易簡易者於聖人之經繆妄殆甚且仲尼曰名不正則言不順言不順則事不成是言凡興作之事先須正名名正則事方可成況聖人作易為萬世之大法豈復有二三之義乎按揚子曰陰不極則陽不生亂不極則德不形又繫辭曰易窮則變變則通通則久又云生生之謂易是大易之作專取變易之義蓋變易之道天人之理也以天道言之則陰陽變易而成萬物寒暑變易而成四時日月變易而成晝夜以人

事言之則得失變易而成吉凶情偽變易而成利害君子小人變易而成治亂故天之變易則歸乎生成而自為常道若人事變易則固在上位者裁制之如何耳何則在位之人苟知其君子小人相易而為治亂則當常進用君子而擯斥小人則天下常治而无亂矣知其情偽相易而成利害當純用情實而黜去詐偽則所為常利而无害矣知其得失相易而成吉凶當就事之得而去事之失則其行事常吉而无凶矣是皆人事變易不

可不慎也故大易之作專取變易之義謂之周易者自伏羲畫卦文王重之又從而為之彖辭至周公又為之爻辭仲尼又十翼之數聖相繼其道大備于周故曰周易謂之上經下經者自乾坤至坎離三十卦謂之上經自咸恒至未濟三十四卦謂之下經然則所以分上下二經者以簡帙重大故分之也乾坤者天地之象坎離者日月之象故取以為上經咸恒者夫婦之義既濟未濟人倫終始之道故取以為下經先儒亦常謂不分之即无

損于義分之亦无害其實但以簡帙重大而分之也乾傳者乾卦名也傳傳也言傳述聖人之法以示萬世也

欽定四庫全書

周易口義卷一

宋　胡瑗　撰

上經

乾

䷀ 乾下乾上 乾

義曰此伏羲所畫之卦也伏羲畫八卦始有三爻一爻為地二爻為人三爻為天以象三才之道然未能盡變通之理故文王重之為六爻初為地之下有蒙

泉之象二為地之上三于人為臣民之位四出于臣民之上為儲貳之象五正當天位六為天之上有太虛之象然後萬物成形而天下之能事畢矣六爻皆陽象天積諸陽氣而成也既象天其不名天而名乾者蓋天者乾之形乾者天之用夫天之形望之其色蒼然南樞入地下三十六度北樞出地上三十六度狀如倚杵此天之形也言其用則一晝夜之間凡行九十餘萬里夫人之一呼一吸謂之一息一息之間天行

已八十餘里人之一晝一夜有萬三千六百餘息是故一晝一夜而天行九十餘萬里則天之健用可知自古及今未嘗有毫釐之過亦未嘗有毫釐之不及蓋乾以至健至正而然也故聖人于此垂教欲使人法天之用而不法天之形所以名乾而不名天也且天之形象人之體魄也天之用象人之精神也使寒暑以成日月以明萬物以生此天之健用也若人之有耳目口鼻四體是其形也其口言鼻臭目視耳聽手

足四體之運此其用也至于心之思慮藴于内則為五常百行發于外則為政教禮義故為君為臣為父為子為兄為弟為夫為婦以至于為士農工商莫不本于乾乾不息然後皆得其所成立也左氏曰民生在勤勤則不匱是皆言人當法天之健用也故曰乾

元亨利貞

義曰文王既重伏羲所畫之卦又為此卦下之彖辭以明乾之四德又配之四時五常而言也元者始也言天以一元之氣始生萬物聖人法之以仁而生成天下之民物故于四時為春于五常為仁亨者通也夫物春始生之夏則極生而至于大通故高者下者洪者纖者各遂其分而得其性也聖人觀夏之萬物有高下洪纖乃作為禮以法之使尊者卑者貴者賤者各定其分而不越於禮故於四時為夏于五常為禮利者和也在文言曰利者義之和言物之既生既育故必成之有漸自立秋涼風至八月白露降九月

寒露降以至為霜為雪以成萬物莫不有漸而成也聖人法之以為義義者宜也天下之民雖有禮以定其分然必得其義以裁制之則各得其宜也故於四時為秋於五常為義貞者正也固也言物之既成必歸于正以陰陽之氣幹了於萬物聖人法之為智事非智不能幹固而成立故於四時為冬于五常為智然則此五常不言信者何也蓋信屬于土土者分王四季凡人之有仁義禮智必有信然後能行故于四

者无所配也然此四德以天下事業言之則元為樂亨為禮利為刑貞為政何則盖元者始生萬物萬物得其生然後鼓舞而和樂聖人法之制樂以治天下則天下之民亦熙然而和樂故以元為樂也天下既已和樂然而不節則亂故聖人制禮以定之使上下有分尊卑有序故以亨為禮也夫禮樂既行然其間不无不率教者聖人雖有愛民之心亦不得已乃為刑以治之于是大則有征伐之具小則有鞭朴之法

使民皆畏罪而遷善故以利為刑也夫天下既有樂以和之禮以節之刑以治之不以正道終之則不可也故政者正也使民物各得其正故貞為政也夫四者達而不悖則天下之能事畢矣故四者在易則為元亨利貞在天則為春夏秋冬在五常則為仁義禮智聖人備于乾之下以極天地之道而盡人事之理也

初九潛龍勿用

義曰自此至用九皆周公所作之爻辭也爻者效也效一卦之動而為之故謂之爻謂之初者一卦之始也謂之九者陽之數也凡易言九六者皆陰陽之數也天一天三天五天九是陽數之奇也地二地四地六是陰數之耦也潛者隱也龍者有變化之神陽氣之象也陽以生成為德君子之象也凡乾坤之十二爻配之十二月今初九乃是建子之月一陽始萌于黄鍾之宫雖生成之功未及于物然已有生成萬物

之心矣若君子未得位之時雖道未澤于世然已有澤天下之心矣謂之潛龍者言陽氣未發見而在潛隱之地也勿用者聖人戒後世勿用此潛龍為德也何以言之凡人萃五行秀氣而生為萬物之最靈者也然天下之衆愚不肖者常多賢智者常少況聖人挺全粹之德受天元之純則又過于賢也遠矣夫有聖人之資則无所不通无所不明矣固當出見於世輔其君澤其民利其物以成天下之事業則可也文

言曰君子以成德為行日可見之行也今有聖人之
德之明反以潛隱為事則天下之愚不肖將誰治之
是不知天所以生聖人之意也孔穎達作疏以謂勿
用者于此時小人道盛若其施用則為小人所害寡
不敵衆弱不勝強禍患斯及故戒勿施用此大非聖
人之旨夫聖人才无所不能智无所不周懷道德持
仁義以革天下弊舉陋典新汚俗矯曲為直表邪為
正以陶冶於上而天下治矣又何憚小人之害若懼

其見害而勿施用則是天下常亂而不可得治也然
此勿用者蓋言勿用此潛龍為德也今歷考易中或
彖或爻言勿用者有四若屯之彖云勿用有攸往言
屯難之時不可往撓其民務安全也姤之彖云勿用
取女言一女配一男是其正也今一陰而遇五男剛
壯者也若此之女勿可取之不可與長也師之上六
曰大君有命開國承家小人勿用言上六師道之成
大君班爵行賞其功大者開建其國為諸侯其功小

者建立其家為卿大夫若小人偶立一戰之效與之
金帛可也賜之甲冑可也後漢光武不任功臣以吏
事深得其道不然若用小人必亂其邦所以韓彭英
盧立功受地不旋踵而就戮也蒙之六三曰勿用取
女見金夫不有躬无攸利言婦人必當正靜其德以
待六禮之備然後用父母之命媒妁之言方可歸之
今六三持身不正見其金夫遂欲從之聖人戒之勿
用取此女也由是觀之聖人之戒後世不可用潛龍

為德誠无疑矣故孔子目長沮桀溺曰鳥獸不可與同
羣吾非斯人之徒與而誰與又曰素隱行怪後世有述
焉吾弗為之矣蓋後世之人多以潛隱為德或隱於巖
野或遯於林泉閉德義以沽名傲衣冠以耀志故有
終身不見用於世而亂人倫者也且疏又引舜耕歷
山漢祖為泗水亭長是豈終潛哉蓋養成其德耳然
聖賢其無隱乎曰已道未著已行未成必學問之以
養成聖德然後施為于天下耳甘終身于山林川澤

哉然或上下為戾亦有可隱之時故中庸曰君子之道費而隱雖然豈隱道哉隱其身不隱其道所以然者不以一己之私忘天下之公故孔子皇皇於衰周孟軻汲汲於戰國皆謂有聖人之德身未顯而其道不自窮也乾六爻皆聖人象也若之何有聖人之資而潛隱自居乎文言曰潛之為言也隱而未見行而未成是以君子弗用也聖人之戒勿用潛隱為德可謂明矣

九二見龍在田利見大人

義曰九二之爻是十二月中氣之後正月中氣之前陽氣發見地上之時也田者稼穡所生而有資益之地也以人事言之則是聖賢君子有中庸之德發見于世之時也夫君子之道積于內則為中庸之德施于外則為皇極之化此爻但有君德而无君位故曰見龍在田利見大人者何蓋凡有大人之德必須利見有大才大德之君然後可以行己之道若舜之得堯禹之得舜伊尹之得成湯傅說之得高宗呂尚之得周文是也然則五得天位亦曰利見大人者何曰有是君必須有是臣然後萬務可舉天民可治若堯得舜舜得禹臯陶禹得稷成湯得伊尹文王得呂尚是也故九二九五之爻皆言利見大人今驗于易或彖或文言利見大人者有七萃之彖曰王假有廟利見大人言既作廟以萃聚先祖之神靈必須得大才大德之人以輔行其禮訟之彖曰利見大人言訟之

事必須利見大才大德之人以辨其是非巽之彖曰小亨利有攸往利見大人言申其號令法制必須大才大德之人以參酌恢隆之也蹇之上六曰往蹇來碩吉利見大人言居蹇難之極往則益蹇若來居位則安安則得其碩大之福而吉必須利見大才大德之人以求解散蹇難也及此乾之二五凡七皆聖人之徽旨也

九三君子終日乾乾夕惕若厲无咎

義曰九三居下卦之上在人臣之極位正當公相之權也上則須輔弼于君下則須總領百官以平均天下之民凡朝廷之幾務莫不一責于已若專奉上而怠于恤下則有佞邪之諂若勤恤于下而簡于奉上則有侵權之誅固宜終朝乾乾日不自暇慎思之力行之不倦以終之是上則以思輔其君下則以思總百官以治天下之民自朝及夕常戒懼而惕若則可以无咎矣若者辭之助注以為至于夕猶惕然若厲

今則不取

九四或躍在淵无咎

義曰或者疑惑也躍者騰躍也淵者龍之常處也九三已極人臣之位九四出人臣之上切近至尊之位既非人君又非王官是儲貳之象也何哉仲尼曰或躍在淵乾道乃革言人道近於地今九四近於天位已出人臣之上是乾道革變之始也夫太子者天下之本生民之望也不有所進則无以副四海之望欲進其位又恐侵君之權處多懼之地故不得不疑也始則疑惑終則无咎者蓋或躍以進其德在淵以守其位分是進其德不進其位也故昔者太子必入太學求賢師以教諭之就賢友以漸摩之使知為君為臣為父為子之道目見正色耳聞正聲是躍以進已德而在淵以守已位也震曰震驚百里不喪匕鬯言百里者威不遠也匕鬯者宗廟之器也有威而不過守禮而循常是以見臣子之道全而不侵於君父也

今輔嗣之注曰近乎尊位欲進其道迫乎在下非躍所及孔穎達從而疏之曰以其遲疑進退不敢果敢以取尊位且聖人六經垂萬世之教為天下之法所以教人臣之忠人子之孝也今其言曰不敢果敢以取尊位是何人臣之忠人子之孝哉又言曰西伯內執王心外率諸侯以伐紂此尤違聖人之旨如其言則篡逆之道也今故不取夫聖人之言不勸則戒勸之者欲其進德也戒之者懼其侵君之權也為儲貳

者但進修其德以禮法而守其位則文言所謂進德修業欲及時也故无咎

九五飛龍在天利見大人

義曰九五之爻當建辰之月陽氣盛而上升於天如龍之騰飛然猶聖人積中正誠明之德德既廣業既成即人君之位上合天心下順人情以居至尊之地也然乾之六爻九二九五並言利見大人者九五雖有聖人之德之位必須得大才大德之臣輔佐之然

後可以有為於天下使一民不失其所一物必遂其性此聖人之心也故言利見大人九二雖有聖人之德固須得大才大德之君然後得已道之行先聖云水流濕火就燥雲從龍風從虎聖人作而萬物覩此言聖人在位天下有聖人之德者皆來仕于朝皆以類應也禮曰天降時雨山川出雲如聖人在上則天下聖人皆來輔佐之也孟子曰堯以不得舜為已憂舜以不得禹稷臯陶為已憂堯大聖人也必得舜舜大聖人也必得禹稷臯陶故可以治是雖有大才大德之君必利見大才大德之臣然後成天下之治也

上九亢龍有悔

義曰此一爻居卦之終亢極之地也若聖人當衰耗之年不可更專已任必得聖賢之人以代已之聰明也故堯之耄期倦于勤則授之舜舜耄期倦于勤則授之禹禹耄期則授之啓是聖人與時消息知進退存亡而不至亢極故无悔耳然聖人之德固无亢也

蓋其年有亢耳聖人之道固无悔也蓋其身有盛有長有耄耳今上九是年齒衰耗精神倦怠之時若居此時不能自反而求代已任則必有悔矣離之九三曰日昃之離不鼓缶而歌則大耋之嗟凶太玄首之上九曰巔靈氣形反正此謂也是皆聖賢謂耄必求代而著萬世之戒也

用九見羣龍无首吉

義曰乾之六爻自初至上皆稱龍者終始全用剛陽

之德也王者法天之健居兆人之上亦當終始用其
剛陽之德也故言用九見羣龍然謂无首吉者言全
用剛德不可居物之首也何則夫國家兵武至剛威
者也動則蠹民之財殘民之命聖人不得已而用之
也凡人臣有背叛四夷有侵擾天子于是加兵以誅
討之去其元惡大憝以安天下之生靈待其有犯然
後應之耳不可先之也先之則窮黷矣夫窮兵黷武
豈聖人事哉秦之始皇漢之孝武隋之煬帝唐之明

皇皆為首以自取敗亡之道耳故聖人戒之言无首
乃得无咎也

彖曰大哉乾元萬物資始乃統天雲行雨施品物流形
大明終始六位時成時乘六龍以御天乾道變化各正
性命保合太和乃利貞首出庶物萬國咸寧

義曰彖曰者仲尼為十翼之文贊明易道以解文王
所作卦下彖辭之辭以明一卦之大要故亦謂之彖
大哉乾元萬物資始乃統天者此三句釋乾元之義
也大者无限極之辭乾者剛陽至健之氣元者始生
長養之德言天以一元之氣生成萬物而无有限極
也然坤則稱至哉者蓋天氣降於地為萬物之始地
承天之氣以育成萬物之形是有所至故曰至哉資
者取也言乾以一元之氣發育施生故萬種之物資
而為始坤則待天氣之降然後能生萬物故乾言資
始坤言資生此聖人於一字皆有旨意乃統天者夫
天者形之名今以剛健之德運行不息故得天氣常

存是乾元能統領天之形也雲行雨施品物流形者
此釋亨之德也乾為陽氣而上統于天天將降雨山
川出雲雲氣升行雨澤下施故品彙之物各流布其
形體而得亨通也大明終始六位時成時乘六龍以
御天者此四句總結乾之德大明終始之道六爻之
位各有次序初則潛陽氣潛萌于黃鍾之宮二則見
陽氣見於地之上三則處人臣之極四則出人臣之
上為儲君五則陽氣至盛騰升於天上則亢極在太

虛之中時潛則潛時見則見時躍則躍時升則升是六位以時而成也時乘六龍以御天者夫以上下定位而言之謂之六位以陽氣變化而言謂之六龍陽氣自十一月漸升冬至之日萌于黃鍾之宫至五月而陰氣漸升是乘此六龍之位以時而升降故大明生成萬物終始之道以控御天體也且人之神氣萃之則生散之則亡天有剛陽之氣運行不息故天體常存也乾道變化各正性命者此二句申明乾元之

德變者後來改前以漸變易也化者一有一无全然而化也性者天生之質有剛柔遲速之别也命者人所稟受有貴賤夭壽之等也天以剛陽之德自然以漸變化各正其萬物之性命按書曰惟天陰隲下民是或富或貴或夭或壽皆上天默定之也至於草木之性有甘有苦有益人者有害人者皆天所賦性命之然也保合太和乃利貞者此釋利貞之德也天以剛陽之德生成萬物必以漸成之以保合太和之道

蓋剛陽不以健而利物則不能保合者也故必漸成之若立秋涼風至八月白露降九月寒露降以至為霜為雪是漸成其物而不暴終能正固而幹了之也若其大暑之後寒涼暴至則萬物能成乎故曰保合太和乃利貞首出庶物萬國咸寧者自大哉而下明乾之四德元為春以始生亨為夏以太通利為秋以漸成貞為冬以幹了是天道自然而然也此二句言人為天下之君首出萬民之上法乾之四德為禮樂

刑政以生成天下之萬民故樂為元禮為亨刑為利政為貞四達而不悖萬國所以皆得安寧也

象曰天行健君子以自強不息

義曰此先聖所作大象之辭所以明一卦之用也天行健者蓋言天以至健而行故一晝夜之間凡行九十餘萬里而君子之人則當法之而健健不已以至為君為臣為父為子小之一身次之一國大之天下皆當法天之至健之德强勉於已夕思晝行无有休

息則可以成天下之事業而行天下之大道也故曰

天行健君子以自强不息

潛龍勿用陽在下也見龍在田德施普也終日乾乾反復道也或躍在淵進无咎也飛龍在天大人造也亢龍有悔盈不可久也用九天德不可為首也

義曰潛龍勿用至不可為首也此先聖又解釋周公之爻辭故謂之小象潛龍勿用陽在下也者言建子之月陽氣始發而功尚未及于物是猶以聖人之德

而在於潛隱之時也然千里一賢猶為比肩且千里至遠之處而間有一賢則猶以為比肩相接是則普天之下庸庸者多而賢智者寡矣以賢者尚或如此其少况聖人乎是蓋千載而一遇也以天之所以生聖人者必將有以益于天下而興天下之利除天下之害舉天下之教化行天下之大道也而復潛遁為事則是辜天地之生矣雖然天陽之氣有時而潛有時而見聖賢君子亦有時而潛有時而見蓋聖人應

萬世之下覩此潛龍之事遂務隱遁而失其施用故於此戒之言當勿用此潛龍為德也今言潛龍勿用者以其陽氣在地之下而功未及物故曰陽在下也見龍在田德施普也者言陽氣發見於地之上而功及乎物也是猶聖人執中道其功施布而无所不至使賢者智者皆可以俯而就之愚者不肖者皆可企而及之以至一民一物欲使无不得其宜而皆合于中道是其德施普也然而雖有聖人之德而无聖人

之位不能大營造天下之事業故曰德施普也終日乾乾反復道也者乾乾健健不息之謂九三當公相之位其責甚重上以道承事於天子及其儲君而盡其忠義之分竭其人臣之節下以道表率百官之事平均萬民之政教反復以事上治下不離其道故曰反復道也或躍在淵進无咎也者言儲貳之位能進其德則不失天下之望守其位分則絶君上之疑雖日進其德而无有咎悔故曰進无咎也飛龍在天大

人造也者言九五之爻正當陽氣極盛之時生成萬物而萬物各遂其性猶聖人有大中之德又居聖人之位故當興利除害扶教樹化鋤姦進賢以至經營萬事設為仁義之道使一民一物无不被其澤无不遂其性故言飛龍在天是大人營造興制之時故曰大人造也亢龍有悔盈不可久也者大凡日中則昃月盈則蝕物理之常也今聖人自初至上其功已著其德已成則至于年衰齒耗當求所代以副天下之

望則可不然則有過亢之悔故謂之盈滿之地不可久居知其可退而退則悔吝可遠故曰盈不可久也用九天德不可為首也者言聖人用剛健之德以化成天下鎮撫四夷懷來諸侯如四夷交侵中國諸侯不臣天子則聖人以兵應之是不為首也凡先動為首後動為應若其純用剛德而又為事首是必至于過暴而為禍害也待其有犯已者然後應之則不失其道故曰天德不可為首也

文言曰元者善之長也亨者嘉之會也利者義之和也貞者事之幹也

義曰文言者先聖以乾坤之義尤深故又作文飾之言以解其義元者善之長也者自此以下至元亨利貞文言之第一節也元者始也言天以一元之氣始生萬物萬物皆由一元而生是為衆善之長也何則善莫大於生德故天地之大德曰生是大德生成以元為始即此元者能長於衆善也亨者嘉之會也者

言天既以一元之氣施生萬物而至于盛夏之月則陽氣極盛萬物皆極其生養而無不繁蔚故高下洪纖无不得其所是嘉美之所聚會也利者義之和也者義宜也和漸也所謂自立秋涼風至以至為霜為雪是天之生物皆使不失其宜以積漸而成之也貞者事之幹也者言天之使物自始生至于亨通而又成之有漸及冬之時則生成之功已畢使皆得其正固而幹了之

君子體仁足以長人嘉會足以合禮利物足以和義貞固足以幹事君子行此四德者故曰乾元亨利貞

義曰此以下言君子法天四德而行也君子體仁足以長人者言天以一元之氣生成萬物而萬物得遂其性各安其所故君子以至仁之德陶成天下使一民一物莫不受其賜是故于一家施仁則一家之內愛敬而尊事之一國施仁則一國之內愛敬而尊事之雖有鰥寡孤獨窮民之无告者均使之不失其所

如此是為衆人之長也嘉會足以合禮者言天以盛夏亨通萬物而萬物莫不茂盛故君子施嘉美之道使各得會聚謂猶民物既已富庶則不可以無節故欲男女有别則為之制婚姻之禮欲上下交接而和樂則為之制鄉飲酒之禮欲其尊君賔王則為之制朝覲之禮欲其篤哀戚孝思則為之制喪祭之禮如是之類是君子以嘉美之道而使皆合禮也利物足以和義者言君子法天霜露之氣而成就萬物皆有其漸故始以仁義禮樂教之導之然民有不令不肖者雖善教之而終不能遷則必用刑罰以整齊之使不至於亂而皆得其利又以漸而成治使天下之物各得其宜也貞固足以幹事者言君子法天貞正之德能幹了其事若正而不固則无能終其正若固而不正則入於邪必當守正堅固然後可以幹濟天下之事也此君子法天之四德而行故曰乾元亨利貞也

初九曰潛龍勿用何謂也子曰龍德而隱者也不易乎世不成乎名遯世无悶不見是而无悶樂則行之憂則違之確乎其不可拔潛龍也

義曰此孔子欲申言乾六爻之旨故假設問答以明其義此以下至動而有悔文言之第二節也潛龍勿用其義何謂也子曰龍德而隱者也言有聖人之德而處於貧賤是隱遁之時也不易乎世者言有聖賢之道則必隨世俗而施為教化以磨揉于下使其亂

則變而為治惡則悛而為善今潛隱之時但韜晦其光而自修其已是不為世俗而變易者也不成乎名者言聖人不務於名其有實則名隨之矣今但以潛隱為事而不行教化之實是不成其名也遯世无悶者言既潛遁則不務行其教化之實是無所憂于天下故遯世而无以為悶也不見是而无悶者言有聖人之德居其位行其道是為世所是也今止以潛隱為事而不務行其教化則不見是于天下也雖不見

是於天下然已亦終无所憂悶而務專獨為事也樂則行之憂則違之者凡聖人有為於時則其所施設教化皆與天下同之若天下之所樂已亦樂而行之天下之所憂已亦憂而違去之是憂樂皆同於天下此聖人之常行也今止以潛遁為事是所為皆異於衆也若天下之所憂已或樂之則行也天下之所樂已或憂之則違去之而不行也是務隱晦者雖憂樂必異於世也確乎其不可拔潛龍也者言如上之數事確然不能舉拔也其所為者是潛隱之人也此皆聖人著為萬世之戒言上之所行皆潛晦之事故當勿用此為德也

九二曰見龍在田利見大人何謂也子曰龍德而正中者也庸言之信庸行之謹閑邪存其誠善世而不伐德博而化易曰見龍在田利見大人君德也

義曰此釋九二爻辭言聖人居于下位而所行无過无不及者以其有中正之德也故曰龍德而正中者

也庸言之信庸行之謹者庸常也言九二之君子有聖人之德故俯仰循理從容中道至於常言必信實常行必謹慎是由其性至明故出處語默皆合於中和之域然後口无可擇之言身无可擇之行也閑邪存其誠者寬而防之謂之閑誠則至誠也言此九二能以中正之德防閑其邪思慮其從微而至著故常切切而防閑之若中庸所謂博學之審問之慎思之明辨之篤行之以小善至於大善由大善乃至于聖

是由能防其邪惡而内存至誠然也中庸又曰至誠無息不息則久久則徵言至誠之道終而不已則有證驗也又曰其次致曲曲能有誠唯天下至誠為能化蓋言委曲之事發於至誠則形於外而見著見著則章明章明則感動人心人心感動則善者遷之惡者改之然後化其本性故曰惟天下至誠為能化此聖人存誠之驗也故曰閑邪存其誠也善世而不伐者伐矜伐也夫中人之性有一善則盎然溢于面目

而自矜伐其能也若夫有善功有善德而不自矜伐者唯聖人能之若堯之時洪水泛濫于中國而民幾魚矣唯大禹能排決疏導之以消其難使萬世之下被其賜然而禹亦未嘗矜伐之故舜稱曰汝惟不矜天下莫與汝爭能汝惟不伐天下莫與汝爭功又若仲尼萬世之師其功配天地其明並日月然且嘗言君子之道四丘未能一焉以仲尼之于四事豈有不能哉蓋聖人雖有大善于世而不自伐也德博而化

者此言既有中正之德其言常信其行常謹又能防閑其邪惡而存其至誠有大善而不自伐故其德廣而化行于天下矣易曰見龍在田利見大人君德也者九二雖未居大人之位而為人臣乃有人君大中之德故特舉本文之辭以結之

九三曰君子終日乾乾夕惕若厲无咎何謂也子曰君子進德脩業忠信所以進德也脩辭立其誠所以居業也知至至之可與幾也知終終之可與存義也是故居上位而不驕在下位而不憂故乾乾因其時而惕雖危无咎矣

義曰君子進德脩業忠信所以進德也者内盡其心謂之忠不欺于物謂之信蓋九三居人臣之極位内能盡己之心不欺于物使德行日進而功業日脩也脩辭立其誠所以居業也者辭謂文教也誠謂至誠也言外以修其文教内以敦其誠實此所以居業也然上謂之修業下謂之居業者蓋文辭相避亦功業

之盛故當居之也知至至之可與幾也者幾者有理而未形之謂也言君子之所學學聖賢之事業致君澤民之術也小而一邑次而一郡以至為將為相佐天子治天下當其未至之時知其必至預習其業朝夕以思之學其為治之道至于有位宰一邑牧一郡為將為相舉而行之无所施而不可蓋由知至而至之耳昔孟子四十不動心蓋當志學之年天下之事无所不學及其壯仕之歲凡天下之事莫有動其心

者是知至而至之也知終終之可與存義也者言為臣之義終始一德以奉其上是得臣之宜也豈非知終乎然後之人臣居于顯位上而奉一人之尊下而有百官萬民之責内无覬覦僭竊之心若伊尹之於太甲周公之於成王霍光之于昭帝諸葛亮之于蜀主此數君子是謂知終終之于人臣之分能存萬世之義也是故居上位而不驕在下位而不憂者言九三居人臣之分其德業既已進脩則宜進退必以德而升降必以道故居上位而无驕亢之色在下位而無憂悶之心故乾乾不息因其所為之時而惕懼戒慎雖履至危之地亦免其咎矣

九四曰或躍在淵无咎何謂也子曰上下无常非為邪也進退无恒非離羣也君子進德脩業欲及時也故无咎

義曰此先聖釋九四之爻辭以位言之曰上下以出處言之曰進退今九四當儲貳之位故雖或上或下

非苟為其邪佞也或進或退非苟離其羣類也是故進其德以副天下之望脩其業以絶君上之疑如此者是將欲及時而行道也故上與進是或躍之義下與退是在淵之謂也故无咎者言若不能進其德以塞天下之望又不能守其位分而致君之疑則其為禍也不細矣今得无咎者誠能副民望而去君疑也

九五曰飛龍在天利見大人何謂也子曰同聲相應同氣相求水流濕火就燥雲從龍風從虎聖人作而萬物

覩本乎天者親上本乎地者親下則各從其類也

義曰此釋九五之爻辭同聲相應同氣相求者此釋聲氣自然相感之道也同聲若彈宫而宫應彈商而商應鳴鶴在陰其子和之之類是也同氣若天欲雨而柱礎潤磁石引針琥珀拾芥之類是也水流濕火就燥者此釋无情之物自然相應夫地體卑下水性就下其流必就卑濕也火本炎上其性燥故焚其芻薪必先於燥也雲從龍風從虎者此言有情感无情

也龍者水畜雲者水氣故龍吟則景雲出虎是猛威之物而風亦是震動之氣故虎嘯則谷風生聖人作而萬物覩者言聖人之作光明盛大與天地合德萬物莫不遍燭夫天地感應而生萬物聖人感應而用天下之賢共成天下之業敷為皇極之教而天下萬物莫不覩覩之也前言大人造是聖人營造興制之時此統言之故曰聖人作而萬物覩也本乎天者親上本乎地者親下者此言本天則動物也本地則植物也言天之運動而飛物亦動地之凝靜而植物亦靜此聖人推舉自然之理以明之也

上九曰亢龍有悔何謂也子曰貴而无位高而无民賢人在下位而无輔是以動而有悔也

義曰夫卦之六爻上與初為无位初則未中上則過中是雖在高貴而亢大中之位既貴而无位以居于尊高則安得天下之民也賢人在下位而无輔者今既亢極則賢雖在下位而亦不輔佐矣夫如是則動

靜之間皆有悔也

潛龍勿用下也見龍在田時舍也終日乾乾行事也或躍在淵自試也飛龍在天上治也亢龍有悔窮之災也乾元用九天下治也

義曰此以下至天下治也文言之第三節全以人事明其義也潛龍勿用下也者言聖人有龍德在於潛隱之時故聖人戒其勿用此為德者以其功不及物居无位之地而處于卑下也見龍在田時舍也者舍

棄舍也若仲尼有聖人之德而无其位當衰周之時皇皇汲汲而不得見于世是為時之所棄舍也夫既為時棄舍然而前又言德施普也及天下文明者何也前蓋以聖人之德言之也此所謂時舍者以位言之也終日乾乾行事也者言九三居人臣之極位有奉上率下之責至難至重故終日之間乾乾不息以行當位之事也或躍在淵自試也者言九四已離下卦而居上卦之下逼近至尊慮有僭上之嫌故疑之

而或騰躍以試已之才德副天下之望也飛龍在天上治也者言聖人有龍德而居天位以興天下之治也亢龍有悔窮之災也者言聖人當過亢之年其精力耗倦若不求所代以終其位則必有窮極之災也乾元用九天下治也者言乾以一元之氣自潛至飛終始本末能用陽剛之德以生成萬物在聖人則有剛明之道以一已不能盡天下之治固在左右前後大臣小臣皆能用剛正之君子然後得天下治矣

潛龍勿用陽氣潛藏見龍在田天下文明終日乾乾與時偕行或躍在淵乾道乃革飛龍在天乃位乎天德亢龍有悔與時偕極乾元用九乃見天則

義曰此以下文言之第四節全以天氣明其義也陽氣潛藏者言建子之月陽氣潛施於地下而藏遁之時也天下文明者言天氣發見於地上使勾萌皆達枯槁畢榮故高下洪纖皆流形品使天下之物有文章而光明也與時偕行者言建寅之月三陽並用之

時其卦成泰故君子終日之間乾乾不已與天時相契而行也乾道乃革者言九四離下卦之上而入上卦之下故其道有所變革也乃位乎天德者言天者積諸陽氣而成今九五之爻以剛陽之德居至尊之地是位本乎天位者也與時偕極者言四月之間陽氣盛極如聖人當耄期之年是與時偕極也乃見天則者言乾元能用剛陽之德乃顯天之法則也

乾元者始而亨者也利貞者性情也乾始能以美利利

天下不言所利大矣哉大哉乾乎剛健中正純粹精也六爻發揮旁通情也時乘六龍以御天也雲行雨施天下平也

義曰此以下文言之第五節又重釋乾之四德也乾元者始而亨者也者元始也亨通也言乾以一元之氣始生萬物萬物皆資始于一元然後得其亨通故於春則芽者萌者盡達至夏則繁盛是乾以一元之氣始生于物而物得其亨通也利貞者性情也者言

萬物既生而繁盛則必漸成之故利於秋貞於冬當秋之時則萬物和漸而成至於冬則幹了而无不獲其正性言之人事則聖人能生成天下民物使皆獲其利而不失其正者葢能性其情也何則葢性者天生之質仁義禮智信五常之道无不備具故稟之為正性喜怒哀樂愛惡欲七者之來皆由物誘於外則情見於內故流之為邪情唯聖人則能使萬物得其利而不失其正者是能性其情不使外物遷之也然

則聖人之情固有也所以不為之邪者但能以正性制之耳不私于己而與天下同也聖人莫不有喜之情若夫舉賢賞善興利于天下是與天下同其喜也聖人莫不有怒之情若夫大姦大惡反道敗德者從而誅之是與天下同其怒也聖人莫不有哀之情若夫鰥寡孤獨則拯恤之凶荒札厲則賙貸之是與天下同其哀也聖人莫不有樂之情若夫人情欲壽則生而不傷人情欲安則扶而不危若此之類是與天

下同其樂也是皆聖人有其情則制之以正性故發於外則為中和之教而天下得其利也小人則反是故以情而亂其性以至流惡之深則一身不保況欲天下之利正乎乾始能以美利利天下不言所利大矣哉者此又嘆美乾之德言乾始以一元而生成美利于天下于卦不言所利者誠由至廣至大无有限極故不可以所利言之也然則易卦有具四德者七其餘皆言所利若坤言利牝馬之貞屯言利建侯之

類是也蓋有所係然耳獨乾德至大故不可言所利也其曰大哉乾乎剛健中正純粹精也者此言乾之德至大而不可窮測也以其剛健運行晝夜之間凡行九十餘萬里而无毫釐之過與不及至於春夏以生秋冬以成自古逮今未嘗違悖是其至健而不失中正也所以然者蓋以至純至粹精健而不雜故也六爻發揮旁通情也者言乾之六爻或潛或見或躍或飛而跡皆不同故發越揮散則可以見聖人出處

進退之情也時乘六龍以御天也者已解在彖雲行雨施天下平也者言乾以一元之氣布而為雲散而為雨以生成天下而无不均也

君子以成德為行日可見之行也潛之為言也隱而未見行而未成是以君子弗用也

義曰自此至其唯聖人乎文言之第六節也此一節復釋潛龍之言故先發上二句以明不可用潛龍為德也言君子之人得其天性之全故五常之道亦必博學審問然後修成其德為常行之行而發之於天下使天下之人日見其所行此謂君子之常道也潛之為言也隱而未見行而未成是以君子弗用也者夫君子之人既以成德為行為心則不可專務隱晦今之潛則是以聖人之資性反在于潛道未見之時也行而未成者言既有聖人之性則必學之問之修成其道而為行於己然後用之於外則可以成聖人之全德今止以潛道為心則是有聖人之資質而不

學不問亦終不能成行于己是與不聖同矣故聖人于此戒之言是以君子弗用此潛龍為德也

君子學以聚之問以辨之寬以居之仁以行之易曰見龍在田利見大人君德也

義曰此釋九二爻辭也言君子之人稟天之全性發見于世而能執中庸之道者也何哉蓋聖人雖得天生善性之全亦須廣博其學以精其德審問以辨其疑而又寬裕居其時以畜聚其事業而志于遠大是

以執其中庸而不有妄動以至推仁義以愛人示恩信以撫物其德業恢廣无所不至使天下之賢智者可以俯就天下之愚不肖者可以企及此皆由博學審問寬居仁行之然也是故庸人之情苟一善得于已則必悻悻然耻于下問而又躁妄以求其進所居失其寬所行失其仁是故業不能成於遠大而終為淺丈夫矣故聖人又于此歎美九二之德言其見龍在田以其有人君之德而无人君之位耳

九三重剛而不中上不在天下不在田故乾乾因其時而惕雖危无咎矣

義曰此又釋九三之爻蓋此一卦上下皆乾是重剛也三四介重剛之間下已過于二上不及于五故皆曰重剛而不中也上不在天非九五之君也下不在田非九二之臣也正當大臣之位上有一人之奉下有百官萬民之責故乾乾因其時而惕懼不敢遑安如此則雖在危地亦可无咎

九四重剛而不中上不在天下不在田中不在人故或之或之者疑之也故无咎

義曰此又釋九四之爻乾之六爻上二爻為天下二爻為地中二爻為人備三才也此九四一爻上不在天下不在田中不在人是中不在人臣而正得儲君之位既為儲貳則進退上下皆有疑惑故所進而上者修德也所退而下者守位也夫如是故无咎矣

夫大人者與天地合其德與日月合其明與四時合其

序與鬼神合其吉凶先天而天弗違後天而奉天時天且弗違而況于人乎況于鬼神乎

義曰此又釋九五之爻大人者大才大德之人也夫天高而覆地厚而載故其德曰生聖人亦能以仁愛生成於物故與天地合德日月至明故无幽无隱皆燭之而聖人亦能同其明天以春夏秋冬而生成肅殺聖人亦能以仁義刑政化天下故與四時合其序鬼神之為道善者福之淫者禍之聖人則賞善罰惡

是與鬼神合其吉凶先于天時而行事則天弗違之是天合大人也後於天時而行事則奉順於天時是大人合天也以天之至大而聖人合之况于人與鬼神乎

亢之為言也知進而不知退知存而不知亡知得而不知喪其唯聖人乎知進退存亡而不失其正者其唯聖人乎

義曰此又釋上九之爻亢之為言但知進而不知退

知存而不知亡知得而不知喪如此之類皆聖人之所不為是亢而招悔者也唯聖人為能知進而不忘退知存而不忘亡知得而不忘喪故于衰耗之年則求所代而終之堯舜禹是也上一句其唯聖人乎于義不安當為羨文

坤

☷ 坤下坤上 坤

義曰此伏羲所畫文王所重純陰之卦也上下六爻皆陰以象地積諸陰氣而成也坤者順也言坤柔順之德上承于天以生成萬物猶臣以柔順之德上奉于君以生成萬民也

元亨利牝馬之貞君子有攸往先迷後得主利西南得朋東北喪朋安貞吉

義曰此一節是文王所作卦下之彖辭也凡坤之四德與乾之四德同也但乾以剛健之德資始萬物坤以柔順之德資生其形也其言利牝馬之貞者蓋乾

體至大全用剛德故于乾卦之下直言元亨利貞而不言所利也今坤主臣道故言利牝馬之貞者蓋馬取其服乘有善行之才而又牝馬順之至也以言地之為道能順承天之氣以生成萬物无有休息若人臣順承于君而能宣君之令行君之事皆不失其正道故言利牝馬之貞也君子有攸往者夫坤體之利唯至順至正然後不失其常道人臣之分亦當執其正而濟之以順若順而不正則失于謟媚若正而不

順則失于悍愎而有先君之事是故惟君子有全德乃能循此道始終不失其分以此而往无所不利故曰君子有攸往也先迷後得主利者夫乾者天道坤者地道言之人事則乾為君為父為夫坤為臣為子為婦言其分則君倡而臣和父作而子述夫行而婦從若臣先君而倡子先父而作婦先夫而行則是亂常道也若能處其後而順行其事不為事先則得其主守而不失為臣為子為婦之道也西南得朋者西南致養之地陰之位也今坤本陰以陰之陰是得其

朋類而行若君子未仕之時必得明師賢友以相切磋蓋聖賢事業尤甚淵博獨學則不能成獨見則不能明固須資于朋類而後有所至也故伐木詩曰自天子至庶人未有不須友以成也是言人必得朋類而事業可成也東北喪朋者西南為陰位東北為陽位今離西南而反之東北是以陰之陽喪失其朋類如君子之人與師友講成道德及其業已就其性已明務行其道而薦身於朝廷之間以求致君澤民之事是喪失其朋類者也安貞吉者言地體安靜而永守其正若天氣降於地地則承而發生是不妄有所發也如臣之輔君當常守安靜貞正之德待君倡然後和之是亦不妄有所動故得獲其吉也

彖曰至哉坤元萬物資生乃順承天坤厚載物德合无疆含弘光大品物咸亨牝馬地類行地无疆柔順利貞君子攸行先迷失道後順得常西南得朋乃與類行東北喪朋乃終有慶安貞之吉應地无疆

義曰此以下先聖釋文王彖辭之辭至哉坤元萬物資生乃順承天此三句釋坤元之德也故先嘆美之言至哉者蓋坤主承天之氣而生萬物之形必有所至也萬物資生者言一元之氣降于地為萬物之始也承一元之氣以生萬物之形是天下萬品之物莫不資取於坤元而生其形質也乃順承天者蓋地得天之降氣然後順從而發生萬物也坤厚載物德合

无疆此二句釋坤之自然之德也坤厚載物者言地道博厚于天下之物高下洪纖无不持載无不包容也德合无疆者言地者形之名坤者地之用是地之形則至廣至大而無疆畔若其德則持載生育萬物大无不周遠无不及是坤之德亦合地形之无疆也含弘光大品物咸亨者此釋亨之德也含包也弘厚也光明也大盛也謂之含者言坤之爲體无所不包无所不周謂之弘者言博厚而无所不載謂之光者

言萬物由地而生皆得亨通而光明謂之大者言其體至廣至大謂坤之有此四德然後萬物繁植得其亨通也牝馬地類行地无疆者此釋利牝馬之貞言地之爲道生成萬物无有休息焉爲人所服乘亦能行之不息是爲地之倫類而行之无疆也柔順利貞君子攸行者此釋君子有攸往之義言君子之人能柔和謙順以盡其爲臣之節而又不失其正是所往无不獲其利也先迷失道後順得常者此釋先迷後得主利之義言爲人子爲人臣爲人婦其爲道必須待倡而後和行而後隨若首先而行則迷惑錯亂而失其道若所行居人之後而順承其上乃得君子之常道也西南得朋乃與類行者已釋在前東北喪朋乃終有慶者此言君子已仕進用朝廷上以致君下以澤民以施己之素蘊是終獲其美慶之道也安貞之吉應地无疆者此言坤之所以安靜守正而得吉者蓋由承天之氣以發育萬物无所不得其生是其

德之无疆也君子之人上承於君亦當安然守至正之德而不爲事始不爲物先待君令而後行此其所以獲吉也是其德應地无疆也

象曰地勢坤君子以厚德載物

義曰此先聖大象之辭言地之形體固本柔順柔順者地之勢也故能生成萬物之形質也君子以厚德載物者言君子之人法地之道以寬厚其德使其器業廣大弘博无所不容以載萬物使萬物无不得其

所皆如地之容載也

初六履霜堅氷至象曰履霜堅氷陰始凝也馴致其道至堅氷也

義曰言履霜者陰氣始凝結之時也堅氷者陰氣極盛之時也夫坤之六爻皆陰而初六居其最下是陰氣始凝之時也大凡陰之爲氣至柔至微不可得而見故自建午之月則一陰之氣始萌於地下以至于秋人但見其物之衰剥時之憯慘且不知其陰之所

由來然于履霜之時則是其迹已見故可以推測其必至于堅氷也以人事言之則人君御臣之法此其始也夫人之深情厚意不易外測故大姦若忠是也然爲臣而佐君必有行事之迹於其始善善惡惡可得而度之故在人君早見之也見其人臣之間始有能竭節報効則知終必有黄裳之吉乃任而用之使之由小官至于大官則爲國家之福若姦邪小人其有諂佞之狀一露則知積日累久必至於龍戰之時故當早辨而黜退之則其惡不能萌漸也若使至于大位以僭竊侵陵則惡亦不易解矣是由履霜之積積而不已終至堅氷是宜辨之在始也象曰履霜堅氷陰始凝也者言陰之至于履霜是陰氣始凝之時也堅氷二字當爲羨文盖下文已有至堅氷也馴至其道至堅氷也者盖馴者馴狎之義謂臣之積惡有漸久而不已則至大惡也

六二直方大不習无不利象曰六二之動直以方也不

習无不利地道光也

義曰直正也待夫陽之至然後發而生成萬物是其體安靜守正而不爲物之先也方義也義宜也言生物无私使各得其宜也大者言地體至大无所不包无所不容也不習无不利者言坤有三德自然而物生故不待修習而後能以人事言之則君子之人其德素藴其行素著聖賢之事業已習之于始至此用之朝廷之上隨時而行之且非臨事而乃營習故无

所不利是以孟子四十不動心者此也於卦則二為地之上是萬物發生之時也故三德之備地道之美盡於此矣彖曰六二之動直以方也不習无不利地道光也者言六二以直方大之三德發動而生物无不待其宜蓋以自然之質不勞而生不為而成光大之至也

六三含章可貞或從王事无成有終象曰含章可貞以時發也或從王事知光大也

義曰含畜也章美也貞正也言六三陽位今以陰居之是能執謙不敢為事之倡始故内畜聖賢之事章美之道待君之所令及謀議之所至則從而發其章美之道以進于君如此是得臣子之正或從王事无成有終者言六三之君子執臣子之分不敢先倡待君有命然後從而行之既行之又歸美于君而不敢居其成功但竭節盡忠而終于為臣之分也象曰含章可貞以時發也者言人臣含畜章美之道若謀議未及而先發之非其時而宣行之使天下之人但知臣之所為而不知君之所命則失所以為臣之分也今含畜章美俟可發而發之然後功成于己即歸之于君而不失臣子之分也或從王事知光大也者此言君子待君之命而從之則是君子之智益光明而盛大也

六四括囊无咎无譽象曰括囊无咎慎不害也

義曰括結也囊所以盛物也坤是陰卦六四本陰位又以陰居之則是陰陽之道不交而君臣之間不相

接也然六四既當此否塞之時則必括結其囊藏其德卷而懷之以待其時无咎者言六四有聖賢之才若非時而進則為小人所害今既能韜光晦迹故得无咎也无譽者言六四既括結其囊所以斂其才德則天下之美譽何由而至哉故曰无咎无譽也象曰括囊无咎慎不害也者言六四當君臣不交之時而能慎密而不出則小人雖有殘賊之心而欲害之必

不能及也

六五黄裳元吉象曰黄裳元吉文在中也

義曰黄者中之色裳者下之飾蓋衣譬其君裳喻其臣以六五居上卦之中而當公卿之位是能執中道施美利而暢於四方故獲元大之吉也象曰黄裳元吉文在中也者大凡五色備具謂之文今六五能居中而施其美利自内及外自朝廷及天下是得黄中之色而可以見四方之色也

上六龍戰于野其血玄黄象曰龍戰于野其道窮也

義曰龍者陽之氣戰者戰敵之稱野者非龍之所處言陰之為物至微至柔積而不已至于彰著必成堅冰蓋自履霜若能積其善杜其惡及其終則有黄裳之大吉若不能杜其惡以至害于而家凶于而國終有龍戰之災也夫姦臣賊子之為心其禍亂之萌包藏之久至此既不可遏滅之則必有賢明之君起而誅討之然而以陽來勝陰不无相傷故血玄黄也玄者天之色黄者地之色言上下相傷之甚也象曰龍戰于野其道窮也者言自細惡而不辨至于盛大以及于戰是其道之窮極也

用六利永貞象曰用六永貞以大終也

義曰此言六者陰之位自初至終皆有柔順之德故曰用六然既柔順而不守其正則為邪為惡故純用柔順則利在永長守其貞正則不失臣子之道也象曰用六永貞以大終也者言既能用其柔順又能永

守貞正之道則是臣子能以大義而終也

文言曰坤至柔而動也剛至静而德方後得主而有常含萬物而化光坤道其順乎承天而時行

義曰此以下仲尼之文言釋坤之德也坤至柔而動也剛者言坤之體用至柔得天之降氣然後生成萬物之形質无不持載是其動則至剛也至静而德方者言地體凝静不妄有所動待天之降氣然後始發生萬物若天氣不降于下則凝結安静而其德至方

至正不妄有所發也後得主而有常者此釋文王之彖辭也凡爲人臣之道必待君倡而後和君令而後從不敢居事之先則得所守而不失臣子之常也含萬物而化光者此釋含弘光大之義言地之道含養萬物其德弘厚而光大也坤道其順乎承天而時行者此仲尼嘆美坤卦之辭言坤道至柔至順承天之道順時而行之若春則生秋則成是也以人事言之若臣奉君之命以時而行之皆无不得其宜也

積善之家必有餘慶積不善之家必有餘殃臣弑其君子弑其父非一朝一夕之故其所由來者漸矣由辨之不早辨也易曰履霜堅冰至蓋言順也

義曰此釋初六之文辭也積善之家必有餘慶此釋履霜之義因先發此文言君子之人不以小善爲无益而不爲故積日累久至于大善延及于乃子乃孫皆獲慶善之餘也故中庸曰舜其大孝也與德爲聖人尊爲天子富有四海之内宗廟饗之子孫保之故大德必得其位必得其祿必得其名必得其壽其言大舜自匹夫有一小善未嘗捨去以至積爲大善而終享聖人之位流慶于後此積善之慶也積不善之家必有餘殃者夫小人以小惡爲无傷而弗去故積小惡以至大惡累小罪以及大罪而終有殃禍加之于身以至乃子乃孫皆受餘殃也臣弑其君子弑其父非一朝一夕之故其所由來者漸矣由辨之不早辨也者言君素寵其臣父素寵其子寵而不已耳目

之所狎習荏成凶惡以至包藏禍賊之心非在弑君之朝弑父之夕驟使然也蓋由積久漸漬而成其凶災也如此由君之不早辨其臣父之不早辨其子故也易曰履霜堅冰至蓋言順也者此先聖因履霜之戒故引上文以結蓋言順者是言履霜而至堅冰由順而積至之也

直其正也方其義也君子敬以直内義以方外敬義立而德不孤直方大不習无不利則不疑其所行也

義曰此釋六二之爻辭也直其正也者言地之為道不為妄動必待天氣至而後發之故其德无有不正也方其義也者義宜也言地之為德四時之間生育萬物終始皆得其宜也君子敬以直内者凡人有忿怒之氣皆出于心之不敬故君子之人既執直于内則必濟之以恭敬也以之事君而能恭敬其顔色内有執直不回之心則反覆之間皆合于道也義以方外者夫君子外有廉隅方正而立則邪不能入然而

所行又能合其宜則于事无不通濟也夫直而不敬則傷于訐方正而不得其宜則傷于愎故君子直則必敬于内方則必合于外也敬義立而德不孤者言君子之人内直以敬外方以義則其德不孤也何則蓋君子既以敬義接于人則人亦以敬義及于已是不孤也直方大不習无不利則不疑其所行也者夫直而不邪正而謙恭義則與物无競方則凝重不躁如此既不假營習而无所不利則不須疑慮其所行而皆中于道也故曰不疑其所行也

陰雖有美含之以從王事弗敢成也地道也妻道也臣道也地道无成而代有終也

義曰此釋六三之爻辭也言為臣之道當内含章美之德以待君議論之所及詢訪之所至然後發已之素藴以賛行君之事業輔成君之教化及其有所成功則歸美其君而不敢自居其成功此所以盡為臣為子之分故曰陰雖有美含之以從王事弗敢成也

地道也妻道也臣道也者此先聖釋地之道因舉大綱而言之蓋凡為子當奉于父為弟當事于兄卑者當事于尊之類皆下奉上之道也地道无成而代有終也者言地之為德必待天之氣至然後發之以賛成天之生育之德是得其地道大終之義也

天地變化草木蕃天地閉賢人隱易曰括囊无咎无譽蓋言謹也

義曰此釋六四之爻辭也天地變化若陽下交陰陰

上交陽陰陽交通故能生成萬物而草木品類皆得蕃昌猶如君臣之道交接則天下得其安也故曰天地變化草木蕃也天地閉賢人隱者言天地不交陰陽不通則草木枯槁而萬物衰滅猶君不交于臣臣不交于君君臣道塞則賢者退隱也蓋坤為陰卦四本陰位又以陰居之是天地閉塞陰陽不交之時是猶君不交于臣而賢者退而自處也若於此不能退則為小人之害也易曰括囊无咎无譽蓋言謹也者

言賢者當此之時既能括結其囊而自處是能謹慎而避害也

君子黄中通理正位居體美在其中而暢于四支發于事業美之至也

義曰此釋六五之文辭也黄者中之色居其中則通于四方之理言其黄則極于四方之色今六五之君子有此黄中之德故能通天下之物理也正位居體者言六五位極公相是得其正也而又執柔順之道以全臣子之節是居其體也美在其中而暢于四支發于事業美之至也者言六五正居公相之位内總百揆外統九州牧伯而又作樂以興天下之和制禮以正天下之序施刑以懲天下之惡為政以正天下之治是皆内含章美之道以通暢于四支開發天下之事業如此是文明章美之極至者也

陰疑于陽必戰為其嫌于无陽也故稱龍焉猶未離其類也故稱血焉夫玄黄者天地之雜也天玄而地黄

義曰此釋上六之文辭也言其疑者蓋其始不杜凶惡之漸以至于極盛則疑忌之心生而僭竊禍亂之事作以至見侵于陽而陽與之戰也為其嫌于无陽也故稱龍焉者此坤六爻皆陰故无陽龍陽也此稱之者蓋言陰至于此既已極盛則是至于建子之月必有一陽之生以消退羣陰使之不能有為也猶如亂臣賊子為惡已甚則必有剛明之君子與之戰而滅之也此蓋聖人不容陰之過盛故稱龍以存戒也

猶未離其類也故稱血焉者言陽微陰盛以至相敵然而陰雖至極猶不能離其陰類故雖見敵于陽但稱血也猶臣雖盛極見侵于君猶不能離臣之分也夫玄黃者天地之雜也天玄而地黃者玄天之色黃地之色以其上下相敵必有相傷故玄黃之色錯雜于其間然陰雖至盛終不能勝于陽猶臣之道惡雖至盛亦終不能有其成也此皆聖人存戒于人君言于履霜之時則必察其臣之所為而進退之故至此可无能戰之事也

乾隆御覽之寶

周易口義卷一

欽定四庫全書 經部

周易口義卷二

詳校官尚書臣德保
通政使司副使臣英照恭覆勘
總校官原任中允臣王燕緒
校對官中書臣王家賓
謄錄監生臣朱學濂

欽定四庫全書

周易口義卷二

宋 胡瑗 撰

上經 屯

䷂ 震下坎上 屯元亨利貞勿用有攸往利建侯

義曰此文王所作之卦名也文王既定乾坤二卦于前以明天地之道又以震坎二象畫為六位以次于後名之曰屯屯者屯難之名天地始交而生物之時也夫天地氣交而生萬物萬物始生必至艱而多難由艱難而後生成盈天地之間亦猶君臣之道始交將以共定天下亦必先艱難而後至于昌盛如湯之于伊尹文武之于呂望其始交時皆有四方之多虞然後卒能共治天下是皆先艱而後通也然萬物始生多難何以見之試以草木言之當句萌甲拆之時其體弱而未成日暵之則槁必雨以潤之雨久反害是始生多難可知也君臣倡治豈无難哉然屯有二義一為屯難剛柔始

交而難生是也二為盈序卦云有天地然後萬物生焉盈天地之間者惟萬物故受之以屯屯者盈也是為二義以人事言之自古聖賢未有不由險難成名若文王囚羑里周公攝政有管蔡之流言仲尼厄于陳畏于匡拔樹于宋削跡于魯孟軻有臧倉之困齊梁之君以為迂濶是皆出于險難而後能興事業于當時或垂名教于後世是以君子之人將欲立功立事不可以時屯而不往世難而不行雖小人之譖毀傾險安損君子之

道哉且君子之道獨立不懼而行若終屯而不行乃生靈之不幸耳小人何能掩我哉唯君子能徧歷險阻艱難然後可以成名此聖人明卦之深教也元亨利貞者此屯之四德亦天地之四德也注疏以為劣于乾非也蓋陰陽之始交必有屯難萬物由屯難而後生如春之時則句萌發達元之德也夏之時則物生而大通亨之德也秋之時漸而成之利之德也既生既通既成而又于冬斡了之貞之德也是屯之四德亦乾坤之

四德也以人事言之則君臣始交而定難難定而後仁德著故揚子曰亂不極則德不形是其拯天下之大危解天下之倒懸出民于塗炭由于難而後仁著也此元之德也天下既定必得禮以總制之使君臣父子兄弟夫婦尊卑上下之分不相錯亂此亨之德也天下既定人倫既序然後保合太和而各得其宜一歸于貞此利貞之德也勿用有攸往者此以下專以人事言之屯難之世天下未定萬民未安不可重

為煩擾之事往而撓之若復往而撓之是益屯也必在省其刑罰措其甲兵輕其徭役薄其稅斂以安息之可也利建侯者夫天下始定民方息肩于困難一人不能獨治政教不能徧及必建侯分守使之行上之號令布上之德教以各治一國之民則幽僻遠陋之地无不被其澤故屯難可以寧生民可以定也

彖曰屯剛柔始交而難生動乎險中大亨貞雷雨之動滿盈天造草昧宜建侯而不寧

義曰此以下先聖釋文王彖辭之辭也言謂之屯者是天地剛柔二氣始交萬物始生則必有其難也若君臣始交萬物始定則亦必有難也動乎險中大亨貞者此以上下二體言之也震為動而下坎為險而上是動于險中也屯之初動而不已故得大通言聖人創業初在險難而教化未濟故于此動乎險中而不已則出乎險中而施元亨利貞之四德以濟天下之民也大亨貞者釋四德也不言利者蓋聖人于乾

欽定四庫全書

坤二卦既備言四德故于諸卦有四德者皆略而不舉也雷雨之動滿盈者此聖人重釋亨貞之義也言屯者盈也陰陽始交則有雷雨之澤以生成萬物而使盈滿于天地之間若君臣始交以德澤布于天下使天下之人皆被其賜而至于盈盛也天造草昧宜建侯而不寧者草創也昧冥昧也夫天之營造萬物於草創冥昧之時在聖人則當興制天下之事然教化未備人民冥昧而未通以聖人一已不能獨治

必分建邦國之諸侯以撫綏其民是聖人于此之時
豈得安寧而遑暇宜急急以治屯也
象曰雲雷屯君子以經綸
義曰此先聖大象之辭也言雲而不言雨者蓋雲者
畜雨將降之時也故又有雷動于下將興雨澤以蘇
天下之民物是天地經綸之始也故君子法此之象
當屯難之世撥亂反正施教行化興天下之利除天
下之害以經綸當世之務也

初九磐桓利居貞利建侯象曰雖磐桓志行正也以貴
下賤大得民也
義曰磐桓者不進之貌言初九居屯難之初天下方
定不可煩擾于民故磐桓然不遽而進然身雖磐桓
而其志在經綸天下不失其正也利建侯者以其天
下至廣不能獨治況當屯難之世生民方定必須封
建聖賢之諸侯以康天下之難者也象曰志行正也
者此先聖象辭言身雖不進然志在經綸天下所行

不失其正故也以貴下賤大得民也者此言初九以
一陽居衆陰之下是以崇貴而謙處于下屈己而就
卑者也故身能禮下賢善而民心莫不歸之
六二屯如邅如乘馬班如匪寇婚媾女子貞不字十年
乃字象曰六二之難乘剛也十年乃字反常也
義曰屯難也邅迴也如語辭也言六二與九五為正
應而下乘初九之剛欲乘馬而行往應于五則以其
難在于初故邅迴班旋而不敢進也匪寇婚媾者寇

謂初也言六二若非初九為寇于己也則上與五為
婚媾矣女子貞不字十年乃字者女子以陰言之未
有所從者也蓋此六二以陰居陰正也處下卦之中
中也六二能居中得正不以初九為寇于己而下從
之是女子能守正不變不為初之愛字者也十年乃
字者十年乃天地之終數也數終則反常難釋則亨
來是以中正之女至此十年難極則可以受九五之
愛字也象曰六二之難乘剛也者言六二所以邅迴

班旋乘馬而不敢進者蓋以陰柔之質而乘初九之剛也十年乃字反常也者言于十年難終之後得從九五之應是反得常道也此爻施之人事猶君子守正專應不妄有所從者也

六三即鹿无虞惟入于林中君子幾不如舍往吝象曰即鹿无虞以從禽也君子舍之往吝窮也

義曰即就也虞虞人也以畋獵言之欲就其鹿而无虞人導之鹿不可得也夫六三以陰居陽本失正也

夫人之不正則雖君子能博施者亦不愛于巳矣上又无應若往求于五五屯其膏自與二為應必不見納若下求于初初又有六四之應則是以不正而妄動上下皆不獲其安故君子立身處世則必内畜其德外潔其行而存心于聖賢自任以天下生靈之重不為躁進妄動必待時之所推君子之援引以為先容則位可得而道可行也今以不正之質而又不畜其德不潔其行但以躁進妄動為心而又无君子之援是其往必无所得也故若欲就其鹿无虞人援引度其可否則鹿必不可得而徒入于林中而已何所獲哉君子幾不如舍往吝者註疏謂幾為語辭非也蓋幾者有理而未形者也君子之人能知之先見知微知彰度其所然正身而動知其進退无所適而又无其援必不利矣則不如舍之是能豫决其可否知幾之君子也若不能如是而務為躁進必取其悔吝也象曰即鹿无虞以從禽也者凡飛走可擒獲者皆

謂之禽故曲禮曰猩猩能言不離禽獸又書云无禽荒者皆可擒取之義也六三雖欲即鹿從禽然而无虞人以度其可否雖有鹿亦不可得也鹿即喻于禄財利之謂也君子舍之往吝窮也者此聖人為妄求躁動之戒也故繫辭云君子安其身而後動易其心而後語定其交而後求危以動則民不與也懼以語則民不應也无交而求則民不與也莫之與而傷之者至矣今六三居屯難而求進是危以動也非應而

往是懼以語也以无虞而求鹿是无交而求也如此而往則速其悔吝困窮可知矣

六四乘馬班如求婚媾往吉无不利象曰求而往明也

義曰此一爻誠可謂知幾之君子也然雖與初九為正應而二近于初疑其與初相得而隔已之路故乘馬班旋而不敢進也然已守正而无求于陽故待初九之來求于已以為婚媾然後往而應之則獲吉而无所不利也若君子雖懷才蘊德有聖賢之事業然

亦不可以已而求人必待其人再三見求于已而往則道可行言可從也故伊尹耕于有莘之野由湯三聘而後往以堯舜之道覺天下之民是也象曰求而往明也者言六四居其正而能知其幾性修智明不為妄動必待人求于已然後往而應之果非君子性修智明其能與于此乎

九五屯其膏小貞吉大貞凶象曰屯其膏施未光也

義曰凡為人君之道當如天之造物雲行雨施滿盈天下使萬物无不被其澤則可也書曰无偏无黨王道蕩蕩此為君者所當然也今九五據至尊之位而反屯難其膏澤專應在二不及于衆是但能煦煦之仁孑孑之義私已之親偏已之應若施之一家則可以澤一家若施之一國則可以澤一國若施之天下則无以濟是恩澤不及于廣遠使天下之人无以慰其望是以小貞則吉而大貞則凶也是所施膏澤不至光大也可知故象曰施未光也

上六乘馬班如泣血漣如象曰泣血漣如何可長也

義曰此言上六處一卦之上最居屯難之極欲應于五五屯其膏而无所告也固若鰥寡孤獨失職之民不得其所而罹于塗炭之中无所告愬者也五既澤不及于已三又失其正應故乘馬班旋而不得進泣血相續而无所愬也象曰泣血漣如何可長也者此先聖之微旨非謂上六也蓋責其為君臣之道也夫人君者不欲一夫有失其所一物不遂其性為人臣

者又當佐君力行之今人見赤子墜井自非親戚皆
將匍匐而救之況為民之父母豈可使斯民有此屯
難之事泣血漣如而无所告哉是不可使之長如此
也是不可長者盖責其為君臣之道也此先聖之微
旨然自古以來獨伊尹可能當此也

蒙

䷃ 坎下艮上 蒙亨匪我求童蒙童蒙求我初筮告再三瀆
瀆則不告利貞

義曰蒙即蒙昧之稱也凡義理有未通性識有未明
皆謂之蒙所以次于屯者按序卦云屯者物之始生
也物生必蒙故受之以蒙又曰蒙者物之稚也言若
人之幼稚其心未有所知故曰蒙也蒙亨者言蒙昧
之人其性不通其志不明必得賢明之人舉其大端
以開發之則其心稍通通而不已遂至大通亦若民
之生雖憒然无所知冥然无所明必得在上賢明之
君善教化之教化之不已則知禮義而至于大通故
曰蒙亨也匪我求童蒙童蒙求我者我謂賢明老成
之人也言非是賢明老成之人往求童蒙者而告之
盖是童蒙之人其性不明其志不通思其開釋而來
求于我我則告之亦若賢明之君非是已欲自求于
民而治之盖其民无知不能自治思欲開發暗昧之
心以求于已則已然後居其位明教化以導之是以
古之聖賢在上者其處心積慮非樂居于權位好處
于富貴盖民來求治于我我當治之亦以天之生民
蚩蚩者衆无所知識須得聖賢之人以治之以堯舜

居之而不為樂者是聖人之本心也初筮告再三瀆
瀆則不告者筮所以決疑也言童蒙之人不能自明
志有所疑來決于已則已舉其大端一理以明告之
而蒙者必當精思其可否深慮其善惡然後可以大
通其志若或不思不慮而其性不達以至于再于三
求告于老成之人則其事煩而瀆亂矣既已瀆亂則
老成之人不復告之矣故仲尼曰舉一隅不以三隅

反則吾不復之矣故古之時有朴作教刑以至蒙昧之人諭之而不思告之而不慮則有鞭朴夏楚之刑以戒之亦如蒙昧之民求治于在位者也聖賢之人在上則道之以教化漸之以禮義有或不能以自通以至反善趨惡瀆上之化故古之時有明于五刑以弼五教以正之是言再三瀆亂則不復告之而有懲戒之刑也利貞者此言亨蒙之道當利以正也故先聖曰子帥以正孰敢不正言必以正道開發于人也

彖曰蒙山下有險險而止蒙蒙亨以亨行時中也匪我求童蒙童蒙求我志應也初筮告以剛中也再三瀆瀆則不告瀆蒙也蒙以養正聖功也

義曰艮為止為山坎為險為水山之下有險窒塞而不通則是蒙之象也夫水之性无不下導之則為江為海止之則為瀆為汙今止而未決是其有蒙之義也蒙亨以亨行時中也者言蒙昧之人智性既未明而賢明老成之人必以一理而決之使其由稍通以至于大通如此是以亨通而行皆得時之中也匪我求童蒙童蒙求我志應也者言非賢明老成之人求于童蒙之人蓋童蒙之人來求決于賢明老成之人也既來求決則賢明老成之人當告以善道是上下之志相為合應也再三瀆瀆則不告瀆蒙也者言蒙昧之人既來求決于賢明之人賢明者但開發一隅而告之其蒙者既得賢明之告必當思慮之自一隅以至于三隅然後可通也今若不思不慮以至于再

于三而瀆問于賢明之人則賢明之人不復告之以其不能思慮而自瀆亂于蒙者也孔子曰學而不思則罔是也初筮告以剛中也者剛中謂九二也言九二以剛明之德而居中是能以剛中之德而發其蒙昧者也蒙以養正聖功也者此言聖賢外能蒙晦其德而內養其至性至誠不息以育其德是其聖賢之功也此正合潛龍之義始卷懷其才德而終存心于天下後世怪民不知蒙晦養正之意乃退身于山林

是豈聖賢之功乎
象曰山下出泉蒙君子以果行育德
義曰言泉之始發于山下未有所之則必待決導之然後流注而至爲江爲海于未決之前雖出於山之下而未有所適是蒙之象也君子以果行育德者言君子之人則當果決其行而力學審思強問篤行使其性明志通又且養育其德以修其志使其道之大成至于聖賢而後已然後發其所畜以教化于人也

初六發蒙利用刑人用說桎梏以往吝象曰利用刑人以正法也
義曰據此一爻注疏之解以爲初六在屯難之後居蒙昧之初不能自明而上得九二之陽以照于己遂發其蒙蒙昧既發則志遂明于事而无所疑可以用刑于人或說其罪无所不當也今則不取蓋此一爻乃亨蒙之法也初六居蒙之初久在蒙昧不能通明必得在上聖賢之君申嚴其號令設張其教化以開示之使得其曉悟故曰發蒙也若其性識至昧雖得號令教化開發之而尚不通曉于心反善趨惡犯君之教化則賢明之君當用刑罰以決正之故曰利用刑人也然又其間久在蒙昧之時不知禮義不知教化過而爲之以至遭桎梏之苦始曉悟而自悔則聖賢之君又當肆赦之書曰舊染汙俗咸與維新是也故曰用說桎梏也以往吝者言凡刑法者小懲而大戒刑一而勸百使天下之人皆遷善而遠罪是不得

已而用之也語曰上失其道民散久矣雖得其情則哀矜而勿喜也不可恃已之勢肆已之威快已之欲用之以往无有休已則自取悔吝也
九二包蒙吉納婦吉子克家象曰子克家剛柔接也
義曰初六發蒙蒙之小者也上九擊蒙蒙之大者也而餘四爻皆陰柔之質惟此九二以剛明之德居下卦之中是居得其中者也夫剛則能斷天下之事明則能察天下之微有剛明中正之德則天下之賢不

肖者皆從而歸之天下之蒙昧之人皆樂而求之而已能包容无所不納故曰包蒙吉納婦吉者婦所以助己而成治也以上下三爻皆陰柔之質故稱婦也然其中必有賢者能者而九二又能納之以助于己蓋言九二居人臣之位正應于五五為至尊而以柔順之質専委于二苟天子之重任掌天下之繁務其責至重雖有剛明之德亦不能獨當之必在廣納天下之賢才以相輔助然後可以成治也故云納婦吉

也子克家者言有包蒙納婦之吉施之人子則可以幹父之事而克集一家之治施之人臣則可以幹君之命而克成天下之治也故曰子克家象曰子克家剛柔接也者言六五與九二為正應上以柔順而接于下父之慈也下以剛明而奉于上子之孝也父子之義相交則家道成也君臣之義相交則天下治也是六五之君能以柔順之道下委于九二之臣九二之臣能以剛明之德上奉其六五之君若是則剛柔相接而克成其治也

六三勿用取女見金夫不有躬无攸利象曰勿用取女行不順也

義曰金夫者剛陽之人也六三以陰柔而居陽位本不正也以不正之女不能順守婦道比近九二剛陽之人故起躁求之心而欲遽從之是不有其躬非清潔之行故聖人戒之曰勿用取此六三不正之女也无攸利者言六三之女以不正之質而從于剛夫則

必蠱其一家之事亦猶不正之臣以此道而事君必害其天下之治復何有所利哉象曰勿用取女行不順也者先聖所以言勿用取此女者以其不正之質而又躁求于金夫不待夫見求而自遽應之是行不順也

六四困蒙吝象曰困蒙之吝獨遠實也

義曰六四以陰柔之質居蒙昧之世又處陰之位上既遠上九之陽下又遠九二之陽在二陰之間无陽

以發明于己困于蒙暗不得通達故有悔吝是以自古聖賢未有不自擇師取友親仁善鄰以成者也故子貢問為仁于仲尼仲尼答曰工欲善其事必先利其器居是邦也事其大夫之賢者友其士之仁者夫賢者事之仁者友之以相訓導以相琢磨未有不成其道業者果能此道則雖愚必明雖弱必強則自小賢以至于大賢自大賢以至于聖人也故孔子又曰里仁為美擇不處仁焉得智言人之所居必擇仁者

之里而處之觀其動作必中于道觀其言語必中于義出入游處日漸月摩雖有凶于頑弟未有不率而至于善者又若孟子之母三徙其居而卒使其子為萬世之大賢是由母能親仁善鄰之力也今六四不能親仁善鄰故至于困窮而有悔吝也宜矣象曰困蒙之吝獨遠實也者夫陽主生物故為實今六四既遠上下之剛陽至于困窮而有悔吝是遠于陽實故曰獨遠實也

六五童蒙吉象曰童蒙之吉順以巽也

義曰六五陰柔之質而居陽位至尊之極也内有剛德可以通天下之志外示柔順足以專任臣之道故獲童蒙之吉非六五柔順之德无以委任九二剛明之臣非九二剛明之才无以當六五委任之重故此能專權委寄所謂勞于求賢逸于任使不勞聰明垂拱而自治者也象曰童蒙之吉順以巽也者以陰柔居至尊是順也能專任于賢而以柔接之是巽也

上九擊蒙不利為寇利禦寇象曰利用禦寇上下順也

義曰據初九是蒙之小者故曰利用刑人凡昧于理者皆謂之蒙若為臣不盡臣之忠為子不盡子之孝為弟者當奉于兄而反為輕侮之事為兄者所以友于弟而反為傷虐之行為士者所以守義明先王法則以正流俗而反為偷薄之行為農者所以力穡務本而反為怠惰之事為工者所以作器用以利于人而反為彫巧之弊為商者所以通濟有无而反為侈

靡之異是皆反于常理而蒙昧之小者故用刑法以正之今上九乃是蒙之大者若諸侯群臣所以佐天子而反為叛逆之醜若夷狄所以柔服于中國而反為叛亂之孽罪深惡大非五刑所能制必在典師動衆以征伐之故曰擊蒙也不利為寇者夫兵凶器也戰危事也若逞其凶器肆其危事以自寇于人往必不利故秦之始皇漢之孝武隋之煬帝皆貪一時之欲恃一己之威窮兵黷武長征遠伐使天下之男死

不得緣南畝天下之女罷不得就蠶室而勞于餽餉流離四郊以至老母弔其子幼婦哭其夫怨毒之氣徹于骨髓愁痛之聲淪于腸胃此皆為寇不利之明效也言利禦寇者言征伐之事非務乎窮兵黷武蓋在于禦難備害而已若三苗之民反道敗德而舜征之葛伯有先祖之奉而不祀有千乘之富而奪人之餽餉湯始征之昆夷玁狁為華夏之難而文王討之三監叛周而周公誅之四夷交侵宜王伐之此皆利

于禦寇之明效也象曰利用禦寇上下順也者言諸侯之叛逆四夷之不賓服人神之所共怒也故聖人選兵簡將以擊之則上下之心无不承順也中庸曰喜怒哀樂發而皆中節謂之和若此可謂怒中其節也上下安得不順承之哉

需

䷄ 乾下坎上 需有孚光亨貞吉利涉大川

義曰需訓為須須待也需所以次于蒙者按序卦云

蒙者物之稚也物稚不可不養故受之以需需者飲食之道也夫需又為濡潤之義物在蒙稚必得雲雨以濡潤之人在蒙稚必得飲食以濡潤之以養成其體也謂之待者蓋卦之二體乾在下必務上進既欲其進而又險在于上于是見險而止猶君子以險難在前故待時而動不妄求進是須待之義也有孚光亨者此指九五而言也故卦辭或統論一卦以明其體或因一爻以明其德此需是九五當其義故指而

言之以明其德孚者由中之信也光明也亨通也夫九五以陽明之德處至尊之位有由中之信以待于物物亦以由中之信接于已上下交相以至誠之道浹洽于天下其德乃光明而亨通也故曰有孚光亨也貞吉者言九五以陽居陽得正者也夫既有由中之信接于物必須濟之以正乃獲其吉也若信而非正則入于邪僻故先聖云信近于義又曰子帥以正孰敢不正故曰貞吉然則此非止于九五人君之道

獨當然若凡在位者能以正信之道接于下則下亦信之而從正也若父子之間以正信相接則不陷于不善朋友之間以正信相接則不陷于不義是凡為人者有由中之信皆當正而行之乃得吉也然既以正信接于人而人亦以正信歸于已以此而濟大難何不利之有故曰利涉大川

彖曰需須也險在前也剛健而不陷其義不困窮矣需有孚光亨貞吉位乎天位以正中也利涉大川往有功也

義曰需者濡潤飲食之謂也亦謂須待之義也險在前也者此以二體明之坎在上為險乾在下務于上進而坎險在上是以待時而動不躁求妄進故曰需須也險在前也剛健而不陷其義不困窮矣者此言雖險阻在前而下之三陽皆剛明至健之人必有欲進之心也然而既剛且健其進又不躁不妄固不陷溺于險難之中而其義不至困窮矣需有孚光亨貞

吉位乎天位以正中也者此言九五之位有剛明之德居至尊之極以陽居陽是正也又在上卦之中是中也既內有由中之信而外得其正故得光明而亨通是處至尊之位而以中正者也利涉大川往有功也者言有光亨之德知其可進之時然後施已之道又本懷乾健之性以斷而往必有成功故曰往有功也

象曰雲上于天需君子以飲食宴樂

義曰坎為水為雲乾為天今坎在乾上是雲上于天也且雲者畜雨之具也今上于天是必反降雨澤于下也君子觀此需待之象以飲食養其身以宴樂寧其神居易以俟命待時而後動也注疏之說以飲食宴樂謂童蒙既發盛德光亨无所為而但飲食宴樂而已觀此則是救天下以逸豫為心也非聖人之旨今則不取飲食者所以養身也宴樂者所以寧神也是亦樂天知命居易俟時耳故君子之于飲食非謂

肥甘其口腹也孟子曰飲食之人无有失也則口腹豈適為尺寸之膚哉君子之于宴樂非謂苟安其身也所以保其躬治其心明其性是君子樂天知命待天時之至也孟子曰仁義忠信樂善不倦此天爵也公卿大夫此人爵也古之人修其天爵而人爵從之今夫君子之待時也若農夫之趨于田也農者非不耕而可待其食也非務休逸而可待四時之有成也必力勤于稼穡志專于耕耨然後春生之夏長之秋成冬藏之如不耕耨不播種則四時何有成哉君子之待時必須修其仁義忠信之德然後可享其位伸其道也故曰君子以飲食宴樂

初九需于郊利用恒无咎象曰需于郊不犯難行也利用恒无咎未失常也

義曰郊者曠遠之地也按此卦坎在上為險乾在下為健夫有剛健之德必欲上進今初九雖是剛健之質然而險難在前故見險而止待時而動戹窮而不

憫樂天知命不務速進但需待其時遠難而已然所以于郊者郊最遠于水待之于此最遠難者也故曰需于郊也利用恒无咎者言居无位之地又處險難之下本有咎也然初九若能守其恒心不為困窮而易其節不以貧賤而渝其志相時之可否可進則進故得免其咎也象曰需于郊不犯難行也者言此初九能見險待時于遠郊之地是不犯冒險難而行也利用恒无咎未失常也者言俟時而動不犯難行者

乃有常之君子也故中庸曰君子居易以俟命小人行險以徼倖言君子雖居貧賤而但守平易之心不妄動不躁進俟時而已小人則務險詖其行以徼悳倖今初九能守常不變是君子所為也

九二需于沙小有言終吉象曰需于沙衍在中也雖小有言以吉終也

義曰沙者近于水亦平易之地焉按六四為險難之初三最近之初最遠之而二居遠近之間以陽居中

內有剛明之德而處得其中但守平易之心需于沙而已小有言終吉者言九二將近于難者也夫險難者小人陰險之行也已以君子之道守其中正不與小人苟合則小人興讒搆之言以謗于已然九二動以剛德行以中道不顧流俗之毀訾雖有小人讒搆之言終不能為害于已故曰需于沙小有言終吉也象曰需于沙衍在中也雖小有言以吉終也者衍寬衍也言九二所以需待于沙者以中有寬衍之德而居中也夫小人之言也如犬之狺狺焉吠其聲者有之吠其形者有之安能為君子之害故九二雖有小人之言將害于已然而終不能害之自獲其吉也

九三需于泥致寇至象曰需于泥災在外也自我致寇敬慎不敗也

義曰上卦坎為險又為水六四在陰險之初而三最近之夫泥之為物最近于水者也此九三去難最迫故曰需于泥也致寇至者六四居險難之初小人之

行者也以小人之心毀壞正道荼毒良民讒謗君子者也則君子之人必在敬而遠之然九三以陽剛君子之德而反不敬遠小人則已之道何以著于天下又以至健之質務欲上進而最迫于小人故致小人之為寇也然九三以陽居陽雖不及中且履正者也以至正之道又內謹其心外慎其事則為寇之小人終不能陷于已象曰需于泥災在外也者易中凡上卦為外下卦為內今九三雖進而至此然尚未入于

難但迫近六四是來害已者在外也自我致寇敬慎不敗也者言寇之欲來皆由已之欲進而自迫之也然君子所行必中道所為必中節使無毫髮之差則小人不能窺伺而起害也今既至此則固宜恭敬謹慎其所為則小人終亦不能克勝也故曰敬慎不敗也

六四需于血出自穴象曰需于血順以聽也

義曰血者傷之謂穴者所居之地也夫乾之為體本

在于上今卦反在于下三陽皆欲上進復其本位六四以小人陰險之質居險之初而窒塞其中然下之三陽以至健之德俟時而動至此皆引類而進六四雖始欲拒其進妨其路然覩衆賢之來其勢度已之力必不能退故退而避之則始獲安居如或止而不使之進是必致衆賢之所害自待其傷故曰需于血也出自穴者言若能度已之力不能禦則退其所居而不敢妨衆賢之進如此則庶可以免害也象曰順以聽也者夫小人不能與君子敵今三陽上進已必柔順以聽從其所命也

九五需于酒食貞吉象曰酒食貞吉以中正也

義曰注疏之解謂需之所須須于天位何所復需需于酒食以宴樂而已若此則是教人以體逸為心耳无足為法夫自古聖帝賢王雖當平治未敢忘于喪亂危亡及匹夫匹婦之失所者夕思晝行以濟于天下安敢自懷于安逸哉蓋九五以中正之德居至尊之位而息于險難又以由中之信待于物則天下之

賢者樂從之賢者既樂從之則必養之故需于酒食所以待賢也亦所以養身也賢人既養則天下之賢皆引類而歸之身既安則可以暢仁義之道于天下故曰需于酒食既以酒食待天下之賢得其正則吉也故曰貞吉象曰以中正也者言九五居卦之中是以中也以陽居陽是以正也既有中正之德于是用酒食以待賢所以獲吉者也

上六入于穴有不速之客三人來敬之終吉象曰不速之客來敬之終吉雖不當位未大失也

義曰上六居一卦之極以陰柔之質乃復入于穴以獲其安何則蓋六四退避不敢妨羣賢之路九五又能用酒食以待之賢者既以仕進不見害于己故得入其穴以安其居也有不速之客三人來敬之終吉者速召也言四五既使羣賢並進而上六又執柔而得安居故下之三陽君子皆不期而自應不召而自來

然既以一陰而當三陽之應則是為其主也上六固當執柔順恭敬盡其禮而接納之如此則終得其吉也象曰雖不當位未大失也者言上六既當无位之地而能恭敬以接納三陽之君子是能來天下之賢者也位雖不當而有所過失然亦不至于大也何哉夫納賢好善優于天下天下之至美者也有此至美雖有過失又何大哉

訟

䷅ 坎下乾上 訟有孚窒惕中吉終凶利見大人不利涉大川

義曰按序卦云需者飲食之道也飲食必有訟故受之以訟然謂之訟者上下不和物情違戾所以致也有孚窒惕中吉者蓋孚者由中之信人所以興訟必有由中之信實于己而為他人之所窒塞不得已而興訟蓋己直而彼曲己是而彼非其間情偽利害雖存則必具兩造以聽斷于在位之人然雖已有信實

而為人之窒塞亦須恐懼兢慎而不敢自安則庶幾免于凶禍又中道而止則可以獲吉也終凶者言能兢懼中道而已則可也若于訟之時必欲終成而不已則聽訟之人必加之以鞭朴之刑重之以流竄之罪如此則是凶之道也利見大人者夫爭訟之所由興皆由情意之相違戾上下之不和同鬬訟一生姦偽萬狀然刑獄之情至幽至隱必得大才大德之人以明斷其事則情偽利害是非曲直可曉然而決矣

何則蓋大人者才識明達智慮通曉雖幽隱纖芥皆能察辨之故訟者往求而決之宜矣不利涉大川者大川謂大險大難也凡歷險涉難必須物情相協志氣和同則可得而濟也今訟之時是其物情違忤而不相得欲濟涉險難必不可得何則以剛健在上坎險在下用剛健而涉坎險則愈入于深淵何利之有

彖曰訟上剛下險險而健訟訟有孚窒惕中吉剛來而

得中也終凶訟不可成也利見大人尚中正也不利涉大川入于淵也

義曰大凡在上者剛在下者柔則不至于不和在上者巽在下者險亦不至于爲訟今在上者既剛爲下者又險其訟必興故曰訟上剛下險險而健訟訟有孚窒惕中吉剛來而得中也者此言九二之爻也以訟之所由興由己有信實而爲人之所窒塞又兢惕怵惕得中而止不敢終竟其事而獲其吉是惟九二以剛明之德而處得其中則能然也終凶訟不可成也者爲訟之道雖有理而見窒于人然亦不可久于其事若必欲成其事而終竟于訟則凶禍必及之也利見大人尚中正也者言九五之爻以剛明居中又處得其正獄訟之事皆可決之是善聽訟之主蓋所尚者中正而已不利涉大川入于淵也者大川謂大險大難也若以訟道入于大險大難則訟愈深也故曰入于淵淵即川之又深者也

象曰天與水違行訟君子以作事謀始

義曰天之運行則左旋而西水之流行則无不東流以天與水所行既相違悖則不相得是訟之象也君子之人當法此訟卦凡作一事必須謀其始而圖其終使爭訟之端无由而起以之居一家與一事則皆謀慮其初使上下和睦而絕閨門之訟以之居一國凡造一事必須謀度其初使人民和同而絕一國之訟若此之類皆于其始慎慮之則忿爭辨訟自然可

以息也故孔子曰聽訟吾猶人也必也使无訟乎其
獄訟之事得明賢之人聽治之而又誅之在始則刑
可期于无刑也
初六不永所事小有言終吉彖曰不永所事訟不可長
也雖小有言其辯明也
義曰夫剛險相勝物情違戾故理有窒塞而事有侵
犯是以成訟也今此一爻以柔順之質居下卦之初
其性柔順不好為訟者也然應在九四九四以剛強

而好訟來犯于己是以初六不得已而應之然訟之
所由興在乎得理而已不可終竟其訟故曰不永所
事小有言終吉者與訟之道若不務終其事則聽訟
者亦必哀矜之雖然事理明辯亦須惕懼戒慎然後
可以終得其吉今初六其性柔順不好辯訟雖小有
忿爭之言又不終竟其事故終獲吉也象曰其辯明
也者言雖小有辯訟之言且非己好蓋九四來侵于
己其理自可明矣

九二不克訟歸而逋其邑人三百戶无眚象曰不克訟
歸逋竄也自下訟上患至掇也
義曰克者能勝之辭據彖辭言訟上剛下險則好訟
之人也今九二以剛強之質又居坎險之中好為其
訟而上敵于九五然九五居至尊之位而行得其正
今九二以非理訟之是下訟于上少訟于長卑訟于
尊賤訟于貴此而行訟何由勝故曰不克訟也歸而
逋者九二既不克訟若不退歸而逋竄則禍必及之

矣其邑人三百戶无眚者言訟不克勝而逋逃若反
據其強盛之國則是復有敵上之意故退避于至小
之邑而止三百之戶則可以免其災眚三百戶即周
禮司徒所謂通十為成成一百井三百家革車一乘
二十人徒二十人之邑是其邑之至小者也象曰自
下訟上患至掇也者掇拾取之謂也自外來謂之災
自己名謂之眚此先聖因象而戒之言凡人以下而
訟上至于逋逃蓋自掇取其患害也

六三食舊德貞厲終吉或從王事无成象曰食舊德從上吉也

義曰六三以陰柔之質居坎險之終其性和同不犯于物然而上應于上九上九之性剛暴乃來訟于已已不與之辯爭故衆人莫克傾覆時君不為憎忽所以保全舊德是所食爵禄不為上九之侵奪也故曰食舊德貞厲者言本亦失正而又介二陽之間雖得食其舊德于正道言之亦危厲也終吉者言此六三

雖有危厲然已不好辯訟能以順從于上故終得吉也或從王事无成者言六三居一卦之下體柔而不敵上雖有訟于已而已能順之不為之辯是以終為在上之信任而人委之以事及其成功而且不自恃其力又不敢居其成但從王事守其本位本禄而已故獲其吉也

九四不克訟復即命渝安貞吉象曰復即命渝安貞不失也

義曰九四以剛暴之性與物不和好為爭訟者也而初六為已正應已以非理訟之然初能以陰柔之質不與物競雖為九四見陵而自能辯明故四于此不能勝之也故曰不克訟也復即命渝安貞吉者即就也渝變也言九四以非理訟于初既不能勝則當反就其好而變爭訟之命故可安靜守正而獲吉也然而九二九四皆不克訟二乃逋四乃吉何也蓋二者以下訟上以卑訟尊于義不可是以懼而逋竄不敢

據其强邑然後始可免咎此九四者以上訟下雖為不可然能反其所好變其所訟改前之非從今之是此所以獲吉也象曰復即命渝安貞不失也者九四既復即其命變其前非修其正應之道守其安貞之德復何有所失也

九五訟元吉象曰訟元吉以中正也

義曰九五以剛明之德居至尊之位為訟之主者也以陽居陽故所行者正而无過與不及皆得中道而

內有剛明之才則无所偏黨臨事果斷以此為聽訟之主則可察天下幽隱之情決天下冤枉之獄也然以居中得正又能決斷无私以此數德故獲元大之吉也

上九或錫之鞶帶終朝三褫之象曰以訟受服亦不足敬也

義曰上九以剛陽之性居訟之極而下有六三之應六三又柔順而不與物爭故此上九訟而能勝也乃

有鞶帶之錫夫鞶帶者寵異之服也且上之賜必以禮下之受必以功此古之常道今上九以爭訟忿競而受其寵異之服則是賜之不以禮受之不以功其為愧恥可知矣故于終朝之間三褫之而不能自安也褫云者為褫奪之褫又為恥辱之恥蓋受之不當其分則必反覆褫奪而不自安也何哉至如有虞之時所賜皆以禮所受皆以功以至九官尚相遜而不敢當其所賜況今上九乃因爭訟而受此寵異之服則褫不亦宜乎象曰以訟受服亦不足敬也者言凡授受賜予有差過其分則君子且不敢當是恐貽其羞辱也今上九以訟而當其厚賜何足敬尚之哉

師

䷆ 坎下坤上 師貞丈人吉无咎

義曰按序卦云訟必有衆起故受之以師師者衆也師貞丈人吉无咎者丈長也丈人者言能以法度長于人也語曰杖者出斯出矣是長之謂也夫興師動

衆其賞罰號令必一賞罰號令既一則羣聽不惑衆心皆歸則天下之人合志畢慮同心戮力可以立大功于天下也此乃長子帥師以中行者是也若賞罰號令出于二三則羣聽必惑衆心无所適從而上下違背離心離德則兵戰之功无由而成也故師或輿尸大无功者是也然師卦之中最得其正者唯九二而已然此一卦五陰一陽而九二獨以剛陽之德居得其中為六五之委任是將之有材有德而又有其

權位者也如是則可以興師動衆而不失其將兵之道以役天下之人使皆同心戮力悅從于上而无怨望者也然須吉而无咎者夫兵之所動生靈之性命社稷之安危皆繫之若一失其機一失其道則血肉生靈板蕩天下其為禍不細矣故在將兵者以恩威兼濟而協民之心合民之力而使不失其機變不失其威權必致成功大吉然後可以无咎也故曰師貞丈人吉无咎夫所謂丈人者莊嚴之稱言必須以威

猛剛強然後可以陳師鞠旅而役毒師衆此未盡其旨何則凡用兵之道必剛柔相濟恩威相須然後可以戡難成功或第莊嚴其色悚其威貌夫何益哉

彖曰師衆也貞正也能以衆正可以王矣剛中而應行險而順以此毒天下而民從之吉又何咎矣

義曰師者衆之稱貞者正之謂故曰師衆也貞正也此言于丈人獲吉者蓋能以法令長于人統其衆帥其民使天下之人皆同心戮力而歸正則其丈長之人如此而可以王天下矣凡言王者天下之所歸于已者也即湯武之兵戡亂而王是也剛中而應者此指九二而言也言九二以剛陽之德而處得其中正上應于六五之君為六五之君所委任是以居于中正有將帥之才也其體剛陽剛陽則明斷有將帥之德也而又為五所注意有將帥之任也故能興師動衆使天下之民畢從之也何哉蓋將兵之道若剛而不中則失于暴暴必傷物明而不中則失于太察太

察則不能容民而士不附皆失所以將兵之道也故此有中正之德有剛明之才又為君之所寵任兼此數長故可以成必戰之功而協從于天下也行險而順者此據二體而言也坎為險坤為順以興師之道天下之至險也何哉夫兵凶器也戰危事也其征伐一出則安危隨之豈非至險乎然而行此危險之事必須順于物理協于民心然後得為師之道也以此毒天下而民從之吉者此言以剛中之才德役使天

下之民而民皆悅隨乃得其吉既得其吉何過咎之有故曰又何咎矣

象曰地中有水師君子以容民畜衆

義曰坎爲水坤爲地以地至博厚而水行其中无所不容此師卦之象也君子法此師卦之象包容其民畜聚其衆是得爲師之道也故將驅民于兵戰則必須以恩信而懷結之以仁義而畜養之及其臨事而使則人之從也雖死而不怨故曰君子以容民畜衆

初六師出以律否臧凶象曰師出以律失律凶也

義曰師衆也律法也言行師之道役其羣衆在于事始未必盡從故或勇或怯或逆或順如此則宜何爲須在將兵者必有法律以制之使進者必進退者必退然又不可失其威嚴蓋戰鬭之事動驅民于死亡非如此則莫可爲之統率也故初六者居卦之下爲出師之始必當用之以道制之以威動靜之間不可一失其法律也否臧凶者否不也臧善也言爲將統衆于一動一止之間捨法律則不可苟不以法律則行伍無以齊一衆心无所適從故雖偶有一策能屈于人能勝其敵是皆一時之幸然于長久之策終至于凶也故象所謂失律凶也

九二在師中吉无咎王三錫命象曰在師中吉承天寵也王三錫命懷萬邦也

義曰夫九二以剛陽居下卦之中爲六五柔順之君之所信任是用剛而不失其威嚴居中而所行无過

无不及而又有權有位可以出奇策立功立事于國家者也何則夫將兵統衆柔而无剛則失于怯懦而不能斷剛不居中則過不及皆有之既剛而中苟不見任于君則雖有胸中之奇萬全之策无所施也今九二於此數事皆備有之故統兵出征必立其功是能以中而獲吉也无咎者夫兵者國家之大事社稷之安危生民之性命所繫苟一失其道咎莫大焉必獲其吉然後可以无咎也故曰在師中吉无咎王三

錫命者言九二既為六五之信任是其有才有德而又承其權位酌行中道不失為師之義也故王者再三錫其命所謂三錫者一命受爵再命受服三命受車馬也然九二所以致其賜者蓋人君以忠良難偶才不易得又況于不常之事而立不常之功故所以稠厚其賜也象曰在師中吉承天寵也者言九二以剛陽居中然能在師旅之間成立其功蓋應于五而六五能信任之使已之才德可以運籌決勝扶衛社

稷是能上承天寵然也王三錫命懷萬邦也者此又言承上王再三之錫命者蓋由得將之才德備而盡所以用兵之道以卦體終始六爻獨此九二有剛中之德為師之主上下莫不歸之是有懷萬邦之象也

六三師或輿尸凶象曰師或輿尸大无功也

義曰輿衆也尸主也六三居下卦之極以陰居陽失位不正之人也以六三當行師之時是不能專一號令紛揉羣聽在衆皆得以主之也以此而行則凶可知矣象曰大无功也者此言出軍行師其動作必以律進退必以法精練士卒整一行伍或天時不得或地利不順以至无功而敗于敵又況六三以不正之陰柔使號令二三而衆得主之則是大无功者也

六四師左次无咎象曰左次无咎未失常也

義曰次止也按春秋莊二年冬公次于滑八年師次于郎以俟陳人蔡人是皆次者止之義也夫師必尚右右者陰也陰主于殺左者陽也陽主于生今六四

不右而左次之是止而不進之義也既不進則是志不在于殺者也何則夫六四以陰柔之質本无剛嚴果斷之德不能成戰陣之功但次止其兵而无肅殺之意以此而行則是量時度力不蹈于禍雖无功于大事止獲保全而免其凶咎而已矣象曰左次无咎未失常也者言六四雖不能統衆成戰陣之功而次止其師然亦不失其常也

六五田有禽利執言无咎長子帥師弟子輿尸貞凶象

曰長子帥師以中行也弟子輿尸使不當也

義曰夫田野之有禽則是害苗稼固當獵取之天下有姦詐之人則是犯王之命固當征討之蓋姦臣賊子雖治平之世亦不能无但在上之人即時誅之不可使滋蔓其牙蘖必務翦除而清其亂也是如田之有禽必傷害苗稼固獵而去之可也利執言无咎者夫兵者凶器聖王不得已而用之用之者所以誅不廷而討不軌也然而征討之事聖人固不當親往之

所利者但執彼之不順之言遣將而征討之可也以此而行于義自得其无咎矣長子帥師者夫長子止言九二之爻也言九二有剛明之才中正之德能統一師衆又為六五所委任故能帥其衆同心戮力以赴難然後獲其成功也是長子帥師之效也弟子輿尸貞凶者弟子止謂衆陰之爻也輿衆也尸主也夫統兵舉衆必使號令齊一法律中正然後能成戰陣之功或任以柔弱之質而復衆主其兵號令賞罰出于二三以至衆有離叛之心又不能成戰陣之功以正道則凶也

上六大君有命開國承家小人勿用象曰大君有命以正功也小人勿用必亂邦也

義曰夫初六者行師之始也當以法律而用之今上六居用師之終賞功之際是大君有賞賜之命也故曰大君有命開國承家者功大則開建一國以為之諸侯也功小則承一家以為卿大夫也小人勿用者

夫兵家之道動以萬數故所任之人或以勇力或以謀智是必有小人厠于其間未必皆賢也是以成功之後居上者論功定賞差次其秩必審其可用不可用若是賢人君子運謀智而決勝者則當封之公侯爵之卿大夫可也蓋君子雖獲大功而无矜伐之心雖位尊權重又无驕慢之志寵盛則益恭爵崇則愈謹者也若小人得一小功則希其大賞使之在高位必生驕慢驕慢生則覬覦之心熾是堅冰之漸所由

來矣然則小人宜如何而置之錫之金帛厚之田宅可也若賞之以大位則不可也以是庶可絶覬覦而窒禍階也是故漢之高祖以韓彭英盧之輩而王天下及其賞功則封之列國授之大權然其終亦不免叛逆之禍而幾至于喪亂也後光武中興有天下雖臣有大勲大功亦但賜之金帛土田而已此誠英斷睿哲深謀遠慮先天下之禍亂而思之合聖人之微意得小人勿用之深旨者也聖人于此切戒之言勿用此小人居于大位若其用之必至于亂邦也

比

䷇ 坤下坎上 比吉原筮元永貞无咎不寧方來後夫凶

義曰比者相親比之義也比吉者言所以得吉蓋上下順從衆心和睦衆心和睦則禍害不生故由此而得吉也原筮元永貞无咎者原究也筮者決疑之物也元善之長也貞正也言人之所相親比不可不慎也若所比之人善則為吉為美也若所比之人惡則為凶為禍也故當原究其情性筮決其善惡必須有元善之德永長而不變守正而不回有此三德故可親附之獲其吉而得无咎也茍三德不備者未盡所以相親附之道也則凶咎將至焉是以君子之人居官則親其同僚為士則親其朋友以至閭里則親其賢善之人如此則皆可以獲其无咎也不寧方來者寧安也方將也言有此元永貞三德之人為比之主則人將親比之然後獲其安也是以天下之人其有

不安者有不得所者率將輔從于賢善之人則此相親比者无不獲其利而无不得其所從也後夫凶者言在上為比之主能使天下之人皆悅而來親比然天下之人既至親比其有後至而不從者則必為居上之人所誅戮也是終自取其凶咎也故昔夏禹會于塗山執玉帛者萬國獨防風恃强而後至為夏禹之所戮此其後夫凶之驗也

彖曰比吉也比輔也下順從也原筮元永貞无咎以剛

中也不寧方來上下應也後夫凶其道窮也
義曰比吉者此統明比卦之義言人之所以相附近由其志意符契而无所相違以是為比故獲其吉也比輔也者言人之所來比于上由其有元永貞三德之人為比之主以是天下之人皆悅隨依輔之也下順從也者言此比之卦惟九五一爻以剛陽之德而居尊位為比之主使下之衆陰皆來親附而順從是蓋居上者有德以孚服之然也原筮元永貞无咎以

剛中也者言九五所以為天下之人來比附而无咎者蓋其以剛陽之德居上卦之中故也不寧方來上下應也者言九五以剛陽之德居于尊位上下衆陰皆親附于已至于不寧之人固不來應也後夫凶其道窮也者親比之時已獨後人是比道已窮其凶也不亦宜乎
象曰地上有水比先王以建萬國親諸侯
義曰坤下地也坎上水也且地得水則潤澤水得地則安流今地上有水乃合和親比之象也先王以建萬國親諸侯者言比之大莫大于建國親侯是以先王法此象建萬國使相親附其諸侯使之和協然後天下四方皆可以使之親比也且諸卦言君子而此獨言先王者蓋建國親侯莫非天子之事也故止言先王凡能君臨天下愛萬民通謂之君子又諸卦或言后者天子諸侯之通稱也
初六有孚比之无咎有孚盈缶終來有它吉象曰比之

初六有它吉也
義曰凡親比之道貴心无係應光大其志來者見納則得為比之道也今初六處比卦之初以柔順之質而上无專應是有由中之信行親比之道自然不諂于咎過者也有孚盈缶者缶即素質之器也凡親比之人苟无由中之信雖豐其禮盛其器以接于物終无有信之者今以至約之禮至儉之器也然此初六本有至信發之于中以接于物雖此質素之器以其

信而盈溢之則合于親比之道所以獲吉也故左傳曰苟有明信澗溪沼沚之毛蘋蘩薀藻之菜筐筥錡釜之器潢汙行潦之水可以羞于王公可以薦于鬼神夫以鬼神之尊王公之貴以此微薄之物尚可為薦羞蓋以至誠為之本而物為之末也終來有它吉者蓋此初六本負廣大之德无專應之私又以其至信盈溢于素質之器故于終久之道有它來比輔而得其吉也若西漢鄭當時待四方賢士以延時髦而

輔己之不逮然奉養不過一盤餐而已蓋本以至信接物當世賢士英傑莫不歸心以是盡所以比附之道也

六二比之自内貞吉象曰比之自内不自失也

義曰六二止與九五相應是不若初六之廣大其道恢宏其志廣比于人但偏私以應于五故于卦言之是自内而比于上也然得其貞吉者以六二志偏專應苟更不以正道處之則謟邪佞媚无所不至也故當大正乃得吉也

六三比之匪人象曰比之匪人不亦傷乎

義曰六三過二不得中也以陰居陽不得正也夫以不中不正之人當親比之世則所行皆非人之常道也夫以是雖有中正之人必不相輔故孔子于衛主顏讐由彌子之妻與子路之妻兄弟也彌子謂子路曰孔子主我衛卿可得也子路以告孔子曰有命孔子進以禮退以義得之不得曰有命是聖賢之人雖

欲假位行道汲汲于救時然非人則不主也又若魯桓公以不正之人于家則殺兄于國則弑君嘗欲求會于衛至桃丘之地而衛侯以其弑逆不正之君則弗與之見故仲尼于春秋但書公會衛侯于桃丘弗遇是由持不正之道欲求比于人則人莫之于輔以人莫有與之者誠可悼也故象曰不亦傷乎是可傷也

六四外比之貞吉象曰外比于賢以從上也

義曰二言比之自內者以其上係于九五一志而專應之是自內而比者也此六四外比之貞吉者蓋初六有由中之信而能比天下之賢故不專于一應而天下之人皆比之故有它來之吉此六四既非初之專應必須外比于九五之賢也然以陰居陰履得其正九五以陽居陽亦得其正故九五之爻以一陽居至尊衆陰之所歸也此則往而親比之是能外附于賢而不失其正道所以獲吉也

九五顯比王用三驅失前禽邑人不誡吉象曰顯比之吉位正中也舍逆取順失前禽也邑人不誡上使中也

義曰九五顯比者言此九五以剛明居至尊為比之主者也必須虛心廣志以待天下之賢以比天下之人故于比道光大也今反一志專應其道褊隘而私係于物是止能顯然明比于六二也王用三驅失前禽者三驅田獵之禮欲左者左欲右者右不用命者入吾網此三驅之禮也然用此三驅者蓋從田獵之時禽有逆之而去者則舍而殺之其有順而來者則愛而活之田獵之禮常失前往之禽也今九五不能恢洪廣大其道而止應于二是應于已者則比之不應于已者則棄之是常失于不應已者也邑人不誡吉者言九五其志既狹但顯然明比于二是不能親天下之賢而賢者亦不來附于上故止于已邑之人不為誡令而歸附于已故得其吉也象曰顯比之吉位正中也者五處至尊不能廣遠其志而第顯然比

于六二然本不得吉此所以獲吉者蓋以其居中得正也邑人不誡上使中也者言此比道雖不廣而能于已邑之間不須誡令而得吉者蓋由居上者使以中道之故也

上六比之无首凶象曰比之无首无所終也

義曰比言无首凶而乾言无首吉者何也蓋乾之為道至剛至健若為事物之先必至玩威而暴物是必待物之來犯然後從而加之所以得吉也此親比之

道必先往比于人如在下者比于上卑者比于尊愚者比于賢又原究其情性筮決其善惡觀其有元永貞三德之人從而附之如是卑可升于尊愚可至于賢是必先往而比則可獲其吉也是故聖人一起天下之人畢來附之其有不從而逆之者則為聖人之所誅戮也故有後夫之凶今上六以陰柔之質居比卦之終是不能率先親比于賢者所以致其凶咎信无所終也

周易口義卷二

欽定四庫全書

經部

周易口義卷三

詳校官尚書臣德保

通政使司副使臣莫瞻菉覆勘

總校官原任中允臣王燕緒

校對官中書臣王家賓

謄録監生臣楊景猷

欽定四庫全書

周易口義卷三　　　　宋　胡瑗　撰

上經

小畜

☰☴乾下巽上　小畜亨密雲不雨自我西郊

義曰序卦云比必有所畜故受之以小畜是由比卦旣相親比則必有畜積之道也蓋此一卦是乾巽二體乾本剛健而居上處于下則必務于進而巽以柔

順處上必不能止禦之也亦猶在上之邪欲已形然雖有順正之德必不能止畜之也故得小畜之名此小畜亨者以大畜之卦其畜道至盛故不言亨而此得亨者蓋大畜是乾下艮上以乾在下必欲上通而艮居上卦爲山又能止物是使在下之陽不得上進及夫畜極乃亨故卦下所以不言亨也若此小畜亦乾在下而巽在上巽以柔順之質不能拒物乾雖上進而不能止之故初則復自道九二則牽復至于依附乃能止之獨止于九三一爻而已是陽志得以上升故言亨也然按此一卦之迹其文王之事耶蓋文王當紂殘暴不道之君以已雖有其才德然紂之左右前後皆僉壬故終不能止之也以此知文王內文明外柔順而道在小畜也密雲不雨自我西郊也者夫陰陽交則雨澤乃施若陽氣上升而陰氣不能固蔽則不雨若陰氣雖能固蔽而陽氣不交亦當不雨猶若釜甑之氣以物覆之則蒸而爲水也夫東震北

坎皆陽方其陰氣上交于坤位則雨矣南離西兌皆陰方其雲氣不能爲雨今言自我西郊是雲氣起于西郊之陰位必不能爲雨也以人事言之則猶君之邪惡已形而又有便佞之臣左右逢迎其志其間雖有一二賢正之人亦必不能止矣夫君欲旣行而諂諛以滋之臣又不能止畜則膏澤何從而下哉

象曰小畜柔得位而上下應之曰小畜健而巽剛中而志行乃亨密雲不雨尚往也自我西郊施未行也

義曰柔得位而上下應之曰小畜此指六四而言也小畜卦有二義何者夫陽以生物其德至大陰以濟陽其德至小今六四以一陰柔得位體无二陰以分其應故上下五陽皆應之是小者能畜矣夫三陽在下而並進四以一陰獨當其路勢極柔弱必不能止禦至于進極乃始能畜是小有所畜也此二義也健而巽剛中而志行乃亨者此據二體而言又就釋所以得亨之義也夫乾以健位于下巽以順處于上乾

健務進而巽順不能止之使其剛健巽順安然由中而行是于邪欲得亨耳密雲不雨自我西郊施未行也者已解在前

象曰風行天上小畜君子以懿文德

義曰風者震動之氣能生物亦能成物其行于地上則可以助天地生成之力也今以二體言之則巽在乾上則是風行于天之上其功不及于物是小畜之象也君子當此之時知其未可以進用則懷畜仁義懿美文德樂天知命待時而動其志在于佐君以澤天下之民物而已

初九復自道何其咎吉象曰復自道其義吉也

義曰乾體在上今居于下必務上進也此初九以剛健之質居乾之初勢必務進而又應在六四六四又以柔弱居巽始是必不能為之制畜但聽其進而不拒順其性而不違此所以得復自故道而剛志得行安然不犯咎過而自以為吉也象曰其義吉也者言

復自故道而无所違拒于義理自吉也

九二牽復吉象曰牽復在中亦不自失也

義曰九二以剛陽而務進然其應在五五雖以剛陽居上而體本巽順非制畜之極不能逆已之進故得牽連而復所以得吉者居中之故也然五本剛健雖不違已志然猶不若六四以柔道依違于初使其安然上進故此必待牽連而後得復也象曰牽復在中亦不自失也者言九二必待牽連而後復是不能復

有所爲但于己不自失耳

九三輿說輻夫妻反目象曰夫妻反目不能正室也

義曰輿車也輻車輪也乾爲陽故稱夫巽爲長女故稱妻言九三以剛健欲務上進上九居畜之極固止而不從之是故輿說其輻而不能行夫妻反目而不能正然按大畜之三則曰閑輿衛利有攸往而此言輿說輻者蓋大畜之時臣能以大正之道畜君于始使其邪欲之不行故畜則有厲而二則說輹九三畜

極則通所往皆獲其利故曰閑輿衛利有攸往今小畜巽順居上其臣之勢微力弱不能禦君邪欲之志故初則復自道二則牽復至此九三方能止畜而不使之進故曰輿說輻夫妻反目也大凡非至聖之人不能无邪曲之情必左右前後皆得正人端士以大正之道而規戒制畜之使其思慮不入于邪言動皆由于正則終有天衢之亨也若夫左右前後皆以讒諂佞諛逢迎其惡則其間雖有一中正之臣亦必不能止畜之也夫正臣不能止畜則放僻邪侈无所不入驕奢淫佚无所不至而車輿說輻之咎夫妻反目之禍何以逃哉且大畜始雖不通至于九三則利有攸往是其爲福也甚大小畜始雖能亨通至于九三則有說輻反目之禍其爲患也非輕蓋制畜之道當在其始而聖人所以深戒也象曰夫妻反目不能正室也者言九三至放縱既極而見畜于至正之臣以至不能正己之室況于他事乎則其爲禍也可知矣

六四有孚血去惕出无咎象曰有孚惕出上合志也

義曰孚謂由中之信也血者所傷之稱也去除也惕懼也出散也言六四以柔順居巽之初下之三陽上進而已獨當其路將以拒止之而不使其進則必爲其所傷故當以由中之信發于至誠依附于上之二陽同心一志與之共止畜之則傷害可以去惕懼可以出散而免其凶咎也象曰有孚惕出上合志也者言六四所以畜于物者蓋上九當制畜之極已能一

心合志依附于上而共畜之則能出散惕懼也此不言血者蓋惕懼既散則去其傷害可知矣

九五有孚攣如富以其鄰象曰有孚攣如不獨富也

義曰攣攣連也如語辭也鄰謂九二也此九五居小畜之時位雖剛明體本巽順又以由中之信攣攣于物故九二所以得牽復而上進也故曰有孚攣如富以其鄰者言九二以陽質上應于九五九五又以由中之信接之是不專己之富盛而分用于二也

上九既雨既處尚德載婦貞厲月幾望君子征凶象曰既雨既處德積載也君子征凶有所疑也

義曰夫六四以柔順不能畜物使初得復自故道至于九五雖以剛質處中然體本巽順故亦不能拒九二之進至此上九制畜既極九三雖欲務上進乃爲已之所禦而其志不通也故其辭曰輿說輻夫妻反目是也夫陽氣上進陰不能固蔽之則不爲雨澤也彖所謂密雲不雨是也若陽氣上升陰能固蔽之則蒸而爲雨今此上九是能固畜九三之進然位雖陽文而體本巽順是陰陽相應而成雨澤故言既雨也既處者既安也夫六四以柔弱之故是以惕懼而不敢安此上九既爲制畜之極能固止其九三之進則安然而居不在惕懼也故曰既處尚德載者言昔之不雨今既雨矣昔之不安今既安矣此皆由君子之人貴尚其德而行之故也婦貞厲者言此上九雖以陽處之然而體本柔順下應于九三是婦道也以婦

而制畜其夫于正道言之蓋亦亢厲也月幾望者至陰之精也乾爲陽故爲日巽爲陰故爲月日常滿月多虧今至于此是巽之極而陰之盛也月至盈而言幾望者蓋月者臣之象也君之邪惡既見畜于臣是臣德之盛也然以臣之分則不可過故當常若月之幾至于望則可也君子征凶者夫上九居制畜之極而有既雨既處之事是時之甚盛也爲君子者若復更有所往不知其止則是凶咎之道此聖人存誠之

意也象曰既雨既處德積載也者言所以獲既雨既處者由君子以仁德積之于內而行之于外以至有大正之道畜其剛健之進皆由久于積習然也君子征凶有所疑也者言至此道盛之時若復征進不已則必爲人之所見疑也

履

䷉ 兌下乾上 履虎尾不咥人亨

義曰按序卦云物畜然後有禮故受之以履言物既

有所畜聚須禮以節制之故履所以次于小畜也然則履者禮也夫人之情目之于色耳之于聲口之于味鼻之于臭四體之于安逸必得禮以節制之然後所爲適中動作合度而放僻之心无自入矣苟不以禮節制之則必驕情肆欲无所不至是其禮不可一失之也此卦上乾爲天爲剛是爲君爲父爲夫之道也下兌爲澤爲順是爲臣爲子爲婦之道也乾剛在上是能以尊嚴臨于下也兌說在下是能以說順奉于上也上下相承故得君臣父子夫婦皆有其節制則上下之分定而尊卑之理別天下之禮行矣履虎尾不咥人亨者此聖人之深意也虎者至威至猛之物也咥齧也然今履蹈其尾而不見咥齧終獲其亨者蓋言暴猛之物不可以犯若君子能盡禮以履之終亦不見其傷也何則夫以天下之尊莫尊于君生殺之權繫之也若爲臣者能內盡其忠外盡其禮柔莊肅愼以事于上則君雖有雷霆之威嚴亦將溫顔

柔色而接之矣一家之尊莫尊于父一家之喜怒繫焉若爲子者內盡其孝外盡其禮溫柔恭順以事其父則父雖至嚴亦將柔順而接之矣況于下者有文以相接有情以相親其間縱有離間之心亦不可得而離間也是故君父之至嚴鈇鉞在前鞭朴在後爲臣子者果盡其心竭其力厚其禮以事之則終不見其傷害也故曰履虎尾不咥人亨

彖曰履柔履剛也說而應乎乾是以履虎尾不咥人亨

剛中正履帝位而不疚光明也
義曰履柔履剛也者此言得履卦之名者蓋由以柔順之體上承于乾剛之質此所以名曰履也說而應乎乾是以履虎尾不咥人亨者此就二體而言之兌以陰柔處于下而上承剛健是由賤之事貴卑之事尊苟非盡悅順之禮以事之則其傷害可知矣固當執此道以事之則猶蹈猛摯之獸而亦不見其咥齧也故曰說而應乎乾是以履虎尾不咥人亨也剛中

正履帝位而不疚光明也者此止言九五之德也體本剛健而又以陽處陽居中履正是其德剛明而中正也以此履踐至尊之位而不有疾病則其道光大而明顯也
象曰上天下澤履君子以辨上下定民志
義曰乾天也兌澤也夫天本在上令居于上澤本在下令居于下是尊卑分定而各得其所也故君子于此時以人之飽食煖衣逸居而无教則近于禽獸也是以作為禮制以節之教之辨别其民之上下安定民之心志使為君為父為夫為長凡在人之上者皆以恩威接于下使其為臣為子為婦為幼凡在人之下者皆以柔順事于上如此則上下之分定而人民之志固定矣
初九素履往无咎象曰素履之往獨行願也
義曰夫禮之本本于質是故冠冕之始始于緇布之質衣裳之始始于韠韍之質器皿之始始于汙尊瓦

缶之質飲啜之始始于太羹玄酒之質是皆禮之始率以質素為本也今初九居履之初是能本于質素而行故曰素履也往无咎者往則踐履而行之之謂也言當此履之始而君子能往踐質素而行之故得无咎象曰獨行願也者此履卦之初能踐履質素而行者蓋獨行巳之願也何哉其為禮之始本起于質朴迨後世則尚文尚華惟君子則能不撓于衆而獨行此質素之願以矯正當時于淳約也

九二履道坦坦幽人貞吉象曰幽人貞吉中不自亂也

義曰九二居下卦之中其體是兌兌者和説之謂也今既履得其中又能和説則是樂其道而忘其憂踐其道坦坦然安于循理也幽人貞吉者幽人則樂道慎獨之人也凡人之爲禮貴本于中而行則得其爲禮之中道故周禮大司徒以六禮教萬民之中是所行之禮貴得其中也且凡人之爲禮有恭肅矜莊而過其中者有簡易惰慢而不及其中者有外能恭莊

而内實不敬者有内能恭敬而外不整肅者有顯然能行中道而欺于闇室者有不欺于闇室而傲于等夷者是皆爲禮失其本而不得其中故唯此樂道慎獨之人能行之是于正道而得其吉者也

六三眇能視跛能履履虎尾咥人凶武人爲于大君象曰眇能視不足以有明也跛能履不足以與行也咥人之凶位不當也武人爲于大君志剛也

義曰六三位過九二不中也以陰履陽不正也過中失正則所行之禮皆不知其本始而不能免其憂逃其凶也喻如眇者之能視亦不足明其中道跛者之能履亦不足行其正道以陰而乘剛是踐履其虎之尾而見咥者也且以陰而履剛其志本暴猶若强暴之人爲于大君視所行所爲皆不中不正而至凶禍者也

九四履虎尾愬愬終吉象曰愬愬終吉志行也

義曰愬愬驚懼之貌也九四處上卦之初履六三之

上而六三以陰居陽其志尚剛武今九四乘之是履虎尾也既履此剛暴之上爲九四者固當愬愬恐懼則終得其吉也何則四本陰位今以陽而居之是本有謙志又近于九五之尊五以已有剛明而尚謙志委任之既爲上之所委又能愬愬然恐懼則得其吉也故曰履虎尾愬愬終吉象曰志行也者言九四能履蹈于六三之虎尾終乃得吉而不見其咥者蓋因已本尚謙而見信任于五又能愬愬然恐懼不敢自

安以是而獲其終吉則已之志得行也

九五夬履貞厲象曰夬履貞厲位正當也

義曰夬決也貞正也厲危也言此九五以陽居陽有剛明之德而居尊位為臨制典禮之主也夫既有剛明之德而又居至尊之位故能決然定典禮之是非辨制度之中正分上下之等夷齊天下之民志也夫為禮之道本于尚謙在繫辭則曰謙以制禮是也今九五以剛為禮之主于正道言之則危厲可知也故

曰夬履貞厲象曰位正當也者言此九五既為制禮之主固當尚謙退為本則得其中而吉也今乃以剛夬而為之是于貞道有厲也故聖人于此責之言九五所處之位既已正當則宜尚謙為本不可用剛夬以制禮故有貞厲之道也

上九視履考祥其旋元吉象曰元吉在上大有慶也

義曰視瞻視也考稽考也祥禍福之兆也何謂禍福之兆蓋凡能履其禮之中正而行者則獲其福慶也不能由履之中正而行者則至于禍患也夫初九居履之初尚其質素而行之故得无咎今此上九居卦之極是禮法之已成也禮之既成則當視瞻其所行之道而稽考其禍福也其旋元吉者言上九既居禮法之成又能視其所行之如何故周旋反覆之間皆能獲元大之吉也象曰大有慶也者言此上九居禮之成又能視其禍福以至周旋之間皆獲元大之吉是大有其福慶之事也

泰

䷊ 乾下坤上 泰小往大來吉亨

義曰按序卦云履而泰然後安故受之以泰蓋言凡人既能行其禮典則必獲其安泰泰者安也以二體言之則乾本在上今降而下之坤本在下今升而上之是上下相交陰陽相會故謂之泰以人事言之君以禮下于臣臣以忠事于君君臣道交而相和同則天下皆獲其安泰也故曰泰小往大來吉亨者自內

之外是往也由外入内是來也陽德剛明又主生育其道至大故稱大今下降之是大來也陰主柔弱又爲消剝故稱小今上而升之是小往也陰陽之氣既交則萬物得其吉而亨也以人事言之則大爲君子也小爲小人也大者來居于内是君子進用于朝廷小者往而處外是小人退黜于巖野也君子既進小人既退則君臣之道交而上下之心和同成治于天下而天下之民皆得其吉而亨通也

彖曰泰小往大來吉亨則是天地交而萬物通也上下交而其志同也内陽而外陰内健而外順内君子而外小人君子道長小人道消也

義曰天地交而萬物通者言陽氣下附陰氣上騰二氣交感萬物得其生而亨通也上下交而其志同者上君也下臣也若君以禮敬接于臣臣以忠節事于君則是上志下接下情上通上下之道交通故能行天下之大道也立天下之大治也則天下之民皆得其安泰也内陽而外陰者陽爲君子陰爲小人小人外而君子内泰之道也内健而外順者此止以君子之身而言也故君子内懐剛健之德而外示柔順之貌以此之故所以爲泰也内君子而外小人者言君子則親附而用之小人則疎遠而黜之是君子之道日以長而小人之道日以消然則聖人作易書不盡言言不盡意于此所以丁寧而言者蓋欲其在位者登君子而任用之抑小人而黜退之則天下之事无不舉萬民之業无不安是泰道畢矣故聖人所以申勸而言也

象曰天地交泰后以財成天地之道輔相天地之宜以左右民

義曰夫天氣下降地氣上升二氣交通而萬物得其生此天地交泰之道也后者天子諸侯之通稱也蓋天地交泰以生天下之財是以天子諸侯觀此泰卦之象阜豐其財以成就天地生育之道故作爲網罟

以畋以漁作爲耒耜以耘以耔用商賈以通有无作工功以便器用阜豐其財使鰥寡孤獨皆有常餼此所以成天地化育之道輔相天地所生之宜以扶助天下之民而至于安泰也

初九拔茅茹以其彙征吉象曰拔茅征吉志在外也

義曰乾本在上今居于下必務上進若君子將進用于朝廷以佐君澤民而興天下之泰也茹者相續之稱也彙者類也征者進也夫茅之爲物拔之則其根

牽連而起若此初九之君子既進用于朝廷則天下之賢必皆引類而進則是君子之道長之時也君子之道得長則天下之民受其賜如此則吉莫大也象曰志在外也者言初九之君子必將引類而登進者蓋其志于天下之民而進求其用所以佐君而共立天下之治興天下之泰也

九二包荒用馮河不遐遺朋亡得尚于中行象曰包荒得尚于中行以光大也

義曰九二以剛明之德居中而上應于六五之君爲六五之所任是君子見用于時爲興泰之臣也然而天下雖泰其閒不无荒穢而九二既以剛居中則必寛弘廣大其心以包藏其荒垢也故曰包荒用馮河者馮河是暴猛之人也九二既居重位柄重權爲天子之見任而能遠大其器量雖此馮河暴猛之人亦能用之何則夫良匠无棄材隨其長短大小而皆適其用況天下之廣當泰之時雖此暴猛之人亦有以

用故曰用馮河不遐遺者遐遠也遺棄也言此九二之君子荒穢者包藏之暴猛者能用之是皆由其廣大寛厚之至故雖遐遠者亦不遺棄之也朋亡得尚于中行者言九二既以剛明之德見任于六五而又廣大其量以容于物故必不親己之所親而親其朋類如此所以得尚于中道而行也象曰以光大也者言九二之君子既得尚于中而行是其道光大而明顯也

九三无平不陂无往不復艱貞无咎勿恤其孚于食有福象曰无往不復天地際也

義曰此一爻聖人因天地將復之際故設爲之戒也言乾本在上坤本在下所以泰者上下交也今九三居下卦之極是天地將復之際也天地復則不交而否矣故聖人戒之曰无有平而不歸險陂无有往而不復其所者猶若无有泰極而不至衰否故當艱難而守之以正道則可以久于其泰而免其凶咎也勿

恤其孚于食有福者言既能艱守正道則不待憂恤其孚信而自然明顯故可以往而安食其福祿也象曰无往不復天地際也者言九三居乾之上是將復于上在坤之下是將復于下當天地之分際故曰天地際也

六四翩翩不富以其鄰不戒以孚象曰翩翩不富皆失實也不戒以孚中心願也

義曰翩翩者自上而下疾飛之貌也夫九三以陽居乾卦之極是三陽同志皆務上進也六四以陰居坤卦之初是三陰同志而皆欲下復也故此所以翩翩然與上二陰具復其本所以无有凝滯也故曰翩翩不富以其鄰不戒以孚者以用也言三陰同志皆欲下復故此六四不待富盛而自然能用其鄰不須戒備而自孚信也故曰不富以其鄰不戒以孚象曰皆失實也者實謂居處也言乾本在上今泰之時則下之坤本在下今上之是上下皆失其實也六四所以

翩翩然欲將復而居下謂其失實故也中心願也者言六四不待戒備自然有孚信而下復者是衆心之所共願也

六五帝乙歸妹以祉元吉象曰以祉元吉中以行願也

義曰帝乙商之賢王也歸者婦人謂嫁曰歸歸妹之爲言順也祉福也此六五乃中順之主也當此泰平之時能以文柔接于下則彖所謂上下交而其志同即君降志而接其臣所以興泰道者也猶言帝乙賢

王以女下嫁于諸侯是謙順之至也故曰帝乙歸妹以祉元吉者夫天子以女而下降于諸侯是順之之至也而在下者又能盡其分故上下皆獲其福祉而有元大之吉也故曰以祉元吉象曰中以行願也者言君治天下必欲得賢能之臣爲之委任也今六五能執謙以下于九二賢明之臣以至獲元大之吉是由其中道而素願得行也

上六城復于隍勿用師自邑告命貞吝象曰城復于隍

其命亂也

義曰大凡平治之世雖教化甚盛其間不能无姦惡之人堯舜太平也未必无小人桀紂暴亂也未必无君子皆繫于其上之所爲如何耳是故古之善爲國者既以仁義道德爲已任而安治天下又且高其城濬其隍以爲之戒備而防天下之姦寇也何則天下雖在熙泰而姦惡之人其心未嘗安故聖人謂王公設險以守國者將使治天下者必有仁義以興治道亦須設險阨以崇備也若但有其德而不能設備則不可以保其國也若但設其險阻而无其德其國固不能以保也昔在太王居邠狄人侵之去而居岐山之下而邑焉以太王爲國非无德也然卒爲狄人之所迫者以不設備故也使太王居是時高濬其城池則雖夷狄之侵擾亦无能爲也又秦之始皇有天下北築長城西據崤函帶山阻河險阨萬里非无備也然二世則失天下者以不爲德故也使秦皇能以是

國而脩其德以濟之則傾亡之禍无有也以此知爲國者必有其德又設其險則可以永永而守也然吳起曰在德不在險蓋一時之權言耳非萬世之大法也且五帝而下堯都于冀舜都于蒲今之河中府是也禹都于安邑湯都于亳今之河南是也周都于酆鎬今之洛京是也是皆其所都之地所處之國未有不以山河之險而守其國也聖人之戒治天下者安不忘危治不忘亂則可以永有其泰也上六處卦之

極而泰道將革又不能居安而思危處治而思亂以至驕慢邪侈而不爲之戒備故有城復于隍之事也蓋言城復傾圯而无高險之阻隍復盈滿而无浚固之限是皆恃泰之至以及于否也故曰城復于隍也勿用師者夫泰道既極已不能自爲之備而更用軍師以攻伐于人則是不量已力而天下之人必不服從適自取滅亡之道耳故聖人又戒之言不可復用師也自邑告命貞吝者夫威賞政令行之于天下則

可令上六既无所戒備又不可用師威德不足以及遠告命不能及天下但可號令于巳邑之中而已此皆由恃安泰之過而不能防閑以至于此以正道言之誠足以鄙吝者也故曰自邑告命貞吝象曰其命亂也者蓋其命令紛亂不能及于天下聖人所以丁寧而言之者欲戒後之人君處天下之泰必常思危亡之事則可以常保其泰也

否

䷋ 坤下乾上 否之匪人不利君子貞大往小來

義曰按序卦云物不可以終泰故受之以否否者閉塞之道也天地相交陰陽相接則萬物得其亨通而繁盛故曰泰泰者通也物不可終通故天地各復其本而陰陽不相交則萬物皆閉塞而不生此否之道也否之匪人者匪非也言天地不交萬物不生而否塞此非所謂人之常道也夫君必以至誠接于臣臣必以至忠奉于君則天下可以獲安也今否之時君

臣不交而物不得其所是非人之常道也何則夫人情莫不欲安欲逸欲富欲壽否之時則不得其安不得其逸不得其富不得其壽是豈人之常道乎不利君子貞者夫否之時天地不相交君臣不相接小人見用而其道長小人之道長則讒疾于君子爲君子者苟欲以正道而行則必爲小人之所害故韜晦道德卷懷仁義退而自處不露其正則可也大往小來者陽德至大陰德至小今否之時陽之大德往居于外

陰之小德來處于内往者屈之來者伸之猶君子往屈于巖穴小人來居于朝廷則否道所以致也

彖曰否之匪人不利君子貞大往小來則是天地不交而萬物不通也上下不交而天下无邦也内陰而外陽内柔而外剛内小人而外君子小人道長君子道消也

義曰言否之所以非人常道而不利君子貞者由天地各復其所二氣不相交而萬物不得其亨通也上下不交而天下无邦也者上君也下臣也君不以禮

敬接于臣臣不以忠節事其君禮敬忠義之情不交則君臣之道塞君臣之道塞則天下之諸侯從而亂所以邦國將至于傾覆矣内陰而外陽者内者親也外者疎也陰爲小人陽爲君子親小人而疎君子此所以成否道也内柔而外剛者此小人之體也内而柔則陰賊殘害外而剛則狠僻凌暴故語曰色厲而内荏厲嚴厲也荏柔荏也外有嚴厲之色内有柔荏之心此所以反君子之道也内小人而外君子小人道長君子道消也者由其内小人而親信之外君子而疎遠之是以小人之道日以長君子之道日以消也

彖曰天地不交否君子以儉德辟難不可榮以祿

義曰言君子于此天地不交賢人道塞之時則當韜光遁迹以全身遠害不可與小人並立若與小人並立則必見害而召禍也故但守儉素之德不憫貧賤以避小人讒疾之患耳如不得已而仕則不可居重

位享重祿以榮其身第可全己遠害而已故君子陽陽之詩曰君子陽陽左執簧右招我由房言周之衰君子遭是時者相招爲祿仕但爲一伶官之賤職以全身遠害而已矣

初六拔茅茹以其彙貞吉亨象曰拔茅貞吉志在君也

義曰泰之初是君子道長之時可以進用于朝廷是以連引其類而進之故其爻辭曰拔茅茹以其彙征吉今否之初是小人道長君子不可用之時也時既

不可用則必引類而退守以正道不可求進然後得其吉而獲亨也象曰拔茅貞吉志在君也者夫君子之志未嘗不在致君澤民也雖當此否塞之時引退守正不茍務其進俟時而後動者蓋亦志在致君澤民而已

六二包承小人吉大人否亨象曰大人否亨不亂羣也

義曰六二居否之時小人而見用者也然而以陰居陰處得中正是于小人之中能包其柔順便佞之心

以奉承于上是以小人而得小人之吉者也大人否亨者若大德大才之人則不然居是時也以其道塞而不通故能以正自守韜藏其仁義卷懷其道德不爲世俗之所變而不雜于小人之中于否之世行否之中道所以全身遠害也中庸曰國有道其言足以興國无道其默足以容詩曰既明且哲以保其身蓋否之時不可進用但以義而自處全身遠害而已中庸又曰素富貴行乎富貴素患難行乎患難君子无入而不自得焉是言大人君子于否之時行否之道所以亨也故曰大人否亨象曰大人否亨不亂羣也者言大人君子其時雖否然能以道自處以正自守不與小人雜是不亂其羣類也

六三包羞象曰包羞位不當也

義曰六二雖以小人之道用于時猶且不失其中承事其上而得其吉也今此六三位既過中履復失正小人之道愈滋但包其羞恥茍容其身而已故曰包

羞象曰包羞位不當也者蓋言六三于小人之中最爲甚者言其所處之位不當故也

九四有命无咎疇離祉象曰有命无咎志行也

義曰有命謂九四有命于初也疇類也離附也祉福也夫否塞之時不可有命于其人蓋小人衆多也然此九四乃有所命者以其有剛明勤儉之德所應在初耳何則初六居否之時以道不行于天下故不苟進引類而退存心在君蓋守道之君子也今九四有

命焉所以爲无咎也然以君子而應君子不唯已得无咎使其疇類亦得附離于福祉也故曰有命无咎疇離祉象曰有命无咎志行也者蓋九四以正而見命于初以至同有其福祉是已之志得行也

九五休否大人吉其亡其亡繫于苞桑象曰大人之吉位正當也

義曰休息也夫以柔順之道婉遜以承其上而獲小人之吉者六二是也以剛健中正之德而履至尊之

位憂天下之所宜憂泰天下之所未泰消去天下之小人而休息天下之否道者惟九五大人行之而獲吉也故曰休否大人吉其亡其亡繫于苞桑者桑之爲物其根榦皆相迫結而堅固者也苞即叢生也夫以大人之德能消天下之否而反于泰雖然且當常謂危亡之在前不敢遑安而曰其亡矣其亡矣如此之戒則社稷磐固如繫于苞桑之上而不可拔也

上九傾否先否後喜象曰否終則傾何可長也

義曰傾覆也圮也夫否極則泰剝極則復未濟終之于既濟此易之常道也在繫辭則曰易窮則變變則通通則久又揚子曰陰不極則陽不生亂不極則治不成皆變易之常道也今上九居卦之極則必傾去其否而反之于泰可以獲其亨通也故曰傾否先否後喜者此言否之道始則六二包承而大人否九五休否而有大人吉至此上九則否傾而之泰是先否後喜之驗也象曰否終則傾何可長也者言何可常

若此之否也然聖人言之繫乎勸戒也泰之時慮其恃安而過極故九三則曰无平不陂无往不復至上六則曰城復于隍皆所以存戒之之意也今否之時又慮其躓跋而不進故九五言休否大人吉至此上九則言傾否先否後喜亦存勸之之意也此皆極言人事之道而明易之深旨也

同人

䷌ 離下乾上 同人于野亨利涉大川利君子貞

義曰按序卦云物不可以終否故受之以同人夫天下否塞之久人人皆欲其亨通是必君子同志以興天下之治則天下之人同心而歸之故曰同人同人于野亨者野取遐遠廣大之稱大凡君子推己之仁以及天下之人施己之義以合天下之宜廣大宏博无所不通然後得同人之道而至于亨通故曰同人于野亨利涉大川者言君子既推仁義以同天下之心使天下之人同心而歸之无有不從則雖有大險

大難亦得而濟之也故曰利涉大川利君子貞者夫君子有仁義之心忠恕之道推之于身而加乎其民故不以一己為憂所憂者天下不以一己為樂所樂者天下以至天下之人合心而從之是君子之正也故同人之道所利者唯君子之正者也

彖曰同人柔得位得中而應乎乾曰同人同人曰同人于野亨利涉大川乾行也文明以健中正而應君子正也唯君子為能通天下之志

義曰柔得位得中而應乎乾者此就二五之爻釋所以得同人之名也六二以陰居陰是柔得位也居下卦之中是得中也既中且正又應于九五之尊是得位得中而應乎乾也以人事言之則是有中正之臣而上應于乾剛之君君臣之道同則天下之人合心而歸之矣又如在上者能以剛健之德仁義之道推諸天下而在下者又以柔順中正而應之上下之心既同是得同人之道同人曰此三字蓋羨文于義无

所通同人于野亨利涉大川乾行也者言所以得于野亨而險難无不濟者由君子以勤健之德中正之道以同天下之人使天下之人同心而歸之是以乾之道而行也文明以健中正而應君子正也者此以二體明利君子之貞也下離為文明上乾為健以是之德則无所不濟而天下之人莫不與之同心也故曰文明以健又以六二柔順而居下卦之中九五以剛健而居上卦之中上下皆有中正之德相應故能

率人之心以同天下此君子之正也唯君子爲能通天下之志者因上文明君子之正此又申説君子之道且凡人之情思慮不廣唯止一身一家而已唯君子則不然但推其仁義之道忠恕之德以及天下以天下之人莫不欲安則君子扶而不危人莫不欲壽則君子生而不傷人莫不欲富則君子厚而不困人莫不欲逸則君子節其力而不盡是皆君子盡心于已推之于人恢廣宏大无所不同故能通天下之志也

象曰天與火同人君子以類族辨物

義曰夫天體居上而火之性又炎上是得同人之象也君子法此象于是類其族辨其物族即族黨也物即物性也言其分别族黨使各以其類明辨其物性使各得其所善者同于善不善者同于不善君子則與君子同道小人則與小人同道是類别天下使各得其同也

初九同人于門无咎象曰出門同人又誰咎也

義曰門者亦言其遐遠廣大也咎者怨咎也夫廣遠寛大无所不同是同人之道也今初九以文明之性履同人之始是其用心廣大无所偏私出于門則與人同也夫出而與人同則人亦同心歸之又何有怨咎者乎

六二同人于宗吝象曰同人于宗吝道也

義曰宗主也吝鄙也夫不以己之親踈不以己之憎愛則盡同人之道矣今六二不能遠大其志廣與人同而反私心偏意上係于九五之主是其道褊狹誠可以鄙吝者也

九三伏戎于莽升其高陵三歲不興象曰伏戎于莽敵剛也三歲不興安行也

義曰戎兵也莽林莽也陵丘陵也興起也夫六二以中正之道上應于九五中正之君君臣上下各以正道相應而九三以陽居陽志好强暴不量己力輙欲

私貪六二之應而奪之是以伏其兵戎于林莽之中然而以不正險陂之行加于人故不敢顯然興其兵戎但伏于林莽之中又且恐懼而不敢進故升其高陵以望之也三歲不興者夫以不正之道而欲犯于至正之人其勢必不克勝故至于三年之間亦不能興起也象曰伏戎于莽敵剛也者言其以不正之道欲妄攻奪是其志不懼九五之剛而輒欲敵之也三歲不興安行也者以不正之小人而欲敵大正之君

子其勢自然不能勝雖竆三歲之間安能行之哉

九四乘其墉弗克攻吉象曰乘其墉義弗克也其吉則困而反則也

義曰墉謂乘九三之墉也克能勝之辭也九三不量己力志尚剛暴欲謀奪九五之偶己爲大非故伏其兵戎于林莽之中今九四位乘于九三之上亦欲困其九三之勢乘陵而奪取六二以義言之是必不克勝也然得吉者蓋己既不能克勝故困其勢之困弱

而反守于法則故得免咎而獲吉也象曰其吉則困而反則也者言九四既因其困弱而反守法則是改過之人也故左傳曰人誰无過過而能改善莫大焉此九四所以獲吉也

九五同人先號咷而後笑大師克相遇象曰同人之先以中直也大師相遇言相克也

義曰九五與六二之爻下以文明上以剛健各恃中正以相應而欲同心同力共治于天下然而物有間

于己而不得相遇者蓋以九三伏戎于莽九四又乘其墉皆奪己之應故己乃用大師以攻伐而克之是先號咷也既攻伐而克之然後得與六二相遇而同心同力以共成天下之治是後有笑也故曰同人先號咷而後笑大師克相遇象曰同人之先以中直也者言九五始以九三九四爲孽于其間而不得與六二相應然一舉其師則克之者蓋由己以大中之道至直之德而往伐之故无有不勝也

上九同人于郊无悔象曰同人于郊志未得也
義曰郊者國城之外曠遠之地也夫同人之道貴其无所不同則可以立功立事也今上九居同人之極而處于遐曠之地志无所同但可以免其悔吝而已若其欲立功立事于天下則其志未有所得故象曰志未得也

大有

䷍ 乾下離上 大有元亨

義曰按序卦云與人同者物必歸焉故受之以大有蓋言君子推仁義之心以及于人行忠恕之道以同于物則天下之人皆同心而歸是大有于天下也然則大有者大有于衆也雜卦言大有衆者是也元亨者元大也亨通也夫大有于天下之衆苟不以天地元大之德治于天下則不能致其亨通也故大有之世必以元大之德亨通于天下故曰元亨
象曰大有柔得尊位大中而上下應之曰大有其德剛健而文明應乎天而時行是以元亨
義曰此就六五一爻以釋卦名也夫六五以柔順之質居至尊之位以大中之道行于天下使天下之人无過无不及而盡合于中故天下之人皆來應之也以卦體言之則是六五獨以柔順文明用其大中而上下五陽他无所從故皆來應之也推之人事則是聖人在位得柔順之中道而遠近无不應之是大有天下之民也其德剛健而文明應乎天而時行是以

元亨者此就二體而釋所以得元亨之義也乾在下爲剛健離在上爲文明剛健則能幹濟于事文明則能照察于物其德既剛健而文明則能應順乎天時而行也夫天以春而生成萬物聖人以仁而變育之天以秋而肅殺萬物聖人以刑罰而懲勵之是聖人所爲皆順于天以時而行也既以剛健文明之德又上順于天時而行是以獲其元亨也
象曰火在天上大有君子以遏惡揚善順天休命

義曰夫火性本明天體居上今火在天之上至明而无所不燭是大有之象也君子法此以大有天下之衆則當遏絶其惡而揚舉其善何則大凡天下所以不明者由其惡不去也聖人在位則遏絶之若惡之大者則誅擊之惡之小者則刑戮之如此則天下之爲惡者知懼也天下之所以不知者由其賢善之人不用也聖人在上則揚舉之若大賢則置之大位小賢則置之小位如此則天下之賢者知勸也順天休

命者休美也夫福善禍淫天之命也聖人在上惡者遏之善者揚之是能承順天休美之命也

初九无交害匪咎艱則无咎象曰大有初九无交害也

義曰交害者相交以利害者也大凡以親而交于人則必有疎之者矣以喜而交于人則必有怒之者矣以利而交于人則必有害之者矣唯君子爲能用心廣大故无意于交也今初九居大有之始處卦之下是无心于物者也既无心于物則所尚遠大不交于有害者也匪咎者言初九之所以无心于物而不交于害豈凶咎之道耶然雖非凶咎之道又當艱難其志終久而不變則庶可以全得无咎也

九二大車以載有攸往无咎象曰大車以載積中不敗也

義曰九二以剛明勤健之才當大有之時履得中道應于六五是其中正之臣而可當其重任者也猶若大車之持載雖甚任重而不至傾敗者也有攸往无

咎者夫君子懷才抱道患不得其位既得其位患不得其君所謂得君者何若巳言則君聽之巳諫則君從之巳有所興爲則君順之是也今二以剛明中正之才爲六五之所委任故所行所往无不利也所往既利則凶咎何由而至哉故曰有攸往无咎象曰積中不敗也者言君子有剛健之才德積畜于内雖授之大位任之重權而无有墮廢之事是猶大車之持載積于其中而无有傾敗也

九三公用亨于天子小人弗克象曰公用亨于天子小人害也

義曰此一爻處大有之時以陽居陽當下卦之極爲衆陽之長是尊極之臣在三公之任者也然當此至重之位以君子則用可亨于天子而行天下之大道立天下之大位也以小人處之則不能克勝其任以至壞敗王事而爲害于時也故曰公用亨于天子小人弗克

九四匪其彭无咎象曰匪其彭无咎明辨晳也

義曰彭謂九三也匪其彭者是不有奉九三之心也九四以陽居陰當上卦之下履失其正而上近六五之君下比九三之臣處于君臣之閒若行不正則咎莫大焉且九三位爲三公有權之臣也四柔順屈節以趨附之是行乎非正之道而必有非常之咎也固當常有不奉三之心則得其无咎矣象曰匪其彭无咎明辨晳也者凡知人曰晳此所以匪其彭者由九四能明察其善惡辨别其事宜知九三之不可趨附之而不附故獲无咎

六五厥孚交如威如吉象曰厥孚交如信以發志也威如之吉易而无備也

義曰孚由中之信也交謂上下之道相交也六五居大有之時以柔順而處至尊之位是執柔示信以接于物故上下皆歸向之也夫己以由中之信接于人人亦以由中之信奉于己上下交相親信故曰厥孚

交如威如吉者言既以由中之信及于天下天下皆親信之則是威德並行而獲其吉也故不賞而民勸不怒而民威于鈇鉞是也象曰厥孚交如信以發志也者言發己之信以及天下之信已能如是則天下有信无信之人皆發其誠志以交應之也威如之吉易而无備也者易平易也備戒備也言己既有孚信交于人又有威德以及于天下賞一賢而天下之賢知勸罰一罪而天下之罪知懼有此威德之著故天

下皆平易而无所戒備也
上九自天祐之吉无不利象曰大有上吉自天祐也
義曰按繫辭云天之所助者順也人之所助者信也履信思乎順又以尚賢是以自天祐之吉无不利也此言餘爻皆履剛而上九獨乘六五之柔是思順也六五有孚信而已履之是履信也又以剛而居上處无位之地是能崇尚于賢者既能思乎柔順之道履乎孚信之德又以尚賢如此則自天而下无有不助

之者又何不利之有

謙

艮下坤上 謙亨君子有終
義曰按序卦云有大者不可以盈故受之以謙謙者卑退而不自驕盈之謂也以二體言之則艮下剛而止也坤上柔而順也大凡內剛止而外不柔順則失于亢外柔順而內不剛止則近于佞剛也柔也內外相稱此盡其所以爲謙之道也既盡其謙則是无不濟而亨通也君子有終者終謂終身踐履而不變也夫用謙之道貴在久而行之若夫小人亦有時而用謙但不能終久由之故朝行而夕或改矣唯君子則能先明其性乎其心發之于外則皆恭敬之道故有庸言之信庸行之謹終身而行之无有改也
彖曰謙亨天道下濟而光明地道卑而上行天道虧盈而益謙地道變盈而流謙鬼神害盈而福謙人道惡盈而好謙謙尊而光卑而不可踰君子之終也

義曰謙亨天道下濟而光明地道卑而上行者此釋所以得謙亨之道也夫天體雖高以其能降下其氣而生萬物是得其謙而道益光明也地以其卑故其氣得以上升相濟以成萬物夫天氣下降地氣上升二氣相交而能生成萬物是得謙亨之義也以天地至大尚以謙而後亨況于人乎天道虧盈而益謙者此以下廣言謙之義也虧損也益增也夫天之爲道盈滿者虧損之謙順者增益之至如日中則昃月盈

則蝕皆其類也地道變盈而流謙者變變易也流流布也至如水既盈滿則必決泄而虧散之其卑下者則流布而增盈之此其類也鬼神害盈而福謙者害謂禍害之也福謂福慶之也鬼神者天地之用也有盈滿者則從而禍害之有謙損者則從而福慶之人道惡盈而好謙者人之爲道有驕淫者衆共惡之有謙退者衆共好之以天地鬼神之爲道或虧變禍害其盈者而益流福慶其謙者其在于人者可知矣謙

尊而光者以尊上而言之若天子諸侯及爲人父爲人兄凡在人上者苟能好謙則其德愈尊而光大矣卑而不可踰者卑者以爵言之士也以人言之庶民也及爲子爲弟凡在人下者若能益尚謙退則雖在卑下亦衆人所不能踰越也君子之終也者言上之所行終身由之而不變者唯君子爲能然也此聖人舉之以結上文耳

象曰地中有山謙君子以裒多益寡稱物平施

義曰山體本高地體本卑今山居地之中是抑高舉下之義而得謙之象也君子假借其象言物有多者減而裒聚之少者增益之稱其物之多少而均平其施與是亦抑高舉下之義也

初六謙謙君子用涉大川吉象曰謙謙君子卑以自牧也

義曰初六以謙巽而居一卦之下是其謙而又謙者也夫謙謙之道小人所不能爲唯君子則能行之故

曰謙謙君子用涉大川吉者夫君子持身卑退恭敬之心發于内則謙謙之道形于外故衆心皆歸而萬民皆服民衆既歸則雖有大險大難用是而涉之无有不濟況于平易常處之時獲其吉也可知矣象曰謙謙君子卑以自牧也者牧養也守也言大人君子所以謙而又謙者蓋内明其性外篤其敬以卑而自守故也

六二鳴謙貞吉象曰鳴謙貞吉中心得也

義曰鳴者聲聞流傳于外也夫六二居卦之中以陰居陰是君子履中居正積柔順而行其謙故聲聞流于人也貞吉者言六二以謙退之聲聞于人是得正道之吉也象曰鳴謙貞吉中心得也者此言君子所作所為皆得諸心然後發之于外則无不中于道也故此謙謙皆由中心得之以至于聲聞流傳于人而獲至正之吉也

九三勞謙君子有終吉象曰勞謙君子萬民服也

義曰勞謙者言勤勞于謙也九三以陽居陽爲下卦之長衆陰所歸而其位至重故上則謙以奉于君下則謙以治于民勤勤不已无有厭斁之心是謂勞謙者也君子有終者言君子唯以行道爲已樂不以用謙爲已勞故終身行之而不變所以得其吉也象曰勞謙君子萬民服也者言君子之人勤勞而行謙則爲萬民之所服而衆心之所歸且凡人能謙者天地鬼神尚且祐助而福慶之則民之服從也可知矣

六四无不利撝謙象曰无不利撝謙不違則也

義曰撝謂指揮之間皆謙也夫大有之四處君臣之間故聖人戒之言匪其彭然後得无咎以其以陽而居陰也此謙之四亦在君臣之間乃言无不利撝謙者以其以陰居陰履得其正故也何則凡朝廷之間必得正人端士以賛佐其君則爲治于天下无所不利也今六四以至柔之質而居柔位是至正之人也以至正之人而上近于六五之君下比于九三之臣

而盡謙巽之道以承接之故進退俯仰以至指揮之間皆得用謙之道而无有不利也象曰无不利撝謙不違則也者言六四所以然者由履于正位不違逆其法則也

六五不富以其鄰利用侵伐无不利象曰利用侵伐征不服也

義曰以用也六五以柔順居至尊之位是能執柔以治人居謙以遇物故不待富盛而能用其鄰也以天

子言之則能用其四夷與天下諸侯以諸侯言之則能用其鄰國也利用侵伐无不利者言六五以柔德化治天下而能用其鄰當此之時苟有不庭不軌之人則是不率仁人之教而天下共棄之人乘天下共棄之心而伐之无所不利夫堯舜以至仁率天下然尚有三苗之征則其他可知矣但聖人在上有叛逆之人則衆所共怒也以至仁而侵伐之无有不利也然先聖于此特言侵伐者蓋有意于勸耳何則夫人

君之治天下必恩威兼用然後可濟今當謙之時不可純用于謙其有不庭不軌必以侵伐而克之也

上六鳴謙利用行師征邑國象曰鳴謙志未得也可用行師征邑國也

義曰上六居上卦之極謙道已得而處于无位然本以其行謙故亦有聲名流傳于外故曰鳴謙利用行師征邑國者言上六雖行謙而聲名既著矣然而居无位之地无功實之效故但可行師征已之邑國而已是其功未能及遠不若六五之用侵伐而无所不利也象曰鳴謙志未得也者按六二亦言鳴謙而象曰中心得也此言志未得者蓋六二當人臣之位居中履正以此而行謙故得吉也今上六雖有謙巽之聲聞于外然居无位之地雖欲立功立事于天下其志未有所得也

周易口義卷三

欽定四庫全書

經部

周易口義卷四

詳校官尚書臣德保

通政使司副使臣莫瞻菉覆勘

總校官原任中允臣王燕緒

校對官中書臣王家賓

謄録監生臣楊景猷

欽定四庫全書

周易口義卷四

宋 胡瑗 撰

上經

豫

坤下震上 豫利建侯行師

義曰豫樂也悅也按序卦云有大而能謙必豫故受之以豫言聖人在上大有天下之衆而又能持謙巽之德以臨于下則天下之人皆悅豫而從之以二體

言之則雷出于地上而蟄蟲昭蘇勾萌皆達萬物无不得其豫悅也故曰豫利建侯行師者天下之人既已悅豫則當建立諸侯而分治天下出兵行師以討其叛逆何則夫民苟不順何為而可哉民心既已悅順雖驅之死地而亦從之故豫而建侯行師无所不利矣若武王之伐紂以其順天應人是以一怒而安天下天下之民無不悅豫而順從也

彖曰豫剛應而志行順以動豫豫順以動故天地如之

而況建侯行師乎天地以順動故日月不過而四時不忒聖人以順動則刑罰清而民服豫之時義大矣哉

義曰剛應而志行者此以二體明其義剛謂九四也應謂初也九四以剛陽居大臣之位又處震動之下下與初六為應是上下之志皆得通行也順以動豫者震上動也坤下順也言聖人所動皆順于民心則民无有不順而悅豫也豫順以動故天地如之而況建侯行師乎者此釋建侯行師之義言聖人能以豫

順民心又合乎時雖天地之至高至厚尚亦不違況建侯以治民行師以戡難乎其利可知也天地以順動故日月不過而四時不忒者言天地之大一晝一夜凡行數十餘萬里而无毫釐之過與不及是能以至順而動故日月代明而无薄蝕之差四時迭行而无盤繆之愆也聖人以順動則刑罰清而民服者聖人以天地為心而有所動作則天下之人悅豫而從故刑罰清而民服從之然此指刑罰而言者蓋聖人用之所以禁暴止姦萬民之所深畏者也當刑者刑之當罰者罰之懲一而勸百故刑罰可措而清矣是天下之民服從而不犯也豫之時義大矣哉者聖人歎美之辭也言豫之時其義至大意使後人所動所為當順于心而已

象曰雷出地奮豫先王以作樂崇德殷薦之上帝以配祖考

義曰雷者陰陽奮擊成聲也殷盛也言雷聲奮出于地上則震動萬物使勾者盡出萌者盡達萬物起而

滋植悅豫之象也先王觀此之象則必順時而動使天下之人皆從服而和樂也民既和樂于是象其和聲作樂以通天下之和使天下之人聞之而无不悅樂則其德從而崇高也故若武王伐紂之後天下之民既出于塗炭而得其和樂于是象其成功而作大武之樂是由順民心而動者也且聖人作樂不惟民得其和又且薦之上天配以祖考所以通人神之和而告其成功也

初六鳴豫凶象曰初六鳴豫志窮凶也

義曰鳴謂聲名流傳于外也初六居豫之初係應于四四爲悦豫之主有盍簪之朋而已應之是得志于四也夫以小人得志則悦豫過甚驕奢放恣无所不爲以至聲傳于外而致其凶咎也象曰鳴豫志窮凶也者大凡樂不可極志不可滿人理之常也今初六致其凶咎者志窮于悦樂故也

六二介于石不終日貞吉象曰不終日貞吉以中正也

義曰介于石者言介然如石之堅勁也六二處悦豫之時居中履正是中正知幾之君子也初六有鳴豫之凶已下交之而无褻瀆之心九四爲悦豫之主有盍簪之朋已上交之而无諂媚之行是君子之人介然守其節操堅勁如石守其正道故不終日之間所以獲其吉也先聖繫辭釋此爻曰君子見幾而作不俟終日介如石焉寧用終日是言六二中正而獲吉也

六三盱豫悔遲有悔象曰盱豫有悔位不當也

義曰盱者盱睢諂媚之謂也遲緩也以不中不正之質而上近于九四操權之臣若盱睢諂媚以求悦于四則必有悔也若遲緩而不求于四亦必有悔也然則六三何以進退遲速之間皆有悔蓋悦豫之時以正而從之則可也三既以不正而所求者又不正則宜其速悔矣

九四由豫大有得勿疑朋盍簪象曰由豫大有得志大

行也

義曰此卦上下羣爻皆陰柔而四獨以剛陽之德爲豫之主然非至尊之位乃專權之臣也權既已專是以上下皆附從之必由于已而後得豫也故曰由豫也大有得者四既得衆爻從之以取其悦樂是已之大有所得也勿疑朋盍簪者朋類也盍合集也簪冠之笄也言四秉悦豫之權衆來附已然而必藉天下羣才共成天下之事業羣材既已從已已必盡誠以

信任之不有疑貳之心則彼將引其朋類合其簪纓而來也象曰由豫大有得志大行也者九四以剛陽之才爲豫之主上下羣陰悅附于已而又能信任天下之士天下之士皆合其簪纓而來是得其位而有權故其志大得行也

六五貞疾恒不死象曰六五貞疾乘剛也恒不死中未亡也

義曰疾謂疾病也恒者綿綿之貌六五以柔弱之質

居至尊之位而履失其正又下乘九四剛陽之權臣是於正道有所疾也恒不死者言六五以柔弱之質而履失其正是有疾病者也然而得常不死者以其居中處尊猶且綿綿不絶而未至于亡也然所存者但位號而已故若周平東遷之後天下之權盡屬强臣而天王所存者位與號爾此六五所以然者蓋一卦之中最正者六二一爻而已其執節堅勁所交不諂不瀆是至正之臣也今五乃不能委任之而又且

乘陵于四此所以得不死之疾也

上六冥豫成有渝无咎象曰冥豫在上何可長也

義曰冥謂冥昧也上六居豫之極悅樂過甚而不知止節以至智性昏迷冥冥而无所知識以至于凶咎也大凡禮樂之道必相須而成然後制節和平皆得其所也若禮勝而樂不至則民散而不和也樂勝而禮不至則民蕩而不反也是樂必有禮以爲節禮必得樂而後和二者兼備則不至悔咎也今上六悅樂過甚是不知所節以至冥晦也古之太康内作色荒

外作禽荒而貽邦國之患商紂作長夜之樂以至傾圮社稷是皆智性昏迷恃樂過極以至亡也非獨人君則然至于公卿大夫而下莫不若是故伊訓曰惟兹三風十愆卿士有一于身家必喪邦君有一于身國必亡故知自天子至于士庶人凡酣樂過甚必有凶咎也有渝无咎者渝變也言苟能因其逸樂之過而反思悔咎自省于已變前之爲而節之以禮則庶

幾免于悔咎也象曰冥豫在上何可長也者此聖人深戒之意也言其悅豫過甚至于情蕩性冥而不知所止是何可長如此乎言能渝變則可以无咎也

隨

䷐ 震下兌上 隨元亨利貞无咎

義曰按序卦云豫必有所隨故受之以隨言聖賢在上既得天下之悅豫必皆樂而隨之也然謂之隨者兌上爲說震下爲動是聖賢動順民心則天下皆悅

樂而隨之也元亨利貞者此天地之四德也凡聖賢之人欲天下之隨已故當修天地生成之四德然後可以使天下皆悅而隨之則可以免咎也凡人將隨于人者亦當審其所隨之人有此元亨利貞之四德能生成于民物者然後隨之則得其所安而獲其无咎也是隨之道必以此四德兼備然後可以求人之隨及隨于人也

彖曰隨剛來而下柔動而說隨大亨貞无咎而天下隨時隨時之義大矣哉

義曰剛來而下柔動而說隨者此就二體以釋其義夫震以動其性剛兌以說其性柔今震在兌下是剛來而下于柔也猶聖賢君子以至剛之德至尊之位至貴之勢接于臣而下于民故賞罰號令一出于上則民皆悅然隨于下也故曰剛來而下柔動而說隨大亨貞无咎而天下隨時者此釋元亨利貞之四德也言有是四德兼備而无其咎過則天下之人盡將

奔走匍匐及時而隨之矣隨時之義大矣哉者言隨時之義至大非大才大智有上四德之人必不能使天下之民悅而隨之也故先聖于此重嘆美之也

象曰澤中有雷隨君子以嚮晦入宴息

義曰雷在澤中是待時而動若雷之一奮則萬物皆隨而震動是隨之象也君子以嚮晦入宴息者此當有二義言隨之時必當慎其所以爲隨之道不可輕動必須待其人有是四德之備而後隨之雖然亦未

可以顯然而從之固當韜光養正向于隱晦之中以自安息而詳審其人使可以隨然後往而隨之則得其道也苟不擇其人又且顯然而往至于中道有所不至則其爲患不細矣故論語曰朋友數斯疏矣事君數斯辱矣是也又若君子欲人隨于已亦當韜光潛德向于冥晦之中使其元亨利貞四德之備則天下之人自然隨之也故君子之隨于人者若伊尹起莘而隨湯太公起海濱而隨文王七十子之隨仲尼

皆得其爲隨之道也故先聖于象辭以戒後人凡隨之道允宜重慎也注疏謂物皆說隨可以无爲不勞明鑒且凡聖人在上天下未隨之時則當焦心勞思以治之及天下既隨之後則亦當憂勤而思所以安之之道豈有物既隨而荒怠佚樂无憂勤之志者哉

初九官有渝貞吉出門交有功象曰官有渝從正吉也出門交有功不失也

義曰官主守也渝變也大凡人素有所主守確然持一節不變者當隨之世則必觀時量勢而變其前之所守則其人之可從者決然往而隨之可也今初九居隨之時當動之始固宜易所素守擇其人而隨之也既欲擇其人則必視其有四德之備大賢大正之人使可以隨之則于正道得吉也出門交有功者言不能韜光晦迹拱黙以待其人而已出門矣則必擇其有功者然後交之乃可以獲安而不失其所也象曰官有渝從正吉者大凡人之守節確然執

一而不能通變者未可以語聖賢之道也夫聖賢之道隨時通變无所執泥當可隨之時雖素有所主亦必擇其人之善者而從之也若時不可動而人不可隨則退而固其所守以道自處也然雖去就不同但從于正則吉也

六二係小子失丈夫象曰係小子弗兼與也

義曰小子謂初九也丈夫謂九五也大凡陰柔不能自立必得剛陽之人以係之則可也今六二居隨之

時與九五爲正應而最遠之初九非其應而切近之故己以陰柔之質因而附于初是失九五之丈夫而係初九之小子也然則六二履于中正何係乎非應蓋陰弱而无常守故也夫以不定之性而又居隨之時是必舍遠而係近矣然所以不言凶者蓋聖人于此戒之謂其尚有從正之道若能係于九五而舍于初九則不至于凶咎也象曰係小子弗兼與者言係于初則失五係于五則失初從此則失彼從邪則失

正是不可以兼與也

六三係丈夫失小子隨有求得利居貞象曰係丈夫志舍下也

義曰丈夫謂四也小子亦謂初也六三亦以柔弱之質不能自立必得剛陽之人以隨之也上既近於四而下又遠于初是以隨九四之丈夫而失初九之小子也隨有求得者言隨之時六三上无正應九四又下无正應是兩无所繫而又相比今六三往隨之是所求有得也利居貞者言六三九四皆非所應今既相從必以正道乃獲其利而无凶咎之事也是以凡師友朋黨之間所相隨者必皆以正則可以全其終也故仲尼曰居是邦也事其大夫之賢者友其士之仁者蓋言必得正人端士然後可以相從也

九四隨有獲貞凶有孚在道以明何咎象曰隨有獲其義凶也有孚在道明功也

義曰九四以陽居陰履非其正然而己以剛明之才

得居人臣之極位用心廣大无所係吝天下之民欲隨于己己輒納而不拒之是有所獲也貞凶者夫民君之民也己居人臣之位而輒有之則侵權擅民于人臣之正道大爲凶也有孚在道以明何咎者孚誠信也道臣子之道也言九四雖擅有君之民侵取君之權蓋是君之澤未下于民而己又當臣位之極故天下皆願歸之也然既在嫌疑之地則宜如何故必當推其至誠至信率天下之民以奉于上盡其齊物

之心顯然推白其臣子之道以明非有叛逆之惡則庶可以免其刑戮而逃其悔咎也故昔者文王當紂之時三分天下有二而記者稱之曰文王有君民之大德有事君之小心然尚不免紂之疑而有羑里之囚幾至不免是臣子之道當顯然盡其誠信以事于君則可以免咎象曰有孚在道明功也者言既有孚信在于臣子之道而上得剛明之君知已非叛違之意故足以明已之功也

九五孚于嘉吉象曰孚于嘉吉位正中也

義曰九五居隨之時以剛陽居至尊而履得其正處于大中故天下之人莫不鼓舞而隨之然則如何以副天下所隨之望故當虛其心盡其誠以信任大才大賢嘉善之人以共成天下之大治則吉莫與盛象曰孚于嘉吉位正中也者言九五為中正之君下應于六二六二亦為中正之臣而已能孚信而任之則天下之賢皆來隨于已而輔成天下之事業也

上六拘係之乃從維之王用亨于西山象曰拘係之上窮也

義曰夫隨之世天下之人莫不畢從于上也今上六處卦之終最居于上極是其凶頑而不從之人也夫凶頑之人雖王者興而不從聖人起而不服必待其拘囚縶係之後乃從也維之王用亨于西山者維即維縶之也西山以上體兑兑西方之卦山取其險惡也夫聖人在上天下之民莫不歸之而此上六凶頑

之人置之一方則一方受其害而罹其險惡今既加之以誅伐而維縶之使不能萌其惡以毒于民故雖西方險阻之地亦得亨矣

蠱

䷑ 巽下艮上 蠱元亨利涉大川先甲三日後甲三日

義曰蠱壞也按左傳昭公元年云皿蟲為蠱穀之飛者亦為蠱蓋言三蟲食一皿有敗壞之象故云皿蠱為蠱又言穀之積久腐壞者則變而為飛蟲亦蠱敗

之彖故云穀之飛者亦爲蠱夫物既蠱敗則必當脩飾之故雜卦曰蠱則飭也是矣以人事言之則是風俗薄惡教化陵遲而不綱不紀也方此之時聖賢之人必以仁義之道施爲而拯治之也元亨者元者天地大生之德于人爲仁也亨者天地大通之德于人爲禮也言聖賢當此天下蠱壞之時思欲拯治之必有天地大生之德至仁之道以拯濟之又當以禮制而拯葺之以救弱扶衰與滯補弊使天下之生靈各

得其大通也利涉大川者大川謂大險大難也夫治天下弊壞之事不可安然而治之必在衝涉大難奮不顧一己之私存心於天下然後可以治其事措之安平也何則以天地之德至廣至大而發生萬物尚有屯難況聖賢治天下蠱敗之事豈无險難乎先甲三日後甲三日者庚甲皆申令之名也凡事仁恩于五行爲木木主春春爲施生故爲仁恩之令也凡事已蠱敗非下民之所能爲皆在上者致之也然聖賢必欲治之則當以仁恩之令而爲之先也是故民有匱乏者則出粟帛以濟之民有失于奢者則以禮而節之民有未出于塗炭者則出之而使安其所民有入于凶頑而陷于刑辟者則使之改過自新故先之三日以申諭之後之三日以丁寧而勸戒之如此則天下之事无有不舉矣

彖曰蠱剛上而柔下巽而止蠱蠱元亨而天下治也利涉大川往有事也先甲三日後甲三日終則有始天行也

義曰上體艮爲剛下體巽爲柔夫天下之事所以弊壞者由上无剛明之德以斷制于下下无柔順之心以從令于上耳今此卦上既剛明而能斷下又柔順以奉令故蠱敗之事可以得治也故曰蠱剛上而柔下巽而止蠱者上艮爲止下體爲巽巽爲權變艮爲鎮靜夫能用權者多失于鎮靜今既止靜又能行權故可以治蠱敗之事也利涉大川往有事者言聖賢

之人欲治蠱敗之事則雖大險大難必往而治之庶成天下之事業也先甲三日後甲三日終則有始天行也者言上之行仁恩之令先之三日後之三日終而復始若天有四時之行春生而秋成始始終終无有休息也

象曰山下有風蠱君子以振民育德

義曰按左傳云在周易女惑男風落山謂之蠱言山之有材木今爲其風之所落而在山之下也夫風之

爲氣能生物亦能落物此即肅殺之風故爲蠱之象也君子觀此之象以拯救天下敗壞之事振濟萬民之難使皆得其所而遂其性又且養育己之德業而加于天下不使至于蠱敗也

初六幹父之蠱有子考无咎厲終吉象曰幹父之蠱意承考也

義曰大凡事之蠱敗必求所以脩飾之也初六居卦之始得巽之體能用權變以承家道而幹集父事故云幹父之蠱有子者夫能代父之任而成家之事者子之職也一不能然是无子矣今初以權變而幹父之事使男正位乎外女正位乎內內外和睦上下整肅是得其爲子之道也考无咎者言父有不能幹家之事而至于蠱敗咎莫大焉茍得賢明之子以代其任而成其事則可使其父立于无過之地矣今初六能用其權變以幹濟其事使其父得无咎也然謂之考无咎者夫生曰父曰母死曰考曰妣蓋言初六不

唯能幹父之蠱而致父于无過兼使其父雖至于終没亦免其咎而致其令名以光于後也故祭義曰亨孰羶薌嘗而薦之非孝也養也君子之所謂孝者國人稱願然曰幸哉有子若此所謂孝也已又哀公問于孔子曰何謂成親孔子曰君子也者人之成名也百姓歸之名謂之君子之子是使其親爲君子也是爲成其親之名也蓋言父雖有過而子能終幹之則使其父免咎矣厲終吉者厲危也言初六居卦之始

幹父蠱敗之事是主艱也故當常若危厲在前恐懼其始則終可以獲吉也象曰幹父之蠱意承考者意謂心之所存也言爲子之道不可盡循父之命但心之所存以至孝事其親而成之耳

九二幹母之蠱不可貞象曰幹母之蠱得中道也

義曰九二以剛明居中而在内卦之内是能幹其母蠱壞之事也故曰幹母之蠱不可貞者言君子之人必上思忠于君下思利于民不可屑屑然專以治閨

門之事久執其道爲己之正也象曰幹母之蠱得中道也者九二以剛明之德居得中位在内則能幹母之蠱在外則能幹父之事在朝廷則能忠于君而利于民是周旋進退皆得于中道也

九三幹父之蠱小有悔无大咎象曰幹父之蠱終无咎也

義曰九三以陽居陽有剛明之德履于至正故能幹父之蠱何則夫剛則有能斷之才正則公而不私以此而行則克幹其事而无所不濟也小有悔无大咎者言九三全用剛斷以幹其家事則必傷于和睦之道而親族之間必小有悔恨之者然已代父之任整肅閨門之教而幹成其事則終无大咎也

六四裕父之蠱往見吝象曰裕父之蠱往未得也

義曰夫父以柔懦不能剛決以至蠱壞其家而六四又以柔弱之質承其蠱敗之後无剛明果決之才不能代父之任而幹家之事也然而以陰履正故但少

能寛裕其父之事耳故曰裕父之蠱往見吝者夫承蠱敗之後而以柔弱之質將有所往必見悔吝而无所成也然初六亦以陰柔之道乃能幹父之蠱此即往而見吝何也蓋初六居壞敗之始當幹家之初能用權變以治其事致父于无過之地故聖人言之以爲萬世治家之法當在于始也是以爲臣爲子者不可以无剛明之才也今六四既居事壞之後而无剛明之才不能幹濟其事故往見吝而无所得也

六五幹父之蠱用譽象曰幹父用譽承以德也
義曰譽者嘉美之稱也六五所以能幹父之蠱者蓋承以其德不在剛威而能代父之任承家之事又有大中之道下應九二剛明之人用是所以得嘉美之譽也象曰幹父用譽承以德者言六五所以用譽者非徒取于虛名也蓋以大中至正之德承父之志以治其事使社稷永固生靈受賜各遂其所而天下嘉美之譽自然至矣

上九不事王侯高尚其事象曰不事王侯志可則也
義曰夫事治于始至于終則其事已成也大凡人子之始竭力盡孝以事父而治于家人臣之始竭力盡忠以事君而利于民及夫國家既濟功業既成榮問既極而苟年德衰耗則必有止足之心而不累其位退休歸老不事于王侯而自崇高尊尚其事也象曰不事王侯志可則也者言上九之不事王侯蓋有足止之心高尚之行可爲世俗之所法則也言聖人之德始終如一无有衰耗若周公之輔于周亦辛于周未聞高尚其事也夫有周公之資則可爲自賢人而下則不能无衰耗矣功業既成則休退宜也然世俗所謂高尚者内則无心于家不孝于父而幹其事外則无心于國不忠于君而利其民但高傲衣冠晦迹山林遠去人迹此直豕鹿木石之伍耳非聖人言蠱上之意也

臨

䷒ 兌下坤上 臨元亨利貞至于八月有凶
義曰按序卦云有事而後能大故受之以臨臨者大也聖賢之人興立事業必自小以至于大故臨所以次于蠱也然謂之臨者居上臨下之義也此卦之體二陽漸進是聖賢興起君子之道得行有才德以臨于天下也元亨利貞者天地之四德也夫聖賢興起必有四德之備如春之生夏之長秋之成冬之固使天下无一物不被其澤无一民不受其賜迺可以臨

于人也至于八月有凶者八月即周之八月今之六月斗建未之時二陰生也臨卦二陽生即周之二月今之十二月斗建丑之時也此言聖賢興起君子道長而至于八月有凶者蓋聖人之深戒也言二陽始進進而不已不顧陰氣之侵逼至于八月二陰之生則其卦爲遯以至爲否陰氣漸進陽氣必消也猶君子乘時得位以臨于人若不能深思極慮以防其失使小人得乘隙而進則至于侵害矣故當此之時居

其安不忘其危在其治不忘其亂則可以久臨于天下而无有危亂也

彖曰臨剛浸而長說而順剛中而應大亨以正天之道也至于八月有凶消不久也

義曰浸漸也言所以爲臨者二陽始生其德漸進猶君子得其時遇其君以漸而進于位與立事業以臨于天下也故曰臨剛浸而長說而順者上坤爲順下兌爲悅也言剛浸而長是聖賢之人臨于天下有至尊之勢至嚴之威也其勢至尊其威至嚴則卑賤之俗疏遠之民其情曷以通而其恩曷以下哉是必有仁義之化以悅順于民心使天下无不被其澤无不受其賜彼皆悅然以順于上也剛中而應者此謂九二以剛明之德而處下卦之中也凡臨人之道必須下其身先于臣民以交接于下則下之志皆得上通也大亨以正天之道也者夫聖賢在上既能悅而順人以剛明之德先于臣民故能行元亨利貞之四德以撫育萬民生成萬物此乃天之道也至于八月有

凶消不久也者此言二陽漸進至于八月二陰浸長則陽道不久而消剝矣亦如君子之待其時不顧小人之進使其少得勢則必侵害君子君子之道不久而漸退矣然不曰七月者蓋其一陰始生小人之勢尚弱未能爲害至于八月二陰既長則小人之道漸盛而其黨漸熾故有侵害之事也聖人至此言之所以深戒萬世居安思危之意也

象曰澤上有地臨君子以教思无窮容保民无疆
義曰夫臨者居上以臨下也至高天也至下地也今不云天臨而曰澤上有地臨者蓋地之勢最附近于澤而澤又依著于地是臨之象也君子法此之象汲汲然惟恐一物之不被其澤故夜以思之晝以行之焦心極慮施其教化以臨于民而无有窮已也又能寬容保安之而无有疆畔也然則爲君子者不能思其教化則不可臨于民者一也能教而不能寬容之

則不可以臨民者二也能容而不能保安之則不可以臨民者三也須三者之道兼備而又有元亨利貞之四德夫然後可以臨于民也
初九咸臨貞吉象曰咸臨貞吉志行正也
義曰咸感也夫剛者必有至尊之勢至嚴之威以臨于人今初九以剛明之才居一卦之下是聖賢之人下其身以先于臣民者也夫既下其身以先之則天下之民莫不感悅而從矣故曰咸臨既能下其身先于人人皆從之則得其正而獲吉也象曰咸臨貞吉志行正也者且聖賢之人非苟欲柔邪佞媚以取悅于天下之人蓋上之臨下以仁義之化行已之道與天下之利耳今初九以剛明之才處衆陰之下是其志本行于正也
九二咸臨吉无不利象曰咸臨吉无不利未順命也
義曰九二亦以剛明之才居下卦之中下其身以先于臣民者也是以天下之人莫不感悅而歸之故曰

咸臨也吉无不利者初九雖能使人感悅而從之然未得其中故但得貞吉而已九二以剛明之德處下卦之中則所爲无過與不及皆得中道而又居衆陰之下能下其身以接于民則獲其吉而无所不利矣象曰未順命也者此未字當爲羡文夫九二有剛明之德以臨于人天下皆感悅而歸之无有不順其命者也而經文言未順命豈天下率歸而有未順命者乎蓋易經傳之久其間不能无脫誤故此未字當爲

義文也

六三甘臨无攸利既憂之无咎象曰甘臨位不當也既憂之咎不長也

義曰甘者柔邪佞媚之道也六三不中不正又居兑之極是過于柔佞也爲上者以此不正之行悦媚之道而臨于人故謂之甘臨夫以不正之行佞媚之道以苟且取譽于民雖苟得須刻之悦一時之譽然于天下之事終无所利矣故在書曰罔違道以干百姓

之譽者是也象曰既憂之无咎者言六三若能以己之不正而反自思省以憂其危知甘佞爲非而變從于正道則可以免咎悔也

六四至臨无咎象曰至臨无咎位當也

義曰六四所履得正下應于初九剛明之援以臨于人能至于臨下之道而得无咎也蓋上之臨下必得其正道若一失于正而入于邪則下之從也若影響之效固不可以无正也是以孔子曰其身正不令而行苟不正其身雖令不從是上之臨下必由于正也令六四以陰居陰是履得其正以此臨下則下无不從是至于爲臨之道而獲其无咎也象曰至臨无咎位當也者六四以陰居陰處不失正是能正一心以正朝廷正朝廷以正百官正百官以正萬民正萬民以正四方正四方則遠近莫不一于正誠由居當其位而行得其正也

六五知臨大君之宜吉象曰大君之宜行中之謂也

義曰知臨謂能用羣賢而任知以臨于人也六五以陰柔之質居坤順之中履至尊之位得大中之道九二有剛明之才五以至誠接納而信任之故天下之賢莫不竭其聰明盡其才智以輔于己也能用天下之賢以知而臨于人是得大君所行之宜而獲其吉也故若堯舜之爲君而任皐夔稷禹之徒是也象曰大君之宜行中之謂也者夫天下至大生靈至衆居上者以一耳一目不能周其視聽必得天下之賢才

以輔于已則可也今六五能任用剛明才智之臣以臨于下是大君所行之中道莫尚于此

上六敦臨吉无咎象曰敦臨之吉志在内也

義曰敦厚也坤爲博厚而上六處坤之極是能以敦厚之道而下臨于人也吉无咎者六四六五皆有剛明之援所以獲吉今上六雖有敦厚之德然下无正應无剛明之助是本有咎矣必須吉而咎乃得免故曰吉无咎象曰敦臨之吉志在内也者夫坤之體本

在于下今在上而其志樂于下復是志在于内也何則蓋上六處一卦之極雖下无剛明之人以爲已助然能以敦厚之德附于二陰故三陰同志皆樂下復是其志在内者也

觀

䷓ 坤下巽上 觀盥而不薦有孚顒若

義曰序卦云臨者大也物大然後可觀故受之以觀觀者觀也此卦之體二陽在上是聖賢之人有剛明之德以臨觀于天下使天下之人莫不仰觀而化之也觀盥而不薦者盥薦者皆祭宗廟所行之禮也盥謂天子始入廟則必盥手酌鬱鬯于地以求幽隂之時也薦謂三獻薦腥五獻薦熟之時也夫始盥之時其禮簡畧故至誠之心恭肅之意莫不盡之若薦腥熟之時則其禮已煩雖有强力之容恭懿之心則亦倦怠矣是以聖人在上臨御天下必當如始盥之時盡其至誠之心以爲天下所觀法也固不可如行薦

之時禮數煩劇其志懈怠則不能使天下之人觀之以爲法則也有孚顒若者孚信也顒謂恭肅之貌也若語助也言聖人既能盡至誠之心如始盥之時而臨制天下則天下之人仰以法之皆以孚信而應之其貌顒顒然盡其恭肅以應夫上也

象曰大觀在上順而巽中正以觀天下觀盥而不薦有孚顒若下觀而化也觀天之神道而四時不忒聖人以神道設教而天下服矣

義曰大觀在上者謂此卦以二陽居于上臨觀于下使其教化浹洽而天下之所觀仰也順而巽者此以二體而言下坤爲順上巽爲權也夫聖賢之人雖有剛明之德以臨于下然在乎不自尊大不自高抗凡所作爲皆用柔順之道以下于民則天下之民悅而從之无所懈倦而又示之以權變之道使民由之而不知其所以然也中正以觀天下者夫觀有二義以度而言之則謂之觀以目所觀亦謂之觀也此一句

指九五而言蓋以陽居陽又處上卦之中履至尊之位有大正大中之德以臨于天下使天下皆有所觀法也觀天之神道而四時不忒聖人以神道設教而天下服者此廣明其義也言下之人既觀上之道以爲法則而聖人又觀天之道以爲法則也神道者陰陽不測之謂也天運至神之道生育萬物春生夏長秋成冬固使物皆遂其性而不可推測其用四時之行无或差忒聖人法之亦以至神之道設爲仁義之教以成治天下使天下之人各安其性而懷其業不知其所以然而然也

象曰風行地上觀先王以省方觀民設教

義曰夫風行于地上則无所不至物无不順生成萬物萬物得其茂盛皆可以觀故曰觀之象也先王以省方觀民設教者是先王觀此之象以省察四方之利害觀視萬民之善惡而設仁義之教以行于天下使一民一物皆得遂其生成而不失其所也

初六童觀小人无咎君子吝象曰初六童觀小人道也

義曰按此卦二陽居上有剛明之德爲天下之所觀而天下之人莫不奔走以觀其道而爲法則也今初六以陰弱之質最居其下而遠于剛陽不能上進以求聖賢之道而觀之但冥冥然无所知識无所聞見若兒童之所觀也故曰童觀小人无咎者言于小人之道則得其无咎也何則夫小人之人天下之事无所歸責但營保一身而已故不能進而觀聖賢之道

爲已之法則以至終身愚惽无能開發止爲兒童之見此于小人所以无咎也君子吝者夫君子之人則當求聖賢之道學聖賢之事業廣其視聽大其知識以充己之道上思致君下思利民而成天下之事業則君子之道畢矣今以童觀在下而君子之人苟亦昧然无所聞見而不能明顯以求觀于上取法于聖賢之人則誠可鄙吝也

六二闚觀利女貞象曰闚觀女貞亦可醜也

義曰夫自外顯然而觀則謂之觀自内而觀則謂之闚此六二一爻以陰柔之質居下卦之内遠于在上二陽剛明之人不能往而從之惟在内闚竊而觀之故曰闚觀也利女貞者夫居觀之時大觀在上而已爲闚觀之道不能顯然而求觀其道以爲法則是但利于女子之貞而已固不可爲君子之道何哉蓋女子之職主于閨門之内不預外事故但自内而闚竊于外耳故曰利女貞也象曰闚觀女貞亦可醜也者言爲闚觀者于女子之行則可爲正其于君子誠可以醜也蓋凡君子之人上必志于君下必志于民而思兼濟于天下故皇皇汲汲以求聖賢之道若聖賢在上則顯然而往觀之以廣己之視聽發己之才識而成己之道以著天下之事業也今乃反爲女子之事而闚竊以觀于人是誠足醜也

六三觀我生進退象曰觀我生進退未失道也

義曰生謂風教之所自出也六三處下卦之上爲衆

人之長者也既爲衆人之長則風教號令皆自己出也是以六三必下觀于民而察己之道其風教有過于中者則俯而就之其風教有不及于中者則勉而及之使進退俯仰皆至于道也然六三既有風教下及于民而又曰進退何也蓋所履非至尊之位但居一卦之上爲衆人之長耳象曰觀我生進退未失道也者言六三雖非至尊之位以其風教之及于下而又能察己之所出未至者則進之過中者則退之是

或進或退皆未失于道也

六四觀國之光利用賓于王象曰觀國之光尚賓也

義曰夫大觀之時有其才有其德而又有其位爲天下之所觀法者莫尚于九五也初六最遠之故曰童觀六二居内不能顯然求觀故曰闚觀惟六四以陰居陰履得其正而切近于九五是能上附于賢明之君而求觀聖賢之道故朝廷之義宗廟之禮无所不知仁義之道禮樂之事无所不習如是而進于朝廷

觀國之光輝故王者以之爲賓也且如舜以一匹夫之賤登之朝堯與之迭爲賓主是有德之使然也故曰觀國之光利用賓于王象曰觀國之光尚賓也者言六四既上附九五能觀國之光故主者尊尚其德禮貌其位而以之爲賓也

九五觀我生君子无咎象曰觀我生觀民也

義曰九五居至尊之位爲天下之所觀仰也風教號令一出于已也是以下觀于民若民善則知已風教之善也民惡則知已風教之惡也然而九五履正居中而又處至尊之位以天下之大或風教有未至衆邪有未去習俗未盡善禮樂未盡興則皆其咎也然九五能觀察于民而脩飾于已使向之未至者皆趨于道是君子居之則得其无咎也象曰觀我生觀民也者夫觀流則可以知源視影則可以知表聖賢觀民則可以知已政之得失也故常切切思省下觀于民是以至于无咎也

上九觀其生君子无咎象曰觀其生志未平也

義曰上九有剛陽之德居一卦之上非至尊之位故不觀于民而爲民之所觀也然非至尊之位而爲天下之所觀仰者則中庸所謂動而世爲天下法言而世爲天下則者此爻是也是知爲天下之所觀則天下之責歸之而萬民之法由之也若其言之一玷動之一跌則天下莫不知之是有所咎也故上九即當切切思省以觀已之所出使動息語默皆合于道以

副天下之所觀法則是于君子而得无咎也象曰觀其生志未平也者言上九有威大之德爲天下之觀仰然處于无位之地而權不在已又其責望既重故夕思晝行常欲興天下利除天下害知其心志之未平也

噬嗑

☲☳ 震下離上 噬嗑亨利用獄

義曰按序卦云可觀而後有所合故受之以噬嗑蓋人以大才大德爲天下之觀法使天下合心而歸之

也然則此卦自頤而得頤者上艮下震二陽居外四陰在其内是其所養之道也今噬嗑即是九四爻一陽居三陰之中如剛梗之物在于頤中必待噬而齧之然後可得其合故若朝廷之上朋友之中閨門之内有一小人間厠其間則爲君子良民之害故必須刑罰竄殛之則君子之道得以行良民之志得以伸心氣和同上下協合所以大通也故曰噬嗑亨也利用獄者上體離爲明下體震爲動爲威夫刑獄之事巧詐百端情僞萬狀至幽至隱而難察者也必得威明之人施剛斷之才以制之則姦僞可以刑服强梗可以放逐而君子之道得行上下之志和合也

象曰頤中有物曰噬嗑噬嗑而亨剛柔分動而明雷電合而章柔得中而上行雖不當位利用獄也

義曰頤中有物曰噬嗑者夫剛梗之物在于頤中是爲口頰之患噬齧之然後得合也噬嗑而亨者小人爲君子良民之害必須刑戮之則上下之志合而大

通也剛柔分者離陰也爲柔爲明震陽也爲剛爲威以威剛至明而用刑則君子小人分而无間厠也動而明雷電合而章者夫有剛威之才而不能明察則暴而傷于物有明察之才而不能剛威則柔懦而不能立事是必威明兼濟則事无不立也今噬嗑之卦動而且明雷電相合而和同故其道光顯而章著也柔得中而上行雖不當位利用獄也者此指六五而言也六五以柔順之道履得其中而居至尊之位夫

以柔而居至尊所行不得其位所處不當其位然猶以居離明之中其性至明故利用于刑獄之事也何則夫獄之情至深至隱其間姦僞利害出于萬狀故非至明之君子則不能斷制其事今六五所處雖不得正然以其居離卦之中是其性至明故利用于獄也

象曰雷電噬嗑先王以明罰勅法

義曰震爲雷故有威離爲火故有明有威有明能辨小人之情用刑以去之此噬嗑之象也先王以明罰勅法者言先王當有威明之德有善必賞有惡必刑所以明示其罰而正勅其法也

初九屨校滅趾无咎象曰屨校滅趾不行也

義曰屨校者以木械桎其足之謂也滅没也趾足趾也初九居噬嗑之初是被刑之輕者也其罪惡未至于大故但校滅其趾而已夫聖人之視民也如父母之于赤子雖有罪豈忍加之刑戮哉蓋慮罪小之時不爲之懲戒則必至于大惡故當此罪小之時加以

木械桎其足趾使其惡之不能行也故繫辭曰小人不耻不仁不畏不義不見利不勸不威不懲小懲而大誡此小人之福也言小人不仁不義見利則勸恃威則懲此所以爲小人之福也象曰屨校滅趾不行也者言其當罪小之時用校以滅其趾使知其罪雖小不可爲而不行也

六二噬膚滅鼻无咎象曰噬膚滅鼻乘剛也

義曰膚者柔脆易嚙之物滅鼻者用刑之深也六二以陰居陰又處下卦之中是得正且中也以此中正之道用刑至當如嚙其柔脆之膚言其易而民服也然下乘初九之剛故用刑大過至于滅鼻之深然以居中履正用刑至當雖滅鼻而過于深察是亦无咎也象曰噬膚滅鼻乘剛也者夫初九者過惡之小人已乘于上當用刑以懲之所以至于滅鼻之深然非專尚深刻蓋以乘初九之剛故也

六三噬腊肉遇毒小吝无咎象曰遇毒位不當也

義曰腊肉者全乾之謂也六三居下卦之極是爲不中以陰居陽是爲不正凡用刑之道有諸己然後可以求諸人无諸己則不可責于人也今六三以不中不正之行而刑人之過則人无有服從之者故若噬腊肉之難也民心既不從怨懟既已結故非但不能刑人將反招其害也故曰噬腊肉遇毒也小吝无咎者言六三以不正不中而爲人之見害故小有所吝然而居震動之上以柔順之質而應于上九剛明之

人則能辨民之邪正察獄之情僞是雖始有小吝終亦自然无咎

九四噬乾胏得金矢利艱貞吉象曰利艱貞吉未光也

義曰乾胏者肉之帶骨者也因有骨而乾愈于噬腊肉之難也夫君子處得高位而進輔于君以幹天下之事者必有中正之德德既中正則刑一人而天下服其罪賞一人而天下勸其善今九四處上卦之初是不中也以陽居陰是不正也以不中不正之道而刑于人則甚于噬腊肉之難也金剛也矢直也九四履文明之始其體剛剛則果于行事明則辨于邪正雖非中正猶有剛明故所行无不得其直然四本以不中不正故當憂民之所不服慮惡之所不懲艱難其心退有所懼而守之以正則可以責于人而人服之故獲其吉也象曰利艱貞吉未光也者盖由艱難守正而後得吉是道未光大也

六五噬乾肉得黄金貞厲无咎象曰貞厲无咎得當也

義曰噬乾肉者易于乾胏而難于噬膚也六五以文柔處其至尊所行所爲皆合于道无過无不及以此主刑賞之柄握生殺之權宜矣得黄金者黄中之色也金者剛之物也夫斷天下之獄必有中正剛明之德可也六五雖少失于正然以有離明之質行得中道而能用刑者也貞厲无咎者言六五處至尊之位有文明之德然用刑雖少失于正而人有不服今若堅守其正而常若危厲則无咎矣象曰貞厲无咎得

當也者言六五能守其正常若危厲則所行所爲无不當也

上九何校滅耳凶象曰何校滅耳聰不明也

義曰上九居卦之極罪之大者也何校滅耳刑之深者也夫君子之人有善必勸勸之不已則小善至于大善以至愚者必賢賢者必聖也小人則有惡不悛以至積小惡至于大惡由小罪至于大罪也今上九過惡之小人罪之至深者也夫小人之爲惡雖日有

聖人之教化聞于耳而不知遷善雖有聖人之刑罰將及于身而不知改過以至積罪至大長惡不悛君子雖欲愛之不可得也故此所以被刑之深校加于首而滅沒其耳凶禍所以及之也故繫辭云善不積不足以成名惡不積不足以滅身小人以小善爲无益而弗爲也以小惡爲无傷而弗去也故惡積而不可揜罪大而不可解夫人之耳聽必聰也人之目視必明也小人之耳非聵也目非瞽也日聞聖賢之教化而不能飭身歸善以至陷于刑戮蓋積惡之久而不知罪之深是聰不能自明也

賁

䷕ 離下艮上 賁亨小利有攸往

義曰按序卦曰物不可以苟合而已故受之以賁賁者飾也言物之既相合必有文章賁飾之也賁亨者夫噬嗑之時則是聖人削鋤強梗強梗既鋤則可以制作禮樂申明仁義施爲教化設爲文章以文飾之

則治道大通于天下矣小利有攸往者夫治天下必有賢明之才處中正之位乃能興治立事今賁之上九以陽居一卦之上在无位之地是不能大有所爲故小利有攸往而已

彖曰賁亨柔來而文剛故亨分剛上而文柔故小利有攸往天文也文明以止人文也觀乎天文以察時變觀乎人文以化成天下

義曰賁卦自泰而得坤之上六來居乾之九二此以

柔道文飾剛健之德也夫治國之道不可專于剛剛則暴不可專于柔柔則懦剛柔相濟然後治道可成何則兵革所以禦侮而不可久玩刑罰所以止姦而不可獨用必有仁義禮樂文章教化以文飾之則天下大通矣故曰柔來而文剛故亨分剛上而文柔故小利有攸往者此言以泰卦乾之二分居坤之上是分剛陽之道而文飾于柔德也夫聖賢有剛健文明之德則必履至尊之位總大任持大權乃可大有為

于天下今以剛居无位之地是但小有所往而已天文也者此以下廣釋文飾之義也按經但云天文也上下相應不成義理當上有剛柔交錯四字蓋遺脫故也言剛柔交相錯雜以成天文是天之文也若寒暑相推而成四時日月相代而成晝夜陰陽相蕩而成風雨雷霆此皆剛柔交錯天之文也文明以止人文也者此以二體而言離下為文明艮上為止既有文章之光明又能止靜是人之文也若夫君聖臣賢

上行下化仁義禮樂著于天下是國之文也父義母慈兄友弟恭男正位乎外女正位乎內閨門之內和諧肅穆是家之文也聖人舉此文明之道發于天下國家以文成其治使刑罰措而不用兵革寢而不作也觀乎天文以察時變觀乎人文以化成天下者天文即前所謂也聖人上觀乎天文以察時之變若東作西成南訛朔易雨暘風燠災祥之類也聖人觀乎人文使君明臣忠父慈子孝兄弟有禮長幼有序各

得其正故制作禮樂施為政教以化成天下而成天下之治也

象曰山下有火賁君子以明庶政无敢折獄

義曰夫山有草木之茂而火明其下光明照于上有賁飾之象也君子觀此之象以明舉其庶政庶政者謂國家禮樂教化之道申明興舉之以文飾天下之治以其繁而不以儉曰庶政无敢折獄者夫獄訟之情至幽至隱者也其間姦詐萬狀情偽萬端必有剛

明之德則能別于寃枉決其是非而其情可得而見
今賁之象其明不遠到故聖人戒之言但可以明其
庶政而不可果敢而折獄也何則蓋獄事至重決而
行之則死者不復生刑者不復贖是必有剛明之德
乃可決斷其事曲直是非之情无所不當矣
初九賁其趾舍車而徒象曰舍車而徒義弗乘也
義曰趾足也初九處賁之初有至明之性體于陽有
至剛之德是君子之人能以道義賁飾其身可行則

行可止則止不爲苟且是能賁飾其行趾也舍車而
徒者以卦體言之則初九之正應在于六四而與六
二相比六二上无正應欲求于初而初有剛明之德
確然守正惟義所在不顧六二而棄之但待其時而
往從六四之正應也猶君子之人能以道義飾于身
故車雖至貴若義不當乘則舍之徒雖至賤若義當
行則從而行之是所行所止皆惟義之所在也象曰
舍車而徒義弗乘也者六四遠也徒步勞也初九不

以遠且勞而必往之六二近也乘車安也初九不以
安而苟乘之是皆去就以義也
六二賁其須象曰賁其須與上興也
義曰須者待也夫君子之進不可以躁必待其時有
其君往而可以行己之道則決然而進无累矣今六
二之爻上无正應是未可以往必退而待其時候可
進而進之故但以道義賁飾其身由中而行之以須
待而已象曰賁其須與上興也者夫六二所以賁飾

其身而待者蓋上无正應未可以往也已既无應而
切近于九三九三亦无其應近而相得故已能上與
九三合志同心以興起也猶居朝廷之間親其賢而
共成其治朋友之間亦能比其賢而能成其事業者也
九三賁如濡如永貞吉象曰永貞之吉終莫之陵也
義曰夫六二以无正應未可以進故賁飾其身以須
其時而九三亦上无正應亦未可進故與六二同志
交相文飾交相濡潤候其時則進于朝輔其君以贊

成天下之治也故曰賁如濡如永貞吉者言九三既與六二交相賁飾濡潤然非正應則當永長而守之以正則得其吉也象曰永貞之吉終莫之陵也者言能永守正道則外人不能間而侵陵之也

六四賁如皤如白馬翰如匪寇婚媾象曰六四當位疑也匪寇婚媾終无尤也

義曰皤者潔白之貌六四以陰居陰履得正位而行得正道能以五常之道飾其身修其行潔白其志使

君子之德成而无有玷缺也故曰賁如皤如白馬翰如者言六四應在于初初有剛明之德而已有正一之行能賁飾其身而又潔白其馬往而從之也匪寇婚媾者婚媾謂會合也六四雖正應于初九若往而就之必得會合然猶疑懼六三間于其間爲已之害故言若非六三爲寇則與初九會合也象曰六四當位疑也者六四之往應初九固无有不得然猶恐初九爲六三之所間故云疑也匪寇婚媾終无尤也者言六四履正位行正道又且賁飾其身潔白其志雖六三爲寇于其間亦不能爲害故終无尤過也

六五賁于丘園束帛戔戔吝終吉象曰六五之吉有喜也

義曰丘園謂敦實之地若務農重本之類也六五秉柔中之德居至尊之位而爲賁之主在初九則賁飾其趾二又能待時而飾身至此則是賁飾已至即不可更務文華而反賁飾于敦實之地使天下知其本而務于農桑之事故國用豐阜民財充實而貨帛衆

多戔戔然而至盛也吝終吉者吝謂吝嗇也凡王者治天下國用既阜民財既實則不可更務奢侈必當吝嗇其財節儉其用然後終于富盛而獲吉也象曰六五之吉有喜也者六五能施飾于敦實之地至于財用繁盛復能儉嗇節用使上不匱于用度下不乏于財力上下之情交相喜悅所以不惟獲吉而又有喜慶之事也

上九白賁无咎象曰白賁无咎上得志也

義曰夫此卦自賁趾至此上九賁道已成如白之受采无入而不自得以人君之尊是始則勞于求賢而急天下之治既得其賢又且逸于任使以至臻極治之道自有爲而至无爲但守其質素无施而不可也又君子之人始能治其心明其性飾其身至此可以爲仁可以爲義爲禮爲智處于富貴富貴得其宜居于貧賤貧賤得其道以至爲將爲相爲公卿无所施而不可无有疑懼而動心者今上九處此之地其所

賁飾之道既備故用之天下則天下治用之一國則一國安施之一家則一家肅進退出處皆得其宜而无有過咎象曰白賁无咎上得志也者上九能以五常之道修其身道義已成事業已備但至此則廣而充之天下无不得其所是在上而其志得行也

周易口義卷四

欽定四庫全書 經部

周易口義卷五

詳校官尚書臣德保

通政使司副使臣莫瞻菉覆勘

總校官原任中允臣王燕緒

校對官中書臣王家賓

謄録監生臣楊景猷

欽定四庫全書

周易口義卷五

宋　胡瑗　撰

上經

剝

坤下艮上　剝不利有攸往

義曰按序卦云飾然後亨則盡矣故受之以剝剝者言五陰盛長一陽居其上勢微力弱始由一陰之生漸至于盛以削剝羣陽幾至於盡而萬物衰破之時

也其在人事則小人盛長而君子消剝之時也不利有攸往者夫君子之所務上思忠于君下思利于民其一謀一慮必以天下之利存于心小人則不然其意日以殘賊良民侵削君子為務今剝之時君子消剝小人盛長之際也君子若復有所往必見害于小人也

彖曰剝剝也柔變剛也不利有攸往小人長也順而止之觀象也君子尚消息盈虛天行也

義曰剝者剝落之義柔陰也剛陽也夫天地之所以成歲功者在于陽也今陰氣盛長陽氣消剝則萬物衰落而歲功无成也人君所以共天位治天下者君子也今小人盛長以至專權得勢而侵削君子也不利有攸往小人長也者夫聖賢之爲心以仁義爲心故三月无君則皇皇如也以天下之民失其所而安在巳也小人之意日在于殘賊故其氣不相合道不相同今君子之所以不可進者以小人長也順而止之觀象也者此以二體而言艮爲止坤爲順言小人

道盛君子言必見危動必見害故當觀其象量其勢先時知幾素位而行居易俟命而外順小人內則止而不行故可以全身遠害也中庸云天下有道其言足以興天下无道其默足以容言君子儉德避難之道也又若小人道盛君子之人欲屏去之必當外順其行以漸而止之則可以去也何則夫小人既盛而君子若遽欲絶之則其勢必爲小人之所害故當遜順其所爲觀其勢使之不能窺見其迹然後止之則

无有不可也君子尚消息盈虚天行也者天之道至神也有陰陽之舒慘寒暑之往來四時之運行晝夜之明晦消久則息盈久則虚以天道之大猶不免于此君子之人道有通塞時有否泰理固然也是以可進則進可退則退當消而消當息而息出處語默皆以時而動是如天之所行也

象曰山附于地剥上以厚下安宅

義曰宅居也山本至高地本至下今山反附著于地

是剥落之象也猶君子之道消而天下生靈失所不得其安故凡居上者當此之時必先厚于其下所謂厚下者蓋以仁義之道務農重本輕徭薄賦天下之人衣食充足財用豐實而又安其所居使各得其所如此是可謂治剥之道也何哉蓋國以民爲本本既不立則國何由而治哉

初六剥牀以足蔑貞凶象曰剥牀以足以滅下也

義曰牀者人之所藉以安身也足居牀之下初六最處一卦之下民之象也言小人得位乘時藉勢恣其姦惡以剥削于天下然爲剥亦有漸故自微而至于著自下以至于上剥之始先剥于民夫民者君所賴爲本也在書曰民惟邦本本固邦寧今小人在上肆其姦惡奪民之財困民之力使之舍安而就危去存而即亡父母不能保而離散兄弟妻子不相守而逃亡怨氣交而上下不通是其本已弱矣其本既弱則君子之正道微蔑而不行是凶之極也

六二剥牀以辨蔑貞凶象曰剥牀以辨未有與也

義曰按初六居一卦之下是民之象故曰剥牀以足六四處上卦之下切近于君故曰剥牀以膚六二居膚足之間是上下分辨之際以人事言之則是居君民之間臣之位也始既剥于民至此則剥于臣也夫臣者國家之倚毗君所賴以安者也在詩曰濟濟多士文王以寧今小人得勢侵迫于其君子使君子言不得通道不得行國家斯无倚毗而君不得其所安

故至正之道消蔑而其凶愈大也象曰剥牀以辨未有與也者夫君子之人在位而行道則天下之民物得其生而受其賜故詩曰愷悌君子民之父母是民必得君子而後生也今小人始既剥于民民被剥而已困故不能爲助于君子至此君子又爲小人之所剥也夫臣民既皆被其剥而受其害則此小人者天下之所共惡衆人之所不與故象曰未有與也

六三剥之无咎象曰剥之无咎失上下也

義曰剥之卦五陰盛長小人衆多同心協力以殘賊良民侵剥君子爲意上九有剛明之才獨居一卦之外而无有助之者今六三居下卦之上爲上九之正應而能出乎其類獨異于羣衆不爲侵剥而有好賢樂善之心應于上九之君子是于小人之中獨不爲小人之行故雖在剥之時而得无咎也象曰剥之无咎失上下也者言上下羣陰皆以侵剥爲志而獨六三能上應于君子舍去小人之行而不與上下羣陰同志

六四剥牀以膚凶象曰剥牀以膚切近災也

義曰膚謂及其身也小人之爲剥自小以至大由外而及内始則剥天下之民使皆墜于塗炭而不得其安次又剥天下之賢使皆困躓而不得進臣民既已剥盡遂及君子之身此凶之極也象曰剥牀以膚切近災也者剥道愈深而災害愈切蓋天下之臣民既已盡剥至此以及其身是災之切也故凡居上位者

必在知人賢者進之不肖者黜之使君子在上而小人削迹自然侵剥之道无自入而不能行也故聖人戒之

六五貫魚以宫人寵无不利象曰以宫人寵終无尤也

義曰貫魚謂駢頭相次衆多之貌以人事言之則是小人之衆若貫魚然也夫小人之行姦惡凶暴居一郡則一郡被其害處一邑則一邑罹其殃況當天下之權握天下之勢哉然王者不能无嬖幸之人但不

可恣已之情私天之欲以加厚之使其縱欲肆情以殘天下故當御之以道使不能數其毒也今六五當至尊之位雖小人衆多如貫魚然但厚之田宅加之金帛而不使竊天下之權如寵宮人而寵之則无所不利也象曰以宮人寵終无尤也者言寵小人以宮人之寵使不能有其權則于已身終无過尤也

上九碩果不食君子得輿小人剝廬象曰君子得輿民所載也小人剝廬終不可用也

義曰此一卦以陰剝陽而陽氣幾至剝盡而上九獨居其上不爲羣陰之所剝既不爲陰之見剝至于建子之月復于地中而再生萬物如碩大之果最居其上而不見食于人則必有再生之象也以人事言之猶君子守正執節明哲以保其身不爲小人之所害至此將復其位而得行其道也君子得輿小人剝廬者輿所以乘載于物廬所以安庇其身也此上九剝極之時若以君子居之則削去小人之害施仁義于天下使天下之民出于塗炭由之而得其乘載也如復以小人居之則爲害愈深故不唯剝于一身以至廬舍亦皆見剝而天下之民无所庇身而不能保存也

復

䷗ 震下坤上 復亨出入无疾朋來无咎反復其道七日來復利有攸往

義曰按序卦云物不可以終盡剝窮上反下故受之以復言陰陽二氣有消長升降陽氣既剝盡則必來

復也然所謂復者是四月純陽用事其卦爲乾至于五月則一陰剝一陽故其卦爲姤六月則二陰剝二陽故其卦爲遯以至于七月爲否八月爲觀九月爲剝十月爲坤是陰氣之極盛也至十一月則一陽之氣潛復于黄鍾之宮以再生萬物而萬物得其亨通也亦猶君子時有否泰道有消長始爲小人之所剝及其乘時得位發其事業于天下其道大通故曰復亨出入无疾者言陽氣有生物之心入于地中出于

地上物无違之疾之者猶君子有五常之質剛明之德量時復位天下之人无有違之而疾害者朋來无咎者朋類也言一陽雖復于地中有生物之心然其氣微弱未能獨成其功必得羣陽並進乃可以共濟其事也亦猶君子求進其身欲行其道而或勢孤援寡必不能獨成其事是必得其氣類才德相合者推引而進則可以致君澤民而成治于天下乃可獲吉而得其无咎反復其道者言陽氣自上而反復于地

以生萬物皆得其道猶君子之人復于其位進退皆合其道七日來復者言陽氣消剝至于此凡歷七爻以一爻爲一日故謂之七日然不謂月而言日者蓋日爲陽聖人欲見其陽道來復之速故以七日言之其實即七月之間後復也利有攸往者言一陽之生君子浸長小人浸衰則君子當此之時居其位行其道所往无不利也

彖曰復亨剛反動而以順行是以出入无疾朋來无咎反復其道七日來復天行也利有攸往剛長也復其見天地之心乎

義曰下震爲動上坤爲順言復之所以得亨者由剛陽之氣反復于地又動而不失其柔順由是所以萬物以生以成也言君子動而不妄行而不暴能覩其時可進則進是以出入之間无有疾害之者皆由順而動之之故也故曰剛反動而以順行是以出入无疾朋來无咎反復其道七日來復天行也者夫天之

行有消有長有升有降謙者益之盈者流之故陽極必剝陰極則復皆天道自然之理也故曰天行也利有攸往剛長也者言剛陽漸長小人道消則是君子之道長故所往而无不利也復其見天地之心乎者夫天地所以肅殺萬物者陰也生成萬物者陽也天地以生成爲心故常任陽以生成萬物今復卦一陽之生潛于地中雖未發見然生物之心于此可得而見也故董仲舒曰陽常居大夏以生育長養爲事以

此見天地之心在于生成而已猶聖賢之心以生成天下爲心雖始復其位其事業未大被于天下而行道之初已有生育之心也在太玄中首曰昆侖旁薄幽夫昆侖天氣也旁薄地氣也幽晦也言天地之氣始雖幽晦而不可見然生物之心可得而推矣故知聖賢雖在幽晦之閒而其心亦天地之心也而揚子又爲之辭曰昆侖旁薄幽何爲也曰賢人天地思而包羣類也是則天地聖賢之心可見也然天地以生

成爲心未嘗有憂之之心但任其自然而已故老子曰天地不仁以萬物爲芻狗是雖有凶荒水旱饑饉而未嘗憂而治之也若聖賢有天地生成之心又有憂萬物之意是以其功或過于天地故繫辭曰鼓萬物而不與聖人同憂但聖人无天地之權耳使其有天地之權則凶荒水旱之類无得而致也故復卦之初其生成之心可見也

象曰雷在地中復先王以至日閉關商旅不行后不省方

義曰雷者陽之精也雷本行于天之上今復于地下是復之象也先王觀此象于冬至微陽始生之時閉其門關而禁止其商旅后者天子諸侯之通稱方事也天子諸侯于此微陽始生之時而又不省視其事也

初九不遠復无祇悔元吉象曰不遠之復以脩身也

義曰羣陽剝盡而純陰用事獨此一陽反于地下以萌生萬物是其復之初而來復之速者也猶賢人君

子凡思慮之閒一有不善則能早辨之使過惡不形于外而復其性于善道惟聖人得天性之全故凡思慮之閒未有一不善故發而皆中于道賢人而下則其性偏于五常之道有厚有薄情欲之發有邪有正故于心術之閒思慮之際不能无所汩惟大賢君子爲能治心明性知其有不善而速改之不能形于外故可以无大悔吝而獲元大之吉也祇即大也象曰不遠之復以脩身也者言聖人君子于思慮有所不

善而能速改之以至由小賢至于大賢由大賢至于聖人自古及今有能行之者惟顔子一人而已故先聖繫辭釋此爻獨以顔子配之曰顔氏之子其殆庶幾乎有不善未嘗不知知之未嘗復行也是君子凡于思慮之間未精審其可否邪則改之正則從之勿謂人所不見衆所不聞而輒自寬假以有諸内必彰于外也蓋有諸中必形于外發于心必施于四支在中庸曰君子戒慎乎其所不覩恐懼乎其所不聞莫

見乎隱莫顯乎微故君子慎其獨也是則人之有過患不知之知而改之則无有不至于善者也故聖人于此言不遠之復是君子脩身之法也

六二休復吉象曰休復之吉以下仁也

義曰六二以陰居陰得正者也在下卦之中得中者也下近于初附近于仁賢者也既中且正而又附于初九之賢故得休美而復其善道以獲其吉也

六三頻復厲无咎象曰頻復之厲義无咎也

義曰頻蹙也六三處不得其正行不得其中又違于仁則是過惡之人也以過惡之人居下卦之上猶愈于上六昏迷不復之人故此六三必待頻蹙强勉而後能復也則中庸所謂有勉强而行之者此是也然猶頻蹙勉强而復則當常自思省憂懼以爲危厲在前而不敢爲于邪惡以改過遷善則可以獲其无咎也

六四中行獨復象曰中行獨復以從道也

義曰四居位得正雖非其中然于五陰之間而獨得

其中雖遠于初而與之爲正應傑然而復于善以從聖賢之道也象曰中行獨復以從道也者言初有聖賢之資而六四爲之正應是能從于聖賢之道也故揚子曰希驥之馬亦驥之乘希顔之人亦顔之徒正此謂也

六五敦復无悔象曰敦復无悔中以自考也

義曰六五處坤之體有敦厚之德居上卦之中有大中之道夫有敦厚之德則思慮不及于邪而動无躁

妄有大中之道則所行无過與不及如是故能治心明性以復于善道而悔吝亡矣象曰敦復无悔中以自考也者五有敦厚大中之道以自考察己之思慮有不善未常不復于善也

上六迷復凶有災眚用行師終有大敗以其國君凶至于十年不克征象曰迷復之凶反君道也

義曰復道貴于速上六處卦之極而居復之終是其心昏迷而終不能復者不能復則邪惡著見凶之道

也夫自外而來曰災自己所招曰眚言其心昏迷而恣私邪私邪既積過惡顯著則天地所不與鬼神所共怒而外來之災自招之眚所以皆至也用行師終有大敗以其國君凶者夫以迷復之道而用兵行師以伐于人必不能克勝而終至于大凶敗以血肉生靈塵竭帑藏以累其君凶之極也至于十年弗克征者十數之極也言用事而行師以致大敗雖十年之閒終不能興起征伐之事象曰迷復之凶反君道也者夫君所以主宰天下司牧生民今用此迷復之道行師以征伐于人以致有大敗是反君所行之道者也然特以行師言者蓋舉其重者言之即它可知矣

无妄

䷘ 震下乾上 无妄元亨利貞其匪正有眚不利有攸往

義曰按序卦云復則不妄矣言君子之人既能先復其性邪惡不萌于心而善道充積于內以發于外无有非妄之事矣然而具天地生成之四德者蓋以四

海至廣生靈至衆情偽萬狀聖人在上必有天地四德之備然後可使天下之人服而化之无有非妄之行故有仁以濟之使皆遂其性而樂其生以至有禮以節之有刑以齊之有政以正之餘則乾卦言之備矣以其具是四德而有天下則天下信无非妄者也其匪正有眚不利有攸往者言聖人在上既有四德以及于天下則天下莫不一歸于正而无敢有非妄之行者然而上下之閒或有一不正之人欲以非妄

之行而有所往則必无所利故有自招之眚所以致也

彖曰无妄剛自外來而爲主于内動而健剛中而應大亨以正天之命也其匪正有眚不利有攸往无妄之往何之矣天命不祐行矣哉

義曰剛即陽也无妄由否卦而來是乾之一陽自外而來居于内卦之初是爲主于内卦也動而健剛中而應大亨以正天之命也者上乾爲健下震爲動剛中謂九五也應謂六二也夫有其君而无臣則无妄

之道不能行有臣而无君固不可得而行今九五有剛明之德而爲之君六二有柔正之德而爲之臣君倡于上臣和于下相成以道然後以元亨利貞之四德以被天下其威命之行莫不懾服而天下之人悚然不能爲非妄此天之威命也其匪正有眚不利有攸往者言聖人有威德及于天下雖父子昆弟之間州閭鄉黨之内莫敢有一于不正而非妄者或有不正之人非妄而欲有所往則无所利而災眚及之也

无妄之往何之矣天命不祐行矣哉者言无妄之世以有妄而行復何所往哉之即往也祐福也言君之威德被于下所至无有敢犯之者若其復有非妄不正之行則是犯天之威命而天必不福祐也其可行之哉

象曰天下雷行物與无妄先王以茂對時育萬物

義曰夫雷之行于天下萬物无不聳動兢懼而不敢爲妄如君之威德發于上而被于下天下之人聳然

聽從而无敢有妄也是以先王茂對此无妄之時則宜如何哉固當盡仁愛之道以養育萬物使天下各遂其所各安其業以至鰥寡孤獨皆得其所養如此則可以使天下之人久于无妄之道也何則蓋天既以无妄而在上者苟不養育之則未見使天下終久而不爲非妄者也

初九无妄往吉象曰无妄之往得志也

義曰夫君子有剛明之才足以致天下于无妄者必

得剛明之君然後可以行已之道今初九有剛明之才而九五爲剛明之君若往而輔之則施已之威德于天下而天下之人不敢爲非妄自然成其治以此而行必其吉也象曰无妄之往得志也者夫賢人君子有兼濟天下之心則必遭時遇主日行其道致天下于无妄此君子之志也今初九能然是其志得行矣

六二不耕穫不菑畬則利有攸往象曰不耕穫未富也

義曰耕者田事之始也穫者收成之終田一歲曰菑

三歲曰畬今六二以柔順之質居中履正上有剛明之君倡威令于天下是待君倡而後和令而後行如此謂不擅君之權不竊君之美是若農不耕而穫不菑而畬皆所以代事之終而成君之美則所往而无有不利也象曰不耕穫未富也者人臣之道貴其成君之事而代君之終也苟或居事之先爲物之倡則是竊君之美而自居其富盛也今二乃能不耕而穫不菑而畬是能待君倡而後和以代君之終是不居于富盛者也

六三无妄之災或繫之牛行人之得邑人之災象曰行人得牛邑人災也

義曰夫居无妄之時必有剛明之德履中蹈正然後可以致天下于无妄也今六三以不中不正之身處无妄之時是有妄之人也以有妄之人欲治于无妄之世則上下所不容故災害及之也故曰无妄之災或繫之牛行人之得者牛即治田之具也六三既以

不中不正而又欲擅君之權竊君之美不待倡而和不待令而行乃如不穫而耕不畬而菑故爲或人之繫其牛以至行道之人皆可以奪而得之也邑人之災者六三以不中不正爲非妄之人雖父子昆弟之間有所不容故不唯已有其災至于已之所屬之人亦皆爲其所累而受其災也

九四可貞无咎象曰可貞无咎固有之也

義曰夫居无妄之時必有至正之德則可以免咎今

九四以陽居陰以位言之未居其正也然而以剛健而履以柔順之位是尚謙也如此則是可守其正道而得免其咎也何則蓋已本有剛明之才今雖履不正然以尚謙故可以從正而免咎象曰固有之也者言九四以剛直免咎蓋于已之德性素有之故曰固有之也

九五无妄之疾勿藥有喜象曰无妄之藥不可試也

義曰藥所以疏決壅滯攻治其疾者也今九五以剛

明之德居至尊之位下有六二柔順之臣爲已之輔其致无妄之治則君臣之間无不正朝廷之上无不治萬民无不安若其閒一有邪佞之干紀及邊鄙有小小之寇皆非已之所招亦不足興兵撓衆以動中原但在得其人則自然可平矣如有小小之疾不須用藥以攻治之但保安其身則疾自愈矣若復以毒藥攻之則是自取傷敗耳如秦漢之君窮兵黷武長征遠伐以至反被其害也故无妄之時有其疾不試其藥則自獲其安而有喜也

上九无妄行有眚无攸利象曰无妄之行窮之災也

義曰无妄之世无一民一物不以正相守而不敢爲非妄今上九居卦之極在无位之地失中正之道于无妄之時爲衆之所不容行則有災復何所利

大畜

䷙ 乾下艮上 大畜利貞不家食吉利涉大川

義曰按序卦云有无妄然後可畜故受之以大畜夫

君子之人既能復其性明其心不爲非妄而從于正道然後可以大有所畜止于邪曲之人也然小畜則巽在上乾在下巽爲陰其性柔順故不能畜之于始而終止之故爲小畜之象大畜則艮在上乾在下艮爲陽其性正靜故能止畜于始而終有天衢之亨是爲大畜之卦也利貞者夫乾者剛健君父之象夫以君雖尊不能无邪曲之欲而臣下能止畜之者必有大正之德然後可以輔歸于正道也不家食吉者夫

人君之治天下必有貴爵重祿養于賢者使天下之賢皆進于朝廷受祿于國而不食于家故邪欲不行而正道日興以樹成天下之治而獲其吉也利涉大川者人君既得天下大正之人進輔于已而止畜已之邪欲如此則固可以成天下之治雖有大險大難亦得以共濟之也

彖曰大畜剛健篤實輝光日新其德剛上而尚賢能止健大正也不家食吉養賢也利涉大川應乎天也

義曰因二體以釋大畜之名剛健謂乾有剛健之德篤實謂艮有篤實之德言所以能大畜者由君有剛健之德以接于下臣有篤實之德以輔于上君臣之閒皆有如此之德故其心志相同道又相協既能相交則上雖有邪僞之心亦莫由而發夫如是故正道日以行治道日以廣輝耀光明而其德日以增新也剛上而尚賢者剛艮也蓋艮有剛陽之德夫乾爲至剛本居于上今反居下是猶人君有至尊之勢至嚴之威而能崇尚有德及禮下賢人使之畜已之邪欲成已之治道所以師尚而貴寵之也故孟子曰湯之于伊尹學焉而後臣之故不勞而王桓公之于管仲學焉而後臣之故不勞而霸然觀孟子之意言人君之于臣有大正大賢之道必當尊寵而禮下之不以爲臣而師事之然後可以輔于已而歸正道也能止健大正者健謂乾夫人君有威嚴之勢而臣能止之必有大正之道則可也是故漢武不冠不見汲黯夫以汲黯之才但一直臣耳然尚畏憚之如此則其大正至賢之臣其君之畏敬可知矣不家食吉養賢也者人君既禮下于賢而祿養之使賢者皆進而願立于其朝以輔翼于君而止畜君之邪欲以贊成其治道也利涉大川應乎天也者應謂六四六五之應于乾之初九九二猶君能接于臣臣又應于君君臣之閒道義相同一志而共濟天下之難也

象曰天在山中大畜君子以多識前言往行以畜其德

義曰至高至大者天也而物不可畜今山能包蘊之故假象得大畜之義也君子觀此之象而多識前聖之言之行以自蘊畜其己之德也何則君子之人雖有五常之性苟不該博古道亦不能成之是必多聞博識然後道業可以成也夫以堯舜禹大聖人而稽古孔子習于周公是雖有聖人之資未有不學而能至也

初九有厲利已象曰有厲利已不犯災也

義曰夫乾君之象也以君之至尊有天下之勢必不能无邪欲侈縱之心有邪欲侈縱而不戒之則必至危厲故書曰欲敗度縱敗禮以速戾于厥躬是言縱欲之事不可不戒今初有剛明之才而邪欲之情欲縱是有危厲也利已者已止也言初九之剛將欲行而上有六四爲之正應是大正之臣處君之左右以止畜君之邪欲故雖有剛欲驕侈之心不得以萌以騁使其所行之事皆從于正道如是則无所不利象曰有厲利已不犯災也者言始雖有厲而得大正之臣以止畜之使已之邪欲不行而從于正故不至犯于災害之事而反從于吉也

九二輿說輹象曰輿說輹中无尤也

義曰輹輪輹也九二亦以剛明之質又居卦之中是人君有剛欲之心欲上行而初已止畜之又上應于大正之臣爲之輔佐故二能恐懼戒慎其剛欲之心已止而不敢行如車輿之說其輪輹而不能進也象

曰輿說輹中无尤也者言二雖有剛欲之情而已得大正之臣止畜之且已本有剛明之才能自思省于已故由其中而无有尤過也然則大凡人君不能无邪欲但患其諂佞之臣逢迎其惡導贊其非則終不能反之于善今初曰有厲利已二曰輿說輹是得其良臣而能反于善者也

上九良馬逐利艱貞曰閑輿衛利有攸往象曰利有攸往上合志也

義曰夫初欲上進以其得大正之臣居于左右以止畜之至于九二其邪惡已不行故此九三則言進退皆合于正道以至凡所行之事无所不可如馴良之馬馳逐于大道之上也利艱貞者言九三所爲之事雖皆合于正道然必常得大正之臣以居于左右而艱難守正乃可以獲吉也曰閑輿衞利有攸往者衞侍從也皆所以爲行道之具也言既有賢正之臣以輔于君而又能艱難守正猶恐所爲之事或有過失

故曰閑習其行道之具使无有過差而一歸于正故所行无不利也疏謂雖曰有人閑閑車輿之意非也

象曰利有攸往上合志也者言此所以无往不利由上九大賢之臣以至正之道贊輔于已而能崇敬禮下之其心志相合道又相符契故也

六四童牛之牿元吉象曰六四元吉有喜也

義曰童牛者犢牛而无角者也六四居艮之始以陰居陰居得其正而下有初九之剛爲已之應而初居乾之體是君有剛志而欲上行已以大正之道居其左右以畜止之然初九又有至剛之才至明之性而能服其義故六四得以正道而止畜之猶无角之牛而又制之于牢牿言其易也元吉者言四既以大正之道使其君邪欲不行故正道日舉而得其元大之吉也象曰六四元吉有喜也者言臣既能制君之邪欲君又樂從之而不行故上下相得交相喜悦也故齊景公從晏子之言而大悦孟子稱其詩曰畜君何尤

畜君者好君也言景公欲騁遊樂而晏子以正道止之是有愛君之心故君臣相悦而无過也

六五豶豕之牙吉象曰六五之吉有慶也

義曰豶豕者豭豕而見豶者也牙牙杙也所以繫物也六五居艮之體有大中之德柔順之質而應于九二九二居乾之體有其剛欲而又有六五爲大正之臣居輔左右故二亦有大中之才剛明之性能服道知義禮下于賢其剛欲不行而從于正道故六五畜

止之易如豶豕之牙也夫豕者蹢躅踈動之物難于制畜者也今見豶而又繫之牙杙之上是其易制也吉者言君之邪欲既不能行是吉之道也然六四言元吉而此但言吉者蓋初九邪欲萌而六四能制之夫居事之始至難者也而四能畜之是以獲元大之吉至于九二則是其邪欲已止而不行六五但安然以正道而輔之故但言其吉蓋其止之又易也象曰六五之吉有慶也者言四元吉而有喜此但吉而言

有慶者蓋六四是事之始其君之剛欲將萌而能畜之故但有喜而已蓋未知其久長之效也至此六五則是其邪欲已盡不行故其正道日舉而君至于无爲大興天下之治不惟有喜而至于有福慶也

上九何天之衢亨象曰何天之衢道大行也

義曰按小畜以巽體居乾之上故不能止畜于其始而上九止極有旣雨之象此大畜以艮體處乾上故能止畜于始初曰有厲利已二曰輿說輹三曰良馬逐四曰童牛之牿五曰豶豕之牙至此上九其正道已成而有天衢之亨言其大正之道大行于天下如天之有衢路坦然可以通之且經文有何字推尋其義殊无所適蓋傳寫者因象辭有之故遂加之也象曰何天之衢道大行也者何者設問之辭言上九何以得天之衢亨蓋以其正道之大行通達于天下也

頤

䷚ 震下艮上 頤貞吉觀頤自求口實

義曰按序卦云頤養也蓋旣止畜于邪欲必正道以養之也故大畜然後受之以頤然得謂之頤者蓋二陽居其外四陰居于内陽爲實陰爲虛外實而内虛口頷之象頤養之義也貞吉者言所養得其正則獲吉也觀頤者言觀它人之所養能得正道則已法而效之若不得其正道則已革而去之自求口實者此觀已之所養也口實是養身之具故當常自求觀已之所養而從于正道也

彖曰頤貞吉養正則吉也觀頤觀其所養也自求口實觀其自養也天地養萬物聖人養賢以及萬民頤之時大矣哉

義曰言人之所養惟在于正故上以仁義之道養于下使生靈遂性予天下之人以安在下者必勤身竭力以養其上故君能以仁義養于民則謂之聖君臣能以忠信奉養其上則謂之賢臣民能厚衣食以養其家則謂之良民士能充五常以養其身則謂之君

子是所養皆得其正則獲吉也觀頤觀其所養也者言觀人所養得其正則君子取以爲法不得其正則禍害生故君子取以爲鑒也自求口實觀其自養者言君子之人既能觀人之所養又復觀己之所養若皆得其正則无不得其安也天地養萬物者此以下又廣明頤養之義言天地以陰陽二氣流布于四時發而爲日月風霆散而爲雨露霜雪使蠢動萬類皆遂其性而安其所此天地所以能養于萬物者也聖人養賢以及萬民者言聖人法天地所養之道而頤養天下之民然四海之廣一人不可以獨治教化不可以遍及擇天下之賢于衆人者爲公爲卿爲守爲宰班祿以養之使其宣君之教化行君之仁政代君司牧所以養天下之民也言聖人之有天下必先養賢然後及民也頤之時大矣哉者言頤之時大將以使上下内外大小所養皆得其正故先聖重嘆美之

象曰山下有雷頤君子以慎言語節飲食

義曰上艮爲止下震爲動上止下動是頤頷之象也君子觀此之象先慎其言語節其飲食以安養其身也夫言語由口而出不慎則榮辱隨之飲食從口而入不節則患害隨之故君子必當慎重其言語而不妄發以養其德節止其飲食使皆得其宜以養其身如是身所以安道德所以成也

初九舍爾靈龜觀我朶頤凶象曰觀我朶頤亦不足貴也

義曰龜所以知人之吉凶猶人之明智也凡賢人君

子居于卑下或貧賤而不得其所養者必須韜藏仁義卷懷道德俟其時需其命不躁求妄進然後可以自得其所養也故禮曰儒有席上之珍以待聘又孟子曰天有爵朙人爵從之是君子有道藴于身而能俟時須命自然得其所養也今初九有剛明之才足以自養其正然以居震動之初故不能守已之道而躁求妄進舍已之明智而觀它人之所養若它人之居崇高富貴而已乃朵動其頤是凶之道也象曰觀

我朵頤亦不足貴也者言君子无祿而富无爵而貴以其道在已也今初九有其道而不能自守以待其時有明智而不能自保以俟其養爲天下之人所賤故曰亦不足貴也

六二顛頤拂經于丘頤征凶象曰六二征凶行失類也

義曰夫自上而反下謂之顛夫爲下者勤身竭力以奉于上此其常道也今六二无正應而下近初九之剛故因而反養于初自上而養于下故曰顛頤且爲下不能以道養于上而反養于初是拂違其常道如履于丘墟不平之地而爲養也故曰拂經于丘頤居下不養于上而養于下則是拂違常道以此而行凶之至矣象曰六二征凶行失類也者夫居上養下在下養上此常道也今六二反養于下是所行失其類也

六三拂頤貞凶十年勿用无攸利象曰十年勿用道大悖也

義曰拂亦違也夫所養之道得其正則獲吉故彖所

謂養正則吉也今六三以陰居陽是履不得其位行不得其正正既失之是拂違所養之道也故以正道言之是以凶也十年勿用无攸利者十者數之極也夫以不正之道居于上則不能以仁義之道愛養于人居于下則不能以忠信之道奉養于君如此而行雖極十年之間亦不可用矣是以所行所爲皆无所利也象曰十年勿用道大悖也者言君子之人于所養之道皆得其正則建諸天地而不悖質諸鬼神而

无疑百世以俟聖人而不惑今六三不能脩養已之德而以不正爲養之道是其大違悖于所養之道也

六四顛頤吉虎視眈眈其欲逐逐无咎象曰顛頤之吉上施光也

義曰六二居下不養于上而養于下故進則凶也今六四處于上體是居人上也以陰居陰履得其正下應于初九之陽是養于下者也既居上位而又能養下是得其吉也虎視眈眈其欲逐逐无咎者言虎暴

猛之物也其視眈眈然言威嚴之至也夫居上者以正而養于下則下无不得所養下既得所養若无所節制則必傷于寬裕而衆將放恣故用威嚴以濟之若恩威並立使民懷德而畏威也逐逐相繼不絕之貌言居上之人既養于下則必隨其人之欲使之逐逐然而不絕此乃全其吉而无有咎害也象曰顛頤之吉上施光也者言六四居于上位而能盡其道以養于下是其施澤之光大也

六五拂經居貞吉不可涉大川象曰居貞之吉順以從上也

義曰凡爲養之之道當守以正則可也今六五乃以陰柔之質居于陽之位是拂亂其頤之義也經言經守之誤也豈有居至尊而乃拂亂其常道之甚哉但以其少不得于正故唯失其養之道耳居貞吉不可涉大川者言六五失其正故至于拂違其頤養之義今若能居守之以正道則可以得其吉也雖以居守其正道而得吉然本有失是未可以濟于險難也

上九由頤厲吉利涉大川象曰由頤厲吉大有慶也

義曰此一爻以剛明之質居一卦之最上雖非至尊之位然下四陰不能自養故必皆由于已而後得其養也厲吉者上以剛明之才爲衆陰之主衆皆由已而後得其養若不濟之以威嚴則必有所瀆也故當臨之以威厲則得其吉利涉大川者言上九既以仁義之道以養于下下由之而後得所安而已又能濟

之威嚴則是恩威並立而天下之人皆樂歸之故雖有大險大難亦可以濟之也象曰由頤厲吉大有慶也者言上九居其上而下皆由之得其養爲衆之所賴是大有福慶之事也

大過

䷛ 巽下兑上 大過棟橈利有攸往亨

義曰按序卦云不養則不可動故受之以大過蓋聖賢之人仁義道德素有以積習之而蘊畜其心然後

擴而充之天下以救天下之衰弊此所以次于頤然謂之大過者言聖賢之人有大才大德而過越于常分以正天下之衰弊故謂之大過也棟橈者言大過之時政教陵遲紀綱衰壞本末皆弱若大厦之將顛而梁棟不能支持故致傾橈利有攸往亨者聖賢之人有大才大智當此之時則過越常分而拯天下之衰弊以此而往則天下皆獲其利獲其利則得其亨通

象曰大過大者過也棟橈本末弱也剛過而中巽而說行利有攸往乃亨大過之時大矣哉

義曰言聖賢之人有大才大德故能過行其事而拯天下之衰弊是大過之時唯大者之人乃能過分以成天下之大功也若才德賢智之偏則不可況无才德乎棟橈本末弱者此言二陰居其上下陰體柔弱是猶內外皆小人而朝廷紀綱敗壞若大厦將顛而梁棟已摧本末皆傾橈也剛過而中者此指九二而言也夫以陽居陽守常之道也今以陽而居陰是過

越于常分也如聖賢之人有大剛明之才而超邁古今過行其事而又不失其中故能復正天下之弊扶救天下之衰若當此之時有其才德而或不能過分行之則不能除天下之弊而立天下之功也巽而說行利有攸往乃亨者下順上說言聖賢君子拯大過之時以順而說天下之心而行之故湯始征葛東征西夷怨南征北狄怨曰奚爲後我是皆應天順人而行乃得天下之悅從故所往皆利而无不亨通也大

過之時大矣哉者言君子挺不世之才篤非常之德必欲拯天下之衰弱出生民于水火者必得其時則可以行之也若有其德而无其時亦无能爲也故先聖重嘆美之

象曰澤滅木大過君子以獨立不懼遯世无悶

義曰夫澤本卑木本高今澤反居木之上是卑者踰于高下者踰于上大過之象也君子之人當是時而能越常分推仁義不忍之心獨立特行挺然而无所

懼憚不顧險難不畏小人如此則可以救天下之衰弱立天下之事業也當是時苟不得已而不可爲當韜光遯跡養晦仁義以道自樂不與世俗混于衰弊之中而无所憂悶也然則聖賢之人所謂遯者非謂入于深林幽谷但不使名跡少露于人而反貽其害耳

初六藉用白茅无咎象曰藉用白茅柔在下也

義曰初六居卦之初爲事之始也夫爲事之始不可輕易必須恭愼然後可以免咎況居大過之時政教陵遲紀綱隳壞而聖賢之人有大才德欲往而拯之是其事至重功業至大尤不易于有爲必當過分而愼重然後可也若一失其措則禍不旋踵而至矣故繫辭曰初六藉用白茅无咎子曰苟錯諸地而可矣藉之用茅何咎之有愼之至也蓋凡物置之于地固得其安矣而又以潔白之茅藉之是愼重之至也如聖賢拯天下之大過苟于事始愼之如此則可以立天下之大功興天下之大利又何咎之有耶象曰藉用白茅柔在下也者初六以陰居卦之初是以柔而在下蓋君子過行其事而愼重之至此以柔潔之茅

藉之于下斯免咎矣

九二枯楊生稊老夫得其女妻无不利象曰老夫女妻過以相與也

義曰稊者楊之秀也此以陽居陰是君子之人越其常分而過行其事者也夫大過之時聖賢君子能過行其事以剛明之才勤健之德立天下之功業使陵

遲者得以興起之隳壞者得以振舉之故如枯槁之楊復生秀美之稊衰老之夫而得少懦之女復有生息之象也无不利者言聖賢之人過其常分以行事使衰者復興亡者復存是所行无不得其利也象曰老夫女妻過以相與也者以老夫而得女妻則有生息之漸以女妻而得老夫則有老成之漸是皆過以相與者也

九三棟橈凶象曰棟橈之凶不可以有輔也

義曰大過之時君子有爲之際故若過其分而行則可以立天下之功若但守常之人則未見其能成天下之事業也九二能過分行之故所行皆利此九三有剛明之才德而乃以陽居陽則是守常之人不能過行其事如有才而不能施用有德而不能操致獨用四夫之見而係上六之應使其政教愈敗綱紀愈頹若大厦之梁傾橈而不能扶持是凶之道也象曰棟橈之凶不可以有輔也者夫天之生聖賢將使拯天下之危難濟天下之生靈立其事業也今九三乃爲守常之人有才而不能用是不可以有輔于大過之君也

九四棟隆吉有它吝象曰棟隆之吉不撓乎下也

義曰夫大過之時是本末衰弱之世唯聖賢出乎其類過行其事而拯濟之今九四以陽居陰是能過其位分以拯天下之弊亦如大厦將傾而得良匠扶持之使其梁棟隆起而得全安也蓋衰亂之世既拯民

出于塗炭然後獲其亨通而得吉也有它吝者九四之應在初六若聖賢之人欲興起天下之治必須至公至平用心不偏獨力特行挺然无所畏憚使天下无一物不獲其賜如此則可以興滯補弊扶衰拯弱而立功業于天下若一有它志而係于私應則亦鄙吝之道也象曰棟隆之吉不撓乎下也者言九四雖下有初六之應而已以剛明之才終不私累于已是不撓于下故獲吉

九五枯楊生華老婦得其士夫无咎无譽象曰枯楊生華何可久也老婦士夫亦可醜也

義曰聖賢之人居至尊之位有大中之道當衰弱之世必須過越以行事則可以拯救于時也今九五以剛陽處于至尊是居可致之位操可致之資是可以振綱紀于廢壞也今反不能過越其分而但固守已任是亦守常之人也以守常之人而拯天下之衰弊故如枯朽之楊生其葩華易落之物不若九二生稊

之茂實老婦得其士夫无所補助不能滋息不若老夫之得其女妻也然以陽居陽當至尊之位但得其无咎而已然不能過越以行事是以无休美之譽象曰枯楊生華何可久也者言五當大過之時自守已分若枯朽之楊生葩花易落之物其榮茂不可得久也老婦士夫亦可醜也者言衰老之婦得其士夫无所補助又不能生息適足以鄙醜者也

上六過涉滅頂凶无咎象曰過涉之凶不可咎也

義曰以陰柔之質居上卦之極當本末衰弱之世而已雖有仁義不忍之心憫生靈之塗炭悼紀綱之廢墜然而其體本柔弱則是才小德薄之人終不能濟天下之難猶如涉險之人其志雖欲終濟其力薄而微弱以至滅沒其首是凶之道也滅頂猶言涉難之深也无咎者言上六有是心而欲濟天下之衰弱然其才力寡薄不能終濟以至滅頂是不可以咎責之也象曰過涉之凶不可咎也者志在拯難而雖至于

滅頂故聖人于此憫之蓋此上六欲立天下之功業何可咎責之也

坎

䷜ 坎下坎上 習坎有孚維心亨行有尚

義曰按序卦云物不可以終過故受之以坎言君子之人所行必貴得其中不可大過大過則必有坎陷故坎次于大過也然此卦是伏羲所畫之卦在八純之數其七卦皆一字而名獨此加習字者何也蓋乾

主于健坤主于順若是之類率皆一字可以盡其義而此卦上下皆險以是爲險難重疊之際君子之人當此重險之世欲行事于天下必當預積習之然後可以濟其險阻若不能預習之則才小力溥致滅其身故聖人加習字者此也有孚者孚由中之信也夫水之性決之則流防之則止此水之信也如君子之人知幾達理行于險難有至誠无不通者以至誠无不通若水流而坎險皆可以平之也維心亨者坎卦

上下之中皆有剛明之德是水之性至明而无所不通如君子中有剛明之德曉察險阻之事而便習之所行不違于中思慮不踰其志如此則事无不獲其濟行有尚者夫水之性凡坎險之處无不流而至之故能平其險難而潤澤萬物爲時之所尚也若君子之人當險難之時力能扶持之蓋由以仁義之道才智之美上而朝廷有其德下而萬物被其澤亦如水之无不潤而爲時所尊尚也

彖曰習坎重險也水流而不盈行險而不失其信維心亨乃以剛中也行有尚往有功也天險不可升也地險山川丘陵也王公設險以守其國險之時用大矣哉

義曰夫坎險也陷也此卦上下皆坎是重險之象也亦言聖賢之人欲致天下之事業惟坎險之事最難則必素習之然後可以拯濟其事也故曰習坎重險也水流而不盈行險而不失其信者夫水之流者盈于一坎而又之一坎无有盈滿而不流者若險峻之

處則決然而往无所凝滯是其信也猶君子之人當險難之世奮然不顧其身竭力盡誠往而拯其難无有凝滯是猶水之流而不失其信也維心亨乃以剛中者此卦以陽居中是有剛明之德而行于險難之中故无有不通也行有尚往有功者言水之性流于下而潤澤萬物是有生育之功爲時之尚君子之人素能習其坎難之事是以往則有其成功也天險不可升者此以下廣明險之義言天之崇高極遠不可

階梯而升其神明之道不可測度故能保其崇高地險山川丘陵者言地有高山大川高丘峻陵以包藏萬物而不可踰越故物得其保全也王公設險以守其國者言王公法天地之險而扼衝要之地據形勢之會以建其國高城深池外爲之固堅甲利兵内爲之戒嚴刑法以除姦飭教化以厲俗如此所以保國家之大而固其基業之久也險之時用大矣哉者言預能習坎險之事及是時用其道以濟之也

象曰水洊至習坎君子以常德行習教事原本遺註

初六習坎入于坎窞凶象曰習坎入坎失道凶也

義曰窞者坎中之坎也大凡居險難之世必有剛明之德而素習其事然後其道可行于天下今初六以陰柔居坎險之始而上又无其應援是其卑而不能自奮柔而不能自立位卑身弱又不能素習其坎險之事以至復入于深險之處涉其難愈凶之道也象曰習坎入坎失道凶也者言初六之柔弱不能自立

以之治一身則一身不治以之治一國則一國不治以之治天下則失治天下之道是其懦弱失道之甚愈往則凶愈深也

九二坎有險求小得象曰求小得未出中也

義曰夫聖賢之人有剛明之才德又加之以大中之道乘時藉勢其道足行于天下也今九二雖有剛明之德而居二陰之間不遭其時不得其位其道不得行于天下在于坎難之中必有危險之事也求小得

者夫君子有才懷德得時居位行其道于天下无所求而不得今九二雖有才德然不得其時與位而又未出于險中是以所求止小得而已

六三來之坎坎險且枕入于坎窞勿用象曰來之坎坎終无功也

義曰夫有剛明之才德而履于中正則庶可拯其險難也今六三居不得中履復失正而又介重坎之間若來居于位則未出于坎若往之于上則復有其坎

是其往來之間皆其坎險也險且枕者蓋身在于坎而下乘九二之剛是既險而又且枕于險也入于坎窞勿用者言六三以其不中不正身在于險而又枕于險以此而往則愈入于難之深也入于難深之人是終不可以有用也象曰終无功也者言此六三欲用之以治險難則无有其成功也

六四樽酒簋貳用缶納約自牖終无咎象曰樽酒簋貳剛柔際也

義曰言六四出于下卦而居上卦之始以陰居陰是履得其正上又近九五之君九五又无應故盡心而委任之上下相交君臣相接故上无猜忌之心下无疑貳之志故其相待之物不假外飾雖以一樽之酒貳簋之食又以瓦缶質素之器納其至約于戶牖之間以此相待亦終无其悔咎也蓋至誠相通心志相交故不假飾于外物蓋牖者所以通幽而達明也象曰剛柔際也者謂君臣之道相交際也

九五坎不盈祇既平无咎象曰坎不盈中未大也

義曰九五當坎之時居至尊之位有剛明之德大中之道然而猶居上坎之中未出險難是坎險未盈者也祇辭也若坎險既平則是出于險難故曰无咎象曰坎不盈中未大也者言五在坎之中流之未盈滿喻君之道未盡得其勢未能大亨通也

上六係用徽纆寘于叢棘三歲不得凶象曰上六失道凶三歲也

義曰上六處兩坎之上險惡之極者也是險惡而不悛如何處之宜係之以徽纆之索置之于叢棘之下使之思其過至于三年天道小變之時苟不改其惡是終不能改然後刑之此凶之道也象曰上六失道凶三歲也者夫君子之人在平夷之地能思其過如顏氏不遠復无祇悔小人之情則險惡教化不能導之乃置之牢獄三歲而使省其過是其失道之人也故周禮司圜掌收教罷民凡害人者弗使冠飾而加

明刑焉任之以事而收教之能改者上罪三年而舍
中罪二年而舍下罪一年而舍其不能改而出圜土
者殺雖出三年不齒此之謂也

離

䷝ 離下離上 離利貞亨畜牝牛吉

義曰按序卦云坎者陷也陷必有所麗故受之以離
蓋言險難之後必須附文明之人然後得其安也離
者麗也日也文明也人君之象也兩日相並聖明相

繼之義也利貞亨者言聖賢之君繼世以有天下必
皆以正道而爲治然後天下獲其利而得亨通矣故
古之堯老而舜繼舜老而禹繼禹老而啓繼是其聖
賢之君皆以正道相繼而无不得其亨通又若下之
者麗于上上之者麗于下皆以正道然後可盡得其
亨通矣畜牝牛吉者牛卽柔順之物所以任重而致
遠也牝者又柔之謂也則是牛而又牝言至柔至順
之故也蓋聖賢之人繼世以治天下其所畜之臣必
須有遠大之才堪任國家之事有柔順之德不奪君
之權使之上則盡忠于國下則竭誠于民如此故能
成天下之治相繼不絶也若周之周公湯之伊尹漢
之平勃是也

彖曰離麗也日月麗乎天百穀草木麗乎土重明以麗
乎正乃化成天下柔麗乎中正故亨是以畜牝牛吉也

義曰此言離者麗著之義也故因而廣明離之義日
月所以常明晝夜不息幽隱之間无所不燭者蓋其

上麗著于天故也百穀草木所以春生夏長秋成冬
收小大高下无不遂其宜者蓋其下麗著于土故也
重明以麗乎正乃化成天下者言上下重離兩日之
象是聖賢以柔順之道相繼而明而又附麗于正道
而行使其教化流行德澤洋溢如是故能化成天下
之俗也柔麗乎中正故亨謂二五也言上下皆以柔
順之道而麗著于中正之位是其君臣皆以柔順而
居中正以成天下之治而獲其亨也然而聖賢之君

其所畜之人有遠大之才有重厚之德使之竭誠盡節如此故能亨繼世以有天下爲萬世之福故曰是以畜牝牛吉也

象曰明兩作離大人以繼明照于四方

義曰上下二離是兩明也兩日重光臨照不絕之象也大人者言大才大德之人以其文明柔順之道相繼以有天下而臨照于四方幽隱无所不燭其光明相繼綿綿而不絕也

初九履錯然敬之无咎象曰履錯之敬以辟咎也

義曰錯然者敬之之貌也言此初九居離之初如日之初生未明照于天下若繼嗣之君于事之初則當常錯然警懼以進德脩業上副祖宗之託下慰生民之望所以得免其咎象曰履錯之敬以辟咎也者言居事之初不能脩省恭謹則未免其咎

六二黄離元吉象曰黄離元吉得中道也

義曰六二居下卦之中以陰居陰是既中且正如日之中朝廷明盛行政施令爲皇極之化故有元大之吉象曰得中道也者蓋黄者中也以其有中正文明之德此所以自然得其元吉

九三日昃之離不鼓缶而歌則大耋之嗟凶象曰日昃之離何可久也

義曰九三過離之中如日之昃其光有所虧也若人之年已衰耋必當求其代則可也在家則致家事于其子在朝則致朝事于其臣以安神養志也然後得

其吉今三不能鼓缶而歌以養衰老則至于教化陵遲萬事隳壞是以有大耋之咨嗟凶之道也若堯之耄期倦于勤以舜代之舜之耄期倦于勤以禹代之故得教化大行致太平之久所以免大耋之嗟矣象曰何可久也者言日之既昃不久而傾若人之年已衰老不能鼓缶自樂以安神養志使教化陵遲是何可以長久也

九四突如其來如焚如死如棄如象曰突如其來如无

所容也

義曰九四已出于下卦而在上卦之初如日之已沒而再出突然而明是猶以其非道遽然而進且切近至尊大臣之位其身不正恃其權位乃欲炎于上故至焚如然失其爲臣之道逼君之位如是則死之亦宜故言死如若然人神所共棄天下之所不容故曰棄如

六五出涕沱若戚嗟若吉象曰六五之吉離王公也

義曰六五爲離明之主然以柔弱之質居于至尊下爲九四强臣之所逼至于出涕沱若而又憂戚嗟傷言愼之至也以其憂懼如是之至然後得其吉也象曰六五之吉離王公者雖爲强臣所逼然居于至尊麗著于王公之位天下之所順又能憂傷之至故獲其吉

上九王用出征有嘉折首獲匪其醜无咎象曰王用出征以正邦也

義曰醜衆也上九亦如三過其中是政教已衰故有四夷侵侮諸侯背叛之事王于是以兵征之征者正也征于四夷所以正華夷之體征于諸侯所以正君臣之義誅其元惡弔民伐罪而已故折其首惡匪及其衆則有嘉美而无悔咎象曰王用出征以正邦也者言王之用以出征以正萬民之法君則君臣則臣邦國從而正矣

周易口義卷五

欽定四庫全書

經部

周易口義卷六

詳校官尚書臣德 保

通政使司副使臣莫瞻菉覆勘

總校官原任中允臣王燕緒

校對官中書臣王家賓

謄錄監生臣何 均

欽定四庫全書

周易口義卷六　　　　宋 胡瑗 撰

下經

咸

䷞ 艮下兌上 咸亨利貞取女吉

義曰夫有天地萬物男女夫婦君臣上下莫不有感之道然後得其理故聖人作易以通神明之德以類萬物之情分乾坤坎離為上經取咸恒既濟未濟為

下經以盡天道人事之理咸感也天地之大經夫婦之大倫故為下經之首也亨利貞者言天地不交則萬物无以化生男女不感則人倫之道廢是皆有感而後亨也然既交感不可邪諂必利以正道則其感之義故曰亨利貞也取女吉者言感之為道莫速于男女男女相感然後萬物化生故此卦上兌而下艮在說卦云艮三索而得男故謂之少男兌三索而得女故謂之少女言以少男取于少女則人倫正而天

地之義畢故咸之道利取女吉也
彖曰咸感也柔上而剛下二氣感應以相與止而說男下女是以亨利貞取女吉也天地感而萬物化生聖人感人心而天下和平觀其所感而天地萬物之情可見矣
義曰夫柔者子也臣也婦也女也至賤也剛者父也君也夫也男也至貴也貴上賤下人之常道也人之交感之義也夫女守正靜男以禮下之則夫婦道成

而父子之親可見也如賢者懷道義君以禮下之則君臣之義行而上下之禮興也或賢者以道自處君不能以禮下之則君臣之分廢矣是女守而男不以禮下之則夫婦之道亦罔克成也何則天以高而自處其上地以卑而自處其下天不降氣于下則地氣无由而升如是則陰陽之道无以變萬物四時无以成也夫天地尚爾況于人乎故感道貴以尊先卑男下女故曰咸感也柔上而剛下二氣感應以相與至取女吉也悉如前義天地感而萬物化生者此言天氣降于下地氣升于上二氣升降而交通則萬物以生以育而各遂性命是知交感本自然之理故无所不生无所不成也聖人感人心而天下和平者言聖人享天下之貴勢藉天下之重器而天下之人均感悅而化之者是必推誠信之道使其仁義教化藏人之肌膚淪人之骨髓然後感悅于心而歸之也是非由勞神役思諄諄然取其心而求感之也咸感也卦

不名感而名咸者聖人不以心求感于人而人自感之亦如天地二氣自然交通而萬物化生也觀其所感而天地萬物之情可見矣者天地交感然後萬物生男女交感然後天下化凡此類是天地萬物之情狀因其所感而可見也
象曰山上有澤咸君子以虛受人
義曰按左傳云澤竭則山崩是澤之氣通于山則萬物得其濡潤而遂其生成此相感之義也故君子法

此山澤通氣之象必虛其心推其誠以仁義之道行之于身而加之于人則天下之人自然感悅而歸慕之也是非假役役以求人之感也故曰君子以虛受人

初六咸其拇象曰咸其拇志在外也

義曰夫感之為義貴于深當以聖賢之道施為仁義之教禮樂之化以漸以摩使之入人之肌膚藏民之骨髓然後天下之人皆合心畢慮感悅于上也上下

交相感悅是由感之道深故也今咸其拇夫拇者足之趾不能自動者也蓋初六居艮之始處卦之下不能自有所動是所感止及于趾感之道不深而淺末者也故曰咸其拇也象曰志在外也者言初六之應在于九四是其所感之道不及于他而志在于應四而已志在外也

六二咸其腓凶居吉象曰雖凶居吉順不害也

義曰腓者拇之上股之下躁動之物也夫感悅之道根諸至誠可也今六二居下卦之中始能離初之拇不以至誠感人而務在躁動是不能使天下之人自然而感如足之腓躁動不常速凶之道也居吉者言六二居中得正夫能以道自處不務躁動以求感于人但居其所推至誠以及人則天下之人自然感而歸之故曰居吉也象曰雖凶居吉順不害也者言六二所感之道雖未能深感人心而有凶然若以道自處則得其吉是能順于道而不至有害者也

九三咸其股執其隨往吝象曰咸其股亦不處也志在隨人所執下也

義曰股者上體之下下體之上隨足而動者也九三以剛處下卦之上而應在上六但志于隨人故若股之為物不能自主足動則動足止則止是其志淺末者也執其隨者言九三不能以道自處徒欲觀人之顏色察人之辭意以為感悅之道是所執之志在于隨人而已以此而往鄙吝之道故曰執其隨往吝也

象曰志在隨人所執下也者言九三之志止務隨人以求感悅不能高尚其為是所執卑下也

九四貞吉悔亡憧憧往來朋從爾思象曰貞吉悔亡未感害也憧憧往來未光大也

義曰九四居股之上處脢之下心之象也夫感之道所利者正今九四以陽居陰失其正道本有悔也然猶能履尚謙沖若守之以正則吉可獲而悔可亡也憧憧者往來不絕之貌也以天下之大生靈之衆不可家至戶曉在聖人推至誠之道仁義之化以廣洽之則自然感悅而歸之是聖人感人之心必在虛已之心也今九四憧憧然往來勞苦其思慮而求人之悅但顧已之私應不能感于天下惟已之朋黨則從爾之思慮而歸之是不能盡感之道也故曰憧憧往來朋從爾思也象曰貞吉悔亡未感害也者言能守正得吉是所感未至于害也憧憧往來未光大也者按繫辭曰天下何思何慮天下同歸而殊塗一致而

百慮天下何思何慮日往則月來月往則日來日月相推而明生焉寒往則暑來暑往則寒來寒暑相推而歲成焉往者屈也來者伸也屈伸相感而利生焉尺蠖之屈以求信也龍蛇之蟄以存身也精義入神以致用也利用安身以崇德也過此以往未之或知也窮神知化德之盛也今九四不能虛心以感于人乃憧憧以求之是其道未光大也

九五咸其脢无悔象曰咸其脢志末也

義曰脢者心之上口之下夫居至尊之位必須謙沖禮下于臣民擴仁義之道使教化行于天下德教深被于四海則天下之人自然感悅于上今九五以陽居陽不能禮下于臣民以尊而自恃以貴而自驕不能盡感悅于天下者也夫以心感物猶未為得況過于心之上乎其不盡感之道明矣无悔者以其居中得正處于尊位猶可以无悔也象曰咸其脢志末也者夫為感之主而不能盡感之道其存志淺末可知

也

上六咸其輔頰舌象曰咸其輔頰舌滕口説也

義曰輔者口輔也上六處一卦之終以人體言之輔頰之象也言上六不能施仁義至誠之道自然感悅于天下徒咸施面柔以甘言美辭求感于人是所感在于口輔故曰咸其輔頰舌也象曰滕口説也者言不能感人以至誠但滕口頰以語言求感而已

恒

☳☴ 巽下震上 恒亨无咎利貞利有攸往

義曰序卦云夫婦之道不可不久故受之以恒恒常久也言男下于女故能成夫婦之道夫婦之道既成則能成家君下于臣故能成君臣之道君臣之道既成則能成國國家既成不可不久故受之以恒也然謂之恒者巽為長女震為長男二長相與故恒久不息以成家也然咸以二少恒以二長者蓋始則所感之道貴于速故以二少言之男女既別夫婦既成則不可不久故以長言之取長久之義故曰恒也亨无咎者言夫婦之道君臣之義既皆久而不變以至于亨既獲其亨何咎之有利貞者夫常久之道所利者貞久而不貞與不久同也夫婦既久欲成一家之事者不可不貞君臣既久欲成天下之治亦不可不貞夫婦君臣无所不正則常久之道成矣利有攸往者言人之所守能至誠不息執節不變積日累月積月成歲以至終而復始无有窮已則无所往而不利是

故為君子為學能常久而不已則可至于賢聖為君臣為治能常久而不變則可以施仁義禮樂以化成天下故行之一身行之一家行之一國以至行之天下均能不變所守則其道大成道既大成則所往何不利之有

彖曰恒久也剛上而柔下雷風相與巽而動剛柔皆應恒恒亨无咎利貞久于其道也天地之道恒久而不已也利有攸往終則有始也日月得天而能久照四時變

化而能久成聖人久于其道而天下化成觀其所恒而天地萬物之情可見矣

義曰震上為剛至貴也巽下為柔至賤也貴賤有別尊卑有序而常道已成言之一家則男正位乎外女正位乎内言之一國則君以尊而位乎上臣以卑而處其下内外上下之分定故國家之道成矣雷風相與者夫雷得風則益威風得雷則愈盛二者相資故能助天地生成之功也以人事言之則猶夫婦相與

而人倫正君臣相與而教化成蓋取其相資益而成長久之道也巽而動者此解二卦之體也上體震震為動下體巽巽為順以巽而動是猶夫義而婦聽君義而臣忠常久不已以成其道也剛柔皆應恒者蓋此卦剛柔皆相應而不失其常亦猶婦事夫臣事君皆常久不易之道也恒亨无咎利貞久于其道也者此言凡人之作為皆能至誠不息悠久其道則得亨无咎利貞之三德也天地之道恒久而不已也者夫

天以高明運行升降晝夜未嘗休息地以博厚容載萬物亦未嘗休息天地之道運行容載久而不變故且高且大也利有攸往終則有始也者義見前日月得天而能久照四時變化而能久成者夫日往則月來月往則日來日月往來而能臨照天下之物无論巨細而皆燭之蓋由所麗在天故能久明而无有過差也天地之大陰陽之運在于四時故春以生之夏以長之秋以成之冬以終之或代或謝周而復始故

能生育萬物以成歲功久而不易也故曰日月得天而能久照四時變化而能久成矣聖人久于其道而天下化成者夫天地至大日月運焉四時行焉久而不變故照臨四方生育萬物久而不易无有窮已也聖人有天下之大居天下之尊發政施仁亦必久于其道然後賞罰有常號令有信天下之人莫不仰而歸之以成其風化故曰聖人久于其道而天下化成也觀其所恒而天地萬物之情可見矣者夫日月臨

照四時變化萬物代謝皆久于其道无有窮已則天地萬物之情常久而可見

象曰雷風恒君子以立不易方

義曰震陽為雷巽陰為風陰陽相合雷風相資生成萬物久而不已以成其道也故君子觀雷風之象所作所為由中而不易其道故能常久而成天下之治行天下之道无施而不可方猶道也言其所立不離于道也

初六浚恒貞凶无攸利象曰浚恒之凶始求深也

義曰浚深也天下之事必皆有漸在乎積日累久而後能成其功是故為學既久則道業可成聖賢可到為治既久則教化可行堯舜可至為朋友既久則契合愈深為君臣既久則諫從言聽而膏澤下于民若是之類莫不由積日累久而後至固非驟而及也今此初六居下卦之初為事之始責其長久之道永遠之效是猶為學之始欲亟至于周孔為治之始欲化及于堯舜為朋友之始欲契合之深為君臣之始欲道之大行是不能積久其事而求常道之深故于貞正之道見其凶也无攸利者言居事之始欲深于常道以此而往必无所利孔子曰欲速則不達是也

九二悔亡象曰九二悔亡能久中也

義曰夫天下之道得其大中則萬世所不能變易今九二以陽居陰是失正而本有悔也然以居下卦之中其所行无過无不及使賢者可俯就之不肖者可

企及之如此是得天下之常道而萬世所矜式也又何悔之不亡象曰九二悔亡能久中也者言九二以陽剛之德而能居下卦之中是久于中道而无所變易故悔亡也

九三不恒其德或承之羞貞吝象曰不恒其德无所容也

義曰夫尊卑貴賤內外上下不失其本分則可以為常久之道今九三居上六柔弱之下是卑者先于尊

賤者先于貴不常之人也或承之羞者言尊不尊卑不卑內外混淆貴賤汨亂此則羞辱之事隨之也貞吝者言德既无常其于永久貞正之道誠足鄙吝也象曰不恒其德无所容也者言九三既失其常久之道則所往皆不容也故孔子曰人而无恒不可以作巫醫巫醫鄙賤之徒也其无常德者尚不可為況其他乎是則于所處固无容也

九四田无禽象曰久非其位安得禽也

義曰田獵也凡禽獸可擒者通謂之禽夫常久之道必本于中正今九四以陽居陰是不正也位不及中是不中也不中不正不常之人也以不常之人而居大臣之位是无德忝位者也至于為治則教化不能行至于撫民則膏澤不能下是猶田獵而无禽可獲也象曰久非其位安得禽也者言九四于常久之時處非其位猶田獵而无禽必无所得也

六五恒其德貞婦人吉夫子凶象曰婦人貞吉從一而終也夫子制義從婦凶也

義曰貞貞固也文言曰貞固足以幹事是也夫為天子之尊有四海之廣民物之繁必使仁義教化流于天下不可執一道守一方必也臨事制宜隨時應變則无施不可也今六五居至尊之位以柔弱不正之資私一己之應是固執常德不使流通于天下也婦人吉夫子凶者婦人處閨門之內守一而已可也夫子處閨門之外則必臨事應變大有所為可也今六五執守一德不能大有所為但繫私應是以此道施

之婦人則吉而施之夫子則凶也象曰夫子制義從婦凶也者婦人之事固執其正繫于一人則吉也夫子則當制義而不可泥于一也若夫子從婦人之道不能以義制事則凶之道也夫以夫子不能制義尚以為凶況尊為天子有四海之大者乎凶可知也

上六振恒凶象曰振恒在上大无功也

義曰振動也謂君子可動則動可進則進可靜則靜

可退則退動靜進退皆不失正則聖人之道畢矣今上六處恒之上居震之極是深求妄動之人也以深求妄動必不明進退動靜之理若以此而往凶之道也象曰振恒在上大无功也者言動靜既不適時而進退失常于道既凶又何功之有

遯

䷠ 艮下乾上 遯亨小利貞

義曰按序卦云物不可以久居其所故受之以遯遯

者退也言天時人事盛久必衰進久必退存久必亡自然之理也此卦所以名遯者蓋二陰浸長進得其位以剥羣陽是小人道長君子道消之時也故君子當此之時則晦跡潛光懷仁卷義以道自容不使小人得窺其所為所謂遯也遯亨者由遯而後亨也夫君子時有通塞道无損益故孟子曰雖大行不加焉雖窮居不損焉分定故也是君子所得在内所志在道道充乎内則无所不通得其位則行道于天下非其時則修身見乎世故遯之時必晦跡潛光以遠小人之害則己之道自得其亨通也小利貞者夫否之卦三陽在上三陰浸長于下君臣隔絶之時故卦辭言否之匪人不利君子貞剥之卦五陰盛長一陽在上故曰勿用有攸往是否剥之時全不可以有用至此遯二陰在下四陽在上君子之道猶小可行故曰小利貞

彖曰遯亨遯而亨也剛當位而應與時行也小利貞浸

而長也遯之時義大矣哉

義曰遯而亨也者言因遯而得亨也剛當位而應與時行也者剛謂九五也應謂六二也九五以陽居中是剛明中正之君子然而下應于六二之小人者蓋君子之道无固无必可遯則遯此六二之為小人然能以中順之道附結于己不須遯也故與之應是君子之心通變能與天時俱行故可止則止可行則行若仲尼皇皇于衆周孟子歴游于戰國是皆欲己道

之行故小人有能以道附結于已者亦不拒也小利貞浸而長也者言君子所以不得大有為于世而惟小利于貞者葢以下之羣陰浸長而小人之黨漸盛也遯之時義大矣哉者遯之道不可遯而遯則道不可行可遯而不遯則必罹小人之害是必隨時適變可遯而遯可也惟明智之人為能居之其時義至大故先聖重嘆美之

象曰天下有山遯君子以遠小人不惡而嚴

義曰乾上天也艮下山也山雖高峻亦不能陵于天故假象得遯之義也猶君子遠遯小人不能加害也夫君子之道得行則小人必見誅逐放斥而不得行于朝廷之上苟君子之道不得行則必遠避小人而全身遠害也然今居遯之時若漠然无畏而以嚴厲加于小人而欲亟斥之則必反罹害于已雖然亦不可枉尺直尋依違苟從以求自免但不加害于小人常使已自有威嚴使小人不敢侵害于已可也

初六遯尾厲勿用有攸往象曰遯尾之厲不往何災也

義曰遯之時貴于先也尾者處于後也凡卦以上體為外以下體為內今此卦二陰在內小人得位而君子在野之象也初六處卦之內最居卦下是衆賢皆遯而已獨在後是不能先時而遯至此始欲亟遠小人則必反為小人之所制是有危厲也勿用有攸往也者言當是時惟宜依違自守危行言孫檢身修已以遠小人之害可也故聖人于此戒之象曰遯尾之厲不往何災也者言既居遯之後有危厲之事果能

依違自守不復更有所往何災之及也

六二執之用黄牛之革莫之勝說象曰執用黄牛固志也

義曰黄者中也牛者柔順之物也六二雖居羣陽之中在小人之黨然居中履正有中正柔順之德達于事理以上有剛明中正君子為已之應故已用此中正柔順之道往固執之不使遠遯于已故曰執之用

黄牛也莫之勝説者夫賢人君子于道无所固必但以仁義為心而已今已能以中順之道往固執之則九五以何辭勝辯而可遯哉然此句上之革二字乃羨文也革之初有鞏用黄牛之革故此誤有之也推求无義可通注謂革者固也此臆為之説爾象曰執用黄牛固志也者言用大中正順之道使賢者不遠于已所以固賢者之志也

九三係遯有疾厲畜臣妾吉象曰係遯之厲有疾憊也

畜臣妾吉不可大事也

義曰為遯之道在乎遠去小人則吉今九三居内卦之上切比六二之陰不能超然遠遯是有係于小人也有疾厲者夫小人之心常以疾君子為心而又畏君子之刑戮故一得其志則首欲害之今九三既為六二所係而不能遠去是有疾病而危厲者也畜臣妾吉者言九三既不能遠小人而不可遠遯然後以畜羣小臣妾之道即得其吉蓋臣妾至賤者也可以遠則遠之可以近則近之如此則吉可獲也象曰畜臣妾吉不可大事也者言九三雖以臣妾而畜羣小人而獲吉然但施于此事則可也如其立天下之大道臨天下之大事則不可以有與也

九四好遯君子吉小人否象曰君子好遯小人否也

義曰好者中心之所欲也九四處外卦之初離内卦之陰當此之際志欲遯而難制奮然而好遯者也蓋君子之人以君民為心得其位則可以致君澤民躋

天下于平治若其小人道長不可有為之時則必知幾達理不為世俗所誘不為貧賤所動超然遠遯以避其難而須其時也是以乾之文言曰遯世无悶中庸曰君子之道費而隱故小人則不然惟富貴是欲惟貧賤是恥不知廉隅不顧禮義苟一失位則慼然溢于面目而不能自勝故太玄充之首曰君子得位則昌失位則良小人得位則横失位則喪當此之時小人必不能遯故曰君子吉小人否也

九五嘉遯貞吉象曰嘉遯貞吉以正志也
義曰君子之道毋固毋必彼能以善加于已已志可通已道可行斯受之矣今九五下應于二二雖在小人之中然能以中順之道來固于已已則從之若小人虧于中順已可超然而遯也如此者蓋君子知時達變可行則行可止則止以嘉美之道而遯者也貞吉者言五既應于二二雖以中順之道固于已然亦不可屈已之貞戚施面柔以悦小人當執至正之道

然後可以獲吉也象曰嘉遯貞吉以正志也者言二以中順之道來固于五五必以貞之道待于二者所以正二之志也

上九肥遯无不利象曰肥遯无不利无所疑也
義曰肥遯者優饒充裕之謂也上九處一卦之上是超然遠遯不應係于小人其憂患不能累于已綽綽然有餘裕凡往而无所不利又何疑之有

大壯

䷡ 乾下震上 大壯利貞
義曰按序卦云物不可以終遯故受之以大壯蓋言遯者二陰浸長于内四陽陵剥于外是小人道長君子道消也然小人之道雖長終不能久而必為君子之所剥此大壯所以次于遯也大壯者二月仲春之時四陽長于内二陰消于外君子道長小人道消也君子之道既長則能興天下之治除天下之害生育天下之民物以至其道大行而盛壯也故曰大壯然

以天下之廣生靈之衆一賢不可獨治故必羣賢進于朝廷則可大行其道是以聖人設為學校教育天下之材然後登之朝廷之上任之以天下之事故事无不濟而至于盛大也利貞者君子之道既已盛大則必以正而處之乃利也若壯而不正則陽過于暴是故壯必正而後可也

彖曰大壯大者壯也剛以動故壯大壯利貞大者正也正大而天地之情可見矣

義曰夫陽為大陰為小今四陽盛長二陰將消是大者壯也以人事言之則是小人之道既以消君子之道得以壯是亦大者壯也剛以動故壯者言乾下剛也震上動也夫君子將興天下之利除天下之害則必動而有剛明之才可也若有剛明之才守正靜而不動何所施用哉故剛以動則其道盛大而強壯也

大壯利貞大者正也者言陽長而陰退若君子之道盛大而強壯則所利在于正也故大壯之時惟此大

才大德之人則能以正道而行也正大而天地之情可見矣者夫天地之運行晝夜不息此則剛健正大而然也以人事言之則聖賢之道亦如天地之生成而无有偏私是觀聖賢正大之道則可以見天地之情矣

象曰雷在天上大壯君子以非禮弗履

義曰雷者威動之物而又行于天上則其勢愈盛是大壯之象也君子之人有此大壯之德則必恭慎和順外執以謙而内秉其直非禮之事不敢履非禮之言不敢言動作出處周旋之間皆合于禮然後可見君子之壯也若小人則不然已有剛壯之德必不能慎密于内以至發之于外而終為驕恣縱肆恃強作威表裏皆見故終不能保其全德也是有壯而不能終其壯者也惟君子則能外執以謙内秉以直故人莫得而窺測其道久而愈光也

初九壯于趾征凶有孚象曰壯于趾其孚窮也

義曰趾足也夫壯之道必須以順為履今初九居一卦之下最處事始位之卑者也為壯之始處位之卑不能謙順而行且躁妄而動以至陵犯于物不知其止以此而往凶之道也有孚者言以此強壯之道不能謙順行之是信有此凶咎必然之理也象曰壯于趾其孚窮也者言居事始而慕躁進是往則必有其凶而信至于窮困者也

九二貞吉象曰九二貞吉以中也

義曰凡卦爻有陰陽居失其位未有不凶者也大壯之時是君子之道强大而威壯聖人以其既壯且大不可怙其剛威以陽居陰則皆獲吉故令九二以陽居陰能履尚謙順而又行不失中是君子得其爲正之道不自滿盈不自强恃能全其美如是故獲正中之吉也象曰九二貞吉以中也者言九二所以得正之吉者以其履得其中所以无過无不及動静皆入于中道而得其禮也故若人臣一命而傴再命而僂

三命循墻而走愈尊而愈謙益威而益戒是能盡爲壯之道而得其中也

九三小人用壯君子用罔貞厲羝羊觸藩羸其角象曰小人用壯君子罔也

義曰凡居壯之時謙則得其道今九三處下卦之上當乾健之極以陽居陽是强壯不謙之人也以小人乘此則必恃剛强陵犯于人雖至壯極而不已是用壯者也君子則不然但固守謙順雖壯而不自矜雖大而不自伐惟欲道行而致之于君加之于民而已故君子當此則罔而不用其壯也貞厲者言小人不能用謙于大壯進而不知退于正道是有危厲也羝羊觸藩羸其角者羊者剛狠之物羝者狠而又狠者也小人居强壯之時動則過中進則不顧是猶剛狠之羊雖藩籬在前亦觸突而進以至反羸其角進退不能凶之道也如小人欲掩害君子終不能爲君子之累而反自及其身也

九四貞吉悔亡藩決不羸壯于大輿之輹象曰藩決不

羸尚往也

義曰九四有剛陽之才德而居陰柔之位是亦尚謙者也然其位過中本亦有悔今若守之以正又謙以濟之則獲吉而悔亡也藩決不羸者夫處大壯之時既能守剛明謙順之德則衆歸之而物所不拒以此而往何不利之有故雖有險阻在前亦濟而通矣若羊之進雖有藩籬在前亦開決而无羸縶之患也壯

于大輿之輹者大輿者任重致遠之象也壯于輪輻是以之致遠則可以行道所往无不利也象曰藩決不羸尚往也者此聖人立象垂訓使人居大壯之時必以謙退為先故君子之事父雖剛明之才正直之德可以納父于无過而克其家亦必以柔和之容婉順之貌父有一過則必婉容以諫之諫之不從而又諫之又不從則號泣而隨之如是則父反而思之必遷于善也臣之事君亦然但内持剛德外示謙容則

所往无有不利也

六五喪羊于易无悔象曰喪羊于易位不當也

義曰羊本剛狠之物夫居大壯之時以陽居陰則得謙之道故可獲吉若以陽居陽然雖得位猶恐謙而有咎況以陰居陽則其傲狠而招禍可知也今六五乃是以陰居陽又處至尊之位則是好剛之甚以至反失之于容易之地羊性牴言其剛也无悔者以其居至尊之位能喪其剛狠之道故得无悔也

上六羝羊觸藩不能退不能遂无攸利艱則吉象曰不能退不能遂不詳也艱則吉咎不長也

義曰上六處一卦之上居震動之極是躁動強壯之過甚者也過而不知所止猶羝羊之進不顧藩籬之在前以至羸礙其角而不能措也不能退不能遂无攸利者既壯動而不止則是不知進退存亡之道以至欲退而不能退欲進而不能進則進退皆无所利也艱則吉者言能艱難自守則可以獲吉也象曰不

能退不能遂不詳也者夫君子之進必量時度勢可以有為而進之則无累也若小人之進必不能量時度勢不詳其事而驟行以至進退不能也艱則吉咎不長也者言雖不詳其事而躁進妄動以至不能退不能遂今若能艱難自守則其咎禍不久而可解也

晉

䷢ 坤下離上 晉康侯用錫馬蕃庶晝日三接

義曰按序卦云物不可以終壯故受之以晉晉者進

也蓋言物之壯而不已則必至於見挫必以柔順之道上進也然此卦坤在離下猶日出地上以順而進至于大明故曰晉也康美也錫馬言賞賜之重也曲禮所謂三賜不及車馬是也蕃盛也庶衆也言此卦以三陰上進而至于明顯如賢人君子以柔順之道上進于君致之禄位而行道于天下有康美之德者之于君既有康美之德君則厚加寵錫故其馬蕃盛而衆多以至晝日之間三接見之以咨天下之事也

是凡人臣之進必有道義之實功業之美然後登于朝廷之上則道可行身可顯如不才不德无功无業安求寵幸者不有人禍必有天殃故君子不可以不慎也

彖曰晉進也明出地上順而麗乎大明柔進而上行是以康侯用錫馬蕃庶晝日三接也

義曰此卦名晉者是大賢君子以功以德上進于君也明出地上者此以二體言之也坤下地也離上明也若明出于地則升進而臨照天下萬民皆瞻仰如賢人君子出于微賤升進而立于朝廷之上致君澤民使天下皆仰覩之也順而麗乎大明者言日之出于地順麗乎天故其明所以久也猶賢者以柔順之道而進輔于大明之君故其道可以行也柔進而上行者夫君子之在上必須有至明之德以旌别賢不肖而黜陟之也茍上不明使賢不肖混淆則賢者必退避不樂于仕矣是必君有至明之德使賢者持人

臣之節柔順之道附于君而其道上行也既能以賢明之德出于下柔之道行于上故可以受寵優之厚故曰是以康侯用錫馬蕃庶賞之重也晝日之間凡三接之待之厚也

象曰明出地上晉君子以自昭明德

義曰言賢人君子法此之象是以進修其德博學審問明辨篤行然後位朝廷之上使仁義施于天下功業垂于後世以自昭顯其至明之德也

初六晉如摧如貞吉罔孚裕无咎象曰晉如摧如獨行正也裕无咎未受命也

義曰摧抑也初六處晉之始有心乎晉者也然居下卦之下處衆陰之末猶君子道未得行志未得伸于始進之時必見摧抑者也故曰晉如摧如也貞吉者言君子既進而有所摧抑固不可躁求妄動以覬君上之信固當守之以正則可以獲吉也孟子曰鄉為身死而不受今為宮室之美而為之鄉為身死而不

受今為妻妾之奉而為之鄉為身死而不受今為所識窮乏者得我而為之是亦不可以已乎此之謂失其本心蓋戒其不可徇情而苟倖言進退當以其道也罔孚裕无咎者夫初六處于最下位卑言輕上未信于其君下未澤于其民事未施于當世道未行于天下苟如是固不可隕穫己志而當綽綽然寬裕樂道不自咎嗟怨憤而不失其本心如此則乃可免其悔咎也象曰晉如摧如獨行正也者夫君子于求進之初其位卑言輕而有所摧抑然不自為損以道自處蓋其所守獨在于正也裕无咎未受命也者言處于卑下而自寬裕者是未受君之命也

六二晉如愁如貞吉受玆介福于其王母象曰受玆介福以中正也

義曰夫晉之為言以之一身是進用其道以之一時是進用其君愁憂也六二以陰居陰履得其正然處內卦之中未見君之所信道未能行是以進而有憂

愁也然君子之心不以一身一家為累動其心必以君民為志雖進焉未見信于君而有憂然亦不可隕穫躁動常以正道而行則得其吉也受玆介福于其王母者王母內之貴者也夫六二處中居內以位言之至卑之象以時言之至暗之象處是時則當懷道畜義居仁守正以自寬裕居是位則當隨事制宜臨機應變使无不通濟則必受其遠大之福通于王母至深至密之地蓋由至誠而行自暗而受其介福若

鳴鶴在陰其子和之是也象曰受兹介福以中正也者六二雖未見君之信任蓋以中正之道而行雖天地鬼神无不祐之以至暗然而受其介福也

六三衆允悔亡象曰衆允之志上行也

義曰允信也夫六三以陰居陽過于六二不中不正之位其本有悔也然而居下卦之上為衆陰之長三陰同心上進而為其先是道義可以行于時事業可以致其用故衆陰同心見信而上行其悔可以亡也

象曰衆允之志上行也者言居晉之時衆陰皆欲上行而已處其先是為衆所信同志而進也

九四晉如鼫鼠貞厲象曰鼫鼠貞厲位不當也

義曰鼫鼠者田中食稻粱貪殘剥刻之物也當晉之時衆君子以柔順之道上進于君九四以陽居陰不正而進者也既以不正而進上又切近于君是當尊大之位附上罔下刻剥天下之民蠹壞天下之事如鼫鼠然无益于民但傷殘于物故天下賤之如鼫鼠然也以此而往則必讒諂佞媚苟取于君上是于正道危厲也

六五悔亡失得勿恤往吉无不利象曰失得勿恤往有慶也

義曰六五履不得正有悔者也然處至尊之位居離明之中能擴大明之道旌别衆賢而信任之衆賢者類進而輔已故其悔所以亡也失得勿恤往吉无不利者夫以天下之廣萬幾之細其間未必不无一失

今六五既能旌任賢者賢者皆進而輔之故其政教无有不舉若萬物之中苟有失得亦不必憂恤之也夫既是失得皆不須憂恤則是所往无有不吉不利者也象曰失得勿恤往有慶也者言六五所以失得勿恤者蓋由其能任賢者使賢人進輔于已故其教化舉行仁義興作以此而往故不惟止獲其吉而又且有美慶之事也

上九晉其角維用伐邑厲吉无咎貞吝象曰維用伐邑

道未光也

義曰角者最極之象也夫上九處進之極過明之中已在角而猶進故曰進其角惟用伐邑者在角猶進過亢不已不能端拱无為物皆不服必須攻伐其邑然後服之故曰惟用伐邑也厲吉无咎貞吝者兵者凶器伐而服其物是由危乃得吉則无咎以此雖正亦已賤矣象曰惟用伐邑道未光也者用伐乃服雖得之其道未光也

明夷

䷣ 離下坤上 明夷利艱貞

義曰按序卦云晉必有所傷故受之以明夷夷者傷也晉卦是明出地上而升于天明照于天下然晉極必衰故明反入于地中是明有所傷也以人事言之則猶君子之始進于朝廷之上佐君澤民立功立事于天下然至于荒耄之年精力倦怠是宜以功成事立而退全身致政求其安息則其明終始无有所傷也若功成年耄復進而不已則必有所傷也惟聖人為能終始一德如周公佐周是也凡下于聖人者至于耄年宜知退其身而不可終于求進也此聖人所以著萬世君臣之戒也利艱貞者夫明夷之世則是君子之明已有所傷而小人在上便巧得志君子處此之時固當艱難守正不使小人之能窺測則可以免其患害也

象曰明入地中明夷内文明而外柔順以蒙大難文王

以之利艱貞晦其明也内難而能正其志箕子以之

義曰明入地中明夷者此釋明夷之義也内文明而外柔順者此以二體言之下卦是内離為文明上卦是外坤為柔順君子之人能内守文明之道外修柔順之德當明夷之世蒙冒大難而不為小人所賊害若古之人有行之者文王是也文王當紂之亂世衆小人在紂之左右前後讒諛倖佞皆欲害于君子而文王居為西伯三分天下有其二終能外執柔順之

德内晦文明之道雖小人衆多終不能窺見其所為故免其禍患也表記曰文王有君民之大德有事君之小心故雖蒙大難而終无所傷也利艱貞晦其明也內難而能正其志箕子以之言內難者親之至也夫明夷之世闇主在上人臣有處夫至親之地而終不見害者若箕子是也箕子之于紂以位言之父師也以親言之庶兄也以庶兄之親而居父師之位是處至親之地所謂內難者也然左右前後讒佞諂媚

皆欲害之而箕子獨能蒙冒之以正其志蓋由內能全晦其明不使有所暴之于外而小人不能窺見也

象曰明入地中明夷君子以莅衆用晦而明

義曰君子法此之象而臨莅于衆則當內晦其明外示以柔也何則蓋君子性无不明事无不通好善而嫉惡苟不慎密而宣之于外則小人見已之明詐善而罔于已何由而知之如是則為小人之所窺測而必罹小人之害也是以君子務全其道默運其明則物不能蔽欺外示柔則不傷其苛察如此始可莅衆也

初九明夷于飛垂其翼君子于行三日不食有攸往主人有言象曰君子于行義不食也

義曰明夷于飛垂其翼者言明夷之時小人得志皆欲殘害君子初九處卦之下猶患難之始也然明夷之主在于上初最遠之君子有剛明之德能韜光晦跡不為小人之窺見若鳥之高飛而又垂斂其翼是

超然不可得而見之也君子于行三日不食者言君子能先幾知變以小人得志慮其加害于已欲超然遠逝心急于行故至三日之間不遑暇食也有攸往主人有言者言當明夷之時愚民盲俗不悉君子之心見君子遯去之速以至三日不食而有所往者雖至親之人為已之主亦皆有猜貳之心誹謗之言也象曰君子于行義不食也者言君子不苟遯去必見小人之害故行而不食者于義有所不可也

六二明夷夷于左股用拯馬壯吉象曰六二之吉順以則也

義曰夫人之股肱右者為便左者為輕六二履得中道至于有位漸近明夷之主故必小有所傷但傷左股至輕之處也用拯馬壯吉者言君子既于明夷之時小有所傷若不速務遁去則必見害愈深故當決然拯其壯馬而行外順小人而使不能見其所為然後可以獲吉也象曰六二之吉順以則也者六二以

陰處陰至順者也而又處中行正是動有法則者也既順而又有法則故小人終不能害之以至得吉故文王见囚于羑里終能脱禍解難以全其身也

九三明夷于南狩得其大首不可疾貞象曰南狩之志乃大得也

義曰南者至明之地狩者獵之名大首者元惡也九三居離之極有至明之性以陽居陽有至剛之德夫以剛明大正之德居明夷之時闇主在上殘虐生靈塗炭天下不忍坐視故不得已往而征之以蘇民于水火救民于溝壑故如獵狩之事但取其害于民者誅之耳孟子曰誅其君而弔其民若時雨降民大悅又曰武王伐殷謂其民曰无畏寧爾也非敵百姓也若崩厥角稽首征之為言正也是但誅其首惡而已不可疾貞者夫聖賢之所以往伐首惡者將以正天下之民也其惡既除其民始蘇固不可加之暴猛峻之嚴刑以益苦之也何則夫民之被害既已久矣染

惡亦已深矣故非亟而可拯也必須化之以漸撫之以慈與之解其倒懸然後以漸而正之可也故孟子曰簞食壺漿以迎王師此无他避水火也如水益深如火益熱亦運而已矣是正天下于虐暴之後不可亟欲成俗也象曰南狩之志乃大得也者言聖賢之人以至明之道往伐其元惡者所以救民而正天下今既獲之則己之志大有所得也

六四入于左腹獲明夷之心于出門庭象曰入于左腹

獲心意也

義曰凡手足以右為便心腹之間以左為順六四以陰居陰履得其位上近明夷之主是小人而得志者也夫以小人得志又附于昏闇之主以甘言美色恭邪佞媚從君之情迎君之欲納之于巽依違曲順入于左腹之間復得明夷之主之心也左腹言能順于心也于出門庭者言小人之輔闇主内既迎逢其惡外又不能慎密周蔽之君未有一過則揚之為大過

君未有纖惡則宣之為大惡以至騰播天下罪形萬世皆小人之所致也若崇侯飛廉惡來之類是也門庭者言宣露于外也

六五箕子之明夷利貞象曰箕子之貞明不可息也

義曰明夷之主在于上六則左右前後皆小人矣惟六五以柔順之道處得其中非小人之謂也推發意以求之則箕子之道矣故聖人特以箕子明此爻也何則箕子當紂之時尊為父師親為庶兄是至近至親之位也然紂之左右前後皆小人而箕子之道不得行是明有所傷也然當是時箕子能自晦其明自蒙其德雖在紂之近密而終无所害以至佯狂為奴以全其身是所利者惟能自晦而居正也象曰箕子之貞明不可息也者以箕子切近于紂而終不為其所害者蓋由能以正道自守故其明不可得息也

上六不明晦初登于天後入于地象曰初登于天照四國也後入于地失則也

義曰不明晦者言上六處羣陰之上居一卦之極明夷之主也不能以明德臨照天下而左右前後信任小人自致陰闇柔弱不有其明故云不明晦也初登于天者夫天尊且高人君之位也此上六以繼世而立于人君之位為天下之主故云初登于天也後入于地者夫既居人君之位為天下之所瞻仰則當大明以臨照天下今反昏闇暝昧放恣殘賊而不用其明是入于地也象曰後入于地失則也者言上六失

為君之法則不能明照天下而終于昬闇貽祖宗之羞也

家人

離下巽上 家人利女貞

義曰按序卦云傷于外者必反于家故受之以家人言人之有所傷于外則必反于内以求其安故家人所以次于明夷也然此謂之家人者蓋聖人以此為治家之法也利女貞者夫家人之道以女正為始何

則夫女子之性柔弱无常而好惡隨人故凡君子欲治其家必正其身以正其女以正其閨閫之内父子之列尊卑長幼之序各得其正家既正然後施之為治天下皆可得而正也故大學曰欲治其國先齊其家然則治家之道在女正為始也

彖曰家人女正位乎内男正位乎外男女正天地之大義也家人有嚴君焉父母之謂也父父子子兄兄弟弟夫夫婦婦而家道正正家而天下定矣

義曰女正位乎内者謂六二也六二以柔順之質處内卦之中若貞正之婦治閨門之内也然婦人之道不可預聞外事但以致整于内而已故書曰牝雞无晨牝雞之晨惟家之索故女必正位乎内也男正位乎外者謂九五也九五以剛明之德處外卦之中是男子以義治外其父子有禮兄弟有序尊卑上下各正其位也然以義制事則不可從于婦人故恒卦曰夫子制義從婦凶也所謂男女正天地之大義也者

夫天以至剛之德至尊之體處于上地以至柔之德至卑之質位乎下此天地自然之常分也以人言之女正位乎内男正位乎外男女之位正是得天地之大義也家人有嚴君焉父母之謂也者夫君總生殺之權操富貴之柄四海之内莫不畏懼而歸之故謂之君若父母之尊則一家之事皆主焉故不可專任其慈而无所斷制必又加之以威嚴董之以禮節使一家之内有畏懼之心如君之尊而又如君之嚴

則家道可以成也父父子子兄兄弟弟夫夫婦婦而家道正正家而天下定矣者夫為父有父道為子有子道以至兄弟夫婦各有其道是以父盡其嚴子盡其孝兄盡其友弟盡其恭夫盡其義婦盡其順如此則家道正矣家道既正天下斯定矣故堯聖人也先親九族然後平章百姓文王亦聖人也先刑于寡妻至于兄弟以御于家邦是君子之治天下必先正家正家而天下定矣

象曰風自火出家人君子以言有物而行有恒

義曰風自火出家人者王通謂明內而齊外有家人之象是也物事也君子覩此之象治其家使言有其事行有其常一言一行无有妄動此治家之本在于正身也故孟子曰身不行道不行于妻子是也

初九閑有家悔亡象曰閑有家志未變也

義曰閑者寬而防之之謂也凡人之情愛之極則无疑親之至則无防故君子之人治其家必當思慮未及于邪耳目未接于私之時預為之防曲為之備不然使醜惡已彰姦邪已萌而始為之防是非家人之罪乃已陷家人于有過之地也今初九以陽居陽處一卦之初是治家之始有剛明之德而能于思慮未動私邪未萌之前以為之防故悔亡也象曰閑有家志未變也者夫君子防閑其家待姦邪而後防之惡彰而後治之則无及矣必于家人志慮未變之前豫防閑之則所謂治家之道也

六二无攸遂在中饋貞吉象曰六二之吉順以巽也

義曰遂者專也夫婦人之事雖治于閨門之內皆禀命而行也今六二以陰居陰處內卦之中履得其正是婦人之得正者也但處于內而无所自專故云无攸遂也在中饋貞吉者夫自古以來上至天子之后妃下逮庶人之妻妾其所職之事不過于奉祭祀饋飲食而已故禮后有瑶爵之獻奠盎之事詩有關雎采蘩皆后夫人之職也六二處內任婦職而无所專

所主在于饋食而已職此而又處其正故得吉也象曰六二之吉順以巽也者言六二所以得吉者以居中履正順而且巽上能禀九五之命也

九三家人嗃嗃悔厲吉婦子嘻嘻終吝象曰家人嗃嗃未失也婦子嘻嘻失家節也

義曰嗃嗃過嚴之貌也嘻嘻和樂之貌也夫治家之道不可專任其慈雖至過嚴終亦无所傷矣今九三以陽居陽有剛明至正之德居下卦之上為一家之

主者也故為家之主若嗃嗃然嚴肅使家人内外上下皆有畏懼之心故雖有悔吝之事危厲之道亦得吉也婦子嘻嘻終吝者夫婦子人之所愛也若為一家之主而私于所愛不能嚴正其治使婦子嘻嘻然和樂則姦惡由此而萌矣夫如是至于終竟必有鄙吝之道也象曰未失也者言雖嗃嗃嚴厲未失治家之道也失家節也者若婦子嘻嘻而和樂是失其治家之節也

六四富家大吉象曰富家大吉順在位也

義曰夫初九既以剛明之德居卦之初能防微杜漸使閨門之内不接于私邪得正家之初也六二又能以柔順之體居服勤之職九三又能過嚴以畏懼其家人是家道已成至六四居大臣之位是君子既正已之家至此則佐君以正天下之家故有君之爵祿之富以富其家而得其大吉也象曰富家大吉順在位也者六四家道已成之後當大臣之位上近于君

是順在其位以治家之道移于國也故孝經曰居家理故治可移于國也

九五王假有家勿恤吉象曰王假有家交相愛也

義曰九五以剛明中正之德居于君位是謂王者能假此治家之道以治于天下者也故先正其家使閨門之内莫不一于正正家而天下定是為君者以此道而行則不必憂恤而自得其吉也象曰王假有家交相愛也者言聖人能推恩愛于天下之家父父子

子兄兄弟弟夫夫婦婦各以和順之道交相愛樂也

上九有孚威如終吉象曰威如之吉反身之謂也

義曰孚者由中之信威謂威嚴可畏上九以剛明之才居家人之極當家道之成是能先正其身發其信于中而外兼之以威嚴終成家道使閨門之内肅然有序而畏敬之故獲其吉也象曰威如之吉反身之謂也者言上九所以有威信而使人畏敬之者蓋能先修其身而後加于人也

周易口義卷六

欽定四庫全書

經部

周易口義卷七

詳校官尚書臣德保
通政使司副使臣莫瞻菉覆勘
總校官原任中允臣王燕緒
校對官中書臣王家賓
謄録監生臣何均

欽定四庫全書

周易口義卷七

下經

宋 胡瑗 撰

睽

兌下離上 睽小事吉

義曰按序卦云家道窮必乖故受之以睽睽者乖也言家人之道既窮極則必至于睽異而離散也小事吉者夫睽乖之時上下之情既異内外之志既乖天

下之人其心皆不同于時雖有大才大德之人亦不能大有所為也何則夫君子之道必將大有為則須上下協心衆賢同力无有異志故發之天下而功業被于世也今既睽乖故但小事則可以得吉也

彖曰睽火動而上澤動而下二女同居其志不同行説而麗乎明柔進而上行得中而應乎剛是以小事吉天地睽而其事同也男女睽而其志通也萬物睽而其事類也睽之時用大矣哉

義曰睽火動而上澤動而下者此釋所以得睽之名也火本炎上澤本潤下水火相資然後能成功而利萬物也今乃火動于上水又動于下水火不相資是有睽乖之義也二女同居其志不同行者離為中女兌為少女女子之生長必從人此天理之常也今二女同居必有從人之志是其志不同行亦睽異之義也説而麗乎明柔進而上行得中而應乎剛是以小事吉者言睽之時所以得小事之吉者下以兌説而

上以離之大明猶君子以説順之道而附于大明之人而又以柔進居至尊之位所行所為正合于中道无過无不及又且下應于九二剛明之臣夫如是故小事所以得其吉也天地睽而其事同也者此以下廣明睽之義也言睽之道有自然而合者若天以高而處上地以卑而處下是睽也然而陰陽之氣交則生成之事同也故曰天地睽而其事同也男位乎外女位乎内是睽也然而相資而成一門之治則是其

志通也故曰男女睽而其志通也萬物衆多品類不同是睽也然而好生惡死樂安懼危則是其事類也故曰萬物睽而其事類也睽之時用大矣哉者睽乖之世小人衆多然順時而動者惟大才大德之人能之故先聖于此重嘆美之也

象曰上火下澤睽君子以同而異

義曰火在上澤在下二者不相資故有睽乖之象夫睽異之時小人衆多皆欲加害于君子故君子與之

和同然外雖和同内之所存則異也

初九悔亡喪馬勿逐自復見惡人无咎象曰見惡人以辟咎也

義曰初九居一卦之下當睽乖之時上无其應本有悔者也然而九四亦无正應故與初心志相合遂而相得其悔所以亡也喪馬勿逐自復者馬者至彰顯之物當睽之時人心既已乖離雖喪失彰顯之物必无有私匿之者故雖勿逐當自復也見惡人无咎者夫險惡之人其用心皆欲陷害于君子況睽乖之時小人熾盛苟不和同而接見必罹其所害故見之乃无咎也象曰見惡人以辟咎也者夫君子進用于朝道行天下則斥逐小人无所畏忌時既睽乖雖其惡人亦禮下而接見之所以避一時之咎也

九二遇主于巷无咎象曰遇主于巷未失道也

義曰巷者委曲不正之道也君子當治平之世斥逐小人則可坦然由正道而行若睽乖之時人心不同

羣小黨盛皆欲加害于君子故此九二與五為應以五為主不敢顯然相遇于明坦之途顯然遇之則為小人之所害但遇之于委曲隘狹之道乃得无咎象曰遇主于巷未失道也者蓋睽之時不可顯然而行雖由委曲隘狹之巷而得遇于主亦未失君子之道也

六三見輿曳其牛掣其人天且劓无初有終象曰見輿曳位不當也无初有終遇剛也

義曰輿所以載物而行也六三以陰居陽履失其正
上有上九之剛為已之應已得往而應之然睽異之
時履于不正則上下皆欲害之故若其輿為人之牽
曳其牛為人之拘掣也其人天且劓者天當作而字
古文相類後人傳寫之誤也然謂而者在漢法有罪
髡其鬢髮曰而又周禮梓人為筍虡作而亦謂髡其
鬢髮也其人即謂九二九四也以六三履非其正皆
欲害之故或來髡其鬢髮或來劓割其鼻也无初

有終者六三本以正應于上九以其履不得正故小
人皆來害之上九既見六三為小人之所害故亦疑
之不與六三之從已是无初也然六三本以至誠而
應上九初雖不與之應然其有剛明果斷之才故終
則明知六三之誠而與之應是有終也象曰无初有
終遇剛也者言初為上之見疑然終則知已之誠而
與之應是六三所遇得剛明之人也

九四睽孤遇元夫交孚厲无咎象曰交孚无咎志行也

義曰九四當睽乖之世而无應獨立是睽之孤者也
元夫謂初九也初九以剛明之才處下卦之下而无
正應今九四亦无正應是其心志相同體類相契而
為配偶也交孚者九四初九既不以正而合是必傾
至誠至信以交相待也厲无咎者九四雖與初以信
相交然彼此皆不正故須必常若危厲則可以免其
咎悔也象曰交孚无咎志行也者夫當睽乖之時果
无應則所存之志不得行矣今四乃與初以道相應

是其志得行也

六五悔亡厥宗噬膚往何咎象曰厥宗噬膚往有慶也

義曰六五以陰居陽履于不正本有悔者也然居至
尊之位而下應九二之剛陽故其悔所以亡也厥宗
噬膚者宗謂九二也九二既為已之正應則是已之
宗黨也膚者柔脆之物易于噬嗑者也九二本以正
而應已然當睽乖之時衆皆來肆害于已故九二之
宗排斥此陰邪不正之小人使之不為害是易于噬

柔脆之物也往何咎者言九二既以至誠來應于已已往而應之又何咎哉象曰厥宗噬膚往有慶也者言六五之應既在九二而為小人之間厠故九二終能噬嗑之不妨已之路若往而應之則不惟相合而又有喜慶之事也

上九睽孤見豕負塗載鬼一車先張之弧後說之弧匪寇婚媾往遇雨則吉象曰遇雨之吉羣疑亡也

義曰四以无正應而曰睽孤今上九處卦之終是睽

乖之極者也睽乖之極雖有其道亦不能通故亦曰睽孤豕本不潔之物而又負其泥塗是穢之甚者也言六三為已之正應而在九二九四之間故已之視乎六三必有猜貳之心狐疑之惑若視豕之負塗然穢惡之甚也載鬼一車者鬼者虛无而不可見也車之所不可載者也今上九見六三在九二九四之間故疑其穢惡若見一車之鬼是其造虛成實以无為有妄偽之甚也先張之弧者言六三本為已之應今既厠于二陽之間故上反疑之張其弧矢欲以攻之也後說之弧者上卦為離離為火火性至明上九處離之極明之至者也下卦為兊兊為水水性至潔六三處兊之極至潔者也六三本以至誠來應于已為小人之所厠至于致疑然上九以至明之性故終能察六三之至清而審其至誠遂說去其弧而與之會合也匪寇婚媾者六三本以正道應已然以二陽所間故不得會合今既察明六三之情偽是雖讒言不

能間之而終得會合也往遇雨則吉者雨者陰陽之和也今上九之陽合于六三之陰則是和而得吉也象曰遇雨之吉羣疑亡也者言上九始以小人之讒間六三故疑之而不與之應然上九有剛明之德知六三以至誠而來應遂不疑而與之會遇和合是羣疑亡也

蹇

䷦ 艮下坎上 蹇利西南不利東北利見大人貞吉

義曰按序卦云乖必有難故受之以蹇蹇者難也言睽乖之時上下離異人心不同必有蹇難此蹇之所以次于睽也利西南者西南坤位也坤者致養之地廣大寬平生育之所也夫當蹇難之世生靈不得其安民物不遂其所人人思治之時也若聖賢之人治天下之蹇則置民于寬廣生育之域然後得其安而至于太平也不利東北者東北艮位也艮為山山者險阻不通之地也若聖賢之人出民于險阻而置之

安平則是治蹇之道也若復納諸險阻之地則其民愈困而其道愈窮故利西南而不利東北也利見大人者言蹇之時欲治天下之險釋天下之難必利見其大才大德之人也貞吉者蹇難之作由上下人心乖異不正而然今濟天下于无事則必本諸大正之道然後乃吉也

彖曰蹇難也險在前也見險而能止知矣哉蹇利西南往得中也不利東北其道窮也利見大人往有功也當位貞吉以正邦也蹇之時用大矣哉

義曰此因二體以釋其義也坎為險在上故曰險在前也見險而能止知矣哉者坎為險艮為止見險在前止而不進是其知也蹇利西南往得中者西南寬廣生育之地民在蹇難置之此則得其安居而各遂其所是往而得其中道者也不利東北其道窮也者東北險阻之地民在蹇難復置之此則其民愈蹇是其道之窮也利見大人往有功也者夫大人與天地

合德日月共明有仁義之心經綸之志民被塗炭往而見之共以解其蹇難致其安平則是往而有功也當位貞吉以正邦也者謂五得其君之正二得其臣之正各當位而守正故能正邦也蹇之時用大矣哉者蓋蹇之時必得大才大德之人然後可以解天下之蹇故先聖于此重嘆美之也

象曰山上有水蹇君子以反身修德

義曰山者險阻之物水流于險阻之上其勢必不能

通是蹇之象也君子以反身修德者言君子惟此蹇難不怨天不尤人但反己之身修飭其德而已孟子曰愛人不親反其仁治人不治反其智禮人不答反其敬此之謂也

初六往蹇來譽象曰往蹇來譽宜待也

義曰夫蹇難之世坎險在前君子居之必量時度勢而進以自保其明今初六居卦之始在險難之初若不顧其危衝冒而進則蹇難愈甚若翻然知幾觀時

可否可退則退復其所處不陷躁失則保全其道得其嘉美之譽故往蹇來譽象曰往蹇來譽宜待也者言君子當蹇難之初險阻在前未可以進宜退而自處以待其時也

六二王臣蹇蹇匪躬之故象曰王臣蹇蹇終无尤也

義曰蹇難之時人人皆有所患而不可動故初則往蹇來譽三則往蹇來反四則往蹇來連獨此六二云王臣蹇蹇者蓋以其處人臣之位履中居正上應于九五之君而君在蹇難之中必盡忠竭力奮死不顧難重險在前亦衝冒而往也匪躬之故者六二所以冒犯險難而進者非其一身之故蓋上以為君下以為民救天下之蹇也象曰王臣蹇蹇終无尤也者凡為人臣苟不盡忠竭節見危授命則有不忠之罪今六二既能盡忠竭節不恤其身以救天下之蹇故終无尤也

九三往蹇來反象曰往蹇來反內喜之也

義曰九三以陽剛之德居下卦之上為初六六二之所恃也然而險難在前往則愈蹇若君子之人能知時之不可行度勢之不可用反而自處以守其正則得其所安故曰往蹇來反也象曰往蹇來反內喜之也者既退而反居其本位則不惟已獲其安兼下之二爻皆得其所恃安止而不犯于難是內有喜悅之事也

六四往蹇來連象曰往蹇來連當位實也

義曰連者牽連之謂也六四以陰居陰得正者也然而蹇難之世坎險在前冒昧而進愈必有難而入于深險若能知時之不可行退而牽連下之三爻止而自守則得其安也注疏讀連字從上聲言四往來進退之間皆有蹇難而不利夫蹇之時其險在前故君子止而不往若退而守不務其進則復何蹇難之有此注疏之失也象曰往蹇來連當位實也者言四以陰居陰得正當位者也陽為實今四連下之陽是當

位而附得其實也

九五大蹇朋來象曰大蹇朋來以中節也

義曰五居蹇難之世而處坎險之中是蹇之大者也有若天下未安人民未治之時也而九五居中履正能任六二之臣二又得人臣之正故盡心竭力以輔于己是其朋來也如湯之救夏而得伊尹武王救商而得呂望之類也象曰大蹇朋來以中節也者言五以剛中得人君之節二以柔中得人臣之節是君臣之間皆能以中節也

上六往蹇來碩吉利見大人象曰往蹇來碩志在內也利見大人以從貴也

義曰上六處蹇之極居一卦之外難將終者也夫險極必平難極必安當此之時不可復有所往若往則益蹇反而退居其位下應九三以守碩大之德則得其吉道故曰往蹇來碩吉也利見大人者言險難將終但能附麗賢明大才大德之人則可以遠出險難

而持久于治不須復有所往也象曰往蹇來碩志在內也者言上所以來則有碩大之德者蓋志應在內卦之九三也利見大人以從貴也者陽爻至尊貴者也今上六能利見大才大德之人以終其難是從者貴也

解

䷧ 坎下震上 解利西南无所往其來復吉有攸往夙吉

義曰按序卦云物不可以終難故受之以解解者緩

也言天下之民不可使終受其難必有聖賢之人往以濟之故解之所以次于蹇也利西南者西南寬廣生成之地也夫聖賢之人解天下之患難除生民之疢疾必須發仁義之道躋之寬平之所使皆遂其生成然後利也不言不利東北者東北險阻之地解之時聖人止務散釋天下之難不復更有險阻故不言東北也无所往其來復吉者夫聖賢所以有所往者蓋以天下之民在于患難故欲拯而濟之也今天下

之患難既解若復有所往則是煩擾其民而事愈濆亂自取其弊敗之道若屯之彖言勿用有攸往是也但來而復其所有獲其吉也有攸往夙吉者言聖賢積心處慮恥一物之失所今難解之時天下之民雖已權安然其間有所未濟亦當趨往而解之以速為尚則可得而吉也

彖曰解險以動動而免乎險解解利西南往得衆也其來復吉乃得中也有攸往夙吉往有功也天地解而雷雨作雷雨作而百果草木皆甲拆解之時大矣哉

義曰坎為險震為動動于險之外是聖賢之人動而能拯天下之險使皆出于難也故曰解險以動動而免乎險解也解利西南往得衆也者言聖賢既以仁義之道除釋民之患難而置之于寬廣生育之地使各得其所以此而行則必得天下之衆心也其來復吉乃得中也者夫天下之難既解若復有所往則濆亂已甚之道也若不往而煩擾其民守其止靜則得

中也有攸往夙吉往有功也者言患難既解之後或天下之民有未得其所者聖賢之人不可遲緩必汲汲而拯之言速則有功也天地解而雷雨作雷雨作而百果草木皆甲拆者夫天在上地在下氣不交則雷雨不作而萬物不生故天以陽氣降于下地以陰氣升于上陰陽相蒸剛柔始交則必有屯難屯難既解故鼓之為雷蒸之為雨雷雨盈滿則百果草木皆敷甲而拆以至句者萌者動者植者皆乘時而獲其

亨通矣解之時大矣哉者按諸卦或言時義或言時用而此止言時者蓋難解之時无不釋故止言時耳若蹇之時用是天下在于蹇而始將治之故必有所用是以言用也又遯卦言時義之類是皆義有所存之時故言義也此卦于義用並无所取故不言也

象曰雷雨作解君子以赦過宥罪

義曰雷雨既作則蟄蟲昭蘇草木甲拆解之義也天下之民方此難解之時始出于塗炭其有過惡遷善

遠罪蓋舊染汚俗化上薄惡之政而然也故君子之人當此之時有過者赦之有罪者宥之使之改過自新遷善遠罪蓋難解之道也

初六无咎象曰剛柔之際義无咎也

義曰夫民在患難非聖賢則不能濟然濟民之難務在于速不可使之久困也故卦言有攸往夙吉彖曰往有功也是濟難在于速也今初六居卦之下當解之初天下之難盡已解釋而无有所咎矣象曰剛柔之際義无咎也者九四剛也初六柔也剛柔交際同心以解天下之難其義自然无咎矣以時言之則患難初解亨通將至其義必无咎悔也

九二田獲三狐得黄矢貞吉象曰九二貞吉得中道也

義曰田獵也狐者隱伏多疑之獸也三者言其衆也蹇難初解民心尚疑猶恐未脫于難而又入于蹇故君子當行其教化革其殘暴之政易服色改正朔以新天下之耳目使民心无所疑矣如以田獵而獲三

狐猶言羣疑亡也黄中也矢直也言九二又得大中之道剛直之德行天下之正道而得其吉也

六三負且乘致寇至貞吝象曰負且乘亦可醜也自我致戎又誰咎也

義曰負者小人之事乘者君子之器陽至貴君子也陰至賤小人也今六三陰居陽是小人而乘君子之器也夫昏亂之朝庸主在上則賢不肖混淆故君子之位而為小人所乘今蹇難既解君臣上下各從其

正而六三乃以不正之質居至貴之地是小人在君子之位也則天下之所不容斯人之所衆棄也故致寇盜之至爲害于己而奪取之也然而小人得在高位者蓋在上之人慢其名器不辨賢否而與之以至爲衆人所奪而致寇戎之所害也象曰負且乘亦可醜也者言小人在位是可醜惡之也故孟子曰不仁而在高位是播其惡于衆也自我致戎又誰咎也者言小人不度己德不量己勢而竊居君子之位所以

致戎寇之來也若以一郡一邑言之則爲致寇若以天下言之則爲致戎且寇戎皆自己招又何咎于人哉故繫辭曰負也者小人之事也乘也者君子之器也小人而乘君子之器盜思奪之矣上慢下暴盜思伐之矣慢藏誨盜冶容誨淫易曰負且乘致寇至盜之招也

九四解而拇朋至斯孚象曰解而拇未當位也

義曰拇者足指之大者也謂六三居四之下上无應而附于四有足指之象也九四正應在初是其朋也既係于六三必忘于初則初亦忘之矣今既解去六三而專應于初六則至而信矣故解而拇朋至斯孚象曰解而拇未當位也者夫以至尊而爲天下之主則可包含荒穢而容天下之民物也今九四不當至尊之位故不可係于他類而必解去之則其朋黨至而信矣

六五君子維有解吉有孚于小人象曰君子有解小人

退也

義曰六五以大中之道位上卦之中下應九二剛明之君子以君子之道既行是能解天下之難而得其吉也孚于小人者夫君子當解難之時必能進用賢者黜退小人以成其治治道既行則小人自然望風而信服退藏竄伏以避君子之誅也象曰君子有解小人退也者君子之道既行于上以解天下之難則豈患小人哉必自然信之使退也

上六公用射隼于高墉之上獲之无不利象曰公用射隼以解悖也

義曰隼者蟄搏貪殘之禽也高墉非隼之所居也六三以柔懦不正之體居下卦之上是竊國家之名器當君子之大位猶貪殘之隼而居高墉之上也今上六處解之時居動之極是君子之人藏器于身而不妄動者也故能射去此不正之小人使不得居高位而竊名器如射隼于高墉之上也獲之无不利者以

小人而當君子之位以此而獲之何不利之有故繫辭曰隼者禽也弓矢者器也射之者人也君子藏器于身待時而動何不利之有動而不括是以出而有獲語成器而動者也

損

䷨ 兌下艮上 損有孚元吉无咎可貞利有攸往曷之用二簋可用享

義曰此損卦謂損下以益上損民益君之象也然上之損下不可太過必須合于中正則民皆勤身竭力樂輸于上有孚者言上之取于民必當以信立之限極取之有時用之以制取信于民其民皆信奉于上則獲元大之吉而无咎悔矣苟或暴政横賦臨之不以道取之不以信使其民仰不能以事父母俯不能以畜妻子凶年樂歲殫財竭力奉國不暇如此則怨結于下災見于上而其咎悔可知矣故古之什一為萬世中正常行之法所謂長久貞正而大吉无咎者

也既有其孚又守以正則所往无不利矣曷之用二簋可用享者此言在上之人既能示民以信取民有制使上足其用下不匱財如此則復將何所為故雖二簋至約之物亦可用之以享于鬼神也左傳曰苟有明信澗溪沼沚之毛蘋蘩薀藻之菜筐筥錡釜之器潢汙行潦之水可薦于鬼神可羞于王公是也言損道既以至誠至信而行雖用二簋可以享于鬼神不待其豐備也

彖曰損損下益上其道上行損而有孚元吉无咎可貞利有攸往曷之用二簋可用享二簋應有時損剛益柔有時損益盈虛與時偕行

義曰艮上而止兑下而說夫損民益君必上有節止絕无名之求則下皆樂輸以說順之道而上行也故曰損下益上其道上行也損而有孚元吉无咎可貞利有攸往者言貢賦之入皆有常制不失其信則可也苟什一之外不以孚信動有妄求是過損于下而

取怨于民也故必有孚信之道獲元大之吉免其悔吝然後可以常行利有所往也曷之用二簋可用享二簋應有時者言至約之物不可以常行可儉則儉可豐則豐所應皆有時也亦如損民應上雖不可過然亦必視歲之豐凶而輕重之則自然國用以羨而民力不困也損剛益柔有時者此謂損初九九二之剛益六四六五之柔亦有其時不可以常行可以損則損可以益則益也損益盈虛與時偕行者言不可長損于彼而益于此盈于此而虛于彼凡損益盈虛之道皆與時而行也故孟子曰治地莫善于助莫不善于貢貢者校數歲之中以為常此之謂也

象曰山下有澤損君子以懲忿窒欲

義曰按左傳曰川竭則山崩是言山澤之氣相通故得以生于萬物也今澤在山下是損澤益山損下益上之象也君子觀此之象可損之事在于忿欲有忿則懲戒之有欲則窒塞之可損之善莫善于此何則

自非聖人不能无忿爭之心嗜欲之事自君子而下則時有之固宜損之也

初九已事遄往无咎酌損之象曰已事遄往上合志也

義曰初九居一卦之下處損之初民之象也夫民之為職固當給衣食以奉養其上者也事謂耕穫之事也言耕穫之事既已則速往以奉于上乃得免其咎也酌損之者言上之損下下之奉上必皆斟酌其宜使合中道故民之于私上有父母之養下有妻子之

畜而又有州閭鄉黨冠昏喪祭之用不可盡竭其所有以輸于上自取不足之患必斟酌其宜合于中道則可也象曰已事遄往上合志也者夫上之志所須在于民民之志在奉其上今初九能已自已之事遄速斟酌而往奉之則是合上之志矣

九二利貞征凶弗損益之象曰九二利貞中以為志也

義曰夫損下益上必須斟酌其宜使合于中正者也夫什一者天下之中正也過之則桀殺之則貊皆不

得其中也初已損之以益其上至二復損則損之太過利在乎守正而已征凶者言若損之不已復往而奉于上則凶之道也弗損益之者言不可更損已以奉于上當反求上之所益則可也象曰九二利貞中以為志也者言損上益下損下益上皆不可過宜必以大中之道而行令初已損而奉于上至二則不可更有所損是以中道為志也

六三三人行則損一人一人行則得其友象曰一人行三則疑也

義曰夫天地君臣夫婦之道若專一相應則其志純其道固也今六三之陰上應于上九之陽若已與六四六五二爻同往而應之則反損上九之一人若已獨往而應之自得其友矣故繫辭云天下百慮而一致殊塗而同歸是言凡事在于一致則其道純而无駁也象曰一人行三則疑也者言六三獨往應上九則其志和同而无所閒矣若三人往之則上九必有

疑惑之志慮其有害于已也

六四損其疾使遄有喜无咎象曰損其疾亦可喜也

義曰遄速也夫為人上者不可過取天下之財以困斯民今六四一爻當大臣之位切近于至尊故當盡忠于國不可復往損于民但民有疾則去之有患則損之如此所以為天下之利而副人臣之職也使遄有喜者六四既為大臣其責甚重若有一小人在位為國家之害良民之蠹則當損去之而務在于速不

可使之滋蔓如此則有喜悅之事而獲无咎矣象曰損其疾亦可喜也者言為人臣之職若能秉忠直而損國家之疾除民物之害而使之獲安是可喜之事也

六五或益之十朋之龜弗克違元吉象曰六五元吉自上祐也

義曰龜者決疑之物以喻人之才智也朋黨也十朋衆也夫損下之道不可過苦惟在位聖賢之人不以為常但其用之有制耳今六五以柔順居艮止之中而位至尊下又應九二剛明之臣己能虛心而接納之又弗損于下是故天下賢明才智之人皆盡其謀慮竭其志策來益于己也弗克違元吉者夫好賢而不能用則與不好同用之不能從則亦與不用同故好賢者必用其才而又聽其言此其任人之道也今六五能虛己以接納賢者而信任之又且不違其言不逆其諫使天下才智之人得盡其善竭其能而奉

于上是以獲元大盡善盡美之吉也象曰六五元吉自上祐也者六五以柔居尊任用賢知之臣聽其謀從其諫故得衆賢之歸而得元大之吉自上而下无不祐之也

上九弗損益之无咎貞吉利有攸往得臣无家象曰弗損益之大得志也

義曰大凡居上者不可常損下以益己今上九居損之極在艮之終更無損下之道是以施仁義之術生成天下以益天下之民如此則得其无咎以貞獲吉既獲其吉則所往何不利哉得臣无家者夫蚩蚩之民懸无所知若在上者益之以道則歡心而歸之今上九既不損而反益之則天下之民皆臣服而歸之遠近无有踈閒天下為一家故曰无家象曰弗損益之大得志也者言上九居上體之極而反益于下則是天下之民无不臣服而己之志大得行于天下也

益

䷩ 震下巽上 益利有攸往利涉大川

義曰按序卦云損而不已必益故受之以益蓋言凡物之理盛極必衰損久必益益者損上以益下損君以益民明聖人之志在于民也然損下益上則謂之損者蓋既損民之財又損君之德也損上益下則謂之益者蓋既益民之財而又益君之德也然上之益下非謂耕而食之蠶而衣之以天下之廣生靈之衆苟家至戶到人人給之則雖至愚固知不可也故博

施濟衆堯舜其猶病諸蓋居人上者為之求賢或為農官或興水利勸其力穡使游手之民敦本而棄末又為之擇守令宣行教化興利除害以益其民是皆因其所利而利之因其可益而益之故非損于上乃能益于下也利有攸往者夫上之益下是損有餘而補不足故得天下之心既得天下之歡心則何往而不利哉然損則云有孚元吉无咎可貞然後曰利有攸往此則直云利有攸往者蓋損之時是損于民必

使天下信之然後有元大之吉而无咎以為長久貞正之道故始得利有攸往此則損上益下得天下之歡心无所往而不利也利涉大川者夫君能以仁義之道益于下下受其賜則捐軀而報于上効命以助其君雖有大險大難皆可以濟涉之也

彖曰益損上益下民說无疆自上下下其道大光利有攸往中正有慶利涉大川木道乃行益動而巽日進无疆天施地生其益无方凡益之道與時偕行

義曰損上益下者此謂損九五而益六二也夫陽本實而有餘陰為虛而不足今以九五之有餘益六二之不足使民各安其業皆被其澤如此則得天下之歡心民從之无有疆畔也自上下下其道大光者夫損下而益上則損上之德今上能自損以益其下利益之事自上而流布于下故其道廣大而光明也利有攸往中正有慶者夫九五以陽位乎上中正之君也六二以陰居下中正之臣也君臣之間皆以中正

之道下益于民以此故獲福慶之事也利涉大川木道乃行者上巽為木下震為動故以木為舟楫動則能涉大川也猶人能盡仁義行于上動而為民之益民既受其益則莫不盡其心思輔于上故雖大險大難无不濟矣益動而巽日進无疆者此以二體言之夫行益之道居上者能動而上順天意下順民心則德之進而无有疆極也天施地生其益无方者夫天損一元之氣以益于地為萬物之始地承天之氣以

生成萬物之形其利益之道至公而不私至正而不邪至廣至大而无有方極亦若聖賢以仁義利益天下之民而无有偏黨私邪其道廣大而无有窮已也凡益之道與時偕行者夫行益之道不可以常行可損則損可益則益何則天以一氣降于地以施生萬物若常使益之則萬物滿而過亢也是必有事而損之君子以仁義寬愛而恤于下若常益之則在下者亦生驕亢而不知自損是故先聖于此戒之言凡為益之道必與時而偕行也

象曰風雷益君子以見善則遷有過則改

義曰夫風得雷則威益彰雷得風則聲益遠是相益之象也君子法此益象見人有善則遷而從之知已有過則改而正之夫日遷一小善積而不已則大善著矣日改一小過改而不倦則大過除矣蓋益之大莫過于遷善改過也故孔子曰聞義不能徙不善不能改是吾憂也

初九利用為大作元吉无咎象曰元吉无咎下不厚事

也

義曰初九以剛陽之力震動之始是志于有為而欲興益于天下者也然興益之道必須居位得勢而後行之有餘今初九雖有剛明興益之心而位卑勢寡非可致之地又況當益道之初有謀始之責至難至重故須所為大吉然後免咎故曰利用為大作元吉无咎也象曰元吉无咎下不厚事也者夫大有所為

以益天下必須履貴勢操重權乃能當之至于位卑勢寡之人則不可僭有所興今初九實以剛陽之才利于大作然初本卑下不當厚事故須萬舉萬全至于大吉然後无咎也

六二或益之十朋之龜弗克違永貞吉王用享于帝吉

象曰或益之自外來也

義曰六二以柔順之德履得中正居受益之地上應于九五剛明之君而已能盡人臣之節以事之无有

偏黨姦邪之行无敢塞賢者之心是以天下明智之人各欲獻其謀慮而來益于己故曰或益之十朋之龜弗克違者夫以天下之人樂告以善道而已又能以中庸和柔之德聽信之弗有違戾也永貞吉者按損之六五言十朋之龜弗克違元吉者蓋損之六五居得其正為損之主是以天下賢智歸之而獲元大之吉今六二在于下卦居人臣之位受天下賢智之歸其勢至重一失其正必侵君之權其為禍不細矣故當永守正道盡人臣之節率其衆賢皆盡忠竭力以事其君則得其吉也王用享于帝吉者王者能任賢受益而弗違又能永正以此之道享于帝而得吉况其為臣能盡忠竭力以事其君則其吉可知矣象曰或益之自外來也者六二居中得正又能盡人臣之忠義以事其君故賢智之人皆自外來而益之也

六三益之用凶事无咎有孚中行告公用圭象曰益用凶事固有之也

義曰凡君子之人不在其位不謀其政若居其位當其任則可以有為于時今此六三以陰居陽位非其正而過于中道欲施益于下非所當也然所益之事若民之凶荒疾苦札瘥患難則已不顧一身奮然往而益之則可以得其无咎也有孚中行者言六三雖益以凶事然亦當以由中之信合于中道而行然後可也告公用圭者圭符瑞也所以執而為信言六三既以由中之信而行執其符瑞以告于公而明其所

益之事若漢武之時河内失火凡熱千餘家帝遣汲黯往視之黯曰此不足為患時河内之民值歲凶疾苦計萬數黯遂矯命發廩以救之民由是活及歸朝乃請矯制之罪帝遂賢而釋之是乃非其位越其職以濟凶荒之事象曰益用凶事固有之也者言六三雖居非其位然其救民安國之心固有之也

六四中行告公從利用為依遷國象曰告公從以益志也

義曰六四以陰居陰履得其正上近于五下應于初在益之時是能盡心竭力上以益于君下以益于民告其所以為益之道也夫既能上益于君下益于民以此告于公則无有不從也利用為依遷國者夫天下之大莫大于遷國今以六四居得正位行得大任能致君澤民故雖遷國之大皆依從而利用之則其小者從可知也象曰告公從以益志也者言六四能恢有為之道以益天下使君尊民富各得其所是非以一身一家為念所志者惟益于上下而已

九五有孚惠心勿問元吉有孚惠我德象曰有孚惠心勿問之矣惠我德大得志也

義曰九五以剛明果斷之德處至尊之位下應六二賢明之臣是能以由中之信興利于民也惠心者夫天下之廣生靈之衆聖人在上非可以家撫而戶養之也蓋所惠者惠于心而已天下民之溫飽非待王者耕而食之織而衣之也但勸之教之通商惠工而

已如此則是王者惠心之謂也論語所謂因民所利而利之惠而不費者是也勿問元吉者言九五既以仁義之心惠及于天下則不待問而自獲元大之吉也有孚惠我德者夫民无常懷仁則懷之故書曰撫我則后虐我則讎今九五能以由中之信接于衆故天下之民亦惠信九五之德也象曰惠我德大得志也者言九五能與益之道以利于民則其志大有所得也

上九莫益之或擊之立心勿恒凶象曰莫益之偏辭也或擊之自外來也

義曰上九居卦之上處益之極不通時變不度人情是其求益于人无厭者也故莫有益之者求益于己侵剥于下故或有擊之者立心勿恒凶者无厭之求以速禍患是立心无常之人凶之道也象曰莫益之偏辭也者言上九求益于己非有以益于人是偏辭以求益也或擊之自外來也者六二上九皆言自外

來也六二居中守正其益在君民故明智之人皆自外來而益之上九居益之極求益于已不知其益人立心勿恒故人或自外來而擊之也

夬

䷪ 乾下兌上 夬揚于王庭孚號有厲告自邑不利即戎利有攸往

義曰夬決也序卦云益而不已必決故受之以夬以天道言之則夏之三月五陽盛長以剥削一陰之時也以人事言之則是聖人在上羣賢並進恊心宣力以衆君子決去一小人之象也揚于王庭者夫君子道長則小人道消小人道長則君子道消此必然之理也凡羣小得志君子之人若不能潛光晦跡欲以直道顯然而行則反為小人之所害矣今夬決之時則是衆賢盛長小人消剥故可以顯然揚于王庭而決去之也孚號有厲者君子之道既盛必須信賞必罰決然示其號令使天下之人皆信服而從之也有

厲者厲危也夫以衆賢聚于朝廷布宣號令決去小人然亦不可放心肆意而遂以為安故當肅肅祗懼而自為危厲則可矣告自邑者夫發號施令雖當夬決之時君子道盛亦不可驟然以威勢加于天下故宜告自已之一邑使一邑之人信服之然後告及于天下所謂自内及外由邇及遠也不利即戎者然當此之時更不可恃其剛壯長征遠討荼苦生靈以速危敗若昔唐之太宗可謂英主矣然而享治既

久則恃其剛威以有高麗百濟之征至今稱之終累聖明之德也利有攸往者夫夬決之時一陰乘陵于衆陽之上而又勢微力弱下之五陽共進而決去之是君子之道坦然而行无所往而不利也

彖曰夬決也剛決柔也健而說決而和揚于王庭柔乘五剛也孚號有厲其危乃光也告自邑不利即戎所尚乃窮也利有攸往剛長乃終也

義曰剛決柔者言以五陽而決一柔猶衆君子去一小人也健而說決而和者此以二體言之下乾為健上兌為說以健而決以說而和蓋君子所行必得其中剛不至暴柔不至懦故雖夬決之時用剛以決小人則亦必以和而濟之揚于王庭柔乘五剛也者言君子之命令所以顯然不憚宣揚于王庭者蓋以一柔而乘陵五剛一小人而乘陵五君子是以公行決去而无有畏懼也孚號有厲其危乃光也者言君子當此得時得位號令必行之際更能兢兢危厲審克

而舉則其道益光也告自邑不利即戎所尚乃窮也者言發號施令先告自己之一邑使一邑之人信服之然後告及天下則天下无不信服也苟若恃其剛壯玩兵黷武侵伐不戢則自取窮凶之道也利有攸往剛長乃終也者言君子之道所以坦然得行者蓋由五剛盛長一陰消剝之故也是君子之道大成終美于此也

象曰澤上于天夬君子以施禄及下居德則忌

義曰夫至高者天也潤物者澤也今澤升于天是必決然流霈于下也故君子觀此之象則施其禄惠以及于下居德則忌者此則字當作明字輔嗣之說亦曰居德以明禁蓋傳寫之誤耳忌則禁忌之義也夫己正則可以責人之邪己是則可以責人之非今夬決之世君必先以仁義之德自居于身而後可以明其禁忌以示天下使天下皆知其禁有不服從者然後決然可以刑加之也不然不先示以禁忌則孔子

所謂不教而誅也

初九壯于前趾往不勝為咎象曰不勝而往咎也

義曰初九當一卦之下故有足趾之象夫夬之時小人乘陵于上而初九以剛明之才欲往決去上六之小人故曰壯于前趾往不勝為咎者夫夬之時雖君子之道長然而欲往決勝其小人必須量敵而後進慮勝而後會可進則進決然而發萬舉萬全矣若夫不度己力不察彼勢躁急而往則反受其害故曰往

不勝為咎象曰不勝而往咎也者夫力既不勝于小人乃決然不顧而往則必為小人之所害而有咎也

九二惕號莫夜有戎勿恤象曰有戎勿恤得中道也

義曰九二以剛健居一卦之中則能決然而往排去小人不為懦縮而不進也故雖有驚惕號呼莫夜之間而有兵戎之事然亦不煩憂恤之也象曰有戎勿恤得中道也者言九二以剛健之德決去柔邪之小人而又所行所為之道无過无不及皆得大中之道

又何所恤也

九三壯于頄有凶君子夬夬獨行遇雨若濡有慍无咎

象曰君子夬夬終无咎也

義曰此一爻有錯倒之文當曰壯于頄有凶獨行遇雨若濡有慍君子夬夬无咎何則三應于上上為陰柔被決之小人夫既應于小人為小人之所汚辱則何得无咎哉又象曰君子夬夬終无咎也以此固知夬夬而後无咎也頄者面之骨謂上六也上六處一

卦之上故有面頄之象夫剝之卦五陰長而一陽在上猶五小人而剝一君子六三于小人之中獨能上應君子而不為剝削之道故曰剝之无咎此卦五陽進而決一陰是五君子而決一小人也獨九三不與衆君子同心決去小人而反私應之是壯于頄凶之道也獨行遇雨若濡有慍君子夬夬无咎者夫雨者陰陽和合之所致也衆賢方共決上六之一小人而三獨應之而其志和合故曰獨行遇雨夫小人之性

近之則不孫遠之則怨今夬決之時君子得志而反爲小人之所汚辱是獨遇雨而濡潤其身且有慍怒也夬夬者敢決之辭也惟君子之人性明而志果居九三之位不爲應之所撓奮然決之乃得无咎也象曰君子夬夬終无咎也者言九三終能抱公却私與君子之衆同德合義以決去小人則无過咎之累也

九四臀无膚其行次且牽羊悔亡聞言不信象曰其行次且位不當也聞言不信聰不明也

義曰次且者其行不安之貌也衆君子皆欲上進以決去小人九四以不正之質獨當其路爲衆賢之所傷而不得安行也牽羊悔亡也者羊者剛性之物謂九三也言九四若能牽連九三之剛與衆賢協心盡力上決于小人則其悔可亡也聞言不信者九四雖牽連于九三而其悔得亡然九四之性本以剛強而自任故雖聞其言亦不信之也象曰聞言不信聰不明也者言九四所以聞言不信者以視聽之間有所不明也

九五莧陸夬夬中行无咎象曰中行无咎中未光也

義曰莧陸草之柔脆者也九五居至尊之位以天下之威而躬親決上六之一小人則決之甚易若去莧陸之草也中行无咎者九五既能決去小人而以中行得无咎者何也夫爲君之道必得天下之賢而任使之賢人衆多則自能決去小人故不勞己力可以安而无爲今九五以萬乘之威而躬決小人是由不

能任天下之賢而用之也若能以大中之道而行則方得无咎也象曰中行无咎中未光也者言居至尊而親決小人雖得中正未足謂之光大也

上六无號終有凶象曰无號之凶終不可長也

義曰上六以陰柔小人之質當夬決之時居衆賢之上而貪其榮寵戀其禄位不能退避君子而又乘陵于上卒爲君子之所誅故雖號呼于天亦終不免其凶咎故先聖戒之言无用號呼亦不能逃其

誅而免凶也象曰无號之凶終不可長也者上六當夬決之世而居衆賢之上是其勢微力弱必為衆賢之所誅是不可以長久也

姤

䷫ 巽下乾上 姤女壯勿用取女

義曰按序卦云夬者決也決必有所遇故受之以姤姤者遇也夫羣陽並進以決小人小人既去則聖賢之人得其相遇也然謂之姤者蓋以陰而遇于陽以

柔而遇于剛也以人事言之則是臣遇于君君遇于臣也以至貴賤尊卑少長師友之間皆得其遇也女壯者此指初六而言也以其以一陰而遇五剛是女之壯者也勿用取女者女之為道固當婉娩柔順從一而終臣之為道必盡心竭力以事其上今初六乃以一陰而遇五陽是剛壯不正不順之女故聖人于此戒之言不可取猶不忠不一之臣不可用也

彖曰姤遇也柔遇剛也勿用取女不可與長也天地相遇品物咸章也剛遇中正天下大行也姤之時義大矣哉

義曰柔遇剛也者言初六以一陰而遇五剛也以人事言之則是以卑而遇于尊以賤而遇于貴君臣上下朋友夫婦之間皆得其遇者也勿用取女不可與長也者夫以不正不順之女用于閨門則不能成其室不正不順之臣用于朝廷則不能盡忠而害天下今初六之陰不能專一其行以剛壯而遇于衆陽

是不可與之永長以相處終始以相保也故曰不可與長也天地相遇品物咸章也者此以下廣明姤之義也天以一陽之氣降于地地以一陰之氣承于天天地之氣相遇故萬物發生而章明也故君臣相遇則能成天下之治夫婦相遇則能成閨門之事師友相遇則能成其道業也剛遇中正天下大行也者凡人有剛明之德而不遇中正之位則不能行其道有中正之位而无剛明之德則不能稱其任今九五既

有剛明之德又居中正之位故能大行教化于天下而盡姤遇之道者也姤之時義大矣哉者夫姤遇之道患不得其時得其時患不得其義既得其時又得其義然又患不能久之也故君臣相遇不久則不能治天下夫婦相遇不久則不能治閨門朋友相遇不久則不能成道業是姤之時與義至大至難故先聖于此重嘆美之也

象曰天下有風姤后以施命誥四方

義曰風之行于天下以發生萬物則物无不相遇而得其生成此姤之象也后者天子諸侯之通稱夫天子之治天下諸侯之治一國皆當法姤之象發施仁義之教命以詔告于四方之民則四方之民莫不順從而悅服也

初六繫于金柅貞吉有攸往見凶羸豕孚蹢躅象曰繫于金柅柔道牽也

義曰金者堅剛之物柅者車輪之下制車之行是制動之器謂九二也初六居姤之始以一陰而上承于五陽是剛壯不正之女也然上有九二最近于已九二有堅剛之德能制物之動今初六若能繫之而不躁求妄動正一而不遷則得其吉也然初繫于二本非其正然姤遇之時人无常親有賢者則可以附合不顧正應而繫之也故初六若能專一守正以繫于二則可以獲吉矣有攸往見凶者初六既不能順從于九四之正應而繫于九二則當專一守正可以獲

安若苟有所往而妄動則是凶之道也羸豕孚蹢躅者羸豕牝豕也淫壯之甚者也蹢躅躁動之貌言初六既以一陰而上承于五陽又不能專一守正躁動而欲有所往是若羸豕淫躁之甚者也象曰繫于金柅柔道牽也者夫陰柔之體不能自立必牽繫于剛明之人乃可也今初六以陰而繫于九二之陽是陰道之牽也

九二包有魚无咎不利賓象曰包有魚義不及賓也

義曰魚陰物也謂初六也夫姤遇之時君臣上下貴賤尊卑各以正道交相際接然後事克濟矣今初六之陰來附于已非已所召已得初六之陰如庖廚之有魚然无咎者初之應本在四而已擅之是有咎也以初之來非已所召近而相得可以无咎也不利賓者夫饗賓當以其正今九二所得之魚非其正也初本九四之民今附于已是擅有他人之民擅有他人之民而與人是義之所不可也故象曰義不及賓也

九三臀无膚其行次且厲无大咎象曰其行次且行未牽也

義曰夫姤遇之時君臣上下尊卑貴賤皆得其遇然後有所濟矣今九三上无所應下无所繫是不得相遇之道也然姤之時下之君子欲上進而已當其路又乘九二之剛必見所傷而不得其安行故曰其行次且厲无大咎者言九三雖為下之所傷而以陽居陽所履得正處非有妄若能常自危厲而周防警戒則咎亦无大矣象曰其行次且行未牽也者言九三不能牽連衆陽而獨當上進之路所以次且而不安也

九四包无魚起凶象曰无魚之凶遠民也

義曰魚亦謂初也夫姤之卦以一陰而遇五陽則淫壯甚矣然初六既以躁妄之情與二相得而失四之應是猶二庖有魚而四反无之也起凶者夫姤遇之時必得天下臣民然後有所輔助而動作不失其正

也今九四以不中不正之身居上卦之下雖有初六之正應而反為九二之所繫則是君无其臣國无其民動而有凶也故孟子曰得道者多助失道者寡助多助之至天下順之寡助之至親戚畔之今九四居不得正履失其中是寡助之人也象曰无魚之凶遠民也者夫民惟邦本本固邦寧初為九四之民而繫于二九四不得有之是遠于民也

九五以杞包瓜含章有隕自天象曰九五含章中正也

有隕自天志不舍命也

義曰杞者杞梓之材木之秀者也言此一爻有剛明之才中正之德居至尊之位為姤之主而不遇其應雖有衆陽在下來助于己然在下者各固其位但如延蔓相纒終无所益是猶杞秀之材雖甚盛茂而為瓜之延蔓纒繞之適足為美材之累含章有隕自天者以己有剛明之才居至尊之位而下无賢明之輔是以終日之間焦心勞思以求天下之賢蓋自念有

倡而无和有令而无從有仁義不能施于天下有禮樂不能宣布于四方于是但含蓄章美之德以待天下之賢是以盡其至誠不舍其命以求天下之賢言天若隕墜我之命則已若天未隕墜其命則我求之不已天必生賢明之臣以為己之輔佐為己之應援故曰有隕自天明九五求臣之切也象曰九五含章中正也者按坤之六三曰含章可貞或從王事彼以其為臣之道言其在下而含蓄章美之德待其君而後發此云含章君之道也九五居中正之位亦含蓄章美之德而无中正之臣以輔己而宣發之故守其中正之位待其得賢而後已有隕自天志不舍命也者言此九五之君求賢之切若天不隕墜我之命則我之志不舍其求賢之命矣故古之高宗諒闇三年其惟不言恭默思道至于夢寐之間孜孜求賢以得傅說置之為相又周之世宗以朝廷左右雖有百官而无中正之臣故孜孜求賢以得王朴任之為臣以

建太平之策以此見自古聖人治天下求賢之心乾乾不已也

上九姤其角吝无咎象曰姤其角上窮吝也

義曰角者物之最上窮極之處也按此上九居一卦之極在无位之地當姤之時上无所遇下无所應如至于角窮盡而無所容也吝无咎者以其居窮極無位之地上无所容是自取鄙吝又何咎于人哉故曰无咎象曰姤其角上窮吝也者言上九不能自量

其時而進至于角是窮吝之道也

欽定四庫全書

周易口義 卷七

周易口義卷七

欽定四庫全書

經部

周易口義卷八

詳校官尚書臣德保

通政使司副使臣莫瞻菉覆勘

總校官原任中允臣王燕緒

校對官中書臣王家賓

謄錄監生臣何均

欽定四庫全書

周易口義卷八

宋　胡瑗　撰

下經

萃

坤下兌上　萃亨王假有廟利見大人亨利貞用大牲吉利有攸往

義曰按序卦云物相遇而後聚故受之以萃萃者聚也蓋言聖賢既相遇則天下之人得以會聚故以

萃次于姤也然萃所以得亨者蓋君臣相遇民物和會當此之時其道得以大通其志得以上行故萃亨者此也王假有廟者廟貌也言聚先祖之神故謂之廟何則夫人之生則精神萃之于身及其死也䰟氣歸于天形魄歸于地于此時也孝子慈孫雖有求見之志而不能見其容貌雖有䖍奉之心而不得為之奉養是故聖人觀萃之卦假其萃聚之道設為廟祧以萃祖宗之精神于其間以奉四時之祭以盡孝子之心而施教于天下使天下之人當此萃聚之時皆知尊事其祖先也故萃聚之道莫大于此利見大人亨者夫小民蚩蚩不能自立是必得大有才德之人以仁義之道生成之然後得其所亨今萃聚之世民物和會故當利見大有才德之人然後民得以亨通矣利貞者君之所以得民民之所以從君必須利在于正道苟居上者不以正道而治之則民始雖衆多而聚終亦離叛矣是萃之道所利者惟在于正用大牲吉者夫君之所有天下者蓋由功業被于民而

為天之所眷祐者也故孟子曰天與賢則與賢天與子則與子是則為人上者撫有萃聚之世皆由天所付與之也故王者當此萬物萃聚之世必用其碩大之牲為之享祀以答天所貺之命故得其吉也利有攸往者萃聚之世君臣會聚天下和同故聖賢君子必當往而康濟之使天下大得其亨通矣

彖曰萃聚也順以說剛中而應故聚也王假有廟致孝

享也利見大人亨聚以正也用大牲吉利有攸往順天命也觀其所聚而天地萬物之情可見矣

義曰萃訓聚也言天下君臣民物會聚之時也順以說者此就二體以言之下坤為順上兑為說是聖人在上能以仁義之道順民之欲說民之心使羣民亦以順說而相合也剛中而應故聚也者此指九五六二而言蓋五以剛德居中為萃之主下應六二柔正之臣是君臣之間倡而和令而行同德而治者也

夫既順而說又剛而中有此四德之備然後天下之民因得而聚矣王假有廟致孝享也者言王者假立廟貌以聚先祖之精神以修四時之祭以盡孝子之心而示教于天下使皆能明享親之禮也利見大人聚以正也者言當此萃聚之時必須得大有才德之人以正道治之則天下可得而久大矣用大牲吉利有攸往順天命也者夫君者天之所以命也故代天理物以仁義之道生成天下之民使天下之民皆受其賜而會聚于時則王者用大牲之禮答天之意以順承天之所命也然利有攸往而言順天命者夫王者既代天理物則必往而康濟之所以順上天付與之命也觀其所聚而天地萬物之情可見矣者此廣明萃聚之義也夫天本居上地本在下及其陰陽相交萬物發生而萃聚此天地聚會之情也至于昆蟲草木亦各從其類故繫辭曰方以類聚物以羣分是也今此君臣民物各相萃聚之世聖人觀此萃聚之道

則可以見天地萬物之情狀矣

象曰澤上于地萃君子以除戎器戒不虞

義曰上兑為澤下坤為地澤者水之所聚今澤處地之上是萃聚之義也除去也言君子之人當此萃聚之世民既和說海内晏然于是之時不可復用其兵是必韜藏其弓矢偃息其戈矛以示天下不復用兵也故昔者武王翦商之後載櫜弓矢倒載干戈歸馬于華山之陽放牛于桃林之野是所謂除去戎器者

也然天下雖安忘戰必危故雖萃聚之世民已和會然不可不有所備蓋事久則弊隆極必替故聖人于是時亦常因民之隙訓習師旅以為國備而戒不虞至如堯舜商周之時可謂極治矣然猶立司馬司徒司空司寇之職以訓習兵戎以是觀之雖在萃聚之世至平之時亦當戒于不虞此乃聖人安不忘危存不忘亡之道也

初六有孚不終乃亂乃萃若號一握為笑勿恤往无咎

象曰乃亂乃萃其志亂也

義曰孚信也按此初六居萃聚之世上應于九四是以始初則以至信相待欲相萃聚然而六三以不正之身居其間上无其應又最比于四遂招誣謗之言以間于己是以初雖始有誠信以待于四今既為小人之所間則初六誠信之心不得其終也乃亂乃萃者謂六三既為間于初六不得與四相從是以初六心志必為惑亂也故曰乃亂然且當萃聚之世是上下皆相求萃聚之際初雖心志惑亂終得其萃故曰乃萃若號一握為笑者號謂號咷也一握謂掌握之間至淺末者也萃聚之世必上下相求和會然後必有所濟然此初雖與四為正應然為六三小人之所間厠于其間以疎隔于初使不得與四萃聚故始則有號咷之怨然四雖為三之所間隔于己而本與初為應故亦不至于深久雖初始則號咷然終得與四為之萃聚而有懽笑也勿恤往无咎者夫君子為小

人之所疾害小人為君子之所決去此理之常也今初為六三小人之疎間于己為之讒謗然君子之心何必憂恤但執其正道以至誠公直而行往求于四之應則必无咎矣

六二引吉无咎孚乃利用禴象曰引吉无咎中未變也

義曰君子之進不可自媒以茍媚其君而幸其時之寵榮也是故君子懷忠信以待舉力行以待取是君子凡所進用必須有道待上之聘求然後往則得盡

進身之道也今六二以陰居陰履得其中又上應九五中正之君然亦必待其君援引于己然後往之此所以得吉而无咎也孚乃利用禴者孚信也禴薄祭也夫君子之進必在乎誠信相交心志相接然後其道可以大行也今當萃聚之時君臣之間誠信既著心志既通則可以不煩外飾其道得行矣若夫君臣之間誠信未著心志未通而欲其道之大行則孔子所謂未信而諫則以為謗己者也蓋君臣相應則道

可大行孚信中立則雖禴之薄祭亦可通于神明也象曰引吉无咎中未變也者言六二之所以待君之見引而後進者蓋守中正之道而不變不為富貴貧賤之所移待求而進是志未有變也

六三萃如嗟如无攸利往无咎小吝象曰往无咎上巽也

義曰如語辭也六三以陰居陽位不正也居下卦之上不中也以不中不正之身居于萃聚之世上无其應而欲親比于四然四本與初為正應是以不納于己既不見納是以嗟咨怨望復何所利哉往无咎小吝者萃聚之世上下相求以成萃聚然後事有所成今此六三雖无正應而四又不見納然當是萃聚之時捨其四之陽以類求類則往而應于上六亦免其咎然小有鄙吝者蓋上六亦陰以陰求陰所以小吝而已象曰往无咎上巽也者言六三捨九四而往應于上必无咎也何則蓋上六以陰爻在上陰為巽順必下接于己也

九四大吉无咎象曰大吉无咎位不當也

義曰萃聚之世衆陰皆欲萃于君而四以陽居陰在上卦之下不中不正而當衆陰之路是必有擅民之疑奪權之嫌故須内抱剛明之德外盡忠順之道使其事為大吉然後可以免咎故曰大吉无咎

九五萃有位无咎匪孚元永貞悔亡象曰萃有位志未光也

義曰萃聚之世天下之民皆遇聚歸于上今五有剛

明之才居至尊之位當是時下有九四不正之臣據羣陰歸己之路而固塞之是使衆民皆歸于四而不歸于五故五所存者位與號耳无咎者以五雖有權臣在下侵權奪勢然本有剛明之才中正之德但其道不得以大行亦可以自得无咎也匪孚元永貞悔亡者言五雖有侵權之臣而使己之威賞號令不行于天下而不為天下之所信茍能自守永長貞正之德无私无陂久而不變則可以悔亡象曰萃有位志

未光也者言五雖有其位而其道不得以大行而教化號令不能以及于天下不為天下之所信是其志未甚光大也

上六齎咨涕洟无咎象曰齎咨涕洟未安上也

義曰齎咨者嗟嘆之貌出自目曰涕出自鼻曰洟上六居卦之極上進无所往引退无所適當萃之時而又下无其應是以嗟嘆而涕洟以求其萃聚也然則得无咎者蓋六三以不正之身在下卦之上亦无其應是以與上以類求類此所以无咎也象曰齎咨涕洟未安上也者言上六所以齎咨涕洟者以不得其所而不安其居也

升

䷭ 巽下坤上 升元亨用見大人勿恤南征吉

義曰按序卦云聚而上者謂之升故受之以升言物之衆萃自少而聚之于多自下而至于高以升于上故以此升次于萃也然曰元亨者言聖賢之人升于

上位必須有元大始生之德以生成天下之民物又有大亨之德以通濟天下之事然後得盡所以升上之道也用見大人勿恤者夫君子之升進雖有是大生大通之德然不可孑然而獨往必須用見大有才德之人以依附之然後升其高位而不至于危可以永保其禄位復何有所憂恤哉南征吉者按此一卦上坤坤為西南之卦下巽巽為東南之卦上下皆是南方之位故曰南征夫聖賢之人居升進之時必附

麗南方離明之主又取其往就南方長養寬平之地以生成天下則所行之道无不通濟故可以獲其吉也

彖曰柔以時升巽而順剛中而應是以大亨用見大人勿恤有慶也南征吉志行也

義曰柔以時升者此釋卦名之義也巽在下坤在上二卦之體皆主柔順而又三陰在上得時而進亦猶賢人君子執柔順之道以其時之可進而進是得其

升進之義也巽而順剛中而應是以大亨者此又以二體兼九二六五以釋元亨之義下體巽也上體順也剛中九二也應謂六五也夫君子必不可全任巽順之德若全任之則失于懦是必內有剛明之才外有柔順之行使剛不過亢柔不至懦而所為所行之事皆得其中正然而外既有柔順之德內有剛明之才苟或上无其應則亦不可得而升進故今又應于六五中正之君是當此之時君子皆得其升進之道

以元大始生之德通濟于天下是以大亨也南征吉志行也者言君子之進既附麗其大人又即其南方生養寬平之地以生成于天下是所立之志所行之道皆得以大行矣

彖曰地中生木升君子以順德積小以高大

義曰坤為地巽為木夫木之生資于地始自芽蘗至把握積久以至合抱是升進之象也君子觀此象執柔順之德常積善道不矜細行以日繼月以月繼時

以時繼歲至終身久而不變積小善以至大善由小賢以至大賢由大賢以至于聖皆從微而至著由小以至大故曰積小以高大也

初六允升大吉象曰允升大吉上合志也

義曰允信也率從之稱也夫升進之時君子所志在于乘時以升進于其位而行其道也今初居巽之體處升進之始雖无其應然于九二同心合志以進于位為衆賢之先倡故賢人君子皆信而率從之以進

于上君子之人既得升進則其道得以行其志得以伸其澤可以福于生靈其功業可以被于天下故吉之大者此也象曰允升大吉上合志也者初六當升進之時為升進之始雖上无應然與九二中正之賢合志而進使衆人亦率從于己而升進故得大吉也

九二孚乃利用禴无咎象曰九二之孚有喜也

義曰孚由中之信也禴春之薄祭也九二以剛陽之德處下卦之中而體居其巽是其剛不過亢柔不至

弱執大中巽順而升者也而又上應六五之君以柔順而接納于己是升而得其時得其道者也以至于所行之道所為之事无不合于中夫君既以柔順而接納于下則下得盡其由中之信至誠之道以事其君若然以至信至誠而事其君則不假外物不須外貌而君自然信任矣亦若誠信立于中雖薄禴之祭亦可以通于鬼神也左傳所謂苟有明信雖澗溪沼沚之毛蘋蘩薀藻之菜筐筥錡釜之器潢汙行潦之水可以薦于鬼神可以羞于王公是也无咎者九二以至誠之道奉于君而君任信之則是諫行言聽膏澤下于民以此為臣何咎之有象曰九二之孚有喜也者夫君臣相信以成天下之事以立太平之功是有喜慶之美也

九三升虚邑象曰升虚邑无所疑也

義曰九三以陽居陽履正者也而又有上六以為之應進不為小人之所阻礙退不為時之所疑滯而上六又為之引道上下相順无有疑閡以是而升于君

子之位若升虚邑然復何所疑哉

六四王用亨于岐山吉无咎象曰王用亨于岐山順事也

義曰王即文王也岐山文王所治之地也夫升進之道貴于柔順今此六四以陰居陰履得其正上比于六五是進得其位者也然比于六五柔弱之君又下乘衆陽剛強之臣六四執柔順之道率其剛強之臣

以事其君故有文王之象昔商紂在上文王為西伯治于岐山之邑當此之時文王有聖人之才无聖人之位而以仁義之道生成其一國至如耕者九一罪人不孥仕者世祿關譏而不征市廛而不稅發政施仁必先于窮民是以岐山之民皆得亨通故歸者如歸父母當是之際文王升進之道愈盛故曰王用亨于岐山也吉无咎者文王以仁義居人臣之位升進之道固已盛矣天下之心固已歸矣如是則幾于侵

君之權擅君之民苟不以柔順之節奉于上則臣子之分虧而凶咎必至矣故文王能盡臣子之道執柔順之節率天下之民以服事于紂故得吉而无咎矣象曰王用亨于岐山順事也者言文王治岐山之地三分天下有其二且盡率其民以服事于紂不失臣子柔順之道是至順之事也

六五貞吉升階象曰貞吉升階大得志也

義曰階是尊者所居之地六五以陰居陽本失其正者也然升進之道貴于柔順今六五有柔順之道居得其中是有大中之德者也而又下有九二剛明中正之臣為之輔佐然所為之事患在于不正若能守之以正則可以獲吉而當至尊之位也象曰大得志也者若能守至正以居其位而治天下之民使皆受其賜則已之志大有所得也

上六冥升利于不息之貞象曰冥升在上消不富也

義曰冥者冥昧也夫升進之道至于五位大中之極

也惟聖賢之人則不為情所遷不為情所誘進退存亡皆得其正可以進則進可以退則退可以止則止今此上六其性冥冥然无所知但知進而不知退知存而不知亡升而不已過于至尊之位失其大中之道而至于亢極故曰冥升也利于不息之貞者息長息也言雖冥昧不知其已以至于上若能知升而可以已知進而可以退謙虛消損不務長息以正自守則猶可獲其吉也象曰冥升在上消不富也者言上

六既不違存亡之幾以至于上位固當消虚自損不為尊大以自至于富盛也

困

坎下兌上 困亨貞大人吉无咎有言不信

義曰按序卦云升而不已必困故受之以困言升進之道不可過極過極則窮困從而至矣至如天之道升而不已必至過亢之悔地之道升而不已必至龍戰之災以天地之道至大尚有困極況于人乎以人

事言之是君子之人不得其位不進其時其道不能行于天下而身至于窮困故曰困然得亨者言君子之道身雖困窮而道自亨何則夫君子之人以仁義道德充積于中不為窮達富貴患難以動其心是身雖處困而其道自得以亨通故孟子曰君子所性雖大行不加焉雖窮居不損焉此之謂也貞大人吉无咎者貞正也言小人居窮困之時憂愁迫蹙姦邪竊亂无所不至則其為禍也不可勝道矣惟君子處于窮困則能以聖賢之道自為之樂又能取正于大有德之人以為法則故所行无不得其道所以獲吉而无咎矣有言不信者夫聖賢之人居得其位行得其道不令而民自信不言而民自從其勢固然也至于窮困之時不得其位不能行其道雖有言可以為天下法而終不見信于人亦勢然也何則夫惟聖知聖惟賢知賢是君子當窮困之時豈能以言語見信于小人哉故孔子聖人也孟子賢人也困于衰周之時

雖歷聘于諸國人皆謂之迂闊是有言而人終不見信之也

彖曰困剛揜也險以說困而不失其所亨其惟君子乎貞大人吉以剛中也有言不信尚口乃窮也

義曰剛揜也者此釋困卦之義也坎為陽兌為陰陽為剛君子之象陰為柔小人之象夫剛體本居于上柔體本居于下猶君子居上位以治于下小人居下位以奉于上今困之卦陽居下陰居上是剛為柔所

揜君子為小人所蔽困之象也險以說困而不失其所亨其惟君子乎者此以二體言之下坎為險上兑為說言君子雖居窮困險難之時而能以聖人之道自說樂之則處險而不改其說是于困而不失其所以亨通之道非君子其能與于此貞大人吉以剛中也者即九二九五也言二五皆有剛明之德而又得其中是大有賢德之人也故君子居此困窮之時必當持正此大有德之人也有言不信尚口乃窮也者

君子當是窮困之際道不得行言不見信苟尚口頰徒益至于窮困也

象曰澤无水困君子以致命遂志

義曰兑為澤坎為水夫水本聚于澤上而浸潤萬物今水反在澤下是萬物不被其潤澤猶君子之人所以居大位而澤天下之民今反在困窮之地是其道不及于天下此困之象也君子以致命遂志者命謂天之所命也致謂極盡之義言君子有仁義之道藴諸其身固當居大位處重權施其事業于天下以澤萬民則宜矣今居于窮困之間使其道不得以行是事非已招咎非已致匪人力所為蓋天命之使然也然而君子之心自達于性命之理不以困躓易其操不以貧賤變其節恬然自樂以遂其志也

初六臀困于株木入于幽谷三歲不覿象曰入于幽谷幽不明也

義曰臀者最處卑下之物也株木者枯老朽槁之木

初六居困之始在坎險之下其體陰柔不能自濟雖上有九四為之應然為二所間隔又有六三上无其應下比于四初以三専侵已之正應是以已欲上進而不得又最在于下是猶困于枯槁之木更无生長繁盛之意也入于幽谷者初既居窮困之下不能自濟進不得已之應如入于幽暗深谷之中而无所明顯也三歲不覿者此爻窮困已甚雖有四之正應而為二三之所間使不得進而又在于下體難于上進

至于三歲之間亦未得與四相見象曰入于幽谷幽不明也者初最居下如困于幽暗深谷之中无所明顯也

九二困于酒食朱紱方來利用亨祀征凶无咎象曰困于酒食中有慶也

義曰凡居窮困之時必有剛明之才然後能濟于世今九二以剛陽之質處下卦之中有剛明之德是能自濟者也既有剛明之德而能自濟則衆皆歸之歸

之者衆則所奉者厚故困于酒食饜飫之象也朱紱方來者朱紱天子之服天子純朱紱方將也言九二既有剛明之才大中之德為衆人所歸則天子必委任之既委任之則降體貌以禮之厚恩命以尊寵之是天子寵命將至故曰朱紱方來利用享祀者凡易中言享祀之類皆謂以至誠上通于神明九二既為衆人所歸又為天子所任則必能進其至誠率天下之人以奉于上如享祀之時竭誠以通于神明也征凶无咎者以此九二其勢已尊其權已重其寵已隆人臣之分盡于此矣若不知止而復求其進凶禍必至矣夫凶禍之來皆已所招非他人所致復何咎于人哉此亦戒之之意也象曰困于酒食中有慶也者言九二有剛明之德居得其位而為天子所任得行其道于天下而有喜慶之事也

六三困于石據于蒺蔾入于其宮不見其妻凶象曰據于蒺蔾乘剛也入于其宮不見其妻不祥也

義曰石者堅頑之物也蒺蔾者草之有刺者也大凡居困之際必有剛明中正之德乃能自濟今此六三以陰柔之質處于陽位是履不得其正過于六二是行不得其中以不中不正之身妄據崇高之位上无其應當困之時上進則有九四之剛陽以隔塞其路故曰困于石下而欲守其位則乘于九二之剛夫九二以中正之才為已所乘陵則反害于已故曰據于蒺蔾是進退皆不得其安也入于其宮不見其妻凶

者言三以柔順不正之質進既不得行道退又不獲所安上又无正應以為已輔是其窮困至極則雖至親之人尚不可得而見之是猶入其宮而不見其妻此凶之道也故先聖亦繫此爻曰非所困而困焉名必辱非所據而據焉身必危既辱且危死期將至妻其可得見耶象曰據于蒺蔾乘剛也者言六三所以據于蒺蔾者葢乘九二之剛也不祥者祥善也以不見其妻而罹其凶是豈為祥善者哉

九四來徐徐困于金車吝有終象曰來徐徐志在下也雖不當位有與也

義曰徐徐者舒緩不敢決進也金者堅剛之物車者至剛載物而行者也謂九二也按此九四爻以陽居陰居非其位當困之時與初為正應然九二在下上无其應欲其比之固塞已路使不得以相會遇是以九四不可決然而行但徐徐然舒緩而圖之也吝鄙吝也以已有正應而為二所固塞是鄙吝之道也有終者九四既履非其正為二之所間隔然當困之時上下相求雖為二所隔而初六本與已為應但緩而圖之則初六終與已為之應也象曰來徐徐志在下者徐徐而來葢本與初為正應是志在于下也雖不當位有與也者以陽居陰不當位者也然初六之陰本已之正應既為正應雖見隔于九二亦終有相與之道也

九五劓刖困于赤紱乃徐有說利用祭祀象曰劓刖志未得也乃徐有說以中直也利用祭祀受福也

義曰劓者割鼻之刑也刖者斷足之刑也赤紱者諸侯之服也按毛詩車攻篇云赤紱金舄會同有繹是言諸侯來朝用此赤紱也此五所以言劓刖困于赤紱者言五居困之時衆所不附為困之主困之極者也夫居困之時衆所不附當寛其慈恵以仁義之道居已以下于人則人皆樂而歸之今不能寛其慈恵反以剛壯之道刑罰之威以服其人使民畏而從之

欲天下諸侯皆從于已然後以威力服之非心服也故人必不從反為諸侯之所困也乃徐有說者言九五本居得其中又履得其正雖始失于威暴而為人所不從若能徐徐緩而圖之施德布惠則人必感悅而從矣然亦利用祭祀者言九五緩而圖之以有感悅之道必須盡其至誠以接天下猶祭祀之時盡其至誠以通于鬼神也然二云利用享祀五云利用祭祀者蓋至誠至信其禮則一但九二人臣之位九五

人君之位居君臣之分尊卑之差豈可无別故二曰享祀五曰祭祀也象曰劓刖志未得也者言五專尚劓刖威服于人而人心將不樂從故其志未有所得也乃徐有說以中直也者言五所以緩而圖之有感悅之道者由已居得其中行得其直故也利用祭祀受福也者九五若能盡其至誠以接于下猶祭祀以受福也

上六困于葛藟于臲卼曰動悔有悔征吉象曰困于葛藟未當也動悔有悔吉行也

義曰葛藟者蔓生之藤臲卼者不安之地也言上以柔弱之質下无其應居于卦外極困之地不能自濟是以困于纏繞不得所安困之甚者也曰者思謀之辭凡吉凶悔吝生乎動者也上六既處極困則思謀其身處度其事動必有悔吝既動而有悔必當冒難而往以求其變通不顧險難決然而往則可獲其吉矣象曰困于葛藟未當也者上六居困極之地非所

當居而已居之所以有纏繞之困也動悔有悔吉行也者上六既居難中不可不動必冒難而行則獲其吉也

井

䷯ 巽下坎上 井改邑不改井无喪无得往來井井汔至亦未繘井羸其瓶凶

義曰按序卦云困乎上者必反下故受之以井蓋言君子之人升進不已則必至于窮困既困于上則必

反而歸于下此井所以次于困也改邑不改井者邑者都邑人民之所聚居也井者是居其地而不可遷改也夫都邑民所居也則可以遷井之為德則不可遷夫邑之名猶君子之身井之義猶君子之德君子之身可貴可賤可富可貧可生可殺君子之道則不可為富貴貧賤生死所加損无喪无得者夫井之淵源終日汲之而不為之喪失雖終歲不汲亦不至于盈滿猶君子積其德于身至于用與不用乃君民之

幸與不幸耳于君子之身何所損益哉往來井井者井所以汲水濟于時也往者取其井來者亦取其井往來之人莫不資其養蒙其利也猶君子之德所居之處遠邇之人皆受其賜以至鰥寡孤獨昆蟲草木无不被其澤也汔至亦未繘井羸其瓶凶者汔猶幾也將至之謂也繘者汲水之綆也羸者縮絆之謂瓶者汲水之器凡井之有濟人之功今水將至而綆未出于井則羸其瓶而傾覆之其澤不能及于人凶之道也猶君子以道德仁義正身履行本欲以濟眾也必須致于有位使其澤及于民物則功必有成也而反有至中道而自傾覆其德則澤反不能施天下亦凶之道也

象曰巽乎水而上水井井養而不窮也改邑不改井乃以剛中也汔至亦未繘井未有功也羸其瓶是以凶也

義曰此先以二體明井之義也坎為水巽為木又為入木能入水而舉上其水井之象也井養而不窮者

夫井泉源之所聚往者來者皆取以為養而无有窮盡也改邑不改井乃以剛中也者言都邑之人居可以遷井者掘地為之不可以遷猶君子身可以窮達德不可以移易若是惟二五能之二五以剛中之德則不為富貴貧賤生死之所移其德至造次顛沛之閒未始變其道如井之不遷也汔至亦未繘井未有功也者言水汔至而綆未出于井其功未濟于人也羸其瓶是以凶也者所汲之綆既未出于井而又羸

綰其瓶以傾覆其水如君子不能濟人而又傾敗其仁義中道而止是凶道也

象曰木上有水井君子以勞民勸相

義曰巽為木坎為水木能入水而舉上其水以濟于人有井之象君子法此井象以勞來安恤其民而勸相之勸者舉天下之賢才黜天下之不肖興庠序之教化施禮樂之道以勸天下之人使皆知遷善而遠罪也相助也謂勸農輕徭薄斂節儉國用所以助其

生也既勞以安之又勸相以助其生是以仁義之道被于民得井之義也

初六井泥不食舊井无禽象曰井泥不食下也舊井无禽時舍也

義曰泥者水之滓穢也初六以陰柔之質滓穢沈滯居一卦之下上无其應其功不能及于上是井之滓穢沈滯至于為人之所不食也舊井者久廢之井也禽者至賤之物也久廢滓穢沈滯雖至賤之禽猶不向之則人不食可知矣以人事言之猶人不能脩潔其己不能日新其德不務升進而自處于卑下之位為人所不與也象曰井泥不食下也者下謂處于卑下功不及于物也時舍者蓋利不被于人故為時人之所共棄舍也

九二井谷射鮒甕敝漏象曰井谷射鮒无與也

義曰谷者谿谷也鮒即鮒魚也積穢之所生甕者停水之器凡井之道所以汲取以濟于物今九二處下

卦之中上无其應而下比于初猶谿之水下注射于積穢之物又如甕之敝敗其水下漏是皆言其功不能上濟于物也以人事言之君子之人有仁義之術可以濟于天下為生民之福而潛身晦迹以自卑下不務升進以行其道其澤不能及于物以是天下之所共不與者也

九三井渫不食為我心惻可用汲王明並受其福象曰井渫不食行惻也求王明受福也

義曰渫者清潔之貌言九三以陽爻居陽履得其正有剛明之才而在下體如井之清潔而不為人之所食亦若君子有仁義之術不為時君之所用惻者憂惻也言君子所憂者非憂其一身貧賤憂其君不堯舜憂其民不仁壽故其中心惻然蓋以其道德仁義不見用于上其澤不能及于天下也且井之清潔可用服汲而濟于物君子有道德可以升進而濟天下之民然所患者上无明君以察已之道德若王者有

至聖聰明之資能察已之道德以升進于位而任用之使其道行于天下致君于堯舜躋民于仁壽則君臣上下罔不賴其德而受其福慶也象曰井渫不食行惻也者行者所行之道也蓋君子有致君經世之才今反不用則智謀不補于君膏澤不下于民故所以憂惻其道不行于時也受福者是君子必求明王以務升進于上使其道大行于天下則天下之人皆受其福慶也

六四井甃无咎象曰井甃无咎脩井也

義曰甃者以砌累而脩補者也按此一爻以陰居陰處得其正能自脩飾使其泉源清潔為人所食亦猶君子脩潔其行有仁義之道可以濟于天下然位不得中尚未汲以濟于人是君子雖未見用亦可自守其正而獲无咎也

九五井洌寒泉食象曰寒泉之食中正也

義曰洌者清潔之貌按此一爻以陽居陽處得其正

以剛居中清潔其行是猶井之有寒泉清潔不撓為時人所汲而食之以人事言之是聖賢之人居至尊之位有剛明中正之德有仁義之道可以為天下之法則可以生成天下之民以至往者來者皆得而濟之也故若井洌寒泉為時人之所共食也

上六井收勿幕有孚元吉象曰元吉在上大成也

義曰收者物之收成也幕者蓋幕也夫井之道以汲上濟人為功今上六以陰居陰而處一卦之上井道

之大成者也猶賢人君子脩仁蘊義沛然發施天下而福蒼生是君子之道大成也勿幕者上六井道既成則當使天下之人往者來者汲之以得濟養故不可獨擅其利而蓋幕之也亦猶君子德行既成則當發施于天下使天下之人皆受其賜故不可適于山林而獨善其身亦不可吝嗇所為而不施發也有孚元吉者夫井道大成則天下得汲其惠君子道成則天下得受其賜故為天下之人所信既能取信于天

下所以獲元大之吉也

革

䷰ 離下兌上 革已日乃孚元亨利貞悔亡

義曰按序卦云井道不可不革故受之以革凡井之經久必有壞敗故當淘治穢滓以革易其故使之鼎新此革所以次于井革者變革之義也夫天下暴亂人民塗炭是必有大聖之興起拯治天下革天下之命令使天下皆得其寧也已日乃孚者已日則事已成之日孚信也夫愚民知久陷于塗炭雖聖人興起亦未知聖人之所為猶恐未免于難故須聖人丁寧誥戒使民審知然後改正朔易服色殊徽號制作禮樂一新民之耳目使天下之人皆出孚信于上故即日不孚至于已日乃孚元亨利貞悔亡者元亨利貞天地生成之四德在聖人為仁義禮智言聖人為革之道至難必有是仁義禮智之四德以生成天下之民物然後合德于天地而可以无悔吝之道苟于四

德有所不備則將自取悔吝者也

彖曰革水火相息二女同居其志不相得曰革已日乃孚革而信之文明以說大亨以正革而當其悔乃亡天地革而四時成湯武革命順乎天而應乎人革之時大矣哉

義曰水火相息者息滅也下離為火上兌為澤夫水本積于澤中火本炎上水火之性本不相得水遇火而消火遇水而滅是水火之性自然相息滅也二女

同居其志不相得曰革者此因二體以言之離為中女兑為少女言女子之生雖同其居其志各有適人之道是其志自然不相得革之義也已日乃孚革而信之者夫民性之愚久處暴虐雖聖人興起以仁義之道生成之始皆出于塗炭然民尚未信聖人故當已事之日乃新更制作改變號令使決然无疑皆相信而從也文明以說大亨以正革而當其悔乃亡者文明離象也說兑象也大亨以正四德畧舉之也言

聖人既變暴亂之事于天下遂以文章光明之道感悅于民又有元亨利貞之四德以為革之道拯天下之難與天下之治皆順于道而當其理故其悔乃亡也天地革而四時成者此以下廣明革之義也夫天地之道寒暑相易陰陽相盪故四時順其序而成其歲功也湯武革命順乎天而應乎人者夫桀紂之時天下暴亂民墜塗炭湯武憫生靈不獲其所于是興師振旅放桀伐紂以革其弊上以順于天下以應于民此湯武興治補弊救民于水火為王者能濟事之大者也革之時大矣哉者夫革變之時是則革故從新除苛解擾一新民之耳目以變時之號令拯天下塗炭之民而納之安泰之域其道至大其事至深非大有聖德之人則不可為故先聖所以重嘆之也

象曰澤中有火革君子以治歷明時

義曰水火之性不相得故有革之象也君子觀此革易之象以治其歷而明其時蓋天地之大不可以形

究是故君子因為之歷數以推測其妙用究極其躔次考步其陰陽寒暑日月星辰風雨晦明以察天時之早晚以覩四時之代謝所以明示于天下使天下之四民因其時而興功業皆不失其早晚此王者治國之大法也

初九鞏用黄牛之革象曰鞏用黄牛不可以有為也

義曰鞏者固也黄者中也牛者至順之物也夫革之道不可驟有所為必須以仁義之道漸被于民以大

中之道固結于下使民心信確順從于已然後可以大有為而行變革之事也今此初九居卦之始在革之初故不可驟然有所為是必先以大中之道至順之德以固于民使民固信于已順而從之然後可以為其改革更變之事也象曰鞏用黄牛不可以有為也者凡革之道必須德澤被于民已日然後可以革之也民固即日而未孚可遽革之乎故但可固守中順而結之未可大有所為

六二已日乃革之征吉无咎象曰已日革之行有嘉也

義曰初九在革之始不可驟然有所為是必先以大中之道固信于民使民信之然後為變革之事今此六二以陰居陰處得其中又得其正而又處離明之中能以大中之道變革于民民既信之所以得為革之事故曰已日乃革之征吉无咎者征行也言二既居離明之中能以大中之道革變于民夫以是而行則得其吉又何咎之有象曰已日革之行有嘉也者夫以離明之中行大中之道以變革于天下而民悉信之是所行皆嘉美之事而得其吉也

九三征凶貞厲革言三就有孚象曰革言三就又何之矣

義曰今觀此文經文有所倒錯止依此文以解之則義无所當蓋當先云革言三就有孚後則曰征凶貞厲何以明之按此九三以陽居陽處得其正又在下卦之上處離明之極蓋離為火火性炎上上是兑兑為澤為水水火之性本不相得所以得變革之象

也今九三既處離明之極體性炎上時為革道故上之三爻必須從而成就之其順從皆有誠實也猶聖人以離明之道變革所為除去天下之暴為衆人之所信從征凶貞厲者言九三既能革變其民天下之民既信而順不可更有所征行但守至正之道則可以盡變革之義也若復有所往必罹其凶而于正道言之是有危厲者也象曰革言三就又何之矣者之

即往也天下之民既已革而順從當是時也復何所往哉

九四悔亡有孚改命吉象曰改命之吉信志也

義曰九四居非其正本有悔者也然以陽居陰非居剛亢而又在上卦之下當悅順之體下承于火火性炎上而九四能承其炎而變革前政之非故得悔亡也夫九四既非其正然則水火之際居變革之間能承此命以仁改暴以治易亂盡其至誠之心以改革

其前非是以獲吉也象曰改命之吉信志也者言九四在澤之初居于水火之際而居非其正若能盡其至誠承此改革之命令變其已往之非信志而行无疑忌之心則獲其吉也可知矣

九五大人虎變未占有孚象曰大人虎變其文炳也

義曰大人者即大有才德之人也虎者攫搏之物而威棱可畏又有文采顯明著于外者也九五以陽居陽處得其位在上卦之中履其至尊為變革之主又有剛明之才以革去天下之暴亂以鼎新天下之號令新民視聽威德兼行為天下之所信遠近皆畏而革其非僻之心能使朝廷之間君臣上下皆有肅雍文章光明之美以發于外猶虎之有文采炳然著于外又有威棱使皆威信之是若非大德大才之人則曷致于此未占有孚者言九五以大中之道威信于天下以革去當時之弊亂使民信而從之不待占筮而自信矣象曰大人虎變其文炳也者言聖人革去

天下之弊使朝廷君臣上下皆有文采又使遠者近者望而畏之如虎之文炳然而盛也

上六君子豹變小人革面征凶居貞吉象曰君子豹變其文蔚也小人革面順以從君也

義曰夫為革之道必須以孚信固結于民故九五之爻為革之先倡以革變其天下之暴亂有才有位文章顯著而又可畏也今上六體是陰爻過于九五而革道已成且在上卦之極履非首倡又承水火變革

之終是臣民之位也既在臣民之位則當盡其至正之道以輔從于九五則得為革之義使君子居之于此位則能輔于五亦能同為變革于天下雖使文章光顯亦不及于五不可謂之虎變但謂豹變而已言其變革之文蔚然其文采咸稜次于虎者也小人革面者以君子居之則能豹變以小人居之則必包藏狠戾之心但飾其外文柔順其道以從于上故曰小人革面征凶居貞吉者征行也言上六在卦之極過

于九五蓋在臣民之位當輔從于君不可更有所往若以臣民而行則必有猜疑之禍是有凶之道也茍能居是位而守其正則得其吉象曰君子豹變其文蔚也者言君子居此位輔從于五共為變革雖有文采但不及于虎止可如豹文之蔚然亦著見于外也順以從君者言小人但變革其外貌以順從于上而已

鼎

䷱ 巽下離上　鼎元吉亨

義曰按序卦云革物莫若鼎故受之以鼎鼎者變生為熟革故取新之謂也言聖賢之人凡欲革天下之獘亂必須改正朔易服色殊徽號變禮樂以新天下之視聽故必法制齊明得其盡善盡美然後獲元大之吉其道是以亨通也

彖曰鼎象也以木巽火亨飪也聖人亨以享上帝而大亨以養聖賢巽而耳目聰明柔進而上行得中而應乎剛是以元亨

義曰鼎者鑄金所為而有法象者也以木巽火亨飪者此因二體以解鼎卦之象下巽巽為風上離離為火以木以風而入于火故有亨飪之象此鼎之用也聖人亨以享上帝者此以下廣明鼎卦之義言鼎之所以用者由木入火而成也故聖人亨之可以享祀于上帝也而大亨以養聖賢者言聖人大亨以養天下之賢使賢聖盡得其養然此所以言大亨者以天

下之大四海之廣非一聖一賢之所能致又非一耳一目之所能察故聖人分其爵禄大其優寵以廣求天下之聖賢使皆得己之養為養之大莫大于此故曰大亨巽而耳目聰明者言聖人既盡養天下之賢又當以巽順之道下接之是以天下之賢者皆樂其所養盡其謀慮竭其忠信以輔于君以共成其政故得其天下之耳為己耳天下之目為己目以成己之聰明柔進而上行得中而應乎剛是以元亨者此指

六五而言也夫五以柔順之道進而居至尊之位又在上體之中是所為之事得其中而又下應九二剛明之臣是聖賢相得君臣相會故能鼎新制作革去弊亂天下之事无不得其大通故曰是以元亨

象曰木上有火鼎君子以正位凝命

義曰凝成也言君子之人觀此木火亨飪之象凡欲鼎新法令革民弊亂以新天下耳目者必先正其至尊之位定其尊卑之分以凝成其命令而新其法制

初六鼎顛趾利出否得妾以其子无咎象曰鼎顛趾未悖也利出否以從貴也

義曰夫陽以生物為實陰以刹物為虚鼎之為器上虚而下實者也初六以陰柔之質而處一卦之下是鼎器反上實而下虚也既上實而下虚遂至鼎顛趾也利出否者夫否者否惡不善之物也鼎雖顛趾然利于出否去穢以納新也得妾以其子无咎者夫妾者至賤者也以至賤而為尊者之配升于貴位而為

正室所以反得无咎者以其有子故也有子何也以其子能荷先祖之業承宗廟之重故得无咎則公羊所謂子以母貴母以子貴者此其義也其意若君子承弊亂之後思欲鼎新天下之事其所為雖有小害然利于覆去否穢建立新法以新天下之耳目終立天下之大功所以得其无咎象曰鼎顛趾未悖者夫鼎雖顛覆然能覆去否穢以納其新是其道未至于悖逆也利出否以從貴者夫既以顛出否穢以納其

新又以妾為室而无咎以子之貴故也

九二鼎有實我仇有疾不我能即吉象曰鼎有實慎所之也我仇有疾終无尤也

義曰九二以剛陽之質處鼎之中是鼎有實物之象也夫鼎之實必有齊量不可以盈溢若遇其盈溢則有覆餗之凶君子之人雖有才德亦有分量若職事過其才分則有曠官之謗矣仇即謂五也疾謂三與四也言二雖應于五然以三四間隔其路使其君不

得以他職事即加于己故己既得盡其才以事于上而無曠官之咎所以獲吉蓋有實之鼎不可復有所增才任已極不可復有所加故也象曰鼎有實慎所之也者言人才有大小若才不甚大而加其煩任重職則必有凶敗之至故宜慎其所之不可妄其所行也我仇有疾終无尤也者言我之仇雖為二陽所間而不能復加事于己則我終免曠官之尤悔矣

九三鼎耳革其行塞雉膏不食方雨虧悔終吉象曰鼎耳革失其義也

義曰九三以陽居陽自實也居下卦之上有耳之象也夫鼎之耳虛之所以容鉉也今革易其常道以實其耳不能受鉉者也鉉而不受鼎斯不舉矣是其行之所以窒塞也夫鼎而不舉行而窒塞雖有雉膏甘美之食焉得而食哉若君子之人以剛亢自處不能容受天下之賢故其行所以窒塞也夫既不能容受天下之賢雖天下有善謀善慮亦不可得而用矣方

雨虧悔終吉者夫雨者陰陽相和而然也若能改革前非去其剛亢上以交于君下以來于賢則得虧損其悔而終獲其吉矣象曰鼎耳革失其義者言鼎必虛耳以待鉉而舉之今以陽居陽而自實是失其為鼎耳之義也

九四鼎折足覆公餗其形渥凶象曰覆公餗信如何也

義曰九四居上卦之下鼎足之象也餗者鼎之美實

渥者沾濡之貌夫鼎足所以上承于鼎以受其美實今九四以陽居陰居非其位不正者也以不正之質是不能上承于鼎斷折其足傾覆公家之美實不惟傾覆美實而又有沾濡其形體之凶若人臣智小德薄而切進于君當人主大任荷國家重責則必曠敗其職而傾覆公家之事不獨傾覆公家之事而又有刑戮及身受汚辱之禍凶之道也象曰覆公餗信如何者言禍及身信无可奈何也故先聖特繫此爻曰

德薄而位尊智小而謀大力小而任重鮮不及矣言不勝其任也

六五鼎黄耳金鉉利貞象曰鼎黄耳中以為實也

義曰黄者中之象金者至剛之物鉉所以貫鼎耳而舉之謂九二也言六五以陰柔之質居大中之位能謙虚以下接于九二之剛猶鼎虚其耳以待其鉉而舉故今得金鉉貫其中而舉之以成鼎之道也以人事言之則是君虚謙而不自高亢下接于天下賢明之臣使下之賢相率而歸以輔于己利貞者以六五雖有大中之道以下接于臣然以陰居陽履非其正而九二以陽居陰亦非其正也以不正之道相親比則不能无悔故聖人于此深戒之言利在其至正之道然後可以獲其吉也象曰鼎黄耳中以為實者言五以陰柔之質本非其實而能虚中以納物行大中之道以為其實也

上九鼎玉鉉大吉无不利象曰玉鉉在上剛柔節也

義曰玉者有堅剛之質而其色温潤上九以陽居一卦之上處鼎道之成衆爻皆履剛而此一爻獨履六五之柔是剛柔相濟而有玉鉉舉鼎之象以人事言之是為人臣者有剛柔之德致君于堯舜三代之治成太平之化故能獲其大吉而无所不利也象曰玉鉉在上剛柔節者上九以剛陽之爻履六五柔順之質剛而不至于暴柔而不至于懦故所以致君于无為皆剛柔得其中節者也然六五言金鉉而上九言

玉鉉者夫玉之性剛柔全也上九體陽而履柔剛柔全也故曰玉鉉六五以陰而乘陽差失其正其德未備故曰金鉉

周易口義卷八

欽定四庫全書 經部

周易口義卷九

詳校官尚書臣德保

通政使司副使臣莫瞻菉覆勘

總校官原任中允臣王燕緒

校對官中書臣王家賓

謄錄舉人臣楊寯

欽定四庫全書

周易口義卷九

宋 胡瑗 撰

下經 震

震下震上 震亨震來虩虩笑言啞啞震驚百里不喪匕鬯

義曰按序卦云主器者莫若長子故受之以震震動也蓋言鼎者國家之重器震者長子之象按說卦又云

震一索而得男故謂之長男此震者坤一索之卦也故有長男之象言正嫡之子可繼先祖之業奉宗廟之祭能主國家之重器也此震所以次于鼎也亨者震為雷雷者盛陽之氣居于地下而出于地上故動則有威既動而有威則句者出萌者達蟄者伸枯者榮天下萬物昆蟲草木之類无不震動而亨通以人事言之則凡聖賢君子一動而天下之民无遠近小大无鰥寡孤獨皆被其德澤而各遂其所若君子之人一動而不能法震雷使萬物得其亨通則不能成動之道是動之妄者為也故聖人特于此言震亨者所以為動者之法也震來虩虩者虩者蠅虎之蟲也藏隱壁中蠕然而動言威震之來則人為之戰兢悚懼不能自安如虩虩蠕然而動然則重言虩虩者恐懼之至也笑言啞啞者啞啞則和樂之貌言始以威剛既能戰慄不敢為妄故動有法則而不陷于刑戮雖有威剛之嚴而不加于己故始雖有恐懼之憂終

有笑言之樂震驚百里不喪匕鬯者百里即雷聲之所及也匕者宗廟之器以棘木為之似畢而无兩岐所以舉鼎之實而升于俎也鬯者以鬱金草和酒而有芬芳調鬯之氣言震有長子之象大而繼天子以臨天下小而繼諸侯以臨一國是必有威德以及遠使民心知有所歸則威震之道全而可以主宗廟之祭而不喪匕鬯也

象曰震亨震來虩虩恐致福也笑言啞啞後有則也震

驚百里驚遠而懼邇也出可以守宗廟社稷以為祭主
也

義曰震亨者言震雷不動則萬物不通聖人不動則天下不亨恐致福者言震雷之來能戰慄恐懼以自修省則不陷于禍害而終致福慶之事後有則者言既恐懼而致其福則是不為非妄之行而動有所法則致有笑言啞啞之樂也震驚百里驚遠而懼邇也出可以守宗廟社稷以為祭主者言長子既有威德以及于人則遠者无不驚恐近者无不戒懼是以民

心莫不趨向而樂從之故出可以繼祖考之業奉宗廟社稷之祭而為之主无喪失其匕鬯者矣

象曰洊雷震君子以恐懼修省

義曰雷者天之威也洊者因仍之謂也以上體是雷下體亦雷則是天威重仍而至也則萬物莫不震悚而獲其亨君子觀此震雷之象以驚恐戒懼修飭其身省察其行以全身遠害則身不陷于過惡刑戮所不及也

初九震來虩虩後笑言啞啞吉象曰震來虩虩恐致福也笑言啞啞後有則也

義曰來者自外之辭夫剛威之行所以驚懼姦偽懲戒邪惡初九有剛明之德而居震動之始是不敢為非而内无所慊故剛威自外而來本非己所招致然己不能无恐懼之心既能虩虩然恐懼則其身益修而其行益明不敢為妄則禍患必不能及于己而終

獲笑言之吉矣

六二震來厲億喪貝躋于九陵勿逐七日得象曰震來厲乘剛也

義曰來者亦自外之辭六二以陰柔之質居下卦之中是履得其正行得其中既有中正柔順之德是不為非妄也故雖剛威之來亦非己所招致故曰震來也然而厲者蓋初九為震之主而己以陰柔之質下乘陵之故其身必有危厲也十萬曰億貝者寶之謂

也言當威震之時而乘震動之主則其身危厲而所喪失者多故曰億喪貝也躋于九陵者躋升也陵險阻之地也九陵言至高也不惟多有所喪失而又超履高險升于九陵之上然則雖有喪貝躋陵之事然以本有中正柔順之德不須馳逐追取七日之間自然得之言始雖有失而終有所得也

六三震蘇蘇震行无眚象曰震蘇蘇位不當也

義曰蘇蘇者震恐之貌凡剛威之行所以警其邪僞

而戒其姦惡故初九有剛明之德六二有中正之道雖則威震之來非己所招故曰震來今此六三以陰居陽履非其正而為高亢者也既履非正而又高亢則是邪惡之人也其威震之來乃己所招故不曰來夫以不正之行當威震之時故蘇蘇然恐懼之也行无眚者言六三雖以不中不正之行而下巽于六二之柔上奉于九四之剛于理為順故雖震威之行可以免其禍患而災眚不及于己矣

九四震遂泥象曰震遂泥未光也

義曰泥者泥滯不通之辭也居人上者必當有剛威之德又有至正之道以安于下則下之人相率而從之令九四以剛陽之質為衆陰之主居非其位履失其正雖有剛威不能亨通于羣下以是而言于己道未甚光大也

六五震往來厲億无喪有事象曰震往來厲危行也其事在中大无喪也

義曰六五以陰柔之質為一卦之主進則上无所應退則下乘九四剛威之臣往來之間皆有危厲十萬曰億言六二處下卦之中亦乘于初九之剛故居不得安而大有所喪是以稱億喪貝今六五為一卦之主雖下乘九四之剛然履得大中之位行得大中之道雖往來之間時有危厲亦不能大有所喪也有事者夫當威震之世下有剛權不正之臣若專无為而治則不足拯天下之難救天下之弊固當有為獨任

以權天下可也象曰震往來厲危行也者言六五居至尊而乘剛故往來之間皆危厲而行也其事在中大无喪者言處得其位合于中道雖興起大事亦无所喪失也

上六震索索視矍矍征凶震不于其躬于其鄰无咎婚媾有言象曰震索索中未得也雖凶无咎畏鄰戒也

義曰索索者中恐懼之謂也矍矍者視驚聳之貌也上六以陰柔之質居威震之極履不得大中之位故

當威剛之來索索然恐懼矍矍然驚聳也征凶者言居威震之極而又无大中之德則當固守常分庶免凶咎苟復有所往是凶之道也震不于其躬于其鄰无咎者夫九四為剛威之主而處上卦之下上六居一卦之極而在无位之地遠于九四故九四之剛威不能及己之身雖不及其身而及其鄰謂五犯九四之剛有往來之厲則己能觀此鄰戒以自修省其身整治其行故得无咎也婚媾有言者上六處不得位履不得中雖婚媾至親之人亦不能免譏間之言象曰震索索中未得者言上六所以索索然恐懼以履不得中故也雖凶无咎畏鄰戒者言雖有凶而能免其咎以其能觀戒于五而畏慎其所行故咎可以免也

艮

䷳ 艮下艮上 艮其背不獲其身行其庭不見其人无咎

義曰按序卦云物不可以終動止之故受之以艮艮

者止也蓋言人之動靜各有其時若動而不已必有悔吝生故以艮次于震所以為世動靜之戒也夫艮者山之象山為地之鎮安止而不動故為止之象背者目所不見之所也言艮止之道必止于未萌之前若夫聖人之治天下將禁民之邪制民之欲節民之情止民之事必于其利害未作嗜欲未形未為外物之所遷而其心未動之前先正其心而不陷于邪惡若止之于背之後目所不覩而不見其身也行其庭

不見其人夫庭者指淺近之處而言之也行于淺近而猶不見其人者葢止得其道各守其所而有定分不相揉雜故也古之聖人之治天下也其在建官分職各有所責若習禮者專掌于禮習樂者專掌于樂習兵者專掌于兵習刑者專掌于刑各守其職而不相干也又如天下之民爲士者止于爲士爲農者止于爲農爲工者止于爲工爲商者止于爲商是亦各有定分不相揉雜處不易業而守其常故如行于淺

近一庭之間而不見其人是其各有所止而不相雜亂也无咎者言能止其事于未萌之前使官民各得其止靜不相揉亂故无咎也

彖曰艮止也時止則止時行則行動靜不失其時其道光明艮其止止其所也上下敵應不相與也是以不獲其身行其庭不見其人无咎也

義曰艮者山之象也山爲止靜故曰艮止也時止則止時行則行動靜不失其時其道光明者大凡動靜必有其時若其時可以止則當止而不可動若其時可以行則當行而不可止可行者若上有其君下有其民若退止而不進則君民无以自濟故聖人特于此言聖賢之道當觀其時之可否而進退之若行而不失其動之時止而不失其靜之時行止動靜皆得其時則其道光大而明顯故孟子曰孔子聖之時者言孔子之道可以行則行可以止則止可以速則速可以久則久惟觀其時而察其道之可否而已然則

時行時止所以爲萬世動靜之戒不于震卦言而于艮始言之者葢震爲雷雷有時而靜艮爲山山一定而不動恐後之人法此止靜之道不復求于進用使天下之人无所濟故特于此言之以爲動靜之戒也艮其止止其所也不言背而言止者葢背者目所不見所止之處也言艮其止者能止于未萌得止之所也上下敵應不相與者言上下六爻各相亢敵而情不相與是各止其所之象也既能止于未萌之時而

又能使上下各相守其分而不雜揉故總舉彖辭而結之也

象曰兼山艮君子以思不出其位

義曰言君子觀此兼山止靜之象凡所思謀當專于所職不可越出其位而妄有所思也

初六艮其趾无咎利永貞象曰艮其趾未失正也

義曰趾者足趾之謂也初六居卦之始在事之初最處于下是猶足趾也夫足之趾本亦能動有其時時

止則止時行則行動靜不失其正所以得其无咎然止物于其始必須永長守其志正而行之故曰利貞象曰艮其趾未失正者言初六居卦之下而能止事于未萌所以未失其正也

六二艮其腓不拯其隨其心不快象曰不拯其隨未退聽也

義曰腓者足之腨腸也按此一卦不以爻之陰陽位之貴賤尊卑而言但取人之一身之象以明其義故初六居一卦之最下其象為趾六二處初之上故為腓之象夫腓之為物不能自動隨足而已是足動則動足止則止今足既已動而欲止其腓必不可得而止也是不能自拯救其失但隨物而動也亦如凡人不能制事于初及事已動利害已作嗜欲已萌欲強制之終不得而止也然雖強止之則不能稱已之欲是欲止之心不獲其快也象曰不拯其隨未退聽者言不能制之于初始及事已作雖欲止之必未能于

其所處而聽其止靜之事也

九三艮其限列其夤厲薰心象曰艮其限危薰心也

義曰限者人之身上下分隔之際也夤者脊膂之肉也九三居上卦之下下卦之上于人之身體是猶分限之際也夫身之中亦不能自動惟下之有所動則從而動之上之有所動亦從而動之如上下已動而欲艮止其身之中則必分列其脊之肉矣此言人不能制其事于始又不能成其事于終措置之間不得

其道而欲止于中道則進退不可而致蠱敗其事故有危厲之苦而薰灼其心也

六四艮其身无咎象曰艮其身止諸躬也

義曰身者是人之一身也夫人之體統而言之則謂之一身手足謂之四肢分而言之則腰足而上亦謂之身今此六四出下體之上在上體之下處當限之間是身之象也夫人患不能自止其身今六四能止之得其道使四肢不妄動故如人之靜止得其道制

禦得其術防過得其要不為外物之所遷不為貧賤之所移不為富貴之所易故无咎也

六五艮其輔言有序悔亡象曰艮其輔以中正也

義曰輔者車頰也六五居上卦之中以人身言之有口輔之象夫口頰者所以主言語之所出若其妄動則有過失其為咎也不細故先聖繫辭曰君子居其室出其言善則千里之外應之出其言不善則千里之外違之況其邇者乎言行君子之樞機樞機之發榮辱之主也是言語不可不慎也今六五能正其口輔使不妄發其言皆有倫類次序故禍不召而悔可亡矣則所謂言滿天下无口過者也象曰艮其輔以中正者此爻居非其正然位得其中是有大中之德而能止其口輔使口不妄發孔子曰有德者必有言是也

上九敦艮吉象曰敦艮之吉以厚終也

義曰艮者山之象為地之鎮有博厚之德上九處艮

之極有敦厚之道而自止使邪欲不能汩利害不能侵死生富貴不能易如此可以獲其吉象曰敦艮之吉以厚終者以敦厚之德為艮止之事得其艮道之終也

漸

䷴ 艮下巽上 漸女歸吉利貞

義曰按序卦云物不可以終止故受之以漸漸進也夫艮卦之上下二體皆艮止之象夫專務艮止而不

求進則失其動靜之中道非仁義之人所存心也此卦上體是巽下體是艮是内有艮靜之心外有巽順之德故能務于漸進此君子之所為也故漸所以次于艮然謂之漸者謂自下以升于高自小積于大自近及于遠安然而行不務速進故曰漸女歸吉利貞者天下萬事莫不有漸然于女子猶須有漸何則夫女子處于閨門之内以待媒妁之言聘問之禮然後往之若非媒妁之言聘問之禮而往者則是淫醜之

女也故父母惡之鄉人賤之天下醜之是其為女者必須男子之家問名納采請期以至于親迎其禮畢備然後乃成其禮而正夫婦之道所以獲吉也然女者臣之象也事君之道也夫君子之人處窮賤不可以干時邀君急于求進處于下位者不可諂諛佞媚以希高位在于窮賤者必力行强學待君之聘名然後可進于朝居于下位者必潔身正志為下所尊為上所信任然後升進入大位皆由漸而致之乃獲其吉也利貞者若女子之歸于其夫能守至正之道則可以正一家君子之事于其君能守至正之道則可以正天下至于天下皆能守正則可不失其道而獲吉也

彖曰漸之進也女歸吉也進得位往有功也進以正可以正邦也其位剛得中也止而巽動不窮也

義曰漸之進也女歸吉也者此釋所以為漸之名也之往也漸者謂積漸而之往于所進之地也故君子

之人亦必潔身修德積漸而升進之也女歸吉者言女子能以禮為漸而歸于男臣能以道為漸進于其君斯獲吉也進得位往有功者此指六二九三六四九五四爻而言也言四爻皆進得其位則所往无不有功若進于一邑則功被于一邑進于一郡則功被于一郡進以輔佐于天子則功被于天下是君子所進得其正道則往有功也進以正可以正邦也此亦指四爻而言六四六二以陰居陰九三九五以陽居

陽是皆進得其正君子之人進得其正則立于朝廷之處于列位其道德恵澤可以福天下之民而正天下之邦國也其位剛得中者此因九五而言之九五以剛明之德又處大中之位夫有剛明中正之德處于至尊之位亦由漸而進也止而巽動不窮者此因二體而言之外體是巽内體是艮夫内无止靜之心而務于躁進外无巽順之德而尚于剛暴以是求進動必窮困内既有止靜之道外又有巽順之德以是漸

進則動獲其利而无困窮矣

象曰山上有木漸君子以居賢德善俗

義曰巽為木艮為山木生山上日久歲深自萌芽至于把握漸至高大而又依于山是漸得其道此漸之象也君子之人法此漸進之象必居賢德善俗之間以務進其道必居賢善之間者夫有賢善之人動不離道如居其間日漸月摩出入動作皆由正道不入于邪雖甚愚闇者亦可以造于君子之域使其子子孫孫積漸陶染而進歸于善也孟子之母為子三徙其鄰卒使其子為萬世亞聖之賢蓋其擇賢善之力也故君子之人其所積習其所居處必得其賢善之人然後漸而習積而久之皆至賢至善之人也

初六鴻漸于干小子厲有言无咎象曰小子之厲義无咎也

義曰干者水之際也伐檀之詩曰坎坎伐檀兮寘之河之干兮是干者水際也鴻者水禽也按此漸之一

卦皆以鴻為象者蓋鴻之禽一舉可至千里然始舉必有漸故聖人特取鴻為漸之象也今初六居一卦之下居漸之初是猶鴻之始舉漸至于水之際以人事言之是士之進始于細微君子之進始于卑下之位也小子厲有言无咎者厲危也夫君子之進小人之所忌也今初六之進尚為卑下其道未見信于時其德澤未及于人故小人之心皆欲起而害之然終不能為君子之害但有誹謗之言而已終獲其无咎

象曰小子之厲義无咎者言君子之進本以其漸雖為小人之所危厲然于義自可无咎

六二鴻漸于磐飲食衎衎吉象曰飲食衎衎不素飽也

義曰磐者山石之安也言六二以陰居陰以柔順之德漸得其位而又處得其中上應于五為五之所信任為衆人之所歸是漸而得信居得其所安若鴻之漸漸至于磐也飲食衎衎吉者衎衎和樂之貌言六二既得衆心所歸又為九五所任故得飲食豐備其

和樂衎衎然是以獲其吉象曰飲食衎衎不素飽者素空也言六二為下所歸為上所任是上有忠義以輔其君下有德澤以被其民故其所獲飲食之樂皆得其道非徒空受其飽樂而已伐檀之詩曰彼君子兮不素飧兮此之謂也

九三鴻漸于陸夫征不復婦孕不育凶利禦寇象曰夫征不復離羣醜也婦孕不育失其道也利用禦寇順相保也

義曰地之高平者謂之陸言九三居下卦之上漸至于高位猶鴻之漸至于高平之地也夫征不復者夫謂三也上无其應下又无輔而切近于四四亦无應近而相得故三樂從于邪配是其夫征往而不復反夫既不反則其婦亦不能守正故有孕而不育之事以至于凶也利用禦寇者言三既往不復樂于邪配其情意相得而莫能間故可以禦衛其外來之寇然于君臣之道夫婦之禮已為乖戾故但可禦寇而得

為利矣象曰夫征不復離羣醜者言九三居下體之上而樂于邪配離去羣類不復反其家矣婦孕不育失其道者夫既征而不復則其婦亦有邪欲之事以至孕而不育是大失夫婦之道也利用禦寇順相保者三與四樂為邪配其情相得和順以相保故可以禦其寇難也

六四鴻漸于木或得其桷无咎象曰或得其桷順以巽也

義曰木又高于陸也言此一爻漸進至于上卦其位漸高然則鴻者水禽也今漸于木非其所也言四進无正應而下比于三三亦无正應樂于邪配亦非其所也桷者椽椽之屬也言六四以陰居陰本得其正雖比于三有邪配之事然三亦无正應近而相得情意相合可以相輔佐而樂得其所猶得修長勁直之木可以安棲不至于失所而可以无咎也象曰或得其桷順以巽也者所以得桷而安棲者蓋其不尚剛

暴而能盡和順柔巽之德故也

九五鴻漸于陵婦三歲不孕終莫之勝吉象曰終莫之勝吉得所願也

義曰大阜曰陵是岡阜最高者又高于木九五漸得位至于上體是猶鴻之漸于高阜之上也婦謂六二也言五與二為應而三四為邪配之事間隔于其間塞已之路使不得往而相從以成生育之功也然五與二本為正應皆有中正之德誠以相待其心志不怠雖三四邪僻之人欲間其路然而終不能勝之也象曰終莫之勝吉得所願者言九三六四終不能為之間隔則五與二心志相從而得所願也

上九鴻漸于陸其羽可用為儀吉象曰其羽可用為儀吉不可亂也

義曰按此漸卦始于微而至于大由于下而升于高故此一卦皆以鴻漸為象初則漸于干二則漸于磐三則漸于陸四則漸于木五則漸于陵至此上九復

言陸者按諸家之說以謂上九九三皆處一卦之上故皆言陸陸者高之頂也徧觀經文又无髙頂曰陸之文且陸者地之高平者也陵者大阜也又安有地而反高于山阜者哉子夏之說亦然其義未通陸氏之說言高過即反下故上九處至極之地反為陸也按漸卦自下而漸于上自微而至于高大且陵者木為極高之地豈有反下之義哉今考于經文陸字當為逵字蓋典籍傳文字體相類而録之誤也逵者雲

路也言鴻之飛高至于雲路其羽翎毛質可以為表儀亦猶賢人君子自下位而登公輔之列功業隆盛崇高遠大可以為天下之儀表故獲吉也按輔嗣之意亦解為雲路之義言雖進處高潔不累于職峩峩清遠若止在高平之陸安得有高潔峩峩清遠之象哉以此推之是傳録之際誤書此逵為陸字也明矣

象曰其羽可用為儀吉不可亂也者言聖賢君子之心不為外物所動不為情欲所遷故能積累其善以至

德業高大而不可亂也

歸妹

䷵ 兌下震上 歸妹征凶无攸利

義曰按序卦云進必有所歸故受之以歸妹大凡人事其進必有所歸若進而无所歸則是于進之義失其道矣然則所謂歸妹者謂姪娣從女兄而適于人故謂之歸妹夫人之不孝无後為大其諸侯守宗廟社稷之大其事尤重故聖人制禮使一娶九女廣其繼嗣生生不絕永可以守宗廟社稷之祀而不廢也故娶一而二往從之為左右媵各有姪娣同姓者九人必須同姓所以親親相睦絶爭妬之心是以聖人重之因震兌之象以明其義震為長男兌為少女以少女從于長男非其所配也非其配而從之者則是姪娣而從于女兄適人之義也征凶无攸利者此言姪娣雖從于人然上有女兄為之正配當退守其分苟非其位而有征進則是侵女兄之權奪女兄之寵

欲以下而陵于上以卑而侵于尊以庶而亂于嫡是凶之道必无所利也

彖曰歸妹天地之大義也天地不交而萬物不興歸妹人之終始也說以動所歸妹也征凶位不當也无攸利柔乘剛也

義曰此廣言天地之道以明歸妹之義也夫天地之道陽氣下降陰氣上升陰陽交通二氣相感然後萬物生若其二氣不相交感則萬物孰由興發而生成

也故古者諸侯一娶九女所以廣繼嗣而承守宗廟社稷之祀若其婚姻之禮廢不廣其繼嗣則其社稷之祀宗廟之奉絕而无守是猶天地不交則萬物不能興也歸妹人之終始者言人凡有生則有死有盛則有衰諸侯一娶九女正室死則右媵繼之以至左媵及姪娣繼之不絕所以廣其嗣息而承其祖先之業是歸妹者人之終始者也說以動所歸妹者此因二體以釋歸妹之義上體震震為動下體兑兑為說

兑為少女而從于震之長男非其所說者今動而得說者蓋其所歸嫁姪娣以從于女兄之故也征凶位不當者謂九四九二皆以陽居陰六三六五以陰居陽是位不當也夫以姪娣而從于女兄是不當其正位既不當其正位而妄有征進則奪寵侵權凶之道也无攸利柔乘剛者蓋六三之柔乘九二之剛六五之柔乘九四之剛言柔乘剛者是卑陵于尊庶亂于嫡必不利矣

象曰澤上有雷歸妹君子以永終知敝

義曰澤上有雷所以鼓動萬物以廣生成之功有歸妹之象故聖人名為歸妹一娶九女之道使其永久繼嗣而无絕君子之人觀此歸妹之象必當察其事之永久法之終末必有敝壞當預防之可也

初九歸妹以娣跛能履征吉象曰歸妹以娣以恒也跛能履吉相承也

義曰女子少者曰娣初九處一卦之始最近卑下之

地是姪娣從于女兄以適于人而能自處卑下盡其卑順之道以承其上而得姪娣之道故曰歸妹以娣也跛者足之偏也猶姪娣者非其正配然而從女兄以適于人能盡其道以配君子而廣其孕嗣以成其家猶足之雖偏而能履地而行不至于廢也既能盡其姪娣之道守卑順之質以是而往事于君子則獲其吉也象曰歸妹以娣以恒者言女弟以從于女兄而適人者人倫之常也跛能履吉相承也者言能盡

其柔順承事于上以承其家吉之道也
九二眇能視利幽人之貞象曰利幽人之貞未變常也
義曰眇者目之偏也九二以陽居陰履非其正亦猶姪娣從于女兄非正室之象也然而能盡卑下之節以承于上而配君子廣其繼嗣猶目之偏亦不廢于視也利幽人之貞者言九二雖履非其正然上有六五之應雖上有其應而為姪娣者不可越其位分而上進如其妄求上進則奪女兄之權故當退處其位

分守其幽靜之道而不變故獲其利象曰利幽人之貞未變常者言姪娣所以從女兄而適人必居幽靜守正以事君子此道之常也九二雖有其應不妄求進盡至正之道是未變其常也
六三歸妹以須反歸以娣象曰歸妹以須未當也
義曰須待也六三以陰柔之質居剛陽之位是履非其正也猶姪娣之從于女兄其年尚幼未可以適人必待年于父母之國待其長大然後復歸君子之家

以為姪娣故春秋隱二年書伯姬歸于紀至七年書叔姬歸于紀伯叔者長幼之稱則叔姬者伯姬之姪娣也當二年伯姬歸紀之時其年尚幼少故待年于魯國至七年乃始歸于紀是姪娣有待年之義也象曰歸妹以須未當者是言姪娣有幼少未當歸人必待年于父母之國也
九四歸妹愆期遲歸有時象曰愆期之志有待而行也
義曰愆過也九四以陽居陰處非正位猶女子雖備

姪娣之數以適于人過期而未往雖過期未往然而以剛陽之質居陰柔之位不為躁進有柔順之德以其年尚幼未可以往故待其禮之全備俟其年之長大然後歸于君子斯得其時也遲亦待也象曰愆期之志有待而行者言九四居其陰位有柔順之德不務剛躁是志有所待而行也
六五帝乙歸妹其君之袂不如其娣之袂良月幾望吉
象曰帝乙歸妹不如其娣之袂良也其位在中以貴行

也

義曰帝乙者商之賢王也言六五以陰柔之質居上卦之中是猶帝乙之王所歸之妹也然按泰之六五言帝乙歸妹此亦言之者蓋帝乙是商之賢王于時最能盡婚姻之禮周之去商尤近知其最詳故聖人特取帝乙為言以明其義也其君之袂不如其娣之袂良者蓋君者正室之小君也故衛詩鶉之奔奔之篇曰鶉之奔奔鵲之彊彊人之无良我以為君君者

指宣姜而言之是正室得稱為君也袂謂衣袖所以為禮容也良善也言姪娣本卑賤之位今六五居極貴之地是正室已死而姪娣繼為正室有柔順之德能盡婦道以配于君子雖其正室之德亦不如姪娣之容禮最備而善良也月幾望者望為月十五盈滿之時也月者陰道婦妾之象也言六五雖得繼為正室處至貴之地然不可時有驕盈之志當常執柔順之道但如月之幾近于望不至盈滿則獲其吉象曰其位在中以貴行者六五以其處上卦之中履至尊之位是姪娣至此得繼其嫡而為正室以配于上是以賤從貴而行也

上六女承筐无實士刲羊无血无攸利象曰上六无實承虛筐也

義曰筐竹器也大凡女子承其筐篚必有物以實之士之刲羊必有其血此事之常也亦猶姪娣之適于人進必有所遇退必有所係此亦女子之常也今上

六處一卦之上居窮極之地進則无所往退則无所應進退之閒皆无所得如女子之承筐而无其實士之刲羊而无其血進退失所若以此而行何有所利哉象曰上六无實承虛筐者上六位至窮極進退无所適猶女徒承虛筐而无其實也

豐

䷶ 離下震上 豐亨王假之勿憂宜日中

義曰按序卦云得其所歸者必大故受之以豐言凡得

其所歸者其道必至盛大故以豐次于歸妹然則豐者王者富有天下生聚繁夥民物衆多是天下衆大之時也故謂之豐既富有天下以至豐盛之極是其道大通矣王假之者凡有聖人之德有仁義之道苟不得其時不得其位則无與天下之勢无居天下之資是則雖有仁義之道安能有所為哉故聖人必假此豐盛之時發號施令則民易以從行賞用罰則民易以服以至制禮作樂施發教化可以大行于天下

也勿憂宜日中者夫天下至廣有教化之所不能及者有一物不得其所者是王者之所憂也今戒之勿憂者日中則宜也蓋言日未中之時則其明未盛日之過中則其明將衰惟是日中正之時則徧照天下无纖悉幽隱不被其光輝聖人雖富有天下必須仁義道德徧及于天下使无一民一物不被其澤不被其燭如此可以勿憂恤也

象曰豐大也明以動故豐王假之尚大也勿憂宜日中宜照天下也日中則昃月盈則食天地盈虛與時消息而況于人乎況于鬼神乎

義曰言聖人廣有四海萬類是豐盈盛大之時也明以動故豐者此因二體以明豐卦之義上體震震為雷下體離離為火雷主動火主明聖人當豐盛之時以至明之德而動則其德教仁義大被于天下故此所以致豐大之極也王假之尚大者夫有聖人之德雖居豐盛則不能加益雖貧賤則不能虧損此言尚

大者蓋其得天下之勢則仁義道德可以大行于天下而成光大明盛之業固非假以自大其己而已勿憂宜日中宜照天下者言日之中正則天下萬物无所不照王者之道能徧通天下使遠近幽隱无所不燭如日之中乃可以勿用憂恤也日中則昃月盈則食天地盈虛與時消息而況于人乎況于鬼神乎者言凡當盛大之時過必有衰是故聖人于此豐大之時以切戒之言日之過中則必傾昃月三五而盈過

盈則必虧天地之道以陰陽二氣互相推盪于其間
則有時而消虛有時而長息盈虛消息皆于時而行
以天地日月之大尚且如是况人之小者鬼神之邇
者乎故于此特戒之使君子之人安不忘危存不忘
亡豐盈之時不忘其衰微之際增修其德謹慎其行
然後可以免喪亡傾覆之事也
象曰雷電皆至豐君子以折獄致刑
義曰雷電者皆陰陽二氣相擊而成也夫雷電皆至

于天下使天下萬物莫不興起而成豐大是豐之象
也君子之人觀此象而折斷其獄訟致用其刑罰然
必法此雷電者蓋獄訟之情巧偽萬狀若有威无明
則傷于暴有明无威則傷于懦故必明與威並用之
則獄可折而刑可致矣
初九遇其配主雖旬无咎往有尚象曰雖旬无咎過旬
災也
義曰配主謂九四也夫豐盛之時必須上下之間皆

有光明盛大之德以相敷暢然後可得豐盛之道今
初以剛陽之德上應于四四亦有剛陽之德是上下
之間皆有剛陽之德光明盛大之道其德相合配故
致其豐盛是初遇其四之配主也雖旬无咎者旬者
十日也謂數之盈滿也言初與四皆有剛陽之德而
上下相信是由君聖臣賢其德相符今以其發揚光
明之德徧于天下是雖居其盈滿盛大之時可以享
豐盛而无咎也往有尚者言既上下之間皆有光明

之德以此而往則行有所尚也象曰雖旬无咎過旬
災者言上下俱有明盛光大之德故雖居豐盈之時
可以无咎若不能守光明之道而過于盈滿則必有
傾覆之災也
六二豐其蔀日中見斗往得疑疾有孚發若吉象曰有
孚發若信以發志也
義曰蔀者掩蔽暗昧之物凡豐大之時必上下之間
皆有明德不可少有暗昧然後可以發暢于天下也

今六二以陰柔之質而上應于六五五又是陰昧之人是于豐大之時所豐者不能光大而乃豐于暗昧之物也日中見斗者斗星之名也日昏方見暗昧之極也夫日之正中其光輝徧及天下无所不燭豐盛之時上下之間皆有光明之德則可以徧及于天下无有不被其澤今二居豐之時所應皆暗昧之道則是猶日之正中反見其斗星也六二既是暗昧之道則必不能相取信若有所往則相疑而致疾害也有

孚發若吉者言六二雖以陰柔之質无光明之德然位下卦之中是有中正之道苟能盡其至誠之心由中之言以發天下之心志以接天下之人使之皆達其聰明莫不發其志意以親信之如是上下相交而取信則蒙者反而為明疑者得以相信則可以獲吉矣

九三豐其沛日中見沬折其右肱无咎象曰豐其沛不可大事也折其右肱終不可用也

義曰沛者繫于旗竿旌旗之垂也所以掩蔽光明之物沬者星之微小也九三雖以陽居陽處得其正有剛陽之質然居離卦之位處文明之衰所應在于上六上六又无光明之德居豐之時不能光明盛大其道是所豐者惟掩蔽光明之物也日中見沬者夫斗者星之大沬者星之微六二雖亦暗昧然猶有中正之德未甚至于全暗故曰日中見斗今九三居文明之極其明已衰而又所應者亦陰昧之人是暗昧之

極猶日中反見其微星也折其右肱者夫手之便者在右而已若右肱折則左雖存亦不足適用也言三居離明之衰又所應皆无光明之道雖以陽居陽亦不能用成其事也无咎者九三本有光明之德可以顯用今處于衰暗之地皆已自為之不可以咎責于人也象曰豐其沛不可大事者凡欲立天下之治成大事大功必上下有光明之德可也今三已暗昧之甚是不可大有為于事也

九四豐其蔀日中見斗遇其夷主吉象曰豐其蔀位不當也日中見斗幽不明也遇其夷主吉行也

義曰蔀者蔽障之物言九四有剛陽之德居陰柔之位是當豐盛之時而反居于暗昧之地故亦曰豐其蔀也日中見斗者夫居豐之時當有光明盛大之德如日之中正无不照臨今九四反以剛明之質處暗昧之地是猶日中之見斗星暗昧之至也夷主謂初九也言四雖居陰暗之位然本有剛明之質而又應

在初九初亦有剛明之質德與己同故謂之夷主也是上下之際交相發明申暢其光明之德以被天下而獲其吉也象曰日中見斗幽不明也者言本有剛明之質而自處幽暗之地不能發其光明之道遇其夷主吉行也者雖居陰暗而遇得初九剛明之夷主以相輔佐而發明盛大之道是得吉而行者也

六五來章有慶譽吉象曰六五之吉有慶也

義曰章明也六是陰柔之質五是剛陽之位以陰柔之質而來居陽剛是自能為章美光大之道以發揚明德于天下故有慶善之事嘉美之譽而獲吉也

上六豐其屋蔀其家闚其戶闃其无人三歲不覿凶象曰豐其屋天際翔也闚其戶闃其无人自藏也

義曰屋者人之所蔽蓋其身也今豐盛之終是暗昧之極也家者人所深密而自藏也又蔀掩之亦謂暗昧之甚也上六以陰柔之質居一卦之極不得其中而過于豐盛之道其暗至甚猶屋本蓋而復豐盛之

家本深藏而又掩蔽之是暗昧之極者也闃者寂然而无所覿也言上六陰暗之極猶屋之豐家之蔀雖闚視其戶寂然无所覿而不見其人雖三歲之間亦无所覿此凶之道也象曰豐其屋天際翔也者言上六之爻過于中道而暗昧之極始飛于天際上而无所歸自藏者言以至闚視其戶寂然而无所覿是自藏其光明而不能發揚之也

旅

艮下離上 旅小亨旅貞吉

義曰按序卦云窮大者必失其居故受之以旅言凡人居于豐大之時恃其盛大多過于中道而不知守常以盈滿自取傾覆喪亡之事致其身窮困反居于外故旅所以次于豐旅者羇旅之義言人寄身于他國託居于外故謂之旅小亨者按雜卦云親寡旅也言人自居于家居于國則親黨助己者衆故其道得以大行其志得以大通今居旅寄身託跡于他國親

戚輔己者少其道不得以大行其志不得以大通故曰小亨旅貞吉者夫人居旅之時親己者寡不可恃其大正之道居于人上但居旅不失為旅正則吉矣

彖曰旅小亨柔得中乎外而順乎剛止而麗乎明是以小亨旅貞吉也旅之時義大矣哉

義曰柔得中乎外者指六五也順乎剛者指上九也言六五以柔順之質居于外又有大中之道而居旅之時託身于外是能執柔順大中之德以順從于上九之剛是以卑而事尊以下而事上故能安其所而不失正也止而麗乎明是以小亨旅貞吉者此因二體以言之下體艮艮為止上體離離為明言居旅之時託身于他國親己者寡必須求賢明之人以附麗之既順于剛不乖其道不悖于理又附得賢明之人是以小有亨通而得旅之正吉也至如仲尼大聖也有聖人之德有大中之道不得其時不得其位皇皇歷聘于諸國能盡其順以事其君又盡順以輔其人

有顔讎由遽伯玉為之主是皆當時之賢者能附麗之至于游夏顔閔七十子之徒三千之衆是時皆託跡于外而隨大聖人為之依歸是大聖大賢之人不得其位不逢其時託寄于他國皆必盡其柔順以奉其在上而又得大賢大聖之人以為其主乃可以獲吉也旅之時義大矣哉者寄旅于他國託跡于外處之最難于道尤重故聖人于此嘆美之惟大聖大賢之人可以為之也

象曰山上有火旅君子以明慎用刑而不留獄

義曰火性炎上而火在山上燎于物其勢不能久留是旅之象君子觀此象當明慎用其刑罰而无留滯其獄何則夫刑者斷人肌膚傷人骨髓死者不可復生斷者不可復續故君子當明顯審慎而用刑罰辨其情偽正其枉直使无至于失法又不可重傷其民使繫獄者无至于留滯也

初六旅瑣瑣斯其所取災象曰旅瑣瑣志窮災也

義曰瑣瑣者細碎煩屑之謂也夫羈旅之道雖尚柔順然亦不可過今此初六以柔順之質居一卦之下是自處卑賤之地而為貪賤所動其心故為猥細瑣屑之事苟容于人苟合于世斯此也言既失其居託跡于他國而為瑣屑之行如此則人皆賤之衆皆棄之是自取災咎之道象曰旅瑣瑣志窮災者言初六居旅之時而為卑賤動其心其道不通其志窮困是以取災也

六二旅即次懷其資得童僕貞象曰得童僕貞終无尤也

義曰即就也次舍也資貨也言羈旅之道既尚其柔順而六二以陰居陰履得其正而處下卦之中是羈旅之時託身寄跡于他國而能盡柔順之質得中正之道柔而不失其中順而不失其正在上位而不至驕在下位而不至慢為衆所與如此是于羈旅之時能即就其次舍以安身懷蓄資貨以厚備不失其所

之謂也童僕者盡其至順以事其主也是得此至順之正道也象曰得童僕貞終无尤者夫聖賢君子之人必有剛正之德然後可以免其尤患今二所以能免者蓋古之人可以屈身而伸道不可以屈道以伸身今旅之時失其所居是其道不得以通而二能盡柔順中正之道故尤患所以无也

九三旅焚其次喪其童僕貞厲象曰旅焚其次亦以傷矣以旅與下其義喪也

義曰居旅之時必尚柔順之道今九三以陽居陽處下卦之上是務剛亢者也夫託身寄跡于外是失其居而志不通矣而三反為剛亢之行則衆所不與故其次舍必見焚毀而不得安居也九三既為剛亢之行為衆所不與而上又无應進退皆失其所以下近于六二欲親比之是始務剛亢而後失其所欲求于上又失其童僕事主柔順之正道是為旅而焚其次舍喪失柔順之道則衆人所共疾之危厲之道也象

曰旅焚其次亦以傷矣者言居旅之道已失其所而復焚其次舍是亦可傷悼矣其義喪者以旅之道而反與于下自取喪亡也

九四旅于處得其資斧我心不快象曰旅于處未得位也得其資斧心未快也

義曰處者止息之地也資貨也斧斷也言四以剛陽之質居于陰位是有柔順之節居剛而不為亢者也處上卦之下盡謙順之道故旅之時可以得其止處者而不失其所也然猶不及六二有大中之德故安然就其居之次故此但得止息之地也得其資斧者四雖未得其位然能盡其柔順之道不為高亢之行故可以安處而得其資貨又有剛明之德可以自斷也其心不快者言雖得其止息資貨然所居不得其中未得其位則進退動止不遂其心志象曰旅于處未得位也者言四雖得止息之處亦未得其位也心未快者雖得其資貨而能斷然未得其位未遂其志故心所以未快也

六五射雉一矢亡終以譽命象曰終以譽命上逮也

義曰此一爻以陰柔之質居上卦之中有大中之道巽順之德而居于羇旅所謂柔得中乎外而順乎剛者也且雖有柔順中正之德然寄身託跡于外方知其所親比者寡而未嘗固必其所求不必志其所得猶人之射雉但以一矢而射之其得失未可知也然其執節守道不為困窮貧賤之所動而秉其中正柔

順之德雖一時至于凶矢而不得亦終有可嘉美之譽尊顯之命而隨之故孔子羈旅于周未歷聘于諸國亦未嘗必有所求故有行可之仕有際可之仕有公養之仕行可之仕者言但于時可以庶幾行道則從之際可之仕者言但以其君交際之得其道則從之公養之仕者言于其國養待之得其禮則從之是其歷聘天下而未嘗固必其所求然而所居之國必與聞其政故子禽問于子貢曰夫子至于是邦也必

聞其政求之與抑與之與子貢曰夫子溫良恭儉讓以得之夫子之求之也其諸異乎人之求之與是言孔子有此盛德而于羈旅動止得其中不固必其所求而自以為嘉美之譽尊顯之命也象曰終以譽命上逮也者上言上九也六五為羈旅之人而能盡柔順之節以奉于上故為上所信而有尊顯之命及之也逮即及也

上九鳥焚其巢旅人先笑後號咷喪牛于易凶象曰以旅在上其義焚也喪牛于易終莫之聞也

義曰巢者鳥之所居最在于上也夫羈旅之道貴在謙下柔順而上九以剛陽之質處上卦之極无巽順之道而為高亢之行于羈旅所親比者寡少而反為高亢居衆人之上則衆人之所共疾而欲害之既衆人欲害之則必失其所居而不得其安如鳥之巢而見焚也旅人先笑後號咷者言旅之時託跡于外而得處衆人之上高顯之位則自為尊貴之極故其

心自喜而先笑至于為衆人之所疾以及焚巢喪位而不得安居故後號咷也喪牛于易凶者牛者至順之物言上九以剛陽而居卦之極自為高亢之行而喪失其柔順之道于平易之間故有凶也象曰以旅在上其義焚也以旅居人之上于義自當焚也又況恃剛亢之質以處之者哉喪牛于易終莫之聞也者言處高亢之地而身无巽順之道雖有過惡之事而人无敢言之者故曰莫之聞而至于焚巢後號咷之

凶也

巽

䷸ 巽下巽上 巽小亨利有攸往利見大人

義曰按序卦云旅而无所容故受之以巽巽者入也蓋言凡人之為羇旅託身于外比已者寡若不巽順則无所入是必有巽順之德然後有所入然謂巽者以其巽體是風夫風者寔然无朕不知所至之地无所不入故曰巽小亨者夫立大事立大功欲成天下

之業者必須有剛健之德果斷之心勇于所行然後有所立其志得以大通其道得以大行今此巽卦全用巽順有傷于柔懦其道不得以大行也故但小亨而已利有攸往者夫人剛健果決之性或傷于暴而過于中道則所往之地必无所措置必无所詳審是以必无所利矣今此巽卦能用巽順則是所往當獲所利也利見大人者夫人以柔順之道雖為能順于人而有利攸往然其全用柔順則失于太弱而不能自斷故必利見大有德之人以斷決之使一歸于中正也

彖曰重巽以申命剛巽乎中正而志行柔皆順乎剛是以小亨利有攸往利見大人

義曰重巽以申命者此明巽之義也言上下二體皆為巽體故曰重巽聖人法此重巽之道以申行命令不可止利于一身便于一方必順天下之心合天下之欲若風之所行天下萬物至纖至悉莫不被之也

剛巽乎中正而志行者此指九五而言也夫九五以剛陽之質處巽之體又居上卦之中以陽居陽履得其中正之位居于至尊而又巽順所行得其中所履得其正則其志大行其發號施令則天下之人无不順者也柔皆順乎剛者柔謂初六六四也皆以柔順之質處巽體之下而皆上順于剛陽之爻是以下而奉乎上以卑而奉乎尊也是以小亨利有攸往利見大人者言上有柔順之德而順于衆復引此彖辭而

結之也言九五以剛而居于巽體之中初六六四能執柔順之道以下而奉于上全任柔順不能大有所為是以得其小亨而所往之地所入之處皆有所合然其性巽順而傷于過柔所申之命令所行之事不能大有所成是必利見大有德之人以果斷而決白之然後所申之命令所行之事施之于人莫有不順之者如風之及于物罔有不入者也

象曰隨風巽君子以申命行事

義曰隨順也夫巽之體上下皆巽如風之入物无所不至无所不順故曰隨風巽君子法此巽風之象以申其命行其事于天下无有不至而无有不順者也

初六進退利武人之貞象曰進退志疑也利武人之貞志治也

義曰此一爻以陰柔之質居巽之體在一卦之下是至卑者也既處于卑而又上承于衆剛則是柔弱怯懦遲疑猶豫不能自決而或進或退无所定也武人者剛武之士也言凡人有剛則必濟之以柔有柔則必濟之以剛使剛柔之道皆得其中然後事可以成道可以行今初六以陰柔之質復在一卦之下又居巽體是全用柔巽者也既全用柔巽是以有進退之疑故利在武人之正用其剛健之德果敢之志勇于行事使所行之事所施之道剛柔相濟皆得其中然後可獲其吉也象曰利武人之貞志治也者夫既柔弱怯懦而不能自決則于身亦不能自治既不能自治安能治于人哉故必用其剛武之德相濟而行則可以治正其志而及于人也

九二巽在牀下用史巫紛若吉无咎象曰紛若之吉得中也

義曰牀者卑狠之地蓋此一爻本有剛陽之質而居于巽體又處陰柔之位是其謙巽過甚而所行于卑狠之地不得其中道者也用史巫紛若吉者言此爻巽順過甚以甚巽而施之于身接之于人則事必不

立而施于事神則可以无咎史巫者史即祝史也巫即巫覡之人皆所以道人之言以告于鬼神而復道鬼神之意以達于人者也言九二既巽順過極失于中道惟是用以事鬼神則可也夫事鬼神者必盡其至誠巽其言辭以使精誠上通則明靈降監福祉來應紛然衆多以獲其吉而无咎也象曰紛若之吉得中也者言本以剛健之德而反居陰柔之位是失其中道然施之以事鬼神則得其中矣

九三頻巽吝象曰頻巽之吝志窮也

義曰頻者頻蹙憂愁之貌九三以剛陽之質又處剛陽之位復在一卦之上是其全剛亢而不能巽者也居巽之時失其謙巽之道矣然而上爲六四之所憑陵下乘九二之剛然九二雖是剛德蓋居于陰位亦得巽順之道今九三則是上承六四下乘九二勢不自得是以捨其剛亢之道不得已而爲柔巽屈其心志憂愁然不得已而爲之非出于至誠如是亦可鄙吝者也

六四悔亡田獲三品象曰田獲三品有功也

義曰六四以陰居陰而又居巽之體亦謙巽過甚而又行不得其中是以有悔也然以陰居陰本得其正而上承九五之君竭其志誠盡其巽順以奉其上故得悔亡且孔子曰事君盡禮人以爲諂也言人之事君其柔巽過甚而見疑然不可以見疑而變其志當盡其巽順之節不失其爲臣之道以奉于上承流宣

化奉君之威權行君之事所行必有成功是猶田獵之時而獲其禽獸以充三品之用三品即一爲乾豆二爲賓客三爲充君之庖是也象曰田獲三品有功也者言六四雖始有悔然能竭其巽順以承事于君則所行之事必有成功如田獲三品之禽也蓋大臣之事君若不以恭巽至正之道而尚于諂諛佞媚之行則不可免其誅戮之禍況于悔乎于此盡其巽順而不失其正則可以悔亡而有其功也

九五貞吉悔亡无不利无初有終先庚三日後庚三日吉象曰九五之吉位正中也

義曰言九五處人君之位為巽之主當以謙順之德下接于臣今五以剛陽之質復處剛陽之位失于太剛无柔順之道所以有悔也然以居中正之位有剛明之才而不失其治天下之道故獲吉而悔亡既獲吉而悔亡則所往无不利矣无初有終者言五始以剛強之道无巽順之德以接于下不能感悦于人心

所以无初也然而有剛明中正之德得所以治天下之道故有終也先庚三日後庚三日吉者凡易中言庚甲者皆十日之名取中令之義也甲于五行為木于四時為春仁恩之道也蓋蠱者承衰亂之後聖人當以仁恩之令拯濟之故曰先甲後甲庚者于五行為金于四時為秋金主斷割秋主嚴厲此巽為風之象无所不入主人君之號令言五處人君之位其發號施令在于當其賞罰在乎信使善者知勸惡者知懼然賞罰號令之出將使天下之人皆服從之固不可驟然而行故先三日以申諭之後三日以丁寧之使民知其號令之必行賞罰之必信有所戒懼則天下大治而吉矣象曰九五之吉位正中也者五所以獲吉者蓋行得其中履得其正而不失治天下之道也

上九巽在牀下喪其資斧貞凶象曰巽在牀下上窮也喪其資斧正乎凶也

義曰牀下者卑猥之地也言上九本有剛明之質而居重巽之極處无位之地是所行謙巽亦過甚而至于卑猥者也喪其資斧貞凶者資貨也人之才也斧斤也善于斷割言上九所以至于卑猥者蓋處无位之地无剛明之才又不能斷割以自決其事故于貞道凶者也象曰巽在牀下上窮也者處巽之極其道窮困以至卑猥也正乎凶者上九本有剛明之德可以自斷而反處一卦之極无位之地是失斷割之才

于正道而凶也

欽定四庫全書　周易口義　卷九

周易口義卷九

欽定四庫全書

經部

周易口義卷十

詳校官尚書臣德保

通政使司副使臣莫瞻菉覆勘

總校官原任中允臣王燕緒

校對官中書臣王家賓

謄錄舉人臣楊鶯

欽定四庫全書

周易口義卷十

宋 胡瑗 撰

下經

兌

兌下兌上 兌亨利貞

義曰按序卦云入而後說之故受之以兌言人能以柔順之道入于人則人皆說之故次于巽然謂之兌者其象為澤其性為悅所以為天下說之之法也然澤者水之所聚而滋息萬物以為生成之功使之皆得滋養而說懌也然不謂說而謂之兌者蓋聖賢之人將欲感天下之心必當以仁義之道恩惠之事固不可以言語口舌而為說故去其言而為兌也亨者言聖賢發仁施惠布德澤以說天下之人使天下之人皆感說之故得其亨通也利貞者夫感說之道多失于邪若小人之人止以淫辭媚色雕墻峻宇流連荒亡以說于心巧言令色柔佞邪諂以苟容于人如

此皆所以喪身敗德以至亡家失天下是說非正然也故聖賢之人施其感說之道皆本于至正則无所不利也

彖曰兌說也剛中而柔外說以利貞是以順乎天而應乎人說以先民民忘其勞說以犯難民忘其死說之大民勸矣哉

義曰剛中而柔外說以利貞者言此卦內二爻為剛外爻為柔言所以感說人者當內有其剛外示以柔然而止有剛則至暴而无以感說天下之心故當外示之以柔內既剛外復柔以此說人則人皆說而歸之是得其正而无所不利也是以順乎天而應乎人者夫天之體之德運動而不已是至剛者也及其降氣以生成萬物則至柔而不失其柔也人之情莫不好安逸而惡危亡說仁義而懼鄙吝今聖賢之人內有剛明之德而外示柔順之道施其仁義發其恩惠以說于天下是上能順乎天之心而下能應乎人之

情也說以先民民忘其勞者民之情皆欲安而惡勞若聖賢之人將欲役使之必當發其仁義恩惠感說之則民從其役使而忘勞苦之心也夫就死者人之所難也聖賢先能發仁義德澤然後使之冒犯大難至于死地則民亦說樂而從之无有怨也說之大民勸矣哉者夫施說之道固非小小之事可以感懷天下之心必須有仁義德澤以遍施天下使民雖從其勞役犯其死難皆无怨心況乎納之以善教民固勸

而說從之矣

象曰麗澤兌君子以朋友講習

義曰上下二體皆兌是二澤相麗也夫水之聚于一澤之中則能滋息萬物而使之皆得其說懌而況二澤相麗是其說之大者也君子觀是象凡施說之道必當施之于大而至于久遠若小人惟以淺近為說以快己之欲然至于久遠則不能无厭倦之心厭倦既生至喪身亡家敗國失天下皆由于此故君子之人當說其大者惟朋友講習蓋朋友之道同心同德其志氣相契所講者聖人之道德所習者聖賢之事業日聞其所不聞日見其所不見使道德事業愈久而愈新皆无其厭倦之心是為說之道莫重于此也

初九和兌吉象曰和兌之吉行未疑也

義曰和謂中和也夫兌者西方之卦也以四時言之則為秋秋所以成萬物萬物皆說而成也君子之人在上以義制天下之民使之感說而歸之故當廣發

其中和之教所應不係于一无心于物而使之自然感說而從之則不失其兌之義也今初九居兌之始是能剛中而柔外以施其說也何則蓋以其有剛明之才故曰剛中體夫兌說故曰柔外夫內既剛外又柔是能以中和之道說天下之人心无所係故得天下之懽心而獲其吉者也象曰和兌之吉行未疑也者初九能以中和之道上不係應而行不在私故以此而施說于人則人皆說而從之復何所疑哉

九二孚兑吉悔亡象曰孚兑之吉信志也

義曰此爻以陽居陰履非其正本有悔者也然以剛居中是其有至信發之于中而施説于人不為邪僻不為非安使天下之人皆必信之以至歡心而歸一獲其吉是得其所以為説之道悔遂亡矣象曰孚兑之吉信志也者能以由中之信發于己之志而施説于天下天下之人莫不説而歸之

六三來兑凶象曰來兑之凶位不當也

義曰夫感説之道必須至公至正无所偏係使天下之人自然而説之則可也固不可以言語口舌柔邪以苟取于人而求其説今六三當施説之世以陰居陽又在一卦之上是履不得中行不得正以不中不正之道是欲以柔邪謟佞姑息苟且以來天下之説雖天下之民一時懽心而説從之終无其道以久説斯民以是施説非凶而何

九四商兑未寧介疾有喜象曰九四之喜有慶也

義曰商謂商議裁制也寧安也介隔也疾謂六三也九四以剛明之資居上卦之下切近九五之君是居得大位與持重權者也既為權位之臣則邪媚之人皆欲以甘言巧語柔佞之道以苟説于己將以希進用之地然小人之徒止欲榮進一身而已若使進而有位則上必為害于君下必為害于民君民之間皆被其疾害是則九四既有權位人求説己及己之説人皆當商議裁制其所説之義則不失其正然既商

議裁制則旦夕憂慮常恐小人之進故未能斯須遑安也介疾有喜者六三既以柔邪欲説于己欲圖進其身苟進之則為君民之害矣故九四則當施剛明之德以裁制而介隔杜絶之既能介隔六三之小人則天下之賢者得以進天下之民皆得其安上以致國于太平下以納民于富壽之域是有其喜慶者也象曰九四之喜有慶也者九四所以有喜者蓋由能介隔六三謟佞之小人使不得進所以杜君民之害

使賢者得路以施仁義於天下獲其福慶之事也

九五孚于剥有厲象曰孚于剥位正當也

義曰孚信也剥刻也夫聖賢之人皆以仁義為先若使之進于有位則上可以致君于无過之地下可以躋民於富壽之域使天下罔有一民一物不得其所而不被其福慶也此聖賢之所用心也小人則不然外以柔邪諂佞内以貪殘狠毒為心若使之見用于上必為亂于君于下必為害于民以至天下皆被其

剥刻然則為天下者欲治于民莫若以至誠委任天下之賢使推其仁義之心以布澤流惠則天下不勞而治矣今九五以剛明中正之德居至尊之位為兊之主是有可致之資既有其資則當信任其賢明有德之人以輔助于已故天下皆被其賜矣且五雖本應于九二九二有剛正之德而已不能盡柔巽以任用之反比于上六邪佞不正之臣是所信者剥刻之小人也既信剥刻之小人則賢者退而朝廷昏亂紀綱廢弛以至害于國而及乎天下是其危厲之甚也象曰孚于剥位正當也者此聖人戒之之辭也言九五居可致之位操可致之資反委任上六柔邪之小人以剥刻君子自取危厲故于此切戒之責于五也

上六引兊象曰上六引兊未光也

義曰引者牽引之辭也言上六以陰柔居一卦之極當无位之地故欲以柔邪不正之道苟且以牽引天下之民欲使盡歸説于已象曰上六引兊未光也者

夫施説之道一失其正則皆為私邪而不可行况其以柔佞欲苟説于人乎今上六既然故雖得人之説其道亦未足為光大也

渙

䷺ 坎下巽上 渙亨王假有廟利涉大川利貞

義曰按序卦云説而後散之故受之以渙渙散也離也釋也言人樂極則憂歡極則悲歡樂之極久而不已以至離散故渙次于兊然渙者是人心睽離上下

違散之謂也亨者言上下所以渙散故民所以睽離蓋由道有所壅塞志有所不通是以渙散故君子當此之時必以權變之術剛明之德釋去民之險難以和衆情以導衆志使皆得萃聚而至于亨通故曰渙亨也王假有廟者言人精氣體魄萃則生散則死精氣散之于天則為神體魄歸之于地則為鬼冥冥然倀倀然幽邈而不知所之為人子者思欲追念其容貌竭心以奉養雖有悽愴之懷不可得而見之故先

王因此渙散之義思欲萃聚其親之神靈故假立其廟以狀先祖之容貌于是四時追感設為祭祀之禮以薦享之所以表追念悽愴之心而又燔燎羶薌以達諸陽酹鬱鬯芬香之酒沃之于地以達諸陰所以盡孝子思親之志教天下追思奉先之道也利涉大川者大川險阻之謂也夫渙散之時民心違離上下相戾必不能涉其大川是故聖賢君子必起而濟之雖甚大險必往救其生靈不可懼其患難是利在涉

此大川以拯天下渙散使皆萃聚不至離散而各得其濟也所以能然者蓋巽體屬木涉于川而无沉溺之患故古之聖人刳木為舟剡木為楫舟楫之利以濟不通是巽木能涉于水也猶聖人有才智而又有剛健之德能拯民之患難无有不濟者也利貞者言離散之時不以正道而拯濟之則人心愈肆而邪僻之事從而至矣故聖賢之人當此之際利守正道則可萃天下之民也

象曰渙亨剛來而不窮柔得位乎外而上同王假有廟王乃在中也利涉大川乘木有功也

義曰剛來而不窮者此言九二有剛陽之德來居坎險之中而上无所應然已有剛明之才終不陷身于窮困也柔得位乎外而上同者此言六四以陰居陰居得其正而在上卦之下是位乎外也既居外卦之下下无其應然上比九五之君九五亦无應故與之志合而相得同心戮力上與五同渙散天下之難萃

聚天下之民而濟之也王假有廟王乃在中也者言人體魄既散幽陰而難見是故王者假立此廟以萃其容貌四時祭祀以表悽愴之心然而立其廟宇設其祭祀追思念舊不可以瀆不可以疏是王者教人之孝亦在中道者也利涉大川乘木有功也者言川者水之聚濟之以舟楫今下體坎坎為水故為川上體巽巽為木故為舟繫辭曰刳木為舟剡木為楫是唯舟楫為能利涉大川猶聖賢當此渙散之時必須

冒涉險難使渙散者皆萃聚之故往則有功也

象曰風行水上渙先王以享于帝立廟

義曰夫風行水上渙然而散是得渙之象也帝即天帝也以形言之謂之天以氣言之謂之陰陽以主宰言之謂之帝言先王當此渙散之時設其郊祀備其物儀薦享于天地以報成功也立廟者言萃聚先祖之精神立為廟貌四時祭之以表悽愴之心奉先之道也

初六用拯馬壯吉象曰初六之吉順也

義曰夫渙散之時人民既違散上下既乖離救之緩則情偽交作姦邪並起无所不至事難濟矣今此初六以陰柔之質居一卦之下又在渙散之始是往而拯之不可後時固當用剛壯之馬急于解民之難使得萃而不散吉之道也象曰初六之吉順也者言當此渙散之時固不可以剛暴拯濟之苟尚剛暴則民愈怨而心愈離今初九既以陰柔居于卦下而復在

事初能執柔順之道以拯濟之故得其吉也

九二渙奔其机悔亡象曰渙奔其机得願也

義曰机者人所倚憑謂初六也此九二當渙散之時以陽居陰失正者也上又无應是无同心同德合契之人也既无合契之人居又失正是有悔者也然而初亦无應能知事始用拯濟之馬以救天下之渙今二若能奔從于初則是得其所憑倚之地也既得其所憑倚則可以同謀合慮以拯當時之難使天下得

其萃聚天下既以萃聚則其悔得以亡矣象曰渙奔其机得願也者言二當渙散之時上无其應道不得行志不得伸其身不能有所濟既能奔從于初與之共謀為慮同心協志而有所憑依則是得中心之所願也

六三渙其躬无悔象曰渙其躬志在外也

義曰夫有才者或无位有位者或无才或位崇而德薄或志大而位小皆不足以有為也今六三以陰居

陽履非其正當渙散之時其德不能安天下之衆其才不能釋天下之難在險之終有悔者也然而上有上九居一卦之極有剛明之才以己為正應既以己為正應是以不能固其所守往從于上然雖不能大濟天下之事亦可以釋一身之患而无悔吝也象曰渙其躬志在外也者言三雖居非其位而得上九為之正應往以從之思展其志于天下國家也

六四渙其羣元吉渙有丘匪夷所思象曰渙其羣元吉光大也

義曰羣衆也天下之渙起于衆心乖離人自為羣六四上承九五當濟渙之任而居陰得正下无私應是大臣秉大公之道以濟天下之渙且又得君以行其志内掌國之機務外宣君之德意使天下之黨盡散則天下之危以濟天下之難以解天下之心不至于乖離而皆得以萃聚上下悉有所歸有此之功故得盡善元大之吉也渙有丘匪夷所思者夫為人臣者

當尊其君為人子者當尊其父然後君父臣子之道正矣丘者臲卼不平之地今六四上奉九五之君下為百官之長當天下渙散乖離之際其承君之命令宣君之德澤以釋天下之難一責于己是其權既重其職匪易故六四常終日乾乾終夜惕惕竭其臣節能自臲卼不敢少安而亦未嘗敢平其思慮也象曰渙其羣元吉光大也者言渙散之時上下乖離六四獨能執柔順之道以事其君使天下之衆不至離散

如是于臣子之道得其光明盛大者也
九五渙汗其大號渙王居无咎象曰王居无咎正位也
義曰汗者膚腠之所出出則宣人之壅滯愈人之疾然且一出而不可反猶上有教令釋天下之難使天下各得其所者今此九五居至尊之位為渙散之主居得其正履得其中能出其號令布其德澤宣天下壅滯發天下湮鬱使一令之出而不復反一號之施而不復更善者賞之惡者罰之使天下之人皆信于

上咸有所歸是如汗之不反者也渙王居无咎者言九五既居尊位為渙散之主當是時上能自正其位下能任六四之臣宣號令布德澤釋天下之大難正天下之廣居輔王者之尊位使天下之人皆知上有明君下有賢臣无渙散之難民得安堵天下合洽則九五之君所以居位而无悔咎矣象曰王居无咎正位也者言九五居至尊之位任賢明之臣萃天下之民而免悔者由所居之得正故也

上九渙其血去逖出无咎象曰渙其血遠害也
義曰逖者遠也夫天下渙散之時上下乖違情偽叢生利害紛起必有所傷也今此上九居上卦之極處无位之地能全其身獨遠其難不與衆競故渙其血去也逖出无咎者言既居卦極而无位是能獨遠于難所以无咎也象曰渙其血遠害也者既獨居上卦之上是最遠于患害也

節

䷻ 兌下坎上 節亨苦節不可貞
義曰按序卦云物不可以終離故受之以節言凡物不可使之終有離散故必節制之然謂之節者蓋節之道在于人之一身則言語飲食心意思慮出處進退以至嗜欲皆有所節使父子有禮上下有等男女有別尊卑有序長幼有倫夫婦有制內外有分皆有所節至于一國以及天下用度禮樂刑政賞罰號令宮室旌旗車輿服器以至稅賦徭役以其時賢不肖

各有所處士農工商各守其業富貴貧賤各當其分如此之類舉而言之是修身齊家治國正天下皆有所節故謂之節然其得亨者何蓋人之修身以至治天下皆有所節則所往之地所爲之事无不獲亨通也苦節不可貞苦者人之所難嗜者也猶味之苦也夫節之道不可過過則人不樂從以其一身一家節過則猶无大害若于治天下人民之衆而節之太甚則必不樂從是故聖人預為之備曲為之防酌中立

法使其車輿器用宮室旌旗衣服制度皆有其節一合于中正苟苦之則天下未易治也且如賦税之設非欲聚斂其財貨厚取于民以自足已蓋有郊廟之祀賓客之供兵儲之備此為國者不可廢也是以不得已而取之取之必有中道故中者天下之通制取之過甚則在下者財匱而不能給取之薄則在上者用度不足是以量時之豐約酌民之厚薄使天下之人樂從而易于輸納可謂得節之道也故夏后氏五十而貢殷人七十而助周人百畝而徹皆什一法而得天下之中

彖曰節亨剛柔分而剛得中苦節不可貞其道窮也説以行險當位以節中正以通天地節而四時成節以制度不傷財不害民

義曰此因二體以明節亨之義上坎為陽陽為剛下兌為陰陰為柔剛得中者九二九五之爻也夫節所以得亨者陽本在上今處于上陰本在下今居于下

是君臣上下各有分也故曰剛柔分也剛得中者言九二九五以剛陽之質居剛陽之位又居得其中履得其正當節之時能為節制之道使天下皆得中制是以亨通也苦節不可貞其道窮也者夫節之道不可過過則不能緣人之情而衆不樂從是不可久行于世而為萬代通行之法窮困之道也説以行險者上坎為險下兌為説是説而能行於險也蓋言聖人緣人之情酌中以為通制當節之時雖有險阻能以

說順行則人亦樂從之也當位以節者言九五有剛明之德居至尊之位為節之主是所居當其位而能酌民情為之節制也中正以通者此又言九五居中履正所為節制得其中又得其正得其中則无過與不及之事得其正則不入于私邪是中正所為之道可以通行萬世使天下得盡所以為節制之義也天地節而四時成節以制度不傷財不害民者此已下廣明節之道也夫天地之道陰陽之序以生以成皆

有所節至如生成之終則有風雨霜雪以殺之殺之既終復以春陽為發生之始是天地之道始始終終陰陽相盪寒暑往來不失其序所以能生成萬物此天地盡其為節之道也聖人法天地之道為之節制設其禮法各有常分以至取予无不得其中如是而行自然財不傷而民不害也

象曰澤上有水節君子以制數度議德行

義曰夫水之性決之于江河其性沛然順于下莫之禦今水在澤中則不能順往而流故有節制之象數者名數也度者制度也言君子之人法此節之象定其名數立其制度使禮樂之道度量之分无得過差盡合于中也議德行者夫人本五常而生其性有全有偏唯聖人受性之全賢人則才智有所偏是以當節之時必量其才之大小隨其德之優劣以任用之大才者置之大位小才者置之小位若其无德无行則没身而不用

初九不出戶庭无咎象曰不出戶庭知通塞也

義曰戶者門之内牖之間也夫人之情莫不欲安逸而惡節制之為禁此節者節人之邪情約人之私欲遏人之非絕人之偽然而節情約欲遏非絕偽人莫不惡之然當節制之始典章未備法度未詳必當慎密之不可洩機于人苟所行不密則必為人所窺而敗壞成事如是則法未出而姦生令未下而詐起必不可以節制之也今初九履下卦之下居節制之初

是謀事之始故當慎其幾密不使宣露于人使天下之人由之而不知之而情偽不作巧詐不生則是能慎其幾密不出戶庭之間所以成節制之道而无咎矣象曰不出戶庭知通塞也者言初九居事之始所以不出戶庭者非是藏其幾密慎其法制不宣布于天下蓋當節制之初典章法度未甚大備不可以宣露于人是能知其時可以通則通之可以塞則塞之通塞不失其宜也故繫辭曰亂之所生則言語以為

階君不密則失臣臣不密則失身幾事不密則害成言大凡幾密之事必當慎之苟宣露于人則君失臣臣失身以至天下皆失其節如是則不能免于咎也

九二不出門庭凶象曰不出門庭凶失時極也

義曰在外謂之門大凡居事之始節人之情偽必當慎重而幾密之故初九在卦之始處節之初典章未備法度未完故幾密而不宣露于人是以不出戶庭也今此九二居卦之中是典章已備法度已立必當宣布于天下以制節于人情使其姦偽不敢萌巧詐不得作天下之人皆合于中制可也今有可致之資而反不出門庭之間使制度不立上下无別以至天下之人皆亂其常則是恣人之情縱人之欲速凶之道也象曰不出門庭失時極也者言九二居得其中而法制已成當行而不行當施而不施使天下之人情偽交作而上下无等節制之道不出門庭之間失時而不宣布以至窮極亦不能行凶其宜矣

六三不節若則嗟若无咎象曰不節之嗟又誰咎也

義曰若者語辭也夫為節之道必須先正其身然後可以正人身既正則天下孰不從之今六三以陰居陽是為不正在下卦之上是為不中既失其中又非其正且在卦之上是居衆人之上者也夫居衆人之上必也賞必信罰必當正身立法度平典章宣政教以節天下之人則姦偽不作巧詐不生而人自信從之矣今反不能自正其身又不能節制其人是雖有

嚴刑峻法人亦不從故反自生嗟怨之聲如是必不可為節制之主也无咎益三以不正之身居衆人之上不能節制以至嗟若之凶皆己自為之又何咎于人哉故象曰又誰咎也

六四安節亨象曰安節之亨承上道也

義曰按此爻居上卦之下近九五之尊而又以陰居陰履得其正上承其君下率其民以柔正之道上以節君之情制君之欲防君之邪僻致君于正又能宣

君之令布君之德以去天下人之邪偽禁天下人之非僻使天下之人一歸于正而得節制之道是由以柔正自正其身以至正君率民安然而行其節制故所往无不得其亨通也象曰安節之亨承上道者言六四以柔正之道自正其身上承于君以行節制所以率天下之人得以亨通是承君上之道也

九五甘節吉往有尚象曰甘節之吉居位中也

義曰甘者味之甘人所嗜也夫節之道是節人之情防人之欲人之所惡也今九五以陽居陽處得其正又居上卦之中履至尊之位為節制之主當節之時能以中正為之節制无過无不及施于當世則天下之人无尊卑長幼上下以至于遠近幽隱皆悅然樂而從之是九五為節之道使人樂從如嗜甘味也所以得其吉矣往有尚者五以中正之道為節制之法可以為世世之通行而天下之民皆樂從之是五有所往則為人尊上者也象曰甘節之吉居位中也者

言聖人通其情故能達節常人違其情故多苟節夫能通天下之情不違其理守大中之節不失其時以此而行則合聖人中正之道今五居至尊之位在上卦之中是能正其身而為節制之主使天下之人皆尊尚而從之是居位中正之故也

上六苦節貞凶悔亡象曰苦節貞凶其道窮也

義曰夫節制之道貴乎中正則人樂從之今上六過于九五是居不得中者也所為節制之道皆過于中

是人所厭苦之也以正道言之則已凶矣故曰貞凶然悔亡者夫節制有苦于天下則害其事令上六居无位之地但行于一己而自節苦于一身則可以悔亡故孔子曰禮與其奢也寧儉喪與其易也寧戚是言凡過節于一身則可以无悔也象曰苦節貞凶其道窮也者以陰柔之質居節制之極所為失中正之道而天下之人厭苦之是過為節制之道以至窮極也

中孚

䷼兌下巽上 中孚豚魚吉利涉大川利貞

義曰按序卦云節而信之故受之以中孚言聖賢之人為節之道必當以信而行之使久而不變可以為萬世之法故以中孚次于節謂之中孚者孚信也信由中出故曰中孚蓋二陰居中是虛中而發誠信于內出之于性孚信既發于中施之于外則天下必信之矣豚魚吉者豚是獸之至微者也魚是蟲之至隱者也夫聖賢之人所立正教必須信于天下使天下之人皆順從之以至至微至隱之物皆亦被其信是故聖王作為節制斧斤不時不入山林數罟不入污池昆蟲未蟄不以火田如是之類是皆取之以時用之有節使至微至隱之物皆遂其生而涵濡其性豚魚无識之物猶且被澤而不妄有所傷則有識之類其蒙信也可知矣故曰吉利涉大川者川者險難之地大則有兵革之事小則有寇盜之虞于天則水旱蟲蝗于人則死亡疾疫險難之事也夫節制之道行

于世必以至信及于天下不遺微小則天下相信感疎相睦聖人以此拯濟天下之難何所不利哉若不以至信及于上下苟涉大難必有阻溺此中孚之德猶己及于豚魚則天下之人无不信服上下和同物情不違故涉于大難无不利矣利貞者夫信而不正不若不信故聖賢所節制必須不偏不黨至誠不息不為邪欲所勝則天下皆信其上是所利在于正也

彖曰中孚柔在内而剛得中説而巽孚乃化邦也豚魚吉信及豚魚也利涉大川乘木舟虚也中孚以利貞乃應乎天也

義曰柔在内者謂六三六四也言三四以柔順處中而四陽居外二陰既處其中則是虚其中也言誠信之道發于中行于外使天下之人皆信之故曰柔在内也剛得中者謂九二九五也二爻皆以剛居中而得正夫剛而不中不正則為私為暴不可信于天下

故剛以得中為貴也説而巽孚乃化邦者言此卦下體為兑兑為説上體巽巽為風是九五能以風教權變孚信于天下則天下之人説順而信矣左氏曰小信未孚神弗福也夫聖賢之人不可為小小之信必當立其大信使天下之人皆孚信之上既以由中之信發之于中施之于外无偏黨私曲皆合于中則天下之人皆化上之信姦偽不作巧詐不興亦以至誠至信奉于上故曰乃化邦也豚魚吉信及豚魚者言豚魚所以得吉者蓋由孚信之所及至廣至遠取之有時用之有節不傷其性以至至微至隱皆被其德故小雅魚麗之詩蓋言萬物衆多也利涉大川乘木舟虚者下兑為澤澤者水也上巽為木木在水上舟之象也夫大川之深至險至浚若以舟楫濟之而居于其中所涉无不濟矣是猶在上者能以節制之道由中之信施為號令風教于天下使天下之人上下以信相接何所不從哉若國有大患人有大難則可

以使同心戮力以順從于君而共拯之无危險而不獲其濟中孚以利貞乃應乎天者夫天之道无所不正无所不信故冬至則陽氣應之夏至則陰氣應之寒暑代謝日月往來皆无毫釐之差是天地陰陽寒暑晝夜日月皆有其信而不失其正是天之不言而能信萬物者也今聖賢之人能推由中之信无偏黨之邪以取信于天下使天下皆信之是應乎天也

象曰澤上有風中孚君子以議獄緩死

義曰澤與風皆生成之道也夫風行澤上物无不從猶君子之人以由中之信施乎外无所不及无所不順也議獄緩死者君子觀是之象以謂獄者繫獄之人就若而告之以所死者不可復生必推由中之誠原議冤枉察其真偽求其曲直以緩恕其死則可以盡其至信之道也

初九虞吉有它不燕象曰初九虞吉志未變也

義曰虞度也燕樂也此居兑之始上有六四為之正

應然中有九二六三間隔已之應是以初九能度四之正應裁量其情以孚信于己不為二三間隔而變其志自能虞度終以至誠待之故得吉也有它不燕者初既以四為正應雖有二三間之而能虞度之以謂緃有它來從已者已亦執心不變不與之為燕樂也象曰虞吉志未變者此一爻居事之始在兑之初其志專一與四為應其志終不變易矣

九二鳴鶴在陰其子和之我有好爵吾與爾靡之象曰其子和之中心願也

義曰夫信出于中雖天地亦可以充塞苟无信實雖无識之物亦不已從今九二以剛陽之德居兑之體在中孚之中而有由中之信以及于下上无其應无所私係在三四重陰之下處幽暗之中而不失其信是以聲聞于外至于天下同類之人以孚信應之若鳴鶴之在陰而其子自然應和我有好爵吾與爾靡之者言聖賢之人既以誠信達于天下上下自然以

誠信相交故與之共天爵共天禄而无所離間靡散也言我有美好之爵與爾共散之也蓋至誠所感上下和悅之至也象曰其子和之中心願者言誠信之人願與同類相應令得誠信而應之是中心之所願也

六三得敵或鼓或罷或泣或歌象曰或鼓或罷位不當也

義曰六三以陰居陽履非其正小人者也切近于四

四以陰居陰君子者也夫小人而近君子則必陷于君子是以六三得其所敵故曰得敵既敵必戰則或鼓而進故曰或鼓然小人雖欲害君子君子執正道而无所變易非小人之所能勝則反自罷敝故曰或罷且小人既不克勝而得罪于君子則懼其侵奪故曰或泣然君子守己薄責不為區區之行不屑屑與小人校計則小人獲存而得出于憂懼之地反有所喜故曰或歌以是見六三不中不正所為失道而强

弱憂喜之无常也故象曰位不當也

六四月幾望馬匹亡无咎象曰馬匹亡絶類上也

義曰月者陰之體望者光魄盈滿與日相望之時也此一卦惟六三六四以陰柔居于内而六三以其不正故為小人也六四以陰柔之質居巽順之體居得其正奉九五之君能布德教以孚萬邦得臣道之正也如月之近望光輝明盛徧照天下然懼招君父之疑常自戒慎不自滿假故曰幾望也馬匹亡无咎者匹謂匹耦羣類也夫君子守其道德以務遠者大者不與小人校分毫之利害若以君子而與小人校其區區屑屑則賢不肖混淆而君子小人无間以至患害所及令六四雖為六三所侵來與己爭然己得其正犯而不校是以絶其羣類上承于五固守其分養成至德故獲无咎也象曰馬匹亡絶類上也者言匹馬而亡是獨行也能下絶六三之類上順九五之尊是自能以正道上應于五也

九五有孚攣如无咎象曰有孚攣如位正當也

義曰攣者牽攣之謂也此九五居至尊之位履正處中也夫居尊而有中正之德是有至誠至信之心發之于内而交于下以攣天下之心使天下之人皆以誠信奉于上上下内外皆以誠信相通是得為君之道而獲吉復何咎之有

上九翰音登于天貞凶象曰翰音登于天何可長也

義曰翰者鳥羽之高飛也此上九在一卦之上居窮

極之地是其誠不能自内而出无純誠之心篤實之道徒務其虚聲外飾以矯偽為尚如鳥之飛登于天邈然不見其形杳然莫覩其迹徒聞其虚聲而已貞凶者君子之人所為所作必皆本其純誠篤實光大以感于人而人亦以誠實奉之此君子之謂也令乃居无實之地任无誠之聲以正道觀之可謂凶矣故曰貞凶象曰何可長者言上九徒以虚聲外飾驕于人殊无純誠篤實之行以此而往愈久愈凶故聖人

戒之曰何可長如此蓋欲人改過反誠以信實為本也

小過

䷽ 艮下震上 小過亨利貞可小事不可大事飛鳥遺之音不宜上宜下大吉

義曰按序卦云有其信者必行之故受之以小過言聖賢君子有由中之信至誠之道則不以小人之所疑謗而不行固當發之于外以拯天下之失矯天下之弊使至平治而後已故以此次于中孚然謂之小過者蓋大過以四陽居内二陰在外本末皆弱上下皆微故聖賢之人以大才大德過越常分以救天下之大難今此小過以四陰在外二陽居内是綱紀未甚隳壞天下之事少有差忒故聖賢之人小小過行其事以矯正之故若喪過乎哀用過乎儉是皆小有所過也亨者夫聖賢之君既推至誠之道過行小事以矯一時之失則天下之人一歸于大中之道而得

亨通也天下皆奢矣當儉一己以矯之者晏子一狐裘而三十年是也天下皆薄于喪也哀毀一身以矯之者曾子水漿不入于口者七日是也蓋人情已弊矯而行之所以勸進于中道也利貞者夫小過之時非常行之時也苟不以至正之道推至誠之心則入于詭譎誕妄天下不能信服之矣故當率己以正然後利也可小事不可大事者夫當小過之時本末未至甚弱政教未至甚頽天下之事小有所差君子固

當過越而行其小小之事以矯世勵俗使復趨大中之道可也如當是時不能附順人情而反大過其事不近于民則所為迂遠民无所濟矣飛鳥遺之音者夫鳥之飛騰于空虛但聞其音而不見其跡謂如君子過越中道矯正天下之弊但使民由之而不使知之也不宜上宜下大吉者夫鳥之飛翔雖不見其跡然又不可大過而愈上若愈上而不已則愈窮而不得其所歸故當下而附于物則得其所棲止也猶君

子當小過之世乘時藉位矯過常分以正當時不可大越其事遠于人情必當附近民心約附所為然後獲吉也

彖曰小過小者過而亨也過以利貞與時行也柔得中是以小事吉也剛失位而不中是以不可大事也有飛鳥之象焉飛鳥遺之音不宜上宜下大吉上逆而下順也

義曰夫小過之時天下之時小有過失君子思欲拯濟之不可大過其分但以小者之事過而行之以矯一時之弊然後得亨也過以利貞與時行也者夫君子所為觀時而動時之大弊則大過其分而行時之小弊則小過其分而行約民中道驅而納之隨事制宜適權應變一皆必出于正故曰過以利貞與時行也柔得中是以小事吉者夫大過二五皆以陽居中故曰可行大事今小過二五皆以柔居中故不可大有所為但小有過為之事則吉也剛失位而不中是

以不可大事者夫成大事立大功必有剛明之才居于內柔順之道行于外可也今三四雖有剛明之才德而居失其位行不得中故不可以行其大事惟小事過可也有飛鳥之象焉者按小過之卦自中孚而來有飛鳥之象者蓋中孚之卦四陽在外二陰在內內虛而外實故上有飛鳥翰音之言今小過四陰在外二陽在內是內實外虛故有飛鳥之象也飛鳥遺之音不宜上宜下大吉上逆而下順者言飛鳥翔空

无所依著愈上則愈窮是上則逆也下附物則身可安是下則順也猶君子之人過行其事以矯世勵俗欲民易從必下附人情亦安下而不安上也

象曰山上有雷小過君子以行過乎恭喪過乎哀用過乎儉

義曰夫雷者出于地今反在山之上是小過之象也君子當天下小有差弊之時將以矯世勵俗驅合于大中之道是以過行小事于身使天下之人覩而化

之故若天下之人有所行過差而失于傲慢君子則過恭以矯之若天下之人居喪過差而失于率易君子則過哀以矯之若天下之人用度過差而失于奢侈君子則過儉以矯之是皆君子之人過為小事以矯天下之大中也

初六飛鳥以凶象曰飛鳥以凶不可如何也

義曰小過之時是君子過行小事以矯一時之失正當時之弊衆所不為而已獨為之皆在于身故取飛鳥之象以明之今初六一爻雖以柔而居下卦之下然所應在四故如飛鳥之愈上而无所附著是以凶也何則蓋小過之時不安上君子必須應機適變隨事制宜附近于人情而後可也若其所行太過所為已甚雖位在下而志愈上故獲凶也象曰飛鳥以凶不可如何者初六雖在下而已升至窮極而无所容以罹其凶將可奈何哉故曰不可如何也

六二過其祖遇其妣不及其君遇其臣无咎象曰不及

其君臣不可過也

義曰祖始也妣在內也君六五也臣六二也夫小過之君子不可大有所為但小過而合其宜欲矯正天下使一歸于中耳今六二已過于初以柔順處于內故曰過其祖遇其妣也不及其君遇其臣无咎者小過之世不可為已甚之事事為已甚則有僭逼之嫌而罹其上逆之凶蓋二在其下比于初則為過比于五則為不及今不敢過越其君以行事正得為臣之

體是所過得其分故无咎也象曰不及其君臣不可過者為臣之分則必奉君之職而行臣之事不敢及于君蓋為臣之道不可過越也

九三弗過防之從或戕之凶象曰從或戕之凶如何也

義曰小過之時蓋君子行大事以矯正天下不使小人得過也今九三雖處剛陽之位有明斷之質然反不能過防上六之小人而使之得過夫既使小人得過理已乖矣而況復從而應之乎應之則為小人之

戕害必矣且小人之心常欲陷害君子惟君子預自防閑不使近于已則得禦小人之術今三為小人所戕蓋不能預防以至優柔不斷是凶禍之來皆自取之也象曰從或戕之凶如何者言既為小人所戕而致凶將如之何哉是不能過防之使然也

九四无咎弗過遇之往厲必戒勿用永貞象曰弗過遇之位不當也往厲必戒終不可長也

義曰小過之時不宜上宜下則得其道也今九四雖位上卦之下而應于初六是能下附人情故得无咎也弗過遇之者言小過之時事小有差君子宜過行而矯正之乃權時之宜也今四以陽居陰雖不得正是能過行其事而不至已甚而下附人情使天下之愚不肖皆可企而及之是弗為過甚而遇得其道也往厲必戒勿用永貞者言小過之事切近人情但矯正風俗而已是不可往而過也若往而不已將致危厲之災必須戒慎之不可用此為永長貞正之道此

蓋聖人戒慎丁寧之辭也

六五密雲不雨自我西郊公弋取彼在穴象曰密雲不雨已上也

義曰小過之時小者過也六五以陰居陽履于至尊是小者過而得中小過之主也然以柔居剛又履至尊之位是陰雖極而德未盛其惠未行故不能為雨澤施于下但為西郊密雲而已何則夫雨者陽氣上騰陰能固止之則相蒸薄而為雨今陽艮止于下不

升而交于陰則陰氣雖強盛于上而无陽以通是以不能為雨而雲徒密結于西郊也西郊謂陰之正位也公弋取彼在穴言六五之陰極盛故稱公也弋者所以射高也穴者所以隱伏而在下也公以弋繳而取穴中之物猶聖賢雖過行其事意在矯下也然五以柔而處至尊之位无剛陽之德故止可為公之事也象曰密雲不雨已上者上當為止傳寫之誤言陽氣已止于下故不雨也豈有陰盛于上陽止而不雨

哉蓋陽艮止于下所以不雨也

上六弗遇過之飛鳥離之凶是謂災眚象曰弗遇過之已亢也

義曰上六一爻過而不已不知所止是亢極之甚而无所遇也若鳥之高翔不知所止上而愈无所適以至窮極而離于凶禍不能反于下以圖其所安猶人之過而不已不近人情亢已而行故外來之災自招之眚皆有之也

既濟

䷾ 離下坎上 既濟亨小利貞初吉終亂

義曰按序卦云有過物者必濟故受之以既濟既盡也言聖賢君子能過行其事以矯天下之失使天下生靈皆濟于治无所不通此既濟所以次小過也然既濟者是聖賢功業已成教化已行德澤已著人情已安倉廩衣食皆已實足君臣上下皆已和正軍旅皆已修練四夷皆已賓服无一民一物不得其所以

至至纖至悉皆得通濟故曰既濟也亨小者傳寫之誤按彖曰小者亨也此當曰小亨蓋言既濟之時朝廷已盡正教化已盡行故上下遠近纖悉微隱至小之物皆得其所濟而亨通況其大者乎利貞者言天下既濟之後或不守之以正道則逸豫怠惰之心生而放恣邪惡之事形以至罹于凶禍矣故必長守正道則无所不利也初吉終亂者初謂天下之始治夫天下既治惟君子為能兢兢慎持惟恐有失故其始

則吉也及其傳之子孫流之後裔則事或久而多弊
治或永而多闕以至逸豫怠惰居安而不思危居存
而不思亾不念祖宗之重器以至顛敗覆隕皆由此
漸是其終則亂也至如周治于文武成康之初而亂
于昭穆之後漢治于高祖文景之初而亂于武元之
後以是知創業之主蓋得于憂勤故多吉守成之君
蓋生于康樂故多忽聖人特于此言之者將以為萬
世守成之戒使之居安慮危在治思亂而豫為之備

不使至于傾危也
象曰既濟亨小者亨也利貞剛柔正而位當也初吉柔
得中也終止則亂其道窮也
義曰既濟者天下之物无不濟也雖物之至微至細
者亦皆遂其所則大者可知矣如行葦之詩仁及草
木夫草木无知之物仁尚及之他則不言而喻矣以
此知聖賢功業已成德澤已流人情皆得其安而教
化大行矣利貞剛柔正而位當者言六二六四以陰

居陰九三九五以陽居陽皆得其正施之人事則是
君子小人各得其分貴賤長幼各得其序君君臣臣
父父子子夫夫婦婦兄兄弟弟各得其所則中國為
中國夷狄為夷狄不相揉亂而天下萬事无所不濟
无所不利也初吉柔得中也者謂六二也言既濟之
時天下之民物國家之教化无所不濟蓋在上者有
中正之道文明之德然後能致也六二以陰居陰不
失其正在下卦之中居離明之體是得覔柔中正文

明之道以濟天下故曰吉也終止則亂其道窮也者
夫民生于憂勤而死于安樂天下久治則人苟其安
萬務易隳禍患不警故持盈守成之道當須至兢至
慎然後可以久濟苟止于逸樂不自省懼以為終安
亂斯至矣故曰終止則亂其道窮也此聖人深戒之
辭
象曰水在火上既濟君子以思患而豫防之
義曰坎上為水離下為火水火之性不相入然相資

而成功有烹飪之利以濟于用故得既濟之象也君子以思患而豫防之者既濟之時天下既以治安君子宜深思遠慮豫為之防曲為之備居安思危居存思亡動作語默皆常戒慎則可以久于既濟矣

初九曳其輪濡其尾无咎象曰曳其輪義无咎也

義曰夫既濟由未濟而來初九居一卦之始是天下之未濟而險難之未平也聖賢處此之時當此之責則焦勞思慮經營心志欲濟天下之患難使至于安

平是以不顧險難之在前衝冒而往欲行之速故至于搖曳其輪濡濕其尾雖然曳輪濡尾其心无他蓋能憂天下之憂欲濟天下之患難而已故雖深冒于難終得无咎也象曰曳其輪義无咎者言初九以剛健之德居既濟之初盡心竭力不顧險難但以既濟為心故至于搖曳其輪濡濕其尾如是則于義自然无咎矣

六二婦喪其茀勿逐七日得象曰七日得以中道也

義曰六二當既濟之時處下卦之內婦之象也茀者首飾也婦之有茀所以為容也按初爻則天下未甚濟至二則險阻已平治道已成萬事莫不盡濟然此爻介于初九九三之間而又以柔弱之質故必為他人之所侵然六二能執中道持正不變所應専在九五而志不可奪故所喪者但喪其首飾也勿逐七日得者夫既濟之時天下之民大和雖有邪佞之人處于其間終亦不容之也故六二始雖喪茀然已能執

正不回則不待捕逐凡七日之間自得之矣是猶天下新治民已見太平紀綱未墮上下方盛當此之時雖有小人敢行侵侮亦不能貽害但如婦喪其茀雖小有所失不久之間亦當自復故曰勿逐七日得象曰七日得以中道者言六二喪茀所以勿逐七日得之者由其有文明陰柔之德得中正之道故也

九三高宗伐鬼方三年克之小人勿用象曰三年克之憊也

義曰高宗商之賢王也鬼方遠方也九三處下卦之上當離明之極離為日日之過中明則衰矣施之人事猶人君不能持盈以傾覆祖先之業而至于衰亂也然當是時必有聖賢之君恢復先王之業而起中興之治故聖人取高宗以明之言昔商運之衰禮樂廢絶王道衰微綱紀將頹逮乎高宗能興復商家之衰運纘成基業以致太平之治然必伐鬼方者蓋衰亂之後必有幽遠不賓之人故當用師伐罪以安定

其民然威服之道不可速成故須三年然後克勝之也小人勿用者夫復太平之功必用賢明之士然後功業有所濟矣況中興之際其勢衰弱君子居之其力猶憊況用小人乎是愈益于亂也故戒之勿用此小人也

六四繻有衣袽終日戒象曰終日戒有所疑也

義曰繻者盛美之服也袽者衣之破敝也今六四以陰柔之質居得其正當既濟之時居坎險之地是猶繻有袽也夫九三當衰亂之後而復能以剛明之道起中興之治此六四當已治之時當其教化之流行仁義之洽浹无所不濟之時也若人君不得持盈守成而逸豫怠惰則傾覆之患復至矣如盛美之繻服久而必有弊敗故居上者處至盛之時知其必有傾覆在後故當終日之間兢兢戒慎常以弊敗為慮則可以永安泰而有磐石之固也故聖人于此深戒之也象曰終日戒有所疑者言六四雖居坎險之下而

能終日戒慎如此者蓋能通天下之志欲成天下之務必有先見之幾察事于未兆故當自疑恐其事久必壞治久必亂安久必危故也

九五東鄰殺牛不如西鄰之禴祭實受其福象曰東鄰殺牛不如西鄰之時也實受其福吉大來也

義曰此一爻聖人深切戒慎之辭東鄰西鄰者取文王與紂之事也紂居東都故言東鄰文王居岐山故言西鄰紂君也文王臣也何以東西言之蓋紂繼世

有天下而暴虐无道邦國淩遲所存者位號也文王身雖為臣而功德已被天下故三分天下有其二以歸之是有君民之德故以鄰國稱之也夫牛者祭之豐也禴者祭之薄也言紂雖在上以豐盛之祭殺大牢以享于鬼神然无至誠馨德充塞于前故神亦不享文王雖以薄約之祭薦于鬼神然有至誠馨香之德神則享之蓋以誠實受福也以是觀之人君在德不在物鬼神享德不享味也象曰東鄰殺牛不如西

鄰之時者祭不以時而瀆其神雖豐不享祭得其時雖甚薄約福斯受矣是以商紂雖盡物不如文王之得時也實受其福吉大來也者言以至誠而享其福祿則不惟慶及一時之身且將延及其來系故吉大來也

上六濡其首厲象曰濡其首厲何可久也

義曰物盛則衰治極必亂理之常也上六處既濟之終位在一卦之外以柔乘剛居物之上其道窮極至于衰亂也故天下之事傾敗而不能支如涉險而濡溺其首是危厲之極也皆由治不思亂安不慮危以至窮極而反于未濟也象曰濡其首厲何可久者言上六當既濟之終反于未濟至于濡沒其首危亡不遠故當翻然而警惕然而改何可久如此乎故曰何可久也

未濟

䷿ 坎下離上 未濟亨小狐汔濟濡其尾无攸利

義曰按序卦云物不可窮也故受之以未濟終焉蓋言既濟之後在上者不能持盈守成以至窮極而无所適濟故以此次于既濟也此卦自既濟上六而來明天下之事既濟之後治平已久人心怠忽恃安而不思其危恃治而不思其亂逸樂不已亂所由生是以濡其首反既濟而為未濟也謂之未濟者是天下法度敗壞教化不興故曰未濟亨者聖賢君子當是時欲復有所濟使民心之安教化之興宜以仁義之

道拯救之是必先正其身然後正朝廷朝廷正然後正天下必使天下人民事物各得其濟而獲亨通也小狐汔濟濡其尾无攸利者汔者幾也狐之性善涉水者也然以小者渡之雖幾至于濟然勢力微小必至濡溺其尾也以人事言之猶天下未濟欲興太平之功欲拯天下之難必藉大才大德聖賢之人與之戮力同心一志畢慮不顧險阻之在前奮然往而濟之則可以立大勳圖大業拔天下於困厄出天下于

水火也苟以小才小德位卑勢寡之人當之欲濟天下之險阻是猶小狐之涉淵水雖僅至于濟不免濡溺无所利于拯難也

彖曰未濟亨柔得中也小狐汔濟未出中也濡其尾无攸利不續終也雖不當位剛柔應也

義曰柔謂六五也言未濟之所由來者以居上者所為有過不得中道所以然也今六五能以柔順之質履大中之位委任九二剛明之臣與之同心竭力共濟天下之事所以獲其亨通也小狐汔濟未出中也者下坎為險以狐之小者往涉于水其力微弱未必能濟猶以小才涼德之人欲濟險涉難必不能出險難之中矣濡其尾无攸利不續終者小狐之涉水雖幾及其濟然以力弱不能自奮故致濡尾不能終濟也亦如人之濟難其勢弱其才薄終无餘力以拯民于塗炭不能卒有所成故曰不續終也雖不當位剛柔應者言九二九四以陽居陰六三六五以陰居陽

所處皆不當位位雖不當然上下二體剛柔相應施之人事猶君臣同心戮力而相應則可以共濟天下也

象曰火在水上未濟君子以慎辨物居方

義曰夫水火相資然後能濟于物故曰既濟今此二體火上水下火自炎上水自就下水火相戾而不能相資是以有未濟之象君子因此之象則當精審其事明辨于物使各居其方皆遂其所則賢為賢愚為

愚貴貴賤賤法度昭明各安其分不相踰越蓋取諸
水下火上之義也
初六濡其尾吝象曰濡其尾亦不知極也
義曰欲濟天下之險難拔生靈于水火者非大才大
德之君子有可致之資可致之勢固不能也今初六
以柔弱之質居一卦之下處坎險之底且欲拯天下
之難除天下之害謂不量力不度德反自取禍于躬
以至濡溺其尾也夫以薄才當未濟之時求安其身

猶未知其可也況欲濟天下乎故彖曰小狐汔濟濡
其尾言力不能濟反自罹其害誠可鄙吝也象曰濡
其尾亦不知極者言初所以濡溺其尾蓋不量己才
分而不知道之極也
九二曳其輪貞吉象曰九二貞吉中以行正也
義曰夫欲泰天下之否解天下之蹇非剛明才德之
君子未知其可也今九二以剛明之才德居大中之
位雖未出于坎險然所應在五五又以柔順之道信

任于己與己同心戮力往拯天下之危經綸當世之
治以勞賚安定天下之民雖搖曳其輪盡力而退固
无咎也貞吉者為其以陽居陰所處非正然已有濟
難之力苟能用大中之道由大正而行則吉可知矣
象曰九二貞吉中以行正者言二本非正以其有正
中之德可以行正道而獲吉也
六三未濟征凶利涉大川象曰未濟征凶位不當也
義曰六三以陰居陽又在坎險之極是不正懦弱之

人也以不正懦弱之人身在坎險欲拯天下之患難
濟天下之未濟如之何其可乎身且不正反欲進救
天下是窮凶之道也然云利涉大川者蓋六三下近
九二剛明中正之人上比九四興衰撥亂之臣處二
四之間而能依附之則可以獲安而不至溺身于險
難故曰利涉大川也
九四貞吉悔亡震用伐鬼方三年有賞于大國象曰貞
吉悔亡志行也

義曰九四出坎險之中居離之位是有剛陽之才然以陽居陰所履不正是以有悔茍能守正而上承六五之君竭力盡心以附順于上以興天下之衰則悔可亡故曰貞吉悔亡震用伐鬼方三年有賞于大國者震謂威震也當未濟之世風俗久漓典章久墜紀綱久闕而九四有剛明之才又居離明之位是能用其威震興師動衆亦須三年然後有功使復于既濟故聖人重其酬功報勞以大國而賞之所以寵其成

績也然按既濟之卦在九三亦言伐鬼方而曰高宗此但言震用者蓋既濟九三有中興之象此九四則興衰之臣也象曰貞吉悔亡志行也者言九四已出險難志欲安濟于天下故能以剛明之才德大正之道施行其救難之志也

六五貞吉无悔君子之光有孚吉象曰君子之光其暉吉也

義曰六五以柔順位于至尊未濟之主也然以陰居陽本亦有悔故必守正然後得吉而无悔也君子之光也者以柔順文明之道所行得中且下應九二剛明之臣與之同心戮力一志畢慮與天下興利除害致天下于既濟是君子光顯之德也有孚吉者言六五以柔順之質委任九二剛明之臣與之共治天下當絶疑忌之心以信相待則興治之功畢而終獲其吉也象曰君子之光其暉吉者六五之君能以柔接物以信遇臣與天下之治是君子光暉之用无所不

至而獲其吉也

上九有孚于飲酒无咎濡其首有孚失是象曰飲酒濡首亦不知節也

義曰夫六五柔順之主能下接九二剛明之臣使既濟之道已成至于上九則綱紀已振教化已洽法令已備故已可以无爲而治不勞聰明委信于臣而飲食宴樂以相和悅所以无咎也濡其首有孚失是者夫安不可恃樂不可極任臣不可以不察如是則有

苟簡敗壞浸潤之禍至于濡溺其首蓋失其所信之道取不節之嗟故曰有孚失是此聖人深戒之辭也

乾隆御覽之寶

欽定四庫全書

周易口義 卷十

周易口義卷十

欽定四庫全書

經部

周易口義繫辭上

詳校官尚書臣德保

通政使司副使臣吳省蘭覆勘

總校官原任中允臣王燕緒

校對官中書臣王家賓

謄録監生臣陳炳

欽定四庫全書

周易口義

繫辭上

宋 胡瑗 撰

周易言繫辭者按周易始于伏羲畫為八卦至于文王定為六爻演為六十四卦又作卦下之彖辭以解釋一卦之義曲盡天地之道總包萬事之宜而又周公作其爻辭以釋逐爻之義然而聖人作卦其道至大以至纖至悉之事无不備載雖有爻彖之辭以解釋之然其辭

義深遠其理精微至淵至奧不可以易曉則于常常之人固難知矣是故孔子復作十翼以釋之欲使後世之人可以達聖人之淵奧知聖人之行事也所謂十翼之名者曰上彖下彖大象小象文言上繫下繫說卦序卦雜卦凡此十翼以釋六十四卦之義上下彖以解文王卦下之辭大象以釋一卦之名義小象分于六爻之下以解周公之爻辭文言以文釋乾坤二卦之理此繫辭以統言天地之淵奧人事之終始說卦以陳說八卦之德業序卦以序六十四之次敘雜卦以辨衆卦之錯雜此上繫是夫子十翼之中第六翼自天尊地卑而下至篇末分十一章名列于後今隨文而解之然按先儒周氏云上繫辭凡十二章自天尊地卑為一章聖人設卦觀象為二章彖者言乎其象為第三章精氣為物為第四章顯諸仁藏諸用為第五章聖人有以見天下之賾為第六章初六藉用白茅為第七章大衍之數為第八章子曰知變化之道為第九章天一地二為第十章是故

易有聖人為第十一章子曰書不盡言為第十二章虞翻分一章以大衍之數并知變化之道共為一章取之然分義之段數未盡意隨文而別解之然繫辭有二說是聖人繫屬其辭于爻卦之下故此篇第六章云繫辭焉以斷其吉凶第十二章云繫辭焉以盡其言是繫者取其繫屬其辭于卦下故謂之繫辭也

天尊地卑乾坤定矣

義曰此言天地之道者也自此乾坤定矣而下至天

下之理得而成位乎其中矣為一章以釋聖人法天地之義也夫易之所始始於天地天地之判混元廓開而萬物之情皆生于其間既萬物之情皆生于其間是故聖人仰以觀于天文俯以察于地理于是畫為八卦以類萬物之情以盡天地之道人事之理以盡乾坤水火風雷山澤之象是易之卦始於天地者也然則天尊地卑者何也夫天是純陽之氣積於上而為尊地以積陰之氣居於下而為卑剛陽居上而

有尊高之象柔陰居下而有卑下之分二氣始交分為剛柔是以交錯以至生成萬物覆載萬物大无不包細无不有其形狀故天地為乾坤之象乾坤為天地之用天地尊卑既分則乾坤之位因而可以制定也然則首言天地尊卑者蓋萬事之理萬品之類皆自乾坤為始故先言天地尊卑也

卑高以陳貴賤位矣

義曰卑者謂地體卑下高者謂天體高上夫天地卑高既定則人事萬物之情皆在其中故六十四卦三百八十四爻各有貴賤高卑之位是以君臣父子夫婦長幼皆有其分位矣若卑不處卑高不處高上下錯亂則貴賤尊卑君臣父子夫婦長幼不得其序夫如是无高卑之分位矣故此貴賤之分皆自高卑之位既陳然後從而定矣

動靜有常剛柔斷矣

義曰夫天以剛陽居於上則為動地以柔陰居於下

則為靜天地之道生成萬物各有常度動而有常則為剛靜而有常則為柔動靜既有常分生成各有常理則剛柔可以斷矣以人事言之夫君以剛德居於上為動臣以柔道居於下為靜君出其令而臣行之臣納其善而君聽之君臣動靜既有常理則剛柔之分可以斷矣若動而不常則剛道不成靜而不常則柔道不立夫如是則剛柔不可以斷定也然則此經雖論天地之性然亦兼總萬物之動靜也

方以類聚物以羣分吉凶生矣

義曰此已下言聖人法天地之象也方者道也夫君子之人同道而齊術道同於已者則相推而類聚之君子則以君子為朋偶小人則以小人為類黨為士者則以士為同道為農者則以農為族黨為工者則以工為同道為商者則以商為類聚是皆以同道為之共處各隨其類族矣物以羣分者上既言君子小人各從其類此又言萬品之物亦各以其羣類而為

黨也至如飛者則以飛者為羣走者則以走者為羣以至昆蟲草木巖穴之物各從其羣各從其分也吉凶生矣者夫上言方以類聚物以羣分此言吉凶生矣者何哉夫吉凶生於與類善惡由夫影響同道齊術者則為吉非其類者則為凶若君子同於君子之人則吉小人入於君子之黨則凶是吉凶之道生於非類无所分别若乖其所趣則凶是以生焉若順其所同則吉是以生焉是吉凶之道生於非類者也

在天成象在地成形變化見矣

義曰象謂日月星辰也形謂山川草木也夫天以剛陽之氣居於上而生物地以柔陰之氣在於下而承天在於天者則為日月星辰之象在於地者則為草木山川之形是天地之道生成之理自然而然也變化見矣者上既言在天成象在地成形此復言變化見矣者何哉蓋天地之道生成之理有全體而化者有久大而化者有驟然而化者千變萬化皆有形象

而人莫能究其實但知其自然而然也

是故剛柔相摩八卦相盪

義曰此已下明天地陰陽相推盪之事也夫天本在上地本在下及夫天氣下降地氣上騰陽極則變而為陰陰極則反而為陽陽剛而陰柔陰消而陽伏剛柔互相切摩更相變化然後萬物之理得矣夫八卦之始本於天地剛柔二體法於陰陽剛則為陽爻柔則為陰位爻位相錯雜然後以成八卦推盪於天地

之間若十一月一陽生而推去一陰五月一陰生而推去一陽是八卦相推盪於天地之間所以成於六十四卦也

鼓之以雷霆潤之以風雨

義曰鼓者動也雷者陰陽二氣相激搏則其聲為雷霆者怒雷則謂之霆風所以生萬物雨所以潤動植也此至一寒一暑重明上文變化見矣及剛柔相摩八卦相盪之事也夫天地二氣相盪而成八卦之象

相推而成萬事之理又鼓之以震雷離電滋潤以巽風坎雨使天下之物无不遂其性者天地之道也然而風亦言其潤者蓋風者是生成之氣能滋生於萬物故亦言其潤也

日月運行一寒一暑

義曰日者太陽之精月者太陰之精寒者是純陰之氣暑者是純陽之氣也夫天地之道生成萬物既鼓動以雷霆又滋潤以風雨以日而煦育之以月而照臨之及夫日月運行以成晝夜以成寒暑之候以盡生成之功者天地之道也然而直云震巽離坎不云乾坤艮兌者蓋乾坤之道上下備言艮兌非鼓動運行之體故不言之其實亦雷電風雨出於山澤故亦兼包其義焉

乾道成男坤道成女

義曰道者自然而生也此言乾坤之道也夫天以純陽在上故為乾地以純陰在下故為坤乾主乎剛健

坤主夫柔順乾自然而為男則為君為父為長為上坤自然而為女則為臣為子為婦為少乾居於上則為尊坤居於下則為卑二氣交感以生萬物故有男女之象然則坤必言成者蓋乾因陰而得為男坤因陽而得為女故言成也

乾知大始

義曰大始者是陰陽始判萬物未生之時也乾者天之用也夫乾以天陽之氣在於上故萬物莫不始其

氣而生莫不假其氣而成得其生者春英夏華秋實冬藏承其氣而成者則胎生卵化蠕飛動躍是乾知大始起於无形而入於有形也

坤作成物

義曰坤者是地之形也物者萬品之物也夫地以純陰之氣在於下上承於天陽之氣以生萬物无所不載无所不育是乾始於无形而坤能載之以作成萬物之形狀也然乾言知坤言作者蓋乾之生物起於

无形未有營作坤能承於天氣已成之物事可營為故乾言知而坤言作也

乾以易知坤以簡能

義曰夫乾之生物本於一氣其道簡略不言而四時自行不勞而萬物自遂是自然而然者也坤以簡能者夫坤之生物假天之氣其道亦簡略其用省默而已不假煩勞而物自生不假施為而物自遂是自然而然者也然則乾言易知坤言簡能者何也蓋乾體在上坤道在下萬物始於无形而乾能知其時下降而生之坤道在於下而能承陽之氣以作成萬物之形狀其道凝靜不須煩勞故乾言易知坤言簡能也若夫生成之道於物艱難則不為易知若於事煩勞則不為簡能也

易則易知簡則易從

義曰此復詁上乾以易知也夫天之道寂然不見其用杳然而不知其為及夫四時之代謝萬物之生殺

不待煩勞而自然者也夫人君居兆民之上為生靈之主天下之事固不可以一言而盡也然而必當法此乾道簡易之德以總萬事之要目則天下之道亦自然簡易而知也簡則易從者復解上坤以簡能也夫地以純陰之氣上承於天以生萬物不在煩勞而自然簡易天下之物各遂其性者也夫為臣之道為國家之梁棟作士民之冠冕必當法此地道之簡易承君之命宣君之化敷布於天下簡其萬事之要則

天下可易從矣

易知則有親易從則有功

義曰此二句論聖賢法此乾坤簡易之理也親者親比也言聖人法此天道簡其萬事之要不假繁冗屑屑於治體惟在廣其仁義生成之道以及於天下昭蘇萬有養育萬民夫如是則天下之人皆悅而親比之也易從則有功者言人臣之道法此地道奉君之命行君之事不在繁冗使天下之人於事易從不在

冗屑而其功易成也

有親則可久

義曰此二句論人法乾坤久而益大也物既和親无相殘害故可久也言聖人既能法天之生物順其萬物之情成其至道之要施之无窮傳之萬世天下之人既親比之久而不朽此聖人之道至大者也

有功則可大

義曰事業有功則積漸可大此言為臣之道既能法地之道承事其君以成其功業至大至廣使人易從

可久則賢人之德

義曰夫天之所以覆而不知所以覆之義地之所以載而不知所以載之理浩浩然其神之所為者天地之功也聖人顯諸仁藏諸用若日月之照臨而不知照臨之迹者聖人之功也然聖人之操心積慮法天地簡易之德以生養天下使天下之人不可名狀以成其德也

可大則賢人之業

義曰此言賢人之分則見所為之迹也夫為臣之道既能法地之簡易以成久大之功業垂之萬世而不朽此賢人之業也然則此聖人言德為臣者言業何也蓋聖人代天理物法天行事施其德澤以滋生於天下順其物情以至昆蟲草木皆蒙其澤无所不燭故其功不可以形狀如天之无不覆如地之无不載故稱曰德為臣之道法地之理以承君之命行君之

事執其柔順之道順從於人以成其功然出一令行一事皆稟君上之命而可以形狀故謂之業也然此不言聖人而言賢人者何也此聖人垂教之法也言賢人亦可以法天之簡易而行事以生成於天下恐後世之人止謂聖人可以法天之行事故不言聖人而言賢人也且賢人尚可法之則聖人固可知也

易簡而天下之理得矣

義曰言聖人既能從其簡易不在煩勞發號施令廣

布德澤以成天下之功使天下之人天下之物長幼上下尊卑貴賤各得其分如此則天下无為而治聖人之理得矣

天下之理得而成位乎其中矣

義曰言聖人既能順其簡易之道順其萬事之理使君臣父子夫婦長幼各得其序則天地之位皆由此矣

聖人設卦觀象

義曰此已下至自天祐之為一章上既言易之所起始於乾坤故首言天地之道然天地始判而萬物之情已在其間故易之所始因萬物之情而作故曰易始於天地此又言聖人設六十四卦之事夫天地既判而萬物之情已見於其間是故聖人仰則觀象於天俯則觀法於地揆人事之理盡萬物之情乾坤水火風雷山澤之象設為六十四卦以通天地鬼神之情狀以為萬世之法也

繫辭焉而明吉凶

義曰六十四卦既設其道至大其理至深聖人若不繫之以辭散於諸爻之下則後世之人不能曉聖人設卦之意也然則卦爻之中有剛有柔分陰分陽陰陽相推盪於其間則有凶有吉有失有得故六爻之下皆繫屬其辭得其正者則其辭吉失其處者則其辭凶

剛柔相推而生變化

義曰此已下言天地人事之理也夫天地既判剛柔二氣互相推盪以生成萬物有全體而化者有漸而化者有胎而生者有卵而化者千變萬化自然而然皆由剛柔之氣互相推盪以成變化也如乾之初九交於坤之初六其卦為震

是故吉凶者失得之象也

義曰此總明諸卦象不同之事也夫吉凶生於非類悔吝生於動靜故六十四卦三百八十四爻有剛有

柔有正有不正若辭之吉者是得之象也辭之凶者是失之象也合於道而不失其正者為吉不合於道悖於其理者為凶是吉凶者失得之象也然觀六十四卦之中言吉凶者義有數等或吉凶之事據文可知或不須明言吉凶而吉凶自見若乾之九五飛龍在天尋文考義是吉可知也故不須云吉也若剝之不利攸往離之九四突如其來如焚如死如之屬據其文辭其凶可見故不言凶也亦有文處吉凶之際吉凶未定行善則吉行惡則凶若乾之九三君子終日乾乾夕惕若厲无咎若屯之六二屯如邅如乘馬班如匪寇婚媾女子貞不字十年乃字是吉凶未定故不言吉凶也有直言吉者若坤之六五黄裳元吉以陰居尊嫌其不吉故直言其吉有直言其凶者若剝之初六剝牀以足蔑貞凶若有一卦之內或有一爻之中得失相形須言吉凶若大過九三棟橈凶九四棟隆吉是一卦相形也屯之九五屯其膏小貞吉

大貞凶是一爻相形也亦有一事相形終始有異若訟卦有孚窒惕中吉終凶有有咎而能改之者若豫之上六曰冥豫成有渝无咎

悔吝者憂虞之象也

義曰事之小小已過其意有可追悔者曰悔事之微小可為鄙吝者曰吝夫人始於得失微小之事雖不至於大咎然亦當憂虞思慮之不可謂之微小不思之故事之小者必至於大惡之漸者必至於著惡積

而不可掩罪大而不可解者皆自細微以成之也故易中所言吉凶者是得失之象言悔吝者是憂虞之象也

變化者進退之象也

義曰夫物之生有全體而化者有漸而變者此皆是進退之象也夫進退之象有盛衰之理生死之道吉凶之驗皆自於盛衰故來則為盛往則為衰故六爻之中有剛有柔或從始而上進或居終而倒退往來

不窮互相推盪以成進退之象也若乾之上九言亢龍有悔復之初九言不遠復无祇悔元吉

剛柔者晝夜之象也

義曰夫聖人設卦分其剛柔以明人事之要以盡萬物之宜剛則為陽為明為晝柔則為陰為幽為夜剛柔相推以成晝夜幽明之理變通之道以成吉凶悔吝憂虞之象也故總言之也然推觀其上文始總言繫辭焉而明吉凶剛柔相推而生變化此又別言吉凶者失得之象悔吝者憂虞之象變化者進退之象剛柔者晝夜之象者何也蓋吉凶悔吝失得晝夜之象皆由剛柔相推盪而致者故得失有重輕變化有小大合之則同分之則異故始云剛柔相推而生變化不云晝夜者是總變化而言也上文云吉凶者失得之象下文又云悔吝者憂虞之象者蓋吉凶之事皆由得失而成得失之本皆由悔吝而成悔吝之本皆由憂虞而有也

六爻之動三極之道也

此復明變化進退之義也夫易卦之中則有六爻故下二爻以象地中二爻以象人上二爻以象天是六爻之中三才之道畢矣然六爻之道有變有動有凶有吉有得有失若動而合于道則為吉動而悖於事則為凶是六爻之動互相推盪則是天地人三才窮極之事故有吉凶悔吝得失變化之道也

是故君子所居而安者易之序也

自此已下言君子觀聖人設卦作易之意以為修身之法也夫易卦之中有凶有吉有否有泰有悔有吝有變有化有得有失有剛有柔夫君子之人觀此剛柔變化吉凶得失悔吝憂虞之象知其易之以序以修其身以行其事以之居處進退不惟尊卑貴賤貧困之間皆得以安止也至如乾之初九言潛龍勿用是言君子之人可隱則當隱也九二則言見龍在田是言君子之人可進則當進之又如居泰之時則君

子可引類而進於朝居否之世則有否塞不通之象居於家人則行治家之法居旅之時則為行旅之事如此之類皆是用得其時不失其道不惟尊卑貴賤貧困窮極安處進退之間皆可行之是易之序也

所樂而玩者爻之辭也

義曰夫君子之人既能知易之以序以為居處之術又當樂玩其六爻之辭夫六爻之辭有凶有吉有否有泰有得有失皆隨時而變通是故君子之人必當憂樂而躭玩之見其善則思齊其事見其惡則思懼而改趨其治而去其亂向其安而舍其危以至吉凶之事悔吝之道至纖至悉无不備於爻辭之間故君子所樂而玩者爻之辭也

是故君子居則觀其象而玩其辭

義曰夫爻卦之間有凶有吉有失有得君子之人故當居處之間觀其設卦之象明其萬事之理以躭樂六爻之辭以知事之吉凶明其事之得失以至死生

之道變通之理則无咎過之事

動則觀其變而玩其占

義曰夫易以變而為占自六爻之中皆變而為占故古者取其蓍草之數隨其變而占之以明休咎之事以究鬼神之奥故君子若觀此六爻之變凡於動靜興作之間必知其休咎之驗矣

是以自天祐之吉无不利

義曰言君子之人既能居則觀其辭動則玩其占以

奉順易象則身元有凶害如此則自上天之所祐助鬼神之所協吉何所不利也

彖者言乎象者也

義曰疏以為自此至死生之說為一章則非也今觀其文辭當從辭也者各指其所之為一段自易與天地準而下至盛德大業為一章是也彖者言乎象者也自此以下至辭也者各指其所之為一章上章既言吉凶悔吝聖人設卦繫辭之義細意未盡此復言

文王作彖分於諸卦之下以釋一卦之義雖然有周公爻辭散於諸爻之下然文王之彖其義淵深孔子復作彖辭以解之彖者總論一卦之象如乾之彖元亨利貞曰大哉乾元坤元亨曰至哉坤元屯元亨曰屯剛柔始交而難生蒙亨曰蒙山下有險是皆解一卦之辭也故曰彖者言乎其彖也

爻者言乎變者也

義曰夫六爻之設內外二體有變有動有凶有吉吝

隨時而變改之然文王之作彖辭以釋一卦之象然其義亦有未盡周公復作爻辭散於諸爻之下總人事之要道明萬事之吉凶隨其爻而通變之各順其用

吉凶者言乎其失得也

義曰夫爻象之設有凶有吉有剛有柔若陽居陰位則不得其正或陰居陽位則或失其常或近而不相得或遠而有所比合於道者則吉乖於道者則凶故吉凶之端失得之義盡在於爻辭之間矣上文吉凶者

失得之象也

悔吝者言乎其小疵也

義曰疵者病也夫人禍發於細微姦生於隱暗事有至小而可以追悔者行有至微而可以鄙吝者故當憂慮而戒慎之夫小惡不改以至於大惡小善不積以至於大凶至乎鄙吝之道皆由微小而生也故君子之人觀此爻象之辭則知動靜之理積其小善以成於大善積其小惡以至於大惡捨其失而處其得

悖其凶而從其吉故悔吝之來皆由微小而至矣

无咎者善補過也

義曰夫人所以有咎者蓋由操心積慮過爲其事小惡不改以成乎大惡小過不防以至乎大過所以有咎如噬嗑上九屨校滅趾之類是也此言无咎者蓋言人之有失者善能自改之故六爻之中有能改過而无咎者若豫之上六曰冥豫成有渝无咎隨之初九曰官有渝貞吉從正則吉也

是故列貴賤者存乎位

義曰位者即六爻之位夫一卦之中凡有六爻分其上下有尊有卑有小有大若九五則言君位九三則言臣位是尊卑大小各有其分則貴賤之位從而定矣

齊小大者存乎卦

義曰夫陽主剛明而有生成之德故其德大陰主柔順而有消剝之行故其德小故六十四卦皆本陰陽剛柔之理以定其位也故有大有小君子必當明辨之至如乾之與坤泰之與否損之與益小過與大過既濟與未濟是皆所用不同有小有大各隨時而用之也

辨吉凶者存乎辭

義曰辭者卦爻之下所繫之言辭也夫六十四卦有陽居陽位陰居陰位有以陽居陰位者有以陰居陽位者有以臣居君位者有以君居臣位者如此之文位多矣聖人若不繫之辭則凶吉无由見矣至如比之六二

居得其正則其辭曰比之自內貞吉小畜之初九以陽居陽則其辭曰復自道何其咎吉隨之九四以陽居陰則其辭曰隨有獲貞凶觀之初六以陰居陽則其辭曰童觀小人无咎君子吝噬嗑之上九以陽居陰曰何校滅耳凶是吉凶之文皆在於所繫之辭也君子之人若明辨吉凶之事觀其辭則可知矣

憂悔吝者存乎介

義曰介者纖介也悔吝者小疵病也夫人小惡不改

以成於大惡小疵不補以成於大疵勿謂小善无益而不為勿謂小惡无傷而弗去及夫惡積而不可掩罪大而不可解以至何校滅耳喪身夷族然後悔之亦其晚矣故聖人凡小疵病鄙吝之事必先憂虞之所以獲其无咎也然則萬事之理皆始自纖芥故聖人豫防之故坤卦曰履霜堅冰者則聖人教人防微杜漸之深戒也

震无咎者存乎悔

義曰震者動也悔者過也夫人所以舉動而无咎者蓋有剛明之才有至正之德知其吉凶之道明其得失之迹事之小疵者預憂虞之事之將失者必改悔之所以舉動而无咎者蓋存乎悔也

是故卦有小大辭有險易

義曰其道光明則謂之大其道消散謂之小夫六十四卦之設有大有小有通有塞故六爻之中有變有動有險有易若履得其正居得其中行事无過則卦爻之下亦有和易之辭若履非其正居非其位行事失其中則卦爻之下亦有險難之文至如居泰之時則言君子道長居否之時則言君子道消明夷之時則言明有所傷大壯之時則言大者壯也以至吉凶悔吝善與不善惡與不惡卦爻之下各繫其辭以明之故上文所謂齊小大者存乎卦者是也

辭也者各指其所之

義曰言六十四卦所繫之辭各指事而言也至如適

於泰卦則其辭和易適於蹇卦則其辭艱險適於謙卦則其辭巽順適於離卦則其辭文明是各指其事之所變而言也

易與天地準

義曰自此已下至鼓萬物而不與聖人同憂盛德大業至矣哉為一章上既言卦爻辭理之義此又廣明易道深遠可以與天地相參準也夫天地之道福善禍淫善者則祐助之惡者則傾覆之以至生成萬品之

物皆以簡易之道自然而然也夫易之道本始於天地故六十四卦三百八十四爻所以統三才而妙萬物也故爻之善者則其辭吉爻之惡者則其辭惡得其正者則其辭吉失其正者則其辭凶以至總包萬事之理皆以簡易之道自然而然也是大易之道之可以準擬於天地也至乾以健而法天坤以順而法地之類是也

故能彌綸天地之道

義曰彌者縫也綸者經也言易道微妙包含萬象知鬼神之情狀明人事之終始上可以彌縫補合於天道下可以經綸牽合於地理无所不載无所不備者也

仰以觀於天文俯以察於地理

義曰天文者則是日月星辰布設懸象成文章故稱文也地理者則謂山川原隰高卑上下各有條理縈盛於地故稱理也夫易之本始始於天地聖人仰以觀於天文俯以察於地理捴萬物之情盡人事之理以至纖至悉无所不包无所不備是易之道也

是故知幽明之故原始反終故知死生之說

義曰幽者无形之謂也明者有形之義也明則為晝為陽幽則為夜為陰夫聖人之作易本準擬於天地下總括於事物鬼神之情狀吉凶之萌兆陰陽之運動幽明之義理莫不統包於其間矣原始反終故知死生之說者夫易道深遠知幽明之故以原究事物之

終始反復天人之本末萬物之榮枯四時之變化吉凶之兆動靜之理以至死生之說莫不知之

精氣為物遊魂為變

義曰精氣者則為陰陽精靈之氣也氤氲積聚而為萬物也遊魂者伸為物之積聚歸為分散之時則謂遊魂夫天地之道陰陽之精氣萃聚而生萬物於萬物之間受陰陽之精氣而靈者則為人人受陰陽之精氣萃之於身則有耳目口鼻心知髮膚而為之體

魄也合於人身則謂之魂故口能言目能視耳能聽心能思慮則謂之神故用思慮心知才能則謂之變得精氣之多者則為神得精氣之少者則為魄及夫思慮既久精神已倦心知已勞髮膚漸衰用之太過及其死也體魄降於地骨肉斃於下精神散之於天則為神體魄散之於下則為鬼是天地之精氣萃聚於人身則為精神體魄矣故左氏載子產之言曰心之精爽是謂魂魄魂魄去之何以能久是言凡人得

精氣之多者為神受精氣之少者為魄神魄萃之於身久而必去則精氣歸於天則為神骨肉斃於下散而无所之則為鬼又禮記祭義曰氣也者神之盛也魄也者鬼之盛也合鬼與神教之至也衆生必死死必歸土此之謂鬼骨肉斃於下陰為野土其氣發揚於上為昭明焄蒿悽愴此百物之精也神之著也是言人之生則精氣聚而為神死則骨肉散而為鬼而精魂改變去形離體則為變化之道也

是故知鬼神之情狀

義曰鬼神者不疾而行不言而信視之弗見聽之弗聞者鬼神之道也夫鬼神之道本諸精氣體魄聚之而生亦由骨肉體魄散之而有冥冥然不知其所在聖人以其為无則曰不仁以其為有則曰不知其有形狀可覩哉然此言知其形狀者蓋言易道至大通於天地達於幽明不惟幽隱章顯之間而易道可以見矣

與天地相似故不違

義曰此已下言易道廣大盡生死之理幽明之故也夫天地之道春生夏長秋斂冬藏包含萬彙无小无大高者下者飛者走者莫不生育之故不可以一言而盡也夫大易之道陽剛陰柔窮幽極遠總括萬事從无入有至纖至悉莫不總明之故不可一言而盡也推其本原大易之道皆聖人窮神盡性而作也上則準擬於天地下則包言于人物前乎天地則其道

不過後乎天地則其道不異中於天地之間則其道若合符契而无違越是易之道與天地相似者也

知周乎萬物而道濟天下故不過

義曰聖人无物不知是知周也天下皆養是道濟天下也萬事皆得其宜是不過也夫聖人以仁知之德才能思慮周及萬物至於纖介之類皆蒙被之又以仁義施及天下使萬品之物天下之人皆得其所皆獲其濟而又所行之事合於大中无過无不及之事

旁行而不流

義曰夫聖人中天下而立正南面而居拂其已之私邪去其已之阿黨所行之事中立而不倚正行而不邪以天下為一家以萬民為一情凡所動作莫不皆合大中之道而行之此言旁行而不流者蓋言聖人非善於一身以至正之德上符於天下合於地中合於人无私无枉无所不契雖旁行於天下之間亦无私邪淫過流蕩之事所以然者蓋至公至正而致然也

樂天知命故不憂

義曰順天施化是樂天識物始終是知命夫聖人順天施化識物始終以其不可改者天命也由是推測天道以知己命至於富貴壽考貧賤夭折皆繫於天是以心无憂恤雖在貧賤亦不為險詖之行雖在富貴不為奢侈之心故孟子曰莫之為而為者天也莫之致而至者命也是言人之性命之理死生之道皆

本於天固无可奈何然則富貴稟於天死生繫乎命既无可奈何則宜順從於天道樂天而知命原始而思終安靜而居則无憂恤也

安土敦乎仁故能愛

義曰安者靜也愛者養也夫聖人稟天地之全性五常之道皆出於中天下有一物不被其賜者若已内於溝壑由是推已之性以觀天下之性推已之仁以安天下之物使天下之人萬品之物皆安土而定居

矣人能安土物既遂性則父母兄弟親疏上下遞相親睦而敦仁愛之心矣

範圍天地之化而不過

義曰範謂模也圍謂周也過者違也夫聖人粹天地之靈中天地而立觀天地之性然後正己之性觀天地之情然後正己之情凡所行事皆模範於天地陰陽之端至如樹木以時伐禽獸以時殺春夏則生育之秋冬則肅殺之使物遂其性民安其所是範圍天

地之化而无過越也

曲成萬物而不遺

義曰曲者曲屈委細而成就萬物也遺者棄也夫聖人宅天下之廣居司萬物之性命模範天地以施化輔相天地以保民雖事物之微昆蟲之細亦皆以仁信屈曲而成就之至如網罟以時不麛不卵是皆物之微細而不遺棄也

通乎晝夜之道而知

義曰通者无所不通之謂也晝則為明為陽也夜則為幽為陰也夫聖人得天之正性秀出於人上與天地合其德與日月合其明通曉陰陽之宜默運鬼神之奥雖晝夜之道幽明之理无所不知无所不曉至如寒暑之代謝星晷之相旋陰陽之晦明風雨之凄暴未有不先知之矣自此已上皆言神之所為精氣為物遊魂為變之事聖人能極神盡慮推幽測隱无所不知也

故神无方而易无體

義曰神者陰陽不測幽微不可以測度故曰神无方者不見所處運動不息是无方也易者即周易也无體者唯變所適往來不窮是无體也夫天地之道妙用无門鬼神之道寂然无迹春生夏長藏往知來故不可以方隅而論之夫大易之道總括天地包含萬象惟變所適道无常用既不可以象類索又不可以形器求是亦不可以定體而論之也是大易之道與

天地之道相準如鬼神之妙用也

一陰一陽之謂道

義曰道者自然之謂也以數言之則謂之一以體言之則謂之无以開物通務言之則謂之通以微妙不測言之則謂之神以應機變化則謂之易總五常言之則謂之道也上既言天地之神大易之道窮變盡神妙用无方不可以方隅形體而求之此又言天地生成之道夫獨陽不能自生獨陰不能自成是必陰

陽相須然後可以生成萬物故於冬至之日陽氣下施散而為春夏以生成萬物以至洪者纖者高者下者皆遂其生以盈滿於天地之間然萬物既生不可不成之故於夏至之日陰氣下施散而為秋冬以成就萬物以至洪者纖者高者下者皆遂其性以成就於天地之間是一陰一陽互相推盪天覆而地載日照而月臨所以謂之道也

繼之者善也

義曰夫天地之道陰陽之功生成萬物千變萬化以盈滿於天地之間使高者得其高之分卑者得其卑之理聖人得天地之全性繼天地生成之功以仁愛天下之物以義宜天下之衆使居上者不陵於下在下者不過其分是聖人繼天養物之功以為善行也故乾卦曰元者善之長是言天以一元之氣為衆善之長聖人繼其元善之功以理於物也

成之者性也

義曰性者天所禀之性也天地之性寂然不動不知所以然而然者天地之性也然而元善之氣受之於人皆有善性至明而不昏至正而不邪至公而不私聖人得天地之全性純而不雜剛而不暴喜則與天下共喜怒則與天下共怒以仁愛天下之人以義宜天下之物繼天下之善性以成就已之性既成就已之性又成就萬物之性既成就萬物之性則於天地之性可參矣是能繼天地之善者人之性也

仁者見之謂之仁知者見之謂之知

義曰夫聖人得天性之全故五常之道无所不備賢人得天性之偏故五常之道多所不備或厚於仁而薄於義或厚於禮而薄於信是五常之性故不能如聖人之兼也夫大易之道卦於伏羲重於文王爻辭於周公是三聖人垂萬世法則之書其間寫天地水火風雷山澤之象本準擬於天地統鬼神之妙用惟變所適量時制宜故不可一義而求之也若仁者見之則知聖人之仁知者見之則知聖人之知是各資其分而已矣

百姓日用而不知故君子之道鮮矣

義曰夫聖人得天地之正性繼天地之行事故无所不知无所不明賢人得天地之偏又可以仰及於聖人之行事然聖人之道至深至奧賢人尚可以偏窺之至於天下百姓常常之人得天性之少者故不可以明聖人所行之事夫大易之道載聖人之行事包乾坤之生育鬼神之妙用人道之終始无不備於其間聖人體其用成其功業發見於天下則天下之人咸戴而行之莫知所以然而然也然而聖人君子雖能體易道以為用觀易道以施化然能悟君子之道者亦鮮矣

顯諸仁藏諸用

義曰上言神之所為此論易道之大與神功不異也顯諸仁者言道之為體顯見仁功衣被萬物是其顯也藏諸用者謂潛藏功用不使物知是藏諸用也夫天地之道乾剛坤柔日臨月照春生夏長秋殺冬藏使萬物緜緜而不絕者天地生成之仁也然不知天地生成之用也夫聖人之道恩涵澤浸政漸仁煦薄賦輕役恤孤軫貧使百姓安其土而不遷勸其功而樂事者聖人生成之仁也然不知聖人生成之用也夫大易之道寂然不見其體杳然不見其形以之悅憚生民功業萬世施為德澤則可以衣被萬物是顯

諸仁也及夫推究原本測度云為不見其迹是藏諸
用也是大易之與天地鬼神无以異也
鼓萬物而不與聖人同憂
義曰夫天地之道以時而生以時而殺雷霆以鼓動
之風雨以滋潤之使萬物洪者纖者高者下者皆遂
其性或萬物之中有夭折暴亡凶荒札瘥者皆任自
然之理不能憂恤之夫聖人代天牧民繼天之善以
仁義之道生成於天下物之夭折暴亡凶荒札瘥者

常如已内於溝壑之中是天地之道但能鼓舞於萬
物而不能憂恤於萬物也聖人能生成於萬物又能
憂恤於萬民也惜乎聖人所不得者天地之權也故
大易之道載天地生成之理而不能與聖人同憂也
老子曰天地之道氣猶橐籥以萬物為芻狗者此也
盛德大業至矣哉
義曰此已下至陰陽不測之謂神為一章此是十翼
之中第五章今注疏之説皆以謂顯諸仁藏諸用而

下至道義之門為一章今觀顯諸仁藏諸用鼓萬物
而不與聖人同憂三句皆言上文天地不測之事故
自此盛德已下至陰陽不測之謂神為一章自夫易
廣矣大矣而下至易簡之善為一章盛德大業至矣哉
者夫天地之道无所不生无所不育以生成之功言之
其德至廣而其功至大也聖人法天之用廣生成之
道萬物由之而通政教由之而理而又作工巧以便
器用立商賈以通有无為之網罟則以畋以漁為之耒

耜則以耘以耨天下之人至於昆蟲草木无不被其
賜者是聖人充盛之德廣大之業至極矣哉然必云
盛德大業者蓋施於行則為德行於事則為業也
富有之謂大業
義曰自此已下覆說大業盛德因廣明易與乾坤之
事夫天之生物盈滿於天地之間則謂之富聖人法
天之行事布其德澤施其教化竭天下之財用聚天
下之民物以為之富有富有天下措當世於不拔故

謂之大業也
日新之謂盛德
義曰夫天地之道日往月來陰極陽生四時更變寒暑相推一日復一日其德愈新以至生成萬物日日而盛大聖人法此天地之道增修其德持循政教適時之變量事制宜使其德日日盛大
生生之謂易
義曰生生者陰生陽陽生陰也天地之道聖人之德

以富有言之則謂之大業以日新言之則謂之盛德而又生成之道變化死生生而復死死而復生使萬物緜緜而不絶者天地聖人之德業也夫大易之道盡七九八六之數寫天地水火雷風山澤之象總陰陽生殺之理包人事萬物之宜變而必通終而復始隨時之變因事制宜準擬天地之間則其功不異是生生相續而不絶也
成象之謂乾
義曰乾者健也夫天以一元之氣仰而望之其色蒼蒼然下周於地其狀如倚杵南樞入地三十六度北樞出地三十六度一晝一夜凡行九十餘萬里自古至今未嘗有毫釐之差忒亦未嘗有分毫之不及以至生成萬物皆以乾健而神其用以成就萬物之形狀非剛健之功則不能如是也故伏羲始畫乾卦皆取健用為象也
效法之謂坤

義曰坤者順也夫坤地之道承天之氣而始終萬物无所不載无所不生皆效天而生育之故伏羲畫坤之卦亦皆取效坤順之義而名曰坤然則必言成象之謂乾效法之謂坤者蓋萬物之生必由天道剛健然後成其形象地道柔順必得陽氣然後順其物理以人事言之乾則為君之象坤則言臣之道天下之事非君不能立庶政之設非臣不能行也
極數知來之謂占

義曰夫大易之道總包天地動𧷤鬼神天下之事不言而自知吉凶之道未萌而先見皆聖人以蓍象之數占其事物之理逆知來事之萌考其行事之驗以成其文也故下文所謂將有為也問焉而以言其受命也如嚮此之謂也

通變之謂事

義曰夫暑往則寒來陽生則陰伏物之所以理事之所以通生而後滋周而復始皆自於變化之力也故

黃帝通其變使民不倦神而化之使民宜之易窮則變變則通通則久是皆自通變之道然後成天下之事也

陰陽不測之謂神

義曰夫萬物之生皆由天地陰陽之功以生成之然生成之道周而復始極而復生不言而信不疾而行以至變化之理及究其生育之形不可得而知也

夫易廣矣大矣

義曰自此已下至易簡之善配至德為一章此十翼之中第六章贊明大易之道至廣而至大也夫易變化極於四遠是廣矣窮於上天是大矣故下文云廣大配天地是也

以言乎遠則不禦

義曰遠者四遠之外而不禦止也夫大易之道至廣而至大極天地之淵藴盡人事之終始推於天下則天下之事无不備施之萬世則萬世之事皆可知窮

於四遠則四遠之處不能以禦也

以言乎邇則靜而正

義曰邇謂近也夫邇近之地目所可覩耳所可聞思慮之所可及之處也故大易之道雖於邇近之間窮理盡性耳目之所覩思慮之所及寂然不見其形杳然不見其迹雖邪僻之不能干至於幽至於靜默然而得其正者大易之道也

以言乎天地之間則備矣

義曰言大易之道至廣而至大以言乎遐遠之間則不可禦止以言乎邇近之處則其道靜默以言乎天地變化之道則无所不備矣

夫乾其靜也專

義曰乾者天之用也夫乾之體至剛至健一晝一夜凡行九十餘萬里其剛健之德也如此夫然而生育之時雖純陰用事而坤道承陽之氣以發生萬物雖當純陰用事之時而陽氣凝然靜默任其專一之道

以生於物也

其動也直

義曰直謂正直也言乾之用雖未生萬物之時其靜也專及其陽氣下降於地以生萬物其運轉則四時不忒寒暑无差剛而得正

是以大生焉

義曰言天地之道以其專一至靜之德運動而不失其正是以能大生於萬物也

夫坤其靜也翕

義曰翕者斂也夫坤之道凝然在下承天陽之氣以生於萬物當陽氣未降之時則翕斂其氣閉藏其用也

其動也闢是以廣生焉

義曰夫坤之道凝然在下翕斂其氣閉藏其用而不動及其陽氣下降之時開闢其用承陽之氣以生於物是以其生育之道至廣而无限極也

廣大配天地

義曰此已下申明大易之道也言大易之道至廣而至大无所不包无所不備上可以配之於天下可以周之於地其道至深而至遠也

變通配四時

義曰夫易之道至幽至賾惟變所適生而不絕周而復始變通之道无所常定亦可以配於四時至如乾坤之道生殺之理春則生之生之不已必夏長之長

之不已必秋成之成之不已必冬幹之是四時生殺
皆有其時而變通易有變通之理所以配於四時也

陰陽之義配日月

義曰夫易之中有陰陽猶乾坤之有日月夫日者是至陽之精照於晝而為明月者是至陰之精照於夜而為明故大易之道變通之理有剛有柔有陰有陽猶乾坤之有日月運其寒暑以成晝夜

易簡之善配至德

義曰夫大易之道包含萬象至纖至悉无所不載然而其道簡易不尚煩勞可以配天地之至德也

子曰易其至矣乎

義曰此已下至成性存存道義之門為一章此贊美易道至大至廣也

夫易聖人所以崇德而廣業也

義曰夫大易之道至廣而至極上可以括天之高明下可以包地之博厚聖人用之可以增崇其至德廣大其功業也

知崇禮卑

義曰夫萬物之理萬事之原不能出於聖人之知然聖人之知必由禮而修飾之故知崇則如天之高至貴而人莫能及故禮卑如地之下至微而人不能出是至崇者不能及於知之高至卑者不能出於禮之用也

崇效天卑法地

義曰言聖人之知崇而上效于天禮卑而下法於地知以幽遠為上則為崇禮以卑退為本故為卑也

天地設位而易行乎其中矣

義曰夫天以純陽之氣積於上地以柔陰之氣積於下天地初判二位既設則大易之位萬物之情以行於天地之閒矣

成性存存道義之門

義曰性者天所稟之性也存存者不絕之貌也夫人

禀天地之善性至明而不昏至正而不邪至公而不私若能觀天之性而成就已之性則可以生成於天下以盡萬物之性使萬物之性存存而不絕而道義之門自此塗而出也若夫不能觀天之性以正已之性則陷於邪佞而放僻之事從而至矣如是則不能成其道義之門不能開通其物故此大易之道準擬於天地至公至正无私无曲成其治性之道存存而不絕成其道義之門為人之所出入而取法也

聖人有以見天下之賾而擬諸其形容象其物宜

義曰自此已下至負且乘致寇至盜之招也為一章注以謂至其奥如蘭則非也上既言易道變化神理不測此又明聖人見天下之賾以成萬物之形象也賾者幽賾也人之難見者也言聖人推測天下之幽賾以擬度萬事之理以準擬萬物之形容以象萬物之所宜使皆各得其宜各順其性至如剛之理則擬乾之形容柔之理則擬坤之形容艮之性則言其止震之性則言其動陽物則言其剛陰物則言其柔若泰卦則言泰之形容象其泰之物宜若否卦則言否之形容象其否之物宜其六十四卦之中皆有所象矣

是故謂之象

義曰此已上結成卦象之義也夫言聖人因擬度萬物之形容以象萬物之所宜是故謂之象象者即文王所作象辭以明一卦之象也則謂之象然六十四卦之中皆謂之象故前章六卦者言乎其象也是言

聖人因推測天下之理以明萬物之宜故謂之象也

聖人有以見天下之動而觀其會通以行其典禮

義曰動謂變動也會合也通謂通變也言聖人觀此諸卦爻之變動明其吉凶得失之要以觀天地萬物會合變通之事其有合於理通於道者則為之常禮而行之其有悖於理違於道者則舍而去之是聖人明六十四卦動靜之理變通之事會合其典禮者也

繫辭焉以斷其吉凶是故謂之爻

義曰夫六十四卦有剛有柔有變有動會合於典禮者則為吉不會合於典禮者則為凶然而其義幽微常常之人不能明曉耳是以聖人於諸卦諸爻之下各繫屬其文辭以解釋之若陽居陰位則言其吉若陰居陽位則言其凶或近而相得則言其吉或遠而不相比則言其凶或居泰之時而行君子之事則吉或居夬之時而行剛壯之道則凶是皆觀天下之變

動合剛柔之常理而繫屬其辭以斷定其吉凶之效也是故謂之爻爻者效也效諸物之變動明萬事之常理得其正者為吉失其位者為凶是吉凶之效自爻之動靜而見也故上章云爻者言乎變者也

言天下之至賾而不可惡也

義曰此覆說上文聖人見天下之賾也夫小人之性為讒為諂常有害君子之心然君子之人凡所作事使小人不得閒而窺不得伺而疑故所行之事坦然而行小人不能以惡忌也故大易之道廣之如地高之如天君子小人之道无不備載於其間然雖有照小人之辭然无心專在於小人但人事得失皆備言之故雖小人之心亦不能惡大易之道也

言天下之至動而不可亂也

義曰此覆說上文聖人見天下之動也夫天下之動吉凶是非姦邪情偽莫不錯雜於其閒既姦邪情偽錯雜於其閒則天下從而亂矣今此大易之道亦无

心於聖人惟天地之道變人事之終始有會合於典禮者則為吉悖亂於常道者則為凶其文皆散在諸爻之下以明變動之理雖小人之情偽亦不能錯雜而紛亂之

擬之而後言議之而後動擬議以成其變化

義曰擬之而後言者此覆說上文天下之至賾而不可惡也議之而後動者此覆說上文天下之至動而不可亂也言聖人觀天下之運動明人事之得失一

言之出必深思遠慮然後行之何哉蓋言之有善有不善若擬而出之則其言必善若不擬而出之則其言或有不善必須擬而出之則言滿天下无口過故云夫人動靜之間亦須合於道若議論而動之則无悔吝矣若不議論而動之則悔吝有時而至焉若議而動之雖行滿天下亦无怨惡也若能言動之間擬之而後為議之而後行則深思遠慮久而必精則可以通天下之變化為天下之法則者也

鳴鶴在陰其子和之我有好爵吾與爾靡之

義曰上既言擬議於善則善應之擬議於惡則惡應之是猶鳴鶴之在陰其同類者必相應之也夫鳴鶴在陰者此中孚之卦九二之爻辭也夫中孚之九二上應於九五當中孚之時二五以至誠相應用心不私然雖為六三六四以陰柔間厠於其閒進無所適退无所遇二五雖不得相會然至誠相待終得其應此中孚之時卦象之如此也是猶鳴鶴之在幽陰之中而聲聞於外其子從而和之也我有好爵吾與爾靡之者亦是言至誠相待之故也夫美好之爵不自獨有宜與爾同類之人共分而靡之是言結之深用心不私至公至正也然此引而證之者蓋明聖人之言行當擬議而行之言之善者則善者應之言之惡者則惡者應之

子曰君子居其室出其言善則千里之外應之況其邇者乎

義曰此孔子因言聖人之言出於其近以行於遠出於其内以及於外出於其身以行於人也故君子之人凡居其室出一善言可以為天下之法可以興天下之利雖千里之遠而人皆從之況於邇近之人乎

居其室出其言不善則千里之外違之況其邇者乎

義曰言君子之人凡居其室出一言不善則不可為天下之法不能除天下之害不能興天下之利則千里之人皆違而不從之況邇近乎

言出乎身加乎民行發乎邇見乎遠言行君子之樞機
義曰樞者戶樞司其通塞之道機者弩牙主其矢之
中否也夫言戶樞之發或明或暗主其通塞之道弩
牙之發或中或否主其發矢之中猶君子之人言行有
善有不善者也夫君子之言行出之於身行之於外
自邇而及遠由中而及外若發而為善則天下從而
法則之若發而不善則天下從而違去之是言行之
出為命為令有得有失若戶樞之主通塞猶弩牙之

有中否中則為天下之榮否則為天下之辱是言行
者君子之樞機也
樞機之發榮辱之主也
義曰言行者本由君子之出發之中與不中是榮辱
之主也
言行君子之所以動天地也可不慎乎
義曰夫君子之言行有善有不善必當思慮之若思
之不精慮之不深則言之不善矣善與不善皆動之

於天地也故書曰天聰明自我民聰明天明威自我
民明威言天體雖高而下聽於卑矣夫君子之言善
則為號令以除天下之害以興天下之利天下之人
和樂而從之民既和之則善聲動於天善聲動於天
則上天降其福若言之不善不能興天下之利不能
除天下之害則天下之人嗟怨而不從之天下之人
既嗟怨而不從之則怨氣潰於天怨氣潰於天則上
天降之以禍是君子之言行出則動乎天地必當精

心而致思之可不戒慎乎
同人先號咷而後笑
義曰此是同人九五之辭言同人之九五下應於六
二然有九三九四為己之寇難六二以至誠相待雖
為三四寇難終得為正應也然此引之者凡易之辭
有理義未盡者孔子復引而明之言同人之九五始
為三四寇難不得與二為應是先號咷也然二五至
誠相應終得會遇是後笑也故因此言行陳其至誠

之道故引以為義也
子曰君子之道或出或處
義曰夫君子之人懷才抱道有經邦濟世之才若遇其時遇其君則進登王者之朝以濟天下之民故曰或出若不遭其時不遇其君則守其至正之道待時而動故曰或處
或默或語
義曰夫君子之人凡居於室不可以安語但寂然不

言默然不語或當可言之時必精思而慎慮之然後可言也夫如是雖言滿天下无口過行滿天下无怨惡使天下之人莫不悅而從之而其心一歸於大中之道也然則君子之人同類相應同心相得不必同其道然後言之至如禹稷事於堯朝憂天下之饑如己之饑憂天下之溺如己之溺又顏子一簞食一瓢飲在陋巷人不堪其憂孟子謂禹稷顏回同道又如箕子佯狂殷紂微子去之比干諫而死是皆其心與

而其道同也惟君子之言必當擬而後言議而後動則語默出處自然合於道矣
二人同心其利斷金
義曰金者至堅之物也夫君子之人推誠以待物則物以至誠待於己凡是同心同類之人皆感悅而從之不必求同於己之道者但其心一同則可也至如二人同心合謀共慮成天下之能事雖至纖至悉之利亦可以斷截堅剛之金是同心之人至利者也

同心之言其臭如蘭
義曰臭者香氣也蘭者香草也言君子之人既能同心同德合謀共慮吐言發語有馨香之臭氣如芝蘭之馥郁芬芳以達於天地之間也
初六藉用白茅无咎子曰苟錯諸地而可矣藉之用茅何咎之有慎之至也
義曰自此已下當連上文為一章注疏以此為第七章之始非也當連上文則是此是大過初六之爻辭

也夫大過之時政教陵遲紀綱廢墜上下失道本末衰弱惟是有大才德之人過越常分以拯救之然聖賢之人雖過越常分以拯救天下之事然居事之始不可不慎重之苟不能慎重之則害於成事而以災其身夫置器於地必安全而无傾覆之事今置器於地又以潔白之茅薦藉之是過慎之至也既過慎之則安全而无傾覆也故孔子因論君子擬議其言行故以此明慎事之始如置器於地又藉以白茅是慎

之至也何咎之有乎

夫茅之爲物薄而用可重也慎斯術也以往其无所失矣

義曰夫茅之爲物雖柔弱菲薄然祭祀之時必取而爲用以薦藉宗廟之靈雖爲物甚微然有潔白柔順之質其用也重矣聖人因其慎事之始又取茅之所用之重以明慎重之術以此而往則无所失且大過之事尚且如此況於小小之事乎

勞謙君子有終吉

義曰此是謙卦九三之爻辭也夫謙之九三以陽居陽在下卦之上以位言之則居得其正以身言之則在人臣之極位上奉於君下在百官之上其責至重其職非輕是以上則勞謙以事於君下則勞謙以接於人不以勤勞爲慮常惟曠官之責夫如是是勞謙君子有終者也然則必言君子之終者何也夫小人之性亦有謙順之時然其心易變朝行而夕改不能終始而行之唯其君子之人慎始至終有其本末故

云君子終吉也在古之時惟周公可以當也夫周公是文王之子武王之弟成王之叔當周之時而相武王伐紂一戎衣而天下定迨夫成王幼弱已居三公之責攝天子之位握天下之重權位非不尊也權非不重也天下非不歸也而周公盡人臣之忠節竭人臣之思慮以事於沖君復制禮作樂朝諸侯於明堂天下臣民陶然而歸之然周公之心猶且吐哺握髮

以下白屋之士上盡忠節以奉於君下盡謙恭以下於人自古至今未有如周公之德者也

子曰勞而不伐有功而不德厚之至也

義曰此孔子因言君子勞謙以成功業人不自矜伐其功逞己之德稱為己善者也在古之時惟夏禹可以當也夫夏禹事於堯舜之朝洪水滔天浩浩懷山襄陵下民昏墊天下之人物幾爲魚鼈矣而禹獨以聖人之德盡己之力竭己之謀慮周行天下疏河決導

尋源分派以通水之性成其功業天下之人得免魚鼈之患此禹功之最大者也自古至今天下莫有及禹之功者也然禹不自以爲功故舜舉之曰汝惟不伐天下莫與汝爭功汝惟不矜天下莫與汝爭能是大禹不自矜伐其功德也此是德厚至極者也

語以其功下人者也

義曰上既言勞謙君子有終有功而不德故此大易之道語說謙卦之九三能以謙順之功卑下於人者也

德言盛禮言恭

義曰夫君子之德以盛爲本苟不盛大之則不足以爲德故德言盛者取其日新之謂也禮言恭者夫君子之行禮必以謙順爲本以恭敬爲先苟不能恭敬而行之亦不足謂之禮故禮言恭者取其恭順之謂也

謙也者致恭以存其位者也

義曰夫君子之人在人臣之極位處百官之上必當盡恭順之節以事於君懷恭順之誠以接於下然後可以存乎其位也若居人臣之極位在百官之上不能盡恭順之節以事於君不能懷恭順之誠以接於下則不能保其祿位也必須致恭然後可存其位也

亢龍有悔子曰貴而无位高而无民賢人在下位而无輔是以動而有悔也

義曰上既明謙德保位此明无謙則有悔也故引

乾卦上九之辭以證之夫乾之上九處一卦之極過於九五在窮極之地是知進而不知退知存而不知亡也夫君子之人若能居富貴之位不自髙亢執其謙順則可保其位而獲吉也若不能謙順是為亢龍之悔咎矣子曰貴而无位髙而无民者夫人君之位止於九五今上九之爻過於九五失其中道而在窮極之地是天下之民不與也故云貴而无位髙而无民者夫欲率天下之民莫非有才有位然後可以无

悔今上九已過中道越於九五雖居德位之尊柰何天下之民皆歸於九五上九之爻則是髙而无民也賢人在下位而无輔是以動而有悔也者夫天下之賢患乎不用既得其用患乎不才既有其才患乎无君既有其君即盡忠竭節以事之今上九之爻過於九五在窮極无位之地則是无權之人也雖天下賢才至衆但甘於藜藿處於蒿萊不輔於上九過亢之人也是以上九動靜之間必須有其悔吝也

不出戶庭无咎

義曰此節卦初九之爻辭也上既言乾之上九不知進退恃其崇髙之位生其驕亢之心以至其道窮極動有悔吝此又言聖賢語默之間必當周密故引此節卦初九之辭以證之夫節之為道節人之情防人之欲禁民之非止民之偽天下之所惡閑人情之所不願者也凡君子之人為節之道必當慎重而周密不可使人窺覦若一漏洩其幾則人之情偽姦詐萬

狀叢然而生壞於成事如是則法出而姦生令下而詐起耳故君子凡節天下不可不周密之苟能周密慎重不露其芒角使小人不得閒而窺則可免其過咎矣

子曰亂之所生也則言語以為階

義曰階者梯階人之所履也夫亂之所生也皆言語以為之梯階夫君子之人排斥姦邪創立制度必當慎其言語苟言之不慎則亂之所由矣是故亂之生

皆自言語以為之梯階也

君不密則失臣

義曰夫為臣之道盡忠竭節以諫於君或興天下之利或除天下之害或斥言姦邪或指陳僭忒與君同謀共慮君不能慎密彰露其事為衆所共聞則人生嫉妬之心以至失臣之身也

臣不密則失身

義曰夫人欲興天下之利除天下之害成一時之功

為萬世之法以鼎新天下之法制者必當慎其幾藏其密也茍言行之有虧失聞之於外為人之所疾害則是自害失其身也

幾事不密則害成是以君子慎密而不出也

義曰言君子之人幾密之事不可不慎茍一漏洩其幾為小人之所窺覘則姦邪互生情偽交作害廢於成事敗壞於法制如是則天下從而亂矣是以君子凡立成事謀議姦邪不可不為之慎密是以君子慎密而不出也

子曰作易者其知盜乎

義曰此又言人之愛惡相攻遠近相取盛衰相變情偽相易釁隙相乘而成寇盜之事故孔子因言易中知寇盜之事乎故發而問之曰作易者其知盜乎

易曰負且乘致寇至

義曰此解卦六三之辭也夫解難之時承蹇難之後君子有才有位者則可以釋天下之難六三之爻以

陰柔之質居於陽位以位言之則不中也以身言之則不正也夫以陰柔不中不正之小人而居君子之位行其諂佞之行荼毒良民不可以久居其位必為盜之所奪人之所不與焉故曰負且乘致寇至

負也者小人之事也乘也者君子之器也小人而乘君子之器盜思奪之矣

義曰負者是負擔之小人乘者君子所乘之車也夫人臣之位佐君澤民須賢者居之則天下之人受其

賜而太平之功可致矣夫君子之器必君子居之若以負擔之小人而乘君子之器不惟天下之所厭棄抑亦為寇盜之所爭奪也

上慢下暴盜思伐之矣

義曰夫小人居君子之位驕慢在下之人暴虐為政不唯盜之所奪抑亦為盜之侵伐矣然則居人臣之位處百官之上必當任賢使能以居其位今小人居君子之位此蓋在上之人不能選賢任能遂使小人

乘時得勢而至於高位非小人之然也蓋在上者選之不精也

慢藏誨盜

義曰夫爵禄之位寶器之物必當慎而藏之苟不能自寶藏之常守不謹則是教誨竊盜之人以取之是自己之招也非盜賊之然也

冶容誨淫

義曰冶者妖冶也夫强暴之男不能侵人之正女今女子不能內守閨門之行反自妖冶其容粧麗其色使外人之窺覦而生不軌淫慾之心是教誨淫者使侵于己也此蓋非外物之然蓋己身之不正所招也至如小人在位不能慎守其身貪殘荼毒恃其崇高耽其驕慢以至為寇之所奪亦由己之所招也故復引易負且乘云

易曰負且乘致寇至盜之招也

義曰言小人乘君子之位必為盜之所奪者蓋由己

身不正而然也然則上文首尾皆稱易曰負且乘者蓋欲人慎重其事故再言之

大衍章 釋義

義曰按此一章有脫落之處亦有倒錯之文何以知之按下文云子曰知變化之道其知神之所為乎下文又不言變化之道又一章言天一地二天三地四天五地六天七地八天九地十下文又不言天地之事大衍之數五十有五而經文止言四十有九以此

推之則此文倒錯而脫漏矣今當先言子曰知變化之道者其知神之所為乎次言天一地二天三地四天五地六天七地八天九地十又次言天數五地數五五位相得而各有合天數二十有五地數三十凡天地之數五十有五此所以成變化而行鬼神也乾之策二百一十有六坤之策百四十有四凡三百有六十當朞之日二篇之策萬有一千五百二十當萬物之數也次言大衍之數五十有五其用四十有九

分而為二以象兩掛一以象三揲之以四以象四時歸奇於扐以象閏五歲再閏故再扐而後掛是故四營而成易十有八變而成卦八卦而小成引而伸之觸類而長之天下之能事畢矣顯道神德行是故可與酬酢可與祐神矣

子曰知變化之道者其知神之所為乎

義曰此言大易之道知變化之理知神所為也夫天地生成之道變化萬品春生夏長秋殺冬藏自然而然莫知其變化神用之理故大易之道知其變化之理其知神之所為乎

天一地二天三地四天五地六天七地八天九地十

義曰此言天地生成之數也夫天以一生水生數一地以二生火生數二天以三生木生數三地以四生金生數四天以五生土生數五此是天地之生數也如是則陰无匹陽无耦故地以六成水故成數六天以七成火故成數七地以八成木成數八天以九成金成數九地以十成土成數十陰陽有匹而物乃成

故謂之成數也然數之所起本起於陰陽陰陽往來見於日道十一月冬至日南極陽來而陰往冬水位也以一陽生為水數五月夏至日北極陰進而陽退夏火位也當以一陰生為火數陰不名奇數必以耦故以二陰生為火數也自冬至以及夏至當為陽來正月為春木位也三陽已生故為木數夏至以及冬至當為陰進八月為秋秋金位也四陰已生故四為

金數三月春之季季土位也五陽以生故五為土數此其生數之由也故五行始於水而終於土者此也然則天是純陽故為奇而稱九地是純陰故為偶而稱十是奇偶之數以分陰陽之象故陽數奇者一三五七九是也陰數偶者二四六八十是也故天地奇偶之大數總而言之五十有五陽數奇故其數二十有五陰數偶故其數三十是以天一加天三是四四又加其天五是九九又加其天

七是十六十六又加其天九是二十五數也地數自二者自二加其地四是六六又加其地六是十二十二又加其地八是二十二十又加其地十是地數三十也是以天地之數五十有五以成變化之道以盡生成之數所以成天下之務故天之數合而成二十有五地之數合而三十自天一至五是天之五數自地二至十是地之五數也故言天數五地數五

天數五地數五五位相得而各有合

義曰自天一合於地之六為水自地二合於天之七為火自天三合於地之八為木自地四合於天之九為金自天五合於地之十為土是五位相得而各有合者也

天數二十有五

義曰言天之數奇自一三五七九合為二十五也

地數三十

義曰言地數偶自二四六八十合而為三十也

凡天地之數五十有五此所以成變化而行鬼神也

義曰此已下聖人因其揲蓍以考天地幽賾之事明其天地萬物之理故以蓍草之數占之以明陰陽之用也言天地之數自二十五至三十總而合之則有五十五數以成陰陽奇耦之數成其變化之道萬品之數而行乎鬼神之幽賾者也

乾之策二百一十有六

義曰夫乾坤二卦陰陽之象陽爻奇故一爻有三十六策陰爻偶故一爻有二十四策自乾坤而下凡三百八十四爻陰陽之數相半故陽爻一百九十二陰爻亦一百九十二總而言之有三百八十四爻故乾為老陽一爻有三十六策二爻是七十二策三爻是一百單八策四爻是一百四十四策五爻是一百八十策六爻是二百一十有六策也

坤之策百四十有四

義曰夫坤爻偶故一爻有二十四策二爻有四十八策三爻有七十二策四爻有九十六策五爻有一百二十策六爻有一百四十四策是乾坤之十二爻奇偶之策總而言之有三百六十是故聖人因其乾坤奇偶之數成為一歲凡三百六十日也

凡三百有六十當期之日

義曰夫乾坤之策凡三百有六十聖人因之以成為一歲一歲之内凡三百有六十日然天之有三百六十五度四分度之一故月行速一月一周天日行遲一歲一周天若以全數言之則一歲三百六十日餘其六度又一歲有六小月三年之中餘三十六日故為一閏一閏之中又餘六日又於五年之中積其二十四日合前六日成三十日又為一閏是五歲再閏也此言期之日為一歲之期也

二篇之策萬有一千五百二十當萬物之數也

義曰二篇者言乾坤上下之二篇也夫伏羲畫八卦

已後文王重為六十四以其易道廣大卦義淵深乾坤能始生萬物故以乾坤為上經之首以坎離而終之故為上篇之終自咸恒明人事之大故為下篇之首以既濟未濟而終之故為下篇之終凡此上下二篇有三百八十四爻陰陽之數各半故乾之爻一百九十二坤之爻亦一百九十二凡陽爻三十六策十爻是三百六十策一百爻是三千六百策二百爻是七千二百策却於二百爻中退八爻三八二十四除

却二百四十策又六八四十八又除四十八策是乾之爻一百九十二爻都總策數是六千九百一十二策陰爻亦一百九十二爻每一爻策數是二十四策十爻是二百四十策一百爻是二千四百策二百爻是四千八百策却於二百爻内除了八爻二八一十六是一百六十策又四八三十二又除三十二策内有一百九十二爻都總策數是四千六百八策也以乾之六千九百一十二策合坤之四千六百八策都

合為一萬一千五百二十策以象萬物之數矣然則陰陽奇耦之數其中有萬有千有百有十故可以極天下之務成天下之事夫萬物之數无所不備矣然此皆是老陰老陽之數也而乾坤之閒亦有少陰少陽之數也故少陽之數七四七二十八是少陽之數也少陰之數八故四八三十二是少陰之數也自二十八至十爻二百八十一百爻是二千八百二百爻是五千六百策又於二百爻内除八爻二八一十六一百

六十策又八八六十四是六十四策除了二百二十四策内有五千三百七十六策少陰之數三百二十爻三百二十一百爻三千二百二百爻六千四百策却於二百爻内除了八爻三八二十四二百四十策又二八一十六一十六策内有六千一百四十四策共計少陰少陽之數一萬一千五百二十當萬物之數是少陰少陽與老陰老陽其數皆一也此不言少陰少陽止言老陰老陽者蓋易以變為占言其變則

神其用舉其大則明其小蓋老陰老陽少陰少陽其數皆一亦有萬一千五百二十當萬物之數故但言老陰老陽而少陰少陽從可知矣然必曰老陽老陰少陽少陰者蓋陽以老為尊陰以少為貴

大衍之數五十其用四十有九

義曰按此大衍之數當有五十有五何以明之按上文言天一地二天三地四天五地六天七地八天九地十是天數二十有五地數三十總而五十有五也

令經文但言五十者蓋簡編脱漏矣然則天地生成之道始於太極是故聖人因其天地生成之道自然之理積其成數總而五十有五以明天地之大法今注疏之說但言其用五十殊不知天地生成之數上言天一地二天三地四天五地六天七地八天九地十之數上文既言五十有五之數豈得止言五十哉此注疏之非也歷代以來言之者甚衆京房則五十者謂十日十二辰二十八宿也凡五十其一不用者

天之生氣將欲以虛來實故用四十九焉馬季長云易有太極是北辰也太極生兩儀兩儀生日月日月生四時四時生五行五行生十二月十二月生二十四氣北辰居位不動其餘四十九轉運而用也荀爽則曰卦各有六爻六八四十八加乾坤二用凡有五十乾初九潛龍勿用故用四十九也鄭康成則曰天地之數五十有五之數五十有五者其六以象六畫之數故減之用四十九王弼則曰演天地之數所賴

者五十其一不用者以其虛无非所用也子夏則曰其一不用者太極也无可名之謂之太極此皆殊无所據獨鄭康成姚信董遇三人皆言天地之數五十有五然而又不知四十九之用今注疏之說但言聖人推測天地之數止用五十非數而數以之通不用而用以之成又言虛一以象虛无之氣此皆近於莊老空空之說以惑後世今止取五十有五之數以其上文既言天數二十五地數三十是天地生成之數

自然之理萬有一千五百二十陰陽奇耦之數天下人事之理萬事之情萬品之物无不總此生成自然之數然而其所賴者四十有九何則夫天數二十五地數三十是老陰老陽之數也以數言之陰數多於陽數而陰者是臣之象也陽者是君之象也今地數三十陰之盛於陽臣之盛於君子盛於父卑盛於尊此至逆之象也是故聖人因其天地生成之數自然之理酌其老陰老陽之數以其陰不可過於陽臣不

可盛於君故於地數三十之中去其六策又合於坤
之一策二十四遂以地數以卑為尊故去其六數止
以二十四合於天數二十五共為四十九數取其陰
下於陽臣下於君子下於父卑下於尊此是至順之道
也故其用四十有九然後可以神其用矣
分而為二以象兩掛一以象三揲之以四以象四時
義曰夫大衍之數始本五十有五然其所頼者四十
有九然四十九數未分之時則為一以象太極天地

未判之際次分而為兩以象陰陽分剖之理於左手
則為陽於右手則為陰然陰陽既分而人事未備又
於左手之中掛其一於小指之間以象三才言天地
人事萬品之類皆備於其間又揲數之以象四時者
又以左右手握之四數之以象天之有春夏秋冬四
時運轉寒暑往來不絶之義也
歸奇於扐以象閏五歲再閏故再扐而後掛
義曰言既揲數之其有餘者則歸之於左手所掛一

之處以象其閏然則天之有三百六十五度四分度
之一日行遲一歲一周天月行速一月一周天以全
數言之則日一年行三百六十度餘有六度是故聖
人因此大衍天地生成之數推測幽隱以其揲蓍之
數四數之其有歸餘殘奇之數則歸於所掛小指之
間以象其閏既取歸餘殘奇之數以象其閏然於三
年之中為閏又其數未備於三年之中為一閏又其
數出剩遂於五年再閏則其數始足故一歲之間所

剩六度又有六小月是十二日也三年之中凡三十
六日故閏一月又剩六日遂於五年之中積為二十
四日加此六日即為三十日故五年再閏也然揲蓍
之數歸餘殘奇零止有一二三為殘奇今注疏之說
以謂四為殘奇則非也且四四數之是全數也若以
全數為殘奇則无所據但止有一二三為殘奇也若
无餘則再扐而後掛之然後見成閏積分之數也然
謂再扐而後掛者蓋上言歸奇於扐以象閏五歲

再閏故再扐而掛之是也

是故四營而成易

義曰是故者連上文也四營者則謂四度經營而成變易也四營者則謂上揲之以四以象四時歸奇於扐以象閏五歲再閏故再扐而後掛是也凡此四度經營然後成其變易之道

十有八變而成卦

義曰凡言一爻凡三度揲之則爲一爻一卦六爻三

六一十八是十有八變而成一卦也

八卦而小成

義曰言伏羲所畫八卦乾坤艮巽震離坎兌是也八卦既立寫其天地水火山澤風雷之象水火山澤風雷之象既立是以健順動止明入陷說之性畢備此八卦之小成者也

引而伸之觸類而長之天下之能事畢矣

義曰言文王因此八卦小成之後遂引伸八卦爲六十四卦又因其事物萬品之類而增長之若觸剛之事類以次增長其剛若觸柔之事類以次增長其柔是以天地之性萬物之理天下之情僞萬物之本至纖至悉天下之能事无不畢載於其間

顯道神德行

義曰上既言天地之數天下之能事畢載於易故可以顯明其萬物之理萬事之情原其所由不知所以然而然又可以神其德行莫見其迹也

是故可與酬酢可與祐神矣

義曰酬酢者謂報答之辭也言易之道既言天地幽賾之事又顯明萬事之理又以蓍數明其吉凶之事知其未來明其已往使人占兆之知其吉凶之驗使人從善而去惡從吉而背凶若響之應聲而應對之也可與祐神者言易道既言吉凶之事使人占之從吉而懼凶是可以祐明神之德而行事者也

易有聖人之道四焉

義曰此已下至易有聖人之道四焉此之謂也為一章言大易之道探賾索隱以成其道故所用之道有四焉

以言者尚其辭

義曰言則謂大易之中所述之言辭也言聖人探賾索隱作為大易聖人之情顯見於言辭之間故君子之人欲觀大易之意必觀聖人諸卦爻所繫屬之文辭見聖人之情意也

以動者尚其變

義曰動則謂諸卦諸爻也變動也言聖人仰觀俯察作為大易設為六十四卦其爻有得位者有失位者有變有動有正有不正有中有不中有應有不應者是諸卦之爻有變動者也既有變動則吉凶悔吝生乎動矣有動而悖於理者則凶有動而合於道者則吉是故君子之人凡欲知其吉凶悔吝存亡之幾必先觀其諸卦諸爻之變動然後可以知吉凶之事悔吝之虞變通之理然後趨其善而背其惡向其吉而避其凶所以致身於无過也

以制器者尚其象

義曰象則謂大易之中聖人所設六十四卦之法象也至如伏羲作結繩而為網罟蓋取諸離神農作耒耜取諸益宮室取大壯弧矢取諸睽如此之類皆是尚其法象也故君子欲觀制器之用必觀聖人設卦制器之法象也

以卜筮者尚其占

義曰筮則謂蓍策龜兆之占筮也夫凡人之生必有疑惑之事得失之理不得以前知是故聖人作為大易設為六十四卦有變通之理有吉凶之驗以其凡人不能无疑不能无吉凶然吉凶之道雖聖人有所不知聖人既有所不知必謀之於鬼神以明得失吉凶之事然鬼神之道至幽至隱不可以形覩不可以象窺冥冥然莫知其所與人有異然聖人必謀

之者是故假其至誠取其蓍龜之數審之於天地之數明諸卦諸爻變動之理以明過去未來之事則必以卜筮占策然後可以前知矣

是以君子將有為也將有行也問焉而以言其受命也如嚮

義曰言君子之人既能觀此四者之事凡有所施為凡有所行往必先問焉而以言考其蓍龜之靈占筮之策通變之理吉凶之道然後其受命也如嚮之應

聲

无有遠近幽深遂知來物

義曰言此大易之道告示於人无有遐遠邇近幽遂深密之間皆前知其吉凶禍福之驗天地陰陽之理將來之事已往之失皆前知矣

非天下之至精其孰能與於此

義曰言大易之道若非至極精妙通達天下其孰能與於此哉

參伍以變錯綜其數

義曰參則謂三也伍則謂伍也言天一之數有三有五至如天之一下交於地之六生水地之十上交於天之五生土是天地之數三五通變上下錯雜綜統以成萬物之數

通其變遂成天地之文

義曰言天地陰陽之道通變之理化裁之迹老陰老陽之數交而相雜以成天地之文若剛柔晝夜之道

寒暑往來之功青赤交雜之類二百一十有六以定乾之老陽之象一百四十四策以定坤之老陰之象如此之類他皆可知也

極其數遂定天下之象

義曰言聖人窮極天下之數陰陽之策萬事之理纖介之微然後可以定天下之法象也

非天下之至變其孰能與於此

義曰言大易之道極窮天地之數以成天下之法

象若非天下至變至通之道其曷能與於此哉

易无思也无為也寂然不動感而遂通天下之故

義曰言大易之道能極盡天下之數極盡天下之事然而易之道不假思慮任用自然不須經營任用自動寂然不見其迹默然不見其形若聖人以至誠之心感而行之則通變之理萬事之宜自然而達矣

非天下之至神其孰能與於此

義曰夫非忘象者則无以制象非遺數者无以極數

至精者无筮策而不可亂至變者體一而无不周至神者寂然而无不應斯蓋功用之母象數所由立也言大易之道若非道極微妙變化如神極深研幾探賾索隱其孰與於此哉

夫易聖人之所以極深而研幾也

義曰此以下又明聖人作易之道極窮幽隱識照幾先而作其易者也深者則謂未有其理未見其形而聖人極深其用者也幾則謂有其理未形則謂之幾也言聖人作易以極其有理未形之幾也

唯深也故能通天下之志

義曰夫人之深未有其理未有其形而又天下之心億兆其心而聖人以己之深可以通天下之志何也蓋天下之心雖億兆之心而聖人以己之心可以見天下之心以己之志可以見天下之志何則夫人情莫不欲飽煖而惡其饑寒人情莫不欲壽考而惡其短折人情莫不欲富貴而惡其貧賤人情莫不欲安

平而惡其勞苦是故聖人以己之心推天下之心億兆之衆深情厚貌皆可以見矣雖億兆之心至多而難見而聖人但以一己之心一身之勞逸雖未見其理未顯其形則天下之心自然而見矣

唯幾也故能成天下之務

義曰幾者是有理未形之謂也夫君子之人欲極天下之務必先博學之審問之慎思之明辨之篤行之既能如是則雖天下之務萬事之微盡可見矣所謂

知至知終者是也

唯神也故不疾而速不行而至

義曰夫大易之道極深研幾无思无為寂然不動能通天下之志能定天下之務是其功如神不疾而速不行而至者也

子曰易有聖人之道四焉者此之謂也

義曰此又言大易能通微妙以言者尚其辭以動者尚其變以制器者尚其象以卜筮者尚其占故天下

之能事畢矣然則首尾俱言聖人之道四者蓋為此一章之中所陳者三事一曰非天下之至精二曰非天下之至變三曰非天下之至神皆是廣言大易之道然三事之中亦不出於聖人之道四故首尾總而結之也

子曰夫易何為者也

義曰自此以下至民咸用之謂之神為一章此十翼之中第十子曰夫易何為者此蓋孔子歎大易之道其功深賾故假設此發問之辭以問之曰夫易者何為者也

夫易開物成務冒天下之道如斯而已者也

義曰此夫子自釋易之體用也開者通也冒者覆也言大易之道其功宏博能開通於萬物之志成就夫天下之務覆冒夫天下之物也至如泰卦則言財成之義履卦則言履素之宜革卦則言治歷之事鼎則言鼎新之旨旅則言无敢折獄遯則言遯尾之厲大

壯則言君子用罔乾卦則言亢龍有悔者如此之類是皆開通萬物之志成就天下之務覆冒天下之道如斯之道則大易之體用也故云如斯而已

是故聖人以通天下之志

義曰夫大易之道其功廣大是故聖人以此之故以通達天下之志者也然則天下之人心志至衆至繁而聖人以大易之道以通天下之志者何也蓋聖人有深幾之見極未形之理以己之心可以見天下之

心以己之志可以見天下之志雖天下之人心志至衆至繁然聖人以己之幾深度人之情僞利害極未形之理可以見天下之志者也

以定天下之業

義曰言聖人以此大易之故極其幽深研幾成天下之務冒天下之道以定天下之功業也

以斷天下之疑

義曰言大易之道通於人事一卦六爻有得位失位

者然吉凶悔吝雖聖人亦有所不知於人事之間不能无疑是故聖人雖以其蓍策占筮之然亦不能无疑惑之心而又謀之於鬼神謀之於天地以成其卦爻又於卦爻之下繫屬其文辭以決斷天下之疑也至如乾之初九言潛龍勿用離之六四言突如其來如此是斷其疑也

是故蓍之德圓而神

義曰夫蓍策之數未占已前其吉凶悔吝人皆不可見无有窮極无有定止其通變之道天地之宜其用如神運而不窮周流通暢也

卦之德方以知

義曰言蓍策之數未占之時雖其用如神其吉凶悔吝周流通變運而不窮及其揲蓍之後布成其卦卦有六爻卦爻之下有得位有失位有中有正有凶有吉有悔吝皆繫屬而不可變動故言方以知者是知其過去未來之事極其未形之理其情僞利害盡可見

矣然則必言蓍德圓而神卦德方以知者蓋神以知來是來无方也知以藏往是往有常也物既有常猶方之有止數无常體猶圓之不窮故蓍之變通則无窮神之象也卦解爻分有定體知之象也知可以識前言往行神可以逆知將來故著以圓象神卦以方象知也

六爻之義易以貢

義曰貢者告也言聖人因蓍策之數以布設六十四

卦卦有六爻以盡萬物之理然爻有應有不應有正有不正其間吉凶悔吝皆不能告諭於人故大易之道極未形之理知過去將來之事故六爻之下皆繫屬文辭以貢告於人也至如比之初六言吉大過上九言凶如此之類是皆告於人使人從善而去惡從吉而去凶也

聖人以此洗心

義曰夫大易之道至公至正極天地之理盡人事之宜

其吉凶悔吝皆繫屬於諸卦爻之下聖人觀之可以洗蕩其心至如萬物有疑則卜之是洗蕩其疑心行善則吉行惡則凶是洗蕩其惡心也既洗蕩已之心然後可以洗蕩萬物之心也

退藏於密

義曰言此大易之道索隱窮神能蕩滌萬民之心雖有吉凶悔吝之變仁義之術而人不知自用是其功如神之藏密也故上文所謂顯諸仁藏諸用者此也

吉凶與民同患

義曰夫人之生愚夫愚婦者甚衆其性昏蒙惽惽然不知所以然而然舉動之間雖有凶咎悔吝之事而不知自止是故聖人以此大易之故明示其吉凶憂患使趣其善者舍其惡向其吉者背其凶是大易之道與民同憂患也

神以知來

義曰言大易之道知其未來之事明其未形之理故

其用如神也

知以藏往

義曰言此大易之道因蓍之策知其過去已形之理其妙皆知之也然則必言知來藏往者蓋蓍定數於始於卦為來卦成象於終於蓍為往

其孰能與於此哉古之聰明叡知神武而不殺者夫

義曰言大易之道神以知來知以藏往非此之故其孰能與於此哉惟是古者聰明叡知之人可以與之

耳无所不聞故曰聰目无所不見故曰明思无所不通故曰叡才无所不及故曰知言惟是聰明叡知之人有文有武既能察微又有剛斷故於大易之間卦爻之下各隨動靜神其吉凶之事明其威福之理示人以信則人自然而威服之至如弧矢取諸睽刑罰取諸噬嗑如此之類皆是神其威武不用刑殺而天下自然威服也

是以明於天之道而察於民之故是興神物以前民用

義曰言聰明睿知之人既能神其威武而不殺是以大明天地陰陽變化之道大察天下情偽利害之故又以神靈之物明其吉凶之驗以前萬民之用至於未來之事皆繫屬其辭使人通曉之趣其善而去其惡者也

聖人以此齋戒

義曰洗心則謂之齋防患則謂之戒言聖人以此大易之道齋心防戒其患害之事使憂虞悔吝不能及於己至幽至微之處皆得以先知也

以神明其德夫

義曰言聖人既能以大易之道齋戒而防患又能觀易道幽深以神明其德使天下之人不知所以然而然也

是故闔戶謂之坤

義曰此以下又廣明大易自乾坤而來也夫坤者陰也主夫地然坤之道主夫生成萬物若陽降其氣則

坤能成而生之若陽氣不降則地道闔閉主其收藏如戶之閉也

闢戶謂之乾

義曰乾者陽也主夫天夫天陽之氣下生萬物使萬品之物皆遂其生者是乾為開闢之端如戶之開通者也然則先言坤而後言乾者蓋凡物先藏而後出故先言坤而後言乾也

一闔一闢謂之變

義曰言陰主其閉闔又主其收藏陽主其開闢又主其施散是一闔一闢以成變化之道春生夏長秋成冬幹者也

往來不窮謂之通

義曰言天地之道生成之理往來之間循環不絕周而復始无有窮極常自通流是謂之通也

見乃謂之象

義曰言天地之道陰陽之功生而不已自十一月建

子陽氣下復至於丑寅之位萬物顯見於世有其形狀故謂之象也

形乃謂之器

義曰言天地之道生成不已故萬物始有其形形之不已乃可成於器用是故聖人因此大易六十四卦之形象凡創制器用必觀其形象為之準範然後成其法式也

制而用之謂之法

義曰言聖人裁制其物凡所施用垂為範模後世以之為法式也至如宮室取大壯網罟取諸離書契取諸夬弧矢取諸睽如此之類皆是聖人制成器用為後世之法

利用出入民咸用之謂之神

義曰言聖人既制器用或出於此或入於此使天下之人用之皆得其利天下之人既皆得其利是聖人之妙用如神而人不知所以然而然也

是故易有大極是生兩儀

義曰此以下至自天祐之吉无不利為一章易有太極者言大易之道始於太極太極者是天地未判混元未分之時故曰太極言太極既分陰陽之氣輕而清者為天重而濁者為地是太極既分遂生為天地謂之兩儀

兩儀生四象

義曰言天地之道陰陽之氣自然而然生成四象四

象者即木金水火是也故上文謂天一下配地六生水地二上配天七生火如此之類是天地陰陽自然相配生成金木水火之象然此止言四象而不言土者蓋天地既判生為五行然二氣既分則自然生而為木金水火則地之道本於土而成但言四象則土從可知矣

四象生八卦

義曰言水火木金互相生成而成八卦至如水生於

坎火生於離金生於兌木生於巽土生於艮如此之類是四象五行之所生也是故伏羲因此五行所生畫為八卦也

八卦定吉凶

義曰言伏羲既畫八卦之後又繫屬其爻辭於諸爻之下明吉凶之變凡事之得者為吉事之失者為凶言於得失之間以成吉凶之事使人退省其身日修其德趨其吉而悖其惡從其善而去其凶也

吉凶生大業

義曰夫吉凶之兆也皆在於六十四卦爻位之中得其正者為吉失其位者為凶聖人又繫屬其辭以明吉凶之驗使人知自修省人既知自修省則能保守其分位以成其大業故大業之成必自吉凶而生矣

是故法象莫大乎天地

義曰法象則謂吉凶之理得失之迹也夫天地之大萬物之理皆由二體互相推盪而生也至於高者有其分下者有其理善者福之惡者禍之此常理也聖

人仰觀俯察為之法象善者賞之惡者罰之然其功其理皆本始於天地故云莫大乎天地

變通莫大乎四時

義曰言天地之道陰陽之氣變通之道生成之功春秋冬夏生而不已是以成之成之不已又殺之殺之不已又生之是其天地之氣生殺之功千變萬化皆由四時之氣推盪而成也

縣象著明莫大乎日月

義曰言天地之道布懸其法象星辰其於著明運行不息无所不照者莫大乎日月也

崇高莫大乎富貴

義曰上既言天地之道陰陽之理變通之事日月之明此後言以富貴而繼屬之者何也蓋聖人非以恃其崇高極侈其位夸恃其富貴是故天地之道但能生成萬物不能生成天下之人是故君子有大才大

德凡居崇高極盛之位代天理物能以仁義教化生成天下之人若无富貴之位則其功不能以及於天下也是故其所以重富貴者非重其位也蓋重其行道於天下故下繫曰聖人之大寶曰位是言聖賢所保重者曰位惟在行道而已故以富貴次於天地日月之後也

備物致用立成器以為天下利莫大乎聖人

義曰備物致用者備天下之物致天下之用也立成器者則謂建立成就天下之器用以便於天下也凡能便利天下者无出於聖人也聖人則无所不通故能成天下之利也至如包羲氏結繩為網罟以佃以漁神農斲木為耜揉木為耒耨之利以教天下又如弦木為弧剡木為矢弧矢之利以威天下又如黃帝刳木為舟剡木為楫舟楫之利以濟不通又如宮室取大壯掘地為臼斷木為杵臼杵之利萬民以濟如此之類皆是備物致天下之用立器為天下之利

也故唐元次山曰吾人之苦兮山幽幽網罟設兮山不幽吾人之苦兮水深深網罟設兮水不深是言聖人凡所創立其器雖山川滄海之深遠而聖人所作其器无遠无近无幽无深皆得其利故水之深而網罟不深山之幽而網罟不幽其功如是之廣而人用之皆得其利也非聖人孰能如此哉

探賾索隱鉤深致遠以定天下之吉凶成天下之亹亹者莫大乎著龜

義曰探謂探尋賾謂幽隱難見之處言至幽至遠至隱至近之處鉤深極遠之事天地幽隱之處過去未來之吉凶惟是聖人以卜筮之占皆得以知之也若事得於道者爲吉失於理者爲凶以其吉凶之事告示於人使人趨善從吉去惡避凶雖愚者昧者皆勉勉而知勸夫如是定天下之吉凶成天下之亹亹者皆由蓍龜之占筮也

是故天生神物聖人則之

義曰神物者則謂神靈之物蓍龜是也灼龜以爲卜揲蓍以爲筮言天之所生者蓍龜之靈知人之休咎明人之得失是故聖人取之爲法則考人之行事也

天地變化聖人效之

義曰言天地之道陰陽之氣生殺之理春生夏長四時代謝千變萬化聖人效法之當賞則賞之當刑則刑之事之久者必改其弊踣之泥者必革其新是聖人法效天地之變化也若據疏說以爲賞以春夏刑以秋冬則非也

天垂象見吉凶聖人象之

義曰言天之垂象以示人之吉凶若陰陽之慘舒日星之災變風雨之不節霜雪之不時如此之類皆是天垂象以示於人聖人必當象之或祥之來則象其吉災之來則應以凶或修其德而平其政也

河出圖洛出書聖人則之

義曰按此河圖是天之大瑞也若聖人在上至德動

於天地天下之人和洽則和氣充塞於天地之間則河出圖洛出書以爲瑞應之驗也是故聖人所以法則之者蓋法其時而行事故曰聖人則之也然按諸儒之說以謂河圖洛書出見於世伏羲因得之而畫成八卦感上天之美應者也且上古洪荒之世典章法度未立伏羲以聖人之才德居位是以經綸天地畫成八卦以爲萬世之法則若河圖洛書未出見之時伏羲亦當畫爲八卦以爲後世之法且河圖洛書

是天之大瑞若果河圖洛書已有八卦則八卦不當言伏羲所畫也又按洛書賜禹是亦八卦更有聖人所畫矣且按下繫曰古者包羲氏之王天下仰則觀象於天俯則觀法於地觀鳥獸之文近取諸身遠取諸物於是始作八卦以通神明之德以類萬物之情此八卦自是伏羲觀天地取諸物而畫成八卦也又豈得謂伏羲感河圖洛書而畫八卦哉若果河圖洛書已有則孔子不當言伏羲仰觀俯察而成八卦也

又如孔子曰鳳鳥不至河不出圖吾已矣夫是孔子因其鳳鳥而為書也又曰龜龍在郊藪河出圖洛出書是亦因龜麟而至矣此蓋孔子言麟鳳者天之瑞物難見者也若聖人在上錫五福於人庶政行於國和氣充塞於天地則河圖洛書龜麟龍鳳出為瑞應之驗是以聖人法則其時以行其事也故云聖人則之今鄭康成以春秋緯云河圖有九篇洛書有二篇孔安國以為河圖為八卦洛書有九疇皆失之矣

易有四象所以示也

義曰按此四象有二説一説以謂天地自然相配水火金木以為之象所以示也又一説吉凶者失得之象也悔吝者憂虞之象也變化者進退之象也剛柔者晝夜之象也是言大易之道有此四象所以示人之吉凶疏莊氏謂六十四卦之中有實象有假象有義象有用象則非也又何氏以為天生神物聖人則

之天地變化聖人效之天垂象見吉凶聖人象之河出圖洛出書聖人則之亦非也

繫辭焉所以告也

義曰上既言天生神物聖人則之天地變化聖人效之天垂象見吉凶聖人象之河出圖洛出書聖人則之易有四象所以示人之吉凶此言又繫屬其辭明其得失所以貢告於人使人知憂患之慮也

定之以吉凶所以斷也

義曰言既繫屬其辭以明得失又定其吉凶之驗以斷天下之疑惑使人知其象趨其吉而背其凶也

易曰自天祐之吉无不利

義曰此大有上九之爻辭也言易有四象所以示也繫辭焉所以告也又定之以吉凶所以斷也言天下之人既知其吉凶之驗禍福之理又引此大有上九之爻辭以證之言大有上九居大有之世天下富盛諸爻皆乘於剛已獨下乘於陰六五有厥孚交如之

吉已獨乘之是以得自天祐之吉无不利也此大有之時如此也

子曰祐者助也天之所助者順也人之所助者信也履信思乎順又以尚賢也是以自天祐之吉无不利也

義曰此孔子解釋之辭也言大有上九所以得自天祐之者蓋由己以陽承于六五柔順之君天之所以祐之者助其順也人之所以助之者信也言六五居中有信於天下而上九承之是履其信也既已履信則天下之人亦助以信也既履其順又履其信則是崇尚賢德矣夫既為崇尚賢德之人則上天之所祐助鬼神之所協吉天下之人皆所信助夫如是何所不利哉

子曰書不盡言言不盡意然則聖人之意其不可見乎

義曰自此以下至默而成之是夫子總言大易之道當連上文為一章書不盡言者言聖人之言出則為天下之則為天下之令然於簡牘之中所載必不能

盡聖人之言也言不盡意者言聖人之意思慮宏遠无遠无近无幽无隱故三百八十四爻之間雖皆聖人之言必不能盡其聖人之意也如是則書不盡言言不盡意於聖人之意其不可見乎此孔子歎美聖人之言聖人之意幽深宏遠不可以見之耶故假發問之辭疑而問之

子曰聖人立象以盡意

義曰此夫子釋聖人之意有可見之理也言聖人之

言書不能盡其言言又不能盡其意惟是大易之道六十四卦之中可以明之至如天之道以乾為名取其天體剛健生成不息地之道以坤為名取其地體柔順能承順於天是聖人設乾坤之象以盡聖人之意宏功妙用惟乾坤之象可以盡之

設卦以盡情偽

義曰言聖人之言出則為天下之則然既言不能盡意又立象以盡意既立物之形象以盡其意又觀萬

物之象萬事之理天下得失之迹設為其卦以盡人之情偽以盡物之得失也

繫辭焉以盡其言

義曰言聖人雖立象以盡其意設卦以盡其情偽又於三百八十四爻之下有得位失位者有正有不正者皆繫屬其辭散於卦爻之下以盡其言使人通曉其意也

變而通之以盡利

義曰夫萬事之理萬物之情若无其通變之道以至窮極必至於敗壞也惟是聖人立象以盡意設卦以盡情偽繫辭焉以盡其言而又裁制創立千變萬化隨時措置立成其事无有壅滯量時制宜變而通之以盡天下之利也

鼓之舞之以盡神

義曰此總結立象盡意設卦盡情繫辭盡言之意言聖人以其仁義之道以盡天下之情偽以說天下之

心又鼓發之致天下舞樂之然則鼓舞何以為發樂之義蓋聖人以仁義之道教化之術漸染於天下之人天下之人雖冥然无所知識然被上之教化其心康樂不知手之舞之足之蹈之也既不知手之舞之足之蹈之自不知聖人之道所以然而然是聖人之道漸染於人如神之功

乾坤其易之緼邪

義曰上既言聖人立象盡意此又言大易之道本始

於天地縕者藏縕也言天地初判之時而大易之道已縕藏於天地之間然天地之道萬物之形象萬事之理皆藏縕於大易之道是大易之道本始於乾坤故乾坤為大易縕積之根源也

乾坤成列而易立乎其中矣

義曰言天地設立陰陽之端萬物之理萬事之情以至寒暑往來四時代謝日月運行皆由乾坤之所生然乾坤既設而大易之道變通之理以立乎中矣是

大易之道本始於天地也

乾坤毀則无以見易易不可見則乾坤或幾乎息矣

義曰言大易之道皆本起於乾坤凡是天地之道萬物之理變化之道皆在大易之中至如乾生三男坤生三女而為八卦變而相重為六十四分為三百八十四爻易之根源皆自乾坤而來故乾坤成而易道變化建立乎其中矣若乾坤毀棄則无以見易之用夫易既毀則无以見乾坤之用如是則乾坤或幾乎息矣

是故形而上者謂之道

義曰言天之道始於无形而終於有形皆由道之所生道者人可以為之法由而通之謂之道前乎天地則混於元氣散乎方隅則潛於象類浩然而不局於器用推於天下則无所不通舉而措之則曲盡其變茲乃道之本也然始於无形而終於有形也

形而下者謂之器

義曰器者是有形之實言天始於无形而生於有形故形於下者則為其器器者則為有形之用但可止一而用之也故在形之外者謂之道在形之内者謂之器也

化而裁之謂之變

義曰言聖人因其无形之道有形之器推而化之裁制創立設為仁義教化以至凡所器用以利天下无有窮極无有凝滞故謂之變

推而行之謂之通
義曰言聖人因其天地陰陽之道思之於心緼之為事業推而行之无有壅滯皆得其宜故謂之通
舉而措之天下之民謂之事業
義曰言聖人因其變通之道措置其用施之於天下各從其時以成天下之功業也
是故夫象聖人有以見天下之賾而擬諸其形容象其物宜是故謂之象

義曰此以下皆覆言上文聖人立象以盡意設卦以盡情偽繫辭以盡其言明言以為教化之術也象者萬物之形象也言聖人推其天地之理萬物之形容以象萬物之宜故謂之象也至如乾為龍之象坤為地之象離為日之象艮為山之象如此之類皆是推廣形容而為之也
聖人有以見天下之動而觀其會通以行其典禮繫辭焉以斷其吉凶是故謂之爻
義曰言聖人以見天下之變動觀萬物之形容有會合通變之道以行典常之禮又於諸卦之下繫屬其文辭有合於道則為吉有悖於理則為凶以定其吉凶得失之理以示於人故謂之爻也爻者效此者也
極天下之賾者存乎卦
義曰言聖人窮極天下之幽賾萬物之情偽以存諸卦之中使人觀之以為法則也
鼓天下之動者存乎辭

義曰鼓謂發揚天下之動有得有失有吉有凶存於爻辭之間使人觀之知其吉凶之如此也
化而裁之存乎變
義曰言聖人觀此萬事之理萬物之情天地之道日月之經創制裁度立成其器施為仁義道德千變萬化以及於天下故存乎變也
推而行之存乎通
義曰言聖人觀此大易變化之道推而行之隨時措

罝无有窮極无有凝滯故存乎通也

神而明之存乎其人

義曰言聖人既能極天下之賾存乎卦鼓天下之動存乎辭化而裁之存乎變推而行之存乎通以成其易若章顯其功則其用如神仁者見之謂之仁知者見之謂之知无有窮極是存乎其人矣

默而成之不言而信存乎德行

義曰德行者則謂聖人素蓄其德業行實也言聖

人素積其德素蓄其行内存忠恕外有全德如此則默而成之雖不言而人自信從之故中庸曰不怒而民威之如鈇鉞者也此蓋素藴德行之如此也

乾隆御覽之寶

周易口義繫辭上

欽定四庫全書

經部

周易口義 繫辭下 説卦 序卦 雜卦

詳校官尚書臣德保

通政使司副使臣莫瞻菉覆勘

總校官原任中允臣王燕緒

校對官中書臣王家賓

謄録監生臣范鍾

周易口義

繫辭下

宋　胡瑗　撰

義曰此十翼之中第七翼也然按上繫下繫之說先儒議者多矣何氏則曰上篇明无故曰易有太極下篇明幾故曰知幾其神或曰上篇論易之大理下篇論易之小理皆失之蓋以簡編重大故分為上繫下繫也

八卦成列象在其中矣

義曰自此已下至禁民為非曰義為一章言伏羲始畫八卦取天地水火山澤風雷之象畫為乾坤艮巽震離坎兌之卦八卦既成列而天地萬物之象莫不在於八卦之中也

因而重之爻在其中矣

義曰夫伏羲始畫八卦以盡天地水火風雷山澤之象然於萬物之情萬事之理在伏羲之時世質民淳情偽未遷利害未作雖八卦之設三畫可以盡人事之宜迨乎後世民欲叢生巧妄交作則八卦不能盡吉凶之變文王因於羑里極天地之淵蘊明人事之終始是以取伏羲所畫之八卦因其數而重為六十四卦分為三百八十四爻以盡天地之賾人事之理有得有失有吉有凶有應有不應有正有邪有利有害盡在此卦爻之中然則爻者效也使後世之人效而法之故卦爻之中有情偽之理有是非之道有變

通之常有動靜之事有剛柔之限凡人觀其爻則知其效法此象而行事也然重卦之說先儒議者多矣或曰伏羲所重或曰神農所重或曰夏禹所重皆失之蓋見下文包犧氏之王天下作結繩而為網罟蓋取諸離神農氏作斲木為耜揉木為耒耒耨之利以教天下蓋取諸益又因尚書之文有洛書錫禹之言故有此說殊不知繫辭是仲尼所作蓋仲尼因其聖人制立器用以取合於聖人之卦以其結繩為網罟

益合德於離卦取其有附麗之義因其耒耜有益於人益合德於益卦以其有相資益之義先儒不究原本故疑而有此說也且六十四卦既是伏羲神農所重則文王何心哉不然何以仲尼曰易之興也其於中古乎作易者其有憂患乎且伏羲之時又非中古神農之時又非憂患推此以言文王重卦之心又可見也

剛柔相推變在其中矣

義曰剛者陽也柔者陰也夫六十四卦之中卦有六爻陽為剛陰為柔陽主其生陰主其殺故剛柔之位則有變有通有動有靜故事之久靜則動物之久動則靜動靜之道則有變有通是故聖人因其剛柔二氣互相推盪於六爻之間然後成其生養之道也故上繫曰剛柔相推而生變化者是也然則不言陰陽相推而止言剛柔者蓋陰陽者天地之氣剛柔者是陰陽之體言剛柔則陰陽之功可見矣

繫辭焉而命之動在其中矣

義曰言聖人既因剛柔二氣互相推盪而為生成之道又恐後世之人難曉故於諸卦諸爻之下各繫屬其文辭以明得失之道吉凶之變情偽之端萬事之理使人觀其得則可以知其失趨其吉則可以明其凶逆順之道動靜之理在所命之辭皆可見矣

吉凶悔吝者生乎動者也

義曰夫六十四卦有六爻有吉有凶有悔有吝皆由

爻位之動者也若動而合於理則為吉動而昧於道則為凶有事之微小可以追悔者有事之萌兆可以鄙吝者皆繫在於卦爻之變動也是故聖人因卦爻之變動明人事之大體推其情偽之端明其得失之迹使人觀之不失於動靜之道也

剛柔者立本者也

義曰言伏羲始畫八卦始窮變於天地陰陽之理以成剛柔之道以為萬事之大本以成天下之大法天

下之人皆本此以為法則也故六十四卦之所本君臣父子之所法皆由此剛柔之象為之根本者也至如剛定體為乾柔定體為坤陽卦兩陰而一陽陰卦兩陽而一陰是立其卦本而不遺也

變通者趣時者也

義曰凡六十四卦卦有六爻一卦之體象其一時一爻之義象其一人六爻之道上下相應而成變通所以趣就一時者也至如屯之卦言天下屯難之時故

其卦體以象其屯故初六居卦之始當屯難之時而磐桓利居正利建侯以蘇息天下之人至於六二言女子貞不字言女子守正應於九五雖為初九九六寇難然專應於五不改其節至於六四乘馬班如退守其正待時而行如此之類是皆一卦則言其一時其諸爻各言其一人以趣就其時也然則君子之人凡所動作必從其時不失其中故中庸曰君子而時中是言君子之人動作之間皆從其時也

吉凶者貞勝者也

義曰貞者正也夫有動者則未免乎累殉吉者則未免乎凶盡會通之變而不累於吉凶者其唯貞勝者故六十四卦之内人事之端情偽之作吉凶之驗无不備載於其間若爻位之吉又能行其大正之道則其事愈吉若居爻位之凶而能行大正之道則其事不至於凶惟是貞正之道則能勝於凶吉也

天地之道貞觀者也

義曰觀者為天下之所仰觀則謂之觀夫天本在上地本在下天地之性本不相得及夫天以純陽之氣降於下地以純陰之氣騰於上二氣上下交相通感然後以成生長之道是天地之道生成之理皆本正一故為物之仰觀者也

日月之道貞明者也

義曰夫日為陽德月為陰精運行四時晝夜不息者日月之明也然而往來不停照臨下土不混其光者

葢各得貞一而明有所一也

天下之動貞夫一者也

義曰夫少者多之所貴寡者衆之所宗故天下之情僞人事之動静皆歸一而後可正也然則天下之廣周於萬里人心至衆萬孔千狀執一何由而治哉葢萬化一術也天下一統也若以至正之道純一之德而治之則天下自然而治矣若不以純一之德而治之則天下自然而睽乖矣故王輔嗣嘗曰夫衆不能

治衆治衆者至寡者也夫動不能制動制動者貞夫一者也是天下之動必由寡之所治貞其一而已

夫乾確然示人易矣

義曰此又言天得一之道也確者則謂剛健者也夫乾以剛健之德運行不息生成萬物示人以和易由其得一之故也故无為而物成不言而時化是示人易也

夫坤隤然示人簡矣

義曰隤然則謂柔順者也此言地之得一也夫坤之道以柔順之德承天之氣生成萬物不煩而物成不勞而物遂者亦由其得一故也故不須經營而萬品自化是示人簡也若乾不得專一之道或有隤然則不能示人易矣若坤不得專一之道或有確然則不能示人簡矣且以乾坤之道生成之理確然隤然示人易簡况為天下之君者哉夫尊為聖人必法此乾之剛健之德生成天下不至於煩勞則天下從而治

矣夫為人臣者必法此坤之柔順之德承君之命行君之事則天下不勞而治矣若為君為臣能法易簡之道則天下國家可正也

爻也者效此者也

義曰夫六十四卦分三百八十四爻有動有静有邪有正有凶有吉有是有非故通變之道皆在諸爻之中為人之所效法也故所謂爻者效物之變動者也

象也者像此者也

義曰夫六十四卦之象皆法於天地水火風雷山澤之象也如乾以天為象坤以地為象艮以山為象坎以水為象如此之類是皆象其卦之所本之像也注所謂象此物之形狀也

爻象動乎内吉凶見乎外

義曰夫六十四卦之象三百八十四爻爻象之間有正有不正有應有不應有善有不善有吉有不吉若爻象之發動於一卦之内則吉凶之事顯見於一卦

之外也

功業見乎變

義曰言聖人用此大易之道觀其卦爻之變動可行則行可止則止推而求之以立成天下之功業以通天下之心志

聖人之情見乎辭

義曰辭者則爻象之辭也夫六十四卦之中有情偽之端得失之理其吉凶悔吝皆在爻辭之間欲知聖人設卦之情意者觀其爻象之辭則可見矣至如乾之初九言潛龍勿用則聖人勿用之情可知矣比卦上六曰比之无首凶則聖人无首之情可見矣如此之類皆在爻辭間可見矣

天地之大德曰生

義曰夫天地之大德者惟是陰陽二氣上下相交生成萬物周而復始无有限極故其德常大若生之不常運之有極則所生之道不廣也

聖人之大寶曰位

義曰寶者愛也位者所守之位也夫聖人之大寶者惟在其位然則聖人之大寶何以在乎位蓋聖人之有才德若无其位則其功不能及於天下若有其至尊至寶之位則其功可以及於天下无有遠近皆被其澤皆被其功德也是故聖人重德行道於民故大寶其位也

何以守位曰仁

義曰言聖人既有才德又能大寶其位何以守其位哉必須法天元之德以仁愛之道生成於天下使天下之人皆被已之仁德然後父子有禮上下相親也

何以聚人曰財

義曰夫聖人何以萃聚於人哉必曰財而已財者使衣食豐足用度常備仰有所奉俯有所畜則天下有戴君之心若其衣食不足用度不備則不能萃於天下之民是故古之聖人修其水火金木土五行之事

正德利用厚生使天下之人各得其所如是則父子兄弟遞相親睦矣至於為農者勤於耕為商者勤於貨為工者勤於器如此之類則可以保六親六親既相保則親族內外自相親愛如是是聚人曰財也

理財正辭禁民為非曰義

義曰言聖人既能守位以仁又能聚人以財使天下父子各有所養各得其所然而貨財之道必主於均平使多者不得積其私少者皆得盡其養又須與正其辭為之節制以禁民之有非僻者使皆合於義而得其宜矣然則所謂義者蓋裁制合宜之謂義也

古者包犧氏之王天下也仰則觀象於天俯則觀法於地觀鳥獸之文與地之宜近取諸身遠取諸物

義曰自此已下至蓋取諸夬為一章言包犧氏以聖人之才德以王天下為天下之主然於上古洪荒之世典章法度未立而包犧氏仰則觀象於天俯則觀法於地既觀察天地之象又觀鳥獸之文與地之宜

以畫成其八卦也然則上既言觀法於地下又言與地之宜既言觀鳥獸之文下又言遠取諸物者何哉蓋上文言仰則觀象於天俯則觀法於地者蓋是伏義始觀象之初也此又言鳥獸之文者蓋東方之宿則為蒼龍南方之宿則為朱鳥西方之宿則為白虎北方之宿則為龜蛇如此之類是伏義仰觀天之垂象之宿鳥獸之文又觀其地之動植山川丘陵之象萬物所生之宜既觀天之垂象之文又觀地之所生

之宜然後近取諸身者至如乾為首坤為腹震為足艮為手又近取人之一身其有思慮口鼻之屬如此之類是近取諸身也既近取諸身又遠取諸萬物之象若乾為龍坤為馬山澤風雷之類是也

於是始作八卦

義曰作者起也言伏羲因此天地萬物之象然後興起八卦以象動植之宜也

以通神明之德

義曰神明即謂天地之道陰陽之運變通不測之宜吉凶未兆之事如此之類則謂之神明是八卦通此神明之德也

以類萬物之情

義曰夫萬物之情狀至繁至衆故不可得而知之也聖人作此八卦取其天地水火山澤風雷之象以類聚萬品之情偽皆可見也

作結繩而為罔罟以佃以漁

義曰網罟者取魚獸之物也言伏羲既畫八卦以通神明之德以類萬物之情以至天地之始終人事之淵蘊无不畢備於其間然而於人事之間未有所食之物是故伏羲又結繩以為網罟以佃以漁使人取其魚獸以為所養

蓋取諸離

義曰蓋者疑之之辭也離者麗也言山之高而禽鳥麗之水之深而魚鼈麗之然則山之高水之深而人

莫能及之而聖人創立其事結繩而為網罟使人用之雖禽鳥居山之高魚鼈居水之深皆得而取之是使人麗而用之也然謂之蓋者即疑之辭也言聖人創立其事不必觀此卦而成之蓋聖人作事立器自然符合於此之卦象也非準擬此卦然後成之故曰蓋取諸離

包犧氏沒神農氏作斲木為耜揉木為耒耒耨之利以教天下蓋取諸益

義曰言包犧氏既没之後又有神農氏以聖人之才興起於世以其人既得其網罟以佃以漁然而未有飲食之道神農氏是以樸斵其木以為之耜耜者博五寸其首有華觜以為耕作之用又揉其曲木其曲有鉤以為之耒耒耨之利以教於天下之人使四時耕作之種其禾黍之利以為飲食之養葢取諸益益者取其有益於人為萬世之利也

日中為市致天下之民聚天下之貨交易而退各得其

所葢取諸噬嗑

義曰言於日中為其市以貿遷於貨財以萃聚於天下之人使皆貿易之相交民之无者從而有之民之有者從而散施之既貨財交易貿遷有无天下之民各得其所各得其宜故曰市也然必取於日中者葢日之早而遠者必不能及若日之晚而又失其時必於日中之時取其遠近之人皆得以及矣故於日中為市也然則葢取噬嗑者以其噬嗑之卦上體是離下體是震震動於下離明於上是下動而上明聚之則為之市也又順中有物曰噬嗑凡順中有剛梗之物必齧而去之也然後得其通而物有所合也

神農氏没黄帝堯舜氏作通其變使民不倦

義曰夫法之久則必弊弊則物有所不通法既不通則人情多至怠惰而有厭倦之心是故神農既没之後復有黄帝以聖人之才德繼世而興起能通人事之理以其伏羲既結繩而為網罟而斵木為耜揉木

為耒又聚天下之民財以交易之為之市然事之久必有其弊壊故黄帝能通其變化而裁之引而伸之隨其物之變通因其時而更造之以為萬世之法使民宜之皆得其利用民既得其利用則无怠倦之心也

神而化之使民宜之

義曰神而化之使民宜之者言天下之民既得其利用則不知聖人之制作所以然而然也既不知所以

然而然則所作為用皆得其宜也

易窮則變變則通通則久

義曰言黄帝既能通其變使民不倦神而化之使民宜之如此者蓋得大易通變之道也夫大易之道窮極而復變變極而必通天地生成之道人事終始之理无有限極周而復始无有窮際可以永久為萬世通行之法也

是以自天祐之吉无不利

義曰言黄帝之法如此為萬世久行之道則自天而下至於鬼神皆祐助之在鬼神尚且祐助況於天下之人乎鬼神人民既以祐助則盡善盡美之功所往之處何所不利哉故引易文而證之

黄帝堯舜垂衣裳而天下治蓋取諸乾坤

義曰自此已下凡有九事皆黄帝堯舜因象而立制也夫上古之時世質民淳民皆敦樸則上如摽枝下如野鹿則上下自然而正矣迨黄帝堯舜之世垂衣裳而天下治以其乾有剛陽之德在於上故為尊坤有柔陰之德在於下故為卑爰作衣裳以分尊卑上下貴賤之等此蓋取乾坤之象也然則黄帝堯舜迭言之者蓋衣裳之起始於黄帝成於堯舜之時故以黄帝堯舜而通言之也

刳木為舟剡木為楫舟楫之利以濟不通致遠以利天下蓋取諸渙

義曰刳者謂刳木之中虚其中以為舟也以濟於水

使人乘載之以濟不通免其沈溺之患也剡木為楫者又剡削其木以為舟之用也凡人有川險之深而不可以涉之而黄帝能刳木之中為舟又剡削其木為楫以濟川險之患使人乘之皆得以濟致遠之處皆得以利蓋取諸渙者蓋渙之卦上是巽下是坎巽為木坎為水故其彖辭曰利涉大川乘木有功也是言巽木為舟有涉川之象也又曰渙者散也能散釋其民難令為舟以濟於天下使人免其沈覆之患故

此亦得變通之一端也

服牛乘馬引重致遠以利天下蓋取諸隨

義曰夫物之重者人力不能及之地之遠者人力不能至之是故聖人服習其牛調習其馬使重者得以及之遠者得以至之然則牛馬本无知之物而聖人能馴服之使其至重之物亦得以行之至遠之地亦得以至之重者引之遠者利之天下之人皆得其利蓋取諸隨也然則隨者是動作必隨於人以之遠則

亦隨於人以之近則亦隨於人是動作所在皆隨於人也

重門擊柝以待暴客蓋取諸豫

義曰夫治平之世不能无姦宄之人是故聖人用其兩木相擊昏夜之間擊其聲以為之警備使其姦人暴客不能踰越也然而必取諸豫者蓋豫者樂也按豫卦雷出地奮豫言雷自地奮出以發生萬物物既生各遂其安故曰豫樂也此重門擊柝以待暴客而云蓋取諸豫者蓋言凡人居治平之時外既有警備則姦人不能犯姦人既不能犯則在內者自然安矣

斷木為杵掘地為臼臼杵之利萬民以濟蓋取諸小過

義曰言聖人既能教民以粒食五穀然又不能精治其五穀以為飲食之養是故後世聖人復斷其木為杵又掘其地為臼以其臼杵之利以精治其五穀夫既精治其五穀則天下之萬民皆得以濟故取諸小過焉然則必取小過者蓋小過之卦聖賢之人過為

其事以矯過於人今此杵臼而取小過者蓋聖人既教人粒食以自養又教人精治其五穀是小有過為其事故也

弦木為弧剡木為矢弧矢之利以威天下蓋取諸睽

義曰夫治平之世不能无姦暴之人堯舜之代不能无逆命之人是故聖人雖立刑罰之事以懲戒之然其間亦有不庭不軌之人非刑罰之威可以懲也是故復以弦繫於木上以為弧弧者即弓也既以弦於

木為弓又剡削其木取其矯厲故為矢以中於人弧矢既成以威中於不庭不軌之人威既中於不庭不軌之人則天下之姦暴者皆畏而悛矣然蓋取諸睽者蓋睽者離也言人心之乖離者必用弧矢以威之至如蠻夷之人當奉於中國反抗衡於中國有離叛之心又如諸侯當尊奉於王者今不能貢賦反有倍於王者之心又如姦猾之俗不能歸奉於上反有離二之心如此之人聖人因其有睽離之心故制弧矢

以威服之故云蓋取諸睽也然則弧矢杵臼服牛乘馬舟楫皆云利者此蓋器物有益於人故稱利也然重門擊柝不言所利者蓋擊柝之事止以禦暴客是亦利之異名也垂衣裳不言利此亦隨便立義故云天下治治亦利也此皆義便而言故不可一例取也

上古穴居而野處後世聖人易之以宮室上棟下宇以待風雨蓋取諸大壯

義曰夫上古之時未有宮室當此之時人但冬則居營窟夏則居橧巢人既安居然於風雨之時无可禦止是故後世聖人易之以宮室上隆其棟下為之宇以待風雨有所棲止故取諸大壯也然必取諸大壯者以其制度宏壯有便於人故取大壯也

古之葬者厚衣之以薪葬之中野不封不樹喪期无數後世聖人易之以棺槨蓋取諸大過

義曰夫上古之時凡人之死不能蔽蔭其尸但厚衣之以薪及瘞之中野之間又不能封土為墳是不封

也又不能種樹為別是不樹也及其哀戚又无時而止但哭除則止喪之期制又无其日月之限是无數也其於死者知耶不知耶是故後世聖人以木合為之棺槨以蔭庇其尸又封其土以為之墳又種其樹以為之別又立五服之制三年之喪使其哀戚有時者也然則蓋取諸大過者原大過之卦是聖人大有所為過越常分以拯救天下則為之大過今此人之死不能蔽蔭其尸而取此大過者何也蓋聖人重人

之生孝子哀戚之情以其人之生必有其死葢死者是人之終人之既終孝子之大事重其死者人之大事故過為棺槨以蔭庇其尸又封土以為之墳種樹以為之别立其五服之制又立饗祀之禮其事過越至大故取諸大過也

上古結繩而治後世聖人易之以書契百官以治萬民以察蓋取諸夬

義曰夫上古之時世質民淳情偽未遷凡人有事必

結其繩而取信若有大事則結之以大繩若有小事則結之以小繩迨及後世情偽已遷利害漸作巧詐萬狀不可以救正之是故後世聖人易之以文書成之以契券文書所以取其信驗契券所以取其要約文書既立契券既明則百官之事皆得其治萬民之情皆得以察然而葢取諸夬者葢夬者決也能明決其事驗人之情偽以決斷之自此而後民之利病事之姦詐不可以隱也

是故易者象也

義曰自此已下至小人之道為一章夫大易之道皆本諸萬物之形象而成至如乾為龍坤為馬艮為山兑為澤如此之類皆是本於物象也

象也者像也

義曰言聖人立六十四卦之象皆因其物像而名也至如兼山艮麗澤兑巽為木坎為水離為火如此之類皆是本諸象也

彖者材也

義曰彖者即六十四卦下彖辭也如乾元亨利貞坤元亨利牝馬之貞此類皆聖人設其彖辭以彖一卦之材德而成之也

爻也者效天下之動者也

義曰夫六十四卦一卦則象其一時一爻則象其一人然而爻有變動位有得失變而合於道者為得動而乖於理者為失人事之情偽物理之是非皆在六

爻之中所以象天下之動使人效法之也

是故吉凶生而悔吝著也

義曰夫六十四卦之爻有得位有失位者有凶有吉者皆繫於爻之動靜也若動得其道則吉動失其道則凶然動靜之間有可追悔者有可鄙吝者若能慎於動靜則凶害不生矣若不能慎於動靜則凶咎著焉是吉凶悔吝著見於外皆繫於爻之變動也故上文所謂吉凶悔吝生乎動者也

陽卦多陰

義曰陽者即剛也陰者即柔也夫八卦之設有純陽之卦有純陰之卦有一卦有二陽者有一卦有二陰者至如坎之一卦上下二陰而一陽在其中矣艮之一卦一陽在上而二陰在其下矣震之一卦二陰在上而一陽在其下矣是陽卦多陰也

陰卦多陽

義曰夫八卦之中有陰卦而多陽者至如離之卦二陽在外一陰在内矣兌之一卦一陰在上而二陽在下矣巽之一卦二陽在上而一陰在下是陰卦多陽也

其故何也

義曰此是孔子疑問之辭也言陽卦多陰陰卦多陽其故果如何多也

陽卦奇陰卦偶

義曰此是孔子復陳陽卦多陰陰卦多陽各有本末

也言陽卦所以多陰者蓋陽卦純一故多奇也陰卦多陽者蓋陰卦純二故多偶也是故聖人因其奇偶之數所以如此也

其德行何也

義曰此孔子又發問之辭言陽卦所以多奇陰卦所以多偶其於德行果如何哉

陽一君而二民君子之道也

義曰此是孔子又自釋陽卦奇陰卦偶之所由也言

陽之卦是君陰之卦是民一陽在上則衆陰歸之一君在上則二民歸之猶天下一統衆歸於一主則成邦國之道是至治之本此是君子之道者也

陰二君而一民小人之道也

義曰言陰者是小人之象也夫二陰在上而一陽歸之是由二君在上而在下之人无所的從在下之人既无所的從則天下不能統一如此則乖邦國之道是致亂之本此是小人之道也

易曰憧憧往來朋從爾思

義曰自此已下至德之盛也為一段憧憧往來朋從爾思者此是咸卦九四之爻辭凡易卦中有義理深遠卦爻之内未能盡其義者孔子特引於此而明之言天地之道生成之理不能感於物蓋物自然而感感之聖人之道亦不求感於人蓋但任仁義之道以行於世則天下之人自然而歸之今九四以陽居陰位是不正也當咸感之時以不正之身不能任以仁義之道以感於人反自思慮其朋以求所感故所感之道不廣但其憧憧然朋從爾思之惟是已之朋黨者則感之也

子曰天下何思何慮天下同歸而殊塗

義曰此孔子自釋九四之辭言天下之大萬宇之廣為感之道聖人未嘗思之但任其仁義之道以感於天下則天下雖廣而人自感悦而隨之故云同歸而殊塗

一致而百慮

義曰言人之百慮雖然煩多及其歸也終歸於一致也

天下何思何慮

義曰此重言之者言聖人凡有天下之衆為感之道不在思慮以感於人如是則所感之道至廣也

日往則月來月往則日來日月相推而明生焉

義曰此已下又明天地之道陰陽之端人事之理萬

物之情亦自然而然也言日往則月來月往則日來日月之道互相推盪於天地之間而晝夜之道自然明矣然則日月之道不求照耀於人而天下之人物自然感日月之照臨也

寒往則暑來暑往則寒來寒暑相推而歲成焉

義曰夫天地之道晝則為陽夜則為陰以陰陽之道互相推盪而成寒暑寒暑之道互相推盪而成歲功然則寒暑之道非自求成其歲功蓋歲功自然而隨

於寒暑也

往者屈也來者信也屈信相感而利生焉

義曰此一節又明萬事之理亦皆本於自然而然也屈者去也信者進也往者既去來者求進屈信之間而利害生焉是利害自然而生於屈信也

尺蠖之屈以求信也龍蛇之蟄以存身也

義曰夫尺蠖之屈雖一本於天賦然而凡於動靜之間非自樂也蓋所以求其信也龍蛇之蟄潛其所處蓋所以求其安身也

精義入神以致用也

義曰夫人得天性之自然稟五常之至正然而有服君子之事者有服小人之事者何也蓋曰操心積慮學而致諸善不學而致諸不善也惟是聖人得天地之全性凡所動作精思遠慮以合於義以通神妙及發於外也可以措天下之用興天下之利也至如網罟取諸離書契取諸夬宮室取諸大壯凡百所為之

事有利用於民者皆由聖人精義入神然後能也

利用安身以崇德也

義曰言聖人既能精義入神以致天下之用又能宴樂以安其神飲食以養其體居富貴而不自充詘在貧賤而不自隕穫如此則安於身而崇大其德業也

過此以往未之或知也

義曰言聖人舍其精義入神以致用利用安身以崇德舍此二道而往則雖聖人亦不能知之也

窮神知化德之盛也

義曰言聖人既能精義入神利用安身如是則可以窮極鬼神之情狀通曉變化之終始此是德之至盛者也

易曰困于石據于蒺藜入于其宮不見其妻凶

義曰此是困卦六三之辭也言六三之爻以陰居陽位是不正也在下卦之上是不中也夫君子之人凡欲求進必須俟其時今此六三居困之時其性動而

欲上進是故為九四之所止故困於石也既上不能進復退其居又下乘九二之剛故曰據於蒺藜上既无所進下既无所適是猶入於其宮不見其妻凶之道也夫妻者至親之人亦不可得而見之況於他人乎

子曰非所困而困焉名必辱

義曰此已下是孔子之辭言此六三所以困於石者非是所困而困焉蓋六三居困之時躁而求進為九四之所止然君子之名必求榮今為九四所困是其名必辱也

非所據而據焉身必危

義曰夫君子之人進必以道動必合義不惟澤天下之人又且先安其身而不陷於過惡也今六三既下乘九二之剛為九二之所據為九四之所止是必不能安全其身而身必自至於危厲也

既辱且危死期將至妻其可得見邪

義曰言六三既非所困而困非所據而據既辱且危是不知死期將至也既死期將至雖屬至親之人必不可得而見也

易曰公用射隼于高墉之上獲之无不利

義曰此是解卦上九之辭也隼者貪殘之禽也墉者牆也言解難之時而六三以陰柔不正之身居於下卦之上是不正之小人也夫居解之時而以小人居君子之位是猶貪殘之禽居於墉牆之上必為人之

所射而獲之既射而獲之則何所不利哉
子曰隼者禽也弓矢者器也射之者人也
義曰夫弓矢之事皆是威天下之器除天下之害者也今君子之人欲去貪殘之禽必以弓矢而射去之然後可也
君子藏器於身待時而動何不利之有
義曰言君子之人凡去小人必須有其才有其德有其時有其位然後可以有所施為有所動作也若无

才德无時位欲去非類之人必自取敗亡之道是故君子之人必當藏畜其器韜光其業於身待其時而動之則所往必有所獲也
動而不括是以出而有獲語成器而動者也
義曰括者結也夫君子之人凡能畜積其德韜藏其器則无有括結凝滯之事如是則沛然莫之能禦也以至凡有所施為有所動作必有所獲所在必有所成功是語成其器而動者也

子曰小人不恥不仁不畏不義
義曰此已下又言小人之道也夫小人之性不常亦不知仁義不知廉恥不以刑法威之則不畏不義是故古者聖人設其鞭朴之事刑法之威者蓋為小人不恥不仁所以設之使知畏而為義也
不見利不勸
義曰言小人之心專在於利凡事不見其利則不知有所勸勉也是故聖人立為廛市使得交相貿易立

農桑使得互相耕養而有所勸也
不威不懲
義曰夫小人以小善為无益而弗為也以小惡為无傷而弗去也但恣縱其心而放僻邪侈之事无不至矣若不以刑而懲之則不知懲戒者也
小懲而大誡此小人之福也
義曰言君子之人既以刑懲於小人亦非君子之素心也蓋為小人不恥之故也然雖小有所懲而若能

戒懼不為大惡此亦小人之福也

易曰屨校滅趾无咎此之謂也

義曰此是噬嗑初九之爻辭也夫噬嗑之卦是先王用刑以去剛梗之俗今此初九居卦之初是受刑之始也然居受刑之始其罪未至大其惡未甚著故但屨校其足滅没其趾而能改之所以无咎今此小人若小懲而能戒慎之則其罪亦不至於大此是小人之福故引此噬嗑之初九而證之故曰此之謂也

善不積不足以成名惡不積不足以滅身

義曰言凡人若能積小善以至於大善積之不已以至著見於外則可以成萬世之名也若小善不積則不能以成其名也若以小惡為无傷而弗去及小惡積之已久反成大惡及其著見於外不惟受戮亦致滅没其身也

小人以小善為无益而弗為也

義曰夫小人之性以小善不能益於身是以因因循循至於老耄不能脩飾而不為以致喪身取咎自取滅亡之道也

以小惡為无傷而弗去也

義曰言小人以惡為无傷積小惡以至大惡從微至著日復一日不能悛改而弗去以至惡大罪深也

故惡積而不可掩罪大而不可解

義曰言小人既不能積其小善反自為其小惡小惡之積久而不已及夫惡大而彰顯於外不能以掩閉罪大而及於身不可以解脫如是則滅身受戮也宜

矣

易曰何校滅耳凶

義曰此是噬嗑上九爻辭也言初九居受刑之始而屨校其足其罪亦未甚大至此上九居受刑之終不能悛改其惡但以小惡為无傷以至惡積罪深而其身受戮滅没其耳何校其首此是大凶之道也

子曰危者安其位者也

義曰夫君子之人所以危者蓋由安然居位恃其泰不為之備恃其安不知其亂以至泰久必否安久必亂所以致其不安而社稷之危也若能居安慮危居治思亂然後可以保其位而不失也

亡者保其存者也

義曰夫人之所以亡者蓋由恃其安不思其危恃其存不思其亡任其放僻邪侈之事所以致其身之危亡基業之隕墜也若能常自深思遠慮不為奢侈之

行則可以保其存而不亡也

亂者有其治者也

義曰言人居安平之時但恃其天下之治不能思慮存亡之機不能憂恤天下之人恣其驕盈之志不知亂之所生也

是故君子安而不忘危

義曰言君子之人若能居於安平之時常自戒慎恐有傾危之事則可以獲吉也

存而不忘亡

義曰言居平易之時能常思其危亡之事所以保其存而不亡也

治而不忘亂

義曰言居治平之時當自恐懼修省鑒其前車之覆則无禍亂之事也

是以身安而國家可保也

義曰言君子之人既能安而不忘其危存而不忘其亡治而不忘其亂夫如是其身可以安其國家社稷

可以永保也

易曰其亡其亡繫于苞桑

義曰此是否卦九五之爻辭也言當否塞之時小人在下皆失其道獨九五能休去天下之否常思其社稷之危亡言我其亡乎我其亡乎是猶繫其社稷於苞桑之上者也桑者即是其根深固而不拔苞者即是叢生之類言九五既居否塞之時能休去天下之

否常自思慮戒懼是猶繫其社稷於苞桑之上而其根深固不可以拔也

子曰德薄而位尊

義曰夫居君子之位必有才有德然後可以居也若才之薄德之寡而居於尊貴之位必不可也

知小而謀大

義曰言人之才知之小反欲謀國家之大事是必不可也然居幽闇之時尚不免其誅戮而況居於明盛

之時其有不受君之誅戮者鮮矣是小知者不可謀國家之大事也

力小而任重鮮不及矣

義曰夫小力之才必當任其輕小之用若任以國家之重器其勝任者亦鮮矣

易曰鼎折足覆公餗其形渥凶言不勝其任也

義曰此是鼎卦九四之爻辭言九四以陽居陰位是不正也夫以不正之身居於大臣之位而才力之不勝其職是猶鼎之折足而傾覆公家之美實而又且汚染其鼎也然則君子之人凡居高位必須有其才有其德然後可以稱國家之大任也若无才无德而居大位是猶鼎之九四以不才之身而居國家之重位而傾覆公家之美實敗壞國家之綱紀是大凶之道也如此之人所謂不勝其任也然則謂之言不勝其任者此是孔子引此鼎卦之辭以釋德薄位尊知小謀大力小任重之人故以此爻而結言之

子曰知幾其神乎君子上交不諂下交不瀆其知幾乎

義曰此一節是孔子釋豫卦六二之辭子曰知幾其神乎者幾者是有理之形之謂也神者妙微无方之謂也夫君子之人有先幾之識深思遠慮凡有所施為必能極未形之理未萌之兆者也既未形之理未萌之兆皆先知之是其知如神之妙用而通於靈也君子上交不諂者夫常常之人凡於有權位之人則必行苟諛佞媚甘言巧語以求其說以求其進是故

君子之人知其諂諛佞媚之道不可以求進是以守其正自潔其身切問近思博聞强識待時而動不以邪佞之道以求其進不以甘言巧語以説其上也下交不瀆其知幾乎者夫常常之人凡見其下交之人必以强暴之性苟悦之道以瀆亂於下是故君子之人凡居上位雖於下交亦以中正之道至正之德以待於下未嘗敢以柔邪苟媚之道以瀆亂於下者也言如此之人既上交不諂下交不瀆又極於未形之

理未萌之兆是知幾之人也

幾者動之微吉之先見者也

義曰言人知其有理未形之事極其禍福萌兆之來則於動静之間戒其微小之事動得其道則吉動失其道則凶是以從其吉而背其凶去无道而就有道是幾者吉之先見者也

君子見幾而作不俟終日

義曰君子之人既知未形之理慎其微小之事夫如是則吉凶之變不俟終日之間而可以明見矣

易曰介于石不終日貞吉介如石焉寧用終日斷可識矣

義曰此是豫卦六二之爻辭也言豫之時九四以剛陽之德居上卦之下是居人臣之極位者也夫居人臣之重位必為在下之所歸向是故初六以陰柔之質居豫之初為九四之正應當豫之時不能守其正道但以柔邪諂媚以説於上以求其進故為九四之

所見從但有聲名虚譽以聞於外然既有聲名傳聞於外是虚譽也故其爻辭曰鳴豫凶至於六三比於九四居豫之時在下卦之上履非其位上承於九四亦以柔邪諂媚之道以悦於九四故其爻辭曰盱豫悔惟此六二以陰居陰居得其正不為富貴以易其志不為貧賤以易其心堅然守一介之節確然守不變之心履得其中居得其正雖下比於初六亦未嘗敢以非道而褻瀆雖近於九四亦未嘗敢以柔順而

苟求但堅執其心不苟其進故其心如石之堅不能變動不待終日而獲其貞吉然則六二既能上交不諂下交不瀆動靜之間幾微之事未嘗不知之既幾微之事未嘗不知之則吉凶之來又寧用於終日之間而斷可見矣此是知幾之人也若見事於已萌之後則是不知幾也然則介如石焉寧用終日斷可識矣者此是夫子解釋六二之爻辭也言六二有如此之美故仲尼稱美之也

君子知微知彰

義曰此已下至无祇悔元吉為一節以解復卦初九之辭也言君子之人凡所施為動作之間必慎其微小之事夫微者亦是幾微之事有理未形者也唯君子之人凡所動靜凡有思慮吉凶之兆禍福之理未萌之前而已知之既知之則舍其凶而趨其吉此是知微也既知其微逆知禍福雖有其理未有其形更不可使彰露顯然而著聞於外如此是知彰也

知柔知剛萬夫之望

義曰夫事之萌漸必始於柔小得失之理亦自於幾微以至凡百之事皆是自小而至大自柔而至於剛也是故君子之人極未形之理既知其本又知其末本末之間不使吉凶之道形著於外夫如是則可以為萬夫之所瞻望天下之所仰賴也

子曰顏氏之子其殆庶幾乎有不善未嘗不知知之未嘗復行也

義曰此孔子言知微知彰知柔知剛也自古已來惟顏子一人而已其庶幾可以近之夫顏氏之子者即孔門之高弟亞聖之上賢能知禍福之萌吉凶之兆有不善未嘗不知有一惡未嘗不悟及其知也便從而改之未嘗復行於事業故孔子曰有顏回者好學不遷怒不貳過不幸短命死矣是言顏子能修其身能深其慮凡有吉凶不善之事未嘗不知既知之亦未嘗復行故唯顏子庶幾可以近乎

易曰不遠復无祇悔元吉

義曰此是復卦初九之爻辭夫復之初九以陽之德居復之初當羣陰用事之時獨以一陽而反於地下以萌生萬物是復之初九而來復之速者也亦猶賢人君子得天之性凡思慮之間亦有不善之事則能早辨之明其心復其性使過惡不形於外所行之事皆合於中道自古聖賢之中惟顏氏之子知有不善未嘗不速改之以復於善道故三千徒中惟此顏子

一人而已故孔子特稱舉之曰不遠復无祇悔者惟顏子一人而已

天地絪緼萬物化醇

義曰此已下至言致一也解損卦六三之爻辭絪緼者蓋薰蒸之貌夫天地之道陰陽之氣二氣相薰蒸而成交感之象是以萬物皆得以亨通也

男女構精萬物化生

義曰言男女相構和會而萬品之物亦得以變化而生也

易曰三人行則損一人一人行則得其友言致一也

義曰此損卦六三之辭也夫損之時損下以益於上損民以益於君今此六三六四六五以三陰上進歸於上九之陽是其志不能醇一也必損於上九之陽者也然則天地之道皆尚於醇一故一陰一陽之謂道男女相遇亦在於醇一今若以三陰上進必損上九之陽若但六三獨往之則得正應之道然後得其

友也

子曰君子安其身而後動

義曰自此已下至立心勿恒凶解益卦上九之爻也君子安其身而後動者言君子之人凡欲動作施為必先安其身若身不安則行事之失是必凡所施為必先安靜其身然後動作施於行事則无有所失者也

易其心而後語

義曰言君子之人凡欲形於語默必先平易其心安靜其志深其思慮然後形於言語夫如是則言无可擇所出皆中於節所行皆合於道也

定其交而後求

義曰言君子之人凡欲求進必須先定其交觀其人之可否量其人之賢愚可與之求則求之不可與之求則退之其或不覩人之可否不量人之賢愚不素定其交分躁而求之則自取窮辱之事

君子脩此三者故全也

義曰言君子若能安其身而後動易其心而後語定其交而後求能脩此三者故所行之事得其全者也

危以動則民不與也

義曰言君子之人若不能安其身而以危而動必為民之弗與也此復解上三者之事也

懼以語則民不應也

義曰言君子之人若於言語之間不能安易其心深思遠慮反自以言語之間自恐自懼所出之言必為民之所弗應也

无交而求則民不與也莫之與則傷之者至矣

義曰言君子之人若不能先定其求素結其分妄而求之必為人之所不與也既為人之所不與則傷害之事從而至矣

易曰莫益之或擊之立心勿恒凶

義曰此是益之上九之辭也當益之時損上以益於

下損君以益於民今此上九當益之時反自求於下既求於下心又无厭故為人之所不與也故云莫益之或擊之者言不惟所求之人不與抑亦為人之所擊棄也既為人之所擊棄如此者蓋是立心勿恒所求无益之故也

子曰乾坤其易之門邪

義曰此已下至其當衰世之意邪為一章言天地初判乾坤已有形狀而大易亦已行於其中矣是故大

易之道變化之理皆由乾坤而出是以聖人述乾坤而成諸卦之名是乾坤者其為易之門户也

乾陽物也坤陰物也陰陽合德而剛柔有體

義曰言乾體剛健為陽物也坤體柔順為陰物也是以陰陽二氣上下相配合而成生育萬物之道若乾坤上下不相配合則萬物不生故陰陽相配合則萬物得以生萬物得以生則其剛柔之體上下之象自然而成也

以體天地之撰

義曰撰者數也言陰陽相配合而生萬物自然而成剛柔之體以是而分陰陽奇耦之數由此而成也

以通神明之德

義曰神明之德者即為妙用无窮不可測度也今此大易之道變化之理生成之道可以通於神明之德窮於萬事之理也

其稱名也雜而不越

義曰言大易之道其爻卦錯雜物理煩碎其稱名也雜然雜而各有倫理不相干亂不相踰越也

於稽其類其衰世之意邪

義曰稽考也類物類也言上古之時世質民淳情偽未作典章法度未立伏羲畫為八卦以為萬世之法歷夏及商世漸澆漓民欲叢生是故文王以伏羲所畫之八卦重為六十四卦盡其天地人事之道變通之理吉凶悔吝之由无不盡載於諸卦諸爻之間然

稽考其義類其皆因衰世之意邪

夫易彰往而察來而微顯闡幽

義曰自此已下至以明得失之報為一章夫大易之道至深至粹明其吉凶之理得失之迹彰明已往未來之事皆由易道可明也既彰明已往未來之事至於微小幽闇之理凡事不可以明者亦皆由此易道而顯闡之故曰微顯闡幽

開而當名辨物正言斷辭則備矣

義曰開謂開釋爻象各當諸卦之名辨其事物之理正謂正其聖人之言斷定其吉凶悔吝之事皆繫屬之爻辭无所不備矣

其稱名也小其取類也大

義曰言諸卦之名皆取其類而稱之至如乾則稱龍坤則稱馬然則龍與馬皆天下之一物耳雖稱名也小然其取類也至大故於人事則為君臣父子夫婦兄弟長幼之道天地之理陰陽之端无不備於此矣

其旨遠其辭文

義曰旨者意也言其易之旨至近至遠其理雖委曲然於其辭則有文采不尚質朴者也至如龍戰於野是近明龍戰之事遠明陰陽鬭爭之理是其旨遠也又如坤言黄裳元吉不直言居中得位乃言黄裳者是其辭文也

其言曲而中

義曰言變化无恒不可為體例其言必隨物之屈曲而各中其理

其事肆而隱

義曰肆者陳列也言易之所載之事於爻象之間雖其文皆陳列其事然其義幽隱不可驟然而曉之

因貳以濟民行以明失得之報

義曰貳則謂吉凶二理也言得失之理吉凶之道二者之理以濟萬民之行事然萬事之理有得位得正者為吉有失位不得正者為凶失則有凶報正則有善應因此二者之理以濟民之行事以明得失之報

使人趨其吉而背其凶向其善而違其惡也

易之興也其於中古乎作易者其有憂患乎

義曰自此已下至巽以行權為一章夫易之起始於伏羲上古之時世質民淳情偽未形巧妄未作世凝然而不撓當此之時雖八卦亦盡萬事之情歷夏及商至於桀紂暗君在上情偽漸遷巧妄已作澆浮崇尚不可勝說文王罹於憂患之中有聖人之才上懼

君之見去下慮民之情偽是以取伏羲所畫之八卦重為六十四卦以盡天地之淵蘊以明人事之終始至於吉凶之道得失之理憂虞之象悔吝之事无不備載於其間使人知其吉而背其凶向其善而捨其惡以為萬世之法使人防患於未萌也

是故履德之基也

義曰此已下九卦是修身防患之術也然則六十四卦皆是防患之術何以特取此九卦者蓋此九卦最

是修德之基為人事之先故特陳此九卦也履者禮也言人踐行其禮敬事於上不失其尊卑之分如此是履德之基也

謙德之柄也

義曰柄者人之所以操持也夫人雖有爵祿之分崇高之位若无謙順之德恃其驕盈必至於傾失是故君子之人若能居爵祿之位必當持謙順之德則雖危而不失雖高而不危如此是謙德之柄也

復德之本也

義曰言君子之人若能復其性明其心至於思慮之間有不善之事必先改之如此是復其性為德之根本也

恒德之固也

義曰言為德之時常能執守終始不變如此則其德固故恒卦為德之堅固也

損德之脩也

義曰言君子之人若能謙損以自增新降損其志此

是脩身之本也

益德之裕也

義曰裕者寛大也言人凡所作事能利益於人日新一日則其德寛裕而有所包容也

困德之辨也

義曰言君子之人居於治平之時恣其安逸之性多不知艱險之事惟是居困否之時備歷艱苦知其君

子小人之道然後能明辨困否之事者也

井德之地也

義曰夫君子之身可貴可賤可貧可富而其志不可易其心不可變其德不可改猶井之居地不可遷改也

巽德之制也

義曰夫愚民之性蚩然而无所識其非辟姦偽无所不至矣是故聖人必行號令以示其法制然行號令

之始必以權變之術而巽入於人心然後民可制也

此已上九卦各與德為用也

履和而至

義曰此已下又復明九卦之德也履者禮也言人有恭敬之德有剛直之行必須與人和同既與人和同則可以至於道也

謙尊而光

義曰夫人有其才有其德雖在崇高之勢必須謙恭以自卑謙遜以接下如是則德益大而身益光也

復小而辨於物

義曰物者萬物之理也言人於性之初吉凶未形之時始於為小之事有其不善便從而改之使无能為之咎也

恒雜而不厭

義曰言君子之人能守其常道不改其操不變其節雖錯雜混處於小人之間亦其心不厭倦於事

損先難而後易

義曰言凡人若不能謙損於已反欲他人謙損而奉於已則失為人之道是故君子之人必須先減損其身謙讓其已以及於他人是損已以益於下損身以尊於人是先難也及其性既復行既成所言皆合於道所行皆中於禮不失其法度是後易也

益長裕而不設

義曰言君子之人先求仁義以益於身身既益則其

仁義之道可以推及於天下然其仁義既及於物則
可長裕於天下因其所利而利之不待先為施設而
行之而天下之人自有其餘者也

困窮而通

義曰言君子之人雖居困窮之時身即困窮而其道
得以亨通也

井居其所而遷

義曰言井之道居其所不可以遷改而其澤可以遷

施於人猶君子之德固不可遷易不可變改而其道
可以濟人

巽稱而隱

義曰巽者是聖人之權也言聖人以權變之術行其
號令以及於天下而人不知所以然而然也

履以和行

義曰言凡人有剛直之性温良之行必以禮而和之
故論語曰禮之用和為貴者是也

謙以制禮

義曰言人性能謙順自卑尊人則可以裁制其禮法
而行之也

復以自知

義曰言人既於事微小之初知其不善而能改過是
自知也

恒以一德

義曰言人能守其常道不變其節終始不移雖居富

貴而不自恃雖居貧賤而不自移是純一其德者也

損以遠害

義曰言人能自降損其身謙沖其德以尊於人則无
患害之事也

益以興利

義曰言人能以仁義之道自益於身又益於他人因
其所利而利之也

困以寡怨

義曰言人居困窮之時守節不移上不怨天下不尤
人但守其正而已
井以辨義
義曰言井之道居其地而不移其濟天下之義故於
井之道可以明辨其義也
巽以行權
義曰權者反經而合道也言聖人凡發號施令則以
巽順之德而行之以順其物性以洽於人心也既能

順時故能行權也
易之為書也不可遠
義曰自此已下至道不虛行為一節言大易之道其
為書言天地陰陽之事吉凶之理萬事之情偽人事
之終始无不備載於其間然於人之行事也不可遠
之故上文謂吉凶悔吝生乎動是故君子所居而安
者易之序也所樂而玩者爻之辭也君子居則觀其
象而玩其辭動則觀其變而玩其占是言易之為書

也不可遠也若一遠之則是吉凶悔吝所生者也
為道也屢遷
義曰屢者數也言易之為道倣法陰陽其變化之理
爻象之間數有遷易也
變動不居
義曰言六爻之位互相更變无有定止或陰居陽位
或陽居陰位是變動不居也
周流六虛

義曰言一卦六爻有陰有陽上下周徧互相更易在
於六位之間也
上下无常
義曰言六爻之位位无常定或上或下也若九月剝
卦一陽在上十一月一陽在下復是也
剛柔相易
義曰言六爻之位交相錯雜或剛或柔剛柔之道互
相推盪於其間或陽易陰位或陰易陽位是也

不可為典要

義曰言大易之中剛柔二氣既互相推盪於六爻之間則不可為常典不可為要約隨時所變而已故也

唯變所適

義曰言隨其六爻之變動以適萬事之用也

其出入以度

義曰言大易之道六爻之位周流六虛上下无常剛柔相易不可為常典不可為要約既上下无常不可

為典要然其或出或入或居或處皆不失其法度皆不失其倫理若明以處暗豈不至奢是皆出入以度者也

外內使知懼

義曰言大易之道明其吉凶之理得失之道以至過去未來之事朕兆之間使人自內自外觀此大易之道皆知戒懼而不敢為非僻之事明其用捨則趨其吉而背其凶也

又明於憂患與故

義曰言此大易之道不惟言天地陰陽之理亦言人之憂患之事使人明曉之不敢為非也

无有師保如臨父母

義曰言大易之道其卦爻之辭言其萬事之理吉凶之朕兆其教人也雖无師保之嚴如有師保之教也如臨父母者自上而下為之臨言大易之道其示人也雖无父母之教如臨父母之慈使人一歸於善道

也

初率其辭而揆其方

義曰率循也揆度也方道也言人初能率循大易之文辭則可以揆其大易之道而知典常之理明其義之所歸也

既有典常

義曰言人既能率循其大易之文辭則知變化之理典常之道也

苟非其人道不虛行

義曰言人既能率循大易之文辭又揆度其道知其常典是易之道得行於世然大易之文皆聖人所用之道若非通聖之人則不能曉達易之道理則大易之道不虛行也

易之為書也原始要終以為質也

義曰自此已下至觀其彖辭則思過半矣為一章質體也言大易之道其為書也不獨明人之得失之理

憂患之事而又原其萬事之始要其萬物之終至如乾之初九曰潛龍勿用上九曰亢龍有悔坤之初六曰履霜上六曰龍戰於野此是原始要終之大本也既原始要終則窮其大本以為大易之體質以成諸卦之用也

六爻相雜唯其時物也

義曰言一卦之中六爻之位剛柔上下交相錯雜唯其時物之事得失之理皆隨其時事而言之若屯之初九言磐桓利居貞六二言屯如邅如如此之類是隨其時而言之其諸卦諸爻皆由此而可明也

其初難知其上易知本末也初辭擬之卒成之終

義曰言一卦之始始於細微雖一卦之大義吉凶之理情偽之端皆始於初始之間然其爻象未備萬事之理雖有其理雖有其意然於人事未能顯見矣是難知也其上易知者上則謂上卦之上也言一卦之事雖有其理在於初爻則其道難見至於上九之時

其下五爻皆布列其位剛柔之體得失之理吉凶之道有正有不正者可見矣是其道已成其理已定其爻象以正也是易知矣本末也者言大易之道既原其始又要其終原其始終則知本末是初難見則為本終易知則為末已下終始之間本末可見也初擬其辭者言六爻之位剛柔之體始雖擬度其萬事之宜萬物之理而成其辭是始於微而至於著者也卒成之終者言至終之時卦之上是卒成之時者也夫

卒成之時而其象以分卦體以定而吉凶悔吝之道皆可見矣是事之卒了成就皆在於上也

若夫雜物撰德辨是與非則非其中爻不備

義曰此又言六爻之義六爻之位上下之體交相錯綜雜聚天下之物撰數聖人之德辨定是之與非則非中爻而不可明也中爻者則六二六五九二九五是也夫得之與失正之與邪惟在二五之爻斷可明矣故初則不及其中三則又過於中過於中者則凶

危之道有時而至矣不及中者悔吝之事亦有時而至矣唯在二五之爻居得其中履得其正雖有其失必不至於大咎也至如乾之九二曰利見大人九五曰飛龍在天利見大人又坤之六二曰直方大六五曰黄裳元吉是皆中爻可以辨攝一卦之是非也然則一卦六爻各主其物各主其事惟是中爻即可明辨其得失也

噫亦要存亡吉凶則居可知矣知者觀其彖辭則思過半矣

義曰噫者歎美之辭也言凡欲知其存之與亡凶之與吉則其在中之一爻所居之位則可知矣若失其中則是凶而不知其吉亡而不知其存如此是大凶之道也惟欲知吉凶存亡但觀中爻所居之位則可知矣知者觀其彖辭則思過半矣者言大易之道一卦之理以至萬事之端皆在於卦下所屬之彖辭然彖辭之間雖未能盡萬事之理一卦之情偽然知者

觀其彖辭則一卦之大義吉凶之理思慮之間已知一卦之本末已過半矣然則謂之彖者則如乾則言元亨利貞坤則言元亨利牝馬之貞如此之類皆是卦下之彖辭若聰明賢智之人觀之則一卦之理已過半矣

二與四同功而異位其善不同二多譽四多懼近也

義曰自此已下至其剛勝邪為一章言六十四卦之中一卦六爻六爻之內惟二與四皆是陰位而得其

位者故當以陰爻而居之是同其陰功也然而異位者言二則在下卦之中四則在上卦之下是異位也其善不同者言二居下卦之中是居得其中行得其順不失其中正之道故其善也大矣四居上卦之下失其中道故其善與二不同也二多譽者譽者謂嘉美之譽也言二居中而不失其正又所行之事无過无不及故有嘉美之譽以傳聞於外也四多懼者言六四居上卦之下上比於五是至尊之位也下在九

三之上是權臣之上也上則逼近於君下則逼近於臣故當恐懼之是四多所懼也故言四多懼也

柔之為道不利遠者其要无咎其用柔中也

義曰此覆解上四多懼之意也夫獨陰不立必須比附於陽則其功可以成若遠於陽則其道不能利若欲要其无咎必須用其柔中之道則可也若非居得其中履得其正則必有咎也

三與五同功而異位三多凶五多功貴賤之等也其柔危其剛勝邪

義曰言九三與九五皆是陽位故其功同也然而三在下卦之上五在上卦之中是異位也三多凶者三在下卦之極失於中道故多凶咎之事五多功者五在上卦之中而有人君之位其功德可以被於天下為天下之所歸向是多功也五為貴三為賤是貴賤之等也五與三俱是陽位若以剛陽居之則克勝其任若以柔陰居之則失其所處而必至於傾危也

易之為書也廣大悉備有天道焉有人道焉有地道焉

義曰自此以下至吉凶生焉為一章言大易之道至廣至大无不悉備於其間也有天道人道地道者言伏羲始畫八卦以三爻為一卦故上一爻以象天中一爻以象人下一爻以象地三爻既立則天地人之事萬物之理无不備載於其間也

兼三才而兩之故六六者非它也三才之道也

義曰言伏羲畫卦始以三爻為一卦天地之事萬物

之理无不畢備後世聖人又從而兩之為二體兩而為六爻故上二爻以象天中二爻以象人下二爻以象地所以六之者非他也蓋象三才之道也

道有變動故曰爻

義曰言六爻之内有變有動動而合於道者為吉動而悖於理者為凶變動之間必合於道也故曰爻

爻有等故曰物

義曰物者類也言六爻之位有陰有陽有貴有賤有

等有差至如乾之爻稱龍故為陽物坤之爻稱馬故為陰物如此之類故曰物也

物相雜故曰文

義曰言萬物之類皆在六爻之間六爻之間有陰有陽有柔有剛互相錯雜而成文章以顯著於外也

文不當故吉凶生焉

義曰言剛柔錯雜而成文章若文妨於事則有凶有吉有邪有正若文當其事則吉凶不生若不當位則遺於道者為凶順於理者為吉吉凶之道皆生於文不當矣

易之興也其當殷之末世周之盛德邪當文王與紂之事邪

義曰自此以下至易之道也為一段明易之興起在紂之末世者也夫大易之道始於伏羲仰觀俯察而成八卦以為萬世之法以盡天下之事然而寫其乾坤健順之性天地之大象人事之大紀无不畢備於

其間是以歷夏及商至於桀紂之世民欲叢生巧詐互起左右前後皆非正人端士小人在朝君子在野天下紛然不可以整之文王有大聖人之才罹於憂患之中極天地之淵藴極天下之能事民之情偽吉凶之理无不備載於其間故曰易是易之興也其當殷之末世焉

是故其辭危

義曰言文王演其大易之道因其桀紂之君无道在

上故使天下之人思慮之閒姦偽互起以至天下大亂文王罹於憂患之中作為大易盡萬民之情偽極天下之險阻以至憂患之事无不備言於諸卦之下是其辭危也然則卦下之辭至簡至約然有四德者有一德者有三德者如此之類推究卦義是其辭危也

危者使平易者使傾

義曰言易之道六爻之位有凶有吉有得有失皆在

爻辭之閒若人觀此大易之道見其凶事能小心畏慎者則危者使之平易其爻辭亦言其平易若人觀此大易之道見其吉事而慢易者則易者使之傾喪則其所繫之辭亦言其凶是使人舍凶從吉趨善背惡也

其道甚大

義曰言此大易之道示人之吉凶明人之情偽其為道至廣而甚大也

百物不廢

義曰言大易之道无所不包至纖至悉之事百種之物皆无有廢棄如泰卦曰包荒用馮河不遐遺者是也

懼以終始其要无咎此之謂易之道也

義曰言大易之道若人觀其六爻之位吉凶之理若能觀其始而知懼慎其終而思戒終始之閒極其思慮常自戒慎如此則要其无咎此是大易之道也

夫乾天下之至健也德行恒易以知險夫坤天下之至順也德行恒簡以知阻

義曰自此以下至篇末為一章總明健順之美兼明易道愛惡相攻之事夫乾天下之至健也乾有剛健之德以一元之氣下生萬物故德行常易不至於煩勞而知艱險之事夫坤天下之至順也承天之氣以時而生成萬物故德行常簡不至於煩勞而知艱阻之事以天地之道至健至順簡易之德生成之理自

然不言而四時成不勞而萬物得而知險阻之事其生成之理故可知矣

能說諸心能研諸侯之慮

義曰按此能研諸侯之慮其侯之二字蓋是後人習慣其言而傳寫之誤也若順其文而言之則能研諸侯之慮於義无取當言能研諸慮也言聖人作此大易之道能自悅美其心又能研究人之思慮使其情偽之道不作憂虞之理不生也注疏之說皆失之矣

定天下之吉凶成天下之亹亹者

義曰言聖人作易既能悅懌諸心又能研精諸慮又定天下之吉凶有得其理者為吉失其理者為凶既定吉凶於諸卦爻之中則成天下之亹亹者使人勉勉而從善不陷於邪佞也

是故變化云為吉事有祥

義曰言大易之道有變有化有施有為若合於道則吉違於道則凶若行得其吉則有嘉美之祥而應之也

象事知器占事知來

義曰言人觀此大易之象則知作器之方觀其占策之數則知未來之事是大易之中總此諸德者也

天地設位聖人成能

義曰言天地設其上下之位而生成萬物聖人由是乘天地之正以生成天下以成就天地生成之功者也如泰卦所謂財成天地之道輔相天地之宜是也

人謀鬼謀百姓與能

義曰言聖人凡欲施為凡所舉動之時必先與衆謀其得失之理謀之卿士謀及庶人詢及衆庶謀及鬼神以明其得失以別其吉凶然而鬼神之道至幽至隱不可以形見而聖人與之為謀者蓋聖人取其卜筮之兆占蓍之策以考於天地鬼神然後思慮之間不煩憂戚決然而行之又與百姓參合而行則得其吉而不凶向其善而獲福夫如是則天下之百姓樂

推而與之百姓既與之能則不勞探賾而吉凶自見不役思慮而得失自明以至萬物之情偽自然而見矣

八卦以象告

義曰言伏羲所畫八卦寫其天地水火風雷山澤之象凡吉凶之事皆以象告於人知其吉而背其凶也

爻彖以情言

義曰此又明卦爻剛柔變動情偽相感之事也言伏

羲畫八卦之後文王重為六十四卦爻為三百八十四爻又於諸卦之下繫屬之彖辭以明險阻之事得失之理憂虞之端皆以人之情偽而言之也

剛柔雜居而吉凶可見矣

義曰言六爻之內有剛有柔剛柔之位上下錯雜有得有失有正有不正得於理者為吉逆於理者為凶吉凶之道自然可見矣

變動以利言

義曰言六爻之內有變有動皆以利告於人使人由而勸之以盡天下之利以利天下之物也

吉凶以情遷

義曰言大易之道爻象之內有變有動有凶有吉動而合於道則吉變而失其理則凶然則吉凶之道變動之理皆由人之情偽遷移者也

是故愛惡相攻而吉凶生

義曰言吉凶所生皆由人之情性有所貪愛有所忿

憎而有所攻或愛攻於惡或惡攻於愛是吉凶之道由此生矣

遠近相取而悔吝生

義曰遠謂內外兩卦上下相應之類也近謂爻位相比近也言六爻之內有近而相得者有近而不相得者有遠而有應者有遠而无應者遠而有應近而相得則為吉遠而无應近而不相得則為悔吝悔吝之道皆由遠近相資取而生也

情偽相感而利害生

義曰言人之情實感物而動得其理則為利人之虛偽感物而動失其理則為害情者則情實也偽者則虛偽也是情偽相感而利害生於其間者也既利害生於情偽之間則吉凶之事由此而至矣

凡易之情近而不相得則凶

義曰言大易之道六爻之情有近而相得者則吉有近而不相得則凶故吉凶之道生於爻位之間也

或害之悔且吝

義曰夫凶咎之道亦有輕重人之情偽亦有淺深雖爻位相近亦有不相得者然不至於大咎或有害之者或有可悔之者或有可鄙吝之者如此雖有失必不至於大咎也

將叛者其辭慙

義曰言人之情或有叛違於己者則其辭不同位雖相親而其容常有慙赧之色其辭不以實告於人也

中心疑者其辭枝

義曰言人中心之間有所疑惑則言辭各異其心不定其辭一出紛然有異若樹之有枝葉紛然盛多者也

吉人之辭寡

義曰言吉善之人其辭寡少不在言語但默而成之安而行之者也

躁人之辭多

義曰言剛躁之人其辭繁多不假思慮而言辭紛亂而出者也

誣善之人其辭游

義曰言誣罔善人之人其心矯詐其言虛誕架虛為實從无入有自然其言辭游蕩虛浮者也

失其守者其辭屈

義曰言人居失其時失其所守不遂其志志无所伸必其辭屈撓者也凡此六事皆大易之中六爻之位

述此之意者也

周易口義繫辭下

欽定四庫全書

周易口義　宋　胡瑗　撰

說卦

義曰夫周易說卦者此是孔子第八翼也以其伏羲畫八卦之後文王重為六十四復作爻彖之辭以明卦爻之義然其理或有未盡之事孔子又作此說卦以陳說諸卦之情偽爻彖之義理故謂之說卦

昔者聖人之作易也幽贊於神明而生著

義曰言昔者聖人之作為大易之道以盡天地之理人事之要又通明贊助於鬼神以生用著之法然後揲著以求其萬物之數者也

參天兩地而倚數

義曰言聖人既畫成八卦作為大易上準擬於天地下幽贊於神明是以生其用著之法以揲求天地之數是以參天兩地而倚數者因其天地生成之數以分陰陽奇偶之數也生數則以一三為天之生數二

四為地之生數因其天地之生數又有七九八六之數以為天地之成數然後分天地奇偶老陰老陽少陰少陽之數自此而立矣

觀變於陰陽而立卦

義曰言聖人因其天地生成之數分其奇偶之象是以觀其奇偶之數陰陽變動之理而立成一卦者也

發揮於剛柔而生爻

義曰言聖人既能參天兩地而倚數又觀陰陽之變

動而立成一卦又察其變化之道得失之理發越揮散剛柔之體互相資取而生於六爻也

和順於道德而理於義

義曰言八卦之位大易之道上以通於天地下又和合參順聖人之道德又窮極萬物之象人事之義理以成變化之道者也

窮理盡性以至於命

義曰言大易之道爻象之設上既通於天地下又贊於鬼神又發揮剛柔之體而分其爻又和順聖人之道德而理於義又窮極萬物之理以盡萬物之性以至于命者也命者則謂長短凶折夭亾之類是也然則大易之道皆能盡萬物之性又能盡人之性者蓋性者皆天所稟受之善性者也若能守已之性不陷於邪佞則其命可以知矣若人不能守已之性而放僻邪侈无所不至則其命不能固矣是故大易之道爻象之間有變有動皆所以盡人之性命者使人觀

之則趨吉背凶向善改惡也

昔者聖人之作易也將以順性命之理

義曰自此已下至六位而成章為一章以明卦爻之意也言古者聖人所以畫為八卦作為大易者蓋以上順天地之命下順萬物之性既能順天地萬物生成之性命則其言吉凶之道情偽之理无不備載於其間也

是以立天之道曰陰與陽立地之道曰柔與剛

義曰言大易之道既以畫天地萬物生成之性命是以立天之道曰陰與陽其地能承受天之氣而生成萬物是以立地之道曰柔與剛言其天地陰陽剛柔二氣上下交感而成剛柔之理也

立人之道曰仁與義

義曰天地既立則人生於其間人既生於其間則立仁義之道以本於人仁者博愛之謂仁也義者行而宜之合於道則謂義又因其人而立仁義之道以生

成於天下也

兼三才而兩之故易六畫而成卦

義曰言伏羲既畫八卦之後但以三爻為一卦故上一爻以象天中一爻以象人下一爻以象地以畫三才之道後世聖人因而兼之重其三才之道兼而兩之以六畫而成一卦故上二爻以象天中二爻以象人下二爻以象地六爻既備以成一卦之理

分陰分陽迭用柔剛故易六位而成章

義曰既以六畫而成卦又以一三五為陽位二四六為陰位分為陰陽之道陰則為柔陽則為剛因其六爻之位分其陰陽之象用其剛柔之理交相錯雜或升或降故此大易之道六爻之間上下變動而成其文章者也

天地定位山澤通氣雷風相薄水火不相射八卦相錯數往者順知來者逆

義曰此一章言伏羲畫卦之始始因天地定位之後

作為八卦故因天地之道畫為乾坤之象取山之象為艮澤之象為兌雷之象為震風之象為巽水之象為坎火之象為離因天地定位之後取此山澤雷風水火之象畫為八卦以盡萬物之理萬事之情後世聖人觀其天地生成之體又艮有止靜之德澤有潤物之性山澤之象其氣可以相通又因雷之能震動萬物風之能發生萬物又取雷風之象能相擊搏以生萬物又觀水火之性不相資射言水之性其性濕

而潤下火之性其性燥而炎上因其水火之性不相資射以成八卦之象互相變動互相錯雜以推測其物理以稽考其人之情偽分其奇偶之數人之過去未來之事若數其已往之事則以順而數之言其易知也若數其未來之事則以逆而數之言其難知也是故聖人因此大易之象逆人之吉凶之兆皆以逆數之術以前萬民之用使人知其吉而背其凶也

是故易逆數也

義曰言此大易之道八卦之理交相錯雜以盡吉凶然而皆逆知來事以前萬民之用也

雷以動之

義曰此一節總明八卦養物之功也

風以散之

義曰言雷能鼓動萬物風能散育萬物也

雨以潤之

義曰潤滋也萬物之生非雨而不潤也

日以晅之

義曰既雨以潤之又日以乾晅之

艮以止之

義曰艮以止靜之德止於萬物而不使過其分也

兌以說之

義曰兌能和說萬物使之成就也

乾以君之

義曰乾以剛健君臨於物也

坤以藏之

義曰坤以柔順能含藏於物也此八卦交相錯雜然後能成於物也

帝出乎震齊乎巽相見乎離致役乎坤說言乎兌戰乎乾勞乎坎成言乎艮

義曰帝者生物之宗以尊而言之則謂之帝此復言八卦之用也言帝之始生萬物必自震而始潔齊萬物則在乎巽令萬物相見而繁盛必在乎離致役萬

物則在乎坤和說萬物必在乎兌陰陽相戰必在乎乾受賜萬物則在乎坎能成萬物則在乎艮者也

萬物出乎震震東方也齊乎巽巽東南也齊也者言萬物之潔齊也離也者明也萬物皆相見南方之卦也聖人南面而聽天下嚮明而治蓋取諸此也

義曰言萬物出乎震震東方者以震是東方之卦斗杓指東為春主生故萬物皆由震而出也齊乎巽者以巽是東南之卦斗杓指東南之時萬物潔齊而不

相漬亂也離者明也以離是南方之卦萬物盛大必假離而臨照之故萬物相見必自離而後可明也然而聖人之治天下必法此離為日之象以明天下之事取其明无所不矚之義也

坤也者地也萬物皆致養焉故曰致役乎坤兌正秋也萬物之所說也故曰說言乎兌戰乎乾乾西北之卦也言陰陽相薄也坎者水也正北方之卦也勞卦也萬物之所歸也故曰勞乎坎艮東北之卦也萬物之所成終而所成始也故曰成言乎艮

義曰坤者地也以地能生養萬物是有勞役之事故曰致役乎坤兌者說也萬物說兌必在於秋故兌為正秋之卦也然不言方而言秋者以兌說萬物非止於一方故言秋也戰乎乾者以乾是純陽之卦主於西北西是陰地而乾居之是有陰陽相薄之義故曰戰乎乾坎者水也北方之卦也上下皆坎有水之象焉水行不舍晝夜所以為勞萬物之生非水而不滋

益故曰萬物之所歸也艮者東北之卦也萬物之所成終萬品之所成始皆由艮以本之其位在丑寅故曰東北之卦也

神也者妙萬物而為言者也

義曰此已下一節明八卦生成之用也言八卦運動交相錯雜以妙萬物然而求其真宰之用无有遠近不知所以然而然是其用如神也然則謂之神者以其无形无狀人之所不見者也

動萬物者莫疾乎雷撓萬物者莫疾乎風燥萬物者莫熯乎火說萬物者莫說乎澤潤萬物者莫潤乎水終萬物始萬物者莫盛乎艮故水火相逮雷風不相悖山澤通氣然後能變化既成萬物也

義曰動者鼓動也言鼓動萬物莫疾乎雷震者雷之象故不言震而言雷也撓散萬物者莫疾乎風風者巽之象乾燥萬物莫熯乎火火者離之象也兌說萬物莫說乎澤兌者澤之象也滋潤萬物莫潤乎水水

者坎之象也終始萬物者莫盛乎艮艮者止之象也水火之性雖不相入然而相逮有相資之理雷風相薄而不相悖逆山澤相懸而能通氣夫如是然後能成變化之道生成之理也然則艮不言山而言艮者以其動撓燥潤之功是雷風水火之性至於終始萬物之義於山為微故言艮而不言山也然而雷風相薄而不言相逆者蓋雷風若相悖逆則生物之理息故言相薄而不言悖逆也

乾健也坤順也震動也巽入也坎陷也離麗也艮止也兌說也

義曰此一節說八卦名訓也乾象天運行不息故為健坤象地能承順事故為順震象雷能奮動萬物故為動巽象風无所不入故為入坎象水水居險陷故為陷離象火能著於物故為麗艮象山山有止靜之德故為止兌象澤能澤潤萬物故為說也

乾為馬坤為牛震為龍巽為雞坎為豕離為雉艮為狗

兌為羊

義曰此一節說八卦畜獸之象也所謂遠取諸物者此也乾為馬健速之物也坤為牛至順能任重也震為龍潛動而變於陰也巽為雞體多陽輕舉之物主於下也坎為豕豕主污濕故為豕也離為雉有文章也艮為狗狗能善守禁止外人故為狗兌為羊外柔而不害物也

乾為首坤為腹震為足巽為股坎為耳離為目艮為手

兌為口

義曰此一節說八卦人身之象也所謂近取諸身者此也乾尊在上故為首坤能包容萬物故為腹震動在下故為足巽順於人故為股坎陽明在內故為耳離陽明在外故為目艮能止靜其物故為手兌能和說於人故為口

乾天也故稱乎父坤地也故稱乎母震一索而得男故謂之長男巽一索而得女故謂之長女坎再索而得男

故謂之中男離再索而得女故謂之中女艮三索而得男故謂之少男兌三索而得女故謂之少女

義曰此一節明乾坤六子父母之道也索者求也乾為天父之道也坤為地母之道也二氣相求勝而男女生也得父氣者為男得母氣者為女乾初求於坤而得長男曰震乾生於坤也坤之初求於乾而得長女曰巽坤生於乾也乾之再配於坤得中男曰坎坤再配於乾得中女曰離乾三配於坤得少男曰艮坤三配於乾得少女曰兌二氣相推八卦著矣男女之道備矣天下之情見矣

乾為天為圜為君為父為玉為金為寒為冰為大赤為良馬為老馬為瘠馬為駁馬為木果

義曰此已下廣明卦象之義也乾為天者此廣明乾之象也乾為天剛健不息萬物之宗也為圜周萬物也為君為父有尊嚴之道也為金為玉性堅剛也為寒為冰氣凝嚴也為大赤老陽之色也為良馬行健

也為老馬行健之久也為瘠馬无其膚其骨堅也為駁馬堅猛之至也為木果老而為實生之本也

坤為地為母為布為釜為吝嗇為均為子母牛為大輿為文為衆為柄其於地也為黑

義曰此一節明坤之象也坤為地能生育萬物故為母為布取其廣載也為釜取其化生成熟也為吝嗇取其生物不移也為均取其均平也為子母牛取其生育之順也為大輿取其能載萬物也為文取其色

雜也為衆取其載物不一也為柄取其生物之本也
其於地也為黑取其極陰之色也

震為雷為龍為玄黄為旉為大塗為長子為決躁為蒼筤竹為萑葦其於馬也為善鳴為馵足為作足為的顙其於稼也為反生其究為健為蕃鮮

義曰此一節廣明震之象也為雷能震於物也為龍陰中之畜也為玄黄取其蒼雜之色也為旉取其敷布而生也為大塗取其剛動而上柔萬物之出也為

長子以其為初求也為決躁以其剛性之甚也為蒼筤竹取其堅貞而上虚也為萑葦以其類而列也其於馬也為善鳴取其象雷聲之遠聞也為馵足取其剛在下也為作足取其一動也為的顙取其陽下應於上也其於稼也為反生取其反甲而出也其究為健取其剛行也為蕃鮮取其蕃育之盛也

巽為木為風為長女為繩直為工為白為長為高為進退為不果為臭其於人也為寡髮為廣顙為多白眼為近利市三倍其究為躁卦

義曰此一節廣明巽之象也為木取其可揉而順也為風取其陽在上也為長女取其初求也為繩直取其齊一也為工取其能揉物為器也為白取其能潔於物也為長取其風行之遠也為高取其風性高遠也為進退取其隨物之上下也為不果取其能樂於物也為廣顙取其有容也為多白眼取其色多白也為近利取其躁人之情多近利也市三倍取其生物

之盛也為躁卦取勢躁急也

坎為水為溝瀆為隱伏為矯輮為弓輪其於人也為加憂為心病為耳痛為血卦為赤其於馬也為美脊為亟心為下首為薄蹄為曳其於輿也為多眚為通為月為盜其於木也為堅多心

義曰此一節廣明坎象也為水取其北方也為溝瀆取其水行无不通也為隱伏取其水行地中也為矯輮取其曲直得所也為弓輪取其激矢運行其於人

為加憂取其險難也為心病取剛在中也為耳痛取其主聽也為血卦取其水行地中也為赤取其血色也其於馬也為美脊取其陽在中也為亟心取其急也為下首取其水流向下也為薄蹄取其水流行也為曳取其行地也其於輿也為多眚取其重載也為通取其水行也為月取其水之明也為盜取其潛行也其於木也為堅多心取其剛在內也

離為火為日為電為中女為甲胄為戈兵其於人也為

大腹為乾卦為鼈為蟹為蠃為蚌為龜其於木也為科上槁

義曰此一節廣明離之象也為火取南方也為日取火精也為電取有明也為中女取再求也為甲胄取剛在外也為戈兵取外剛利也其於人也為大腹取其陰在內也為乾卦取其日所烜也為鼈為蟹為蠃為蚌為龜皆取剛在外也其於木也為科上槁取其陰在中而空也

艮為山為徑路為小石為門闕為果蓏為閽寺為指為狗為鼠為黔喙之屬其於木也為堅多節

義曰此一節廣明艮之象也為山取其靜而不動也為徑路取其可上而行中也為小石取其陽堅也為門闕取其止出入也為果蓏取其陽在上也為閽寺取其禁止也為止取其止物也為狗為鼠取其止人也為黔喙之屬取其剛喙而能喙物也其於木也為堅多節取其陽生也

兌為澤為少女為巫為口舌為毀折為附決其於地也為剛鹵為妾為羊

義曰此一節廣明兌之象也為澤取潤下也為少女取三索也為巫取其順也為口舌取其能口說人也為毀折取其缺於上也為附決取柔附上非所麗也其於地也為剛鹵取其下堅而上潤也為妾取其少女也為羊取其中壯而外順也

序卦

義曰夫序卦者所以序說六十四卦之義也按文王既繇六十四卦分為上下二篇其先後之次其理未見在於常常之人故難曉矣孔子就上下二篇各序其相次之義以序說六十四卦之本因以發明大易之淵蘊故謂之序卦自乾坤而下至於既濟未濟皆言相受之理也

有天地然後萬物生焉盈天地之間者唯萬物故受之以屯屯者盈也

義曰夫乾卦是伏羲所畫八純之卦乾者天之用也生成之祖宗也萬物之生必自乾而始故乾為六十四卦之首也然而獨陽不生獨陰不成陽不得陰不能成生物之道天不降地无以為育物之理故有天然後有地地者載萬物之本也坤者地之用也坤能順承於天以生成萬品之物故以坤次於乾也故乾坤者天地之用萬事之本始者也然天地之生萬物必須屯難然後成也故草木之生莩甲之時必先屯難而後至於盛大盈滿於天地之間也故屯卦所以次於乾坤也

屯者物之始生也物生必蒙故受之以蒙蒙者蒙也物之穉也物穉不可不養也故受之以需需者飲食之道也飲食必有訟故受之以訟訟必有衆起故受之以師師者衆也衆必有所比故受之以比比者比也比必有所畜故受之以小畜物畜然後有禮故受之以履

義曰夫物既屯難而生未至於盛大故必蒙然而盤

屈盤屈不已然後盛大故以蒙卦次於屯也然物生蒙昧若不滋潤之以成生養之道則不能成也故以需卦次於蒙也然而需者養也飲食之道也飲食之道養而不已必有其爭訟之事故以訟卦次於需也然而爭訟不已物情乖離必有行師用兵之事故以師卦次於訟也行師不已必須親比故以比卦次於師也然而親比之道貴於得正既得其正必有所畜故以小畜次於比也物既畜聚必須合禮故以履卦

次於小畜也

履而泰然後安故受之以泰泰者通也物不可以終通故受之以否物不可以終否故受之以同人

義曰能行禮者其身必安故以泰卦次於履也安之既久必有其否故以否卦次於泰卦也然而否之既久其道必亨必須和同故以同人之卦次于否卦也

與人同者物必歸焉故受之以大有有大者不可以盈故受之以謙有大而能謙必豫故受之以豫

義曰既與人同衆物必歸必須大有其衆故以大有次於同人也既大有其衆不可剛暴必須謙順故以謙卦次於大有也然而既大有天下之衆又能謙順則人必悅豫而隨之故以豫卦次於謙也

豫必有隨故受之以隨以喜隨人者必有事故受之以蠱蠱者事也有事而後可大故受之以臨

義曰天下既悅豫則人樂然而隨之故以隨卦次於豫也然而以喜隨人久而必極必敗於成事故以蠱卦次於隨卦也事既已久敗必須有才德之人以臨治之故以臨卦次於蠱也

臨者大也物大然後可觀故受之以觀可觀而後有所合故受之以噬嗑

義曰臨人之道必在中正中正必有可觀故以觀卦次於臨也觀民之道必以德化德化既行必須去其剛梗之物故以噬嗑次於觀也

嗑者合也物不可以苟合而已故受之以賁賁者飾也

義曰物既相合必須脩飾於外故以賁卦次於噬嗑也

致飾然後亨則盡矣故受之以剝

義曰物既文飾久而必敝故以剝卦次於賁也

剝者剝也物不可以終盡剝窮上反下故受之以復復則不妄矣故受之以无妄有无妄然後可畜故受之以大畜物畜然後可養故受之以頤頤者養也不養則不可動故受之以大過

義曰物不可終剥必復其性故以復卦次於剥也既復其性必有由中之信以行於已故以无妄次於復也物既无妄必有可畜故以大畜次於无妄也物既大畜必有所養之道故以頤卦次於大畜也養之必以其道苟失其節必致於大過故以大過次於頤卦也

物不可以終過故受之以坎坎者陷也

義曰物既大過必至險陷故以坎卦次於大過也

陷必有所麗故受之以離離者麗也

義曰險難既久必須明德之人以治之故以離卦次於坎也自此以上凡三十卦為上經統言天地之道故以坎離而終之其實三才之道皆備矣蓋咸恒首明人事夫子以丁寧而說之後人以簡編重大而分之也

有天地然後有萬物有萬物然後有男女有男女然後有夫婦有夫婦然後有父子有父子然後有君臣有君臣然後有上下有上下然後禮義有所錯

義曰自此以下凡三十四卦咸恒首明夫婦之道人倫之本故為下經之首也有天地然後有萬物者此廣明夫婦之道必自陰陽為本始也夫天地交錯而生萬物而有男女男女既成則有夫婦夫婦既正則有父子父子既立則有君臣君臣既正則有上下既有上下則禮義之道有所注錯此正天下治邦國人倫之大本也

夫婦之道不可以不久也故受之以恒恒者久也物不可以久居其所故受之以遯遯者退也

義曰夫咸者感也艮體在下兑體在上艮為少男兑為少女以少男下於少女以成夫婦之道以成咸感之象此萬世不易之法也然而咸道貴速故以二少而言之夫婦之道不可不久以須常久然後可以成室家之道也故以恒卦次於咸也物既常久必至退遯故以遯卦次於恒也

物不可以終遯故受之以大壯
義曰物不可以終遯而退處之必須用剛壯之道以
出其所處也不動則不能出故以大壯次於遯也
物不可以終壯故受之以晉晉者進也
義曰物既大壯動而出乎遯必須進之故以晉卦次
於大壯也
進必有所傷故受之以明夷
義曰物不可以久進進之不已必為人之所不與人

既不與必有所傷故以明夷卦次於晉也
夷者傷也傷於外者必反其家故受之以家人
義曰傷於外者必反於家故以家人之卦次於明夷
也
家道窮必乖故受之以睽
義曰夫治家之道必須嚴正然後无咎苟失嚴正則
其道必乖故以睽卦次於家人也
睽者乖也乖必有難故受之以蹇

義曰物既乖離必成蹇難之事故以蹇卦次於睽也
蹇者難也物不可以終難故受之以解解者緩也緩必
有所失故受之以損損而不已必益故受之以益益而
不已必決故受之以夬
義曰物不可以久難必須解而散之故以解卦次於
蹇也解人之難必有所損故以損卦次於解也損之
不已必須益之故以益卦次於損也益之不已必須
決去之故以夬卦次於益也

夬者決也決必有所遇故受之以姤
義曰剛決之道必須以正既以正而決之則君子有
所喜遇也故以姤卦次於夬也
姤者遇也物相遇而後聚故受之以萃萃者聚也聚而
上者謂之升故受之以升升而不已必困故受之以困
困乎上者必反下故受之以井井道不可不革故受之
以革
義曰君子既有所遇則萬物莫不萃聚之故以萃卦

次於姤也既萃之上必須升進故以升卦次於萃也升而不已其道必困故以困卦次於升也升之既久必反於下故以井卦次於困也井道既得其所不可不革治之故以革卦次於井也

革物者莫若鼎故受之以鼎

義曰革之必得其道有鼎新之義焉故以鼎卦次於革也

主器者莫若長子故受之以震震者動也物不可以終

動止之故受之以艮艮者止也物不可以終止故受之以漸漸者進也進必有所歸故受之以歸妹得其所歸者必大故受之以豐豐者大也窮大者必失其居故受之以旅旅而无所容故受之以巽

義曰物既鼎新凡所主者莫非長子故以震卦次於鼎也物不可以終動動必有所止故以艮卦次於震也止物必有所漸故以漸卦次於艮也漸必有所歸故以歸妹次於漸也物既歸之可以致天下於豐大故以豐卦次於歸妹也時既豐大或有所過失而為旅故以旅卦次於豐也既居為旅不可以剛强必須巽順故以巽卦次於旅也

巽者入也入而後説之故受之以兌兌者説也説而後散之故受之以渙

義曰人既巽順物亦和説故以兌卦次於巽也説之既久不可偏係必須散之故以渙卦次於兌也

渙者離也

義曰物既渙散必致於乖離也

物不可以終離故受之以節

義曰物不可以終離必須有止節之道也故以節卦次於渙也

節而信之故受之以中孚

義曰為節之道必須由中之信以符合之故以中孚次於節也

有其信者必行之故受之以小過

義曰孚信之道或失其正或過越其事必須小有所過故以小過之卦次於中孚也

有過物者必濟故受之以既濟

義曰事既過越凡矯過者必附人而行之既附人而行之則有所濟故以既濟之卦次於小過也

物不可窮也故受之以未濟終焉

義曰物既得所濟或居安不能慮危故以未濟之卦次於既濟也然觀六十四卦始於乾坤終於未濟者

以其乾坤是生成之宗故為六十四卦之首也必以未濟而終之者以其常人之性多失成事或居安不能慮危居存不能思亡以至自取其咎故以未濟而終之也此聖人垂教之深旨也

雜卦

義曰夫周易所以言雜卦者蓋孔子取其六十四卦之中人所常行之事交相錯雜以陳其義也以其事无常定物无常體可以施則施之可以止則止之故揉雜諸卦之義以為行事之本故謂之雜卦也此十翼之中第十翼也

乾剛坤柔比樂師憂

義曰夫乾用剛健必以柔順而資之故曰乾剛坤柔夫親比之道貴於和順和順則人心樂樂得其道則正樂失其道則憂必致於行師動衆也

臨觀之義或與或求

義曰夫防民之道貴於中正既中且正則可以風化

於天下既可以風化於天下則為下之所相與或為下之來求也

屯見而不失其居

義曰夫屯難之世是君子經綸之時必須利建侯以安天下使天下之人皆安其居不失其所此則是君子治屯之事也

蒙雜而著

義曰夫蒙昧之人未知所著必求賢者以發明之然

而既得賢者以發明之則无所錯雜而自然著見也
震起也艮止也損益盛衰之始也
義曰震東北之卦能起生萬物也艮有止靜之德故為止損益之道與時偕行可損則損之可益則益之故曰盛衰之始也
大畜時也
義曰夫物既无妄天下之人所共信故為大畜之時也然大畜其道必須以正然後畜其物也是因其時

而畜之也
无妄災也
義曰夫无妄之時天下之所共信人心之所樂與若以不信之人厠於其間則自取其災也
萃聚而升不來也
義曰夫萃聚之時天下之所和洽也故能聚聚之不已其道必上進可也若進不由其道則凶進得其道不還可也

謙輕而豫怠也
義曰夫謙恭之道不自尊大是謙輕也然而為逸豫之道又自怠也
噬嗑食也賁无色也
義曰夫雷電相合如口頤之中嚙去其剛梗之物也故言食也夫山火之賁貴其文飾但合於中而已不在煩多之色是无所定也
兑見而巽伏也

義曰夫為兑說之道必貴其顯見顯見於外合於正則吉也夫巽順之道貴其卑伏若不能卑伏則非為行巽之道也
隨无故也蠱則飭也
義曰夫隨時之義不在於有故可行則行之可止則止之故云无故也夫蠱敗之事必須整飭之然後事有濟也
剝爛也復反也晉晝也明夷誅也

義曰夫五陰一陽小人剝君子之象也衆陰消萬物之義也故云爛夫五陰在上一陽在下是陽氣反復之時也夫晉者日出地上爲陽陽爲晝故曰晝也夫明入地中明有所傷必有誅傷之事

井通而困相遇也

義曰夫井以濟人爲德故曰通也夫物既久困必須所遇有賢德之人以出之也

咸速也

義曰夫夫婦之道貴於得正兌爲少女艮爲少男以少男下於少女是貴速也故有咸之象也

恒久也渙離也節止也解緩也蹇難也睽外也

義曰夫婦之道貴於長久故曰久也渙散之久物必乖離也物不可以久離必須節止之解緩者言天下蹇難解而緩散之蹇者山上有水故曰難也睽者乖也物既乖離必居於外也

家人內也否泰反其類也大壯則止遯則退也

義曰夫家人之道必處於內也夫天氣下降地氣上騰泰之象也天氣在上地氣在下否之象也是否泰二卦反其類也雷在天上大壯之道物不可終壯則必止遯之乃可也

大有衆也同人親也革去故也鼎取新也小過過也中孚信也

義曰夫火在天上明有所矚故可大有天下之衆也與人同者必親也革去其故舊者也鼎有自新之義

也小過者人情小有過差也中孚者有孚信及於天下也

豐多故也親寡旅也

義曰豐言盛大高者懼危滿者懼溢故多憂也親者寡少故曰旅也

離上而坎下也

義曰離爲日故宜在上也坎爲水故宜在下也

小畜寡也

義曰小畜者言風行天上不能徧及於物故曰寡也

履不處也

義曰履以謙為本隨人而行故不可定處也

需不進也

義曰需者養也但待其時而養焉故曰不進也

訟不親也大過顛也

義曰天水相違訟之道也故曰不親不親者不相親洽也大過者上下相陵本末顛錯故曰顛也

姤遇也柔遇剛也漸女歸待男行也

義曰姤者遇也天下會遇之時柔遇剛也漸者進也男女之行必以漸而進之然後成其夫婦之道也

頤養正也

義曰山下有雷為頤之象故曰養也養其正則吉

既濟定也

義曰言水火相濟君臣相得是天下大治物性大定之時也

歸妹女之終也

義曰夫女者有適人之義若從男得其道以成夫婦此則是女之終者也

未濟男之窮也

義曰夫男子之道多失於怠事故居安不能慮危以成其未濟是自取窮之道也

夬決也剛決柔也君子道長小人道憂也

義曰夬五陽一陰是五剛而決一柔也五君子而決

一小人也故君子之道得以長小人之道所以憂也此十翼之中惟文言繫在乾坤之卦內更不必詳解之

乾隆御覽之寶

周易口義終

洪範口義

（宋）胡瑗撰

《洪範口義》二卷，宋胡瑗撰，據《文淵閣四庫全書》本影印。

胡瑗有《周易口義》，已著録。

《洪範口義》，《文獻通考》著録爲《洪範解》，晁公武《郡齋讀書志》謂本書爲吴氏門人纂集，後人多不取此説。書早佚，朱彝尊《經義考》稱未見，實則散見《永樂大典》，清修《四庫全書》，自《永樂大典》中輯出，重新釐定，析爲二卷。是書列《尚書·洪範》原文，文下有注，詮釋文義。其專以『天人合一』爲旨，承漢人説，然非同漢儒以陰陽災異附會，亦無似宋儒以象數之學泥於『圖』、『書』之辨。如解『天賜洪範』乃賜自帝堯，不取所謂神龜從洛水背負『洛書』之説；『五行』次第乃箕子所列，不辨『洛書』本文之多少；指出『五福六極』應通於四海，不當僅指一身而言。其説解重在闡明經義，以經解經。并有新解，多以《周禮》之文詮釋《洪範》，如以《周官》八法推演《洪範》八政等。其書基本以《孔傳》、《正義》爲宗，又有駁正注疏，自抒所得，不務新奇之説，頗平易實在。本書爲宋代專説《洪範》之首倡，對宋代《尚書》學及理學研究有一定參考價值。

（劉　超）

欽定四庫全書

經部

洪範口義　卷上下

詳校官給事中臣丁雲錦
通政使司副使臣莫瞻菉覆勘

謄録監生臣袁秉直

洪範口義　　書類

提要

臣等謹案洪範口義二卷宋胡瑗撰瑗有周易口義已著録是書文獻通考作洪範解朱彝尊經義考註云未見今其文散見永樂大典中尚可排纂成書周易口義出倪天隱之手舊有明文晁公武讀書志謂此書亦瑗門人編録故無銓次首尾盖二書同名口義故以例推其為瑗所自著與否固無顯證至其說之存于經文各句下者皆先後貫徹條理整齊非襍記語録之比與公武所說不符豈原書本無次第修永樂大典者為散附經文之下輙排比順序歟抑或公武所見又別一本也洪範以五事配庶徵本經文所有伏生大傳以下逮京房劉向諸人遂以陰陽災異

附合其文劉知幾排之詳矣宋儒又流為象數之學圖書同異之是辨經義愈不能明瑗生於北宋盛時學問最為篤實故其說惟發明天人合一之旨不務新奇如謂天錫洪範為錫自帝堯不取神龜負文之瑞謂五行次第為箕子所陳不辨洛書本文之多寡謂五福六極之應通于四海不當指一身而言俱駁正注疏自抒心得又詳引周官之法推演

八政以經注經特為精確其要皆歸于建中出治定皇極為九疇之本辭雖平近深得聖人立訓之要非讖緯術數者流所可同日語也宋史本作一卷今校定字句析為二卷乾隆四十六年九月恭校上

總纂官臣紀昀臣陸錫熊臣孫士毅

總校官臣陸費墀

欽定四庫全書

洪範口義卷上

宋 胡瑗 撰

洪範

夫武王既勝殷殺受乃立其子武庚為後遂以箕子歸武王於是問以天道箕子陳述天地人之常經聖王治國之大法無出於洪範故作洪範之篇 此篇得入周書者以此篇箕子為武王述大法九類之書故得入周書也

惟十有三祀王訪于箕子

此武王訪箕子之年周既受命惟十有三年四月伐紂而歸京師既告武成太平天下武王以箕子大賢遂訪而問焉故曰惟十有三祀王訪于箕子

王乃言曰嗚呼箕子惟天陰騭下民相協厥居

騭定也王乃問而言曰嗚呼箕子欲問箕子而先嘆者所以重之也言天不言而默定下民之命又且相助合協其居而使有常生之資定下民之命者或貧

或富或貴或賤或夭或壽莫匪天定之使然也然則既有短長之命又定其貴賤之材而且助合其居使有恒産則如懋稼穡以足食勤蠶桑以有衣使樂歲上可以供給父母下可以畜妻子凶年免於死亡莫非天之佑而使然也故曰王乃言曰嗚呼箕子惟天陰騭下民相協厥居

我不知其彝倫攸叙

此言上天之定民固有常道如此我不知其常道之

次叙者何哉故曰我不知其彝倫攸叙

箕子乃言曰我聞在昔鯀陻洪水汩陳其五行

自此以下至彝倫攸叙是箕子既承武王之問遂爲王而言曰我聞往古之時鯀塞洪水亂陳五行之道夫水性固有不就下者當堯之時水逆行於中國汎濫天下率土成江河人民爲魚鼈故命鯀治之鯀不能順水之性導之通之使歸於江海反陻塞而壅遏之如是則何有其成功哉故禮祭法曰鯀障洪水而殛死是也鯀既陻洪水是亂五行之道故曰箕子乃言曰我聞在昔鯀陻洪水汩陳其五行

帝乃震怒不畀洪範九疇彝倫攸斁

帝謂堯也堯見鯀陻洪水亂陳五行之道於是震動而忿怒乃不與大法九章此常道所以敗然則謂之不與者如何夫陻洪水亂五行之道不能行帝堯洪範九疇之義則堯不與之也故曰帝乃震怒不畀洪範九疇彝倫攸斁

鯀則殛死禹乃嗣興

夫鯀以無功而竄逐之虞書曰殛鯀於羽山是也禹爲人之子其父不成功不可不紹而終之書曰咨禹汝平水土惟時懋哉則是鯀以殛而死禹繼父而興也故曰鯀則殛死禹乃嗣興

天乃錫禹洪範九疇彝倫攸叙

天帝稱之者尊貴之也夫禹既興起則反乎父業之所爲乃導江浚川水悉大息堯善禹治水之故乃與

禹大法九章此常道所以叙然則水患既下百穀既登天地無不得其成平故虞書曰地平天成也然則亦謂之與者又如何哉亦以其導江浚川順水之性能行夫帝堯洪範九疇之義則是帝堯與之也

初一曰五行

自此以下至於威用六極其子總陳九疇之名以說九章次叙之事也五行者即謂水火木金土是也夫有天地然後有陰陽有陰陽然後有五行有五行然

後有萬物是則五行者天地之子萬物之母也然謂之行者以其斡旋天地之氣而運行也故謂之行夫人既稟五行之氣而生亦由逆五行之氣而死聲音乎是氣味乎是性乎是色乎是舉天下之萬類未有不由於五行而出是則五行豈不大乎故五者因其數明其性成其氣辨其味有其臭著其聲彰其色為其物各以類而推之則可見矣所謂數者何即天地之生成數天奇地偶日月晷度星辰躔次歲時歷象

律呂損益是也所謂性者潤下炎上曲直從革稼穡為仁為義為禮為智為信是也所謂氣者在四時則為春夏秋冬溫涼寒燠是也所謂味者酸鹹辛苦甘是也所謂臭者朽焦腥羶香是也所謂聲者宮商角徵羽是也所謂色者青赤白黑黃是也所謂物者介蟲鱗蟲倮蟲羽蟲毛蟲是也在人則為五事若居五福之世則其數弗乖其性不悖其氣不愆其味不變其臭不亂其聲不謬其色不異其蟲不怪皆順其

常若居六極之世則皆逆其常天反時為災地反物為妖人反德為亂亂起則妖生各以其類而推之亦可見也故五行者聖人為國之大端萬類之所祖出而冠於九疇故曰初一曰五行然而不言用者蓋以五行幹二儀之氣天所以生成萬物者也豈聖人所用治國之物乎故不言用

次二曰敬用五事　案漢書五行志作羞用五事隋書五行志作庶用五事胡氏所定經文多從孔傳

五事者貌言視聽思也貌者萬民所瞻仰言則為命令萬民之所聽視不明則及邪聽不聰則容姦思不睿則失謀此五者聖人治國之大本檢身之常法也其可不敬而後用之乎故五事謹則長興慢則取亡然次之於五行之後者以五行陳天地之德而五事者人君之所為人君蓋體天而御邦故以次於五行也

次三曰農用八政

八政者謂食貨祀司空司徒司寇賓師是也食以勸播種貨以通有無祀以事鬼神司空以均土地司徒以行政教司寇以正賞罰賓以明禮師以立威此八者皆國家所急之政則當厚用之政乃和平繼於五事者以人君既嚴五事以當國然後謹民以八政也

次四曰協用五紀 案漢書五行志作旪用五紀顏師古曰旪讀為叶和也古者旪叶協三字通用

五紀者歲月日星辰歷數也歲有四時月有晦朔日有甲乙星有運行躔次作為歷數以節之也夫聖人仰以觀天俯以察地南面而聽天下將欲三光全寒暑平百穀登四時敘未有不用五紀而調和之然此五紀繼於八政之後聖人為政未有不得於天時者故用五紀而協和之所以次八政也

次五曰建用皇極

皇大極中也言聖人之治天下建立萬事當用大中之道所謂道者何哉即無偏無黨無反無側無有作

好遵王之道無有作惡遵王之路是也下文備詳使天下賢者則不過愚則跂而及之平平然蕩蕩然而使民無傾危之過者皇極之義也故一門之內得其中則父義母慈子孝兄友弟恭朝廷之內得其中則君義臣忠四海無淫朋之人一鄉一黨則無遺親此皇極之道行也故皇極行則五行不相侵五事不相徇八政以之成五紀以之明三德以之平卜筮以之靈庶徵以之順五福來臻六極不至矣然皇極獨不

言數者何也蓋皇極者萬事之所祖無所不利故不言數以此觀之包括九疇總兼萬事未有不本於皇極而行也故處於中焉

次六曰乂用三德案漢書五行志作艾用三德顏師古曰艾讀為乂艾乂二字古通用

德者內則得之於心外則得其理故謂之德德有三者即正直剛柔是也世世之平康則用正直之德治之世有強悍不順則用剛德治之世之和順則用柔德治之此三德者聖人既由中道而治天下又慮執中

無權猶執一故用三德者所以隨宜制民一歸安寧之極也故皇極則見聖人之道三德則見聖人之權故曰次六曰乂用三德

次七曰明用稽疑

稽考也聖人有疑事必用考疑之物決而明之即下文謂擇建立卜筮之人而命之曰雨曰霽曰蒙曰驛之類是也然卜筮以決疑惑定猶豫無出於此故聖人凡舉一事發一政若有疑於心者必用卜筮以決之故卜筮得為決疑之物然則聖人果有疑乎曰無也既無其疑何用其卜哉夫聖人至聰明也至周盡也故易曰聖人與天地合其德與日月合其明與四時合其序與鬼神合其吉凶中庸亦曰從容中道不勉而中不思而得然則又何疑乎哉猶謂之考疑者何也即見聖人不專任其斷而思與天下同之也故下文謂汝則有大疑謀及乃心謀及卿士謀及庶人謀及卜筮汝則從卿士從庶民從龜從筮從是之謂

大同然後見聖人無過舉故上文能乂用三德以適變此然後明於考稽而與衆定之故曰次七曰明用稽疑以疑事不一故不言數

次八曰念用庶徵

庶徵者即謂休徵五咎徵五統而稱之故曰庶徵君能與衆同欲君臣上下無相奪倫蠻夷戎狄莫不寧謐故五行為之遂性天地為之昭感則休徵胡為而不至哉休徵之實有五曰雨曰暘曰燠曰寒曰風是

也休徵至則五者皆順其時五者各得其叙而為執五事之應也故曰肅時雨順之也乂時暘順之也哲時燠順之也謀時寒順之也聖時風順之也此葢和氣之所感召也若君不能與衆同欲君子小人各反乎所為遠近大小罔有寧謐則五行為之失性二儀為之愆和如此是咎徵胡為而不至哉故咎徵至則五者不順其時不得其叙則為悖五事之應也恒雨順之貌之狂也恒暘順之言之僭也恒燠順之視之

豫也恒寒順之聽之急也恒風順之思之蒙也此葢逆氣之所感召也以此衆徵莫不本人君之感召故王者作一事必念一事之應行一政必念一政之報事謹則休徵至焉事悖則咎徵至焉人君敢不恭承天而謹於御國乎故曰次八曰念用庶徵然此次於稽疑之後者夫龜筮共從於人神明胥契其道則庶徵莫不至故次於稽疑也不言數者葢休咎總而言之也

次九曰嚮用五福威用六極（案史記宋世家引洪範作畏用六極）

五福即一曰壽二曰富三曰康寧四曰攸好德五曰考終命是也六極即一曰凶短折二曰疾三曰憂四曰貧五曰惡六曰弱是也嚮勸也威畏也以五福者天下之民所共欲故王者用是五福之道勸民慕而歸之以趨於治也六極者天下之民所共惡也王者用是六極之道威民畏而懼之以避其亂焉是五福六極莫非聖人用人以為天下之數故曰次九曰嚮

用五福威用六極然次於九疇之末者何也首陳五行是聖人法天地以為德漸次為治故天時順而休徵至則五行皆得其性矣庶徵即叙則政教之成敗著焉故彝倫叙而政教成則五福之道彰彝倫敗而政教悖則六極之報應五福者君子之吉成德也六極者人道之窮也如是則王道終始斯可見矣故因而終於九疇焉注以謂天以五福六極嚮勸威沮於人則不然矣按下文建用皇極曰斂時五福用敷錫

厥庶民彼注云斂是五福之道以為教用布與衆民以慕之以嚮威而言則曰天以皇極而言則曰教何義之異也以五福六極民各有命非人力之使然故稱天以皇極錫於民者君也故稱教前言乎天不繫乎教後言乎教不繫乎天是亦依文而解之非達其所以為教也然則五福六極果天使然耶君使然耶曰君使然者存乎教故中庸曰率性之謂道修道之謂教是也天使然者存乎命故易曰乾道變化各正

性命是也言乎命一人之私也言乎教天下之公也洪範九疇何嘗以私言哉然則嚮非天之勸威非天之沮果誰歟曰君也何以知乎夫九疇之類惟五行不言用蓋為天所任非人君所用為教也餘八者皆言用蓋人君所用為教也故王者用五福則民勸而歸至焉用六極則民畏而避亂焉是福極者治亂之大本也故人備五福者全福之人也人備六極者窮極之人也其次則福極雜得之不可定矣夫人既壽

既富既康寧既考終命其閒凶惡懦弱者有之矣既好德而凶短折者有之矣疾憂貧者有之矣然惟好德者雖憂雖貧雖凶短折不害為君子惡而弱者雖富雖壽雖康寧雖考終命不免為小人各以稟受而得之者命也非教也命有定分教隨變化故聖人言教不言命也安國之傳何失之遠哉然此福極別而言之者何也夫五福六極切於教化故析而言也且五行者萬事之本故首於九疇八事得則福八事失

則極故以福極終之

一五行一曰水二曰火三曰木四曰金五曰土

自此以下至終篇皆是箕子歷說九疇之名廣演九疇之義此初一曰五行至稼穡作甘說五行之一節一曰水至五曰土解五行之名也夫潤萬物莫如水燥萬物莫如火木可揉而曲直金可范而成器土則兼載四者而生殖其中也故人之飲食必待水火而烹飪宮室必待金木而斲樸土稼穡之利欲百穀之

生未有不在乎土也故五行萬物人用之由出也聖人豈不修之哉故傳曰天生五材人並用之是也然則一曰水五曰土何也此以生數成數言之也按易繫辭曰天一地二天三地四天五地六天七地八天九地十此即是五行生成之數天一生水地二生火天三生木地四生金天五生土此其生數也地六成水天七成火地八成木天九成金地十成土陰陽各有匹偶而數得成焉謂之成數故五行始於水終之於土是其義也

水曰潤下火曰炎上

自此至作甘皆說五行之性順其勢而行各有不同也夫水之性無有不潤下火之性固有不炎上故水之性決之東則東流決之西則西流引之穴坎之間則莫不盈積是則水之性可見矣燥萬物而升上者莫如火之性故易乾卦曰水流濕火就燥類相感也故聖人之治天下若能順五行之性修其水德導達溝瀆濬治河渠號令不違其時水性無有壅遏如是則潤下矣治之三載而功成者水潤下故也故舜曰地平天成六府三事允治萬世永賴時乃功若其河渠不通溝澮不濬政教違時水行不由其道者是水不潤下矣故堯有洪水氾濫中國禹能下矣鯀之所以治洪水九載功用弗成者水不潤下故也聖人能順五行之性而修火德鼓鑄有時焚萊有節號令當火政修如是則火炎上矣故周禮司爟氏中春以木

鐸修火禁於中國是也若其焚萊不時鼓鑄無節火官廢火政隳則災宮館災宗廟此火不炎上也鄭鑄刑鼎後乃有災亂火不炎上故也故潤下炎上皆性之自然也

木曰曲直金曰從革

此亦自然之性也木可揉而為曲直方員故為之相其方則中矩員則中規直則中矢方則中輿又員中輪曲中鉤惟矯之何如爾荀子曰木之鉤者必將待

檃栝矯然後直又曰木直中繩揉以為輪其曲中規雖有槁暴不復挺者揉使之然也是曲直者木之性也人君順五行之性修其木德營建宮室不奪農時斧斤以時入山林材木不可勝用若是則木順其曲直矣若用民力奪農時斬不時之材供非度之用如此則木不曲直矣從革者以金性雖至剛方隨鼓鑄而變故鎔之則流形范之則成器利可以為劍戟銳可以為戈矛惟鎔范之如何耳故董仲舒曰金之在

鎔惟冶者之所鑄故能變革者豈非金之性哉故人君能順五行之性而修其金德兵興以法師出以時持旌仗鉞臨戰誓士足以抗威武而誅叛逆此之謂金從革矣則如周有牧野之命湯有南巢之兵是也若其師出踰時兵興無法好攻戰之事輕百姓之命以致殺人滿野傷人盈城如此則金不從革矣故古之秦皇黷武漢之孝武窮兵是也

土爰稼穡

爰於也始種而生謂之稼將斂而成謂之穡土持萬物載華岳而不重振河海而不泄含厚於下者也故春耕之百穀然後生秋斂之百穀然後成土之性厚待於稼穡然後見其性也惟聖人能修五行之德順其土性陋宮室省臺榭闢土地之事勸耕桑之業不奪農時而深耕易耨乃土爰稼穡矣故禹卑宮室堯有土堦而民厚生者此也若其侈宮室華臺榭離宮廣闢別館開國多苦役之事野無加闢之田如此則不稼穡矣故秦築阿房漢罷路臺何興亡之異也

潤下作鹹

此說五行之味也水性本甘由浸漬於地發味而為鹹月令云其味鹹是也

炎上作苦

火本炎上焚物則焦夫氣既焦則味發而為苦月令云其味苦是也

曲直作酸

木之結實者味成多酸月令云其味酸是也
從革作辛
金就鎔鑄即有腥氣非苦非酸而近於辛者金之味
月令云其味辛是也
稼穡作甘
百穀之味甘可知矣然百穀本由土地而生也甘者
實為土味月令云其味甘是也所引月令之文者皆
五行所屬之月而味之屬也

二五事一曰貌
自此以下至睿作聖皆說五事之節也貌者即謂威
儀容貌人可觀望者皆謂之貌此分解五事之名
二曰言
凡有號令天下使天下之人莫不從者王者之言也
三曰視
夫善觀人者觀其情情得則人斯見矣
四曰聽
夫納芻蕘之言來廊廟之語而求天下之情者未有
不自君耳聽之
五曰思
夫天下茫茫萬事藉藉神而明之研思極慮然而首
曰貌而終曰思者何夫民之先見者君之貌次而稟
受者君之言視不待號召而神化言必有戒諭而順
從思者包括四事一本於心矣
貌曰恭

此一節言王者必須持謹五事夫君之貌為人所觀
仰則必端嚴恭莊而後民望而畏之故行步有佩玉
之聲登車有和鸞之節錯衡養目蘭茝養鼻在田獵
而有三驅之制在飲食而有饗獻之禮出入有節動
靜有時凡舉一事未有不由禮而行之如是則貌曰
恭矣若其起居無時行步無節馳騁田獵喪棄禮儀
如是則貌不恭矣故王者之貌必須恭敬者也
言曰從

夫君有言則四海皆仰而聽之是故雖在巖廊之上言出而可行雖在九重之內令出而可從使民有時用民有節有功者必賞有罪者必罰如此則言乃可從矣若其政教二三號令反覆功者未必賞罪者未必罰使萬民也不永安而欲逸戒百官也惟朝定而夕移若是則君之出言而豈有從者哉故必須至當也

視曰明

夫王者將欲覩人情則紛華盛麗不可閱也淫哇桑曼不可蔽也分別賢佞殊異適庶官人有序舊章不迷如此則視之謂明矣若其眈色悅聲信讒放賢亂其適庶不肖與賢者淆混如此則視不明矣故王者之視必明而後可

聽曰聰

夫十室之邑有邪有正況四海之內有佞有賢訪芻蕘有廊廟之語面恭有欺天之言苟非人君廓黈纊之塞舉未進之賢可謂耳之不聰也故堯命龍作納言而不使讒說殄行得耳聰之道也若其親嬖倖遠忠良如此則正士退讒夫興此率耳之不聰也

思曰睿

思者深微之義夫聖人既有天下之廣四海之大萬幾之叢脞庶政之至煩未有不思而得也朝不暇食所以慮之夜不安寢所以思之利於民則行之益於國則行之思深則事當事當則可久矣此聖人所以

思慮至深微也若其思之不深慮之不遠雖苟取一時之利豈無後世之患乎

恭作肅

前文既定貌曰恭以下五事皆由一人之身五事當可以成天下之化君貌恭天下皆知有所敬故近則臣敬之遠則民敬之由乎一國達乎四海天下莫不敬上者君恭德使之然也

從作乂

夫言既可從則政教有一定之制天下無反汗之號言出則天下莫不從風而起治矣然則四海百官皆從聽而為治也中庸曰言而世為天下法是也

明作哲案哲字孔傳作哲正義曰王肅及漢書五行志皆云悊智也鄭本作哲與孔傳同悊古哲字也胡氏定從哲為蔡氏書傳所本

夫君視既明貌恭心狠則不能容於國堯言桀行則不能留於朝惟賢德是用惟邪佞是除若天地之無不覆載日月之無不照臨苟非至明何以能取人若

是哉故唐虞命羣臣而登於朝放四凶而流於野故曰知人則哲能官人明可知矣

聰作謀

夫君耳既聰則能立事故來廟堂之語納芻蕘之言良籌碩策日聞於朝深規極諫日達於耳若是則何患不能謀天下之事哉能成天下之謀者惟在君之聰爾

睿作聖

聖者無所不通之謂也夫君之所以治天下之務思慮之深則無有不通矣政無小大能通之也情無昭隱皆見之也舉天下之大四海之遠人所及者莫不通於耳雖天地鬼神亦能通之也中庸曰建諸天地而不悖質諸鬼神而無疑詩曰鳶飛戾天魚躍于淵上下察則聖可知矣

三八政一曰食

自此而下至八曰師皆說八政之目也食者即嘉穀

可食之類也夫聖人之治天下未有不以足食為本故鑿井耕田勸農而厚業使民無遊手而人皆種作於田畝所謂倉廩實然後語榮辱之分衣食足然後議廉恥之事故堯命四子而節授時候舜命后稷而播時百穀皆為此也

二曰貨

貨者即布帛可衣之類也夫古之聖王治天下既不欲一民之餒又不欲一人之寒於是環廬樹桑勸蠶

蔴力組紃勤織使女無棄業室無停機如此則通貨之道也故易曰日中為市聚天下之民通天下之貨交易而退各得其所斯邦厚民富之道也

三曰祀

上郊天所以答陽功下祀地所以報陰道享宗廟所以奉先祖昭孝心示民有尊也又且內有膢臘之事外有山川之舉以至門行戶竈邱陵原隰皆有其祭者是聖人之廣極其敬而有所尊也於是羞其簠簋

陳其籩豆薦其黍稷饎其牢醴外盡備物內竭至誠如此則鬼神幽明胡不享哉故祭祀所以為教本禮曰使民不忘本此之謂也

四曰司空

夫聖人既有天下之廣四海之大民人之衆生齒之繁欲安其土而不遷較其業而阜盛何以至哉故王者立司空之為此責也土維有瘠壤此辨之也地居有上下此相之也故禮曰量地以制邑度地以居民又周官司空掌邦土居四民時地利此其司空之任也

五曰司徒

夫民既有棟宇以避燥濕有衣食以禦飢寒然則教化不行禮義不著何以成至治之道故司徒之官所以教也父之未義者教之以義母之未慈者教之以慈兄與兄則言友弟與弟則言恭人子之道孝弟而已矣夫能教此五者則天下莫不驅頑鄙之行而臻

廉讓之域者也司徒之教使然矣故書云契作司徒敬敷五教在寬又周官司徒掌邦教敷五典擾萬民皆責於司徒也

六曰司寇

夫聖人之治天下雖欲以仁愛之道行化於四海然其間有姦猾則奈何故大則四夷之不賓小則諸侯之不臣凶夫肆逆頑臣姦驕若是則如何制哉故司寇者所以為禦寇之官也周禮曰司寇詰邦國刑百

官又周官曰司寇掌邦禁詰姦慝刑暴亂乃掌嚴邦法修度天威小大之刑無有不正所以討天下之亂臣賊子無非繫於司寇之官也皆其責矣

七曰賓

夫聖人既不能獨治必建賢諸侯所以為王室之輔也然則分茅受土何以得其懽心哉故限之朝覲之禮分之會同之事為之享燕之節設其委積之事始來也有郊共之禮示慇懃之意也及其還則有餞送

之道致丁寧也若此則四海之内凡爾諸侯烏有不親睦哉振鷺詩曰有客宿宿有客信信此周家之客其親睦也可知矣故人主治天下當延其賓客也

八曰師

師者師保之師也夫能探天下之術論聖人之道王者北面而尊師則有不召之師師之猶言法也禮義所從出也道德以為法也故王者有疑則就而問焉謀而有成言而可行率能備王者之疑輔人主以道故湯學伊尹而商祚所以興成王事周公而姬邦所以昌武王之聖尚有呂望之請明帝之儀亦有桓榮之尊自古聖帝明王未有不由師而後興也故傳曰國將興尊師而重道又曰三王四代惟其師故師者天下之根本也然八政之次首曰食而終曰師者何也夫食者萬民之命也一日而不可闕故居於首焉有食必有衣故貨居二焉食貨充盈莫不由明靈祐之故傳曰聖王先成民而後致力於神此祀所以居

其三也雖有養身之具必有安身之居司空主民土故敘之於四也雖有安民之道非禮義不能立故司徒教之居於五也教之不能入不能無小人之行者故司寇主刑詰之居於六也姦猾既去則天下皆相親遠域來朝則賓禮待之居其七也夫然行七者之事未有不決於師明其義達其禮教而行之所以終於八也

四五紀一曰歲

此說五紀之一節也歲有四時春夏秋冬以推移天
地之氣是也
二曰月
自朔至晦是為一月每歲十有二月是也
三曰日
自甲至癸凡有十日此之謂也
四曰星辰
二十八宿分見於四方日月相會之次謂之辰辰之

由言時也專以正時候之節也
五曰歷數
歷者陰陽之紀歷數則謂紀周天三百六十度夫一
歲之間日月之推移星辰之轉運聖人作為之歷紀
其運行伏見之事可以調一歲之氣而節授人時使
人東作西成南訛朔易不愆耕鑿之候以承天地之
和歷數明之致也故堯則命四子舜則在璇璣而寒
暑平四序均謂之正也得五紀之效也然而首曰歲

終曰歷者歲可統月月可統日星辰運行在天歷數
者所以紀四者而正一歲之候也然則皆謂之紀者
括陰陽之運行為天地之大化故皆言紀

欽定四庫全書

洪範口義卷下　　　　宋　胡瑗　撰

五皇極皇建其有極

自此而下至天子作民父母以為天下王是箕子廣皇極之義也以大中之道至深聖人之教至廣故箕子慇懃丁寧而備言之皇大極中也自聖人治天下當大立其大中之道而後可然則謂之中道者如何夫王者由五常之性取中而後行者也剛則不暴柔

則不懦賢則不過愚者亦能及推而使施諸天下使天下之人莫不能由而行之者聖人之中道也故記曰從容中道又語曰允執厥中是也然則謂之大者何哉無限極之辭也夫聖人既有天下之廣四海之大將欲敘彝倫之法行九疇之義上則際乎天下則接乎地舉天地覆燾之義莫不臻坦蕩之風也非聖人廣大無限極而行何施而後可哉

斂時五福用敷錫厥庶民　案宋世家作用傅錫厥庶民敷傅二字古通用

夫聖人既能由大中之道然化天下之民如何致哉故人君斂時五福之道以為教用布於民使慕而勸之五福生於五事五事皆謹則五福集而歸之夫福既有可驗之迹故聖人斂此可致五福之道使民慕而歸之則行善者得其福不善者不得其福故樂其業則為富遂其生則為壽知廉恥則為好德無疾憂則為康寧不為非僻而不墮於刑戮則為考終命矣惟行善者可以語此五福之道

惟時厥庶民于汝極錫汝保極

夫君既有五福之教衆民皆動其心仰慕教化皆就其君酌取中道而行之既能行之朝廷莫不同風遠邇以之一化皆與君安於中道也

凡厥庶民無有淫朋人無有比德惟皇作極

夫民既稟君之教化皆安處于中道如是則天下之人何有淫佚乎則使過度而失中者朋黨而構惡者阿比而為邪者皆修大中之道而行之

凡厥庶民有猷有為有守汝則念之

夫中道既行之後淫朋者不作阿黨者不為是則足以驅小人之行而循君子之途故衆民之間有所謀足以興天下之事有所為足以興天下之功有所守不變君子之節汝則當念之於是與之高爵加之厚祿所以然者以勸人趨於中道也

不協于極不罹于咎皇則受之

雖然爵者以勸中人之道也若其間亦有智慮未深

服教化未甚悟不能盡合于中道雖不合於中道亦不至墮於大惡汝則無限極受之待其修飭於是進用所以然者聖人不欲遽絶乎人待民于大中之域如此則道之甚大也

而康而色曰予攸好德汝則錫之福

然則勸人之法不可驕慢也不可傲易也又當和汝之辭氣安汝之顔色以待于人人若能改其前行克新厥心而乃曰我今所好者德爾如此則可以入大中之域也汝當以爵祿報之矣

時人斯其惟皇之極

大凡素不能行中道者則君勸之以至於中道素非君子者則勸之皆為君子皆由勸導之甚厚故若此之人卒然盡納于大中之道忘棄其偏詖之行也

無虐煢獨而畏高明　宋世家作毋侮鰥寡

煢獨者則是無兄無弟無子煢獨之人高明者則是有權有位寵盛之人人情之中附之者衆也在聖人

之心則不然矣雖有鰥寡未嘗暴虐也雖有權位未嘗畏憚也故不虐鰥寡則天下無窮民不憚權位則天下無驕臣苟非聖人節以中道胡能若是哉

人之有能有為使羞其行而邦其昌

此又言用臣之法若人之有能有為有能謂才能之人也有為謂興為之士也有才能足以經綸國家之政斡整國家之事有棟隆之任無覆餗之凶者才能之人也有興為者則能源國家之大利除國家之大

害奮不世之策立千古之功者有為之士也夫然有能有為之人人君當頒爵祿以敦勵其節修進其行如此則國乃取其昌盛之道蓋人有所勸則不墮其後効廣得人則可樹太平之基矣

凡厥正人既富方穀

此又言馭臣之法也夫正直之人既以爵祿任之又當以善道接之爵所以馭其貴也祿所以馭其富也爵祿者固臣之有也然則既有爵祿之道又必當推

心以任之言聽計從溫顔改容推誠屈體內既盡其信外又盡其禮如此則恩義充浹烏有不得天下之心者哉若其雖有爵祿以貴其巳奉其身然而言色不温誠既不厚禮亦不充如此則犬馬畜其臣也惡有天下之士而肯就犬馬之恩哉故君能盡其待臣之道臣下所以感恩竭力進謀樹勲可以固於磐石矣故曰凡厥正人既富方穀

汝弗能使有好于而家時人斯其辜

夫臣之在位既優之以高爵又接之以善道如此則感恩戴德進謀樹勲有好善於國家者衆矣若其人之在位推誠不甚專待之不甚厚禮遇踈薄恩義衰微言未必行計未必用如此則皆將奮衣而去安能久處於朝廷哉故曰汝不能使正直之人好善于國家其人若被罪而去殊不知待之無素也

于其無好德汝雖錫之福其作汝用咎

夫無好德者即是行之惡者也行之惡者外則險陂

其行內則脂韋其心惟嫉媚其忠良不顧人之治理其行之惡者君屏棄之可也故舜流四凶而海內悅服者是也若其行之惡者汝反與之爵祿置之朝廷則離忠比邪賢害良退間其君臣願聞一日之治不可得也此皆用惡行以敗汝善道何以任哉言勸善則可以享天下之治不用惡則所以防天下之亂也

無偏無陂遵王之義　案陂字古本作頗胡氏從開元改本

此又言王者行大中之體也偏之言私也陂之言曲

也夫聖人中天下而立四海一道也萬民一情也近何殊也遠何異也故欲然莫不如赤子而視之者聖人之情同也然則又何偏為一人而有厚薄曲為一人而有愛憎故不敢偏私不敢陂曲一循先王正義而行蓋先王者亦以此而有天下未嘗偏也未嘗曲也

無有作好遵王之道無有作惡遵王之路

夫好者天下所同好也惡者天下所同惡也故今有

道義之人君子之行行之善者也何人不好之而王者好之同天下之好也有暴慢之人小民之行行之惡者也何人不惡之而王者惡之同天下之所惡也夫好既同天下之所好則有賢必登有善必進位之高爵食之厚禄天下胡為而不勸哉記曰君子不賞而民勸是也惡既同天下之所惡則有惡必誅有罪必去加之刑典置之海隅天下胡為而不畏哉記曰不怒而民威是也聖人能均其好惡酌中道而治天下如此也若或好非天下之所公好則愛者未必有善賞者未必有功伸己之私而不與衆同則天下之人何有勸者矣若惡非天下之所公惡則所誅者未必有罪所去者未必有惡若此則天下之人何有畏者矣賞罰既不公畏勸既不行天下何由而治哉故王者不敢私其所好不敢私其所惡一遵於先王道路而行其得中可知矣既得中道烏有不治者哉

無偏無黨王道蕩蕩無黨無偏王道平平

夫聖人既無一人之私欲亦無一人之阿黨又且好惡一同於天下則王者之治道何偏何黨乎是皆蕩蕩而通達於四闢矣平平治之義也夫既無自私之意而無所黨亦不為物所累而有所偏如此則王道莫不平平然坦平矣

無反無側王道正直

反則反覆之義側則傾側之義夫王者既由中道而行無反覆於中道者亦無欹危於中道者則王者之

道莫不一歸諸正直則是無毫髮之偏也正直則為聖人大中之道矣

會其有極歸其有極

夫王者既無所私邪去其所阿黨所厭者一歸於正所守者一歸於直以四海為一家以萬民為一人其情則天下同也舉萬事而無有過者無有不及者是聖人會合大中之道而後行之聖人非要中道於一身蓋所為天下之教也故天下之人既仰覲君子之

法則稟受君子之教化為人子為人父為兄為弟為僚友者閨門之內朝廷之上者由乎一國達乎四海致乎天下舉天下之人莫不納於君子之途者由上會合而行之也

曰皇極之敷言是彝是訓于帝其訓案宋世家作于帝其順

曰者大其皇極之義而言之皇極之敷言是彝是訓者言聖人立大中之道於是布之為言攄而為教是可為治國之常法使民可以順而行之于帝其訓者天且順而况於人乎天順之者即如行皇極則全五福之道獲美驗之應况於人乎皇極行則人莫不羞其小人之行而願納諸君子之途則是皇極大矣

凡厥庶民極之敷言是訓是行以近天子之光

此又言大中之道至矣何但出於天子之貴夫民承教化之後而亦有中和之心凡其衆民之心所出之言言大中之道信可奉順而行之竭蹶而為之痊除頑鄙之性願躋君子之域以附近天子光輝之盛德

則可知所以然者見上行而下效君唱而民隨言身能唱率大中之道然後可以感天下之心成皇極之風教也

曰天子作民父母以為天下王

此於皇極之終又大其皇極之義人君可不加意哉夫天生蒸民有欲無主乃亂於是命其君而司牧之民不能自衣君為勸其蠶而使衣民不能自食君為勸其耕而使食民不自安君為營棟宇以居之民不

知仁義君為設庠序以教之是天子之於兆民不啻若父母之於赤子恩愛之甚也然則天子既為民父母以為天下之所歸往如何而治舍皇極之道不可也故大中之道行天下無叛道之士四海無違教之民皆知禮義皆為君子也皇極之道廢則天下未必皆康四海未必皆安人黨偏者有之人怨曠者有之以是觀之欲一民無不得其所欲一物無不受其賜舍中道何以哉故堯舜以此道而能為二帝禹湯以

此道而能為三王周公思兼三王致成王於有道孔子不得其位則著之於六經不得志者則可以卷懷於一身得志者則可擴充於天下夫欲極天地之彝倫治國家之大法而將登太平之域者惟用皇極而後可

六三德一曰正直

此極言正直無邪曲之義故聖人所謂中道也

二曰剛克

至剛之德然後能斷

三曰柔克

凡為和柔者亦能治事正中道也剛過則剛柔過則柔三者當隨時制宜而用之也

平康正直

此又言三德各有所宜之民而平安既無傾敧之事亦無反側之慮彼既中道而行己者則以中道而治之也

彊弗友剛克

若民之有彊悍不順大則諸侯之不賓四夷之不臣小則姦宄矯詐悖德慢禮非可和顏悅色而諭之也必須以過剛之德而治之大則甲兵小則鞭撻皆謂治彊禦惡之道也故曰彊弗友剛克

燮友柔克

燮和也若民之行為和順者人君當以和順而接之屈體以下之彼既過恭而順于己則安得不過禮而

待之哉

沉潛剛克（案宋世家作沉漸剛克）

沉深潛藏也前既述聖人之三德此又恐未盡剛柔之宜故重言以戒之夫聖人之剛德不可露見於外則必深藏於内待其犯者然後發見且若有所不賓之諸侯有所不臣之四夷頑嚚姦宄悖亂紀綱君然後大則致其誅討出則利其甲兵所以征姦猾而詰暴亂也如此則海内罔有不肅不畏者此得用剛之

道也若其人君惟好傷人肌膚殘民性命誇示威嚴暴露剛德用刑無度出兵無時如此則非所以禦暴之道而自賊之本也故蒙卦曰不利為寇利用禦寇者用剛深戒也

高明柔克

夫聖人既有柔順之德不可深潛蘊蓄必顯明於外而行之發於面盎於背形於動靜著於四體俱常恭謹則天下之人敬之俱常謙和則天下之人懷之不待刑罰而民自畏不待鈇鉞而民自戒此柔德之所致也故深藏剛德於内則天下之人無不畏也大明柔德於外則天下無不愛之在泰之彖曰内陽而外陰内健而外順斯君子之道也若夫高明其剛沉潛其柔若此則内陰而外陽内柔而外剛則是小人之道也以此觀之剛柔之道人君不可不慎

惟辟作福惟辟作威惟辟玉食

福賞也威罰也玉食珍食也謂玉為珍以至珍惟金

玉耳故玉食為珍食也前既言彊弗友剛克則彊暴弗順者以剛克之此以下言大臣有專威福者不可不誅也夫賞者所以為天下勸善也威者所以為天下誅惡也盛饌天子所宜有也夫此三者天子之用何人臣可得為哉

臣無有作福作威玉食臣之有作福作威玉食其害于而家凶于而國人用側頗僻民用僭忒

夫臣佐君而為治者故君唱則臣和君動則臣隨以

至凡出一號令行一政教未有不承于君而後為者也故賞罰盛饌莫非天子所有臣下安敢為之為臣者何有專盛饌賞罰之禮哉故曰惟辟作福作威玉食若其臣心僭踰竊弄君權有作威福玉食者此惟肆惡于汝家亦將禍及于汝國矣夫大臣既為此行則小臣覬之能不危側而頗僻則天下之人能不僭差而離於中道哉若大臣不道則亡家亂國喪天下者未有不由此而致也然三德本以治天下之民而

自持以衆民之中若有彊禦之人弗友順者易為克也以大臣柄君之權享其重位容適天子一有不法則如何而制之或專賞罰或玉食者有其一行則必誅之若誅之不速則漢之莽卓皆由此致也故易曰辨之不早辨也其此之謂乎以此觀之則大臣不可不防特言之者以為萬世之警戒也

七稽疑擇建立卜筮人

夫聖人有大疑非至神之物不可決之於是灼龜以為卜揲蓍以為筮故卜筮者所以決疑於天下定四海之猶豫也然則灼龜以為卜揲蓍以為筮非通曉孰能之是以必選賢能通其卜筮之人以建立之

乃命卜筮

既擇有才之人為卜筮之官因命之以卜筮之事

曰雨曰霽 案宋世家霽作濟

此即卜筮之事也灼龜之兆其種有五兆者即是以火灼龜而其分拆者為兆其兆文有雨飛而淋流者

曰雨其兆又若雨而舒豁者曰霽也

曰蒙 案宋世家蒙作霧

其氣蒙昧而連沿者曰蒙

曰驛 案正義引鄭康成注驛作圛許氏說文引洪範亦作圛

其氣絡驛而不連屬者曰驛

曰克

其文交相往來而相參錯者曰克

曰貞曰悔

此卜筮卦之法始揲而定則為內卦因而重之故為外卦是卦體本是內起故謂之正因而有所終故謂之悔取晦終之義也

凡七卜五占用二衍忒立時人作卜筮三人占則從二人之言

謂筮也內卦外卦（案此處原本有闕文）夫卜以火灼龜蓍以揲為筮二者之事又以推衍其義而知差忒然後吉凶可以辨禍福可以知也既立知卜筮之人而因命卜

筮之事故卜龜揲蓍皆取三次而驗之若一人言凶而二者言吉則從二者之吉違一人之凶也若二人言凶而一人言吉則從二者之凶違一人之吉也蓋卜筮事大故取其衆而驗吉凶也

汝則有大疑謀及乃心謀及卿士謀及庶人謀及卜筮

此又言將求卜筮必先斷之心諮於臣謀之民次與卜筮相合之意夫君有大疑惟是立君遷國平治危亂征討不臣國之大事猶豫不決必求衆志以決之然則謀及其心則思慮之淵而為興事之主未有不先果決之也然雖已決而未可行又諮之於卿士之官以卿士者惟其才智之人為之然則諮之既畢猶未為當又就衆民而為之謀慮且庶民雖鄙賤而為之謀者芻蕘之間亦有廊廟之語如何而敢違棄哉諮民既畢乃就卜筮而決之卜筮者問天地之情考鬼神之意也然則聖人舉事必先諮之於人然後問之於卜筮者何哉茲見聖人將有為未嘗不與人謀

謀之既同則天下之情往往合矣

汝則從龜從筮從卿士從庶民從是之謂大同

若其君心既從龜筮從卿士從庶民亦從五者皆然夫是之謂大同龜筮從者則是鬼神之情協同卿士與庶民從者則是人心悅順夫人心為之悅順鬼神為之相通聖人有不舉則已動則未有不獲其吉故舜命禹而得此道也書云朕志先定詢謀僉同鬼神其依龜筮協從如是豈不謂大同之驗哉

身其康彊子孫其逢吉

夫鬼神既從卿士民人為之悅豫聖人有動豈惟享一身之利獲一時之安佚雖千萬世而子子孫孫亦當遇其厚福也以其得人心故焉

汝則從龜從筮從卿士逆庶民逆吉

君心既從龜亦同筮亦同卿士逆衆逆龜筮從則是天地之情已和卿士與庶民違者則是人心有所不順雖不能全進然王者戴天履地而治也順天地而

行亦可以獲吉矣

卿士從龜從筮從汝則逆庶民逆吉

君臣之情雖不同天地之心亦應故得為中吉

庶民從龜從筮從汝則逆卿士逆吉

民雖與上異心然天地之心尚應亦可為次吉

汝則從龜從筮逆卿士逆庶民逆作內吉作外凶

鬼神之心猶相違君民之心亦未合惟可小事不可大事祭祀婚冠可也出師征伐不可也

龜筮共違于人用靜吉用作凶

龜筮者所以求情也今天地之情皆不與而衆人之心亦不同如是則不可舉事惟安靜而無為則可若有興事者不惟大小皆取凶也

八庶徵曰雨曰暘曰燠曰寒曰風曰時

蓋王者修五事有恭與不恭敘五行有順與不順及其陰陽以之交感天地為之見衆如是則衆徵至焉然則所為徵者即雨暘寒燠風是也雨以潤萬物暘

以乾萬物長乎萬物者惟燠成乎萬物者惟寒風者春生夏長秋成冬藏鼓舞萬物而不知其所以然莫疾乎風也五者皆天地陰陽之氣而種植萬物者未有不由此而出也王者豈可不修德而召之哉謂之時者各得其時若順時而來則為嘉為瑞若不時而來則為災為孽五者各以其時然後為庶徵之應故用時而結之

五者來備各以其敘庶草蕃廡

此言五者得其時然後可以為庶草蕃廡若五者備各以其次序即如須雨則雨至須風則風至久雨而思暘久寒而思燠如是則五穀如何而不登熟草木如何而不蕃滋哉

一極備凶一極無凶

此又言此五者不時致凶災之道一極備凶者一者備極過甚則如不當雨而却雨不當風而風至暘不以時寒不以節凶之道也一極無凶者一者極而不

至則如當雨而不雨欲風而無風冬而氣不寒夏而氣不燠亦為凶之道也

曰休徵

王者有美行之實天從而有感應之徵下文雨若暘若之類是也

曰肅時雨若

貌之既恭是謂之肅肅者民觀威儀而莫不整肅也於是則有時雨順之時雨順之百穀草木皆被其膏澤之德詩曰有渰萋萋興雨祁祁雨我公田遂及我私雨之順時也必知貌肅而雨應之者雨則木之氣應之故有雨順之事也

曰乂時暘若

言之可從是謂之乂乂者民稟號令而從治也於是則有時暘順之則是百穀草木皆荷其乾烜之力故易繫曰日以烜之暘順時之謂也必知言乂而暘應之者暘者金之氣言得其理則金氣應之故有暘順

之事

曰哲時燠若

視之既明是謂之哲哲者人君能知人之謂也於是則有時燠順之時燠順之則是百穀草木蕃茂皆蒙其溫煦之力春則有溫風夏則有暑雨燠之順時也必知視明而燠應之者以燠者火之氣視得其理則火之氣應之故有燠順之事

曰謀時寒若

聽之既聰是謂之謀謀者納言而成天下事也於是則有時寒順之時寒順之則是百穀草木無不荷孳斂肅殺之德故詩云十月蟋蟀入我床下嗟我婦子聿為改歲入此室處寒之順時也必知能謀而寒應之者以寒者水之氣聽得其理則水氣應之故有寒順之事也

曰聖時風若

思之既通是謂之聖聖者萬事無不通之謂也於是

有時風順之則是百穀草木皆荷其鼓舞之力也故舜之琴歌曰南風之時兮可以阜吾民之財兮南風之薰兮可以解吾民之慍兮此風之順時也必知聖然後風應之者以風屬土之氣思得其理則土之氣應之故有風順之事此以上皆是王者謹五事則有美徵之道夫修五事政令明教化行民有歡愉之心無怨嗟之聲和氣充塞於天地之間美徵如何而不至哉故五行各得其叙五者各來以時則五穀豐登草木蕃廡可見矣舉萬事之疇類莫不納之於亨嘉之會者一歸五事之所致也

曰咎徵

王者有惡行之實天亦從而報之以咎徵之事也

曰狂恒雨若（案恒字原本避宋諱作常今改正）

夫貌之不恭是謂不肅則反而為狂狂者君行妄之甚也威儀不嚴舉措無節於是恒雨順之則百穀不免乎水潦之苦所謂秋有苦雨是也必知狂而恒雨

順者以雨屬木令貌既不恭謂之不肅金之氣沴木故罰有恒雨之災

曰僭恒暘若

夫言之不從是謂不乂乃轉而為僭差者君言不當之謂也於是恒暘順之則百穀不免乎旱暵之苦詩曰旱既太甚滌滌山川旱魃為虐如惔如焚此暘之過甚也必知僭而恒暘順之者以暘屬金令言既不從謂之不乂則木之氣沴金故罰有恒暘之災

曰豫恒燠若

夫視之不明是謂不哲乃反轉而為逸豫者窺視失宜之致也無憂勤之行惟耽樂之從於是有恒燠順之則百穀不免乎疫殞之苦所謂冬有愆陽是也必知豫而致恒燠者以燠屬火令視既不明謂之不哲則水之氣沴火故罰有恒燠之災

曰急恒寒若

夫聽之不聰是謂不謀則反轉而為卞急者謂君不

納人言而好用已見也於是則有恒寒順之則百穀不茂艱于長養也所謂夏有伏陰是也必知急而致恒寒者以寒屬水令聽既不聰謂之不明則火之氣沴水故罰有恒寒之災

曰蒙恒風若

夫思之不通是謂不聖乃反轉而為闇蒙者君行暗昧之甚也舉事不知其宜臨政惑於所為於是則有恒風順之恒風順之則不無偃禾拔木之異詩所云終風且霾不日有曀風之過甚者也必知蒙而致恒風者以風屬土令思既不通謂之不聖金木水火四者皆沴於土故罰有恒風之災此在上者不謹五事之所致也夫五事不謹政令不明教化不行民多窮困者道有嗟怨者愁恨之聲塞於天地之間則咎徵之事至矣故五者不以時百穀以之災傷草木以之衰落舉萬物之類莫不受其害者君不謹五事所致也

曰王省惟歲卿士惟月

此以下廣說為君能供君之職為臣能盡臣之道如是則不惟百穀豐登致美徵而已可以長保國家福祿之道若其為君不能守君之職為臣不能盡臣之節亦不惟致百穀災傷招咎徵而已所以招天下之亂故王省惟歲卿士惟月師尹惟日此先舉君臣之職之分之道夫歲所以兼總四時而成一歲之功也王者之治天下綱紀百官總統萬幾斡旋天下之事

而歸乎治者也是王者之所省職至廣大還如一歲之兼載四時也卿士惟月夫月者自朔至晦兼總三十日者也九卿之官衆士之職不得擬之於王但使各分其曹掌其事如一月之有別也

師尹惟日歲月日時無易

夫日者自早至暮之謂月則有三十日歲有三百六十日衆正官之使既不得比之於王又不得擬之於卿士但陳力就列分職共治還如日之統屬於歲月

然歲月日時無易為君者專供君之職為臣者各盡臣之道上下無差僭堅慤而無變易故也

百穀用成乂用明

教化興行和氣充塞然後百穀用成年豐登也治道用明政大行也故曰百穀用成乂用明

俊民用章家用平康

俊民用章賢者進也家用平康國家安而長保其福也

日月歲時既易百穀用不成乂用昏不明俊民用微家用不寧

君不供君之職臣不盡臣之道上或侮於下下或僭於上則變易形矣百穀用不成年凶荒也乂用昏不明其政亂也俊民用微小人進也家用不寧國家所以顛覆之道起是上下失職之所致也

庶民惟星星有好風星有好雨

冥冥無知蚩蚩無識民之性也以民繁衆而處于國

一如衆星之在于天則衆星之閒有好風者箕星是也有好雨者畢星是也星有好惡則民之性有好惡可知矣

日月之行則有冬有夏

周天三百六十五度四分度之一日行遲一日行一度一歲然後周行於天月行速一日十三度十九分度之七一月然後周行于天是日月之行自有常度也又如日南極則為冬至日北極則為夏至是日月

迭運於天自有冬夏之常候

月之從星則以風雨

月經于箕則多風離于畢則多雨亦如正教失常以從民欲亦所以亂故王者莫非一正其德深飭于下無相奪倫順其職次然後可以安於大治也

九五福一曰壽

民得永年者為壽即如詩稱為此春酒以介眉壽者為永年之人也注謂百二十年者未可限也

二曰富

民樂業而勤農桑仰足以事父母俯足以畜妻子樂歲終身飽凶年免於死亡富之道也注謂財豐備亦未必然

三曰康寧

和氣充盈兵革寢息天下無疾疫之苦戍役之勞民安濟之道也

四曰攸好德

出孝入悌愛賢慕能德之所好者也

五曰考終命

天與人之命有短者有長者人但隨其短而善終任其長而吉盡不為征戰之所殞滅刑罰之所枉梏無橫夭毀傷而死者皆自成天命以終也

六極一曰凶短折

人之窮極之事有六凶短折者不以善而終既不得其壽又不得考終命是謂凶短折之人或因征戰之

所死或被桎梏之所紾皆不遂天命也注謂短未六十折未三十皆不然矣

二曰疾

陰陽乖則風雨暴和氣隔塞天災流行民則疾癘矣

三曰憂

上未有以奉父母俯又闕于畜妻子無安堵之業而勞征伐之行役日虞流轉于溝壑即民憂之甚也

四曰貧

繇役頻租歛煩男不耕女不織田畝荒穢杼空民貧之道也

五曰惡六曰弱

惡與弱皆不好德者也好德者由乎中道也惡與弱皆過乎中道與不及中道也惡者過而無所不至弱者懦怯而終無所立也此二者人行之窮極故入在六極之内然則人君教化不行禮義不著民不知有盛德之事所以致如此應也則知六極者皆反五福

者也五福曰壽曰考終命六極曰凶短折此一極而反二福也五福曰康寧六極曰疾曰憂二極而反一福也五福曰富六極曰貧此一極而反一福也五福曰攸好德六極曰惡曰弱此亦二極而反一福也六極與五福通貫而言之則可若離而解之則殊失聖人之意夫五福者天下之至美者也六極者天下之至惡者也聖人不能獨為之教是必兼講九疇而用之然後可以驗於民也昔鯀陻洪水汩陳五行帝乃震怒不畀洪範九疇彝倫攸斁鯀則殛死禹乃嗣興天乃錫禹洪範九疇初一曰五行至九曰嚮用五福威用六極者何也夫王者體五行以立德謹五事以修身厚八政以分職協五紀以正時建皇極以臨民人三德以通變明稽疑以有為念庶徵以調二氣彝倫攸叙是謂至治之世五福被於民彝倫攸斁是為至亂之世六極傷於民夫五行者水火金木土在天則為五星在地則為五行在人則為五事王者五事

皆謹則五常不失其道五行皆順其性五星不失其明五事謹之致也厚八政則食以足務稼穡則貨以通有祭祀以事鬼神司空以平土地司徒以均教化司寇以正刑罰賓所以明禮師所以為法協五紀則四時不差建皇極則民履中道乂三德則馭下有方明稽疑則與衆同欲如是則君子在位小人在野君臣上下交相和同蠻夷戎狄無不寧謐然後可以驗於庶徵也庶者則曰雨曰暘曰燠曰寒曰風五者皆

順其時各得其驗則為謹五事之應也故經曰肅時雨若至聖時風若此和氣之感召也故下文云王省惟歲至家用平康此美徵之大者也故美徵既至則五福被於民矣舒泰則各盡其壽壽不必百二十歲為限民樂康則各得其富富不必以財豐為備無疾憂所以康寧知禮讓所以好德不經于征戰不被于刑戮為考終命之道以此觀之王者兼講九疇而次序之則可以獲五福之應若王者不能謹五事則五

常皆失其道五行失其性五星失其度八政由是而隳焉農失業則食不足商失業則貨不通祀失時則鬼神惡司空失職則土地曠司徒失職則教化衰司寇失職則刑罰濫賓失職則禮壞師不嚴則道不尊五紀亂則時令差皇極傾則王道塞三德乖則政治廢稽疑逆則衆心異夫然則小人在位君子在野上下交相侵陵蠻夷戎狄擾于中國故有咎徵者悖五事之應也五事悖而貌不恭反而為狂言不從則反而為僭視不明則反而為豫聽不聰反而為急思不睿反而為蒙故經曰狂恒雨若至蒙恒風若此逆氣之所感召也故下文云日月歲時既易至月之從星則以風雨此咎徵之大者也咎徵既著則六極然後被于民矣民死於征戰而困於刑戮所以凶短折陰陽不調所以疾不得其所所以憂衣食不充租歛急厚所以貧庠序不設教化不興不知君子之正道徒著小人之邪行故為惡與弱以此觀之王者不能用

九疇為治本所以有六極之道然則五福六極莫非聖人為教之道可以驗王道成敗之迹故因以終焉

乾隆御覽之寶

北轅録

（宋）周　煇　撰

《北轅録》一卷，宋周煇撰，據《説選》本影印。

周煇（一一二六—？），字昭禮，宋淮南東路泰州人。周煇生於書香世家，和父親周邦師友相稱，他一生未仕，淳熙三年（一一七六）曾隨使者使金，晚年隱居錢塘，以藏書爲事。著有《清波雜志》十二卷、《清波别志》三卷、《北轅録》一卷。

淳熙四年，敷文閣張子政爲『賀金國生辰使』出使金國，周煇從之。此行從臨安出發，至金國中都，停留半月後回到臨安，周煇記途中所見所聞，是爲《北轅録》。本書對路途所經州縣記載詳細，更指出地名沿革，以及古人遺迹。如寧陵縣『本寧城，古葛伯國，六國時屬魏，爲信陵君無忌之封』，寥寥數語，即描繪出寧陵小史。本書還記載了金國地理、建築、禮節、服飾、食物、俗語，如地理有汴河至靈壁縣斷流、建築有中都宫殿、禮節有金人接引使飲三杯而退、服飾有金人衛士盡戴金花帽錦袍、食物有油餅棗糕之類、俗語有金人謂柑子『孔果子』等，一卷日記，其内容之廣不亞於長篇遊記。周煇使金之時，距北宋滅亡已五十年，物是人非之情溢於行間，如臨淮縣通濟渠，北宋時南北貨運蔚爲興盛，而當時已成污渠，『隋堤之柳無復仿佛矣』。至黄河時，周煇目睹金國列舟爲橋，遂興感歎，今後收復失地，揮師從此北上，會知此橋『爲利之博焉』。其拳拳愛國之心，由此可見一斑。

（高　典）

北轅録　　說選十八　十五　偏記

淳熙丙申十一月二十九日詔待制敷文閣張子政假試戶部尚書充賀金國生辰使皇叔祖右監門衛大將軍士褒假明州觀察使知東上閤門兼客省四方館事副之明年正月七日陛辭出國門初九日離行在二十一日至淮陰二十六日燕館習儀二十八日北行引接傳御使副郎館坐

受其謁上中節序立其傍虜道接伴使昭武大將軍尚書戶部郎中李佾廣威將軍尚書兵部員外郎完顏宗卞僎賓立飲引接三盃而退二十九日盱眙置酒餞使介度淮午至泗州津亭使副望拜如儀接伴戎服陪立各帶銀牌牌樣如方響上有蕃書急速走遞四字上有御押其狀如主字虜法出使皆帶牌有金銀木之別朝服對

立于庭至展起居狀三節人講茶禮使副歷廳茶酒三行虜法先湯後茶少頃聯轡入城夾道甲士執兵直抵於館旋供晚食果飣如南方齋筵先設茶筵一般若七夕乞巧其瓦壠桂皮雞腸銀鋌金剛鐲西施舌取其形蜜和麪油煎之虜甚珍此謂茶食未行酒先設此品進茶一盞又謂之茶筵次供饅頭血羹畢羅肚羹盪羊餅子解粥肉齏羹索麪骨頭盤

子自後大同小異酒味甚漓食畢即鎖門內外不通二月一日甫交睫間接伴所晨衙三節謂北家聲喏各相呼而起時猶未至三鼓旋覓盃水洗漱冠櫛畢點心已至灌肺油餅棗糕麪粥有供糕糜處或未暇舉筯忽一人呼官員認馬三節出門馬已預定上一匹二貼於背上以防差誤馬科於民謂之戶馬御者不俟據鞍即散蓋防

與之話言泄穢事也細車四輛奉南北使副亦以序行車之形製既不美觀出館各有細紗二燭籠爲導氣象甚不佳亦有羗管從後聲頗悽怨永夜修途行人爲之慼愴車每輛用驢十五頭把車五六人行差遲以巨挺擊驢謂之走車其震蕩如逆風上下波濤間纛車三十六輛每輛輓以四牛禮物私覿使介三節行李皆在焉自起

程至三許折車與定汴京褒山也盖常先一兩程而往來人夫及輓車牛驢至州縣更易六十里至臨淮縣縣有徐城本徐國有徐君墓季札掛劒處即此是日行循汴河河水極淺洛口即塞理固應然承平漕江淮米六百萬石自楊子達京師不過四十日五十年後乃成污渠可嘆一笑隋堤之柳無復彷彿矣二月至虹縣晚宿靈壁縣汴河

自此斷流自過泗地皆荒瘠兩岸奇石可愛石産於縣鳳凰山以小爲貴或云花石綱所棄者虞姬墓在西岸雖無碑却有村疃名陰陵靈壁舊爲鎮亦名獻齒頭虹本紅陽亘丘二縣地漢書紅陽侯立是也訛而不改遂名曰虹五日至永城縣縣本敬丘縣地漢更敬丘曰太丘陳寔爲之長縣北有芒山與碭山相接六日至穀熟縣十八里至南京

入陽熙門市樓榜曰睢陽夾道甲兵甚盛張巡許遠廟在西門外謂之雙忠廟其傍則宋玉臺此地高辛氏子閼伯所居商丘也武王封微子杞爲宋國後唐號歸德軍本朝王業所基陞爲南京詔即衙域以爲大內以歸德爲名後陞應天府太上皇於此登位虜今改歸德府及門數妓來迓北使率皆騎驢不約束步武便乘騎也入境

男子衣皆小窄婦女衫皆極寬大有位者便服立止用阜紵絲或番羅繫版縧與阜隸略無分別縧反插垂頭於腰謂之有禮無貴賤皆著尖頭靴所頂之巾謂之蹋鴟七日至寧陵縣縣本甯城古葛伯國六國時屬魏爲信陵君無忌之封宿拱州襄陵驛虜改曰濉州濉河在十里外本襄邑縣宋襄公葬于此故曰襄陵八日至雍丘縣

縣故杞國武王封禹後東樓公縣東有葵丘齊桓公所會也行二十里過空桑伊尹所生之地又里許即伊尹墓地名三家次過范郎廟其地名孟莊廟塑孟姜女偶坐配享者蒙恬將軍也又六十里至陳留縣縣本鄭邑爲陳所并故名實張良之封邑或云陳思王亦生於此九日至東京虜改曰南京未到城先過皇城寺宜春苑使副

易朝服三節更衣帶從跨馬入新宋門舊曰朝陽虜名洪仁樓櫓濠塹甚設次入甕城次入大城人煙極凋殘至會同館舊貢院也接伴所得私覿盡貨於此行戶倍償都騎晩食酒貯以黃缸味差勝有以柑子餉承應人得之甚喜云謂之孔果子按東京春秋衛陳鄭三國之境古大梁城也十三日至黃河浮航以渡自南抵北用船八

十五隻各闊一丈六七尺其布置相去又各丈餘上實筭子木覆以草曳車牽馬而過如履平地虜以順天名橋于觀駢頭巨艦綷以寸金規制堅壯橋兵守護甚嚴不日我國家恢復河朔過師枕席上云當知此橋爲利之博焉十八里至延津津即袁紹渡處十四日至湯陰縣湯陰本蕩陰晉侍中嵇紹死節之所又有羑里城羑河

羑市文王所囚之地十五日至相州閬閤繁盛觀者如堵二樓曰康樂曰月白風清又二樓曰翠樓曰秦樓時方賣酒其上牌書十洲春色酒名也或云韓魏公晝錦堂今爲一貴人宅石記猶在好事者叩門打碑不禁也相出茜草故綯名天下銅雀臺講武城章河紂之朝歌城皆在境內講武南有塔聞是舊鄴於高丘相望名七十二

冢世謂曹孟德狙詐竄後人使迷其葬所相實古鄴相魏文侯始封之地十六日至邯鄲縣縣古趙國邯山名鄲盡也邯山至此而盡凡城郭字從邑故字皆從邑趙王叢臺在縣之北聞每年三月二十四日空巷上簡子冢冢形如硯世謂硯子冢程嬰公孫杵臼墓亦在焉路逢一細車蓋以青𤭛頭𣪠人家也頭𣪠者謂貴族及將相之

家十七日至邢州古鉅鹿郡故邢侯國也秦兼天下於此置信都縣十八日至內丘縣內丘本漢之中丘未至內丘西望太行山岡巒北走崖谷秀傑如昔所聞山延袤八十里十九日至柏鄉縣縣本春秋晉鄗邑之地漢光武即位於鄗之南六十里至趙州道經光武廟有二石人首橫於路俗傳光武欲渡河二人致餉慮洩其蹤乃除

之又云遇二人問途不答怒而斬之已而皆石也未至城五里渡石橋橋從空架起工極堅緻南北長十三丈闊四之一實隋人李春所造元祐間賜名安濟有張果老驢迹二十日至真定府未至城先過滹沱河河流不甚闊聞當春漲時殊湍急也真定在春秋時屬鮮虞國二十二日至新樂縣縣古鮮虞國漢中山孝王母馮昭儀隨

王就國王於是建宮於樂里而呼爲西樂城語訛西爲新四十五里至中山府堯始封于此二十四日至安肅軍過白溝河二十五日至涿州黃帝戰蚩尤於涿鹿卽此地二十六日至良鄉縣入內通侍郎李慶孙賜銀合湯藥貼用紅綾勅書云勅其卿遠持慶幣來賀誕辰馳華隰以良勞次郊亭而伊邇宜有節宜之餽以彰眷遇之優

二十七日過盧溝河卽盧龍也燕人呼水爲龍呼黑爲盧亦謂黑水河色黑而濁其急如箭至燕山府外燕賓館赴班荆宴少定傳銜館伴使昭武大將軍太子少詹事蒲察明少中大夫侍御史鄧儼爲之副南使與之互展起居狀繼與接伴互展辭狀天使敬具賜宴單仲賜酒果酒九行禮畢趨入城初入端禮門次入南門次入豐宜門次過龍津樓樓亦分三道通用碧玉石扶闌上琢爲嬰兒狀極工巧次入宣陽門由馳道西南入會同館甫就次有天使完顏汴傳宣撫問二十八日忠勇校尉劉彥忠忠翊校尉何彥來交禮物天使烏古論賜酒果宣威將軍充東上閤門副使郭喜說朝見儀二十九日辨色副使率三節入見行司捧國書於馬上前行初出館橫過

馳道行而御廊東西曲尺各二百五十間至掖門下馬自專德門由會通承明二門入左嘉會門趨而南至幕次少頃鳴鐘鐘罷衛士山呼百官裏見時方辰正斯須於幕間見曳玉帶者五人先出後知爲東宮親王平章令公也繼獨引副使捧國書頃之閤門綠衣吏來引都轄以下（都轄三節之長）先入宣明門次行政門於隔門上面北序立

門之裏即殿庭隊門見副使舞蹈之節俟禮物過副使由右出三節自東入拜于大甎上上有一品至七品黑漆黄字牌子蓋其朝著也一甎可容數百人遍地製成鸞鳳殿九楹前設露臺柱衣文繡兩廊各三十間中有鐘鼓樓兩外垂金漆簾額飾以繡廊之西馬有鞴紅繡鞍者數匹乃高麗所進殿門外衛士二三百人分兩傍立盡

戴金花帽錦袍宣明門外直至外廊皆甲士青緇甲居左旗執黄龍紅緇甲居右旗執紅龍外廊皆銀鎗左掖門入皆金鎗人依一柱以立焉仁政門左門用甲士訖見無一人跛倚者凡門屋下皆青隊執弓矢以數各有差若乃經從之處宮殿門名茲不具載北宮營繕之制初雖取則東都而竭民膏血終殫土木之費瓦悉覆以琉璃

日色暉映樓觀翬飛圖畫莫克摹寫佐佑之初役民兵一百二十萬數年方就死者不計其數三節既出副使疾作依柱以立扶策至幕次未畢餘禮小底入報小底二百人傳旨免禮數至於殿門外受衣帶三節繼之是日麗夏使人同見少留俟其禮竟閤門來引復舊路出至嘉會門駐立久之以麗人在門外受賜未畢也歸館久之宣威

將軍客省使兼東上閤門盧璣到館押伴置酒殿上近例止就賜副使免坐第拜表謝三節各受衣帶五事尚書公獨以病辭館伴所服以禮例應給使副衣帶各七事有靴而無笏虜無象簡所用皆木層也三十日就館宴天使李顯金賜宴并酒果燕山酒固佳是日所餉極為醇厚名金瀾盞用金瀾水以釀之也三月一日雨免入賀

不爾必致露服失容有習來此者言雖兩立移時不恤也二日天使完顏奕賜分食者分御膳以賜之也九日入辭使副受書而歸十日離館燕古燕州地武王封堯後於薊即薊縣也隋立涿郡唐爲幽州天寶間曰范陽郡陞爲盧龍軍遼曰燕京名析津府皇朝改曰燕山府虜曰大興府二十三日至東都未至城三三里車夫指一土岡云是名愁臺乃晉少帝北狩之路二十四日押宴鎮國上將軍鎮南軍節度使兼懷州管內觀察使高蘇賜宴并酒果天使趙泳食畢啓行四月十六日至家是行往返凡九十六日

宋周輝撰

北轅録終

北轅録跋

按此書四庫未收故總目卷一百四十一著錄周煇另書清波別志有書中自稱肯至金國蓋不可解之語已經余嘉錫提要辨證闡明其誤辨證並考定煇父名邦非如提要所稱名邦彥致與詞人周邦彥混爲一人不資說郛卷五十四節錄此書凡三千三百餘字今傳古今說海歷代小史等本率出說郛則亦非完帙也又此書於清末已經法儒沙畹譯爲法文並加註釋見刊於西曆一九〇四年通報惟沙畹沿誤撰人之名爲煇亦已經伯希和考說郛之文訂正伯希和文見刊於西曆一九二四年通報因便並及翁同文跋於德國博宏市

清波雜志　清波别志

（宋）周　煇　撰

《清波雜志》十二卷《清波别志》三卷，宋周煇撰，據《文淵閣四庫全書》本影印。

周煇有《北轅録》，已著録。

《清波雜志》爲周煇晚年所著筆記，主要記載了宋人軼事、風俗、詩文等，自序中解釋書名由來云：『時居下都清波門，目爲清波雜志。』署於紹熙三年。《清波别志》爲兩年後作者收録《雜志》未收録的雞肋之作，彙集而成。兩書所收故事，多爲作者從長者處聆聽得來，而作者出身名門，父子兩人又交友廣泛，由是，兩書保留了大量兩宋時期朝野、民間故事，爲考證當時史實提供了重要的參考資料。如宋高宗雖任用秦檜，不思抗金，但是本書記載，他『躬行儉德，風動四方』，不僅修行宫甚爲節儉，還曾下詔毁掉精細器具，認爲奢侈之物不可留。兩書許多故事可以看出，周煇著録史實，兼有議論，評價公允，有良史之風。兩書記載了不少詩詞文章，或已亡佚，或與現存版本不同，對輯佚、校勘工作有很大幫助。張貴謨在序中説到，《清波雜志》記録街頭議論之往事，雖然是些尋常瑣事，却多有益於風化、補史書所缺之言。而兩書内容廣爲後世所引用，其價值已遠非如此。

（高　典）

欽定四庫全書
子部
清波雜志　御製詩　卷一至六

詳校官監察御史臣邱文愷
侍讀臣孫球覆勘
總校官知縣臣繆琪
校對官侍詔臣胡士震
謄錄監生臣錢中鎰

御製題明人影宋鈔清波雜志

逸史犁然志紹熙久無傳本此稱奇唐鈎晉蹟隔一間明影宋刋非兩岐昔人謂雙鈎下真蹟一等如唐臨晉帖之類影宋鈔亦然世道人心斯繫矣南遷北伐早卑之此書雖雜志古今事蹟而於高宗南遷臨安建都特詳於題宋中興聖政草詩已論之茲不復贅清波門外西湖水浣盡當年諛墓辭

乾隆甲午冬日

欽定四庫全書　御製詩　清波雜志　一

欽定四庫全書　　子部十二

清波雜志　　小説家類一　雜事之屬

提要

臣等謹案清波雜志十二卷別志三卷宋周煇撰煇字昭禮邦彦之子厲鶚宋詩紀事附載馬曰琯之言曰舊本清波雜志有張貴謨序書中煇俱作燡應從之按是編爲影宋精本書中俱作煇張貴謨序亦存恐曰琯所見者或轉是訛本煇自題曰淮海人而兩浙名賢録載之書中有祖居錢塘後洋街語則煇實自浙遷淮也是書之末有張斯中張訢陳晦楊寅張巖龔頤正徐似道等七跋皆同時人似道稱煇爲處士然煇曾試宏詞奏名見之書中或當時未就官耶別志又自稱嘗至金國益不可解或隨出使者行也清波爲杭州城門之名紹興中煇寓其地因以名書所記

皆宋人雜事方回桐江續集力詆其尊王安石之非考書中稱煇之曾祖與安石爲中表蓋親串之閒不無回護猶之王明清揮麈諸録曲爲曾布解耳知其私意所在則可以此盡廢其書則又門户之見矣是書原本十二卷商維濬稗海作三卷蓋明人刊本多好合併刪削不足爲異諸跋並稱二志惟龔頤正跋作三志考宋人著書率以前後別續新分爲五集則別志之前似乎當有後志然別志中但稱前志不及後志嘉靖戊申姚舜牧跋亦但稱雜志十二卷別志三卷則自明以來惟此兩集或頤正跋三字誤歟乾隆四十六年十二月恭校上

總纂官臣紀昀臣陸錫熊臣孫士毅

總校官臣陸費墀

清波雜志序

余故人周昭禮嗜學攻於文當世名公卿多折節下之余與昭禮定交今不翅二十年矣每一別再見喜其論議益該洽文益工今老矣而志益壯一日示余以所撰清波雜志十有二卷紀前言往行及耳目所接雖尋常細事多有益風教及可補野史所闕遺者蓋昭禮家藏故書幾萬卷平時父子自相師友其學問源委蓋不同如此今寓居中都清波門之南故因以名其集云紹熙癸丑春古括張貴謨序

清波雜志題識

煇早侍先生長者與聆前言往行有可傳者歲晚遺忘十不二三暇日因筆之非曰著述長夏無所用心賢於博奕云爾時居都下清波門目為清波雜志紹熙壬子六月淮海周煇識

欽定四庫全書

清波雜志卷一

宋 周煇 撰

高宗繇康邸使北庭開大元帥府於相州繼登寶位再造王室一時覇府攀附自汪丞相伯彦而次建炎初詔省記事跡成書來上付之史館其間所紀符瑞如氷泮復凝紅光如火雲霞華蓋其類不一獨諸路文書中帥府或曰康王或曰靖王有觧坼靖康二字乃立十二月

而立康王祥契昭灼如此時識者謂本朝無親王將兵在外故事忽付火元帥之柄於皇弟葢本天意云

高宗初被命渡河隨軍一裨將某善人倫密云同列曰大王神觀甚佳此行必成大事舍人觀察亦保終吉但資政氣貌甚惡禍只在旦夕資政謂王雲也時以資政殿學士輔行行至磁州果被害于應王廟中書舍人耿延禧觀察使高世則時參謀議於幕府

神宗初出閤封頴川郡王既即位陞頴州為節鎮父之覺其非遂以許州為頴昌府人比之芳洲生杜若吏部侍郎張舜民爾嘗考神宗嘉祐九年授忠武軍節度使封淮陽郡王治平元年封頴王三年立為皇太子初不曾封頴川郡王政和間工部侍郎劉嗣明奏恭惟神宗皇帝自忠武軍節度使頴王登大位其忠武軍止緣遥領節制已陞為頴昌府有頴川係受封興王之地伏望崇建府號遂以頴州為頴川府依舊順昌軍額悉符前説

五代時有僧某卓庵道邊蓺蔬丐錢一日晝寢夢一金色黄龍食所蓺萵苣數畦僧寤驚且曰必有異人至已而見一偉丈夫於所夢之所取萵苣食之僧視其狀貌凜然遂攝衣延之餽食甚勤頃刻告去僧囑之曰富貴無相忘因以所夢告之且曰公他日得志願為老僧只於此地建一大寺偉丈夫乃蓺祖也既即位求其僧尚存遂命建寺賜名普安都人稱為道者院則壽聖皇帝王封之名已兆於此

高宗自相州提兵渡河初程宿頓問地名以新興店對幕府進言大王治兵復仇行紹大統而初宿新興天意若曰宋室中興其命維新且以太平興國中宋捷之語為證紹興辛巳視師江上至無錫幸惠山酌泉泉上有汲桶桶間書吳安二字吳安閣隸姓名也侍衛者偶見之皆喜謂吳地可安或云亦嘗達於聖聽頃得此說於惠山主僧法皥晉安等名雖不同其為佳讖則一也

高宗踐阼之初躬行儉德風動四方一日語宰執曰朕

性不喜與婦人久處早晚食只麪飯炊餅煎肉而已食罷多在殿旁小閣垂簾獨坐設一白木桌置筆硯並無長物又嘗詔有司毀棄螺填倚卓等物謂螺填淫巧之物不可留仍舉向自相州渡大河荒野中寒甚燒柴借半破甆盂溫湯瀹飯茅簷下與汪伯彥同食今不敢忘紹興間復紆奎畫以記損齋損之又損終始如一宜乎去華崇實還淳返朴開中興而濟斯民也

紹興二年修建康府行宮以圖進呈被旨可只如州治修蓋一殿之費雖未為過而廊廡亦當相稱則土木之侈傷財害民何所不至象箸之漸不可不戒由是制度簡儉不彫不斵得夏禹卑宮室之意

朱弁新安人建炎戊申歲副王倫使金被留館於雲中紹興壬子歲王先得還至紹興癸亥約和已定朱方南歸嘗著曲洧舊聞云仁宗時最先言皇嗣者明州鄞縣尉不記其姓名閱歲久之又經此喪亂史家亦不復載為可惜煇紹興間得婁寅亮奏劄曰先正有言太祖舍

其子而立弟此天下之大公也周王薨章聖選宗室子育之宮中此天下之大慮也仁宗皇帝感悟其說詔英宗入繼大統文子文孫宜君宜王遭罹變故不斷如帶今有天下者獨陛下一人而已恭惟陛下克己憂勤備嘗艱險春秋鼎盛自當則百斯男屬者椒寢未繁前星不耀孤立無助有識寒心天其或者深戒陛下追念祖宗公心長慮之所及乎崇寧以來諛臣進說獨推濮王子孫以為近屬餘皆謂之同姓致使昌陵之後寂寥無

闕夯迸藍縷僅同民庶臣恐祀豐于昵仰違天鑒藝祖
在上莫肯顧歆此二聖所以未有回鑾之期强敵所以
未有悔禍之意元元未有息肩之時也欲望陛下於子
行中遴選太祖諸孫有賢德者視秩親王使牧九州以
待皇嗣之生退處藩服更加廣選宣祖太宗之裔材武
可稱之人升為南班以備環列庶幾上副在天之靈下
係人心之望臣本書生叨擢科第白首選調垂二十年
令將告歸不敢終嘿位卑言高罪當萬死惟陛下裁赦

婁初不知其出處近聞乃温州人字陟明擢政和二年
進士乙科曾任察官屬鄉邦大浸父子皆沒於水或云
論事之疏不止於此

高宗即位於南京肆赦文有兩本首尾皆同如道君發
德音而罪已退辟履位之尊乾龍以震長繼天首正誤
國之罪悉捐金幣分割膏腴思愛惜於兩朝忍輕加於
一矢生靈受賜夷夏聞風方結束言旣驅車而北渡未
寒口血復擁衆以南侵慨谿壑之無厭昧蜂蠆之有毒
廷臣之策敵使詭和欵貔虎以退師致金湯之失險肆
令敵騎蕩食都畿等語與今所傳本異蓋時有忌器之
嫌也皆太常少卿滕康行滕後簽書樞密院南京人

哲宗御邇英閣召宰執暨講讀官講禮記讀寶訓顧臨
讀至漢武帝籍提封為上林苑仁宗曰山澤之利當與
衆共之何用此也丁度對曰臣事陛下二十年每奉德
音未始不本於憂勤此蓋祖宗家法爾讀畢宰臣呂大
防等進曰祖宗家法甚多自三代以後唯本朝百三十

年中外無事蓋由祖宗所立家法最善臣請舉其略自
古人主事母后朝見有時如漢武帝五日一朝長樂宮
祖宗以來事母后皆朝夕見此事親之法也前代大長
公主用臣妾之禮本朝必先致恭仁宗以姪事姑之禮
見獻穆大長公主此事長之法也上曰今宮中見行家
人禮大防等曰前代宮闈多不肅宮人或與廷臣相見
唐入閤圖有昭容位本朝宮禁嚴密内外整肅此治内
之法也前代外戚多預政事常致敗亂本朝母后之族

皆不預此待外戚之法也前代宮室多尚華侈本朝宮殿止用赤白此尚儉之法也前代人君雖在宮禁出輿入輦祖宗皆步自内廷出御後殿豈乏人力哉亦欲涉歷廣庭稍冐寒暑爾此勤身之法也前代人主在禁中冠服苟簡祖宗以來燕居必以禮竊聞陛下昨禮畢具禮服謝太皇太后此尚禮之法也前代多深於用刑大者誅戮小者遠竄唯本朝用法最輕臣下有罪止於罷黜此寛仁之法也至於虛己納諫不好畋獵不尚玩好

不用玉器飲食不貴異味御廚止用羊肉此皆祖宗家法所以致太平者陛下不須遠法前代但盡行家法足以為天下上甚然之列聖家法之盛大臣啓迪之忠皆可書而誦也

元祐大婚呂正獻公當國執議不用樂宣仁云尋常人家娶箇新婦尚點幾箇樂人如何官家却不得用欽聖云更休與他懑宰執理會但自安排着遂令教坊鈞容伏宣德門裏皇后乘翟車甫入兩部闕門衆樂具舉久之伶官華出賞物語人曰不可似得這箇科第相公却不教用實録具書納后典禮但言婚禮不賀不及用樂一節王彥霖繫年録載六禮特詳亦不書此

宰臣呂大防等言昨奉聖旨宣諭皇帝納后有期已令入内侍省檢舉施行者伏以塗山啓夏渭涘興周予娶度土之辰親迎造舟之地若稽盛典適契亨期將開前寢之模宜謹曲臺之議恭惟皇帝陛下天錫仁孝日新光明躬親萬幾雖稟東朝之訓表帥九御尚虛中壼之

尊伊欲迓于家邦必先正其服位太皇太后殿下念宗祊之奉篤風教之先歷詢慶門咨求淑媛將協定祥之兆當陳備物之嚴嘉命惟行體二儀之判合舊章可舉在六禮之親成自納采至於告期繇命使訖乎上禮車服有等幣贄有常古今相沿方冊具載臣等不勝大願伏望誕頒明詔豫敕奉常考沿革於前王參節文於通禮制為成式付在有司袞冕穀圭益重謹昏之義金根駟馬悉全象物之宜足以彰有命之自天知得賢之配

聖善承億載流化萬方凡在懷生率同大慶太皇亦降答詔前輩謂元祐納后禮制視天聖景祐討論特為詳備天祐皇家母儀得昭慈之賢其後撥亂返正翊戴中興之主功參十亂茲謹具著焉

國朝配享功臣於太廟横街南東西相向設位太祖室趙普曹彬太宗室薛居正石熙載真宗室李沆王旦李繼隆仁宗室王曾呂夷簡英宗室韓琦曾公亮神宗室富弼曹偉哲宗室司馬光徽宗室韓忠彦高宗室呂頤

浩趙鼎韓世忠張俊視祖宗文武臣各用二人侑食蓋中興將相勲烈之盛不得而遺也

天聖初元内出聖祖神化金寶牌令景靈宮分於在京宮觀寺院及外州名山聖跡之處牌長三尺許厚寸餘文十二曰玉清昭應宮成天尊萬壽金寶背文五曰永鎮福地勑其周郭隱應虬龍花葩之狀精彩焕爛封以絳囊箴以漆匣或云用王居正藥金所製凡不經兵革州郡皆寶藏之煇嘗見於上饒天慶觀蓋留龍虎山

頃見唐人官告印文細如絲髮本朝印文麗厚漫沕遲速雖係官府事之繁簡舊傳唯三司開封為省府事最繁劇所用印歲一易今學士院印乃景德年鑄在京百司所用無如此久者

舊制凡罷官三月不赴部選集者有罰煇見耆舊云承平時州縣多闕官得替還鄉未及息肩已竭蹷入京授見次即趣赴上一季半年已為遠闕到國門即入朝集院支俸差剩員破官馬事事安便與今異矣政宣間掌

朝廷書詔者朝士常十數人主文盟者集衆長而成篇靖康垂簾告天下手書出太常少卿汪藻筆紹興間婉容劉氏進位貴妃亦特命監察御史王綸草制或云時宰與王同里欲其霑賜金故臨期特畀權内制

蘇東坡言少時與父并弟同讀富韓公使北語録至於説大遼國主云用兵則士馬物故國家受其害爵賞日加人臣享其利故凡北朝之臣勸用兵者乃自為計非為北朝計也三人皆歎其言明白切中事機老蘇謂二

子曰古人有此意否坡對曰嚴安亦有此意但不明白老蘇笑以為然燀觀三國志顧雍傳孫權時沿邊諸將各欲立功自效多陳便宜有所掩襲權以訪雍雍曰兵法戒於小利此等所陳欲邀功名而為其身非為國也又讀通鑑唐武德五年突厥犯邊鄭元璹諳頡利說之曰唐與突厥風俗不同突厥雖得唐地不能居也今虜掠所得皆入國人於可汗何有不如旋師復修和好可無跋涉之勞坐受金幣又皆入可汗府庫孰與棄昆仲積

年之歡而結子孫無窮之怨乎頡利悅引兵還開元六年吐蕃求和忠王友皇甫惟明求奏事從容言和親之利明皇未然惟明力言邊境有事則將吏得以因緣盜匿官物妄述功狀以取勳爵此皆姦臣之利非國家之福乃許其和蓋皆祖述嚴安之言也後東坡載其說於鄭公神道碑之首張文定公當仁廟時論人臣勸用兵亦有事成身蒙其利不成則陛下任其患之語

選人改秩今當員多闕少時須次動六七年咸云考無玷闕方幸寸進戛戛乎難哉近制改京官歲有定額且減薦數有憑藉者亦不待求而得之每患艱得職司若止許用職司一員庶俾孤寒均得應格昔有胡宗英者該磨勘引見日仁宗驚其年少舉官踰三倍閱其家狀父宿見任翰林學士乃歎曰寒畯安得不沉滯遂降旨止與循資熙寧間一選人以貴援得京官削十三紙引見日神宗云有舉狀一十三紙者是甚人特與改次等官於是權勢聳然幕職州縣官以薦改京官者其數如格

則移刑寺問舉者無罪故乃得磨勘而注籍以待引見至引見又移問如初有罪故而不足於數者輒罷去考功郎趙岘請勿再移問從之仁人之言也岘乃清獻公之子

國家慶壽典禮千古未聞錫類施澤下逮士庶婦人高年亦如版授誠不世之恩也然增加年甲偽冒寖出向來臺臣固已論列而嚴保任之制近見一文士作溫陽老人對切中此獘其辭曰溫陽之山有老人行年一百

二十矣淳熙登號之三年朝廷舉行曠世之典有采樵者進而問之曰今天子朝太上皇德壽宮奉玉卮上千萬歲壽肆大號加恩區内無間於已仕未仕之父母弟其年之如詔者而授之官叟何為而弗與老人對曰吾未及其年樵者曰叟年踰期頤若為而未及對曰天有二日人有二年有富貴之年有貧賤之年富貴之年舒以長貧賤之年促以短吾自幼至老未嘗識富貴之事身不具毛褐不知冰綃霧縠之為麗服也口不厭藜藿

不知熊蹯豹胎之為珍羞也目不覩靡曼之色而蓬頭齞脣之與居耳不聽絲竹之音而蕘歌牧嘯之為樂今吾雖閱一百二十二年之寒暑而不離貧賤若以二當一則吾之年始六十有一與詔不相應是以為未及又何敢冒其官曰今之世有年未及並其數求以應詔者朝廷亦官之何也對曰彼富貴者也吾固言之矣是所謂以一而當二者也其學寡越之徒歟吾儕小人不敢求其比樵者笑而退燀既得其說竊惟主上孝奉三宮十年一講慶禮鴻恩錫類方與未艾在位者其思有以革之庶幾名器增重不致冒濫人得以為榮

清波雜志卷一

欽定四庫全書

清波雜志卷二

宋　周煇　撰

建炎元年五月一日高宗即位赦書一應蔡京童貫王黼朱勔李彥王師成譚稹及其子孫皆誤國害民之人見流竄者更不收敘二日降手詔宣仁聖烈皇后保佑哲宗有安社稷大功姦臣懷私誣衊聖德著在國史以欺後世可令國史院別差官摭實刊脩播告天下其蔡卞

邢恕蔡懋三省取旨行遣仍不得用建炎元年五月一日赦議者謂中興新政孰先於此抑推原禍亂之自云

王黼一日在相國寺行香見蔡京以太師魯國公揭牓序立其下深有羨慕之色親厚者乘間叩之黼曰無他不謂元長有許大官職其人因言太宰若能承當一大事元長官職不難致黼識其意乃身任伐燕之責後亦致位太傅楚國公且許服紫花袍增益騶導并張青羅蓋塗金從物略與親王等寵遇埒於京及夫事變適開

封尹聶山有宿怨遣武吏追躡戕於雍丘輔固村民家取其首以獻以遇盜聞議者惜不與童貫輩明正典刑顧乃回枉如此同時蔡攸脩亦賜死脩聞命曰誤國如此死有餘辜又何憾焉乃飲藥而攸猶豫不能決左右授以繩攸乃自縊而死或以靖康刑戮為疑識者云祖宗特不誅大臣爾若首禍賊黨罪惡顯著在天之靈當亦不赦也

五十年前有通右府書稱樞密太尉蓋舊制文臣為樞

密使皆帶檢校太尉東坡賀文潞公正任兵府書亦有太尉之稱官稱隨時改易不可一槩論元豐前樞密院奏薦子弟皆補班行

京城士庶舊通用青涼傘大中祥符五年唯許親王用之餘並禁止六年始許中書樞密院依舊用繖出入近時臣僚建議士庶用皁繖者不聞施行政和間亦詔非品官之家不許乘暖轎武臣任主兵差遣緣邊安撫官走馬承受並不得乘轎亦紹聖之制

蒲宗孟左丞因奏書請官屬賞神宗曰所修書謬無賞宗孟又引例儀鸞司等當賜帛上以小故未答右丞王安禮進曰修書謬儀鸞司恐不須上為之笑賜帛乃得請卒然一言而當於理

諸疑獄當奏而不奏科罪如法不當奏輒奏者勿坐此法既行全活多矣元豐詔大理兼鞫獄事多上所付大理卿韓晉卿獨持平要實無所觀望人以不冤神宗知其材凡獄難明及事繁權貴者悉以委晉卿天下大辟

請讞執政或以為煩將劾不應讞者晉卿曰聽斷求生朝廷之心也今讞而獲戾讞不至矣議者或引唐覆奏令欲令天下庶獄悉從奏決晉卿曰法在天下而可疑可矜者上請此祖宗制也今四海萬里一欲械繫待朝命恐罪人之死於獄多于伏辜者朝廷皆從之韓密州安丘人

舊制沙門島黥卒溢額取一人投於海殊失朝廷寬貸之意乞後溢額逐年深至配所不作過者移州神宗深然之著為定制乃馬默知登州日建明也凡天下疑獄並具本末奏取勑裁此說既行凡有奏疑未嘗不免追元豐八年詔自今天下州軍勘到强盜情理無可憫刑名無疑慮輒敢奏聞者並令刑部舉駁重行朝典不得用例破條正與前說相反

馬子約之父知登州乞以流海島溢額之卒移本州牢城以廣好生之德從之馬夢有告之者爾本無子且無壽上帝以爾請貸罪人賜一子且益壽云

舊立扁牓必系以亭堂齋閣之名今或略去嘗見黃岡所刻東坡墨蹟一帖云新居在大江上風雲百變足娛老人有一書齋名思無邪若欲省文去下一齋字何不可者蓋亦隨時所尚爾

自昔人士皆著帽後取便於戎服紹興丙子魏敏肅道弼貳大政一日造朝預備衫帽朝退服以入堂蓋已得請矣一時駭更衣制力或未辦乃權宜以凉衫為禮習以為常乾道間王日嚴內相申請謂琛一堂而圍座色

皆淺素極可憎乞仍存紫衫至今四十年不改前此仕族子弟未受官者皆衣白今非跨馬及弔慰不敢用士大夫於馬上披凉衫婦女步通衢以方幅紫羅障蔽半身俗謂之蓋頭蓋唐帷帽之制也籠餅蒸餅之屬食必去皮皆為北地風埃設舊見說汴都細車前列數人持水罐子旋洒路過車以免埃壒蓬勃江南街衢皆甃以磚與北方不侔

客有言表章所用字有合回互處若危亂傾覆之類通

朝士書如罪出憂去甚至以申謝為叙謝初以為過及見元祐一小說言蘇明允作權書歐陽公大奇之為改書中所用崩亂十餘字奏于朝哲宗嘗書鄭谷雪詩於扇亂飄僧舍茶煙濕改亂飄為輕飄

房次律為永禪師白樂天海中山本朝陳文惠南庵歐陽公神清洞韓魏公紫府真人富韓公崑崙真人蘇東坡戒和尚王平甫靈芝宮近時所傳尤衆第欲印證今古名輩皆自仙佛中去來然其說類得於夢寐渺茫中恐止可為篇什裝點之助

東坡在海外語其子過曰我決不為海外人近日頗覺有還中州氣象乃滌硯焚香寫平生所作八賦當不脫誤一字以卜之寫畢大喜曰吾歸無疑矣後數日廉州之命至八賦墨蹟初歸梁師成後入禁中煇在建康於老尼處得東坡元祐間綾帕子上所書薄命佳人詩末兩句全用草聖筆勢尤超逸尼時年八十餘矣又於呂公經甫少卿家所書傷春詞虞部文甫少卿父也二墨

蹟屢經兵火而尚存誠宜珍祕呂乃申公之後

紹興辛酉煇隨侍之鄱陽至南康揚瀾左蠡失舟老幼僅以身免小泊沙際俟易舟信步至山椒一寺軒名重湖梁間一木牌老僧指似是乃蘇內翰留題登榻覩之即八月渡重湖蕭條萬象踈秋風片帆急暮靄一山孤許國心猶在康時術已虛岷峨千萬里投老得歸無詩也漶漫尚可讀僧云以所處深險人跡不到故留至今然律詩而用兩韻叩於能詩者曰詩格不一如李誠之

送唐子方亦兩押山難字韻政不必拘也而坡岐亭詩凡二十六句而押六韻或云無此格韓退之有雜詩一篇二十六句押六韻

燁平生四汎大江備嘗艱險共載生死係於浮沉之間每過龍祠薰爐漉觴唯謹無屋宇但植一竿亦致寘幣於中流至小孤山謁廟見幡脚及花瓶中小青蛇盤結舉首蜿蜒者甚衆祝者云神今日在廟歆享而然歸舟夜夢入廟如儀且口占祝文既覺但記浩若川流儻不

葬於魚腹赫然廟貌尚可薦於豕蹄一聯耳

男子施敬於婦女男一拜婦答兩拜名曰夾拜古禮也今則不然古之男女皆跪詩曰長跪問故夫或問婦跪如何嘗鬬海上之國僧尼婦人皆作男子拜拜尚不以為異則跪宜有之

向在建康於鄰人狄似處見其五世祖武襄公收儂智高時所帶銅面具及所佩牌上刻真武像世言武襄乃真武神也又出使相判陳州告身皆五色金花綾紙十七張暈錦褾袋犀軸紫絲網皆備後於友人歐陽偁處得其遠祖文忠公自初進擢至贈謚綸告一無遺者可謂故物不愧鄭公之笏兩家其能終保存耶

武襄赴陳州不懌語所親曰青此行必死問其然曰陳州出一梨子號青沙爛今去本州青必爛死一時雖笑之未幾果卒初嘗戲談適會其死耳似云初無此說好事者為之或云當時狄為都人指目故為是無稽之言以為笑端判陳州竟因疑似熙寧改元青子諮入對上

問青征南有遺書否乃上平蠻記及歸仁鋪戰陣二圖上乃自為文遣使即其第祭之其文具載實錄

信安孟王仁仲酷嗜法書名畫且能別真贋帥建康日知先人素從後湖蘇養直徵君游託移書求仇池故硯蘇答云抄掠之餘所存百骸九竅耳平生長物豈復一毫況仇池之尤物乎公殆索我於昔之隱几者也孟見之笑曰只是不肯見畀爾後數年黃山谷甥洪仲本託先人以一畫致于孟乃枯枿上一鷹實山房李公擇向

書故物補破處龍眠筆題作鍾隱米元章畫史云李後主號鍾山隱居疑後主筆也而名畫録自有鍾隱南唐人未知孰是或謂古畫必有對後關併歸於孟氏鍾隱天台人隱於鍾山遂為姓名李方叔為趙德麟品德隅齋畫備書其藝之妙

韓魏公領四路招討駐延安忽夜有携匕首至卧内者乃夏人所遣也公語之汝取我首去其人曰不忍得諫議金帶足矣明日公不治此事俄有守陴者以元帶來

納留之或曰初不治此事為得體卒受其帶則墮奸人計中矣公嘆非所及元豐間亦有守邊者一夕失城門鎖亦不究治但亟令易而入之繼有得元鎖來歸者乃曰初不失也使持往合關鍵蹉跌不相入較以納帶似得之豈大賢千慮未免一失乎延安刺客乃張元所遣元本華陰布衣使氣自負嘗再以詩干魏公公不納遂投西夏而用事迨王師失律于好水川元題詩于界上僧寺云夏竦何曾聳韓琦未是奇滿川龍虎輦猶自說兵機其不遜如此熊子服著九朝通略於康定元年書華州進士張源逃入元昊界詔賜其家錢米以反間之却用此源字

嘉祐中修睦親宅神御殿歐陽文忠公言祖宗廟貌非人臣私家所宜有罷之宣和間朱勔在蘇州即私室建神御殿奉御容其中監司郡邑吏每朔望皆拜庭下熙寧間宗室魯王等亦建神御于本宮議臣謂諸侯不得祖天子公廟不設于私家今宗室有祖宗神御非所以

明尊卑崇正統也宜一切廢罷從之近屬王宮尚有法禁小臣私室豈應得為

徽宗召天下道術之士海陵徐神翁亦至神翁好寫字與人多驗蔡京得東明二字皆謂東明乃向日之方可卜富貴未艾後京貶死潭州城南五里外東明寺比之六賊獨免誅戮或謂以其嘗軸時建居養安濟漏澤貧有養病有醫死有葬陰德及物所致其然乎當是時有司觀望奉行失當於居養安濟皆給衣被器用專雇乳

母及女使之類資給過厚常平所入殆不能支致侵擾行户宣和初復詔裁立中制未幾遂廢

京之卒適潭守乃其仇數日不得殮隨行使臣輦棊於漏澤園人謂得其報此說止見於靖康禍胎記宣和間京師染色有名太師青者迨京之殮無棺木乃以青布條裹屍亦其讖也

京在相位偶在告未出有某氏先在兩家各生一子後二子入從爭欲迎母歸養未知適從事至朝廷執政無

所處持以白京京曰此亦何難第問其母願歸何處一言遂決又一歲户部久郊費若干長貳堂白京唯唯期逼申言之答以徐之旋聞下文思院鑄錢樣亦臣測時富商大賈在京識事者懲屢變鹽法之害亟以所蓄算請鈔旁不數日府庫沛然

徽宗嘗出玉琖玉卮以示輔臣曰欲用此於大宴恐人以為太華京曰臣昔使遼見有玉盤盞皆石晉時物持以示臣謂南朝無此今用之上壽於理毋嫌徽宗曰先帝作一小臺財數尺上封者甚衆朕甚嘉之此器已就久矣懼人言復興京曰事苟當於理人言不足卹也陛下當享天下之養區區玉器何足道哉其不能納忠大率如此

京懷姦固位屢被逐而不去王黼切忌之百方欲其去乃取旨遣童貫偕其子攸往取表京以攸被詔同至乃置酒留貫攸亦預焉京以事出不意一時失措酒行自陳曰京衰老宜去而不忍遽乞身者以上恩未報此二

公所知也時左右聞京併呼其子為公莫不竊笑欲去宰輔取表自京始嘗攷鼂錯吏漢令諸侯諠譁錯父聞之從潁川來謂錯曰上初即位公為政用事侵削諸侯疏人骨肉口語多怨公何謂也錯曰固也不如此天子不尊宗廟不安父曰劉氏安矣鼂氏危吾去公歸矣凡三呼其子為公史筆書之亦以表其失言

蔡攸副童貫出師北伐有少保節度使與宣撫副使二認旗從于後次日執旗兵逃去二旗亦失之識者知為

不祥既行徽宗語其父京曰攸辭日奏功成後要問朕覓念四五都知其英氣如此京但謝以小子無狀二人乃上寵嬪念四者閻婕妤也

京得東坡表忠觀碑讀至天目之山苕水出焉謂坐客曰是甚言語初不知某之山某水出焉酈玄水經格也

王荆公得表忠觀碑顧坐客曰似何人之文字又曰似司馬遷文又曰似遷何等文字又曰漢興諸侯王年表也邵溥公濟云遷死亡景帝武帝二紀禮樂等書三王

世家乃元成間褚先生補作非遷之書也

王荆公日録八十卷毗陵張氏有全帙頃曾借觀凡舊德大臣不附已者皆遭詆毀論法度有不便於民者皆歸於上可以垂耀後世者悉已有之盡出其壻蔡卞誣罔具詳具載陳了齋瑩中四明尊堯集陳亦自謂豈敢以私意斷其是非更在後之君子審辯而已故神宗實録後亦多采日録中語增修章子厚為息女擇配久而未諧蔡因曰相公擇壻如此其艱豈不男女失時乎子厚曰待尋一箇似蔡郎者蔡甚慙王蔡造端矯誣雖歷千百年衆論藉藉如新刻同時之人宜乎議之不置孰謂蓋棺事始定耶前説煇得於叔祖元仲叔祖視政宣諸名公為輩行李丞相伯紀欲以諫官薦不就平生所著詩篇鄒林向伯恭為之序

熙寧五年詔賜新及第進士錢三千緡諸科七百緡為期集費進士諸科舊用甲次高下率錢貧者或稱貸於人過於浮費至是始賜之後以為例

清波雜志卷二

欽定四庫全書

清波雜志卷三

宋 周煇 撰

煇居建康春時偕一二鄰曲至內後景陽臺臺之下一尼庵少憩見若琉璃色一瓦羥徑二尺許厚三四寸中空用以閣盆盎叩之鏗然有聲尼云近墾地得之乃李後主用此引後湖水入宮中雖瓦礫微物亦有時而顯晦又至白下門外齊安院主僧曰近治地得一玉盃已

碎銀一鋌上刻永定公主為誌公和尚淨䟽之資一樣十鋌行人問宮殿耕者得珠璣誠不吾欺

張文潛雜書有云余自金陵月堂謁蔣帝祠初出北門始辨色行平野中時暮春人家桃李未謝西望城壁壕水或絕或流多鵁鶄白鷺迤邐近山風物夭秀如行錦繡圖畫中舊讀荆公詩多稱蔣山景物信不誣白公少客杭州自言欲得守杭卒如其言予亦云與東坡跋秦太虛夜航西湖至普明院舍舟從參寥並湖而行出雷峰度南屏濯足于惠因澗入靈石塢得支徑上風篁嶺憩于龍井始至壽星院謁辨才一段奇事景趣略相似皆可以畫但恐畫不就爾煇雖未嘗夜遊南北山如金陵郊野春游良不踈想像文潛所歷如在目前足不至者二十餘年特未知今復何似

煇憶年及冠從父執陳彥育序游鍾山陳題三四詩於八功德水庵之壁寒騎瘦馬度山腰目斷青溪第一橋盡是帝王陵墓處野風荒草暝蕭蕭十年塵土暗衣巾

亂走江湖一病身西第將軍成底事北朝開府是何人止記其二陳句容人素與先人厚善先人嘗次其韻雄壓吳頭控楚胥千峰環拱冶城橋黃旗紫蓋旋歸漢古刹淒凉尚號蕭北獄經行匪濫巾相陪來現隱淪身春蘺秋桂還吾輩白浪紅塵付若人皆書于壁二十年後再過之皆不存矣郗后化蟒之地鹿苑院土人名為蕭帝寺寺之殿宇猶是梁時建立者

建康六朝故都葉石林少蘊居留日嘗命諸邑官能文

者捜訪古跡製圖經時石橋林敏石子邁主上元簿考
最詳多以王荆公詩引證號上元古跡煇先得其書後
史志道侍郎修建康志宛轉借去志成為助良多
石林至新林因江寧尉林恪謁于道旁忽叩新林之名
林即對乃王坦之倒執手板見桓温之地大喜曰不圖
同僚中得一文士未幾以左傳託其點抹其見賞識如
此方欲薦用而林卒開封人紹興戊午魁特奏名
建康創建府治石林委府僚伻圖再三不叶意一旦杖

策自往相視四顧指畫遂定儀門外列六位以處倅貳
職官迨六蜚臨幸以設廳為三省便廳為樞密院六位
為六部次及百官皆有攸處其他政事精明彼民至今
能道之石林為從祖姑之夫煇幼及識其風度偉人也
石林為蔡京客故避著録所書政宣間事尊京曰魯公
凡及蔡氏每委曲回互而於元祐斥司馬温公名何也
建炎紹興初仕宦者供家狀有不係蔡京王黼等親黨
一項今日江湖從學者人人諱道是門生石林其嬌一

時之獘耶
絶江渡淮過河越白溝風聲氣俗頓異寒暄亦不齊煇
淳熙丙申從使節出疆回轅當三月中下旬一路紅塵
漲天熱不可耐若江南五六月氣候往還經從汴都顧
瞻宗廟宫室不悟朝陽殿遂作單于宫不獨興歎於往
古以中原復中原規恢洪業信自有時節煇老矣其及
見諸侯東都之會耶
士大夫欲永保富貴動有禁忌尤諱言死獨溺於聲色

一切無所顧避聞人家姬侍有惠麗者伺其主翁屬纊
之際已設計賄牙儈俟其放出以售之雖俗有熱孝之
嫌不卹也又佩玉以尸沁為貴酬價增數倍墟墓之物
反為生人寶玩是皆不可以理詰
四十年前朝士遺論徑放謝辭倉皇出闕親厚者亦不
敢相聞迨更化之後稍革此風猶未敢舒肆叔祖縣三
院御史貳春官未幾罷斥時王公元樞德言任小司空
趨局即請早出餞同列叩之昌言答曰綸今日欲送周

為高為高叔祖字也從列尾而至者一二耳近時去國者冠蓋祖餞從容理裝風俗歸厚於治世豈小補哉括蒼管詮平仲監奏邸坐事免官泰丞相手封銀一笏以助其歸恃此方敢留一二日蓋泰早授館於其家故特致此禮

政宣間除攉侍從以上皆先命日者推步其五行休咎然後出命故一時術者謂士大夫窮達在我可否之間朝士例許於通衢下馬從醫卜因是此輩益得以憑依

今談天者既出入貴人門第揣摩時事以售其說偶爾符合遂名奇中卜以決疑卦影乃驗於日後反致人疑死生禍福貴賤各有定分彼焉能測造化之妙鼂文元平生不喜術數之說每謂自然之分天命也樂天不憂知命也推理安常委命也何必逆計未然哉

宣和崇尚道教黃冠出入禁闥號金門羽客氣燄赫然林靈素為之宗主道官自金壇郎至太虛大夫班秩與庭臣同靈素初除金門羽客通真達靈元妙先生視中大夫後馴攉至大中大夫沖和殿侍晨視兩府道官同文官編入雜壓仍每遇郊恩封贈父母一日盛暑亭午上在水殿熱甚詔靈素作法祈雨久之奏云四瀆上帝皆命封閉唯黃河一路可通但不能及外詔亟致之俄震雷大霔霔皆濁流俄頃即止中使自外入言內門外赫日自若徽宗益神之宣和末死于溫州未死間先自籍平日錫賚物寄之郡帑且為治命殮以容身之棺棺中止真所賜萬歲藤柱杖封窆甚固建炎初唯下溫州

籍其貲而已後數年有內侍洗手劉太尉之姪避地至長沙於酒肆見一駝裘丈夫負壁而坐熟視乃靈素也劉叩先生何為至此靈素曰吾亡命爾向不早為此身首異處矣倏失所在靈素狡獪幸震一時及勢衰事變復以譎詐遁去異哉後葬永嘉黃土山先命見石龜方下棺開穴深數丈果得之

當靈素盛時一日有詔兩學之士問道於其座下且遣親近中貴監莅靈素既陞座首詔太學博士王俊乂久

而不出既出乃昌言昔吾先聖與老聃同德比義相為師友豈有搵衣禮黃冠者哉聞者駭然各逡巡而罷王海陵人歷宰掾分符而終近萬元亨典鄉郡雖載姓名於圖經人物志偶遺此一節

時又有王仔昔者初館于蔡京第屬大旱徽宗焦心禱雨每遣中使持一幅素紙求仔昔書皆為禱雨也一日中使再持紙至仔昔忽書一小符仍札其左云焚符湯沃而洗之中使大懼不肯受曰上禱雨令得此大謬矣

仔昔怒曰第持去上得之駭異葢上黙禱為寵嬪赤目者因一沃而愈詔封通妙先生後以語言不遜殺之

紹興丁巳歲車駕巡幸建康回蹕時先人主舟徒簿排辦新豐鎮頓物皆備御舟過止宣索生菜兩籃非所辦者官吏倉卒供進幸免闕事前頓傳報生菜遂為珍品物有時而貴世事奚不然

吳抵字長吉臨川人後建康早從王荆公學譚熈豐間舊事亹亹不倦與秦丞相有硯席舊兆共道居留日俾鄉人舉其孝廉孝者當兵火擾攘之際供母養無缺廉者雖在窮約人或賙之有所不受雖曰鄉論素與亦未免有所迎合繼以禮津置赴行在所館於太學未幾託疾告歸初無恩數爾後八行孝廉之舉寂無聞焉

瓊花海內無二本唐人謂玉蘂花乃比其色許慎說文瓊乃赤玉與花色不類燀家海陵海陵昔隸維揚亦視為鄉里自幼游戲無雙亭未見甚奇異處不識者或認為聚八仙特以名品素高爾后土祠前後地土膏腴尤

宜芍藥歲新日茂及春敷腴盛大纖麗富豔遂與洛陽牡丹並驅角勝孔毅父嘗譜三十有三種續之者纔十餘種夫豈能備固宜有所增益錢思公尹洛一日幕客旅見於雙桂樓下見小屏細書九十餘種皆牡丹名也洛花久汙腥羶揚花在今日尤當貴重

紅藥而黃腰號金帶圍初無種有時而出則城中當有宰相韓魏公為守一出四枝公自當其一選客具樂以賞之時王岐公為倅王荆公為屬皆在席缺其一莫有

當之者會報過客陳太博入門亟召之乃秀公也酒半折花歌以揷之四公後皆為首相後山陳師道云煇嘗詢於揚之故老皆云初不識所謂金帶圍者豈花與人物亦相為榮悴乎

煇祖居錢唐後洋街第宅燬于陳通之亂今韓蘄王府其地也嘗見故老言昔歲風物與今不同四隅皆空迥人跡不到寶蓮山吳山萬松嶺林木茂密何嘗有人居城中僧寺甚多樓殿相望出湧金門望九里松極目更

無障礙自六蜚駐蹕日益繁盛湖上屋宇連接不減城中一色樓臺三十里不知何處覓孤山近人詩也或云為此詩者黄姓失其名亦嘗作万俟丞相挽詩有地下若逢秦相國也應不說到沅湘之句

天下名山福地類因行役窮日力且為姑俟回程來觀之語所誤竟失一往貽終身之恨者多矣煇頃隨侍自番陽順流東歸至南康阻風留一日乘興游廬山飯于歸宗旋至萬杉杉陰夾道蔽日抵羅漢觀大鼓未至棲賢數里先聞三峽噴薄激射之聲動心駭目凡山南佳處領略粗徧爾後一再經從皆不暇訪陳跡至今清夢猶在巖壑間嘗有一編紀游今亡

昭慈聖獻上賓庭臣進輓歌辭莫不紀垂箔事一詩云飲馬驅驕敵飛龍紀建炎艱危三改歲倉卒兩垂簾云云乃中書舍人林適詞也一時傳誦挽詩自古皆五言至嘉祐末方有七言者

乾道末晁强伯子建至毗陵祠蘇東坡於學宮其叔少

尹子止為之記其間言坡之葬也少公銘其墓皆非實録其甚者以賞罰不明罪元祐以改法免役懷元豊指温公才智不足而謂公斥逐出其遺意稱蔡確謗讟可赦而謂公進用由其遴推章惇之賊害忠良而云公與之友善林希之誣詆善類而云公嘗汲引之子止所書如此少公之語誌文在可考也其然不其然乎祠宇成中寘坡塑像又徧求從壯至老及自海外歸儀刑繪於兩廡晁丈元後子健為景迂生以道之嫡孫祠堂碑後

為人磨去

東坡自海外歸毗陵病暑著小冠披半臂坐船中夾運河千萬人隨觀之坡顧坐客曰莫看殺軾否則素知被民愛慕坡亦眷眷此地而不忘强伯尸而祝之之意出此

東坡初入荊谿有樂死之語蓋喜其風土也繼抱疾稍革徑山老惟琳來問候坡曰萬里嶺海不死而歸宿田里有不起之憂非命也耶然死生亦細故爾後二日將屬纊聞根先離琳叩耳大聲曰端明勿忘西方曰西

方不無但箇裏着力不得語畢而終歸老素志竟隳澌茫一丘墅天實啚之淳熙己酉周益公罷相回江右小泊荊谿因董氏出楚頌帖乃考坡自元豐七年以後經從此地月日本末為詳刻石具在楚頌乃坡欲種橘名亭而不遂者也

英州碧落洞乳羊飲鍾乳澗水體白如乳遇封方兒然不常有也通泰鹽地麋食艾生茸入藥故人極力捕獵以邀善價士大夫求恣嗜慾有養巨鹿日刺其血和酒以飲其殘物命如此嘗聞宣和間艮嶽豢鹿數百千頭其大如驢廣圍城中盡殺以啗衛士茸角皆棄之

族叔茂振以正字權外制日秦丞相佯代作進茶鹽法表纔聞秦自有所改定迨付出所改者不有成憲將何靖民八字耳或叩本語云不遑也後自同知樞密院責祕書少監分司居筠州踰年放還宗族勞其歸因言蘇黄門亦以少進分司居于筠州云不獨爾所寓之屋亦黄門舊宅既葬二十八年內翰洪公景盧方誌其墓嘗

在樞府日洪為編修官

在翰院一日召至中書受旨作建立皇子詔曰朕荷天右序承列聖之丕業思所以垂裕于後夙夜不敢康寧永惟本支之重疆固王室親親尚賢厥有古義普安郡王（壽皇潛名）藝祖皇帝七世孫也自幼鞠于宮闈嶷然不羣聰哲端重閱義有立允于宗藩歷年滋多厥德用茂望實之懿中外所聞朕將考禮正名昭示天下立愛之道始於家邦自古帝王以此明人倫而厚風俗也稽考前

憲非朕敢私上讀之稱善又令製字以賜未幾遂柄用
洪其著此文於誌中仍首載當時使事且云效坡公所
作富碑之體
初試宏博以所業投湯岐公時季元衡南壽待制亦投
文字湯嘗師之初許其魁奪一日謂季曰近有一周某
至先生當處其下既奏名季果次焉
蔡卞之妻王夫人頗知書能詩詞蔡每有國事先謀之
於床笫然後宣之於廟堂時執政相語曰吾輩每日奉

行者皆其咳唾之餘也蔡拜右相家宴張樂伶人揚言
曰右丞今日大拜都是夫人裙帶譏其官職自妻而致
中外傳以為笑輝在金陵見老先生言荆公嘗謂元度
為千載人物卓有宰輔之器不因其歸以女憑藉而然
其後蔡唯知報婦翁之知不知掩婦翁之失致使得罪
天下後世其於報也何有
王夫人者一日於看樓見一僧頂笠自樓下過問左右
笠甚重内有何物告以行脚僧生生之具皆在焉因嘆

曰都是北珠金箔能有多少亟使人追之意欲厚施其
僧不顧而去異夫迎門持鉢者
合堂同席以觴客客非其人則四座惟不洽而飲易醉
返以應接為苦選詩從軍有苦樂但問所從誰或欲易
從軍為飲酒飲酒欲惟無由自醉得勸則沉湎勸尤在
勸侑辭遜之間五十年前宴客止一勸今則巡盃止三
勸則無算頗仆者相屬不但沉湎而已亦見風俗隨時
奢儉之不侔然一席歡洽全在致勸辭受之際若盃行

到手不留殘氣固豪矣於流連光景似久從容是皆少
年態度老去夫何能為

清波雜志卷三

欽定四庫全書

清波雜志卷四

宋　周煇　撰

借書一瓻還書一瓻後訛為癡殊失忠厚氣象書非天降地出必因人得之得而秘之自示不廣人亦豈肯以未見者相假唐杜暹家書末自題云清俸買來手自校子孫讀之知聖道鬻及借人為不孝鬻為不孝可也借為不孝過矣然煇手抄書前後遺失亦多未免往來于

懷因讀唐子西庚失茶具說釋然不復芥蔕其說曰吾家失茶具戒婦勿求婦曰何也吾應之曰彼竊者必其所好也心之所好則思得之懼吾靳之不予也而竊之則斯人也得其所好矣得其所好則寶之懼其泄而秘之懼其壞而安置之則是物也得其所託矣人得其所好物得其所託復何言哉婦曰嘻是烏得不貧煇亦云聚而必散物理之常父兄藏書雖恐子弟不讀讀無所成猶勝腐爛篋笥旋致蠹魚之變陳亞少卿藏書萬卷名畫一千餘軸晚年復得華亭雙鶴及怪石異花作詩戒其後曰滿室圖書雜典墳華亭僊客岱雲根他年若不和根賣便是吾家好子孫亞死悉歸他人

造請不避寒暑誠可譏誚若下位事上官朝造夕謁其可不循等威之分若初非隸屬但恃雅素趑趄日進懷謾刺俛首與知客輩因多不自愛重者寧使訝其不來莫使厭其不去是為知言

放臣逐客一旦棄置遠外其憂悲憔悴之歎發於詩什

特為酸楚極有不能自遣者滕子京守巴陵修岳陽樓或賛其落成答以落甚成只待凭欄大慟數場閔已傷志固君子所不免亦豈至是哉張芸叟元豐間從高遵裕辟環慶出師失律且為轉運使李察訐其詩語謫監郴州酒舟行以二小詞題岳陽樓木葉下君山空水漫漫十分斟酒斂芳顏不是渭城西去客休唱陽關醉袖撫危欄天淡雲閒何人此路得生還回首夕陽紅盡處應是長安樓上人踟躕地遠身孤擬將憔悴弔三閭自

是長安日下影流落江湖爛醉且消除不醉何如又看暝色滿平蕪試問寒沙新到雁應有來書亦豈無去國流離之思殊覺婉而不傷也

芸叟遷流遠適歷時三涉水六過州十有五自汴抵郴所至留連南京孫莘老揚州孔周翰泗州蔣穎叔江寧王介甫黄州蘇子瞻衡州劉貢父皆相過焉說詩攬勝無復行役之勞未離江寧日因送人入京及同士子數輩飲餞遊清凉寺抵暮回屬營妓數人同舟宛轉趣賞

心亭未至聞亭上有散樂聲遥而詢之乃府公詡妓籍蹤索俾申劾之既見其戴野服披猖但一笑而止令曰放臣逐客容如是乎一段勝槩宜入畫圖府公陳和叔也

碧雲騢者厩馬也莊憲太后臨朝初以賜荆王王惡其旋毛太后知之曰旋毛能害人耶吾不信留以備上閑為御馬第一以其吻肉色碧如霞片故云世以旋毛為醜此以旋毛為貴雖貴矣病可去乎梅聖俞不得志於諸公間乃借此名著書一卷詆譏慶歷巨公後葉石林於避暑録嘗辨乃襄陽魏泰所著嫁之聖俞其略謂萬有一不至猶當為賢者諱蓋亦未免置疑邵公濟康節孫也亦引聖俞聞范文正公訃詩云一出屢更郡人皆望酒壺俗情難可學奏記向來無貧賤嘗甘分崇高不解諛雖然門館隔泣與衆人殊謂為郡以酒悦人樂奏記納諛豈所以論文正者以是又疑真出于聖俞也煇舊得碔砆録一編亦若碧雲騢專暴人之短為人借去

不歸

王荆公初見晏元獻熟視無他語但云能容於物物亦容矣荆公唯唯退而思之此語其有所出或自為之言後識者謂荆公平日所短正在于此何元獻逆知其然耶

先人性坦夷遇事即發無一毫顧避親戚有初除從官來見首詢薦何人自代答以張安國先人曰不易薦拔寒素狀元及第榮進素定何待薦也退而先人復言且

如擇婿但取寒士度其必貴方名為知人若捐高貲膀下爨狀元何難之有

四六應用所貴翦裁或屬筆於人有未然則嘗通情商確建康王元樞初以中書舍人權直學士院除試工部侍郎仍直院落權字辭免奏劄第及起曹議者疑焉託一故人草謝表內一聯云百工之事蘭省遽冐於真除一札之書花塼復遵於故步王改作散句蘭省遽接於英游花塼不失於故步翦裁固善然花塼宜貼故步上

句或謂似稍偏枯

頃年番江初刊成唐子西集時寓公曲肱熊叔雅來見先人偶案間眞此書顧煇曰曾看否第九卷第一篇惠州謝復官表首云始以為夢既而果然語簡而意足可法也退而先人誨煇曰前輩觀書不苟簡類如此雖一覽亦記篇目後生豈可不勉

先人嘗從張晉彥覓茶張答以二小詩內家新賜密雲龍只到調元六七公賴有家山供小草猶堪詩老薦春風仇池詩裏識焦阬風味官焙可抗衡鑽餘權倖亦及我十輩遣前公試烹詩總得偶病此詩俾其子代書後誤刊在于湖集中焦坑產庾嶺下味苦硬久方回甘浮石已乾霜後水焦坑新試雨前茶坡南遷回至章貢顯聖寺詩也後屢得之初非精品特彼人自以為重包裹鑽權倖亦豈能望建谿之勝

煇出疆時見三節人或攜建茶沿塗備用而虜中非絕品不顧盞榷場客販至集且能品第精粗中下者彼既

不售乃齎以歸夷狄尚爾矧中國士大夫好事宜乎珍尚鑒別每相誇詡唯恐汲泉不活潑乳不多啜嘗而乏詩情也自熙寧後始貴密雲龍每歲頭綱修貢奉宗廟及貢玉食外賚及臣下無幾戚里貴近丐賜尤繁宣仁一日慨嘆曰令建州今後不得造密雲龍受他人煎炒不得也出來道我要密雲龍不要團茶揀好茶喫了生得甚意智此語既傳播于縉紳間由是密雲龍之名益著淳熙間親黨許仲啓官麻沙得北苑修貢錄序以刊

行其間載歲貢十有二綱凡三等四十有一名第一綱曰龍焙貢新止五十餘夸貴重如此獨遺所謂密雲龍豈以貢新易其名或別為一種又居密雲龍之上耶葉石林云熙寧中賈青為福建轉運使取小團之精者為密雲龍以二十餅為斤而雙袋謂之雙角大小團袋皆緋通以為賜密雲龍獨用黃云

煇家惠山泉石皆為几案物親舊東來數聞松竹平安信且時致陸子泉茗盌殊不落莫然頃歲亦可致于汴

都但未免瓶盎氣用細沙淋過則如新汲時號折洗惠山泉天台山竹瀝水斷竹梢屈而取之盈瓮若雜以他水則亟敗蘇才翁與蔡君謨鬬茶蔡茶精用惠山泉蘇茶少劣用竹瀝水煎遂能取勝此說見江鄰幾所著嘉祐雜志果爾今喜擊拂者曾無一語及之何也雙井因山谷而重蘇魏公嘗云平生薦舉不知幾何人唯孟安序朝奉歲以雙井一斤為餉蓋公不納包苴顧受此其亦珍之耶

待之以禮答之以簡與賓客言或許是為得體呂正獻公以翰林學士館伴北使彼頗桀黠語屢及朝廷政事公摘契丹隱密詢之曰北朝嘗試進士出聖心獨悟賦賦無出處何也北使愕然語塞專對之次雖曰合修成好唯恐失其歡心若彼稍乖恭順亦宜有以折其萌俾知有人焉於交鄰遜容初無忤也

祖母太夫人慈聖之後暇日與子孫譚京都舊事政宣間以戚里數值誕皇子入內稱賀盛飾羣立於露臺人

各許一從婢起居畢自殿陛上撒包子及成束金釵金銀僕衆婢爭奪或共得綵端即裂為二俯拾次多遺釵珥之屬殿上觀之為笑樂有慧捷者重負而歸亦有徒手無一物者時戚著以一鍍金錢於御廊得水一盃其錫類殊不多破費隨盡因歎南渡後不復見此盛事曹氏分南北宅祖母北宅也為武惠燕王五世孫

蕭注字巖夫臨江新喻人臨寧中上殿奏對罷上問今臣僚中孰賢曰文彥博又問其次曰韓琦又問王安石

如何注曰牛形人任重而道遠一説裕陵嘗問文彥博跛履韓琦嘶聲何為皆貴注曰若不跛履與嘶聲陛下不得而臣又問朕如何注曰龍鳳之姿天日之表臣無得而言又問卿如何注曰陛下以為貴則貴矣以為賤則賤矣注累任邊要以知人自許上曰聞卿有褒許之學因問韓絳王安石馮京注曰安石牛耳虎頭視物如射意行直前敢當天下大事然不如絳得和氣多惟和氣能養萬物京得五行之秀遠之若可愛近之若廉隅

見本傳

近時州郡皆修圖志志之詳略係夫編摩者用力之精粗揚州為淮南一都會自唐已名藩盛向有王觀通叟考古驗今摭事千餘條效汴都以為賦今館中及揚州有本煇每謂建康六朝故都又為代邸興王之地亦應揄揚以亞雅頌雖聞江寧尉崔禮者嘗有此作而文不足起其事後未有繼之者煇嘗言于故人王錫老深以為然且有此意未幾錫老去為潭州之志

世謂鴈為孤而不曰雙燕曰雙而不曰孤以鴈屬乎陽燕麗乎陰陽數奇陰數耦故也然常言鴈序鴈行蓋亦有時而不孤燕雖有于飛之語古今賦詠何嘗必及於雙曰孤曰雙豈止以奇耦言之耶

承平時雨學作成之盛不但英材輩出為國之華庠居燕處雖一時謔浪之語人皆喜聞而樂道之嘗見前輩說數事元祐間敏求齋有治春秋陳生與宋門一娼狎一日會飲于曹門因用春秋之文題于壁曰春正月會

吳姬于宋夏四月復會于曹有繼其文戲之曰秋饑冬大雪公薨其意以謂財匱當有饑寒之厄也此固知非典語亦切中後生泆游迷而不返之病

紹聖丁丑章持魁南省時有詩何處難忘酒南宮放牓時有才如杜牧無勢似章持不取通經士先收執政兒此時無一盞何以展愁眉紹興間秦伯暘魁多士汪彥章啓賀其父以南宮進士對東閤郎君尚疑為讖已其敢顯斥如前之詩乎韓持國維寶元間偕兄弟應進士

舉預南省奏名而下第士子有韓家四子連名之嘲蓋以其父忠憲公見在政路也時殿試尚黜落有司因故黜之公後遂不復試而兄弟皆再登第故潞公薦公謂南省曾預高薦繼歷内外制知貢舉至登門下省不更賜出身初亦召試玉堂不就公之五世孫元吉尚書特書此于桐陰舊話甚詳貴游子弟當效其素業不應例待以膏粱唐李德裕初不踰科甲顯

元豐間駕往國子監出起居有旨人賜酒二升諸齋往

往置以益之曰奉聖旨得飲遂自肆致有乘醉登樓擊鼓者因是遇賜酒即拘賣以錢均給以是知自昔國學有酒禁也

煇頃在泰州偶倭國一舟飄泊在境上一行凡三二十人至郡館穀之或詢其風俗所荅不可解旁有譯者乃明州人言其國人遇疾無醫藥第裸病人就水濱杓水通身澆面面四方呼其神誠禱即愈婦女悉被髮遇中州人至擇端麗者以薦寢名度種他所云譯亦不能曉後朝旨令津置至明州趂便風以歸

長沙匠者造茶器極精緻工直之厚等所用白金之數士夫家多有之寘几案間但知以侈靡相夸初不常用也司馬温公偕范蜀公游嵩山各攜茶往温公以紙爲貼蜀公盛以小黑合温公見之驚曰景仁乃有茶器蜀公聞其言遂留合與寺僧茶宜錫竊意若以錫爲合適用而不侈貼以紙則茶味易損豈亦出雜以消風散意欲矯時弊耶邵氏聞見録云温公嘗同范景仁登嵩頂

由轘轅道至龍門涉伊水至香山憩石樓臨八節灘凡所經從多有詩什自作序曰遊山録攜茶遊山當是此時

張芸叟云吕申公名知人故多得於下僚家有茶羅子一金飾一銀一棕櫚方接客索銀羅子常客也金羅子禁近也棕櫚則公輔必矣家人常挨排於屏間以候之申公温公同時人而待客茗飲之器顧飾以金銀分等差益知温公儉德世無其比

史傳褒貶成是敗非其來有素人之行孰先於孝悌項羽欲烹太公漢高祖發分羹之言其於孝也何有唐太宗以藩王奪長嫡推刃同氣其於悌也何有脫使項羽建成有分羹推刃之惡史冊何以書之特高祖太宗功勝於德耳

建炎兵興曰帥臣許辟置幕屬既素為知己其於籌畫裨助惟多令惟四川制帥如故事他皆命于朝賓主邂不通情殆與郡縣官等閒寄兵謀無從咨訪川泳雲飛

豈復有相得之樂緩急利害既不相及相忘於江湖宜也太原名小朝廷蓋以得客之多范文正公亦有言幕府辟客須可為已師者乃辟之雖朋友亦不可辟蓋為我敬之為師則心懷尊奉每事取法庶於我有益耳龐莊敏守鄜守并皆辟司馬温公為通判羅致大賢仰助一時皆然

韓魏公門人有擊鬬夜出者閽吏不得賂詰旦以鎖損訴於公公曰鎖不堪用付市買修來滕達道為范文正公客公鎮南陽每宴客達道必出追妓文正雖不樂終不禁也時謂非二公之賢豈容不拘小廉曲謹之士前哲寛厚類如此是亦報杜書記平安之義

唐内人墓謂之宮人斜（宮人斜見宋次道春明退朝錄）四時遣使祭之唯應四仲祭使者暫悲嗟令狐楚詩也荒凉城南奉先寺後宮美人官葬此角樓相望高起墳草間栢下多石人秩卑埋骨不作塚青石浮屠當丘壠冢冢墳上作享亭朱門相向無人聲樹頭土梟作人語月黑風悲鬼摇

樹宮中養女作子孫年年犢車來做主廢后園陵官道側家破無人掃陵域官家歲給半千錢街頭買餅作寒食此元豐中張文潛留題奉先寺詩煇李女葬臨安北山僧舍四五年來每值春時往視寺之兩廡皆内人殯宮徘徊次未嘗不長哦此詩也煇復得歷陽所刊唐張文昌樂府北邙山篇云洛陽北門北邙道喪車轔轔入秋草車前齊唱薤露歌高墳新起白峩峩朝朝暮暮人送葬洛陽城中人更多千金立碑高百尺終作人間柱

下石隴頭松栢半無主地下白骨多於土寒食家家送紙錢鵶鳶作窠巢上樹人居朝市未解愁請君暫向北邙遊古今名勝賦詠孰工覽者當自得之

王右軍帖云獨活無風則揺有風不動石牌入水則乾出水則濕出水則濕可見入水則乾何自知之近年夷堅戊志序其略云葉晦叔聞於劉季高有估客航海不覺入巨魚腹中未能死遇其開口吸水時遂木工在乃取斧斯斫魚覺痛踊身入大洋舉船人及魚皆死或戲

難之曰一舟皆死何人談此事於世乎頗類前說

清波雜志卷四

欽定四庫全書

清波雜志卷五

宋 周煇 撰

陳東字少暘太學生所上封事主李伯紀丞相力詆汪黄建炎元年死於應天府被逮之際作遺書寄其家區處後事甚悉死生之變亦大矣神識殊不亂其帖今在其外孫括蒼潘景夔家頃年許右丞翰為作哀辭具著本末少暘初不識李丞相李念伯仁因我而死祀之家

廟同時上書被行遣者歐陽澈撫州人高宗臨朝嘗曰朕即位聽用非人至今痛恨之雖已各贈承事郎與有服親迪功郎一名猶未足稱朕甚悔之可各贈朝奉郎祕閣修撰更與恩澤二名撥賜官田十頃建炎三年又詔張慤古之遺直陳東忠諫而死二人皆葬鎮江府界可令本郡致祭嗚呼哀卹之典至矣少暘死之後其家但仰給賜田徹字德明靖康初敵犯闕請質二子二女而使穹廬御親王以歸不報死時年三十三又有進士

徐暉乞借官充使奉親王歸詔假暉通直郎往使亦卒
無聞

蘭亭序絲竹筦絃或病其說而歐陽公記真州東園汎
以畫舫之舟南豐曾子亦以為疑

司馬遷文章所以奇者能以少為多以多為少唯唐陸
宣公得遷文體蘇子容謂公云

為文之體意不貴異而貴新事不貴僻而貴當語不貴
古而貴淳事不貴怪而貴奇宋元獻公序云

中山府有夕陽樓煇出疆日騎馬自樓下過在城之隅
規制甚小然鄭州亦有夕陽樓臨安潁州漢州皆有西
湖建康有賞心亭揚州亦有賞心亭名雖同而顯晦異
嘗記小詞夕陽樓上望長安凭欄干或改為凭欄干望
長安謂中山夕陽也沈存中云章華臺乾谿亦有數處

淮西憲臣霍漢英奏欲乞應天下蘇軾所撰碑刻並一
例除毀詔從之時崇寧三年也明年臣僚論列司農卿
王詔元祐中知滁州諂事姦臣蘇軾求軾書歐陽修所
撰醉翁亭記重刻于石仍多取墨本為之贐遺費用公
使錢詔坐罪漢英遺臭萬世臣僚亦應同科政和間潭
州倅畢漸亦請碎元祐中諸路所刊碑從之

大觀東庫物有入而無出只端硯有三千餘枚張滋墨
世謂勝李庭珪亦無慮十萬斤

蔡京庫中點撿蜂兒見在數目徧三十七秤黄雀鮓自
地積至棟者滿三楹他物稱是童貫既敗籍沒家貲得
劑成理中圓幾千斤胡椒銖兩多安用八百斛今古所

紀一律

東湖徐師川俯紹興初錄諫垣遷翰苑賛幾命煇乾道
丁亥在上饒從公季子珪游因叩家集云詩已板行他
無存者久而得奏議於殘編斷簡中猥并錯亂不可讀
乃為整綴成十卷附以雜文一卷寓以歸之公視山谷
為外家晚年欲自立名世客有贊見盛稱淵源所自公
讀之不樂荅以小啟曰涪翁之妙天下君其問諸水濱
斯道之大域中我獨知之濠上及觀序倚水集造車合

轍之語則知持此論舊矣

東坡南遷度嶺次于林麓間遇二道人見坡即深入不出坡謂押送使臣此中有異人可同訪之既入見茅屋數間二道人在焉意象甚瀟灑顧使臣此何人對以蘇學士道人曰得非子瞻乎使臣曰學士始以文章得終以文章失道人相視而笑曰文章豈解能榮辱富貴從來有盛衰坡曰何處山林間無有道之士乎輝頃得詩話一編目曰漢皐王李羔端朝嘗借去觀為是正亦言

不知何人作前說漢皐所書也一小說云漢皐張姓不得其名

東坡在黃岡每用官奴侑觴群姬持紙乞歌詞不違其意而予之有李琦者獨未蒙賜一日有請坡乘醉書東坡五載黃州住何事無言贈李琦後句未續移時乃以郤似城南杜工部海棠雖好不吟詩足之獎飾乃出諸人右其人自此聲價增重殆類子美詩中黃四娘

使北者冬月耳白即凍墮急以衣袖摩之令熱以手摩即觸破輝出疆時以二月旦過淮雖辦綿裘之屬俱置不用亦嘗用紗為眼衣障塵反致閉悶亦除去然馬上望太行山猶有積雪同途官屬有至黃龍者云燕山以北苦寒耳凍宜然凡凍欲死者未可即與熱物待其少定漸漸蘇醒蓋恐冷熱相激

霅川朱魯公丞相著秀水閒居錄一編之內於南渡諸公行事貶駁殆無全人其公論耶私意耶必有能辨之者

自昔名賢嚴于輩行尤篤通家之好子弟見父執必拜或立受或答半禮呼以排行或稱小字書問以從表丈叔自處嘗記秦楚材內翰守宣城一族叔見於公廳稠人中叙至次乃舉小字以審之今則拜禮施於顯宦則有倖貴之嫌為父執者亦恐憑藉而為我累通家之契替矣

王元之之子嘉祐為館職平時若愚騃獨寇萊公知之喜與之語一旦問嘉祐曰外人謂劣丈云何嘉祐曰外

人皆云丈人旦夕入相萊公曰於吾子意何如嘉祐曰以愚觀之丈人不若未為相為善相則譽望損矣自稱為劣丈未之前聞

典蒙最難其人嚴則利於子弟而不能久狎則利於已而負其父兄之託項一鉅公招客訓子積日業不進跋踖欲退鉅公覺之置酒汎引自昔名流後嗣類不振且曰名者古今美器造物者深吝之前人取之多後人豈應復得士人解悟其迹遂安張無垢子韶云某見人家

子弟醇謹及俊敏者愛之不啻如常人之愛寶唯恐其埋沒及傷損之必欲使之在尊貴之所故教人家子弟不敢萌一點欺心其鄙下刻薄亦為勸戒太息而感誘之此平生所樂為者今教子弟乃以主人厚薄為隆殺亦可笑矣渾然忠厚之氣可敬而仰之

或謂童穉發蒙之師不必妙選然先入者為之主亦豈宜濶略世謂初學記為終身記蓋亦此意

韓蘄王在鎮江一日抵晚令帳前提轄王權至金山仍戒不得用船渡懇給浮環偕一卒至西津遂浮以渡登岸寺僧叵測疑為鬼物詰得其詳以手加額因指適所歷處皆黿鼉穴曰官既不死他日必貴權後果建節

蘄王每與軍官飲用巨觥無筭不設果有王權一日竊懷一蘿蔔蘄王見之大怒曰小子如此口饞俾趨前以手按其額痛不可忍隨成痕腫既乃復與之飲二說得於權之子處智

張循王罷兵柄就第一日秦丞相召相見言有少事煩

郡王建康鎮江軍皆闕主帥請薦其人唯唯而退越旬申言之張辭以居閑之久舊部曲不相聞未有可薦者秦曰教郡王薦翰林學士則難薦將帥職也張逼不得已以劉寶王權名上二人皆舊隸韓王軍紹興駕幸循王第過午尚從容循王再三趣巨璫輩乞駕早歸內皆莫測所以他日有叩之者答曰臣下豈不願萬乘款留私第為榮但幸秦太師府時未晡即登輦聞者嘆服識慮高遠二說得於循王之姪子安

子弟隨侍父兄顯宦不患人事不熟議論不高見聞不廣其如居移氣養移體何一旦從仕要當痛鋤虚驕之氣昔之照壁後眥相人物指摘儀度見其或被上官詆訶進退失措者莫不羣笑聲風于外及今趑趄客次庭揖而陛回視照壁後竊窺者即前日之我也

李才元大臨元祐間知汝州時辰州貢丹砂道葉縣遺其二篋乃化為二雉鬬山谷間耕者獲之人疑其盜縣械送州才元識其異訊得實始免耕者砂能變化可謂

異矣夫識其異其誰嗣之

似病元非病求閑方得閑殘僧六七輩敗屋兩三間野外無供給城中斷往還同行木上座相與住茶山乃曾吉甫侍郎詩茶山上饒名刹也煇在上饒三四年日從寓士遊徧歷溪山奇勝廖明略徐師川呂居仁鄭顧道曾宏甫諸公風流未遠邦人類能道之煇嘗欲裒集賦詠為一編目為玉溪唱酬以侈一時人物之盛因循不克成

白屋同愁已失鳳鳴之侶朱門自樂難容烏合之人唐鄭光鎮河中宣宗欲封其妾為郡夫人上表辭焉書記田絢之辭也宣宗大喜曰誰教阿舅作此好文左右以絢對便欲以翰林召之以不繇進士遂止今士大夫肆情昵愛恨無自以致其上僭肯辭朝命乎頃年見長上說元符間章子厚作相宗室宗景請再娶乃以嬖妾出之于外而託言仕族女事聞重黜之得不有愧於鄭光乎

煇出疆時見彼中所用定器色瑩淨可愛近年所用乃宿泗近處所出非真也饒州景德鎮陶器所自出於大觀間窑變色紅如朱砂謂熒惑躔度臨照而然物反常為妖窑户亟碎之時有玉牒防禦使仲檝年八十餘居于饒得數種出以相示云比之定州紅甆器色尤鮮明越上秘色器錢氏有國日供奉之物不得臣下用故曰秘色又嘗見北客言耀州黃浦鎮燒甆名耀器白者為上河朔用以分茶出窑一有破碎即棄于河一夕化為泥

又汝窑宮中禁燒內有瑪瑙末為油唯供御揀退方許出賣近尤艱得

紹興辛巳冬金師及淮煇在建康城中南北既交兵捷音日馳後生輩喜躍獨老成人有憂色言頃歲擾攘三鎮失守何嘗不日報捷于外路一日傳海陵有來日早炊玉麟堂之語聞者震駭且日見俘獲係路氣象不佳未晡坊巷皆執兵扞衛如是者一月未幾遂有殺身之變倉皇北歸天意也孔常甫（武仲）云石氏時契丹死其

毋因後又助北漢拒周諸部力諫而其主强之燕王述軋因衆心弑其主而自立弗戢自焚其報如此與完顔亮之事同

李寶海道與敵人戰見其舟皆以油纈為帆舒張如錦繡未須臾噴濤怒浪捲聚一隅此以火箭環射之箭之所及煙焰隨發既敗走捷以聞遣使錫賚甚渥賞功建節御書忠勇李寶四字於金纏幹旗上以寵之

方務德侍郎受知於張全真參政後每經毗陵必至報恩院張之祠堂祭奠修門生之敬祝文具在洪慶善嘗入梁企道閣學幕府後守番陽企道夫人尚在歲時亦以大狀稱門生以展賀士夫併為美談張文節（知白）在桑贊幕下桑識其必貴祥符中文節為京西曹桑已死葬濟州奏乞每過寒食至桑墓拜掃詔可之狄武襄（青）受范忠獻之知每至范氏必拜於家廟入拜夫人甚恭以郎君之禮事其子弟狄乃武將能知義不忘恩可書也先人云前輩聞知己訃音必設位以哭東坡詩白酒

真到齊紅裙已放鄭謂有香泉一壺為樂全先生服不作樂（後漢董翊舉孝廉為須昌令聞舉將喪解官歸唐杜審言為崔融所獎引融死杜為融服緦麻裴任與鄭餘慶友善任卒鄭為行服見孔常父雜記）洪守番江日先人為郡幕時祖母留鄉里洪每值正至必以書送壽酒外題狀上太夫人凡僚屬有親者皆然先人既以書謝翌日再展狀謝此等禮數度前哲常行之特今為創見

向見蘇後湖之子扶攜古書羅漢十有六入闕出以相示且云家世珍藏殆百餘年大父昔在盧山下一日閩

山谷先人在山中亟擕畫謁之求題尊者名號時死心
禪師住歸宗一見笑曰夜來夢十六僧求掛搭命洒掃
新浴室陳焉死心偈之山谷書之扶又言家有瑪瑙盂
用以食飯一尊者一失具飯太夫人夜必夢求齋具靈
異如此嘗與友生葛慶長力贊其藏去以俟識者後聞
歸京尹趙渭師矣繼聞趙復有所獻慶長恐此畫不再
覯也乃約韓體作羅漢畫記煇在上饒玉山見貫休所
畫十六羅漢像世傳有三本獨此為真煇不識畫未敢

為然貫休初畫古羅漢止十五尊或以為問乃以已貌
足之

米元暉善畫能以古為今蓋妙於薰染縑素先人在丹
徒米嘗以自畫寒林見予為好事者袖去先人復得于
元暉少年所作楚山清曉圖嘗上於御府今猶可想像
為之病懶未暇也

元暉尤工臨寫在漣水時客鬻戴松牛圖元暉借留數
日以模本易之而不能辨後客持圖乞還真本元暉恠
而問之曰爾何以別之客曰牛目中有牧童影此則無
也江南徐諤得畫牛晝齧草欄外夜則歸卧欄中持以
獻後主煜煜獻闕下太宗示羣臣俱無知之者惟僧贊
寧曰南倭海水或減則灘磧微露倭人拾方諸蚌胎中
有餘泪數滴得之和色著物則晝隱而夜顯沃焦山時
或風燒飄擊忽有石落海岸得之滴水磨色染物則晝
顯而夜晦牧童影豈亦類此而祕其說

老米酷嗜書畫嘗從人借古畫自臨搨競併與真贋

本歸之俾其自擇而莫辨也巧偷豪奪故所得為多東
坡二王帖跋云錦囊玉軸來無趾架然奪真疑聖智因
借以識之舊傳老米在儀真於中貴人舟中見王右軍
帖求以他畫易之未允老米因大呼據舷欲赴水其人
大驚亟畀之好奇喜異雖性命有所不計人皆傳以為
笑

曾祖殿撰與元章交契無間凡有書畫隨其好即與之
一日元章言得一硯非世間物殆天地祕藏待我而識

之答曰公雖名博識所得之物真贗居半特善誇耳得見乎元章起取於笥曾祖亦隨起索巾滌手者再若欲敬觀狀元章顧而喜硯出曾祖稱賞不已且云誠為尤物未知發墨如何命取水水未至亟以唾點磨研元章變色而言曰公何先恭而後倨硯汙矣不可用為公贈初但以其好潔欲資戲笑繼歸之竟不納陳通亂後皆古大悲雷琴莫知所在米老嘗有題跋云侍講仁熟携顧陸真蹟保大琴會於米老庵即此畫并女孝經是也

曾祖守仁熟時守京口唾硯事吳虎臣漫録誤書為東坡

曾祖視王荊公為中表既千撰上世墓誌數種託元章書之凡書三本擇一以入石號周氏世德碑寘於杭州西湖上文并書名二絶紹興初某人尹京欲磨治改刻他文偶族叔祖元仲與之素厚爭之力責以大義尹曰初不知是公家物叔祖曰脱非某家物介甫之文元章之字可毀乎尹謝焉不然危不免金石之厄今在南山滿覺院容打碑而賣者無虛日

清波雜志卷五

欽定四庫全書

清波雜志卷六

宋 周煇 撰

仁宗御製元舅隴西郡王碑文詔蔡襄書之其後命學士撰温成皇后碑文復詔以書辭不奉詔曰此待詔職也蔡京政和間以師臣之重撰明節皇后墓銘并記書與題蓋皆出於已而不知辭近方見其墨跡於士友處云得於鬻書者時歴七八十年尚存許久無采取者豈

憎人憎及儲胥耶

榷酤創始于漢至今賴以佐國用羣飲者唯恐其飲不多而課不羨也為民之蠹大戾於古今祭祀宴饗餽遺非酒不行田畝種秫三之一供醸財麴蘖猶不充用州縣刑獄與夫淫亂殺傷皆因酒而致甚至設法集妓女以誘其來尤為害教黽山楊中立雖有是說徒與嘆焉曾無策以革其弊

叔比較有務及收頭子牙契等錢號經制錢以助軍費宣和末陳亨伯起請也後至紹興五年倣此亦收總制錢初陳經制兩浙江東屬杭州陳通亂後州縣一切調度悉資移用乃增添糟酒及牙契等費充經制移用錢至今行之陳後知中山府死於兵陳亨伯傳書收總制錢自翁彦國始熊子復所著通畧辯其誤

元祐諸公皆有日記凡榻前奏對語及朝廷政事所歴官簿一時人材賢否書之惟詳向於吕申公之後大虬家得曾文肅子宣日記數巨帙雖私家交際及嬰孩疾

病治療醫藥織悉毋遺時屬淮上用兵擾擾不暇録歸之後未見有此書

紹聖北郊齋宫告成卜日乘輿出觀宰執奏臣等願預一官翊日從駕幸北郊儀衛兵仗如金明凌晨微風霾即開霽進食召兩府親王入受福殿既升殿上由東朶殿步過東西廡行自西朶殿還御座宰臣以下從行降殿召賜茶又賜香藥小團茶衛士以下皆賜花晚召宰執從官賜茶於明裡殿退升輦還内北郊齋宫即會聖

園為之殿門與殿皆曰明禋明禋之後乃受福殿受福殿凡九間東西兩朶殿各三間又兩挾屋三間旁各有兩閤東曰司衣曰司飾西曰司寢曰司仗後有坤珍殿嬪御在焉坤珍後又有水殿池沼園囿皆臣寮所不到也其西又有觀穀殿曰登成後又有更衣殿有便門連齋後一日宰執奏事因言北郊特恩宣召獲與榮觀上笑曰殿宇亦別無華飾上又云外議謂使了多少金薄也故事郊宮無屋旋施幄帟風雨不除上命繕營章惇

以為齋宮金碧相照非所以事天地也上曰三歲一郊次舍費縑帛三十餘萬又倍之易以屋宇所省多矣且齋明以事天地而為浮侈朕豈不知之宮近在城外耳目所接何嘗有此於是臨幸引惇遍視上曰有金碧之飾乎惇慙謝

徽宗在潛邸密使人持誕生年月俾術人陳彥論之彥一見問誰使若來再三詰之乃告以實彥曰覆大王彥只今閉鋪六十日內望富貴後以隨龍官至節鉞其驗如此都人目曰賣卦陳時又見郭天信者亦以術顯靖康之禍其有以炎正中否之兆告上者乎時識者皆知必致銅駝荆棘不謂如是之速如是之酷

一說云端邸聞相國寺陳彥明數學談禄命如神令人持生年密問之彥乃屏人告以大横之兆且云事應在兩月後至期果驗初欲官以京秩繼乃補西班積官至節鉞政和全盛時或云彥嘗以運數中微密告于上徽宗為作石記埋宣和殿下又云彥亦有兒為辟廱士前

後二說不同乃併書之

東坡上元詩前年侍玉輦端門萬枝燈璧月掛罘罳珠星照觚稜去年中山府老病亦宵興牙旗穿夜市鐵馬響春冰今年江海上雲房寄山僧亦復舉膏火松間見層層散策桄榔林林疎月鬅鬙使君置酒罷簫鼓轉松陵狂生來索酒一舉輒數升浩歌出門去我亦歸瞢騰

王初寮履道象州上元詩二年白玉堂揮翰供帖子風生起草臺墨照澄心紙三年文昌省拜賜近天咫紅蓼

肦御盤金幡裊宮蘂晚為日南客環堵隱烏几朝來聞轝鼓土牛出城市幽懷不自聞欲逐春事起安得五畝園種蔬引江水二篇之詩先後而作何語意切類如此暉在番江於初寮孫稷處得公自監大名倉洎被遇登兩地建節帥燕遺文未板行者如睿謨殿曲宴及賞橘律詩各百韻鋪張太平盛事皆在焉亦嘗見立春詩墨蹟於洪成季尚書家

初寮進曲宴詩序云臣比蒙聖恩召赴禁殿曲宴其日

垂拱奏事退俟于睿謨外次花巾絲履進自東序促武再拜陛即坐席女樂數千陳于殿廷南端袍帶鮮澤行綴嚴整酒行歌起音節清亮樂作舞入聲度閑美俱出于禁坊法部之右於時臘雪新霽風日妍暖已作春意御榻之前有寶檻植千葉桃花陛下指示羣臣曰杪冬隆寒花已盛開於是皆頓首曰陛下神聖能回造化草木實被生成之賜乃先時呈瑞以悅聖情日既中仄甫畢初筵有旨許登景龍樓由穆清廡外閣道以升東望艮嶽松竹蒼然南視琳宮雲煙絢爛其北則清江長橋宛若物外都人百萬遨樂樓下歡聲四起尤足以見太平豐盛之象羣臣頌嘆久之既夕復詔觀燈于穆清遂侍宴于平成萬炬層出彌望不極如星掛空而光彩動搖於雲海濤波之上户牖屏柱茶床燎爐皆五色琉璃綴以夜光火齊照燿璀璨縱觀環繞則又覩合宮蕭臺崇樓傑閣森羅布濩羣臣心目震駭莫有能測其機緘制作之妙已而陪從天步至會寧殿瓊鋪珠箔合沓炳

焕其所陳則虞敦夏鼎商盤紀甗歀文夔首雲雷科斗真若還古三代之物陛下既御黼坐親取寶斝酌酒臨勸命宮嬪奏細樂于前玉食嘉果南珍海錯手自分賜載笑雍容無間羣臣飲德莫不沾醉夜分乃散歸路觀者如堵他日稱謝陛下申諭一二輔臣俾作詩以紀而臣安中預焉臣猥以凡材蒙陛下親擢備位政府曾未閲月有此非常之遇形容頌述雖無詔音猶當自效惟是鈞天帝所昔人夢寐或有形開而悟想像莫及而

臣今者身歷遂嚴目擊奇勝顧嘗以文字誤被聖獎且而命之其榮至矣後尚有二十餘字常詞也書之以見國家閒暇湛露恵慈之盛賞橋之序亦若是焉曾端伯得於李漢老之子曲宴詩乃其父所作劉季高云乃王履道也曾亦疑焉以此序考之何疑之有

隆興改元夏符離之役王師入城點府庫有金一千二百兩銀二萬兩絹一萬二千四錢二萬五千貫米豆共六萬餘石布袋十七萬條見符離記

外國表章類不應律令必先經有司點視方許進御實元間遣屯田員外郎劉渙奉使嘀厮囉番中不識稱朝廷但言趙家天子及東君趙家阿舅蓋吐蕃與唐通姻故稱阿舅至今不改政和間從于闐求大玉表至示譯者方為答詔其表有云日出東方赫赫大光照見西方五百里國五百國内條貫主黑汗王表上日出東方赫赫大光照見四天下四天下條貫主阿舅大官家你前時要者玉自家甚是用心只為難得似你底尺寸自家已令人兩河尋訪纔得似你底便奉上也元豐四年于闐國上表稱于闐國僂儸大福力量知文法黑汗王書與東方日出處大世界田地主漢家阿舅大官家云云如此等語恐藩服自有格式

政和三四年間府畿汝蔡之間所出瑪瑙尚方因多作寳帶罷玩之屬至宣和以後御府所藏往往變而為石成白骨色悉為棄物民間有得之者竟莫測所以特紀異僃

紹興間張扶少持踈右正言除太常卿翌日宰執奏太常卿班高故事不除改國子祭酒時祭酒虛位亦久前騶接呼赴監供職學前居民驚懼曰官來捕私酒傳以為笑元豐改官制諫議大夫換太中大夫前呵曰太中來都人駭避曰大蟲來則知前已有此說

神慮澹則血氣和嗜欲勝則疾疹作唐處士張皐云是為養生之要范忠宣公親族間子弟有請教於公者公曰惟儉可以助廉惟恕可以成德是篤修身之要皆可

銘於座右

煇僦居毗陵屋後臨河地無尺許俾僕治籬方埋柱去浮土見成貫小錢止露四鐶于外僕亟手之僅得十三餘隨縮入地僕復運鋤了無一物信知无妄之財不容輒取十三錢寘于佛室尋失所在昔洛中第宅求售評直外復索掘屋錢蓋其下多有宿藏張文孝右丞買宅既償其賈復隨所索與之迨入宅掘地得一石匣刻鏤甚工巧中有黃金數百兩正酬售屋之直

曾祖侍紹聖經筵至政和五年以右文殿修撰知桂州時歸明人觀察使黃璘措置廣西邊事招徠大理國進奉朝廷疑之下本路帥臣究實曾祖抗章言偽冒忤蔡京意乃落職宮祠宣和改元事白黃璘得罪御筆周穜首言其偽責命改正與理元斷月日紹興三年宰執進呈廣西宣諭明槖奏大理國進奉及賣馬事高宗曰遐方異域何由得實彼云進奉實利於賈販進奉可勿許令賣馬可也宰臣奏異時廣西奏大理入貢事可為鑒當日言者深指其妄黃璘以是獲罪蓋謂是也當亦載於國史

右正言鄒公浩因言事貶謫蔡卞奏乞治浩親舊送別之罪哲宗不從三次堅請乃置獄諫議龔公夬云周其與方天若私論鄒浩事其以為難天若非之遂以語蔡京京遽以聞由是其等得罪自爾附會之人肆為攻訐立起犴獄多斥善士天下冤之皆京與天若為之也蓋其與京始善而終睽故京私欲報之龔之諫疏大畧如此以是知曾祖忤京大理事特其一耳故當京下用事

日一斥不復而終外補云

南渡後有司降樣下外郡置御爐炭胡桃紋鵓鴣色者若干斤知婺州王居正論奏高宗曰朕平居衣服飲食且不擇美惡隆冬附火止取温暖豈問炭之紋色也詔罷之宣和間宗室圍爐次索炭既至訶斥左右去炭色紅今黑非是蓋常供熟火也以此類推之豈識世事艱難

錢唐江邊土惡不能隄錢氏以薪為之水至即潰皇祐中工部郎中張夏出使置捍江兵五指揮專採石增修衆賴以安邦人為之立祠朝廷嘉其功封寧江侯有功於民則祀之吳兒奉嘗其有替乎

又一說以竹籠石丁晉公主之易以薪土陳文惠公之議丁黜其說從公他官而籠石為隄歲功不成民力大困卒用公議隄乃立文惠在滑州亦嘗築長隄以禦決河人德之號陳公隄

煇嘗過庭聞祖父奉直得於陸農卿左丞歐陽文忠公有一記事冊子親題丙午年不入蜀則入吳後見洪成季文憲公之孫言文憲嘗問邵澤民康節知數公所聞如何曰無他語臨終但云丁未歲子孫可入蜀然建炎初吳地亦不免被兵獨西蜀全盛迄今為東南屏蔽盆信斯言康節先天之數世可希萬一耶

春秋傳曰秦晉二國繼世通婚所娶之女非舅即姑故曰舅姑白虎通曰尊之如父非父舅也親之如母非母姑也廣川王去疾幸姬陶望卿歌曰背尊章嫖以忍尊章猶言舅姑也見前漢書

郎潛出張平子思玄賦尉厖眉而郎潛兮逮三葉而遇武紹興間某自郎遷卿久次以啟投秦丞相有郎久潛於省闥卿尚少於朝班之句秦雖極稱賞竟不克入從

貧人富人並為客受賜于主人富人不慙貧人常愧者富人有以效之貧人無以復也以此論之自昔交際之禮亦貴夫往返見王充論衡

林文節子中以啟賀東坡入翰苑曰父子以文章名世蓋淵雲司馬之才兄弟以方正決科邁晁董公孫之學其褒美如此後草坡責惠州告詞云軾具位軾元豐間有司奏軾罪惡甚衆論法當死先皇帝赦而不誅於軾恩德厚矣朕初即位政出權臣引軾兄弟以為已助自謂得計罔有悛心忘國大恩敢肆怨誹若譏朕過失何所不容乃代予言誣詆聖考乖父子之恩害君臣之義在於行路猶不戴天顧視士民復何面目以至交通閻

寺矜詫倖恩市井不為搢紳共恥尚屈彝典止從降黜令言者謂其指斥宗廟罪大罰輕國有常刑朕非可赦宥爾萬死竄之遠方雖軾辯足以飾非言足以惑衆自絶君親又將奚懟保爾餘息毋重後愆可責授寧遠軍節度副使惠州安置極於醜詆如此坡初擢右史白宰相謂林同在館年且長除不當先林乃繼除記注後又為杭州交承有三帖論開河賑荒淛東倉司石刻在馬

顯仁上仙遣使告哀北虜并致遺留禮物金罌二千兩

銀罌二萬兩銀絲合十面各實以玻璃玉罌香藥青紅撚金錦二百匹玉笛二管玉鳳簫二管玉簫一攢象牙拍板一串象牙笙一攢縷金琵琶一副縷金龜筒嵇琴一副象牙二十株時宗樞持節以往次燕之二日中貴人至館密餉金淵酒二尊銀魚牛魚各一盤尊盤皆金瑶罌併令留之伴使致詞竦賀館人以手加額上謂前此未有為特禮也

宣和五年既從金人乞盟之請明年遣祕書省校書郎衛膚敏假給事中往賀金主生辰竣事而旋常贐外別贈使介各一玉錢金主即宴坐起離席躬奉之左右傳觀皆驚愕太息錢之製如今之大者其文皆藩書不可識不知為何禮重如此時敵已萌寒盟開兵端豈虞我或覘其國故外示厚禮俾叵測歟錢今藏衛氏

監司郡守歲薦所部吏關陛磨勘朝廷視為常式第付銓曹施行初不加省間有特薦者未即召對及有陛擢則降審察之命所謂審察者審其人才察其行誼施於

其職可也若山林隱遯之士當路或以名聞其肯冒昧而來待人進退乎紹興三年徐東湖以遺逸薦蘇後湖詔俾赴中書審察蘇力辭乃得請蘇既辭審察之命乃降以禮遣赴行在引見上殿指揮卒辭之

後湖公隱居求志高蹈一世紹興初屢徵不起僕輩見使者沓至竊相語曰官中須要秀才正身出頭

強淵明帥長安來辭蔡京京曰公至彼且喫冷茶蓋謂長安籍妓步武小行遲所度茶必冷也初不曉所以後

叩習彼風物者方知之又文勛除福建漕陛對翌日上問輔臣記得有藝蓋記其工篆學也章中國對云會舞旋上遽云如此豈可使一路遂罷冷茶舞旋皆非國論所宜及頃得一小說書王黼奉勑撰明節和文貴妃墓志云妃齒瑩潔如水晶緣常餌絳丹而然又云六宮稱之曰韻蓋時以婦人有標致者為韻煇曾以此說叩於宣和故老答曰雖當時語言文字間或失持擇恐不應直致是褻黷然韻字蓋亦有說宣和間衣著曰韻纈果

實曰韻梅詞曲曰韻令乃梁師成為鄆邸倡為此讖時趙野春帖子亦有複道密通蕃衍宅諸王誰似鄆王賢亦迎合之意也

正至交賀多不親往有一士令人持馬銜每至一門撼數聲而留刺字以表到有知其誑者出視之僕云適已脫籠矣呂滎陽公言送門狀習以成風既勞于作偽且踈拙露見為可笑司馬温公自在臺閣時不送門狀曰不誠之事不可為也脫籠亦為京都虛詐閃賺之謗語

宣和間鈞天樂部焦德者以諧謔被遇時借以諷諫一日從幸禁苑指花竹草木以詢其名德曰皆芭蕉也上詰之乃曰禁苑花竹皆取於四方在塗之遠巴至上林則已焦矣上大笑亦猶鍬澆焦燒四字之戲掘以鍬水以澆既而焦焦而燒也其後毀艮岳任百姓取花木以充薪亦其讖也

蔡京罷政賜鄰地以為西園毀民屋數百間一日京在園中顧焦德曰西園與東園景致如何德曰太師公相

東園嘉木繁陰望之如雲西園人民起離泪下如雨可謂東園如雲西園如雨也語聞抵罪或云一伶人何敢面詆公相之非特同輩以飛語嫁其禍云

正郎初遇郊止得廕子不及他親法也元祐中黃魯直應任子特請于朝捨子而先姪後遂為例東坡薦黃自代之詞瑰琦之文妙絕當世孝友之行追配古人今士夫當郊該廕補而累奏其子者有之

清波雜志卷六

欽定四庫全書

子部

清波雜志卷七至十二

詳校官監察御史臣邱文愷

侍讀臣孫球覆勘

總校官知縣臣繆琪

校對官待詔臣胡士震

謄録監生臣錢中鎰

欽定四庫全書

清波雜志卷七

宋 周煇 撰

王荆公當國值生日差其子雱押送禮物雱言例有書送物閤門繳申樞密院取旨出劄子乃許收下牓子謝恩緣父子同財理無饋遺取旨謝恩一皆作偽竊恐君臣父子之際為禮不宜如此乞自今應差子孫弟姪押賜並不用此例從之至當之論後皆遵行頃見老先生

言此出荆公意奏檢亦公筆特假雱名爾雱字元澤大觀元年詔賜使相以上生日罷幣故事止差親戚殊失寵遇大臣之意自今取旨差官

元澤年十三得泰州卒言洮河事嘆曰此可撫而有也使夏人得之則吾敵強而邊受患博矣其後王韶開熙河蓋取諸此靖康滄海横流之變萌於熙寧開邊書生輕銳談兵貽天下後世禍患可勝既哉

蜀先主傳載漢獻帝舅車騎將軍董承之語裴松之注

按漢靈帝母董太后之姪於獻帝為丈人蓋古無丈人之名故謂之舅也後呼丈人為外舅其本此乎然漢匈奴傳書且鞮單于云漢天子我丈人行若曰此語止為尊老言非專指妻之父則可若謂古無丈人之名後學竊有疑焉泰山亦有丈人峯故俗於婦翁有泰山之呼

生而富貴窮奢極欲無功無德而享官爵又求長壽當如貧賤者何若又使之永年為造物者無乃太不均乎履富貴者其可不思持之以德

靖康亂後汴河中多得珍寶有獲金燎爐者以尚方物人間不敢留復歸官府揚州倉卒南渡揚子江中遺棄物尤多後鎮江漁户於西津沙際有得一囊北珠者大平興國中鄭州修東嶽廟穿土得玉杵曰以獻亦五代亂離時之物金玉沒于池中蓋亦有時而復出

樸樕翁陶朱集載閩人韓南老就恩科有來議親者韓以一絶示之讀盡文書一百擔老來方得一青衫媒人却問余年紀四十年前三十三樸樕單父人嘗官于政宣間或云陳君向也

曹武惠彬下江南副帥欲屠城曹力止之曰此已降不可殺曹後夢一神人告之曰汝能全江南一城人帝命賜汝城中人為汝子孫故其後繁盛今雖湮微猶應出兩府曹泳景游嘗語此兩府其自期耶煇家遠祖國初知江州屬曹翰屠城之初遺骸徧野乃對廬山作萬人冢仍自為記德既及於枯骨或謂後嗣當有陰報有相先塋者言亦當出神仙高叔祖諱恪字執禮第四十五

治易甚精早魁鄉薦一旦舍去傳道於徐神翁自稱亦局先生靈異不可具述鄉人敬之但曰周先生家繪其像神翁書贊云周四十五衣破不補土木形骸神氣可取宣和詔不起錫守靜處士之號羣從記其事跡甚詳兹不具載敵犯淮甸亦知守靜名不犯其室建炎末尸解去其隸仲大亦得道有一皮篋無底取錢常不竭後隨先生羽化

陽關去長安一萬里漢將楊興敗走出此關因以為名

長安城東出南頭名霸城門俗以其色青名曰青門見三輔黃圖范睢曰秦北有甘泉宮謂其下有甘泉水見戰國策邯鄲屬磁州邯山名鄲盡也言邯山至此而盡以城郭字皆從邑故作鄲見寰宇記金城郡一曰築城得金一曰取其堅固一曰以郡在京之西金西方之行望都謂登堯山見都酒泉謂泉如酒並見地理志此數條皆因人有問檢示之非特出也正五九仕宦者不交印俗忌牢不可破初不知為藩鎮開府犒勞將佐宰殺

物命設恐傷物命固然何獨此三月豈以浮屠氏謂此九十日為齋素月耶不經之甚御筆除擢無非日下供職何嘗問日辰利不利或曰歷日上所書黃道假也君命到門真黃道也

常平備凶荒立法甚嚴而米斛有以陳易新之條州郡恃以借兌先人任信幕後守不償前欠一旦漏底官吏並送鄰州劾鞠先人亦坐失於催促檄還料公罪笞不理遺闕二十年後因同時坐累該收秩為銓曹留難索案至朝廷時宗衮益國公參大政從容見語近見先丈常平伏辯既不曾僉書何亦被鞫輝因言州郡刑獄究濫有司以被朝命雖知不曾著字蓋亦行三問豈容不承罪及無辜大率類此退而思之先人尚無恙或陷深文固可雪理於今日矣自昔初除執政例薦所知三兩人建康王元樞初得政首以先人名聞乃自臨安苑庫除江東漕司幹官見次一任屢更使長皆欲發文字力辭之竟終於選調

輝嘗於鄭賜叔處家得荊襄及川蜀四路金石刻目為五路墨寶鄭既錄碑之全文刓泐者缺焉且附已說歐陽集古考究未備者間有辨正類為數巨帙考證良備悉上秘府其副因借留數月歸之弟錄其目并其說前後亦得其漢刻十數種旋為親黨沈虞卿取去鄭乃同州死事驤之子紹興間嘗歷四川監司其子忱德云在蜀日李公仁甫久相從於墨寶訂正有助焉且出數小紙細書皆李訂正之語前漢碑固多晉碑亦絕少蓋晉

制三品方許立碑

曾大父喜蓄古刻承平時蓋亦易致士大夫不甚秘惜兵火後散失一無遺者劉季高侍郎嘗語先人頃年蒙嘉其好古輟贈甚多皆秦漢間物在今日為艱得語次亦嘗詢其名件歲久復忘之

紹興九年虜歸我河南地商賈往來攜長安秦漢間碑刻求售於士大夫多得善價故人王錫老東平人貧甚節口腹之奉而事此一日語共游近得一碑甚奇及出

示顧無一字可辨王獨稱賞不已客曰此何代碑王不能答客曰某知之是名没字碑宜乎公好尚之篤也一笑而散

唐裴行儉破外國得瑪瑙盤廣三尺出以示將士為軍吏捧盤升階跌而碎之叩頭流血請罪行儉笑曰爾非故為何罪國朝韓魏公得二玉盃玉盤觴客次籍以錦寘于案為執事者觸案碎于地非但一時畧不變色竟無追惜之意與夫呂文靖俾小姬擎寶罌入書室故戒及門若足踏而仆試諸子度量古今之事若合符節

東坡教諸子作文或辭多而意寡或虛字少實字少皆批諭之又有問作文之法坡云譬如城市間種種物有之欲致而為我用有一物焉曰錢得錢則物皆為我用作文先有意則經史皆為我用大抵論文以意為主今視坡集誠然

葉少藴云某五十後不生子六十後不蓋屋七十後不作官然晚年以子舍之多不免犯六十之戒屋成而公

死矣二事得于洪慶善

從叔其父守吉陽到官書報此行再涉鯨波去死一間抵郡止茅茨散處數十家境内止三百八户無市井每遇五七日一區黎洞貿易頃刻即散僚屬一二皆土著攝官不可與語左右使令輩莫非貸命黥卒治稍嚴則為變不測地炎熱上元已衣紗果實多不知名瓜大如斗瓶但有名香異花此外色色無之東坡言昌化不類人境以吉陽視之猶為内郡不但飲食不具藥石無有

也又書云一日出郊見橫巨木於地上有穴覆以板泥封甚固叩從者不肯言再三詰之方言前政某歿于此屬無周身之具用此殮殯或扣有巨木何無板答以素無鋸匠後知因此感動得疾丐歸行至瓊莞竟殂三女繼亡諸喪皆寄湖廣不得歸備書之為行險遠宦者之戒南海録言南人送死者無棺槨之具稻熟時理米鑿大木若小舟以為臼上人名舂塘死者多歛於舂塘中以葬士夫落南不幸而死曾不得六尺之棺以歛手足

形骸誠重不幸也

唐太宗立皇子明為曹王母楊氏巢刺王妃也有寵於上文德皇后崩欲立為后魏鄭公諫曰陛下方比德唐虞奈何以辰嬴為累雖從諫而止跡可掩乎不能正之於始其後高宗之於武后明皇之於楊妃顧傳家法不以為惡若鄭公之敢諫孰能繼之

舅氏張必用家藏唐諸帝全身小像乃蜀中名筆巾裹紅袍年紀悠遠而色不渝獨明皇像別為一幀幅巾跨馬左右侍衛單寡有崎嶇塗路之狀題云幸蜀圖然傳宗亦嘗幸蜀未知孰是蔡絛鐵圍山記書徽宗嘗以小李將軍唐明皇幸蜀圖一横軸賜閣下臣下觀者竊謂非佳兆世所傳其摹本歟

天聖七年詔士庶僧道不得以朱漆床榻至宣和間蔡行家雖臥榻亦用滴粉銷金為飾趙忠簡公親見之其奢儉不同如此

先人任江東漕幕與葛公謙問為代文康公孫也魁然重厚古君子宦情世故皆應以無心文采外深契禪悅

後倅毗陵遇煇以通家子弟一日見語人生臘月三十夜要當了了方見平生著力處始意如平時舉葛籐爾別數年公守臨川一日屬微疾忽索筆書偈曰大洋海裏打鼓須彌山上聞鐘業鏡忽然撲破翻身透出虛空召僚吏示之曰生之有死如晝之有夜無足怪者若以道論安得生死若作生死會則去道遠矣語畢端坐而逝筆勢道勁其家版行超脫如此東坡論陶淵明云出妙語於纊息之餘豈涉生死之流哉煇於葛亦云葛名

知

丙午巳亥壬戌乙巳煇命之八字也頃遇一老僧談五行見語若非乙巳不至今日若無壬戌不致竟老窮薄退神重事多失機會然福不成福禍不成禍所得者壽數差永淳熙戊申居都下除夕有二輩僞傳親知言至門出見覺非忽言奉聖旨追對公事時以永嘉林氏爭分方興制獄初不持文引乃隨以往中無所慊神色泰然如常至府治門外坐于一室（後知為總轄房）巳見燈二（後知為府

皁）詢扣年甲鄉貫來歷往返者五六乃云不敢久留再三推謝送出門蓋悟其非也一時叵測既歸議訴于府尹趙子和尹云制院謬誤所謂總轄使臣者亦究轉致懇謂已科決元所遣之吏蓋本逮永嘉周和泰錯認顏標作魯公也親舊見曉既京尹護失執識其枉後兩日制獄事亦已復自念與傳記所書入冥誤追放還境界無異特幽明殊塗爾平生橫逆莫此為甚當是時廟堂禁從有知巳聞之第駭愕而已巳酉終歲災屯無所不有特未溘然又留殘喘至今事定却有風聲鶴唳之警雖云氣數實使然益信老僧禍不成禍之說且為官府追逮不審之戒

嘗聞范魯公質暑中所執扇偶書大暑去酷吏清風來故人兩句於其上或見之言曰世之酷吏寃獄何止如大暑也公他日當深究此弊公後見周祖首建議律條繁廣輕重無據吏得以因緣為姦周祖特詔詳定是為刑統州縣司刑憲者若人以魯公存心尚何酷吏寃獄

之為懼

道士一萬人僧二十萬人乃紹興二十七年禮部見注籍之數時未放行度牒迨今三十餘年其復有所損益歟紹興間福建大剎有申所屬謂積下度僧錢若干乞備申舉以獻助乞量給度牒三兩道蓋嘗試也時議者謂宜依所請弟令具戒臘最深者三五輩以聞並與師號以伐其謀淳熙間執政進呈江州置駐泊軍因依趙雄奏昨巳準宣諭賣度牒非佳事今湖廣總領所歲有

給降度牒定數不知紹興年間不曾給降亦自足用豈紹興間未有江州軍即雄奏令契勘江州軍自紹興三十年創置以萬人為額度牒初未行也上曰待以示三省朕不欲給降度牒當漸革之張孝祥建議自恭人至孺人邑號分等第立價許貴家婦女及妾投名書填則數百十萬不日可辦于以佐國用較以度牒生齒不削戶口不耗仍不為民之蠹雖曰得策終以鬻爵以誘婦人名器輕假而不果行

煇家舊藏歷代錢譜十卷乃紹聖間李孝美所著蓋唐人顧烜張台先有纂說孝美重修也周秦後錢之品樣具著于帙是特見於形似爾親黨洪子予收古泉幣數十百種自虞夏以降一無遺者每出示坐客道以所然皆有依據大抵古錢輪郭皆重厚叩之有聲雖王莽小錢名徑六分重一銖然亦不致輕薄豈上古鼓鑄但求精緻初不計銅齊耶洪死嘗叩其子云悉舉入棺矣或言其家慮為勢力者攘取故為之辭

元豐間龐懋賢元英為主客郎嘗著文昌雜録內一條以不知得一順天錢鑄於何代為言書成後又言近得於朝士王儀家有錢氏錢譜乃史思明所鑄初以得一非長祚之兆乃改順天煇於洪氏見二錢文皆漢隸徑寸四分以一當開通元寶之百而李譜復云思明銷洛佛銅所鑄賊平無所用復以鑄佛今所餘伊洛間甚多視錢之譜為詳以是知誠有益於未聞好事者嘗裒諸家所譜更攷近世圜法沿革萃為一帙板行於世不亦善乎

嘗得一誥詞云朕眷禮勳臣既極異姓王之貴疏恩私室併侈如夫人之榮以爾修態橫生芳性和適會膺無卿之貴終隆絡秀之家爰錫命書靡拘常典用肇封於大郡俾正位于小君往服寵光益循柔履紹興間權外制某人行如夫人及修態橫生或者於王言有疑時勲臣嫡室尚在正位小君之語亦有疑

國朝宰相文潞公丙午生元祐元年平章事未有踵其

後者范丞相巳卯生建炎四年平章事未有處其先者自昔名公下世太學生必相率至佛宮薦悼王荆公薨太學録朱朝偉作薦文以公好佛其間多用佛語東坡訃至京師黄定及李豸皆有䟽文門人張耒時知潁州聞坡卒出巳俸於薦福寺修供以致師尊之哀乃遭論列責授房州别駕黄州安置雖名竄責馨香多矣山谷在南康落星寺一日凭欄忽傳坡亡痛惜久之已而顧寺僧拈几上香合在手曰此香匾子自此却屬老夫矣豈名素相軋而然或傳之過

宣和奉使高麗詔路允迪傅墨卿為使介其屬徐兢倣元豐中王雲所撰雞林志為高麗圖經考稽詳備物圖其形事為其說蓋徐素善丹青也宣和末先人在歷陽雖得見其圖但能抄其文畧其繪畫乾道間刊于江陰郡齋者即家間所傳之本圖亡而經存蓋兵火後徐氏亦失元本雞林志四十卷併載國信所行遣案牘頗傷冗長時劉逵吳拭並命而往是行蓋俾面諭高麗國王顒云女真人尋常入貢本朝路由高麗如他日彼來修貢可與同來顒云明年本國入貢時彼國必有人同入京也海上結約兹為禍胎

劉莘老丞相工詩送安厚卿二人使高麗杳杳三韓國煌煌二使星海神無暴横天子有威靈時以為絶唱後四句不傳

熙寧中侍禁孫勉監澶州堤見一鼉自黄河順流而下射殺之繼而暴卒入冥為鼉訴當償命殿上主者乃韓

魏公勉實故吏乃再三求哀公教乞檢房簿既至陰府如所教以尚有壽十五年遂放還韓魏公别録所書其畧如此魏公家傳則云右侍禁孫勉監元城埽埽多蟄陷費工料勉詢知有巨鼉穴其下乃伺出射殺之數日勉方晝卧為吏追去有鼉訴當往證之既至一宫闕守衛甚嚴吏云紫府真人宫也勉仰視真人乃韓魏公也亟俯伏訴公微勞之曰汝當往陰府證事乎勉述殺鼉事公取黄誥示之謂曰鼉不與人同彼害汝埽殺之汝

職也遣之使去出門遂竄事既播揚神皇謂輔臣曰聞說韓琦為真人事否皆曰未之聞也上具道所以咨嗟久之二說不同當以家傳為正又一說政和間方士王志老語公之子吏部侍郎粹彦曰紫府真人乃陰官之貴未為天仙又云公亦嘗為十華真人下侍者粹彦曰然

清波雜志卷七

欽定四庫全書

清波雜志卷八

宋 周煇 撰

浯溪中興頌碑自唐至今題詠實繁零陵近雖刊行止會粹已入石者曾未暇廣搜而博訪也趙明誠待制妻易安李夫人嘗和張文潛長篇二以婦人而厠衆作非深有思致者能之乎五十年功如電掃華清花柳咸陽草五坊供奉鬬雞兒酒肉堆中不知老胡兵忽自天上來逆胡亦是姦雄才勤政樓前走胡馬珠翠踏盡香塵埃何為出戰輒披靡傳置荔枝多馬死堯功舜德本如天安用區區紀文字著碑銘德真陋哉迺令神鬼磨山崖子儀光弼不自猜天心悔禍人心開夏商有鑒當深戒簡策汗青今具在君不見當時張說最多機雖生已被姚崇賣君不見驚人廢興傳天寶中興碑上今生草不知負國有姦雄但說成功尊國老誰令妃子天上來虢秦韓國皆天才花桑羯鼓玉方響春風不敢生塵埃

姓名誰復知安史健兒猛將安眠死去天尺五抱甕峯峯頭鑿出開元字時移勢去真可哀姦人心醜深如崖西川萬里尚能反南内一閉何時開可憐孝德如天大反使將軍稱好在嗚呼奴輩乃不能道輔國用事張后尊乃能念春薺長安作斤賣頃見易安族人言明誠在建康日易安每值天大雪即頂笠披蓑循城遠覽以尋詩得句必邀其夫賡和明誠每苦之也煇嘗欲裒今昔名人所賦廬山高明妃曲中興頌用精紙為軸丐工字

畫者隨意各書一篇後誌姓字歲月常常披展為醒心明目之玩竟未克成是極易辦人必樂從特坐因循耳易安父文叔元祐館職

印板文字訛舛為常蓋校書如掃塵旋掃旋生葛常之侍郎著韻語陽秋評詩一條云沈存中云退之城南聯句竹影金鎖碎者日光也恨句中無日字爾余謂不然杜子美云老身倦馬河堤永踏盡黃榆綠槐影亦何必用日字作詩正要如此葛之說云爾煇考此詩乃東坡台還至都門先寄子由詩云老身倦馬河堤永踏盡黃槐綠榆影終篇皆為子由設當是誤書子瞻為子美耳此猶可以意會若麻沙本之差舛誤後學多矣

劉季孫初以左班殿直監饒州酒題小詩於治所壁間呢喃燕子語梁間底事驚迴夢裏閒說與旁人應不解杖藜攜酒看芝山時王荊公任本路憲案行見之大加稱賞遂擢權本州教授後崇石林特著於詩話中芝山乃饒州近城僧寺後池陽刻本乃改芝山為前山一字

不審乃失全篇之意抑見自昔右列亦可承師儒之乏

皇祐初詔婦人所服冠高毋得過七寸廣毋得踰一尺梳毋得踰尺以角為之先是宮中尚白角冠人爭效之號內樣冠名曰垂肩等肩至有長三尺者登車擔皆側首而入梳長亦踰尺議者以為服妖乃禁止之煇自提孩見婦女裝束數歲即一變況乎數十百年前樣製自應不同如高冠長梳猶及見之當時名大梳裹非盛禮不用若施於今日未必不誚為新奇但非時所尚而不

售大抵前輩治器物蓋屋宇皆務高大後漸從狹小首飾亦然

成都富春坊羣倡所聚一夕遺火犂明有釘一牌大書絕句詩於其上夜來燒了富春坊可是天公恣肆行只恐夜深花睡去高燒銀燭照紅粧乃伊洛名德之後號道山公子者所作又有小詞一編皆艷語煇嘗得其一啓乃代其弟上周彥約侍郎其略云惟曾祖受三天子聘賢之禮數在先朝為九老人受道之師承繼巢由之

高蹤辭夔龍之盛舉惟君子之澤未斬而聖人之道必傳文采典重如此豈可以一時詼諧之跡而加訾議晏叔原著樂府黃山谷為序而其父客韓宮師玉汝曰願郎君捐有餘之才崇未至之德前哲訓迪後進拳拳如此為後進者得不服膺而書紳賀方回柳耆卿為文甚多皆不傳於世獨以樂章膾炙人口大抵作文豈可不謹

陶尚書穀奉使江南恃才凌忽議論間殆應接不暇有善謀者遴籍中艷麗詐為驛卒孀女布裙荊釵日擁篲於庭穀一見喜之久而與之狎贈以長短句一日國主開宴立妓於前歌所贈郵亭一夜眠之詞穀大慙沮滿引致醉頓失前日簡倨之容歸朝坐此抵罪文潞公帥成都有飛語至朝廷遣御史何郯因謁告俾伺察之潞公亦為之動徧詢幕客孰與御史密者得張俞字少愚者使迎于漢州且攜營妓名王宮花者往僞作家姬舞以佐酒御史醉中取其領巾題詩云按徹梁州更六么

西臺御史惜妖嬈從今改作王宮柳舞盡春風萬萬條至成都此妓出迎遂不復措手而歸二事切相類一說王宮花一名楊臺柳詩首句云蜀國佳人號細腰何守聖從亦蜀人也

大觀二年詔大相國寺慧林禪院長老元正坐化並無衣鉢闕葬送之用賜絹三百匹錢三百貫賜寂照之塔仍閒度一僧浮屠示寂寸絲不掛赤安用爾許縑帛時方崇道教詔道流敘位在僧之上元正何人而膺此優

典

頃歲兒女合巹之夕壻登高座賦詩催粧為常禮後皆略去京師貴游納壻類設次通衢先觀人物岳母忽笑曰我女如菩薩却嫁箇麻胡子謂其多鬚也殆索詩乃大書曰一雙兩好古來無好女從來無好夫卻扇捲簾明點燭待教菩薩看麻胡一座傳觀烘堂盖壻亦不凡也嘗得其姓名今失記

煇居建康春晚赴張德共會於西園呼數輩為侑酒酣

忽有傳府命呼其人時張安國開府方兩日其人既去求自解之說衆謂但以實告況社中二客未至必留鈴齋翌旦詢之如所料初歌者既去坐客駱適正即席賦詩云花隨春盡覔無痕尚續餘懽索侑尊一曲未終人已去西園燈火欲黄昏煇嘗賡和不記也迨今一世西園賓主無一在者獨煇蒼顏華髮羈寓西湖上舊事無人可共論為之一歎

淳化宰相張公齊賢布衣時嘗春游嵩嶽醉卧巨石上夢人驅羣羊於前曰此張相公食料羊也既貴每食數斤猶未厭飫健啖世無比者此與唐贊皇李德裕夢人謂平生合享萬羊之兆符合以是知貴人咼養豊厚冥冥中自有定數貧儒豈可不安藜藿之分

王荆公與宋次道同為三司判官時次道出其家藏唐詩百餘篇託荆公選其佳者荆公乃簽出俾吏抄録吏每遇長篇字多倦于筆力隨手削去荆公醇德不疑其欺也今世所傳本乃羣牧吏所刪者歐陽公歸田録未

出而序先傳神宗宣取公時致仕居潁以其間紀述有未欲廣者因盡刪去又患其文太少則雜以戲笑不急之事元本未嘗出廬陵集所載上下纔兩卷乃進本也近時曾公端伯亦編皇宋百家詩選去取任一己之見雖非据摭詆訶其間或未厭衆論且於歐公荆公東坡詩皆不載雖曰用唐詩選韓杜李不與編故事其亦大名之下不容有所銓擇耶呂居仁圖江西宗派凡二十五人議者謂陳無己為詩高古使其不死未甘為宗派

若徐師川則固不平列在行間韓子蒼曰我自學古人夏均父亦恥居下列一時品第尚爾紛紛刋隨好惡筆削篇章示已鑒裁之明豈免議論曾師江陵日叔祖為參議官親見亟欲詩選成僅得數篇即撰小序以刋行旋悟疏略欲刪去而不及吳虎臣漫録書居仁作圖時均父沒已六年恥在下列為非惲亦見前輩云東萊自言宗派本無詮次後人妄謂有所高下且悔少作是皆黨東萊者創此說以蓋時論非本語也

京畿轉運司奏收到太和山水晶大小四千餘塊邕州等處產金寶共收到金二千四十六兩數內採到生大

黃金不經烹煉者汝州產碼碯二萬五千斤一塊重二十一斤五兩並宣付史館時政和四年也又潭州益陽縣蓮荷場掘得金四塊總計一千七百八兩方崇飾祥瑞之際地不愛寶闡珍以表極治其盛如此

鄭穆字閎中閩士所尊四先生鄭其一也元祐初為國子祭酒久而請老太學諸生數千人狀詣司業又詣丞相府請留不報以待制奉祠將行公卿大夫多以詩贈之三學之士皆為詩且出祖汴東門外三獻酒再拜堂下辭訣而去觀者歎息惲幼從合肥王公助學王與鄭中表親有一編目歸榮乃送行詩也復未見此本

人少則鬒黑老則髮白久則黃人少則膚白老則膚黑久則黷若有垢然髮黃而膚為垢故曰黃耇見王充論衡而今韻略耇字下亦注老人面若垢為耇

崇寧三年駕幸金明池乘烏馬還內道路安平賜名龍驤將軍艮嶽一石高四十尺名神運昭功宣和五年朱勔自平江府造巨艦載太湖大石一塊至京以千人舁

進勔祓賞建節石封盤固侯

方務德侍郎帥紹興赴召士人姚某以書投識其略曰某流落江湖二十年兄弟異立未能成家重以場屋蹉跌遂失身於倡館馬慧歲月滋久根深蔕結生育男女於義有不可負者兼渠孑然一身無所依倚處性不能自立萬一有叛此盟終身廢棄存亡或未可保不於侍郎還朝之日得遂脫身從良他日不困此門户中不惟無以釋兒女之恨而某亦從此銷縮區區欲望矜憐使

魚爲之屬川泳雲飛侍郎之德大矣敢不下拜方書其後云姚某觧元文詞英麗早以俊稱杯酒留連遂致於亡反露由衷之懇不愧多言遂成家之名何愛一妓韓公之於戎昱既徇所求奇章之望收之更宜自愛能從其請可見寬厚之德且引事切當韓滉鎮潤州戎昱典屬郡暱一妓或言于韓韓取戎不敢留臨别作小詞曰好在春風湖上亭柳絲藤蔓繫人情黄鸝久住渾相戀欲别頻啼三兩聲韓聞即歸之盖用此事

從叔知和隨侍官九江嘗以詩見吕東萊後以書請教荅云廬阜只尺讀書少休必到山中所與游者誰也古人觀名山大川以廣其志思而成其德方謂善游太史公之文百氏所宗亦其所歷山川有以增發之也惜其所用止在文字間若使志於遠者大者雖近遂游夏可也又為作求諸已齋詩見集中知和嘗尉吳江作垂虹詩話語煇未有序煇言若以所得東萊帖冠于首何用他求從之復著垂虹賦為人稱賞盖得少小師尊前輩之力惜年未及中病廢而卒

政和五年四月燕輔臣於宣和殿先御崇政殿閱子弟五百餘人馳射挽強精銳畢事賜坐出宮人列于殿下鳴鼓擊柝躍馬飛射翦柳枝射繡毬擊丸據鞍開神臂弓妙絶無倫衛士皆有愧色上曰雖非婦事然女子能之則天下豈無可教臣京等進曰士能挽強女能騎射安不忘危天下幸甚見從游宣和殿記

近世州郡類以名賢昔嘗臨莅繪象以章遺愛數十百

年後何緣得其容貌之真但畫衣冠題爵位姓名耳東坡送周正孺知東川詩落句云為君掃棠陰畫像或相踵盖蜀中太守無不畫像者頃王顯道守吳門日孫仲益居毗陵以嘗牧是邦遣騎求其傳神併復齋雲樓舊觀孫謝之有嘗讀國史錢惟演作樞密直學士題名記黜寇萊公為逆準不書時有蔡齊斥其妄如覿無狀公乃肯收之之語此紹興間事也錢惟演作樞密直學士題名記附麗丁謂輒去冠準姓氏云逆準公嘗言于仁

宗曰冠準社稷之臣忠義聞於天下豈可為姦黨所誣哉遂令磨去見公行狀

范文正公在睢陽遣堯夫到姑蘇般麥五百斛堯夫時尚少既還舟次丹陽見石曼卿問寄此久如曼卿曰兩月矣三喪在淺土欲葬之而北歸無可與謀者堯夫以所載麥舟付之單騎取程捷徑而歸到家拜起侍立良久文正曰東吳見故舊乎曰曼卿為三喪未舉方留滯丹陽時無郭元振莫可告者文正曰何不以麥舟與

與之堯夫曰已付之矣大夢行當覺百年將未滿追哀已逝人長眠寄孤館念我同年生意長日月短盬車困騏驥烈火廢圭瓚後生有奇骨出語已精悍蕭然野鶴姿誰復識中散有生寓大塊死者誰不窾嗟君獨久客不識黃土暖推衣助孝子一溉滋湯旱誰能脫左驂大事不可緩此詩東坡為李憲仲作憲仲之子廌坡得梁吉老十縑百絲舉以賻之度是詩出當多有助之者又作章黙詩意益深辭益哀今之人親喪未舉豈免求哀于時若假是名因以為利或廣求以侈其葬恐失脫驂之本意也

歐陽文忠公父鄭公任綿州推官日生文忠後有謝固者居是官於治所之左葺一堂號六一唐子西賦長篇有即彼生處所館之與周旋之句或云司馬溫公父侍制公守浮光日生溫公故名取煇爗之義自昔功施於民則祀之矧鉅公盛德功在社稷百世宗仰者乎或云郡舊有香火之奉今守土者得不侈大祠宇以永其傳

若第以名勢所臨在仕者獻諛取媚如紹興間黃州為時相建瑞慶堂是也謝固一為望子西自有兩說

先人三弟季字德紹與煇同庚同月煇先十三日自幼從竹林遊德性敏而静中年後文筆加進嘗題玉川碾茶圖絕句云獨抱遺經舌本乾笑呼赤脚碾龍團但知兩腋清風起未識捧甌春筍寒頗有唐人風製死已十年遺藁失於收拾但宗族間傳得一二

舊説臺諫當上殿未有題目五更不寐平生親舊一一

上心蓋唯親舊可得其許庶免風聞之誤是雖戲語嘗
親見之紹興間某任言責欲論一人未得出處不叶公
議與之齊者偶一鄉人來訪私謂得其人矣叙契闊捘
殷勤甚懽其人大喜過望意汲引可必也越兩日章疏
上乃同前欲論者降旨即日押出國門寧逢惡賓莫逢
故人又云故人相逢不吉則凶

清波雜志卷八

欽定四庫全書

清波雜志卷九

宋　周煇　撰

天下名山洞府河陽府平陽洞台州赤城山玉京洞江
寧府華陽洞舒州灊山司真洞杭州大滌洞鼎州桃源
洞常州張公洞南康軍廬山詠真洞建州武夷山昇真
洞南嶽朱陵洞江州馬當山上水府太平州中水府潤
州金山下水府杭州錢唐江水府河陽濟瀆北海水府

鳳翔府聖湫仙遊潭河中府百丈泓龍潭杭州天目山
龍潭華州車湘潭初朝廷以每歲投龍簡而洞府多在
僻遠處其齋送祭醮之具頗以為擾天聖間下道録院
定歲投龍簡凡二十處餘皆罷之煇四十年前於馬當
龍祠廊廡下見一碑刻投龍處所覩此數頗有增益碑
隂載祭享牲牢香幣樂節為詳乃元豐間江州建立者
再過之則亡

張無垢貶南安凡十有四年寓處僧舍未嘗出門戶具

一話一言舉足為法警悟後學宏矣其甥于恕裒集語録十二卷既已刊行其間論語絶句讀者疑焉蓋公自有語解亦何假此發明與義嘗叩公門人郎曄曄云此非公之文也語録亦有附會者

唐制唯給事得封還詔書富鄭公知制誥日劉從願妻遂國夫人王蒙正女也既奪封罷朝謁久之復其國封公乃繳還詞頭其命遂寝中書舍人繳詞頭蓋自鄭公始熊克所著九朝通略書富弼繳還遂國之封實録本傳不載止見于蘇轍龍川列志事有礙於

理亦恐所傳或致訛舛富鄭公薨司馬温公范忠宣來弔哭公之子紹庭泣曰先公有自封押章疏一通殆遺表也二公曰當不啓封以聞既曰遺表自有常式恐難以元封押進御封可也押可乎東坡作公神道碑止公手封遺表使其子上之世莫知所以言者袖中諫草朝天去歐陽公固嘗議之

禄豈須多防滿則退年不待暮有疾便辭仕者若守此戒則不殆不辱可全始終進退之節頃見洪慶善書此語於座屏然晩有南荒之謫蓋亦昧於勇退士大夫能明哲保身以全終始者寡矣

嫁女須勝吾家者娶婦須不若吾家者或問其故曰嫁勝吾家則女之事人必欽必戒娶婦不若吾家則婦事舅姑必執婦道安定胡翼之云煇見老先生言安定為此說必有謂豈其男女婚嫁用此說皆得所歸而然歟

石守道為舉子時寓學於南都其固窮苦學世無比者文游閽嘗以盤餐遺之石謝曰甘脆者亦介之願也但日饗之則可若止得一餐則明日何以繼乎朝饗膏梁

暮厭粗糲人之常情也所以不敢當歸之貧樂簞瓢賢矣哉嘗聞富鄭公辭疾歸第以俸券還府府受之程伊川正叔曰受之固無足議還者亦未為得也留之無請可也或曰餽食美意也受而不食可也却之近名也

歐陽公為西京留守推官事錢思公一日羣游嵩山取潁陽路歸暮抵龍門雪作登石樓望都城次忽煙靄中有車馬渡伊水者既至乃思公遣廚傳歌妓且致俾從

容勝賞毋遽歸之意思公既貶漢東王文康公晦叔為代一日謁幕客多游責曰君等自比寇萊公何如萊公尚坐奢縱取禍衆不敢對歐公取手板起立曰以某論之萊公之禍不在杯酒在老不知退爾四座偉之是時文康年已高為之動故歐公六十五即休致門生或有言公德望為朝廷倚重且未及年豈容遽去公荅曰某平生名節為後生描畫盡唯有早退以全晚節豈可更被驅逐乎以是知公未老告歸蓋以文康公為戒且践

疇昔之言也或云歐公游頳陽見山中石壁上丹書神清洞即此時也（時尚書祠部員外郎直集賢院通判河南府謝希深絳與歐陽諸公皆以王事從嵩山之游謝有二書抵梅聖俞歷叙登覽之勝梅荅以長篇時明道元年九月也）

一小說名默記內一條云尹師魯性高而褊在洛中與歐梅諸公同游嵩山師魯曰遊山須是帶得胡餅爐來方是遊山諸公咸謂遊山貴真率豈有此理諸公羣起而攻之師魯知前言之謬而不能勝諸公遂引手扼吭諸公爭救之乃免煇見前輩云一時失言有所不免若曰愧而扼吭無是理也若默記者亦不當書此

洪駒父集侍兒小名三卷王性之續一卷好事者復益所未備雖曰擇之不精采摭未盡亦足為尊俎諧謔之助士大夫昵裙裾之樂顧侍巾櫛輩得之惟艱或得一焉不問色藝如何雖資至凡下必極美稱名浮於實類有可笑者豈故矜衒特償平日妄想不足則參爾或謂若把西湖比西子澹粧濃抹總相宜總宜之名為佳特恐無敢承當者（性之之子明清云先公與洪玉父共成此編非駒父之所續也意此語當

得其實煇傳本誤矣）

趙忠簡公秉政日使臣闕永堅亦西人趨承云久乃丐官淮上貧不辦行欲貸息女公憐之隨給所須永堅乞納女公却之請力不得已姑留之後永堅解秩還公一見語之爾女無恙永堅謂宿逋未償公笑不荅且助資送貴囑求良配遂歸監平江梅里鎮宗室汝霖女言雖累年日侍丞相巾櫛及嫁尚處女也汝霖與知泗州王伯路厚語其詳王云前輩於此等優為之特今之人為

難能司馬温公曾魯公各有事似此一事傳於世文多不載

江南自初春至首夏有二十四番風信梅花風最先楝花風居後煇少小時嘗從同舍金華潘元質和人春詞有捲簾試約東君問花信風來第幾番之句潘曰宫詞體也語太弱則流入輕浮又嘗和人蠟梅詞有生怕涷損蜂房膽瓶湯浸且與温存着規誓如前朋友琢磨之益老不敢忘潘墓木拱矣

山谷云野艇恰受兩三人別本作航航是大舟當以艇為正今所航船者俗名輕舠如航湖航海亦為常談張景陽七命載在文選有汎三翼汎中沚之句所謂三翼皆巨戰船非輕舟也

秦少游發郴州反顧有所屬其詞曰霧失樓臺月迷津渡桃源望斷無尋處可堪孤館閉春寒杜鵑聲裏斜陽暮驛寄梅花魚傳尺素砌成此恨無數郴江幸自繞郴山為誰流下瀟湘去山谷云語意極似劉夢得楚蜀間語淚濕闌干花着露愁到眉峰碧聚闌干淚臉也見鄴侯家傳愁到眉峰碧聚乃張泌思越人詞黛眉愁聚春碧此恨平分取更無言語空相覷斷雨殘雲無意緒寂寞朝朝暮暮今夜山深處斷魂分付潮回去毛澤民元祐間罷杭州法曹至富陽所作贈別也因是受知東坡語盡而意不盡意盡而情不盡何酷似少游也乾道間舅氏張仁仲宰武康煇往見留三束堂之勝益澤民嘗宰是邑於彼老士人家見别語墨蹟

蘇東坡云如人善博日勝日負王荆公改作日勝日貧坡之孫符云元本乃日勝日貧呂正獻尤不喜人博有

勝則傷仁敗則傷儉之語

了齋陳瑩中為太學博士薛昂林自之徒為正錄皆蔡卞之黨也競尊王荆公而擠排元祐戒士人不得習元祐學術卞方議毀資治通鑑板陳聞之因策士題特引序文以明神宗有訓於是林自駭異而謂陳曰此豈神宗親製耶陳曰誰言其非也自又曰亦神宗少年之文耳陳曰聖人之學得於天性有始有卒豈有少長之異乎自辭屈愧嘆遽以告卞卞乃密令學中敞高閣不復

敢議毁矣毁通鑑非細事也諸公未有紀之者止著於了齋遺事中國子監舊有安定胡翼之祠紹聖初因為博士開于朝徹去

容言蘇伯昌初筮長安獄掾令買魚飼猫乃供猪襯腸詰之云此間例以此為猫食乃一笑留以充庖同寮從而遂日買猫食葢西北品味止以羊為貴

詒賜楚州孝子徐積絹三十疋米三十石積從胡爰學一見異待之嘗延食中堂二女子侍立將退積問曰門

人或問見侍女否何以答之爰曰莫安排積聞此言省悟所學頓進此䟦不但見於諸公紀聞亦載在哲宗實録乃元豊八年事也豈警後學要妙在莫安排三字故史臣從而書焉徐字仲車

仲車雜著數十條臨川山陽板行其一云陳力就列不能者止近世拜官徒為餙詞已足恥矣而朝廷又為之法曰至某官乃得辭免是教人為偽也其兩府有除拜未受命必先押入其名已不正葢賢者以禮進以義退既可押入必可押出此固然矣但立法有素豈易頓革柄臣為國具瞻既膺大拜不應偃然即當具任故三辭再辭次及從官臺諫一辭而已此豈由衆特拘以法其不應辭者豈官微任輕進不係時之重而然歟兩府初除固已受命特未受告耳凡降旨日下供職者皆未受告也

食無精粗飢皆適口故善處貧者有晚食當肉之語煇家與宗室通婚姻常赴其招家家類留意庖饌非特調

芼應律令且三字爛熟少爛則易於咀嚼熟則不失香味少則俾不屬饜而飫後品煇頃出疆自過淮見市肆所售羊邉甚大小者亦度重五六十斤葢河北羊之胡頭有及百斤者驛頓早晚供羊甚腆既苦生硬且雜以蕪荑醬臭不可近若用前二說製以餉客豈不快屠門之嚼哉王荆公觧美字從羊從大謂羊之大者方美而東坡亦有翦毛胡羊大如馬誰記鹿角腥盤筵之句山谷簡何斯舉治具待客亦謂軟爛則宜老人豊潔則稱

佳客今日蔬食起權輿之嘆說食經而偶及此
煇自四十以後凡有行役雖數日程道路倥偬之際亦有日記以先人晚苦重聽如斡蠱次敘旅泊淹速親舊安否書之特詳用代縷縷之問記向年貸田句金不遂取塗三茅得新刊山圖而歸濡滯良久殊失倚門之望因思昔淵才久出其家日望其歸歸止擕一布囊人謂其間必珍貨也後數日會親戚啓囊乃歐陽公新修五代史藁數帙李庭珪墨一笏而已煇用此書于日記後

先人為之一笑自隆興癸未至紹熙辛亥恰一世伏書泫然
王立之詩話書張宗古自堂後官守登州祈雪獲應一判官以詩為賀宗古曰玩我欲繳進為人勸止先人任饒幕與郎武黄堅叟為代一日郡宴鄱江樓黄作木蘭花詞上别乘有監郡風流惟洽之語亦貽怒繳申郡牒問風流惟洽實跡黄歴故古今風流惟洽出處辯答甚苦嘗取吏案以觀而得其詳要知投獻本求知又當視其人如何庶不返致棨戟特未知宗古所謂玩我何說其亦錦衾爛兮之類乎
張無盡嘗作一表云魯酒薄而邯鄲圍城門火而池魚禍上句出莊子下句不知所出以意推之當是城門失火以池水救之池竭而魚死也廣韻池字韻注云池水沼也古有姓池名仲魚者城門失火燒死謗云城門失火殃及池魚白樂天詩有火發城頭魚水裏救火竭池魚失水初不主姓名之說然廣韻所載當必有據

詞頭代王言賞功罰罪若雷風鼓舞天下要當孚公論載于訓詞以昭示懲勸某除某官若其人非素所與者必徵寓詆誚於一二字中審其人不應此除曷不循繳還之制顧假命令以快我之好惡其可乎
晁无咎貶玉山也過彭門而陳履常廢居里中无咎出小鬟舞梁州以佐酒常作小闋木蘭花云娉娉裊裊芍藥梢頭紅樣小舞袖低垂心到郎邊客已知金尊玉酒勸我花前千萬壽莫莫休休白髮簮花我自羞无咎云

疑宋開府鐵心石腸及為梅花賦清便艷發殆不類其為人履常清通雖鐵心石腸不至於開府而此詞清便艷發過於梅花賦矣

元豐己未明略无咎同登科明略所游田氏姝麗也一日明略邀无咎晨過田氏田氏遽起對鑑理髮且盼且語草草粧掠以與客對无咎以明略故有意而莫傳也因為下水船一闋上客驪駒至鵾喚銀屏睡起困倚粧臺盈盈正解螺髻鳳釵墜繚繞金盤玉指巫山一段雲

委半窺鑑向我橫秋水斜領花交鏡裏淡拂鉛華忽忽自整羅綺斂眉翠雖有愔愔密意空作江邊解珮頃在上饒得此說於晁族无咎跋云大觀庚寅四月十三日伯比季良无咎集國東之逆旅話此四事季良云可書也伯比季良當是羣從風流醞藉富諸樂府雖曰纖塵不妨游戲於盃酒間餘一說乃陳襲為錢唐妓周子文作四詩詞洪内相已載在夷堅庚志語皆合餘一未詳

軍帥丁憂詔起復迨服闋猶以起復二字入銜或曉之答曰自抛了娘子却加得此官二年未曾遷轉又一輩銜内必帶宜差二字有俾除去乃云元被受差劄上帶下來怎敢擅除一添差酒官不釐務堅要供職人亦語之在法只合門坐請料錢其人言朝廷令某不離務趁辦課利豈敢閑坐請他料錢三者可以補笑林之遺

舊制御廚折食錢凡十一等第一等舊折八十餘千紹興初減半餘遞減有差至第十一等舊折三十千亦損其半然尚宫内人赴景靈宫酌獻却係臨安府依格饌

造食味每分白肉胡餅湯肉粉雜飣炊作炒肉煑菜羹飯軟肉所破料止羊肉十三兩麪五兩蓋豆粉二兩米五合薪炭之屬準此其儉如此或云乃承平舊制雖御廚末等折食則例亦不致是之窘也

建炎初臣僚論帝姬或者謂非姓氏之姬乃姬侍之姬此尤不可豈有至尊之女而下稱姬侍乎若以謂避忌政和間主字乃主簿主書之主非國主家主之主也先是主字一切除去民間有無主之說又言姬者飢也亦

用度不足之識乃詔改正乃政和二年蔡京三入相時建請改公主為帝姬郡主為宗姬縣主為族姬議者謂周姬猶齊姜宋子也是使國女改從周姓故靖康初悉罷之

清波雜志卷九

清波雜志卷十

宋 周煇 撰

中表張元友謂理減年賞於淛東鹽司吏以賂不滿欲實封奏狀外封貼黃以謂為渭亟往易之度其中必不誤書特以此一字見邀昔州郡榷酒官醞造違律不任沽賣吏受賄於任字上加一點遂免責罰豈刻木輩心傳此術以資弊倖唐史亦載有書漬為清者以是知添改偏傍有自來矣

王晉公祐不置田宅曰子孫當各念自立何必田宅置之徒使爭財為不義耳嘗以百口保符彥卿無異志乃植三槐於第中便座謂其子必有任公台者文正公其子也較以田宅所得孰為少多非文正之賢其能成乃父之志

翰林書待詔請春詞以立春日翦貼於禁中門帳皇帝閤六篇其一曰漠然天造與時新根著浮一氣均萬物

不須彫琢巧正如恭已布深仁皇后閤五篇其一曰春衣不用蕙蘭薰領緣無煩刺繡文曾在蠶宮親織就方知縷縷盡辛勤夫人閤四篇其一曰聖主終朝勤萬幾燕居專事養希夷千門永晝春岑寂不用車前插柳枝春端帖子不特詠景物為觀美歐陽文忠公嘗寓規諷其間蘇東坡亦然司馬温公自著日録特書此四詩蓋為玉堂之楷式自政宣以後第形容太平盛事語言工麗以相夸殆若唐人宮詞耳近時楊誠齋廷秀詩有玉

堂著句轉春風諸老從前亦寓忠誰為君王供帖子丁寧綺語不須工之句是亦此意頃得玉堂集分為八帙或云李漢老所編者亦有皇太子府春端帖子

康定二年劉渙奉使入西羌招納唃厮囉族部蕃法唯僧人所過不被拘留資給飲食渙乃落髮僧衣以行李復圭云耳煇得劉氏西行録乃渙所紀往返繫日以書甚悉且多篇咏雖所至必與蕃僧接且賴其鄉導既仗使節辟官屬計事宜結息信稱詔賜賚茶綵悉用漢官威儀范蜀公東齋記王聖涂澠水燕談皆及渙出使事俱不言祝髮渙字仲章保塞人天聖中以奉禮郎上書請徹簾還政後為右正言又隨孔道輔論廢后事以工部尚書致仕元豐元年卒

沈隱侯曰古儒士為文當從三易易見事一也易識事二也易讀誦三也邢子才曰沈侯文章用事不使人覺若胷臆語深以此服之杜工部作詩類多故實不似用事者是皆得作者之奥樊宗師為文奥澁不可讀亦自

名家才不逮宗師者固不可效其體劉勰文心雕龍論之至矣向傳景文筆録復得一編名摘粹四十八事如辨碑刻及字音三四條皆互出前所論文見於摘粹為文奥澁公謂才不逮者不可效其體以是知公所修唐書後學其可妄議

章子厚在相位一日國子長貳堂白三經義已鏤板放行王荆公字說亦合攽行合取相公鈞旨子厚曰某所不曉此事請白右丞右丞蔡元度也

熬波之利特盛於淮東海陵復居其最紹興間歲支鹽三十餘萬席為錢六七百萬緡于以佐國用其利博矣自增置真州一倉遂稍損舊數捍海置堰肇自李唐國朝范文正公稍移其址疊石外固厥後刓缺不常隨即補治淳熙改元復圮於潮汐時待制張公子正守郡益加板築不計工費唯取堅實官貲不足陰以私帑益之汔今是賴侍御史李粹伯處全記其成煇是年適在鄉里乃得其實鹽席錢緡之數見吳陵志

東坡云昔僦宅於眉一日二婢熨帛足陷于地視之深數尺有大甕覆以烏木板先夫人亟命以土塞之人謂其下有宿藏物欲出也其後坡居于岐欲發地求藏丹崇德君曰使先姑在必不發也乃止唐李景遜為潮西觀察使母鄭早寡家貧子幼居東都因古墻壞得錢盈船鄭乃炷香祝之曰吾聞無勞而獲者身之災也天必以先君餘慶矜其貧而賜之則願諸孤它日學問有成此不敢取命掩而築之二事實相似非智識賢明豈能及此然鄭愛幼子景莊每被黜於場屋母輒撻景遜景遜終以朝廷取士自有公道不肯私囑主司以是論之鄭母似有損於賢明

無錫鄉士張公尚字思齊三舍時為名進士蹭蹬至紹興戊辰始預特奏名試待廷對閒夢人語之官人往和州請衣既覺叵測有解之和州請衣必是食禄之地張自念脫或僥倖亦未應衣賜及唱名在末等補和州助教始悟衣者醫也為助教設人勸納敕為後圖張曰神告之矣乃拜命因賦四十字以自況老未脫場屋揆才

無寸長九重雖射策一命不為郎尚喜衫仍綠仍憐牒是黃活人何不可政自有良方竟不霑禄而卒平日詩文皆膾炙人口求諸鄉人而未獲先人所著松巒志亦著此事首句云不信儒冠誤蹉跎鬢已蒼若夫夢兆則煇近方得之故今重出不特補志之遺抑亦正詩之誤

吳長文不喜釋氏父卒不名僧營佛果閭巷常與父往還者各贈二縑韓魏公謂事親之際為尤難建安劉同

知居留建康薨于官遺戒不事梵唄其家恪遵治命興化陳丞相當屬纊之際亦以手筆示其子謂追修無益於逝者豈二公自信平生踐履必可升濟初不假薦助冥福抑矯世俗溺信浮屠之說歟長文名奎嘗參機政於熙寧

古治百里之邑令掛其俗尉督其姦故令曰明府尉曰少府唐之名臣繇尉超遷馴至公卿者不可以數計雖陸贄牛僧孺裴度顏真卿李絳皆此塗出今銓法以處

試吏者腰弓撚箭從事鞍馬巡警阡陌餞迎貴宦斂板揖于路左類以麤官目之判司簿尉不可說未免箠楚塵埃間不特興歎于昌黎公

醖法言人人殊故色香味亦不等醇厚清勁復繫人之嗜好泰州雪醅著名惟舊蓋用州治客次井蠏黃水蠏黃不堪他用止可供釀紹興間有呼匠輩至都下用西湖水釀成頗不逮有詰之者云蠏黃水重西湖水輕嘗較以權衡得之煇向還鄉郡飲所謂雪醅亦未見超勝豈秫米日損水泉日增而致然耶抑醖法久失其傳大抵今號兵厨皆有此弊不但泰之雪醅也

韓魏公妻弟崔公孺持論甚正公喜與之語偶汎及差除公孺忽曰豺狼虎豹虵虺天乃屏置於山林深僻之地者蓋恐為人之害也今監司郡守一失選掄置在要路其為民害得不甚於豺狼虎豹虵虺乎公默然凡今廟堂進擬符節次得不鑒公孺之論而益精其選

唐路巖為相密奏應臣下有罪賜死皆令使者剔取結

喉三寸以進驗其實至是賜巖死乃自罹其酷行刑之處乃楊收死所蓋收為巖所陷者

本朝盧公多遜貶朱崖李符知開封府言于趙韓王曰朱崖雖在海外而水土無他惡貶者多生全春州在内地而近至者必斃望追改前命亦外示寬貸乃置於必死之地趙頷之月餘符坐事貶宣州行軍司馬上怒未已令再貶嶺外趙具述其事即以符知春州到郡月餘而卒天道好還其速如是史傳不載似此不一姑舉二

者以為世戒

郵亭客舍當午炊暮宿弛擔小留次觀壁間題字或得親舊姓字寫塗路艱辛之狀篇什有可採者其筆畫柔弱語言哀怨皆好事者戲為婦人女子之作頃於常山道上得一詩迨遞投前店颼颼守破窻一燈明復暗顧影不成雙後書女郎張惠卿迨回程和已滿壁衢信間驛名彡谿謂其水作三道來作彡字形鮑娘有詩云谿驛舊名彡煙光滿翠嵐須知今夜好宿處是江南後蔣

潁叔和之云盡日行荒遶全家出瘴嵐鮑娘詩句好今夜宿江南潁叔豈固欲和婦人女子之詩特北歸讀此句有當于心戲次其韻以志喜耳煇頃隨侍赴官上饒舟行至釣臺敬謁祠下詩板留題莫知其數劉武僖自柯山赴召亦記歲月于仰高亭上末云侍兒意真代書後有人題云一入侯門海樣深謾留名字惱行人夜來髣髴高唐夢猶恐行雲意未真

近年上官遇僚屬日益簡倨縱有從厚者皆以失體之名歸之頃黃徽猷崇書為漕江東嘗對客言公廳上論職事或未免厲辭色若盃酒間詎可無和氣以相接晚會徹俎有應循廊者豈有竟夕相陪笑語從容昏夜使其偕執侍者僕僕疾趨者乎嘗悉俾就席次登車且云是亦前輩故事也後得一小說韓黃門持國典藩觴客早食則凜然譚經史節義及政事設施晚集則命妓勸飲盡歡而罷雖簿尉小官悉令登車上馬而去黃所及前輩故事其謂是耶

唐中和四年時溥獻黃巢及家人首并姬妾僖宗御大元樓受之宣問姬妾汝曹皆勳貴子女世受國恩何為從賊其居首者對曰狂賊凶逆國家以百萬之衆失守宗祧播遷巴蜀今陛下以不能拒賊責一女子置公卿將帥於何地乎僖宗不復問皆戮于市人爭與之酒其餘俱悲慟昏醉居首者獨不飲不泣至于就刑神色肅然劉更生傳烈女八篇俱著姓氏唐史烈女傳亦然而獨遺此若非司馬溫公特書於通鑑中則視死如歸

應對不屈之節卒泯泯而不傳惜不得其姓氏

時又有大將王緒令軍中無得以老弱自隨犯者斬王潮兄弟獨扶其母緒責之曰軍皆有法未有無法之軍汝違吾令而不誅是無法也三子曰人皆有母未有無母之人將軍奈何使人棄其母緒怒命斬其母三子曰潮等事母如事將軍既殺其母請先母死將士皆為之請乃舍之亦以其辭正也或免不免係於一時未幾緒為潮所擒

唐柳氏自公綽以來世以孝悌禮法為士大夫所宗玭常戒其子弟曰凡門地高可畏不可恃也立身行己一事有失則得罪重于他人無以見先人於地下此其所以可畏也門高則驕心易生族盛則為人所嫉懿行實才人未之信小有疵纇衆皆指之此其所以不可恃也故膏粱子弟學宜加勤行宜加儉僅得比衆人耳古今家誡深切著明孰踰於此蓋有鏤板以曉於世者所謂子弟千百中曷有一二顧省者聽之藐藐則皆是也姑識此以示兒輩

人凶非宅凶古有是語然空閒之廬久無人跡亦有可疑者頃僦數椽茇舍於無錫其屋雖多變怪初不以為異一夕忽火發於庖屋煙坌而焰不起亟升以撲滅於茅茨下得尺許通紅炭翌旦再視其處了無燒痕蓋此舊為神祠初不知也遂遷他所後其屋卒歸煨燼僦居去留固輕若創建第宅趣於落成歲月方隅或犯所禁且不忖分量唯務壯麗不旋踵自速其舋者多矣為宰

相府頗隘為奉禮太祝之居則有餘先哲所見乃如此

紹興初先人為丹徒簿曾魯公丞相時簿領金壇為僚意好甚篤後曾待制西帥幹關榷嘉禾新塍稅復相解后一日語先人連夕夢有俾更名云更方貴曾元名偶有所避改後名蓋三十年前已形于夢兆矣自此參大政再登宰席一時僚舊無在者深有推輓意而先人故倦游但欲廟令以俟老平生往返書尺束如牛腰散失殆盡獨許祠祿一帖曾素善飲每醉則命徹俎拭案語

請卓子喫一服感應元復各舉一大白方散煇幼即接侍風味高勝晉宋間人也

至和三年劉原父敞使契丹檀州守李翰勞其行役劉云跋涉不辭但山路迂曲自過長興邸西北行六程到柳河方稍南行意甚不快又云聞有直路自松亭關往中京纔十餘程自柳河纔二百餘里翰笑曰盡如所示乃初踏逐修館舍已定至今迂曲後范中濟子奇出使遼道使者由迂路以示廣遠范詰之曰抵雲中有直道

旬日可至何乃出此耶敵情得嘿然緣二公素精地理學故毋得而欺煇出疆過白溝日行六七十里若百餘里窮日力方到或問今日之程行遠答曰此中宿食頓地里遠近初不定葢亦取夫館舍之便

嘉祐敕敕服綠涖事十五年改緋光祿卿王端建議公卿子弟襁褓得官未嘗從事而錫命與年勞者等何以示勸請以涖事日為始遂著為令時以為當推此類而言亦有合舉行者

廣南黎洞非親喪亦頂白巾婦人以白布巾纏頭家有祀事即以青葉標門禁往來人皆文身男女同浴故曰冒白鄉風舊標青社酒酣文身老及幼川谷女同男近有族人自海外歸詢之曰然

紹興庚辰在江東得蜀人黃大輿梅苑四百餘闋煇續以百餘闋復謂昔人譜竹及牡丹芍藥之屬皆有成詠何獨于梅闕之乃采掇晉宋暨國朝騷人才士凡為梅賦者第而錄之成三十卷謀於東州王錫老詞以苑名

矣詩以史目可乎王曰近時安定王德麟詩云自古無人作花史官梅須向紀中書葢已命之矣煇復攷少陵詩史專賦梅纔二篇因他汎及者固多取專賦略汎及則所得甚鮮若併取之又有疑焉叩於汝陰李遐年李曰詩史猶國史也春秋之法襃貶於一字則少陵一聯一語及梅正春秋法也如巡簷索笑滿枝斷腸健步移遠梅之句至今宗之以為故事其可遐遺非少陵則取專賦可也後在上饒梅苑為湯平甫借去湯時以寓客

假居王顯道侍郎宅不戒于火厦屋百間一夕煨爐尚何有于梅苑哉梅史隨亦散失雖嘗補亡而非元本歲當花開時未嘗不哦其詩歌其曲神交揚州法曹西湖處士懷舊編而訴遺恨焉

羣赴郡宴甲年少勇於見色甫就席乙以服辭乃命徹樂勸詶次甲尤乙曰敗一席之懽爾也真所謂不自殞滅禍延過客也賔主為之烘堂五十年前服親喪終制不觴客人亦不敢招致親舊欲相欵必就寺觀具素饌

仍不置酒時謂當然不以為異

沿江烽火臺每日平安即於發更時舉火一把每夜平安即於次日平明舉煙一把緩急盜賊不拘侯日則舉煙夜則舉火各三把紹興初江東安撫大使李光所請煇生長江南足不涉極邊初未識所謂烽火者但讀陸務觀放翁記游梁觀塞上傳烽詩月黑望愈明雨急滅復見初疑雲罅星又似山際電亦可想像得髣髴云

清波雜志卷十

欽定四庫全書

清波雜志卷十一

宋　周煇　撰

龍圖閣直學士提舉醴泉觀兼侍讀編修國朝會要詳定九域圖志編類御筆禮制局詳議官蔡攸奏臣伏奉聖恩差冬祀大禮陞輅執綏十一月五日陛下御玉輅自太廟出南薰門至玉津園伏蒙宣諭臣曰玉津園東樓殿重複是何處臣奏以城外無樓殿恐是齋宮陛下

曰此去齋宮尚遠可迴顧見雲間樓臺殿閣隱隱數重既而審視其樓殿去地數十丈即知非齋宮俄頃陛下又謂臣曰見人物否臣即見有道流童子持幢幡節葢相繼而出雲間人漸衆約千餘人皆長丈餘有輅車輿輦多青色駕者不類馬狀若龍虎及輦後有執大枝花數十相繼雲間日色穿透所見分明衣服眉目歷歷可識人皆戴冠或有類今道士冠而稍大者或若童子狀皆衣青紫黃緑紅或淡黃杏黃淺碧望之衣上或有繪

繡或秉簡或持羽扇前後儀衛益衆約數千許人迴旋於東方稍南人物異常旌旗飛翻飄轉所持幢節高數丈非人世所睹移刻或見或隱又頃乃隱不見此蓋陛下恪祇祀事追述三代作新禮器上體天道秉執元圭齋服盛明嚴恭寅畏天意感昭神明降格示現如此伏望宣付史館播告天下太師蔡京等奏乞率百僚稱慶明庭奉御筆依奏繼降詔曰朕嗣承丕基夙夜祇若惟道是憲惟上帝是承涓選休辰恭脩祀事備物盡志咸

秩無文荷帝博臨如在其上旌旗輦輅冠服儀仗見於雲際萬衆咸睹惟天人之感通有形聲之相接靈承對越敢不祇欽可以其日為天應節用端命于上帝以昭答於神休咨爾萬邦其體至意時政和三年也煇自省事即見丈人行談此事頗畧兹得其詳因書以示欲知者先人云所書亦有潤色在當時已多有議之者豈亦出神道設教乎

煇嘗見父友許志康宦論太素脈謂可卜人之休咎因及治平中京師醫僧智緣為王荆公診脈言當有子登科甲之喜時王禹玉在坐深不然之明年雱果登第緣自矜語驗詣公乞文以為寵公為書曰妙應大師智緣診父之脈而知其子有成名之喜翰林王承旨疑古無此緣曰昔秦醫和診晉侯之脈知其良臣將死夫良臣之命尚於晉侯脈息見之因父知子又何怪乎所書大略如此許云此非荆公之文特其徒假公重名矜衒以售其術爾智緣嘗從王韶經理洮河邊事亦嘗名對診御脈命以官不就

徽宗嘗命米芾以兩韻詩草書御屏次韻乃押中字行筆自上至下其直如綫上稱賞曰名下無虛士芾即取所用硯入懷墨汁淋漓奏曰硯經臣下用不敢復進御臣敢拜賜又一日米同人書親舊有密於窻隙窺其寫至芾再拜即放筆于案整襟下兩拜

為學三多士皆知其說孫公莘老請益於歐陽公公曰此無他唯勤讀書而多為之自工世人患作文字少又懶讀書每一書出必求過人如此少有至者疵病不必

侍人指摘多作自見孫書于座右

鄭顧道侍郎居上饒享高壽燀不及識也嘗見其除夕小詩親筆可㬰今年老也無兒孫次第飲屠蘇一門骨肉知多少日出高時到老夫胡德輝蒼梧志云或問酴酥事於鮑欽止鮑曰平屋謂之酴酥若今幕次之類往往取其少長均平之義

番江寓客趙叔簡編修宣和故家家藏東坡親書歷數紙益坡為郡日當直司日生公事必著于歷當晚勾消唯其事無停滯故居多暇日可從詩酒之適欲將公事

湖中了見說官閑事亦無乃秦少章所投坡詩益狀其實

燀頃侍鉅公語及常產公云人生不可無田有則仕宦出處自如可以行志士則仰事俯育粗了伏臘不致喪失氣節有田方為福益福字從田從衣雖得此說三十年竟無尺土歸耕老而衣食不足福基淺薄不亦宜乎

舒亶知諫院言中書檢正張商英與臣手簡并以其壻王溈之所業示臣商英官居宰屬而臣職在言路事涉干請不敢隱默其商英手簡二紙并溈之所業一冊今繳進詔商英落館閣校勘監江寧酒初舒為縣尉坐手殺人停廢無盡為御史言其才可用乃得改官至是乃爾士論惡之同時呂吉甫亦繳王荊公私書彎弓成俗亦何足多恠

元祐間寶文閣直學士中大夫李文純知開封府廨宇遺火降左中散大夫近歲臨安府治偶失所戒守臣自列貶秩免所居官其亦用此故事耶

政和二年待制李譓進蟾芝上曰蟾動物也安得生芝閭大相國寺市中多有鬻此者為玩物耳譓從臣何敢附會如此命以盆水漬之一夕而解竹釘故楮皆見於是責譓以罔上安置焉又己亥冬祀南郊方登壇樂作使人推數小車載火出于遠林左右爭獻言為先見而上亦不責也時所謂祥瑞亦有類此者而蔡絛尚有山產碼磁水晶地布醴泉芝草夸大其父相業父子之罪通天亦何辱書

蔡忠懷持正初任邠州理掾屬韓康公宣撫陜西喜其所撰樂語全用韓氏事薦之康公弟持國尹開封辟主左廂公事後尹劉公庠責蔡庭叅蔡曰此禮起於藩鎮辟除掾屬輦轂之下比肩事主雖有故事亦不可用劉不能屈神宗聞而嘉之劉乃補外忠懷為小官所守如此今州縣吏見長官典謁以例告違背禮制者多矣一說神宗既嘉確之不屈他日臺官闕執政奏除官上曰只用不肯堦墀見開封尹者遂除確監察御史

紹興十一年程克俊進呈乞以貢院所考合格宗室善

能特令附正奏名殿試以示奬勸從之高宗曰天族之貴溺於燕安往往自陷非法若以邦典繩之則非所以示敘睦之恩置而不問又無以立國家之法唯其好學從善者稍加崇厲以風厲其餘是亦教化之術也宗室取應賜出身自此始善能居無錫惠山與燁居為鄰其後三四任州縣以選調終

蘇丞相子容因臺評去位時左司諫虞策言蘇頌罷相臣備言職朝廷進退宰相宜有論列而臣竊自念頌於元豐年嘗薦舉臣在臣之心誠恐近薄有犯風誼以此不敢入文字臣之尸職無所逃誅云云議者謂奏疏自列略無隱情當是時風俗忠厚顧如此夷堅庚志書謝誠甫祖信任南康日論趙忠簡公不遺餘力而謝為趙之上客豈逼於言責不暇顧私恩所見與虞異矣

大父有手扎藥方乃用舊門狀紙為策禎見元祐間雖僧道謁刺亦大書謹祗候起居某官伏聽處分或云謹狀官稱略不過呼紹興初士大夫猶有以手狀通名止

用小竹紙親書往還多以書簡莫非親筆小官于上位亦然自行劄子禮雖至矣情則反疎司馬温公嘗言與貴官書簡有采紙數過三皆不謹又云居處隨用所出紙札未嘗他求所書止一二幅世多石本可見也歐陽公與梅聖俞書亦有日夕匆匆非荅書簡寫門刺未嘗親筆硯之語

歐陽文忠公詩話國朝浮圖以詩名世者九人故時有集號九僧詩今不復傳矣余少時聞人多稱其一曰惠崇餘八人忘其名燁昔傳九僧詩劒南希晝金華保暹

南越文兆天台行肇汝州簡長青城惟鳳江東宇昭峨眉懷古并淮南惠崇其名也九僧詩極不多有景德五年直史館張亢所著序引如崇到長安人游曲江少草入未央深之句皆不載以是疑為節本崇非但能詩畫亦有名世謂惠崇小景者是也畫史紛紛何足數惠崇晚出吾最許荊公詩云耳

數十年前僚屬有能文者監司郡守委作牋記遇有所囑必親作簡致叩教官被公牒撰應用文字亦新署名

封達近時此禮俱廢但書司作承受傳導公牒則若常程行移至有牒請照會不請有違之語上官體貌益崇學士大夫浸失自重此其一也紹興間先人官鎮江時録參王敏功告殂帥守李茂嘉寶文率僚屬往其廨哭之近年豈復有此氣象

舍弟昭達淳熙壬寅丞長洲沿檄往海鹽回程次吳江見岸旁漁舟取龜板用銛刀剜其肉最為殘酷小人牟利忍於物命不恤也詢之一枚纔直一二錢惻然動心以千得大小五百六十餘枚貯於竹籮度去漁舟差遠以數枚寘于板舟行旋取旋放蓋恐僕隷輩用力拋擲或墮沮洳中反傷其生半日方竟事到家其婦唐迎謂曰昨夢甲士數百人入門云荷官人見宥各聲喏而去殊不可曉初不知曾縱龜也告以故相與嘆息自爾凡遇鱗介鮮活者常取以善價俾相忘於江湖汔今毋怠

無錫鄉僧道昌叅歲周遊諸方在廬山雲居因與人鬬毆損左目值同袍授以相術久乃得出藍之譽旋至都

下出入貴人之門語多奇中族叔樞密方宮正字昌一日語之旦夕當權法從時當國者深忌先傳除目力止之且云勿為我累又言最下館職無攝禁近之理昌執益堅且刻只在今日方付一笑間兼權中書舍人命下叔祖侍郎婺倅滿秩造朝未暇干堂且歸嘉禾忽得召命叵測入國門昌曰通判必任言責亦痛詆其妄來日入對方知為副端湯致遠薦對畢還寓舍昌先在焉理前語曰黨或不然則相書不可用也語未既報除察官

先人罷饒幙有以敎局薦者議已定拘親嫌改乞江東幹往叩昌昌曰必無成後三四年方得之劄子上而所主執政報罷後三年竟得江東漕幹有孫愿赴部乞磨勘已放散矣昌曰以目下氣色觀之非但改官參差且恐折本孫大怒欲治之伺引見閤部吏有所邀不從乃擿曾過房後歸宗在法合追所授恩澤有爲道地者與補初等官繼從孫道夫少從之辟竟失志而卒前三說皆親見之孫又先人交承也昌後莫知所往

櫻桃抄乳酪正雨厭肥梅風忺吹籜咸瞻格天閣見十眉環侍爭鳴絃索茶甌試瀹更良夜沉沉細酌問閒生此日爲誰曾向玉皇案前持橐龜鶴從他祝壽未比當年陰功堪託天應不錯教公議細評洎自和戎以來謀國多少蕭曹衞霍奈敵人自若唯守紹興舊約閫士朱耆壽字國箕爲泰伯和侍郎壽朱久游上庠博洽能文一時諸公皆知之以累舉得官監臨安赤山酒年八十餘而終

監安上門光州司理參軍鄭俠上疏言去年大蝗秋冬亢旱今春不雨麥苗乾枯黍粟麻豆皆不及種五穀踊貴民情憂惶十九懼死逃移南北困苦道途方春斬伐竭澤而漁大營官錢小營升米草木魚鼈亦莫生遂敵人輕肆敢侮軍國皆由中外之臣輔佐陛下不以道以至於此臣願陛下開倉廩賑貧乏有司掊斂不道之政一切罷去庶幾早召和氣上應天心以延天下蒼生垂死之命君臣際會貴乎知心以臣之愚深知陛下愛養

民庶如赤子故自即位以來一有利民便物之事無不毅然主張行之陛下之心亦願人人壽富而中外之臣略不推明陛下此心乃恣其叨懫剝割生民侵肌及骨使之困苦而不聊生夫陛下所存如彼羣臣所爲如此臺諫之臣默默具位而不敢言事至於規避百爲不敢居是職事凡百執事又皆貪猥近利使懷道抱識之士皆不欲與之言不識時然耶陛下有以使之然耶臣又見南征西伐皆以其勝捷之勢山川之形爲圖而來無

一人以天下憂苦貨妻賣女父子不保遷移逃走困躓於藍縷折屋伐桑爭貨於市輸官糴粟遑遑不給之狀為圖而獻臣謹以安上門日所見繪為一圖百不一及已可咨嗟涕泣而況於千萬里之外哉謹隨狀呈奏如陛下觀臣之圖行臣之言自今以往至于十月不雨乞斬臣於宣德門外以正欺君謾天之罪如少有所濟亦乞正臣越分言事之刑初不得即達乃作邊檄夜傳入禁中時永洛失律上方西顧檄至不敢遏秉燭啓封見

圖晝饑民纍纍然莫測繼知為諫疏乃詔鄭俠勒停編管汀州視當時諸公所上封事雖最切直或謂凡人論天下利害所貴即悟主意罷行之若語言太訐使人主有不能堪而自取譴斥亦何補于事漢元帝欲御樓船薛廣德諫從橋曰陛下不聽臣臣自刎以血汙車輪陛下不得入廟矣元帝不悅先歐張猛進曰乘船危就橋安聖主不乘危元帝曰曉人不當如是耶以是知諫有取於諷也俠字介夫福州人書既上或謂中有主之者故興詔獄俠改徙英州辭連馮京王堯臣丁諷等亦及責王安國除毀放歸田里皆繇呂惠卿與安國兄有隙故入其罪熙寧十年手詔英州編管人鄭俠元犯無上不道情至悖逆貸與之生已為大惠可永不量移以有司用赦應量移鄂州故也於是刑房官吏皆被責罰又一說上覽俠書遂詔學士承旨韓維知開封府孫永體量免行錢三司使曾布體量市易又發常平倉及放商稅而青苗免役亦權罷催凡一十八事繼下詔曰朕於

致治政失厥中自冬汔春愆陽為沴四海之內被災者廣意朕之聽納不得於理歟獄訟非其情賦斂失其節忠謀讜言鬱於上聞而阿諛壅蔽以成其私者衆歟中外臣僚直言闕政詔文維所草也初司馬光自判西京留臺以歸絕口不論時事至是讀詔泣下乃復陳六事一青苗二免役三市易四邊事五保甲六水利云

清波雜志卷十一

清波雜志卷十二

宋 周煇 撰

先人罷信幙暫寓法曹廨房室間忽地陷尺許徵露棺和亟遷避他宇扣于州之耆舊皆言下乃古冢素多影響向有法曹黃姓者具牲酒自占數語祭之方圖擇高爽地以改卜是夕夢一偉丈夫來致謝且云陵谷變遷何常業久處此望相安存煇思自謝惠連祭冥漠君之後多倣其體習文昭子開亦有瘞瓦棺文上饒寓公尹少稷諫議常稱高妙可配東坡徐州祭枯骨之作元祐七年正月南京濬南湖得瓦棺五長者纔三尺餘闊不踰尺厚不及寸瓦有從文初若堅緻觸之皆壞留守曾肇既往視之命遷瘞于湖之東南若干步高昇之地祭以酒果按禮有虞氏瓦棺夏后氏堲周商人棺槨周人墻置翣周人以商人之棺槨葬長殤以夏后之堲周葬中殤下殤以有虞氏之瓦棺葬無服之殤此棺其葬殤

者歟乃弔之曰虞耶夏耶商周之人耶勢耶富耶抑賤而貧耶生於何鄉幾晦朔瘞於此地幾春秋耶夭壽歸於共盡老聃彭祖與子其均耶瓦為藏而水為宅豈不復子之真耶改卜高原既深且固於子為戚抑為忻耶有知也耶無知也耶尚有知也其肯舍故而從新耶亦載在曲阜集

淳化五年翰林學士張洎獻重修太祖紀一卷以朱墨雜書凡躬承聖問及史官採摭事即以朱別之神宗正史類因詆誣而非實錄厥後刪改亦有朱墨本傳於世其用淳化故事歟

邵康節居洛陽宅契司馬溫公戶名園契富鄭公戶名莊契王郎中戶名若使令人為之得不貽寄戶免科調之譏乎或謂田宅乃三公所予者特未知王之名當亦是元祐間人

貼職初止有集賢殿修撰直龍圖閣祕閣三等耳政和間詔謂天下人才富盛赴功趨事者衆官職寡少不足

褒延多士乃增置集英右文祕閣修撰三等龍圖至祕閣凡六等仍入雜壓自昔直祕閣例過稱龍圖蓋直閣之名舊纔有二集英即集賢也

端拱二年河南府言前郢州刺史穆彦璋以愛子死不願生挺身入山林飼餓虎異哉喪明尤天古雖有之此則世未嘗有也見太宗實録

頃年朝廷遣使投龍於茅山燕洞石門自開廣二尺餘得古銅錢百餘及金銀環各一按茅山記梁普通中晋

陵女子錢妙真年十九辭親學道誦黃庭七言積四十年道成佩白練入洞洞門自啓至是再開煇毋舅張守性棄從事郎為黃冠受業茅山崇禧觀師號尋真見素時山中有高道劉蓑衣喜其朴茂常留在左右因有所得一向佯狂嘗導煇游燕洞且俾窮探以其語素不倫謝之仍說近入至裏見仙人對奕以新蓮相啗方徘徊次忽念恐知宫相尋不覺身從後户出知宫其師也後十餘年以度牒寄其姊家飄蕩至今不知蹤跡先人以其終日浪走若有所營因即其師號戲易曰尋魂見鬼親舊傳以為笑是乃五十年前事一時人凋零殆盡獨煇知之併識于此

信州鉛山膽水自山下注勢若瀑布用以浸銅鑄冶是賴雖乾溢係夫旱潦大抵盛於春夏微於秋冬古傳一人至水濱遺匙鑰翌旦得之已成銅矣近年水流斷續浸銅頗費力日凡古坑有水處曰膽水無水處曰膽土膽水浸銅工省利多土煎銅工費利薄水有盡土無窮

今上林三官提封九路檢踏無遺膽水膽土其亦兼收其利

張懷素舒州人自號落魄野人崇寧元年入京師至大觀元年事敗牽引士類一時以輕重定罪者甚衆呂吉甫蔡元度亦因是責降蔡嘗語陳瑩中懷素道術通神雖蜚禽走獸能呼遣之至言孔子誅少正卯彼嘗諫以為太早漢楚成皋相持彼屢登高觀戰不知幾歲殆非世間人也自古方士恠誕固多有之未有如此大言者

士大夫何信之篤惑之深耶後又有婦人虞號仙姑年八十餘有少女色能行大洞法徽宗一日詔虞詣蔡京京飯之虞見一大猫拊其背語京曰識此否乃章惇也京即詆其恠而無理翌日京對上曰已見虞姑邪猫兒事極可駭熙寧實録亦載賜蔡州尼惠普號廣慈昭覺大師惠普有妖術朝士多問以禍福富鄭公亦惑其說

浙右水鄉風俗人死雖富有力者不辦叢爾之土以安厝亦致焚如僧寺利有所得鑿方尺之池積涔蹄之水

以浸枯骨男女骸骼殽雜無辨旋即填塞不能容深夜乃取出畚貯散棄荒野外人家不悟逢節序仍裹飯設奠於池邊實為酸楚而官府初無禁約也范忠宣公帥太原河東地狹民惜地不葬其親公俾僚屬收無主燼骨别男女異穴以葬又檄諸郡倣此不以數萬計仍自作記凡數百言曲折致意規變薄俗時元祐六年也淳熙間臣僚亦嘗建議柩寄僧寺歲久無主者官為掩瘞行之不力今柩寄僧寺者固自若也

至道元年西南牂牁諸蠻貢方物牂牁在宜州之西累世不朝貢至是始通上問其吏寵光進地里風俗譯代對曰去宜州陸行四十五日土宜五穀人多食秔稻持木弩於林木間射麞鹿每三二百户為一州州有長殺人者不死以其家財為贖王居有城郭官府無壁壘止短垣而已因遣令作本國歌舞一人捧瓢笙而吹如蚊蚋聲須臾數十輩連袂宛轉以足頓地為節皆蓬髮黧面肰如猿猱使者衣虎皮氊裘以虎尾加於首為上飾

他悉類此煇頃從使節出彊抵燕與渤海使先後入見當少須於次際見其過前服飾詭異殆不可名肰皆忍笑不禁雖虜人在傍亦失聲而笑是誠可笑也

元豐六年冬祀中書舍人朱服導駕既進輦忘設扆褥遽取未至上覺之乃指顧問他事少選褥至乃登輦以故官吏無被罪者又一日羣臣方奏事垂拱殿見御衣有虫自襟沿至御巾上既拂之至地視之乃行虫其虫善入人耳上亟曰此飛虫也蓋慮治及執侍者聖德寬

大如此

江上取魚用攔灘網日可俯拾濵江人家得魚留數日俟稍敗方烹或謂何不擊鮮云鮮則必腥海上有逐臭之夫於此益信兹謂神奇化臭腐又見故老言承平時淮甸蝦米用席裹入京色皆枯黑無味以便溺浸一宿水洗去則紅潤如新又歲久佩香以虎子覆一夕芬馥仍舊兹謂臭腐化神奇或云無是理答曰藥物中秋石何自而出

王荆公墓在建康蔣山東三里與其子雱分昭穆而葬紹聖初復用元豐舊人起呂吉甫知金陵時待制孫君孚責知歸州經從呂燕待之禮甚厚一日因報謁於清凉寺問孫曾上荆公墳否盖當時士大夫道金陵未有不上荆公墳者五十年前彼之士子節序亦有往致奠者時之風俗如此曾子開亦有上荆公墓詩見曲阜集

金改吾趙州為沃州蓋取以水沃火之義識者謂沃字從天水則著國姓中興之讖盖章章云建炎初從臣連南夫奏劄言女真號國曰金而本朝以火德王金見火即銷終不能為國家患向者黄河埽決幾至汴京都人欲導水入汴謎語云天水歸汴復見太平於此益可見遺民思漢之心

政和三年温陵呂榮義著兩學雜記凡七十二條所書皆太學辟雍事也内一條侯彭老長沙人建中靖國以太學生上書得罪詔歸本貫綴小詞別同舍十二封章三千里路當年走徧東西府時人莫訝出都忙官家送我歸鄉去三詔出山一言悟主古人料得皆虛語太平

朝野揔多懽江湖幸有寛閒處雖曰小挫而意氣安閑如此煇頃得於故老此詞既傳齊各厚贐其行亦傳入禁中即降旨令改正屬同獲譴者不一乃格後聮鄉貢竟登甲科紹興十三年再興太學榮義尚在累舉得光州助教乃摭舊記盖未備為八十一條更名上庠録投進而唱和詩影妻椅妾盖以影為妻故以椅為妾四篇疑後來附入者上庠録嘗奏御理不應褻迨今五十餘年庠均之士未聞祖是編紀事實以廣賢關嘉話者似

為缺典

范文正復元姓用陶朱張禄事世皆傳誦大中祥符五年潯陽岳作五代史補百餘條蓋補王元之内相五代史闕文未備者其書梁事中有鄭準性諒直長于牋奏成汭鎮荆南辟為推官汭嘗殺人亡命改姓郭氏既貴令準草表乞歸本姓其略曰臣門非冠蓋家本軍戎親朋之内盱雎為人報怨昆弟之間點染無處求生背故國以狐疑望鄰封而鼠竄名非伯越乘舟難效於陶朱

志切投秦入境遂稱於張禄如此則前已有此聯特文正公拈出尤為切當云

毘陵士大夫有仕成都者九日藥市見一銅鼎已破缺旁一人贊取之既得叩何用曰歸以數爐炷香環此鼎香皆聚於中試之果然乃名聚香鼎初不知何代物而致此異

頃年西湖上好事者所置船舫隨大小皆立嘉名如汎星槎凌風舸雪蓬煙艇扁額不一夷猶閑曠可想一時風致今貴游家有湖船不恚製名不益新奇然紅塵膠擾一歲間能得幾回領略煙波但閑泊浦嶼資長年三老閑窻户以適晝眠耳園亭亦然

鄞郡歲時以酒相餽間有所不免孫公之幹典州日獨命别儲以備官用一不歸於己紹興間周彦約侍郎為江東漕諸司所餉不欲卻乃留公庫迨移官悉分遺官屬仍以緡錢買書以惠學者自孫公之後朝廷即立法近制亦婁申嚴終以互送各利于己不能革也

李公受虚己為天聖從官喜為詩與同年曾致堯倡詶曾謂曰予之詩雖工而音韻猶啞爾李初未悟後得沈休文所謂前有浮聲後有切響遂精於格律煇在建康識北客杜師顔嘗言少陵麗人行坐中八姨真貴人數目中八字最響覓句下字當以此類求之杜早從陳子高學此說蓋得于陳云

神宗朝始置賣藥所初止一所崇寧二年增為五局又增和劑二局弟以都城東西南北壁賣藥所為名議者

謂失元創藥局惠民之意歲得息錢四十萬以助戶部
經費今行在所置局歲課雖視昔有損意豈在夫羨贏
其於拯民瘼施實惠亦云博矣
紹興四年復置茶馬司買到四尺五寸以上堪披帶馬
每一千匹與轉一官舊有主管茶馬同提舉茶馬都大
提舉茶馬三等今併廢止留其一高宗留意馬政因韓
世忠獻一駿馬詔朕無用此卿可自留以備出入世忠
曰今和議已定豈復有戰陣事上曰不然敵雖講和戰

守之備何可少弛朕方復置茶馬司若更得西馬數萬
匹分撥諸將乘此閑暇廣武備以戒不虞和議豈足深
恃乎後又詔吳璘軍以川陝茶博馬價珠及紅髮之類
艱難之際戰馬為急又曰以茶博易珠玉紅髮毛段之
物悉痛朕心議者謂一西馬至江淛數千里遠在塗除
倒斃外及至飼養調習久之可充披帶用者能有幾不
知費縣官幾許財用若夫官吏論賞增秩抑末耳
煇頃於池陽一士大夫處見紙上橫卷山陰圖乃葉石
林家本人物止三寸許已再三臨寫神韻尚爾不凡況
龍眠真筆邪前有序贊各八句詞翰皆出石林石林文集
世不見其全此贊尚處散逸矧墨妙之雅玩乎當時嘗
錄其文恐好奇之士雖不見畫而欲想像高勝今乃著
于是龍眠李伯時畫許元度王逸少謝安石支道林四
人像作山陰圖元度超然萬物之表見于眉睫逸少藏
手袖間徐行若有所觀安石膚腴秀澤著屐返首與道
林語道林羸然出其後引手出相酬酢皆得其意俯仰

步趨之間筆墨簡遠妙絕一時碧林道人梵隆少規模
伯時為余臨寫真偽殆不辨更三十年世當不知有兩
伯時也此序也贊曰揚眉軒然意軼萬里亦將焉往而
竟斯止日遠游者以是為游疾走息陰彼將安休其二
翰墨之娛以寫萬變不償一姥笑戲山扇袖手縱觀我
行故遲豈以懷祖樂此逶迤其三韞玉于山煒然不枯
我觀此容非山澤儒卻顧何為東山之陟如何淮淝乃
折此屐其四一世所驅顛倒衣裳是身何依獨委支郎

從從容三人亦蹋其後人所無言聊一舉手後又見一
本摹益失真茀書四贊而亡其序

清波雜志卷十二

清波雜志跋

讀書貴有用昭禮於書無不讀而其用不見於世胷中萬卷浩乎沛然者其真為無用之具耶清波雜志之作隨事紀載證據今古亦殫洽矣間出己意折衷之議論所到有前輩不曾言開卷一覽聞所未聞使人起敬愛心聲聞播流當同此書為不朽則知讀書之用固有在此而不在彼者乎雖然抑末耳昭禮故倦游又從諸公

貴人交耳目感觸形之詠歌訓唱蓋無日不有至于應用等文每出一斑已足以膾炙人口若遂裒而集之長編鉅軸與雜志並傳不獨京師紙價為之貴將見萬丈之光騰薄於牛斗間者皆是物也夫紹熙癸丑夏四月

括蒼章斯中書

松巒先生有雜志二十卷藏于家今昭禮兄所為實追繼於前作涉歷久而見聞該閱習工而語意貼然則是書以晚年出也固宜紹熙癸丑九日毗陵張訢

所惡乎雜家者為其害道也若周君此書雖出於平居暇日隨筆紀録之作而感時懷舊奬善黜惡斷斷然有補風教則奚惡於雜哉周君名族之胄忠信篤實悃愊無譁多識故老聞見殫洽言有從來咸可依據是書也其垂世傳後何疑君之居于清波門也晦之弟昡實同里巷因得觀其書乃識其歲月而歸之葢紹熙癸丑十有一月九日也吳興陳晦謹書

余老無他嗜猶喜讀書幸經史百氏生平略游心獨若

耳聞近事殊駮比得清波二志釋滯增益良多嘻以昭禮記臆如許迺竟成躓士抑傳長虞所謂此屈非復文辭可了者言之令人重憤邑慶元二年六月晦山陰楊寅少雲跋

周君余淮鄉博洽之士清波集乃其暇日所志也昔稗官者流街談芻議猶得來綴與九家並傳此志有關於風教者甚多渠可不傳遠乎雖然周君胷中該綜羣籍莫可窺測此志特其筆端游戲語爾慶元丁巳季冬既望刊城張巖書

吳陵周氏世稱彫龍衣冠煒耀昭禮尤篤學號能迎將承應者客游都城今其老矣抱道不試而能安於閑放不關人事居清波門下往來湖山間把酒賦詩悠然自得其樂或謂可追和靖之風流比有傳其所著清波三志讀之起敬不但如前所云前輩日以遠舊聞餘論撫卷三復昭禮壽趾方增班管緗縑登載朝野之盛蓋屢書不一書又奚得三志而已余少昭禮者殆將見之慶

元戊午上辛楚龔頤正題

余來中都聞有所謂周處士昭禮清波志急祈借傳錄洪益處最多大抵紀載事實之書各隨所見收書者不厭其博也他日討論一事適然針芥相投車轍相合方知此書之效慶元戊午立秋前一日天台徐似道淵子書

清波雜志跋

欽定四庫全書
子部
清波別志卷一至三

詳校官監察御史臣邱文愷
侍讀臣孫球覆勘
總校官知縣臣繆琪
校對官編修臣沈清藻
謄錄監生臣王宮

欽定四庫全書

清波別志卷一

宋 周煇 撰

炎正中興七十年由紹興至紹熙四紀間內禪者三皆出於倦勤受授雍容有光付託中間奉冊寶加上尊號及慶七十八十五卮稱慈極東朝壽恩覃宇內不一而足五冊后再建儲儀物炳煥高視前古自宣仁以祖后保佑神孫功參十亂歷一百有八年慈福復以曾祖后助成禹傳於子之志立四世孫聖明纂緒宗社又安怡

愉重闈共享天下養亘千萬祀浸厚福于黎元誠簡策之未聞為國家之大慶唐哉皇哉前後典禮之盛煇在都下皆親見之若夫歌頌鉅美追配雅頌當屬老於文學者獨是涵濡德澤廁五朝之幸民蹈詠和平際千載之嘉會每竊自慶焉

壽皇一日言苑中臺殿皆太上時為之未嘗有所增益常用竹篰以護風雨唯太上到宮即撤之太上徘徊周

覽每興依然之嘆頗訝其不雅飾又指殿東橋曰去此橋數步亦懶過去遇花開間或飲酒令人折數枝來看耳又云近日無事時過德壽宮太上頤養愈勝天顏悅好朕退輒喜不自勝是皆宰執因奏事暇親聆聖語如是夫誠孝盡事親之道恭儉崇保邦之德皆見于躬行始終如一歷古帝王皆莫能及

淳熙肇禋總章前期霖雨浹旬齋宿太室殊未有晴意乃詔翌旦止用逍遙車入内儀仗排立並放宰臣密令少留黄昏後俄重陰廓卷中夜行禮月色如晝復詔入内乃乘玉輅汔成釐事天地清霽都人懽呼禮成在廷臣例進詩賀是時篇詠類用敬天蓋著上心敬畏天意鄉答之實抑因前此上謂無逸一篇享國長久皆本於寅畏取尚書中所載天事編為兩圖仍疏經傳語於其下朝夕觀覽以自儆故茲羣臣引用於慶成詩尤為切當云

神宗與韓維論治道維曰聖人功名因事而見不可有

功名心神宗拱手稱善頃兵部侍郎黄鈞論知人善任使當察其才而取之量才而用之壽皇曰朕以無心處之無心則明無心則不偏無心則不私大哉王言蚤正素定取人用才之道無餘蘊矣故當從臣獻替之次玉音復舉似焉要知天下皆當處以無心豈專為功名設

徽宗嘗對輔臣語及元祐紹聖事皆欲以大公至正之道扶偏救弊至于兩黨之人但當區別邪正勿以彼時此時為間乃改元曰建中靖國未幾改崇寧時事復變

淳熙間壽皇論古之朋黨曰朕思之朋黨不難破不必問其人但是是非非唯理之所在而已是為至當不易之論向來宰執去國凡所引用人才悉隨罷免今用舍進退一本是非之公詒謀垂裕聖謨宏遠朋邪雖未盡去亦焉害我治哉

建隆肇造區夏養兵止二十二萬京師十萬餘諸道十萬餘使京師之兵足以制諸道則無外亂使諸道之兵足以當京師則無内變内外相制無輕重之患所以能

剷平僭偽馴至丕平後世養兵日多所費日廣邦儲民力欲不困得乎不但戰勝功伐皆莫望于前烈也

舊無內臣為承受慶歷五年詔以入內供奉官康得用為河東經略司走馬承受公事從判并州夏竦請也熙寧間詔鑄諸路走馬承受朱記給之拘收元給奉使印故事走馬承受書銜曰某路都總管司走馬承受後任是職者惡有所隸陰於銜內除去都總管司字崇寧初亦詔諸路走馬承受止令奏報公事不得侵預邊事軍

政以違制論追至政宣間一時權倖皆自此進氣焰赫然都總反趨承之不暇童貫為承受致當三路兵鈐庭參之禮

政和三年南京鴻慶宮道士孟若蒙言本宮每遇正月初四日為創業之日修齋設醮乞置節名詔以開基為名前此亦詔藝祖啓運創業應天順人踐阼之初實曰陳橋其地今為傳舍非所以稱顯揚祖烈之意宜即其地建道觀賜名顯烈從京畿運判曾譓之請仍詔李邴撰記時大觀元年也事切相類議者惜若蒙不知援此以為言

黎州漢沉黎郡也三面被邊去大河三百里河之外卭部川蠻青羌部落皆唐八詔族帳涉水不用舟楫止束蒲葦以濟氈髻冬夏披氊以蔽體既通中國互市獰獷良貴羈縻河下流舊按雅州透嘉陵江石佛下後天產山險橫絕遂不通漢境西南備邊錄載藝祖既平蜀議者欲因兵威以復越嶲上命取地圖視之親以玉斧劃

大渡曰自此以外朕不取即今之彊界也河濵舊有劃玉亭今猶在歲紹熙辛亥毗陵張謂守郡謝到任表有念玉斧所劃之方即金城可恃之險謂此也

八詔者隋時永昌姚州閒有蒙舍詔蒙嶲詔越析詔浪穹詔施浪詔邆賧詔又有傍矣川羅識二族通號八詔其後二族為閣羅鳳所滅獨有六詔南方之夷惟南詔最大夷語謂王為詔或曰當六詔皆在嶲有事天子各賜一詔故曰八詔

東南士大夫尚川墨蒲大韶恭州樂温人壻文子安梁

果渠州人皆世業此梁膠法精而價高蒲粗而損梁有大半出蜀者利其廉攜以來者皆蒲墨也雖均名川墨而工製異此外有幸虛又居蒲下其家無人煇恶札初無所擇或得數片但知光而黑為貴莫辨精粗為人取去乏則復取于人非干磨墨墨磨人何用儲蓄之多士有此癖者愛護甚至梅霖月至垂於腋下行步若環珮聲雖曰貴陳久寘不用終為棄物今日試梁墨因書所聞

巴蜀風物之盛或者言過其實東南士大夫自彼歸皆有土曠人稀之語頃有叩蜀事於張子公文定公者亦以此答然海棠冨豔江浙無之成都燕王宫碧雞坊尤名奇特客云碧雞王氏亭館先中植一株繼益於四隅歲久繁盛衰延如三兩間屋下瞰覆冒錦繡為一城春遊之冠石湖范至能詞碧雞坊裏花如屋只為海棠也合來西蜀謂是也煇早有劍南之興迨今遲暮豈容遐征第誦諸公詩怳若神游浣花不知身猶遠千萬里也

天聖七年虞部員外郎秘閣校理韓義落職為司封員外郎同判興州以賦山水石詩獨鄙恶故也蓋先詔中書第其優劣乃出之當國家太平全盛際留意篇章唐亦尚騷雅如春城蜚花春日得衣等句悉被褒賞語不工者但有恶詩何用進之誚未聞顯寘黜典如斯爾後學士大夫類以詩鳴格律日益新奇遂收激厲之效乾道間工部侍郎胡銓言隆興之初仰承聖訓令臣搜訪詩人臣已物色得數人上曰可具姓名來後竟未知所

具姓名為誰壽皇聖帝蓋亦知詩人之於雅頌薦郊廟歌勲業可補治世風化故詔從臣羅致欲收其效焉

景祐間貶天章閣待制權知開封府范仲淹知饒州敕牓朝堂繼貶館閣校勘尹洙為崇信軍節度掌書記監郢州酒先是洙上言朝堂敕牓内有范仲淹自結朋黨妄有薦引臣嘗以其人直諒不回義兼師友自其被罪朝中多去臣亦當從坐雖然國恩宏貸無所指名臣内省于心有靦顔面況余靖自來與仲淹義分絶踈猶以

朋黨坐臣不可以苟免乞降黜以明典憲故有是命後又貶歐陽修為峽州夷陵縣令今搢紳因薦士被黜即嘵嘵辯數謂已之進出於親擢凡可以擺縱者無所不用其至誰肯自列如尹之言乎仁宗一朝人才之盛如文正公文忠公師魯皆第一流人名書國史炳若日星初不假於稱贊

元符初後苑修造所言內中殿宇修造用金箔一十六萬餘片祐陵曰用金箔以飾土木糜壞不可復取甚無

謂也其請支金箔內臣令內侍省按治又一日與輔臣及放生云天地大德曰生後苑故事有鈎魚荷包會比令罷之且云平生未嘗蛤蜊之屬且因書印板放生文近士大夫漸知以殺生為戒當嗣服之初崇儉好生見于日用者如此爾後有以豐亨豫大之說蠱蕩上意及命臣璫五輩分地展治宮禁土木華侈糜費金寶何可數計其暴殄天物奚啻金箔之比祐陵天縱游藝素精測驗常置乙巳占在側日占天象以自儆戒晚年謂近習曰我運極不佳日覩時事之變竟不克自反姦臣蔽蒙之罪可勝誅哉

侍制敷文閣陳公公輔國佐靖康建炎兩為諫官嘗記高捒之言曰捒嘗事蔡京靖康間副淛東總管一日來謁言童貫事甚詳初貫欲謀取燕山度大臣無可議唯蔡京於朝廷事不問可否毅然敢為是時京方閒居錢唐上皇怒貫未有所處會鄭久中使大遼貫副之因奏遼人知臣出入禁闥親近天子必求珍異物上皇於宮

中親擇數件與之貫以獻遼主果大喜因置酒密室獨召貫與二夫人同席會飲貫因記當時語言撰密室錄歸奏其間具載遼主盛道蔡京德望謂南朝不用京不能致太平上皇見之默然明日久中對問曰卿知密室錄否久中奏臣不曾與宴實不知上皇曰遼主稱蔡京不容口久中唯唯而已不數日詔京復相既視事貫以所謀白京京見天下已空匱邊境無備不敢許先是貫在遼中約趙良嗣歸國以副使印給憑令邊臣不得阻

障良嗣既至貫引居清職聽其謀畫一面遣使約大金洎金人使來詔貫延使者及良嗣會京私第盡卻左右人從惟令揀守門揀但遠聞金國使者言杖鼓須是兩頭打既而使者至京猶豫未決貫恨京毀于上前京惶恐遣揀往見曰太師與相公相知至深近聞司空上前不相主張凡事若有未副意但請見諭不必致疑貫起立謂揀曰童貫小內臣蒙太師提挈今官職至此豈敢相忘煩覆知太師不可信人語言遂成嫌問也揀退貫

呼之曰更煩賢問太師在杭州靜坐今日至此誰之力童貫所以報太師亦盡矣揀歸具道貫語京雖知貫已發怒然此事實未敢從但憂懼而已一日兩府俱朝京不入上皇忽曰有一事欲商量北方果如何鄭居中對以時未可為又顧余深深對臣與蔡京所見一同亦曾奏知恐此事不可輕動遂問白時中逡巡未對而王黼輒先奏曰中國故地久陷戎虜今日天相陛下成此大功若不乘時恐有後悔因敷奏數十言歷歷可聽上皇

笑曰衆人皆謂不可御獨可之難以施行姑俟他日然意已屬黼矣更數日禁中曲宴宰執酒酣有旨令泛舟上皇遽以片紙遣貫諭京等議此事若可即書名京等皆錯愕令貫具奏容仔細面陳難使書名王安中曰某生長北方聞燕人思歸之情切矣今若舉事指揮可定某亦書名其餘皆默然黼拜相仍賜玉帶於是罷羣臣獨與貫黼安中等議決意行之且當日之事貫實造謀然非黼與安中亦無緣便為蓋貫倡之黼成之安中贊

助之所以致中國之禍也天報甚明故貫黼首被誅戮然安中尚全腰領議者恠焉余觀安中居燕山餘二年父事郭藥師脫身得歸備知反狀已形曾無一語猶推譽藥師功勞燕民安靖諛說上皇希求再用罪惡之大無與為比其所以未誅蓋亦有待焉耳嗚呼京居中等六七大臣皆深知不可苟能併力死爭事猶可救區區固惜榮寵坐視成敗豈不負國家哉以上皆陳語燁家所得靖康建炎紀事之書差多獨未得此說一時傳

聞未免疑信貫鯔鄭久中出使私室特禮久中不預燕昵之際貫得無以我機事告之雖貫素蓄異志而無忌憚豈有顯然歸奏朝廷不以為疑且行其言者乎陳書於末云揀之言自謂不妄予考其終始大槩似或可信云揀為是說意似在京然政和間首建平燕之議招納燕人李良嗣良嗣乃上北庭録平燕書其誰主之鯔晚乃推行京意朋姦誤國如此時有謠語打破筒潑了菜便是人好世界可見人心也

煇從友人葛慶長於都城過畫史葉德明葉求葛詩葛因言東坡嘗贈傳真妙善大師詩先言平生慣寫龍鳳質次有爾來傳寫亦到我之句林子中見之謂失臣體或曰使李定舒亶輩知之得毋又生一重公案而子中草責坡詞詆之不遺餘力顧獨略此何耶

燕山之役方興湖南提舉常平柴欽言燕山故地得之甚易守之甚難臣欽欲以舊將守我故疆深溝高壘示之威信以輕兵屯新邊則邊人不敢窺伺今將金穀悉置彼空城中萬一禍起不虞陷于危地北顧之憂可勝道哉上嘉其說詔除計封員外郎同時有趙隆者秦州人屢立邊功特召赴闕入對上慰勞曰鐵山之戰卿力也童貫語以燕雲事隆力詆不可貫曰公領此當有異拜答曰隆武夫豈敢干賞以敗祖宗二百年之和好異時釁生雖萬死安足謝天下貫知不可强乃已未幾其言俱驗孰謂將帥類貪功慕官爵不計安危屈武威而起疆場之禍乎隆官終步軍總管既死上命近臣製神道碑御書額曰旌忠以柴趙二人所陳觀之知當時文武

初不乏才雖各獎其忠顧置其言不用亦奚益哉

初天下職田無月日之限赴官多以先後為爭水田限四月三十日陸田以三月十日因著為令從翰林學士權開封府胥偃之請也後更以月計圭田養廉也凡在職皆當以廉責之然有以養無以養所至有無厚薄之不同不若通一路一州官以均給蓋嘗有識建議者緻著眉憂水旱一心只在職田中豈亦以不均故形篇詠

以寓譏誚乎
世說州郡文符燕集次伶官至口號有災星去後福星來之句新政喜問何人作答曰乃本州自來體例士大夫涖職之初通覩舊書有積弊後良費料理之語亦為定本

致仕起復免追所得恩典乃韓公粹彥侍郎建議忠獻次子儀公弟也然李唐致仕官朝朔望立本班上亦以重高蹈也選人致仕請受通直郎榮其歸元符間待制

寶文閣喬執中建明喬字希聖高郵人

皇祐間詔學士院自今答契丹書仍舊稱大宋大契丹初契丹賀乾元節書至乃去其國號止稱南朝北朝下兩制臺諫議以謂自講和以來國書有定式不可輕許之其後書至乃稱契丹如故韓公綜為館伴契丹使使人欲為書稱北朝而去契丹號韓詰曰自古未有建國而無號其議遂塞韓字師文忠獻公之子嘗知制誥云

唐戶部有符開元四年敕諸郡取緊厚紙背皆書某州某年及紙次第長官管幹同署印記並送朝集使上戶部本部官掌納依次第用之其貴重如此一云在唐凡造此紙戶與免本身力役故以蠲名今出於永嘉士大夫喜其有發越翰墨之功爭捐善價取之一幅紙能為古今好尚殆與澄心堂紙等

蘇文忠公知杭州以私帑金五十兩助官緡於城中置病坊一所名安樂以僧主之三年醫愈千人與紫衣後兩浙漕臣申請乞自今管幹病坊僧三年滿所醫之數

賜紫衣及祠部牒一道從之仍改為安濟坊煇四十年前見祥符寺一老僧言之先師實隸安濟坊坊元在衆安橋遷於湖上亦未多年今官府既無提督縱多生全亦無以激勸駐蹕之地理宜優異若舉行舊制推廣仁政以幸疾告之民州縣長吏其毋忽

奏邸祀神之獄世但知蘇子美為杜祁公壻欲併以傾之時同監進奏院右班殿直劉巽亦遭除勒朝士自翰林學士王洙以降連坐逐去者凡十八人衆皆惜之然

其間有服惏未除而與此妓樂會者亦豈俱出于文致耶

言事官舊有三殺之語街裏喝殺朝裏嚇殺家裏餓殺餓殺謂俸薄也近又添二殺論事不報悶殺臨了沒結殺

給事中冦瑊臨汝人仕仁廟朝少孤鞠於祖母王及登朝以妻所得封邑回授朝臣得回封祖母自瑊始又著令不封贈父母不許先封妻室立法防閑至矣盡矣

愛人愛及屋上烏憎人憎及儲胥揚雄長楊賦注木雍槍纍以為儲胥又曰木雍柵其外又以竹為外儲也又曰儲峙也胥須也又曰儲胥藩落之類也

病必問藥藥貴當病燀若下血十五年蓋因思慮損心飲酒過量百藥俱嘗或暫止復作或屢投不驗近有俾服平胃散云得於紹興國醫王繼先主厚朴厚腸也以十五年之病欲愈於此淺近之劑固可笑然日進一盃固無反誤雖未保斷除根本似有近效廣求博訪徒費前勞道遠而求諸遠其斯之謂乎

舊制臣下職事小遺闕止從罰金雖大臣亦不免習熟聞見皆不以為恥然大臣不可罰罰則不可留章惇坐不進呈蔡確母明氏狀放罪惇無一言即日門謝中外笑之蓋自來宰相未嘗於罪崇寧初黄履為中丞奏疏云賈誼有言遇之以禮則羣臣自喜嬰以廉恥故人矜節行羣臣且然況大臣乎故罪在可惡黜之可也可恕釋之可也豈可以罰金而示辱哉時為至論近世若經

勘劾具案上刑寺約法隨輕重罰金特為小臣常典設熙寧初知諫院孫覺因言事貶秩堅乞外補且有去歲有罰金御史今有貶秩諫官之語臺諫尚爾矧共政之臣豈可循常典而聽贖

許仲啓既為序別志且云有所聞二事宜附志中酈道元水經注錢唐湖本名明聖湖自炎祚中興高宗巡狩于此及議謚號遂帶此二字又紹興府殯宮之旁有上皇山初宣和内禪稱太上皇後竟藏弓劍於其所數十

年間連三世倦勤傳歸於子其皆先兆耶又言瘞鶴銘謂上皇山樵者豈此稽山抑名偶同而非耶煇亦竊聞建炎巡幸至東南御詩有登堂望稽山懷哉夏禹勤之句賜守臣康允之迨淳熙右丞相周必大作思陵挽詩曰向來懷夏禹今祔越山青

五代劉岳書儀以不宣不備分輕重今之尺牘尤謹於此文選楊修答臨淄王書末云反荅造次不能宣備乃併言之蓋著裁剗不克周悉意二字其果有輕重耶三

四十年前占辭修敬以頓首再拜為重今非上覆則有簡驩之嫌要知拜重於覆又門狀曰謹祇候謹即祇也是皆時所尚不容理曉

東坡守杭所屬常申漏稅乃遠方獲薦士以裹糧置貨封掩贗作某上杭州知府蘇内翰士辭窮吐實且曰今負天下重名孰踰先生沿塗既賴以免自此入京意通行無礙不虞敗獲也坡乃呼筆更俾易掩面用已銜至京師竹千巷蘇學士且語之乃舍弟子由也此真無礙矣仍賙其行士喜過望倘遇俗吏苛刻必斷治偽冒没入其貨還有此氣象乎

紹興末某以前二府帥于連寓客甲以左奉議郎幹官秩滿就須新任之次聞賦哀扇工歌曰某州竹扇名字著織扇供官困追捕使君開府未浹旬欲戴綸巾揮白羽新樣巧製旋剪裁百中無一中程度犀革鑴柄出蟲魚麝煤薰紙生煙霧戴山老姥羞翰墨漢宮佳人掩紈素銜内白取知何名帳下雄拏不知數供輸不辦箠楚

頻一朝赴水將誰訴使君崇重了不聞嗚呼何以慰黎庶聞道國家責菜翁又說江頭打魚户號令亟下須所無官不與錢限期遽歸來痛哭辭妻兒宿昔投環掛枯樹一雙婉婉良家子吏兵奪取名為顧弟兄號呌隣里驚兩家吞聲喪其嫗死者已矣可柰何冤魂成羣想號謼殺人縱欲勢位尊貪残無道天所怒邦人蓄憤不敢言君其拊馬章臺路詩既出時方更化深懲告訐之槩且甲素被某知遇一旦有睽興訛致是某固未有以發

也屬有訢甲前任貪墨事乃置獄獄具坐法除籍一斥不復而卒議者謂此歌詩實用白氏秦中吟之體工則工矣恃才自貽廢放於保身何取焉

煇北征回程於欒城道間忽傳前車少駐乃羣入道旁茇舍各啜豌豆大麥粥一盃方過午行役疲乏食之美大烹（往返止此一次道間下車馬）馮異以蕪蔞亭豆粥滹沱河麥飯為漢世祖毋忘在莒之戒以是知河朔素有此味以餉客紹聖初蘇文忠公自定武赴嶺表過湯陰市亦得豌

豆大麥粥有逆旅唱晨粥行庖得時珍青斑照匕筋脆響鳴牙齦玉食謝故吏風餐便逐臣之句其亦適解一時渴饑故特誇于賦詠青斑脆響實錄也

米元章風度飄逸自處晉宋人物然所為不羈得顛之名嘗以書歷訢於廟堂自謂久任中外被大臣知遇舉主累數百皆用吏能為稱首一無以顛薦者世遂傳米老辯顛帖又嘗以書抵西府蔣頴叔云芾老矣生生勿恤浮議自薦之曰襄陽米芾在蘇軾黃庭堅之間自負其才不入黨與今老矣困于資格不幸一旦死不得潤色帝猷黼黻王度臣某實惜之願明天子去常格料理之先生以為何如芾皇恐又傳米老自薦帖以是二帖余考其人顛之名不虛傳也

清波別志卷一

清波别志卷二

宋　周煇　撰

政和間議者謂朝廷製為服章所以異高卑别上下則服之與章其制相須令監司守倅並許借服而不許佩魚是有服而無章殆與吏無别乞自今借服臣僚並隨服色佩魚仍許入銜議者乃工部尚書王詔也今借服者悉許佩魚但以借紫借緋入銜當是循襲未許佩魚

之制煇頃在番江因得架閣庫故紙見有以借緋魚袋入銜者乃政和間案沓也

西漢地理志書古瓜州地生美瓜即春秋左氏傳允姓之戎居于瓜州其地出大瓜長者狐入瓜中首尾不見數年前煇族人自海外歸言吉陽亦出甘瓜如斗瓶大十月方熟北客終以非時物不敢嘗廣南有七十二子皆果實也窨漬致遠人多不識嘗有類為七十二子譜行于世然其間有蘊蛇虺毒不可食得之豈可不審

熙寧御史張商英言近日典掌誥命多不得其人如陳某王某許某皆今之所謂辭臣也然某之文如款段逐驥筋力雖勞而不成步驟某之文如野嫗織機雖能成幅而終非錦繡某之文如稚子吹塤終日喑嗚而不合律呂此三人者恐不足以發揮帝猷號令四海乞精擇名臣俾司詔命煇嘗見前輩説詞臣代王言體要為先庶播告天下為國光華若措詞荒拙但當以不稱上旨罪之不可明著荒拙之語況外制試而後用文章之外

不取他才若始掄不精則絲綸之出亦毋怪乎為時之詆訶也

洪忠宣光弼北歸没於中塗輿櫬度嶺至南安張子韶無垢往致奠時尚未聞秦丞相死祭文第云某年月日具位某謹以清酌之奠昭告於某官之靈嗚呼哀哉格固新奇情亦傷愴或謂無垢亦嘗占辭凡寘易數四終以積畏亦恐反為洪氏累而不敢出頗類竟達空函若前知秦死其免肆言力詆乎李覯夢荷袁州人與兄觀

早皆受知於山谷先生嘗宰清江時歐陽文忠公護母喪歸太守請作祭文曰昔孟軻亞聖母之教也今有子如軻雖死何憾尚饗守以簡率為訝觀曰毋深訝既而文忠擊節稱之乃極力延譽無垢之文其體此非耶

里巷間有遷居者鄰里醵金治具過之名煖屋乃古考室之義或謂煖屋為俗語嘗觀王建宮詞太儀前日煖房來囑向昭陽乞藥栽敕賜一窠紅躑躅謝恩未了奏花開則知煖房之語亦有自來

元徽之有古行宮一絕句寥落古行宮宮花寂寞紅白頭宮女在閑坐說玄宗洪景盧謂語少意足有無窮之味煇幼時亦得一詩云翠微寺本翠微宮樓閣亭臺數十重天子不來僧又死樵夫時倒一株松乃張俞所作也思致不減前作

司馬和中池仁廟時待制天章閣知杭州為轉運使江鈞張從華据摭降知虢州會吏有盜官銀器獄具為鈞掌私廚出所費過半又越倅某載私物犯稅從華之姻各遣人請曰幸憐赦之謂司馬馬獨能忍之而卒不較宜乎有子之為溫公也

煇在上饒於鄉士余公子座上因論詩余云近有強彥文格律甚高得唐人風製乃舉其金陵道中空有青山自龍虎可能荒塚更衣冠及遠山初見疑無路曲徑徐行漸有村船中燈火十年話枕上江湖萬里心客舍三盃酒漁舟半夜燈等句復舉數聯今不悉記強嘗丞溧陽名與鄉曲俱失之

仁廟朝河陽縣民張晉一百五歲定州新樂縣民揚則一百三歲棣州商河縣民蔣宜一百二歲石州平夷縣民高榮一百三歲容州諸城縣民巨氏一百五歲登州黃縣民姜文貴一百一歲潤州金壇縣民景皓一百二歲台州黃巖縣民葉成一百三歲洪州南昌縣民斐文一百歲宣州寧國縣民洪嵩一百一歲撫州臨川縣民何或一百七歲合州日照縣民李知全一百二歲守臣各以名聞詔並以為本州助教當是時必無增年詭籍

僥冒寵榮者比歲屢舉慶典恩加海內尤篤意于高年觀風俗之粹美固多耆艾不減慶歷全盛日然踰百者亦罕聞豈深山窮谷之叟佚老晦跡不能自列且恐官府文移審覈反致騷動不若安靜為可樂若夫束帛之賜不知用幾倍束帛方得之捐實費取虛名亦非人情肯為壅上澤而不宣州縣長吏當其責

大相國寺舊有六十餘院或止有屋數間簷廡相接各具庖爨每虞火災乃分東西各為兩禪兩律自經淪覆

未知今存幾院煇出疆日往返經寺門遥望浮屠峻峙有指示曰此舊景德院也匆匆攬轡徑過所可見者棟宇宏麗耳固不暇指顧問處所紹興初故老閑坐必談京師風物且喜歌曹元寵甚時得歸京裏去十小闋聽之感慨有流涕者五六十年後更無人說著蓋耆舊日就淪謝言之可勝於邑

呂滎陽公原明嘗著歲時雜紀汴都自正旦至除夜節序市肆所貨之物人家所尚之事登載無遺後又得浚儀孟元老夢華錄其敘郊祀朝會上元教池為詳可互稽考未備但夢華語圖曉俗無文采不能起其事觀二書可想承平風俗之繁富煇幼小時見人說京師人家日供常膳未識下箸食味非取於市不屬饜自過江來或有思京饌者命倣傚製造終不如意今臨安所貨節物皆用東都遺風名色自若而日趨苟簡圖易售故也

士大夫於馬上披涼衫婦女步通衢以方幅紫羅障蔽半身俗謂之蓋頭蓋唐帷帽之制也籠餅蒸餅之屬食

必去皮皆為北地風埃設凡貴出令一二十人持鍍金水罐子前導旋灑路過車都人名曰水路江南街衢皆砌以磚初無蓬勃非北地比

上池初曰教池以泰陵服藥久未康復俗謂語病乃改焉歲自元宵後都人即辦上池遨遊之盛唯恐負於春色當二月末宜秋門下揭黃牓云三月一日三省同奉聖旨開金明池許士庶遊行御史臺不得彈奏迨南渡故老客臨安汎西湖懷舊都作詩云曾見宜秋輦路門

大書黄榜許游行漢家寬大風流在老去西湖樂太平
煇向見人每舉此詩因志于此以補夢華之遺
韓信既定趙高祖自成臯渡河晨自稱漢使直入信壁信未起即其卧内奪其印符麾召諸將易置之信起方大驚竊意大將軍轅門宜多兵衛豈容使命直入至卧内左右前後無一卒誰何者亦豈不虞匕首竊發患生於所忽耶周亞夫軍細柳文帝欲勞軍吏士被甲持滿天子先驅至不得入上至又不得入乃曰此真將軍可

得而犯耶稱善者久之信亞夫皆漢名將也亞夫中堅整暇常日備禦嚴肅雖天子至亦執軍禮見視信為不侔矣
侍中太子太師致仕張耆字元弼開封人年十一給事章聖藩邸福備富貴壽亦至七十五子二十四人女三十一人第八子得一知貝州王則反不能死節又為之制定儀注伏誅其父亦鬱鬱而終一子不肖遂隳家聲生兒安用多也

寇丁立朝本末世有一定之論初丁逐京師為之語曰欲得天下寧當拔眼中釘欲得天下好莫如召寇老迨丁投荒天聖五年祀南郊中外意丁復還御史中丞陳琰字伯玉相州永定人上疏曰亂常肆逆將而必誅左道懷姦殺而無赦故周庭員斧難私管蔡之兄弟漢網不綱遂致莽丕之篡竊安危之慮其可忽諸雷州司户參軍丁謂頃自書生獲升科第因緣險佞據竊公台賄賂苞苴盈於私室威權請謁行彼公朝先帝上仙首膺

顧命聖君纘緒盡罄公忠乃陰蓄于姦謀將玩竊於神器引巫師之妖術因厭魅於宮闈易神寢之龍岡糞消除於王氣賴祖宗垂祐社稷降靈遽顯露於凶邪已申明於典法漢臣獲罪合行盤水之誅君集就烹豈顧凌煙之像國家終恢全度特屈深仁止行奪爵之文纔示投荒之責歲月未幾釁惡益彰中外於茲痛憤猶積今展禋祡之禮特推渙汗之恩凡為得罪之人悉有滌瑕之望必慮丁謂潛輸琛貨私結要權尚假息于遐荒冀

量移於善地李德裕止因朋黨不獲生還盧多遜曲事王藩更無牽復伏請更不原赦上從之陳自臺察除中書一時抨彈甚衆本傳獨全載一章歷數其罪略不容貸霜凝白簡無異唐王義方擊李義府之疏丁後再貶朱崖海濱舊有相公亭亭因得名船船每泊其下從叔其又守郡日即廢址一新之遂復舊觀且為藩商游集之地云

元豐詔中書朕嘉成周以事建官以爵制祿大小詳要

莫不有敘分職率屬而萬事修理監於二代為備且隆迨于末流道與時降因革雜駮無取法焉惟是宇文造周旁咨碩輔準古創制義為可觀國家受命百年四海承德豈吾官政尚愧前聞今將推本制作董正之原若稽祖述憲章之意參酌損益趨時之宜使臺省寺監之官實典職事領空名者一切罷去而易之以階因以制祿凡厥恩數悉如舊章不唯朝廷可以循名考正萬事其使卿大夫涖官居職知所責任而不失寵祿之實豈不善歟其應合行事件中書條具以聞時三年八月也前亦有言國家承五代之弊官失其守故官職差遣離而為三令之官裁用以定俸入而不親職事諫議大夫司諫正言皆須降敕許赴院供職方稱諫官他悉類是於是遂改官制

熙寧間廣西經略司言知南丹州莫世忍貢銀香獅子一馬七印以西南諸道武盛軍德政官家明天國主而為文敕書答之賜賚外并以南丹州刺史印賜之仍詔

毀其舊印

厥初生民自天有造百世之師立人之道有彝有倫垂世立教爰集大成千古允蹈乃嚴斯學乃新斯宮瞻彼德容孰公不宗宣和御製文宣贊也蓋因宰臣王黼奏請而從之紹興幸學亦製贊曰大哉宣聖斯文在茲帝王之式古今之師志在春秋道由忠恕賢於堯舜日月其譽唯時載雍戢此武功肅昭盛儀海宇聿崇其後又親製七十二子贊崇儒右文神藻高妙遵前烈而章欽

崇之實云

崇寧間委成都漕何常造戲龍羅二千匹繡旗五百面常上疏曰旗者軍國之飾敢不奉詔戲龍羅惟人主得服非可賜賚羣臣使聖躬日衣一疋歲不過三百六十今乃造二千恐費工巧有旨減四之三降詔奬諭由是為上所知常京兆人字子麟官至顯謨閣待制

降太康縣駐泊巡檢右侍禁張孚為雅州廬山縣都監坐用劄子奏事也故事在外惟前兩府在京兩大省方

許用劄子奏事他官皆上表狀一巡檢使臣敢以劄子直達御前固已可駭在當時通進司亦何敢傳奏今昔法制寛密不同如是乃寶元慶歷間事

工部侍郎致仕郎簡字叔廣杭州臨安人性和易喜賓客導引服餌既老顏如丹晩即城北治園廬自號武林居士資正殿學士孫公沔為守日牓其所居坊曰德壽因以名其所居之橋今俗呼侍郎橋者是也煇友人郎暟晦之亦杭人或謂杭無他郎當與侍郎同譜系晦之曰我家白屋豈可妄攀華冑識者許之晦之嘗注三蘇文及陸宣公奏議投進未報其用心亦勤矣以累舉得官不霑一日禄而卒可哀也已晦之早從張子韶無垢學已書在第七卷

左諫議大夫安燾上諸司敕式神宗諭燾曰設於此而逆彼之至曰格設於此而使效之曰式禁其未然之謂令治其已然之謂敕修書者知此有典有則貽厥子孫今之格式令敕即典刑也若其書全具政府總之有司

守之斯無事矣

國家上世陵寢皆在保州保塞縣東三十里有天子巷御莊亦號柳林莊尚有宗室在焉

熙寧間洛州平恩縣指使王奎乞解官持父喪許之仍詔兵部自今有請如奎者宜即聽許蓋深嘉之也今小使臣固有許持服之文然類貪禄不去若謂食貧出不得已然大使臣豈俱富厚者雖平日談仁義識禮法高自標置以儒者自處亦不能稍異流輩或謂除見隷軍

籍當金革從事餘盡更制俾從風化之厚其可乎

古惟六璽至唐始名曰寶增數至八國朝所用一曰鎮國神寶二曰受命之寶三曰天子之寶四曰天子信寶五曰天子行寶六曰皇帝之寶七曰皇帝信寶八曰皇帝行寶政和七年增定命寶以九寶為稱叶乾元用九之義仍以定命寶為首定命寶唯用於封禪皇帝之寶答鄰國書天子之寶答外夷書天子行寶用於封冊天子信寶舉大兵則用之具載國史受定命寶詔曰獲全

玉於異域得妙工於編氓紹聖得神寶其文曰受命於天既壽永昌周圍四寸上蟠蛟龍李斯蟲魚篆也在廷臣各印賜一本煇在上饒嘗於鄭顧道侍郎家見之曾祖侍講時亦預賜兵火後不存

歸州西門蜀江吒灘俗號人鮓瓮大石四五橫截江道夏秋舟行多罹其害若候水落開鑿灘石庶少避覆溺

折船灣詩家嘗以為對

崇寧間戶部尚書虞策言中都經費歲六百萬與天下上供相當又以祖宗時考之皇祐中總三千九百萬而費三之一治平中四千四百餘萬而費五之一熙寧中五千六百餘萬而費盡之今諸路一月所須皆汲汲旋營願省節浮費以寬用度云云淳熙間亦有言戶部經常支用一歲所入僅足相當無復有餘一值水旱及起解稽違不過借南庫錢以應急耳其說甚備崇寧之數煇得于實錄淳熙之數有戶部郎官楊頡當日劄子在自崇寧至紹興至今日司計者當亦能計會盈虛而未

見也

慶歷中右諫議大夫魚周詢知安陸日園夫見大蛇垂欄楯即觀之乃周詢假寐也同時博州軍人趙宗者夜寐嘗有龍出入口鼻中本路帥臣恐其惑衆請度為僧令居京師毋得出入從之

米元章畫史載唐人帖用硾熟紙且引韓退之用生紙錄文為不敏生紙當是草土所用如米所言乃有喪服者所用毛頭紙既涉不祥其可寫錄文書又恐別有意

義

熙寧五年詔賜新及第進士錢三千緡諸料七百緡為期集費進士諸科舊以甲次高下率錢貧者或稱貸於人過為浮費至是始賜之遂以為例令復不足用以造小録為名各有率焉

層檀南海旁國也國城距海二千里海道須便風百六十許日晝夜行經勿巡古林三佛齊國乃至廣州國主名亞美羅亞眉蘭傳國五百年十世矣春秋暖貴人以

好越布纏頭服土産花錦白疊布不服綾羅絹帛出入乘象馬官有月俸其法輕罪杖重者死有稻麥粟胡羊山羊沙牛水牛駝馬魚犀象薰陸沉水香血竭沒藥蓬砂阿魏蘇合香真珠玻璃葡萄千年棗蜜沙華三酒交易用官鑄錢三分其齊金銅相半而銀加一分禁私鑄人之語音如大食國云國朝承平日外國朝貢間數年必有之史策但書某國貢方物而已如封域風俗皆略焉特於層壇所書如此

元豐間高麗國王以書抵親王二府詔土物令受而不答止以書謝仍命著作佐郎林希具草進呈送御書院以精紙寫付使人回以其好文識禮儀故朝廷賜予恩遇悉在諸國之右林代荅諸書體式輕重皆未之見故家當有得之者向見洪練塘言止用宰執通親王書啓之式

漢志七略凡為書三萬三千九十卷隋所藏至三十七萬卷唐開元間八萬九千六百卷國朝慶歷間命儒臣

集四庫為籍名曰崇文總目凡三萬六百六十九卷爾後於總目外日益搜補校正皆為善本頒求書之詔屢下天下所藏未能悉上冊府唐杜寶當貞觀間撰大業雜記備著隋臣凡上一帙必加賞賚秘書省增置百二十員善書者凡二千人致所得文籍歷代為盛然在當時已多散逸況又閱數百載之後耶

政和四年詔置道階自六字先生至鑒儀凡二十六等崇奉道教其權輿此歟

容齋隨筆記風俗偷薄士大夫之儇浮者於尺牘間益出新奇及云昔曾吉甫秘監與人書不作劄子且以字呼一時館職欲從篤厚以變舊習竟落落難合煇記用劄子不呼字矯偽成風方得五十年若官稱僭冒稱謂庶官知州曰判府知縣曰判縣判府尚為極品典藩設判縣何說焉倘以判為重則知樞密院與同知樞密院改為判院同判可乎舊說有以簡問疾云不知台顏上尊癖子稍減尊痛否較今諂妄不誠之語亦何以異

三館可稱學士崇寧以前州縣官無稱學士者渡江後苟有一官皆可稱也近世京朝官曰太中選人曰中太凡可獻諛取媚雖至極品亦不以為過反以學士為輕而置之下至縣尉曰仙尉蓋用梅福尉南昌故事福棄官去九江傳以為仙夫豈仕宦美事今之人顧以此分品秩崇卑一或稱縣尉則憮然為慢我皆習俗使然

裕陵稽古制作詔置禮制局討論古今沿革畫一來上以袪千古之陋成一代之典乃裒集三代鼎彝簠簋盤匜爵豆之類凡五百餘器載之於圖古器多出於墟墓之間無慮千數百年其制亦有所受後世豈能贗為宣政間搜訪甚至中更靖康亂離散亡殆盡淪落人間者能有幾煇向於毗陵翟忠惠家見一鼎主人指示此商周物考以宣和博古記制度不差坐有客云若果為三代盥匜罍鼎誠宜寶秘如真禮制物在今日亦不易得又有偽名禮制物衒惑好奇之士十常七八蓋不以其鼎為然因以諷云

安化郡王仲爰嘗蓄一古銅盂或問之王曰漢盂也或曰盂出近世古未嘗有王曰淳于髡持一豚蹄酒一盂列禦寇書有日初出也如盤盂漢田蚡學盤盂諸書東方朔射覆置守宮盂下君豈未思邪一坐嘆服永平時公族讀書多以賢稱且好古博雅有如此者

趙州瓜虀自昔著名瓜以小為貴味甘且脆漢使至用定盆貯于各位門任取以食煇北征亦得品嘗仍攜數枚歸家僕李太者夙俾治醬因得漬瓜法北客賞其逼

真既老辭去仗以自給紹興辛巳駕幸江上經從無錫小黄門入市偶售以奉玉食後屢宣索亦嘗呼喚至北内御厨主者遣詢鄉里初謂為河北人既知非河北人乃厚勞遣回不爾其留隸役歟

紹興間江東闕漕屬並除二員判官官皆同一有出身俱未上置司所文移先繫銜長有出身人被詰問官吏惶恐既照令甲旋行改正初不知文武官非相統攝而官同者其序位以職職同以服色服色同以資序資序

同以改官改官以出身

神宗以忠武軍節度使穎王嗣位詔陞忠武軍為穎昌府時監許田鎮税吴處厚獻頌以紀其事神宗褒嘉即命擢用首台王禹玉謂當入館次相蔡持正沮止之又吴素與蔡游後從禹玉薦為神宗山陵司屬官得知通利軍通利以北使經從例假紫章服已而改漢陽從蔡求仍舊借紫蔡面詆曰君若能作真刺史安用假為暨二事吴深銜之遂基箋詩之禍當是時諸公詆彈與夫營救之章交上具載元祐實録蔡于五詩中辨白引證甄山公事尤苦卒不能免議者謂若吴果用前二事報復私隙則得罪天下後世益不可逃也二事先人親聞于白公鄉隣

紹聖追貶吴處厚制曰敕朝請郎吴處厚向以不逞之心懷茍得之計擠陷勞舊貶死遐陬圮族誤朝凶慝甚大身逃顯戮没有餘辜宜削官資易以散秩以明告訐之戒以示刑憲之平可追貶歙州别駕

王荆公志錢公輔母夫人墓錢求改定公答書謂家廟

以今準之恐足下未得立得甲科通判通判之廨有池臺竹林之勝何足為太夫人榮是固然矣至云諸孫亦不足列執有五子而無七孫者乎荆公之文信自有意義後學焉能窺測然公所撰墓誌舉其一於虞部郎中贈衛尉少卿李公濟却書孫廿有一人曽孫十有五人是豈皆業文有可道者蓋公立言好已勝或為人所闘則執之益堅吕申公曰介甫無他但執拗此語不獨為新法設也臨川荆公集誌公輔母蔣夫人末云孫七皆幼豈從其所請或後來增入耶煇于故家得

汴都所刻荆公集無七孫皆幼四字且以宰室墓志列為一卷今臨川本無之

王荆公退居鍾山切切以吕吉甫為恨吕除母喪時公弟和甫執政吕意切憚之乃過金陵以啓與公和其啓曰合乃相從豈有殊於天屬析雖或使殆不自於人為然以情論形則已析者難以復合以道致命則自天者詎知其不人如恵卿者叨蒙一臂之援謬意同心之列忘懷履坦夬戒同巇彎弓之泣非踈輾足之辭亦已而溢言皆達苐氣並生既莫知其所終前不虞于有敵而

門墻責善雖移兩解之書殿陛對揚親奉再和之詔固其願也方且圖之重羅苫塊之憂遂稽竿牘之獻然以言乎昔則一朝之過不足害平生之懽以言乎今則八年之間亦隨教化之改内省涼薄尚無細過之嫌仰揆高明夫何舊惡之念恭惟觀文特進相公知徳之奥達命之情親疏冥於所同憎愛融于不有氷炭之息豁然儻示於至慈桑榆之收繼此請圖於改事側躬以俟惟命之從公巽言謝之其書曰與公同心以至異意豈有他哉同朝紛紛公獨助我則我何憾于公人或言公吾無預焉則公何尤于我趨時便事吾不知其説焉考實論情公宜昭其如此開諭重悉覽之悵然昔之在我者誠無細故可疑則今之在公者尚何舊惡之足念然公以壯烈方進為於聖世而安石衰羸疾將待盡於山林趨舍異路則相煦以濕不如相忘之為愈也趨召在朝夕唯良食為時自愛煇五十年前在建康荆公門人呉長吉云公得此啓再三披閲讀至殿陛對揚親奉再

和之詔顧客曰彼不著詔旨亦何自復相聞不爾此亦不必還答又云終是會作文字蓋不以所甚惡而掩其所長荆公醇徳如此

清波別志卷二

欽定四庫全書

清波别志卷三

宋 周煇 撰

裕陵一日顧謂輔臣曰梁從政自河州至言黄河水極清泚不與中國比前書所謂黄河之水淺可涉蓋不誣也然河之本源未見出處禹貢但言導河積石至於龍門不言導河自積石以此知出積石者特其下流耳王安石等曰按西域傳河有兩源合注蒲昌海其水停居

冬夏不增減皆以為潛行地中南出積石為中國河陛下所考禹貢導河不言所自非臣等所及

國家河防無一歲不決溢上軫宵旰之憂殫邦財竭人力隨潰修塞僅踰一日之安元豐間議者欲復禹之故道裕陵曰陵谷更變雖神禹復出亦不可拘以故道蓋水之就下者性也今止以州縣為礙壅遏水勢致不由其性此乃治水之事非治水之道也若以道觀之則水未嘗為患也而州縣為水害大哉言乎亦非臣下所及

班史多用古字以西漢去古未遠也東漢書則皆不用顔師古注班遇古字則注云某讀曰某某古某字蓋亦恐學者之未詳今士人有作一二十字簡帖必旋檢本模倣筆畫從俗就簡轉易偏旁者十居七八既非素習何苦牽强有勸人著深衣者答曰某今時人只合著今時衣服是為至論

煇幼見故老言京師街衢闊闢東西人家有至老不相往來者迨出疆目覩為信且言每值駕出甲馬擁塞馳

道都人僅能於御蓋下望一點赭袍在紹聖間約攔尤更嚴肅幾不容士庶覘覩第歲暮春上池親御鞍馬則禁衛稍寬頗容不若今日近瞻法駕不違於咫尺也前此宋莒公庠嘗啓請云當日車駕行幸惟前有駕頭後有擁繖扇其侍從及百司官屬下至厮屬皆雜行道中步輦之後但以親事官百許人執撾以殿謂之禁衛諸班勁騎頗與乘輿相遠而士庶觀者率隨扈從之人夾道馳走喧呼不禁所過有旗亭市樓皆垂簾外蔽之士

民憑高下瞰而邏司街使曾不呵止威令弛廢習以為常且黄帝以神功威德猶假師兵為營衛蓋所防微禦變也漢魏以降有大駕法駕小駕之儀至唐又分殿中諸衛黄麾等仗名數次序各有施設國朝承五代荒殘之弊事從簡略每鳴鑾游豫僅同藩鎮而盡去戈戟旌旗之制非所謂旄頭清道後行之謹也望專委博學之士檢尋前代儀注及鹵簿令于三駕諸仗内參定向來乘輿出入名件而嚴設儀衛之禁下兩制與太常禮院

詳定而約以小駕之制增清道馬軍旗旄等物别為常行禁衛云云時雖不果行兹謹著焉以見太平全盛日乘輿行幸儀物之盛

承平時歲運江淮米輸京師纔三百五十萬斛至發運使李溥乃增六百萬斛遂立為額李實才吏然兩以墨敗官豈但用其才不復責備於廉隅耶

臨安小民數十百成羣近因往江口接江魚潮退見一異物立於波中褐色有毛有牙有角有鼻有耳骨軟似不任貴持約重三四十斤各以所持挺擊之即死或名為海狗舁入城徧呈諸處一貴人聞之詢其形狀言此膃肭臍也亟追之屬暑月不可留瘞之矣繼驗本草圖經形與海狗殊不類海為天地間鉅物其中秘怪何所不有但名異獸可也煇向於鄱陽湖得一魚亦甚大似鯉而非鯉鱗色亦異篙師輩烹食之肉肋而腥中有人髮食之者皆病數日竟不知何物

宣和末太常博士李子奇奏國家自藝祖受命造邦混

一區宇定都于汴神宗稽古有作煥然一新陛下紹述百美備具京邑之盛莫如今日固宜書之簡册如所謂長安志者纂為一書號汴都志以垂耀萬世其大槩如是遂詔輔臣鄭居中提領修纂李子奇及秘書丞一鎛為編修官煇家有宋次道長安志後得東京記亦宋所著紀事止皇祐二年當時不應未見此書豈以其疎畧欲增修之先人任淮東帥幙與鄭之姪道卿為僚暇日因及汴都志道卿云先叔薨改命蔡攸時邊報日至未

幾禍亂元不曾成書
政和末有知婺州黄持獻言六經之治貴未亂兵家之勝貴未戰國家城壁軍旅器械守禦獨注意於西北而略於東南臣以謂東南有備則西北乃可全勝大觀初嘗詔東南久安兵寡勢弱人輕易揺申誡守禦有司奉行失序旋即廢罷且東南民物繁富城壁可守十無二三不務增築而急於漕粟軍額不足不急於招補而急於更戍臣謂宜乘時舒裕講求利害先後之序其切中

時病如此朝廷但令監司守臣講究而已間不二歲遂有方臘之變州縣不能制乃命童貫譚稹盡將陝西部落勁兵進討越歲方克是時民安治平不識干戈所至守備缺然不但東南而已有奏南人輕佻皆用短兵王師當以長兵取勝徽廟問何謂長短兵對曰兵家以刀楯為短兵弓矢為長兵以此觀之益信時以兵革為諱賊雖伏誅而四方大盜日熾卒致禍亂云
徽廟實録書鄧文簡洵武在密院屬蔡京謀取燕雲洵武難之乃以曉童貫洵武因對遂言雍熙中嘗有此舉是時曹彬出河北潘美出河東趙普在河陽聞之上疏切諫彬美卒無功因出普疏與彬美傳進讀曰陛下審觀今日謀議之臣孰如趙普將帥之良孰如彬美甲兵精練孰如國初以太宗之神武趙普之謀略彬美之為將百戰百勝征伐四克而獨於燕雲乃爾況在今日何可輕議且百年盟誓一朝棄之誠恐兵革一動中國昆蟲草木皆不得休息矣上大寤翌日詔京曰此事且已

祖宗盟誓違之不祥京色大變議遂寢後王黼又為兼弱攻昧之言以動上心洵武從容為上言不可因勸上保境息民謹備自治無啓邊釁黼言當兼弱攻昧臣獨謂不若推亡固存也且興強女真為鄰孰若與弱契丹乎議復中止洵武既没黼始遂前議云洵武嘗知樞密院字子常綰之子
政和八年十一月詔比緣大臣建議恢復燕雲故地安堯臣遠方書生能陳歷代興衰之跡達於朕聽臣僚咸

謂毀薄時政首沮大事乞重行竄殛朕以承平日久言路壅蔽敢諫之士不當寘之典刑議加爵賞僉論未允朕獨何私堯臣崇寧四年已曾許用安惇遺表恩澤奏補因惇責降遂寢不行今惇雖未盡復元官可特與見追復正奉大夫遺表恩澤令吏部先次補堯臣初堯臣上書論宦寺專命交結權臣共唱北伐之議以謂燕雲之役興則邊隙遂通宦寺之權則三綱不振昔秦始皇之築長城漢武帝之通西域隋煬帝遼左之師唐明皇

幽薊之寇其失如彼周宣王之薄伐獫狁漢文帝之備守匈奴元帝納賈捐之議光武斥臧宮馬武之謀其得如此我太祖皇帝撥亂反正躬擐甲冑當時將相大臣皆所與取天下者豈勇略智力不能下幽燕兩州之殘創哉蓋以兩州之地敵人所必爭不忍使我赤子重困鋒鏑而已章聖皇帝澶淵之役以契丹來寇不得已而與之戰既戰而勝乃聽其求和遂與之盟逡巡引兵而退蓋亦欲固邦本而不忍困民力也今者中外之人或謂童貫深結蔡京同納燕人李良嗣以為謀主欲建平燕之議臣恐異時唇亡齒寒邊境有可乘之釁敵人生心蓄鋭伺隙以逞其所大欲此臣所以日夜為陛下寒心也伏望思祖宗積累之艱難鑒歷代君臣之得失杜塞邊隙務守景德舊好無使外域乘間窺我中國上以安宗廟下以慰生靈上嘉之故有是詔

唐貞元間太常寺言宗子名銜皆云皇某親此非避嫌自卑之道按儀禮曰諸侯之子稱公子公子不得禰先

君公子之子稱公孫公孫不得祖諸侯此自卑別尊者請以祖稱本封為王公王孫則親疏有倫名體歸正國朝宗室必冠以皇字有云皇伯祖者大宗丞趙彥若亦嘗建議應同堂親于皇字下加從字再從三從親又加再三字三從之外加以其祖先所封郡國為旁分而系其世次不書皇字則親疏有別尊卑不黷自元豐迄元祐皆欲釐正竟不果行趙之疏先載在元豐實錄後史臣以其言無取且謂出前史臣私意删去

稼軒樂府辛幼安酒邊遊戲之作也詞與音叶好事者
爭傳之在上饒屬其室病呼醫對脉次笛婢名整整者
侍側乃指以謂醫曰老妻平安以此人為贈不數日果
勿藥乃踐前約整整既去因口占好事近云醫者索酬
勞那得許多物只有一箇整整也盤合盛得下官歌舞
轉悽惶賸得幾枝笛觀著這般火色告媽媽將息一時
戲謔風調不羣稼軒所編遺此
禮部尚書韓忠彥御史中丞黄履禮部侍郎李常給事

中陸佃蔡卞中書舍人錢勰范百禄禮部郎中林希殿
中侍御史黄降禮部員外郎何洵直元豐乙丑八月十
一日議事於禮部同觀後又書公朗留此相示適諸公
來集元度為書同觀歲月常題初符離史君張公詡圖
池陽清溪秋景攜入京師蘇文忠公首為賦詞文屬秦
少游書職位姓名并詞于圖後一時名士皆有跋語觀
前諸公所書職位姓名字畫端楷信非率爾游戲者今
日輕俊後生輩乘酒縱筆題識書畫卷軸不著姓名止

題道號者得不有愧于前輩乎
章郇公知陝府有詩云雖有千兵心不樂却嫌官重少
鈞儔官重則崇貴掾屬趨承賓客造請謂少朋儔心不
樂者豈以等威有間無通心曲者乎若不以名位自驕
則人皆朋儔矣早知貧賤人皆棄能使韋郎跡也疎貧
賤則真寡朋儔矣若夫崇篤久要不隨勢利為厚薄不
敢望於今之君子也
煇三十年前觀錢唐潮坐有川士楊賓言錢唐明潮人

多不曉其理嘗聞之故老而得其說蓋衆流自嚴衢而
下其勢峻急錢唐潮東湧入狹江三水相激所以東起
潮頭爾若京口則長江散漫而勢可容緩所以不然隨
叩前輩為誰渠亦不能言
宣和内侍黄經臣言徽宗御几上有一枚玉椑子可以
隨意曲直甚秘惜之倉卒南幸時宣取以隨行屬暮夜
取不至後竟莫知所在
王黼居相位當全盛時又寵幸一時故窮極富貴於寢

室置一榻用金玉為屏翠綺為帳圍以小榻數十擇美姬處之名曰擁帳後事變行至輔固村於道旁店少憩食油餅次有一舊親近使臣自京城來參因說時事語未竟開封府吏踵至出御筆即戕之身首異處人生富貴可保終身享用乎蔡京賜第在都城之東周回數十里籍没後賜种師中未及遷入一夕煨燼無遺時有上官悟作城東甲第曲備書盛衰之變士皆傳誦其末四句云皇天去人不盈尺怙勢驕淫神所戹君不見喬木

參天獨樂園至今人道温公宅上官邵武人

正議大夫致仕張公問字昌言襄陽人素與种世衡厚善張持父喪种遺汝州良田十頃辭之使者在塗而种卒乃還其子古古用父命不受田蕪廢者二十年元豊中郡守劉斐請以田給州學朝廷命歸种氏見元祐實録張問傳一時風俗渾厚辭遜之美人兩賢之

裒類父祖著述版行于世惟後嗣是責若父祖捐館日子孫幼弱及一旦編摩豈免小有疎略當隨拾遺佚而為别集可也族叔同知海陵集已有墨本然於内制不載批荅又小官賞刑告詞語雖簡而切當功罪最為用功處紹興復疆除兩京留守孟庾西京路允廸南京旋坐失守皆貶責後追復官職適當車制孟曰屬關中之事初有望於蕭公棄河上之師尚何尤于高克路曰惟睢水之遺忠始焉有愧此李陵之失節終則為多制出皆傳誦今俱不收于集中

吴虎臣曾撫之崇仁人紹興間以著述被遇補官至奉

常簿檢討王牒所纂漫録凡二千條其一云康定中王渙為判王元儼胡善王用度無節渙以書諫方國家有邊患宜助節王判其後曰愁殺你愁殺你他日申言之又判曰仰胡善依舊胡善虎臣書之蓋示貴驕未奉師教戲劇批判資時人一笑爾其二云集王幼子三十餘不知人事初除官受俸三千緡後增秩只認此數為已有每食必置糞少許於食中好畫狗及木為小樓閣有獻二物者必厚酬之死之日二物滿屋二說皆著得於

劉貢父度貢父亦當有所受畫狗小樓閣宗室好尚之僻容有之第食中所置非病風喪心豈有此理縱原父承誤以書豈不能稍婉其辭虎臣復從而實之漫録甫鋟木以有不應言者旋被旨毀板士大夫多先得墨本原父所志則未得其詳

元祐七年樞密院言遼使耶律迪病且殆自好通後未有故事今用章頻王言宜奉使卒於契丹北人津送體例比類預立畫一送館伴所密掌之如迪死即施行迪

竟死於滑州賻贈外加賜黄金百兩就差知通利軍守臣假中大夫充監護使遣内侍馳驛治喪事初太常寺言典故無例輟朝詔用節度使喪格輟一日爾後雖有增損大抵不踰此制煇頃出疆使介病皆委頓扶持而歸中節王寅秉義病卒于涿州煇回至真定亦病數日危乎殆哉思之今猶寒心建炎兵興縱使絶域者厮輿輩亦補官諺語曰歸為官人病為死人留為番人

天聖間御史蔣堂言五嶺炎瘴之地人所憚行而比部員外郎洪澤三任皆願官廣南若非貪黷何以致此乃詔官廣南不得過兩任在天聖承平日員少闕多銓部類出見次士大夫樂從遠宦猶有説以賚之當今日三四人守一官資應入遠只得為川廣計亦有秩滿落南不能歸者若槩目以貪黷拘以法制似非人情然今分符持節得替亦復經營就移有歷十數年不肯出川廣者俸積豐厚官爵穹崇較之州縣小吏急寸禄而艱寸進宜加閔焉

銓曹吏匿闕與選人為市判吏部趙及奉闕至即牓之吏部牓闕自及始熙寧間也今銓曹牓闕固仍舊制然吏輩巧生岐擻有非牓闕所能防閑者豈弊終不可革耶

前志第十一卷書承平時淮甸蝦米入京浸以小便則紅潤如新或疑焉煇後觀瑣碎録内一條京師東華門何吳二家造魚鮓十數臠作一把號把鮓著聞天下文士有為賦詩誇為珍味其魚初自澶滑河上斫造以荆

籠貯入京師道中為風沙所侵有敗者乃以水濯小便浸一過控乾入物料肉益緊而味回煇出疆日虹縣及汴京頓皆供把鮓甚美一路俱無之豈皆出于此耶鎖碎凡四百餘條悉論物理乃宣政貴人所纂也

唐封公主有以國名鄖國代國霍國是也有以郡名平陽宣陽東陽是也有以美名太平安樂長寧壽昌永穆常芬唐昌之類是也明皇二十八女悉以美名名之國朝慶歷中封長女曰福康次女曰崇慶初下崇文院考

典故禮官以唐制來上福康崇慶蓋用美名故事

宮禁之制豈容不嚴宮人亦豈可見庭臣而唐入閤圖乃有昭容位或者疑之天祐二年敕宮嬪女職本備內任近年已來稍失儀禮令後每遇延英坐朝日只令小黃門祗候引從宮人不得擅出內以此考之入閤圖位有昭容信而不誣天祐昭宗季年

故事鎖學士院有四制則並命學士分草謂之雙鎖劉原父立馬而草九制人固已服其敏鄧温伯為內相當元豐末建儲親王及內外將相進恩一夕獨草制二十二道葢敏而工其有腹藁耶

馮當世文簡公初登第張侍中耆倚外戚欲妻以女使吏卒擁至其家頃中人以酒肴至且示以奩具甚厚馮固辭曰老母已許王氏矣嘗過外兄朱适詢其婢乃同年進士妻也亟請于朱為嫁之其所存如此早年薄游里巷夜為街卒所繫鄂守王素亟釋之後馮使關中王方帥渭兵[illegible]甚懼馮貽以詩有呑炭難忘當日事積薪

深愧後來恩前輩氣血方剛不拘小節葢或有之迨夫貴顯自當人言之昔過舉或不樂聞顧乃因道舊形于篇什初不以為諱可謂賢已

兩都多漢唐王公冢墓歷代寶物每自此出親黨丁石韞頃監花釁推場一日數賈人用綿裹一物至玉注椀也非但表裏瑩澈無纖瑕製琢亦甚精賈人云此未足為珍試注以酒頃刻即温已而果然椀底刻安美二字詰之云得於長安古壙中索銀百笏酬十之二不售時

眙畢少董聞之欲取以善價久之竟不復得

世頌人德美多用蓍龜狀其識見著之為言者也龜之為言舊也明狐疑之事當問耆舊也

唐顯慶五年有抱屈人賫鼓至朝堂訴事乃詔東都置登聞鼓嘉石西京亦然後置登聞鼓院本此今行在所有院而無鼓豈以鼓在汴京茲不復置歟

秦會之忠獻公自著文字惟尚簡古自云效王荊公體謝車駕幸第家人輩各拜恩數表首云注目帝車方望

雲而盤辟移居仙境容舐鼎以飛昇中謝後云婦子孫息同荷優恩官封服章躐登常級末云臣敢不治外自內訓子及孫共肩忠孝之心永享國家之福祐陵復土被命撰哀冊文自云十年生別萬里喪歸語簡而意深類此

元符因日蝕下詔求言時應詔上封事者莫知其幾布衣凡八百餘人人人議朝政闕失皆期朝奏暮召逮付看詳其間多指擿非所宜言亦謂不過報罷而已繼乃隨輕重定罪時有無名子作小闋云當初親下求言詔引得來胡道人人投獻治安書比洛陽年少自訟鐫官差岳廟却一齊塌了誤人多是誤人多是誤人多少末兩句乃京師新翻詞曲

政和間和詵接伴遼使至邢臺使柴諠指呼左右合獵回詫曰南朝有樂事乎詵曰南朝所樂獵德耳使為之羞恨與賓客言所貴得體而毋忤如獵德之對亦未為傷和氣在今日亦恐相挑為國生事頃次對張叔與出

使疾臥車中彼副介於欒城道上獵一生虎令數輩舁至車前相示意示威猛此但遣人謝之

王部嘗進唐誥三道虞世南書狄仁傑告顏真卿書顏允南母蘭陵郡夫人張氏告及徐浩封贈告徽宗曰朕欲教習書法告命使能者書之不愧前代時書學已罷特置書藝所生徒以五百人為額唐告今士大夫家猶有襲藏者雖吏輩所札亦皆有法況虞顏名畫乎唐太宗亦嘗謂輔臣曰書學小道初非急務時或留心猶勝

棄日凡諸藝業未有學而不得者病在心力懈怠不能專精耳宜乎臣下體上訓飭皆留意于翰墨

觀察留後議者謂乃五代藩鎮官以親情留充後務之稱不可循用冠以軍名乃改為承宣使

漢高祖欲廢太子周昌曰臣期期不奉詔上欣然乃罷呂后從東廂側耳聽見昌跽謝曰微君太子幾廢霍光謀廢昌邑使大司農田延年報丞相楊敞敞驚懼不知所云會延年更衣敞夫人遽從東廂謂敞此國大事不

疾應先事誅矣敞乃與夫人及延年參語許諾夫廢立大議顧使婦人預聞以母后之尊致跽謝臣下宰相妻室亦得接見九卿何上自宫禁下暨相庭内外淆雜略不以為嫌漢真有太古之風焉

翰林學士承旨曾布言比奉詔旨重行修定神宗皇帝實録臣竊觀實録所載事跡於去取之際誠有所偏如時政記皆時執政所共編修往往不以為信至司馬光記事及雜録多得賔客或道路傳聞悉以為實鮮不收載聞王安石秉政日凡所奏對論議日有記録皆安石手自書寫一時君臣咨諏反復之語請降旨下本家取索投進付本院參合照對編修庶一代信史寔易數四猶不失事實之語其然乎

陝西兵興時經略司貸三司錢以佐軍謂之隨軍錢李參程權慶州鈎考得所貸八萬緡悉償之遂令廢其庫視民闕乏時令自隱度穀麥之入預貸官錢至穀麥熟則償謂之青苗錢數年後軍入常有餘其後青苗法蓋

取諸此李鄆州須城人神廟朝官尚書右丞

薦舉之法曰奬坐主類不識門生面第徇權貴所欲予者舉詞槩以猷為敏劭吏事疏通書判牘史魏公分教永嘉日張無垢為守一日語次謂史曰某未嘗輕薦士今以浼公可乎詞曰識超幾先經傳語外且云杼思三日方得此八語士夫聞之皆曰若此方可名知己史初尉餘姚嘗却帥曹泳之薦當其怙勢誰敢為此舉宜其無垢以國士待之

至嘉祐間嬪御久不遷屢有干請上荅以無典故朝廷不肯行或奏曰聖人出口為敕批出誰敢違上笑曰汝不信試為汝降旨政府果執奏無法命遂寢後又有降御筆進官者上於是取彩箋戲書某官某氏特轉某官衆喜謝而退至於給俸日各出御筆乞增禄有司不敢遵用悉退回諸嬪羣訴且對上毀所得御筆曰元來使不得上但笑遣之當太平全盛時雖内寵進遷未嘗略私以恩愛惜名器如此廷臣敢萌僥倖意隆興初内東

門司申内人紅霞帔韓七娘得旨轉郡夫人依外命婦支給請受户部供除紅霞帔逐月有請受依外命婦即無禄令宰臣魏杞等奏豈有加封而反無請俸上曰禄令如此朕不欲破例此事且已待禁中自理會壽皇臨御二十八年之間凡政無小大悉循法令不輕改易以此一事觀之他可槩見其亦得於祖宗家法歟裕陵嘗言太宗朝一老宫人尚在為朕言祖宗用財甚約嘗有御侍乞增俸命給十年輒羞薄太宗曰朕昔為供奉官

俸止此數尚足贍家爾敢以為少邪遂幽囚至死蓋裕陵因與宰臣文彦博論財用而偶及此且云漢文身衣弋綈非徒然也蓋亦有為為之耳數十年間終有成效以此言之事不可不勉也

劉蒙賢良書干司馬温公乞以鬻下一婢之貲五十萬以濟其貧又責公不效韓退之所為蓋已欲為劉乂之攫金也公復書其略曰某家居食不敢常有肉衣不敢純衣帛何敢以五十萬市一婢乎又曰退之文為天下

貴故當時王公碑碣靡不請焉受其厚謝隨散之親舊以行義某豈敢望退之哉一書千餘言遜謝甚苦汔無一語詆其妄舊傳公未有子清河郡君為置一妾一日乘間俾盛飾入書室覬一顧而公略不領妾思所以嘗之取一帙問曰中丞此是何書公拱手莊色而對曰此是尚書妾乃逡巡而退公嘗荅孫察為其伯之翰求銘誌書歷叙多年不為人作碑志所辭拒者數十家後復辭劉原父垂絶之託於十國記年序載之甚詳以是知

買婢之資撰碑之謝公豈有之蒙既登公門公之介特真淳豈不素知顧乃鑿空而舉二事非公宏度孰能非意理遣一笑容之乎

汪彥章編檄廟一朝事實載政和三年大相國寺寶覺院僧宗寂奏伏覩中天廣内端門曰宣德與京官名相犯欲望選美名而更之奉聖旨可改為宣教郎當是時方崇道教而抑釋氏更易官稱豈容浮屠氏輙干大義而亟從其請雖曰不以人廢言度必有為其道地者後

聞主之者梁師成也

清波別志卷三